KB248622

青銅器時代 遺物集成

청동기시대 유물집성

- 湖西地域 -

청동기시대 유물집성

이홍종 · 허의행 · 박상윤

서경문화사

1. 본 책은 2009년도에 간행한 『청동기시대 주거지 집성 Ⅰ·Ⅱ』의 후속편으로 청동기시대 주거지에서 출토되는 유물을 편년이 가능한 것을 대상으로 하여 모은 것이다.

2. 청동기시대의 시기구분 및 집성된 자료 모두의 편집 기본방향은 기존 단행본과 동일하게 진행하도록 노력하였다.

3. 유물은 완형개체수를 기본으로 하며 토기와 석기를 선별하였다.

4. 토기는 완형 외에도 시간적 흐름을 알 수 있는 속성이 남아 있는 개체를 포함하였다. 따라서 복원된 토기 중 기형 구분이 가능한 것과 토기편 중 구연부 형태 혹은 문양이 남아 있는 모든 것을 집성하였다.

5. 석기는 형태를 알 수 있는 대부분의 기형을 모았으며, 석재편은 제외하였다.

6. 유물의 편집순서는 대부분 주거지 호수에 맞추었으며, 축척은 토기와 석기 모두 1/4을 기준으로 하였다. 다만 편집상 이를 벗어나는 경우는 도면에 스케일을 따로 표시하였다.

7. 유물의 계측치는 기본적 속성에 대해서만 일괄적으로 맞추어 적기하였다.

8. 모든 속성일람표 내 계측치의 단위는 cm이다.

책머리에

　　호서지역은 청동기시대 특히 송국리문화 단계의 유적이 가장 많이 조사된 지역으로서 우리나라 청동기문화의 변천과정을 연구하는데 있어서 중심적인 위치를 차지하고 있다. 주지하는 바와 같이 청동기문화는 새로운 농경문화가 적극적으로 채용되면서 정착농경생활이 완성된 시기이자 사회발전 단계상 커다란 전환점을 이루어 국가가 태동하는 원동력을 제공한 시기이기도 하다.

　　그간 청동기시대에 대한 연구는 상당한 성과를 이룩하여 어느 정도 그 면모를 파악할 수 있게 되었다. 이제 이러한 성과를 바탕으로 보다 세밀한 접근이 필요하고 그러기 위해서는 자료에 대한 면밀한 검토가 요구된다. 그러나 현실은 홍수처럼 밀려오는 자료를 개별 연구자들이 모두 섭렵하기에는 한계점에 도달하였다고 볼 수 있다. 이에 우리 연구소에서는 개별 연구자들의 편의를 위하여 자료 집성작업에 착수하게 되었다.

　　그 일환으로서 2009년에 출간된 손준호 편, 2009,『청동기시대 주거지 집성 Ⅰ·Ⅱ』에 이어 후속편으로 주거지 출토유물에 대한 집성을 시작하게 되었다. 주거지 집성이 간행된 후 곧바로 유물 집성 작업에 착수하였으나 방대한 유물의 선별과 보정작업에 상당한 기간이 소요되었다. 또한 유물 집성 뿐 아니라 관련된 연구 자료를 수집하여 이를 정리하고 편년작업을 실시하는 과정에서 예상 보다 많은 시간이 소요되었고, 유물 집성 작업이 진행되는 동안에도 상당수의 보고서가 간행되어 이를 추가하다보니 더욱 지체될 수밖에 없었다. 지금도 계속해서 새로운 보고서가 간행되고 있으나 더 이상 이를 반영하기에는 역부족이라 여기고 차후 기회가 된다면 보완하고자 한다.

　　토기집성 작업은 많은 양의 보고서를 모두 살펴보아야 하기 때문에 단순하면서도 인내심이 요구되는 작업으로서 혼자서 이를 감당할 수는 없다. 따라서 본 작업은 발굴조사업무와는 별도로 밤늦게까지 연구소에 남아 인내를 가지고 도와준 연구원들이 있었기에 가능하였다. 처음부터 끝까지 집성과 보정작업에 참여한 한국고고환경연구소 허의행·박상윤·오원철·조보람, 가경고고학 연구소 강병현 연구원에게 지면으로나마 감사의 마음을 표하고자 한다. 따라서 이 책은 작업 도중 스캔과 수정을 반복하는 상황에서도 청동기시대를 전공하고자 하는 분들에게 도움을 준다는 신념하에 불평불만 없이 노력해준 그들의 결실인 셈이다. 아울러 선뜻 출간을 허락해주신 서경문화사 김선경 사장님과 직원들에게도 진심으로 감사의 말씀을 전하고 싶다.

　　끝으로 바람이 있다면, 이 집성집이 연구자들에게 조금이나마 보탬이 되었으면 하는 간절한 마음뿐이다.

편집자 대표 이 홍 종

목 차

II. 충청북도

Ⅰ 충청남도

청동기시대 유물집성

忠淸南道

당진군
태안군
서산시
아산시
천안시
예산군
홍성군
연기군
공주시
청양군
계룡시
대전광역시
보령시
부여군
논산시
금산군
서천군
태안군
1

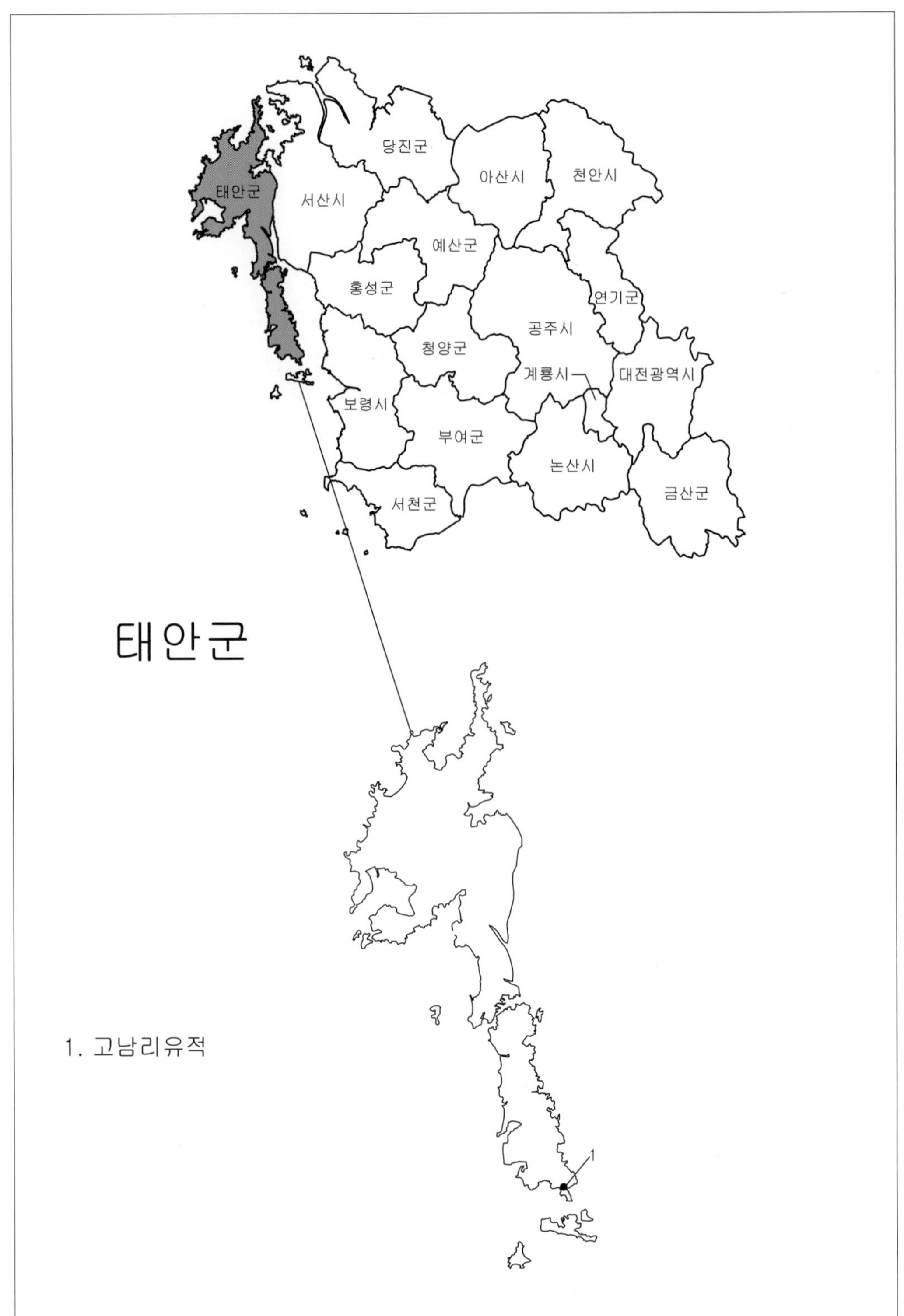

1. 고남리유적

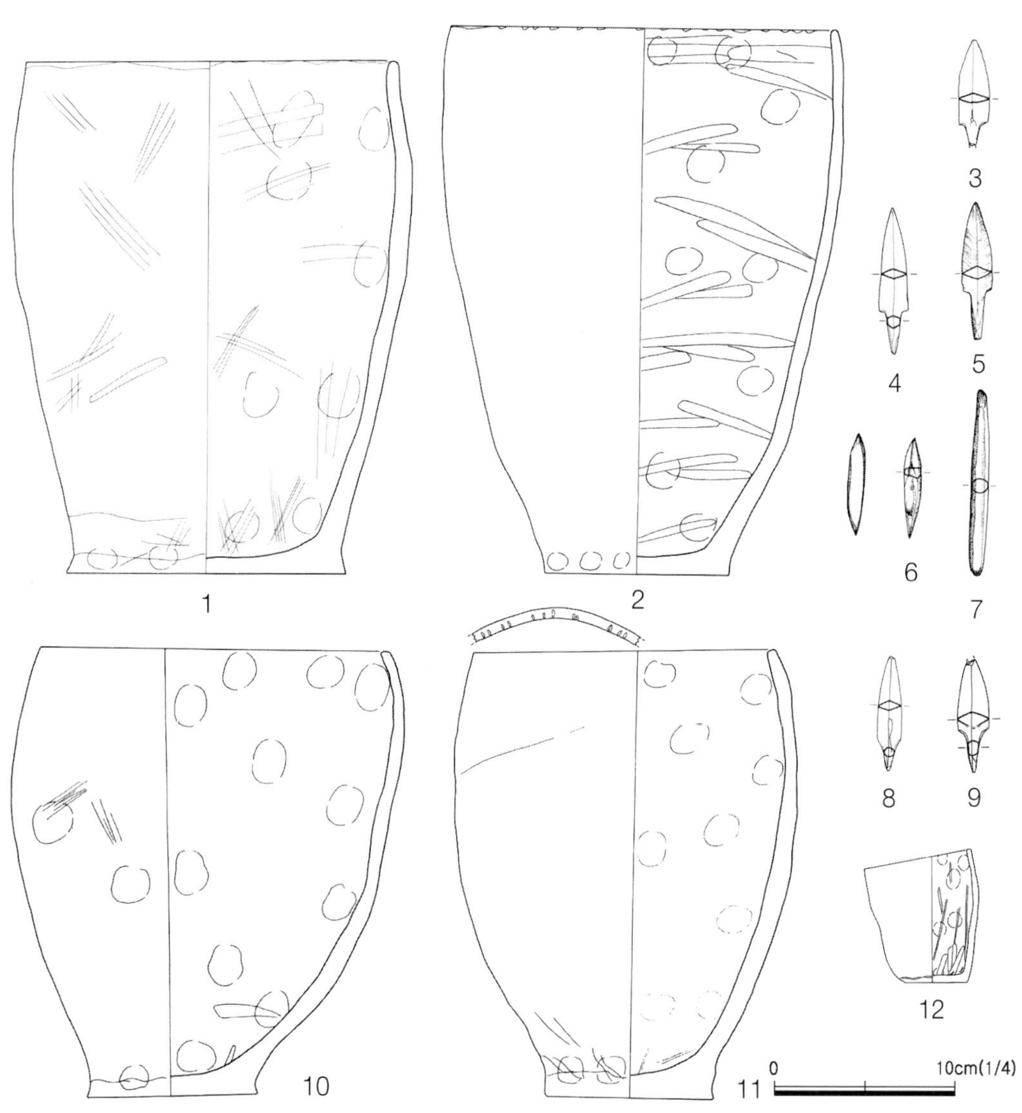

〈도면 1〉 태안 고남리유적(1호 : 1~7 / 2호 : 8 / 3호 : 9~12)

태안지역 유물 속성일람표

<table>
<tr><td colspan="6" align="center">태안 고남리유적</td></tr>
</table>

토기 속성일람

유구번호	도면번호	기고(잔존)	구경	저경	비고
1호	1-1	27.2	20.0	15.2	
	1-2	26.3	28.8	10.0	
3호	1-10	23.6	18.8	9.2	
	1-11	23.7	16.5	9.0	구순각목문
	1-12	13.0	12.2	7.0	컵형

석기 속성일람

유구번호	도면번호	종류	길이	폭	두께	석재	비고
1호	1-3	석촉	5.5	1.8	0.7	편암	일단경식
	1-4	석촉	7.7	1.6	0.6	편암	일단경식
	1-5	골각기	7.7	1.6	0.6	사슴뿔제	일단경식
	1-6	골각기	5.5	0.9	0.6	사슴뿔제	
	1-7	골각기	10.0			사슴뿔제	
2호	1-8	석촉	6.9	1.6	0.6	점판암	일단경식
3호	1-9	석촉	6.2	1.8	0.9	편암	일단경식

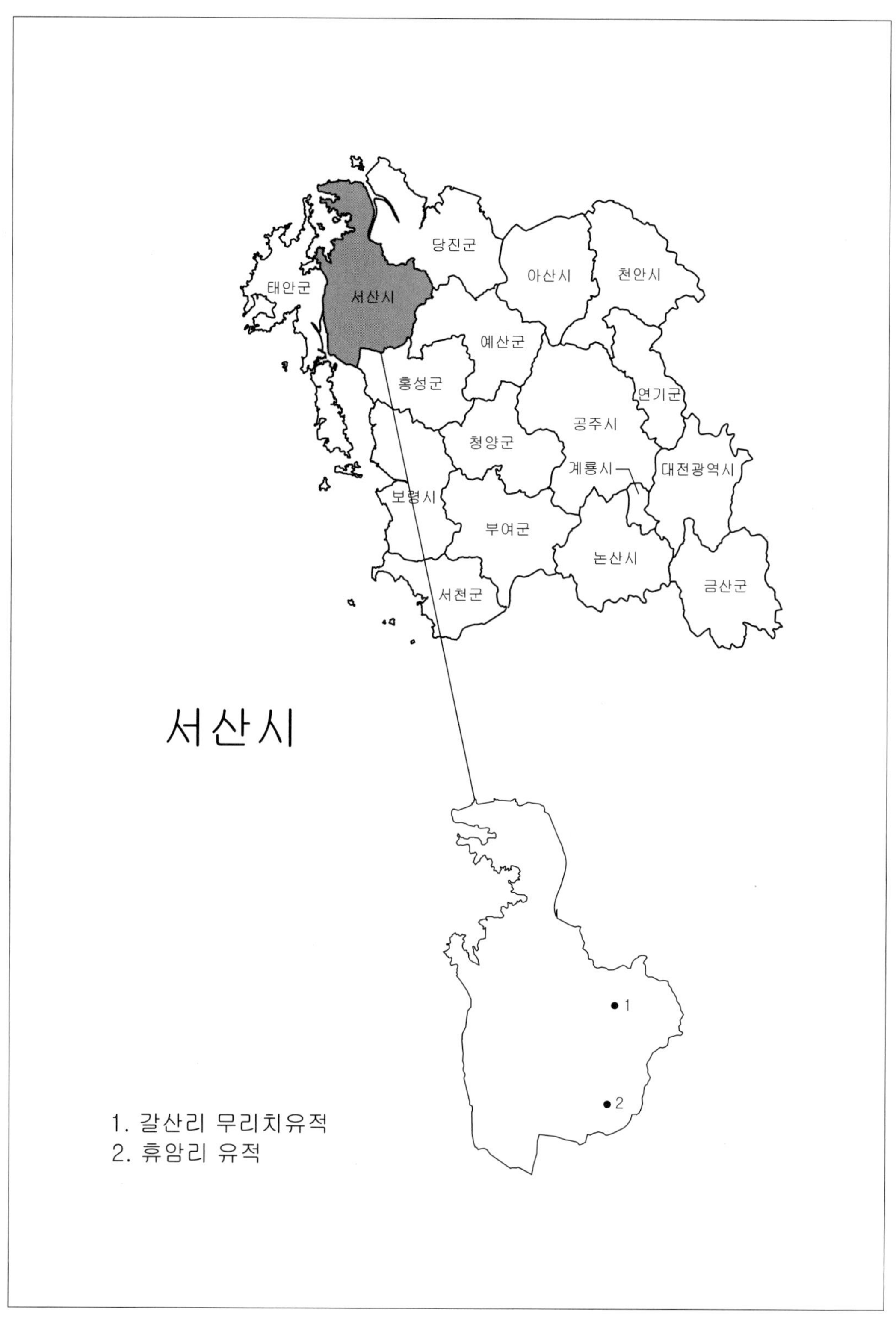

1. 갈산리 무리치유적
2. 휴암리 유적

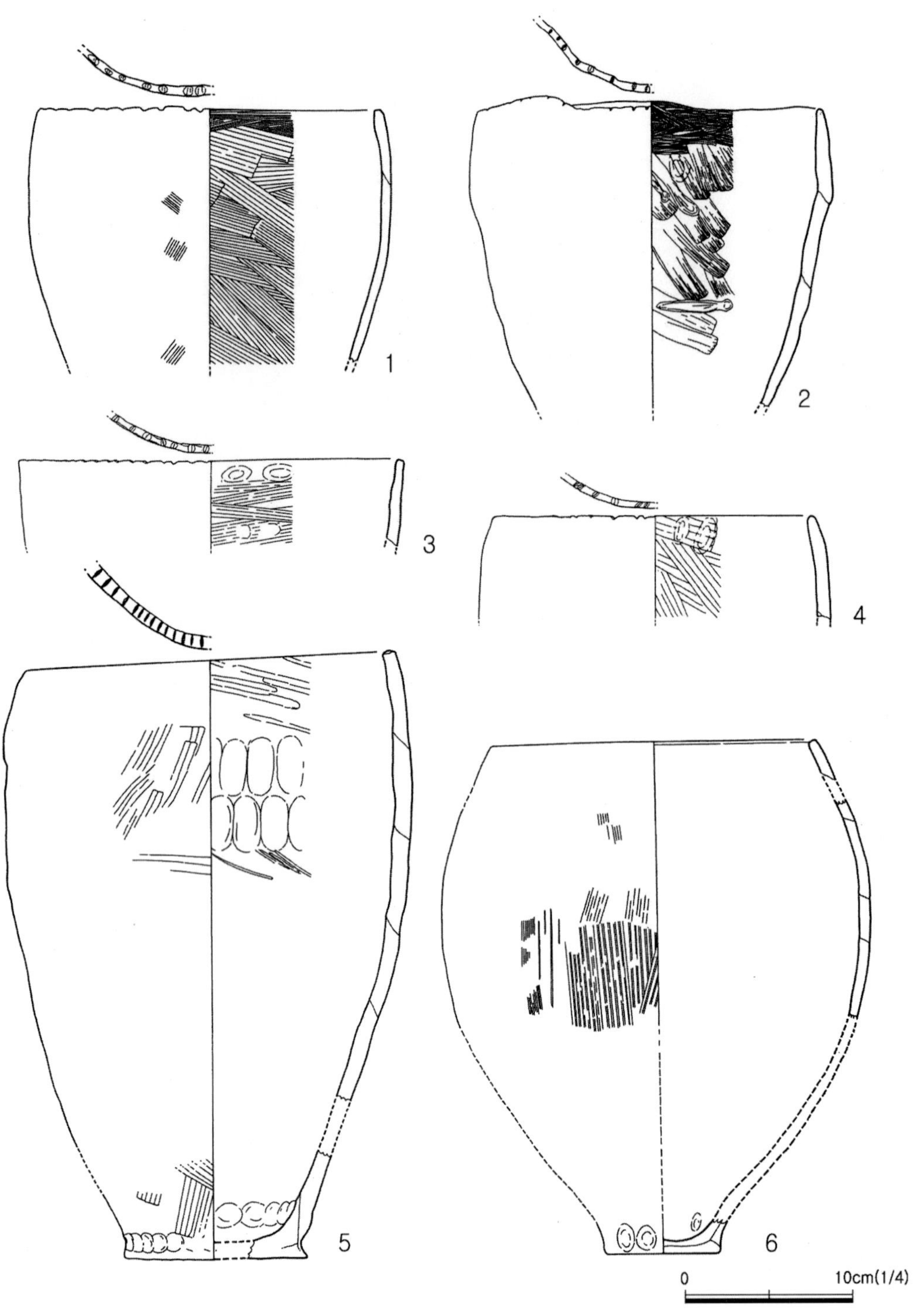

〈도면 2〉 서산 휴암리유적(A호 : 1~6)

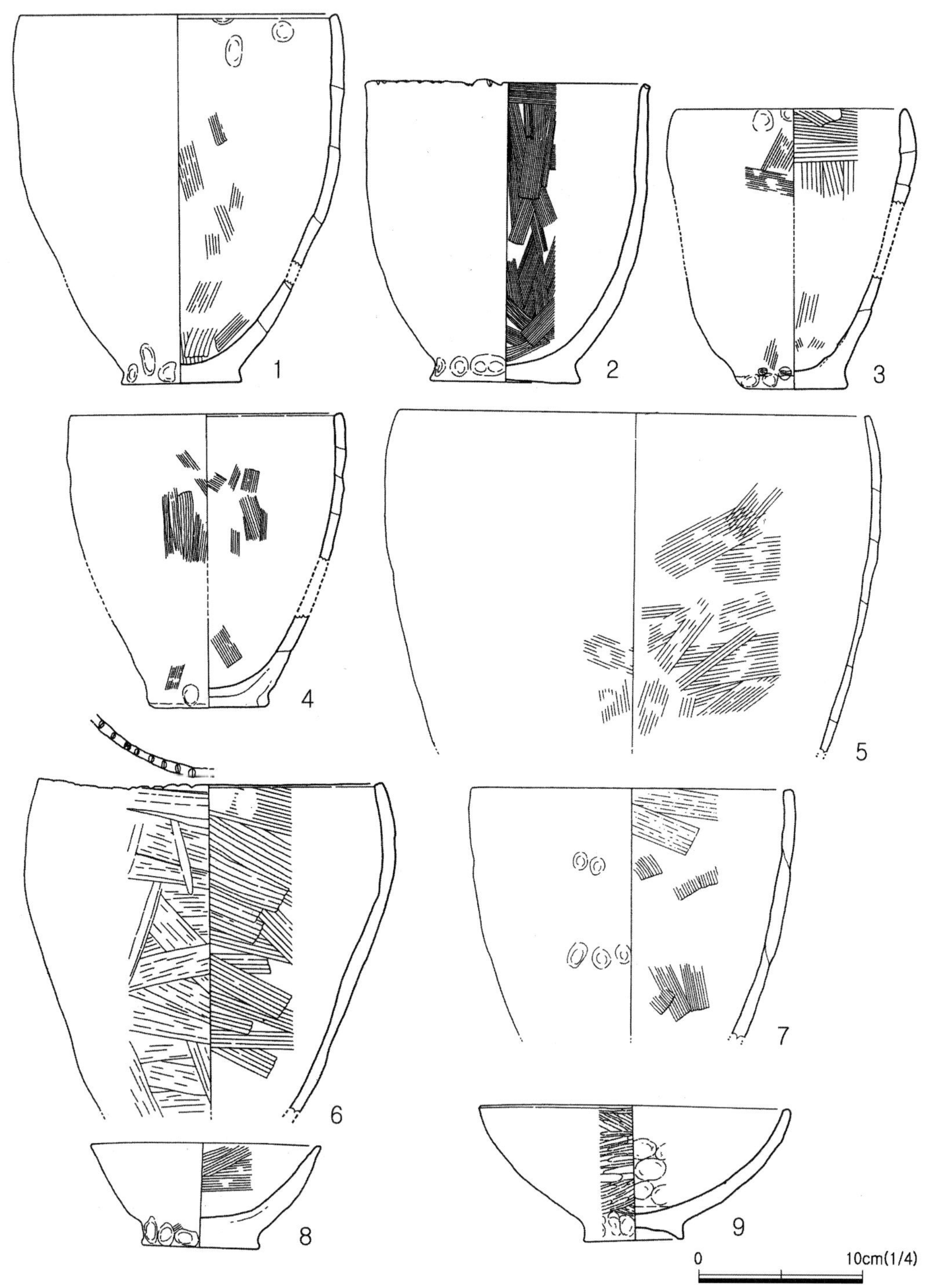

〈도면 3〉 서산 휴암리유적(A호 : 1~9)

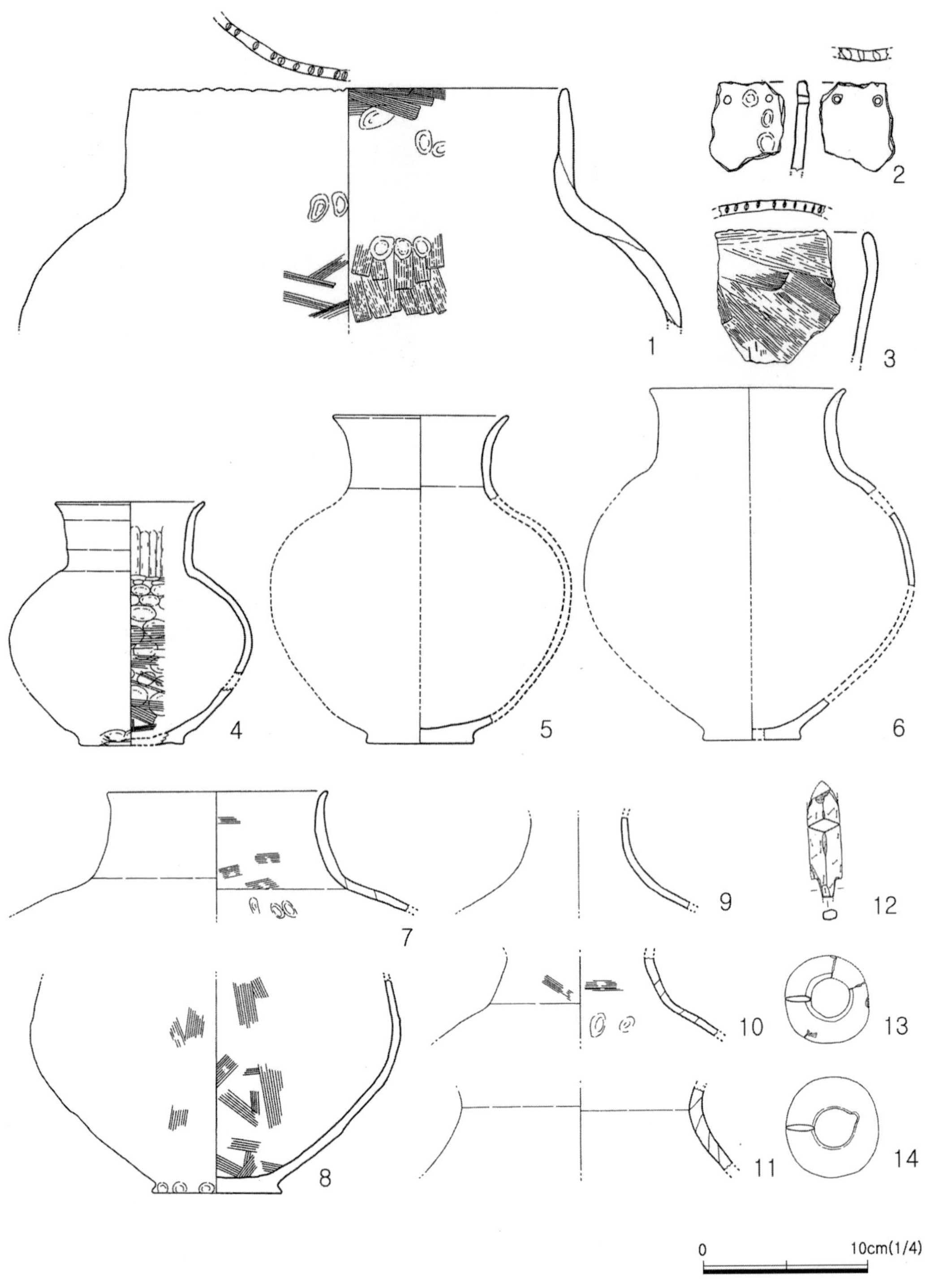

〈도면 4〉 서산 휴암리유적(A호 : 1~14)

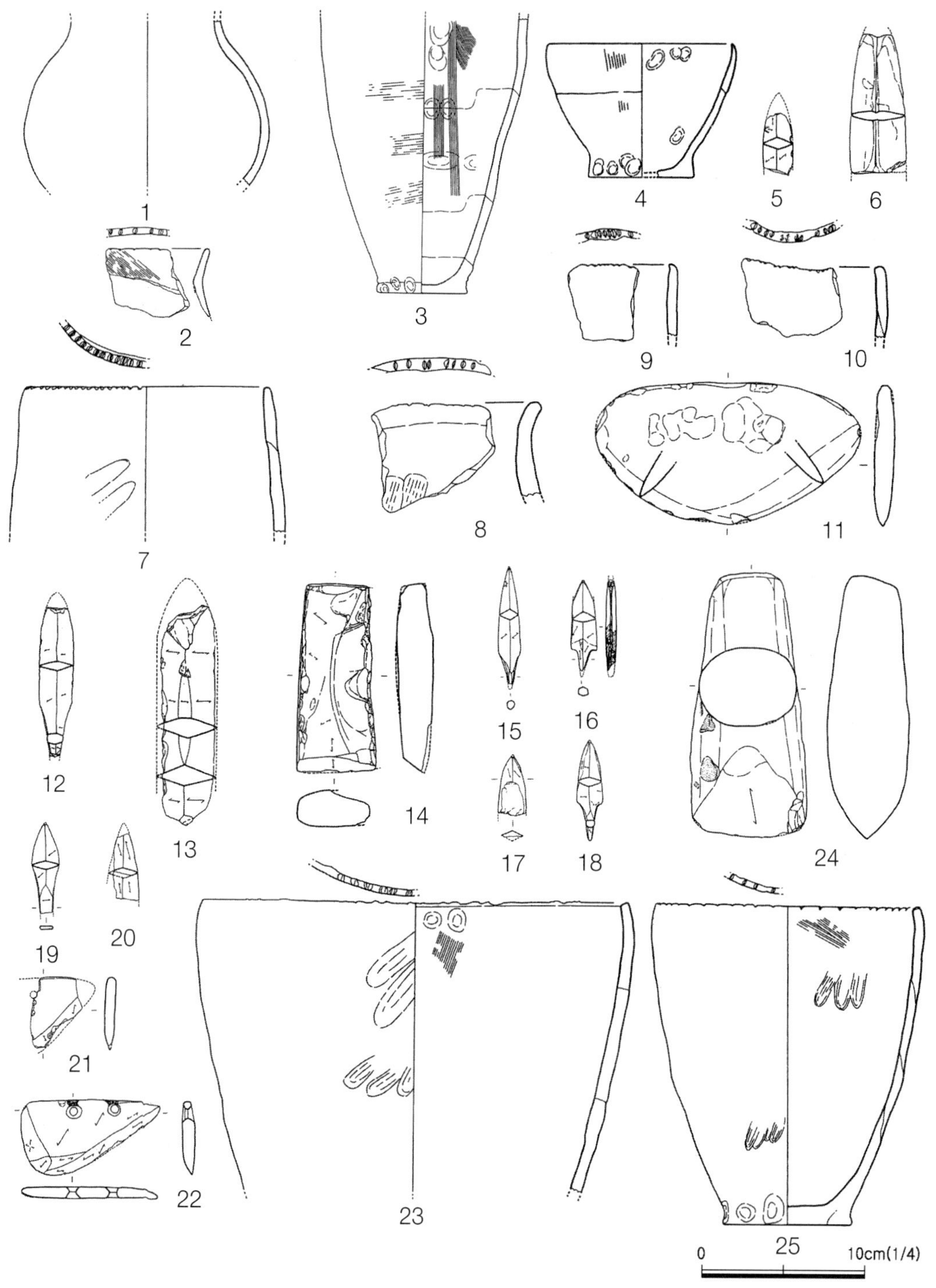

〈도면 5〉 서산 휴암리유적(A호 : 1 / B호 : 2~3 / 1호 : 4~6 / 2호 : 7~10 / 3호 : 11~14 / 6호 : 15~18 / 7호 : 19~22 / 8호 : 23~24 / 9호 : 25)

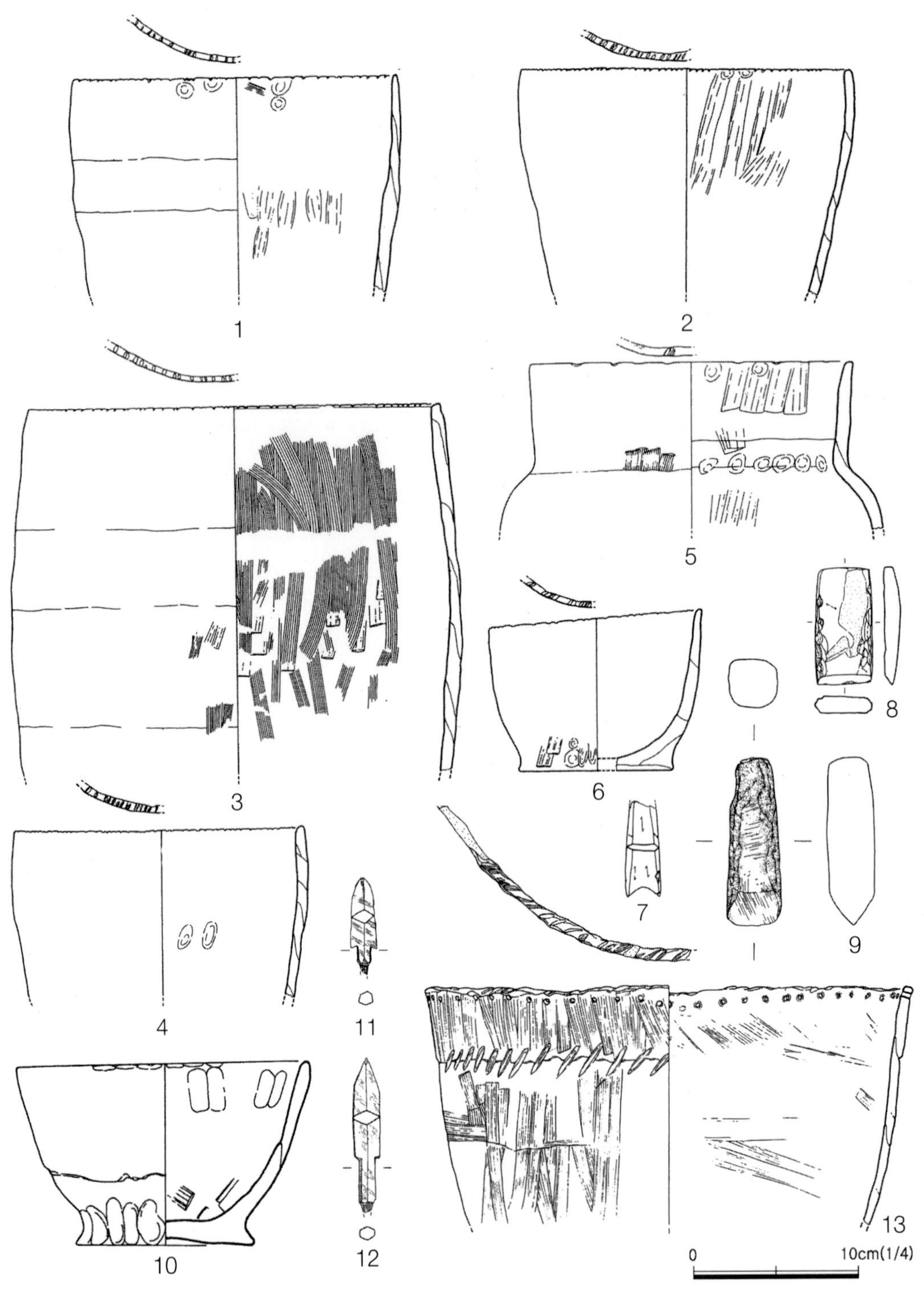

〈도면 6〉 서산 휴암리유적(8호 : 1 / 9호 : 2~8), 서산 갈산리무치리유적(1호 : 9~11 / 2호 : 12~14)

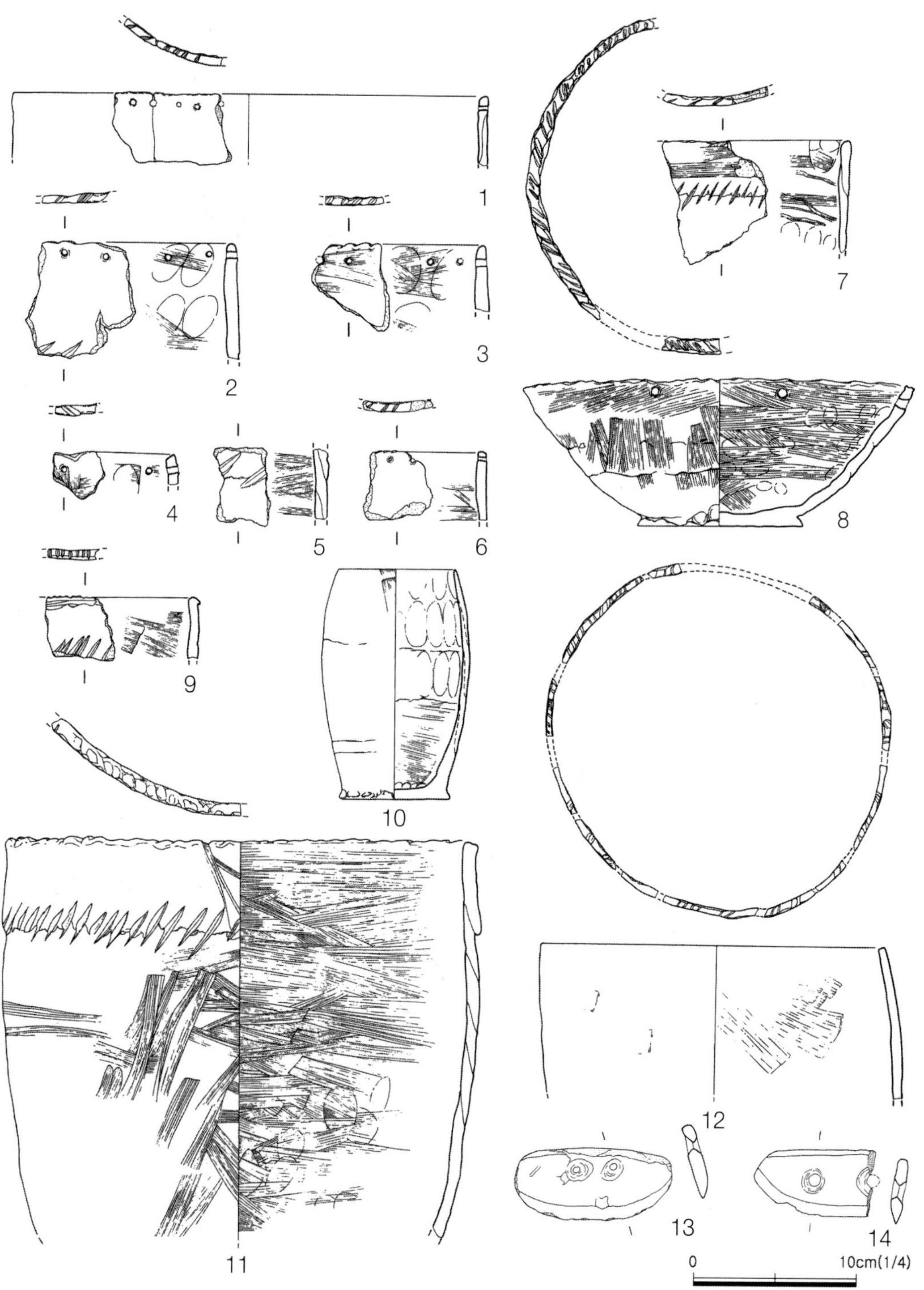

〈도면 7〉 서산 갈산리무리치유적(3호 : 1~6 / 4호 : 7~8 / 5호 : 9~14)

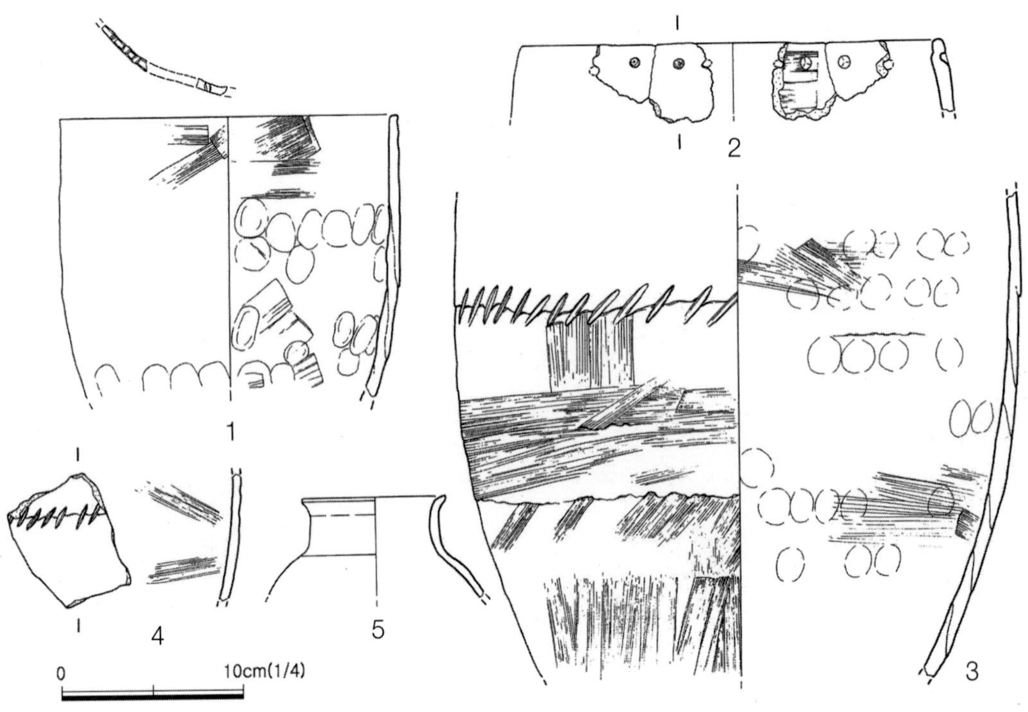

〈도면 8〉 서산 갈산리무리치유적(5호 : 1 / 6호 : 2~3 / 7호 : 4 / 8호 : 5)

서산지역 유물 속성일람표

서산 휴암리유적				

토기 속성일람

유구번호	도면번호	기고(잔존)	구경	저경	비고
A호	2-1	(14.8)	21.0		구순각목문
	2-2	(17.6)	21.9		구순각목문
	2-3	(7.2)	23.2		구순각목문
	2-4	(6.9)	19.2		구순각목문
	2-5	(35.0)	21.7	11.2	구순각목문
	2-6	(30.1)	19.4	6.7	
	3-1	21.8	19.4	7.4	
	3-2	17.0	16.6	9.2	
	3-3	(16.6)	14.2	6.3	
	3-4	17.4	16.5	6.9	
	3-5	(19.6)	28.8		
	3-6	(18.8)	21.0		구순각목문

유구번호	도면번호				비고
	3-7	(14.4)	19.6		
	3-8	6.4	14.0	7.2	
	3-9	8.4	18.9	6.2	
	4-1		26.8		구순각목문
	4-2	(5.6)			구순각목문, 공렬문
	4-3	(8.0)			구순각목문
	4-4	14.9	9.2	6.4	적색마연
	4-5	(19.2)	10.8	6.7	마연
	4-6	(21.1)	12.0	5.8	마연
	4-7	(6.9)			적색마연
	4-8	(8.2)			
	4-9	(7.2)			적색마연
	4-10	(6.9)			적색마연
	4-11	(6.8)			적색마연
	5-1	(14.9)			적색마연
B호	5-2	(4.5)			구순각목문
	5-3	(20.4)		8.6	
1호	5-4	8.2	11.2	6.4	
	5-7	(8.4)	15.1		구순각목문
2호	5-8	(5.6)			구순각목문
	5-9	(4.4)			구순각목문
	5-10	(4.2)			구순각목문
8호	5-23	(16.8)	(25.6)		구순각목문
	5-25	19.0	15.7	8.0	구순각목문
	6-1	12.8	(21.0)		구순각목문
	6-2	(13.0)	20.0		구순각목문
9호	6-3	(19.8)	25.3		구순각목문
	6-4	(9.5)	18.5		구순각목문
	6-5	(10.0)	17.5		구순각목문
	6-6	8.8	11.2	9.6	구순각목문

석기 속성일람

유구번호	도면번호	종류	길이	폭	두께	석재	비고
	4-12	석촉	6.6	2.2		점판암	
A호	4-13	옥기	5.8	2.8		옥	
	4-14	옥기	5.3	2.4		옥	
1호	5-5	석촉	(3.7)	1.9	0.7	혈암	
	5-6	석검	(8.2)	3.3	0.5	혈암	
	5-11	석도	7.0	13.5	1.0	혈암	
3호	5-12	석촉	(7.4)	1.7	2.5	혈암	
	5-13	석검	(11.0)	2.8	1.0	혈암	
	5-14	석부	9.4	4.0	1.8	혈암	편평편인
6호	5-15	석촉	7.1	1.35	0.75	혈암	일단경식
	5-16	석촉	(5.5)	1.6	0.7	혈암	일단경식

유구번호	도면번호	종류	길이	폭	두께	석재	비고
	5-17	석촉	(3.6)	7.5	0.35	혈암	
	5-18	석촉	6.1	1.7	0.6	혈암	일단경식
7호	5-19	석촉	(5.3)	1.6		혈암	
	5-20	석촉	(3.4)	1.5	0.4	혈암	
	5-21	석도		8.1	0.7	판암	
	5-22	석도	4.1	3.2	0.6	천매암	
8호	5-24	석부	15.3	7.2	5.0	응회암	양인
9호	6-7	석촉	(5.8)	2.2	0.4	혈암	편평만입
	6-8	석부	7.2	3.5	1.1	편암	편평편인

서산 갈산리 무치리유적

토기 속성일람

유구번호	도면번호	기고(잔존)	구경	저경	비고
1호	6-10	8.3	18.0	8.4	
2호	6-13	(14.5)	30.8		이중구연, 단사선문, 공렬문, 구순각목문
	7-1	(4.2)	30.0		공렬문, 구순각목문
	7-2	(7.0)			공렬문, 구순각목문
3호	7-3	(3.9)			공렬문, 구순각목문
	7-4	(1.8)			공렬문, 구순각목문
	7-5	(4.2)			이중구연, 단사선문
	7-6	(6.6)			공렬문, 구순각목문
4호	7-7	(6.6)			이중구연, 단사선문
	7-8	8.5	25.0	10.4	공렬문, 구순각목문
	7-9	(4.0)			단사선문, 구순각목문
	7-10	24.0	7.2	6.8	
5호	7-11	(57.0)	50.0		이중구연, 단사선문, 구순각목문
	7-12	(9.0)	23.7		구순각목문
	8-1	(25.2)	39.4		구순각목문
6호	8-2	(4.2)	15.0		공렬문
	8-3	(28.0)			이중구연, 단사선문
7호	8-4	(7.0)			이중구연, 단사선문
8호	8-5	(7.2)	8.4		적색마연

석기 속성일람

유구번호	도면번호	종류	길이	폭	두께	석재	비고
1호	6-9	석부	9.8	2.5	2.9	셰일	양인
2호	6-11	석촉	(5.7)	1.65	0.8	셰일	이단경식
	6-12	석촉	(9.0)	0.75	0.8	혼펠스	이단경식
5호	7-13	석도	4.5	9.8	0.7	점판암	
	7-14	석도	4.0	(7.5)	0.7	점판암	

1. 당진 자개리 I 유적
2. 당진 자개리 II 유적

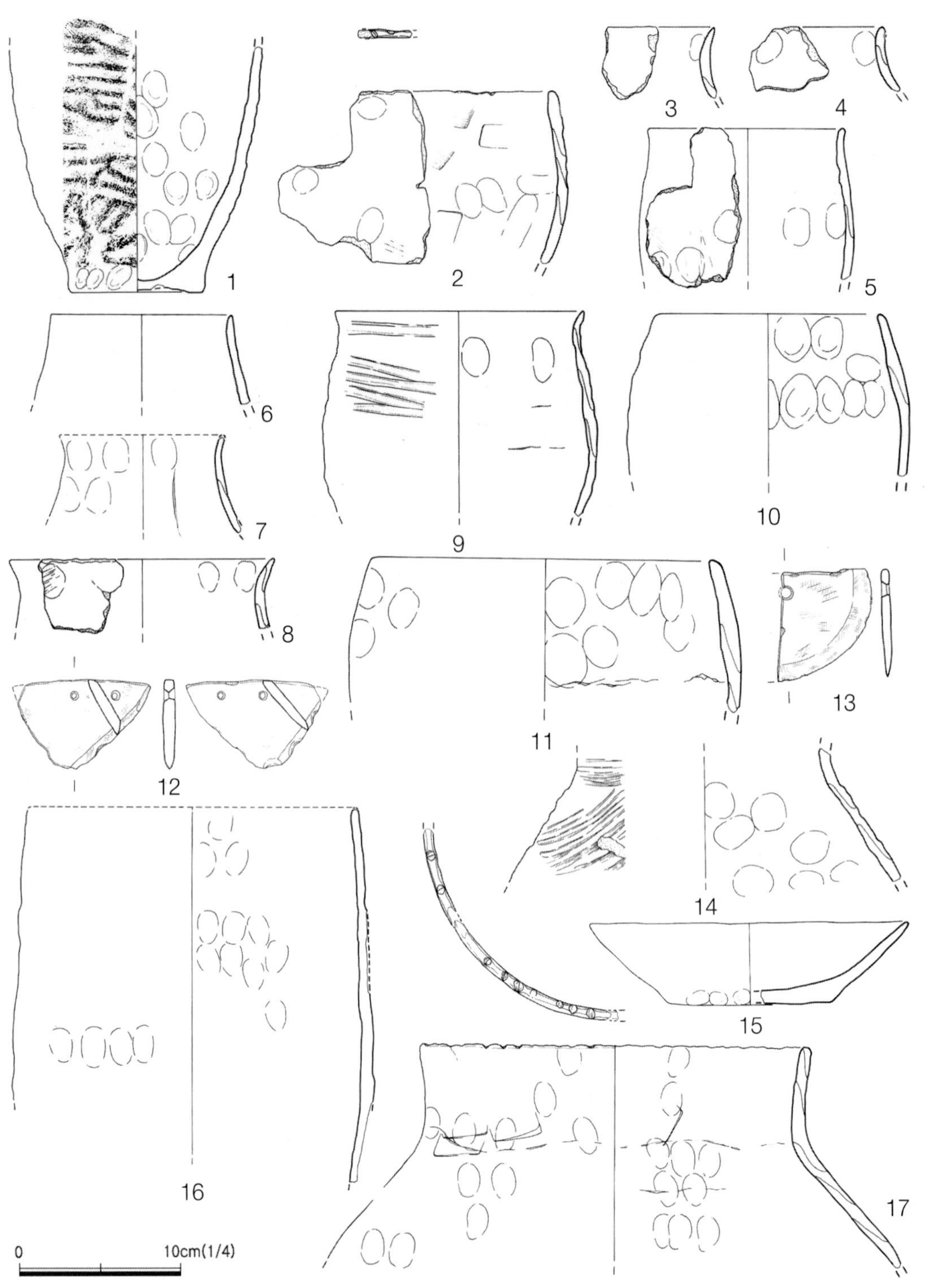

〈도면 9〉 당진 자개리 I 유적(1호 : 1~11 / 3호 : 12 / 4호 : 13~15 / 5호 : 16~17)

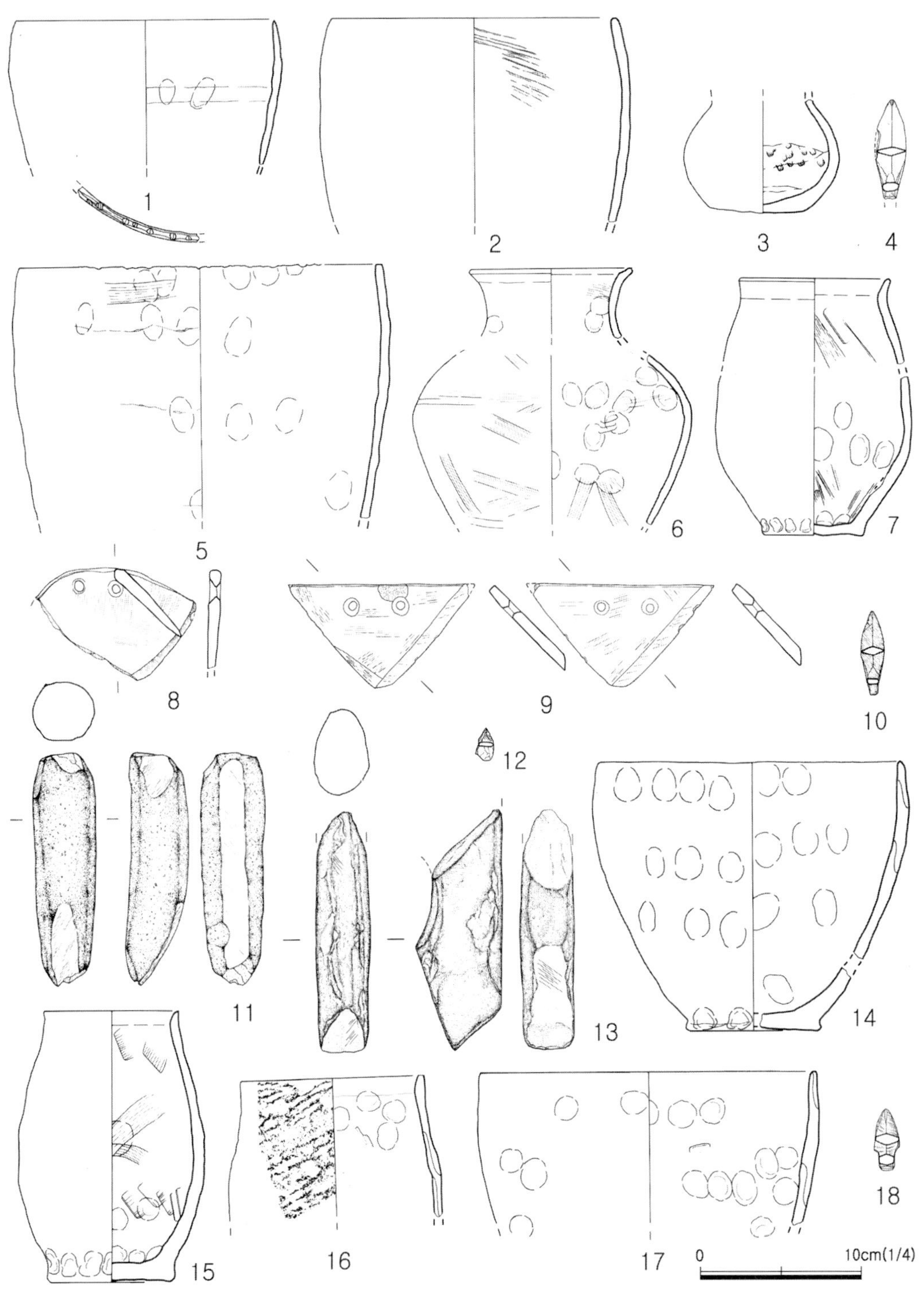

〈도면 10〉 당진 자개리 I 유적(6호 : 1~6 / 8호 : 7~11 / 9호 : 12~14 / 10호 : 15~18)

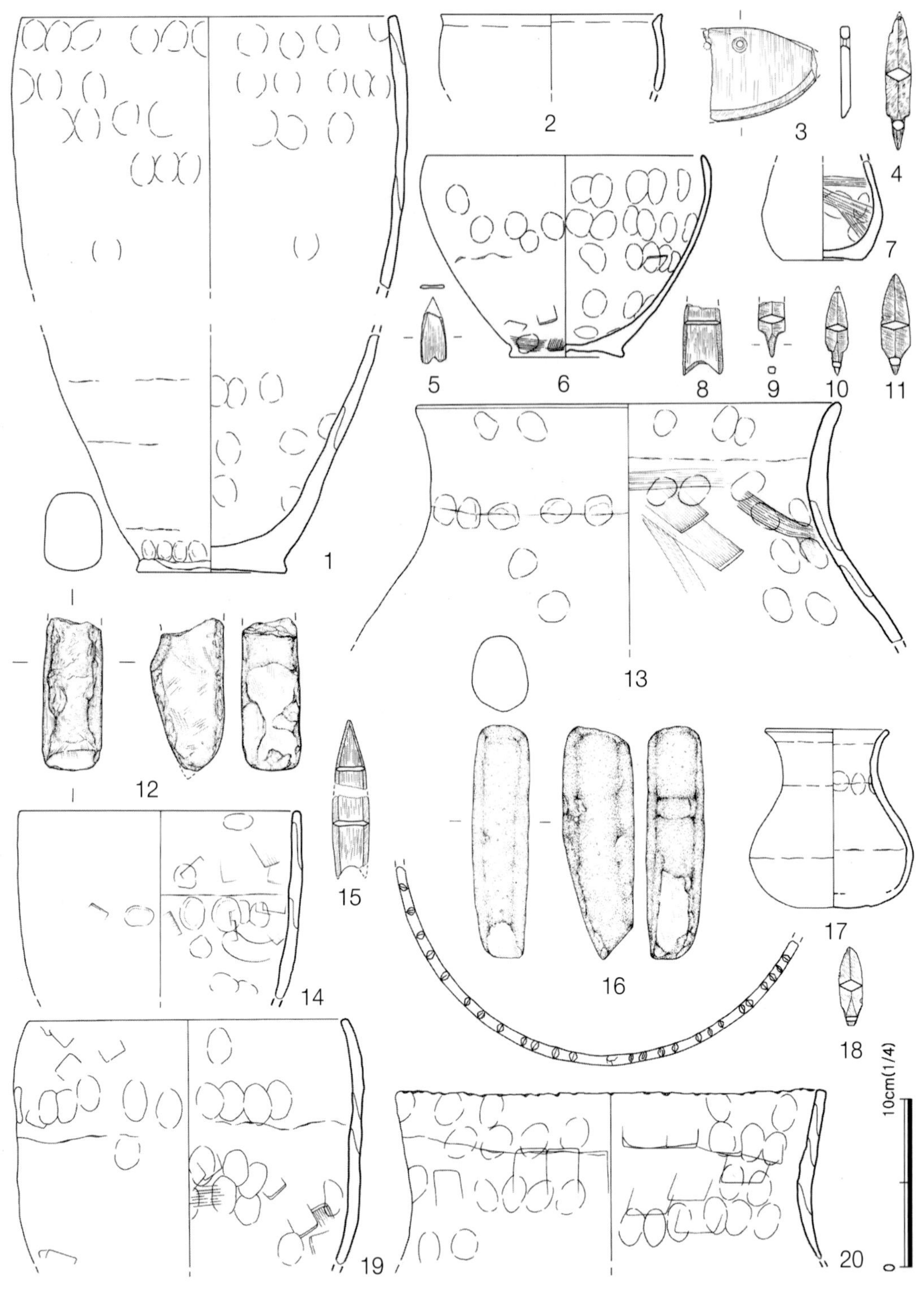

〈도면 11〉 당진 자개리 I 유적(11호 : 1~2 / 12호 : 3~4 / 19호 : 5~6 / 21호 : 7~11 / 22호 : 12~14 / 23호 : 15 / 26호 : 16~17 / 27호 : 18~20)

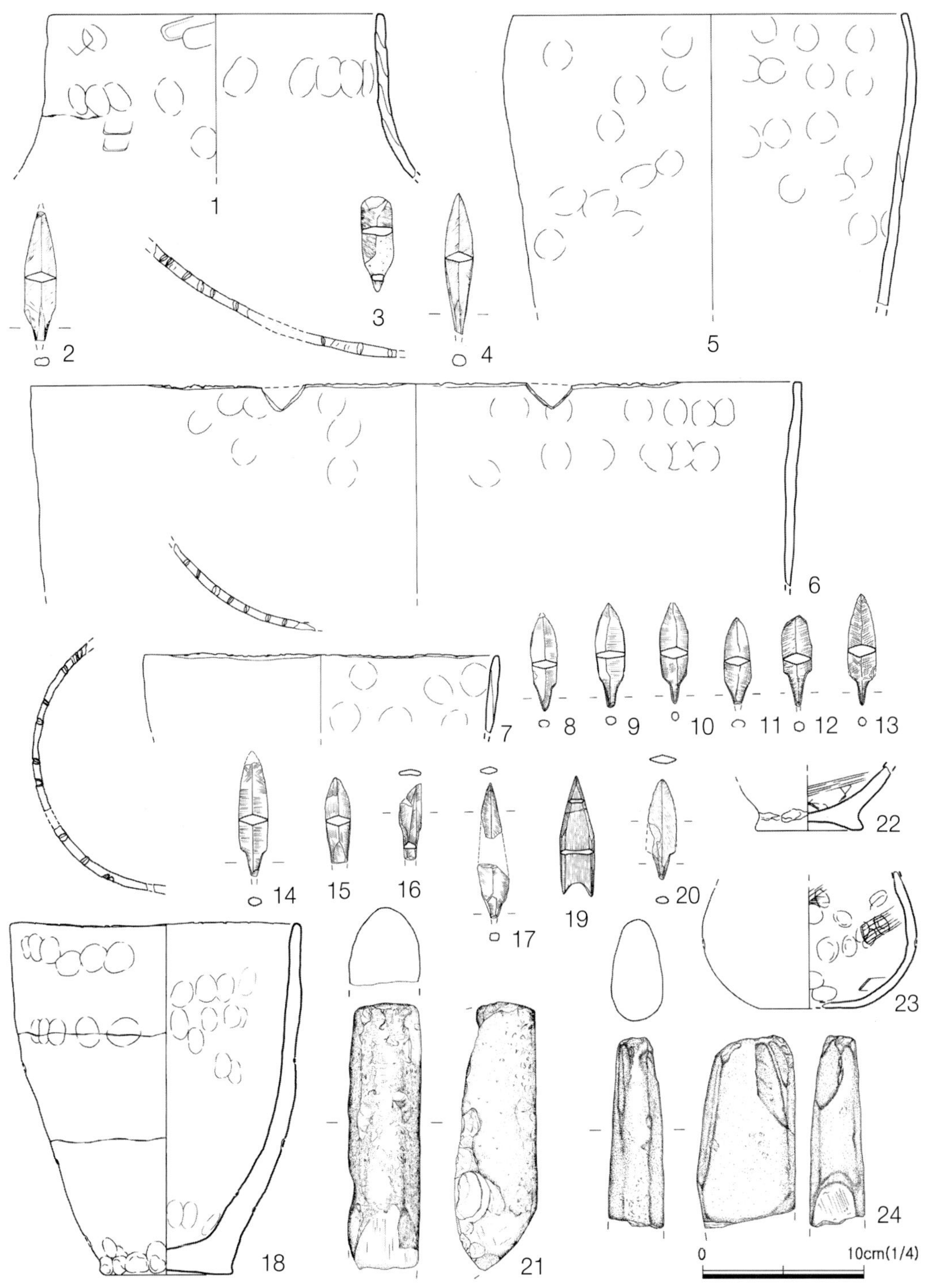

〈도면 12〉 당진 자개리 I 유적(28호 : 1~4 / 29호 : 5~7 / 31호 : 8~17 / 32호 : 18 / 33호 : 19~20 / 34호 : 21 / 35호 : 22~24)

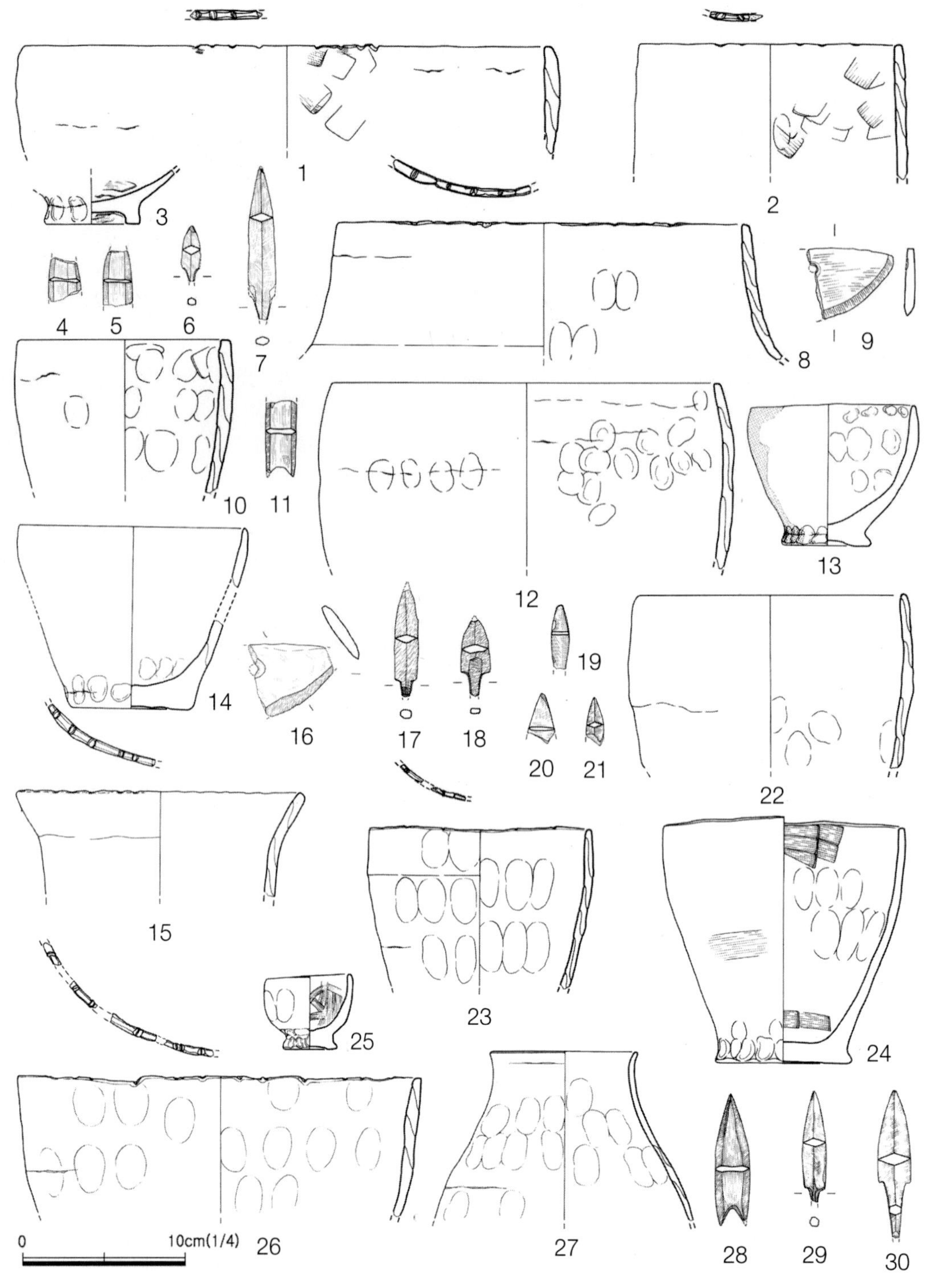

〈도면 13〉 당진 자개리 I 유적(37호 : 1~3 / 38호 : 4~7 / 39호 : 8~11 / 40호 : 12 / 41호 : 13~16 / 42호 : 17~18 / 48호 : 19~22 / 49호 : 23~24 / 50호 : 25~30)

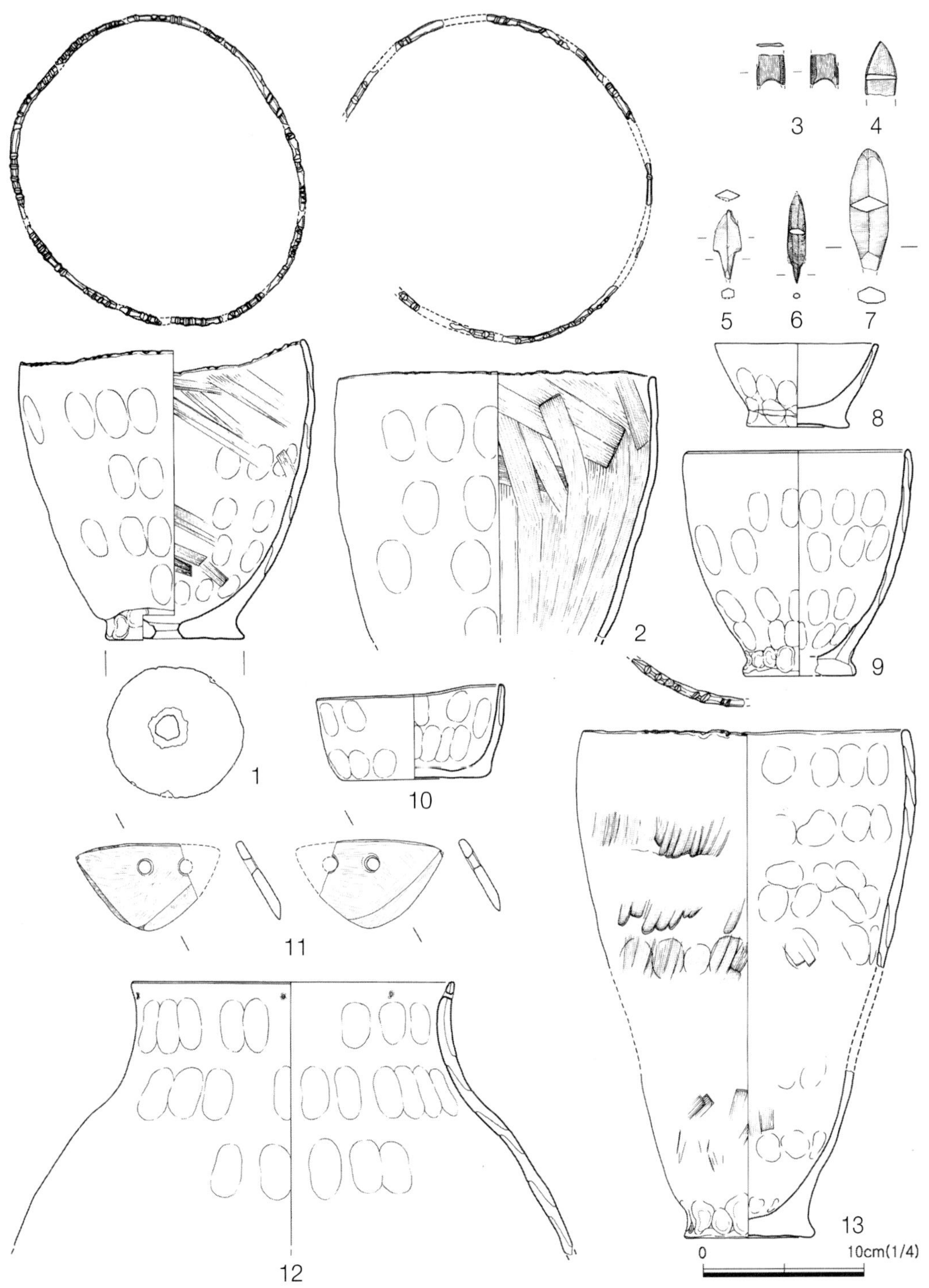

〈도면 14〉 당진 자개리 I 유적(51호 : 1~2 / 53호 : 3~7 / 54호 : 8~13)

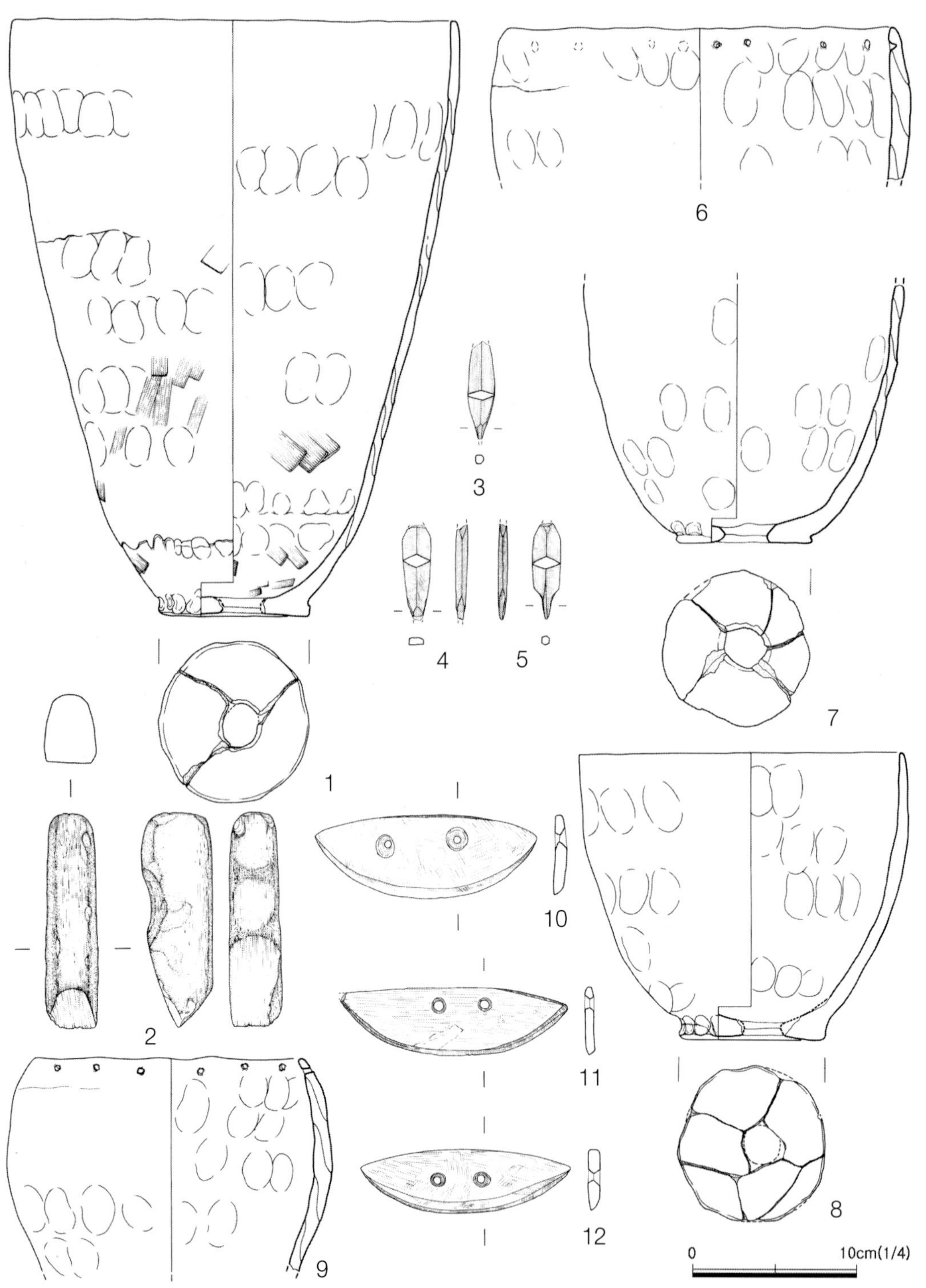

〈도면 15〉 당진 자개리 I 유적(54호 : 1~2 / 55호 : 3~5 / 58호 : 6~12)

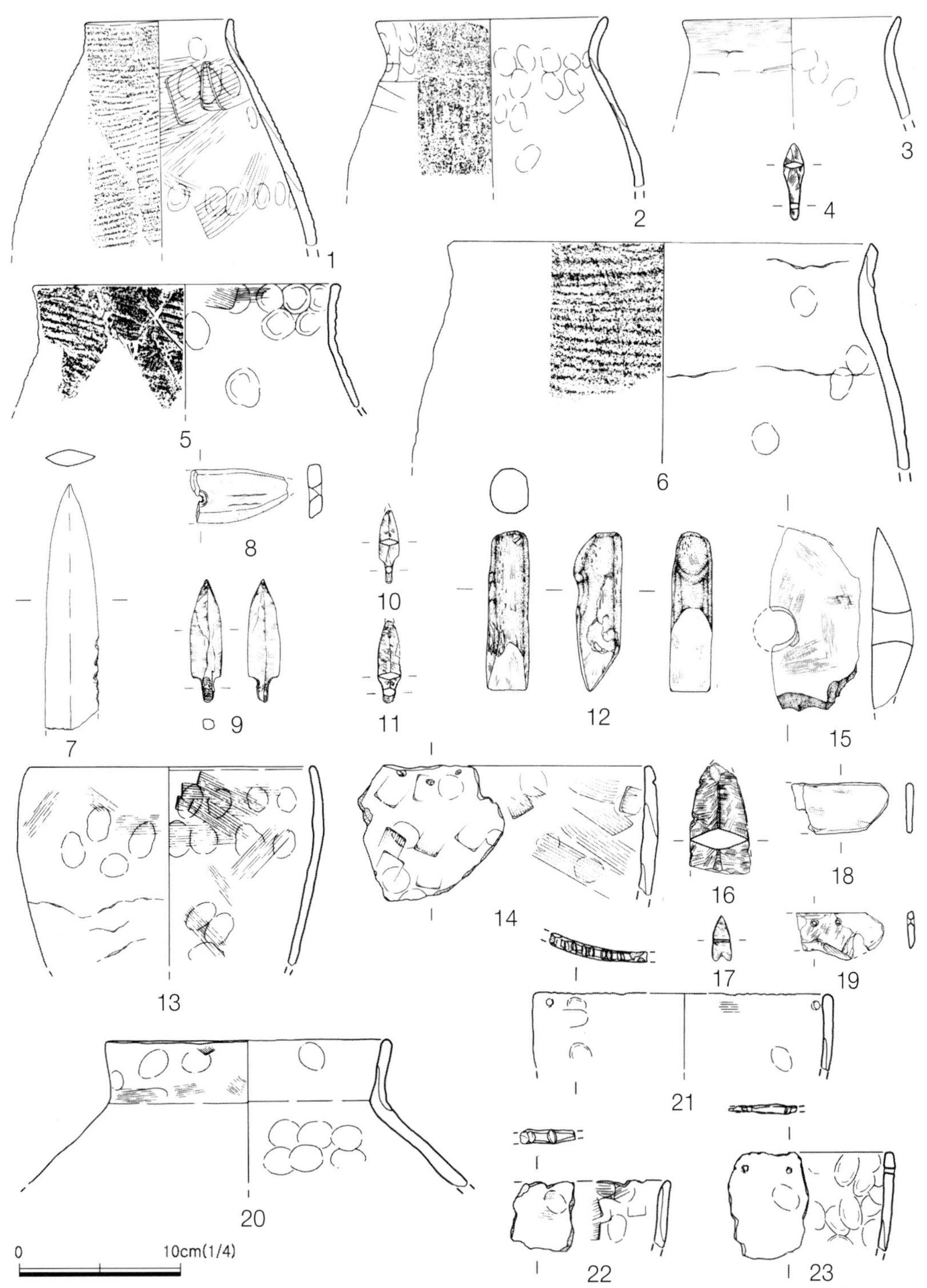

〈도면 16〉 당진 자개리Ⅱ유적(1호 : 1~4 / 2호 : 5 / 3호 : 6 / 4호 : 7~11 / 5호 : 12 / 7호 : 13 / 8호 : 14~15 /
14호 : 16~18 / 19호 : 19~23)

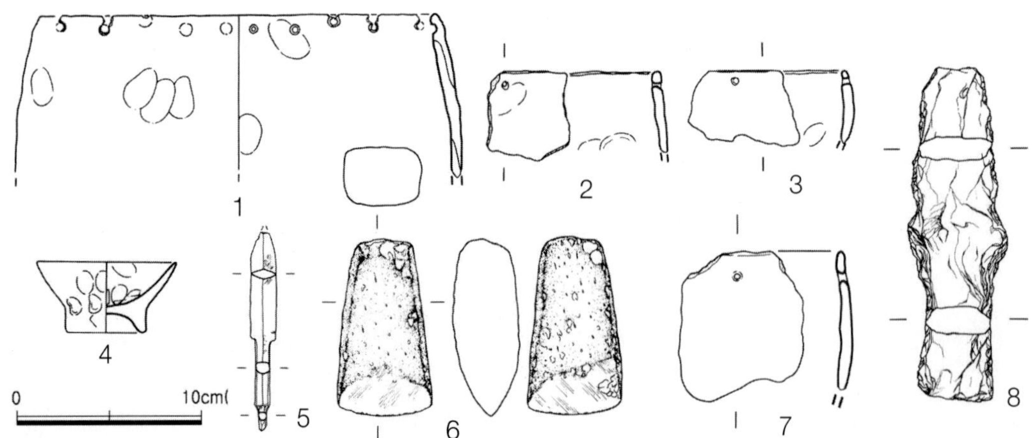

〈도면 17〉 당진 자개리Ⅱ유적(19호 : 1~4 / 20호 : 5 / 21호 : 6~8)

당진지역 유물 속성일람표

당진 자개리 I 유적					

토기 속성일람

유구번호	도면번호	기고(잔존)	구경	저경	비고
1호	9-1	(14.8)		8.4	
	9-2	(10.4)			구순각목문
	9-3	(4.4)			
	9-4	(3.6)			
	9-5	(9.2)	12.0		
	9-6	(6.0)	11.2		
	9-7	(5.6)	10.0		
	9-8	(4.0)			
	9-9	(12.0)			
	9-10	(9.6)	14.0		
	9-11	(8.8)			
4호	9-14	(7.6)			
	9-15	4.8	19.6	10.0	
5호	9-16	(13.2)	24.0		구순각목문
	9-17	(22.4)	20.4		
6호	10-1	(9.6)	16.0		
	10-2	(12.8)	17.6		
	10-3	(7.2)		6.4	흑색마연
	10-5	(15.2)	22.0		구순각목문
	10-6	(15.2)	10.0		

8호	10-7	(15.2)	9.6	6.0	
9호	10-14	16.0	18.4	8.4	
10호	10-15	16.0	8.4	7.6	
	10-16	(9.2)	11.2		
	10-17	(10.0)	20.4		
11호	11-1	(33.2)	15.2	9.2	
	11-2	(5.2)	13.6		
19호	11-6	12.0	17.2	6.8	흑색마연
21호	11-7	(6.0)		4.8	
22호	11-13	(15.2)	26.0		
	11-14	(11.8)	18.0		
26호	11-17	(10.8)	7.6	4.8	
27호	11-19	(15.2)	19.6		
	11-20	(10.8)	26.4		구순각목문
28호	12-1	(10.0)	20.4		
29호	12-5	(18.0)	24.0		
	12-6	(13.2)	47.2		구순각목문
	12-7	(5.2)	21.6		구순각목문
32호	12-18	20.8	17.6	8.0	구순각목문
35호	12-22	(8.0)		6.0	마연
	12-23	(4.0)		4.8	마연
37호	13-1	(4.8)	32.8		구순각목문
	13-2	(8.0)	16.0		구순각목문
	13-3	(3.2)		6.0	
39호	13-8	(8.4)	25.2		구순각목문
	13-10	(5.6)	13.2		
40호	13-12	(11.6)	24.0		
41호	13-13	8.4	10.0	5.6	
	13-14	10.8	14.0	7.6	
	13-15	(6.4)	17.6		구순각목문
48호	13-22	(10.8)	16.8		
49호	13-23	(10.0)	13.6		구순각목문
	13-24	14.8	14.4	8.4	
50호	13-25	4.4	5.6	3.2	
	13-26	(8.8)	24.8		구순각목문
	13-27	(10.8)	8.8		
51호	14-1	17.2	18.0	8.4	구순각목문
	14-2	(16.0)	19.2		구순각목문
54호	14-8	5.0	10.0	5.4	
	14-9	17.4	14.0	6.8	
	14-10	5.2	11.4	8.8	
	14-12	(16.4)	19.6		
	14-13	(30.0)	20.4	8.0	구순각목문
	15-1	36.0	27.6	9.6	

	15-6	(9.6)	24.0		공렬문	
58호	15-7	(16.0)		8.4		
	15-8	13.2	20.0	8.8		
	15-9	(13.2)	16.8		공렬문	

석기 속성일람

유구번호	도면번호	종류	길이	폭	두께	석재	비고
3호	9-12	석도	5.2	8.0	0.8	중성맥암	삼각형
4호	9-13	석도	6.4	7.2	0.5	섬록반암	
6호	10-4	석촉	5.6	2.0	0.4	셰일	
8호	10-8	석도	9.6	6.0	0.6	편암	
	10-9	석도	11.2	6.0	0.6	유문암	삼각형
	10-10	석촉	4.8	1.6	0.4	셰일	일단경식
	10-11	석부	13.6	4.0	3.6	화강암	주상편인
9호	10-12	석촉	2.0	0.8	0.2	규장암	
	10-13	석부	14.4	3.2	3.2	미사암	유구
10호	10-18	석촉	3.6	1.6	0.6	점판암	일단경식
12호	11-3	석도	5.2	6.8	0.4	규장암	어형
	11-4	석촉	8.0	0.8	0.8	셰일	일단경식
19호	11-5	석촉	3.6	1.6	0.6	점판암	삼각만입
21호	11-8	석촉	4.0	2.4	0.3	셰일	삼각만입
	11-9	석촉	3.2	1.6	0.4	셰일	일단경식
	11-10	석촉	5.2	1.2	0.4	셰일	일단경식
	11-11	석촉	6.0	1.8	0.3	셰일	일단경식
22호	11-12	석부	9.2	3.6	4.4	응회암	유구
23호	11-15	석촉	9.2	2.0	0.25	셰일	삼각만입
26호	11-16	석부	14.0	3.6	4.4	편마암	주상편인
27호	11-18	석촉	4.6	1.6	0.8	셰일	일단경식
28호	12-2	석촉	7.6	2.0	0.5	셰일	일단경식
	12-3	석촉	5.6	2.0	0.4	셰일	일단경식
	12-4	석촉	8.0	1.6	0.5	셰일	일단경식
31호	12-8	석촉	6.0	1.6	0.4	셰일	일단경식
	12-9	석촉	6.0	1.8	0.3	셰일	일단경식
	12-10	석촉	6.0	1.8	0.5	셰일	일단경식
	12-11	석촉	5.2	1.6	0.4	셰일	일단경식
	12-12	석촉	5.6	1.2	0.4	셰일	일단경식
	12-13	석촉	6.4	1.6	0.4	셰일	일단경식
	12-14	석촉	7.6	1.6	0.4	셰일	일단경식
	12-15	석촉	5.2	1.6	0.4	셰일	
	12-16	석촉	4.4	1.2	0.2	셰일	일단경식
	12-17	석촉	8.0	2.0	0.3	셰일	
33호	12-19	석촉	7.2	2.0	0.2	셰일	삼각만입
	12-20	석촉	6.0	2.0	0.4	셰일	일단경식
34호	12-21	석부	16.0	5.0	4.4	용결응회암	주상편인

유구번호	도면번호						
35호	12-24	석부	11.2	3.1	5.9	셰일	유구
38호	13-4	석촉	2.8	2.0	0.2	셰일	삼각만입
	13-5	석촉	3.2	1.6	0.2	셰일	삼각만입
	13-6	석촉	3.2	1.2	0.4	셰일	일단경식
	13-7	석촉	9.2	1.6	0.4	셰일	일단경식
39호	13-9	석도	4.0	5.2	0.6	염기성맥암	
	13-11	석촉	4.4	2.0	0.3	셰일	삼각만입
41호	13-16	석도	4.4	5.2	0.8	운모편암	일단경식
42호	13-17	석촉	6.8	1.4	0.4	셰일	일단경식
	13-18	석촉	4.8	1.8	0.4	셰일	일단경식
48호	13-19	석촉	3.6	1.0	0.2	셰일	
	13-20	석촉	2.8	1.6	0.2	셰일	
	13-21	석촉	2.8	1.0	0.4	셰일	
50호	13-28	석촉	8.0	2.0	0.2	셰일	삼각만입
	13-29	석촉	6.8	1.4	0.4	셰일	일단경식
	13-30	석촉	8.8	2.0	0.4	셰일	일단경식
53호	14-3	석촉	2.0	1.6	0.1	셰일	삼각만입
	14-4	석촉	3.2	2.0	0.2	셰일	
	14-5	석촉	4.0	1.6	0.4	셰일	일단경식
	14-6	석촉	5.6	1.2	0.3	셰일	일단경식
	14-7	석촉	7.2	2.4	0.8	셰일	
54호	14-11	석도	5.2	8.8	0.65	안산암	삼각형
	15-2	석부	12.8	4.4	3.2	화강섬록암	유구
55호	15-3	석촉	4.0	1.6	0.4	셰일	일단경식
	15-4	석촉	5.6	1.2	0.3	셰일	
	15-5	석촉	3.2	2.0	0.2	셰일	일단경식
58호	15-10	석도	4.8	13.6	0.7	편암	주형
	15-11	석도	4.0	13.8	0.6	편암	주형
	15-12	석도	3.6	12.8	0.7	편암	주형

당진 자개리 II 유적

토기 속성일람

유구번호	도면번호	기고(잔존)	구경	저경	비고
1호	16-1	(14.4)	9.2		
	16-2	(14.8)	14.0		
	16-3	(6.4)	13.6		
2호	16-5	(8.0)	18.8		
3호	16-6	(14.0)	26.4		
7호	16-13	(12.8)	18.0		
8호	16-14	(8.0)			공렬문
19호	16-20	(9.2)	17.6		
	16-21	(5.2)	18.4		구순각목문, 공렬문
	16-22	(4.4)			구순각목문

유구번호	도면번호				비고
	16-23	(5.0)			구순각목문, 공렬문
	17-1	(19.0)	22.0		공렬문
	17-2	(4.0)			공렬문
	17-3	(3.6)			공렬문
	17-4	3.6	7.2	4.4	
21호	17-7	(8.0)			공렬문

석기 속성일람

유구번호	도면번호	종류	길이	폭	두께	석재	비고
1호	16-4	석촉	4.4	1.2	0.4	셰일	
4호	16-7	석검	14.8	3.2	0.9		
	16-8	석도	3.2	6.0	0.8		
	16-9	석촉	7.2	2.0	0.6	셰일	일단경식
	16-10	석촉	4.4	1.2	0.4	셰일	일단경식
	16-11	석촉	4.8	1.4	0.4	셰일	일단경식
5호	16-12	석부	9.6	2.8	2.6		유구
8호	16-15	석부	10.8	5.6	2.4		환상
14호	16-16	석검	6.8	3.6	1.2		
	16-17	석촉	2.6	1.2	0.15		삼각만입
	16-18	석도	2.8	6.0	0.4		
19호	16-19	석도	2.8	5.2	0.4		
20호	17-5	석촉	10.4	1.6	0.8	셰일	이단경식
21호	17-6	석부	9.2	3.2~5.2	3.2		합인
	17-8	석검	17.6	5.2	3.6		일단경식

아산시

1. 신법리 유적
2. 와우리 유적
3. 군덕리 유적
4. 신달리 유적
5. 덕지리 유적
6. 명암리 유적(11·3-2지점)
7. 명암리 유적(6지점)
8. 갈산리 유적
9. 풍기동 유적
10. 대흥리 큰선장 유적
11. 밤줄길 유적
12. 시전리 유적
13. 용화동 가재골 유적
14. 장재리 안강골1 유적
15. 장재리 안강골2 유적
16. 풍기동 밤줄길 유적

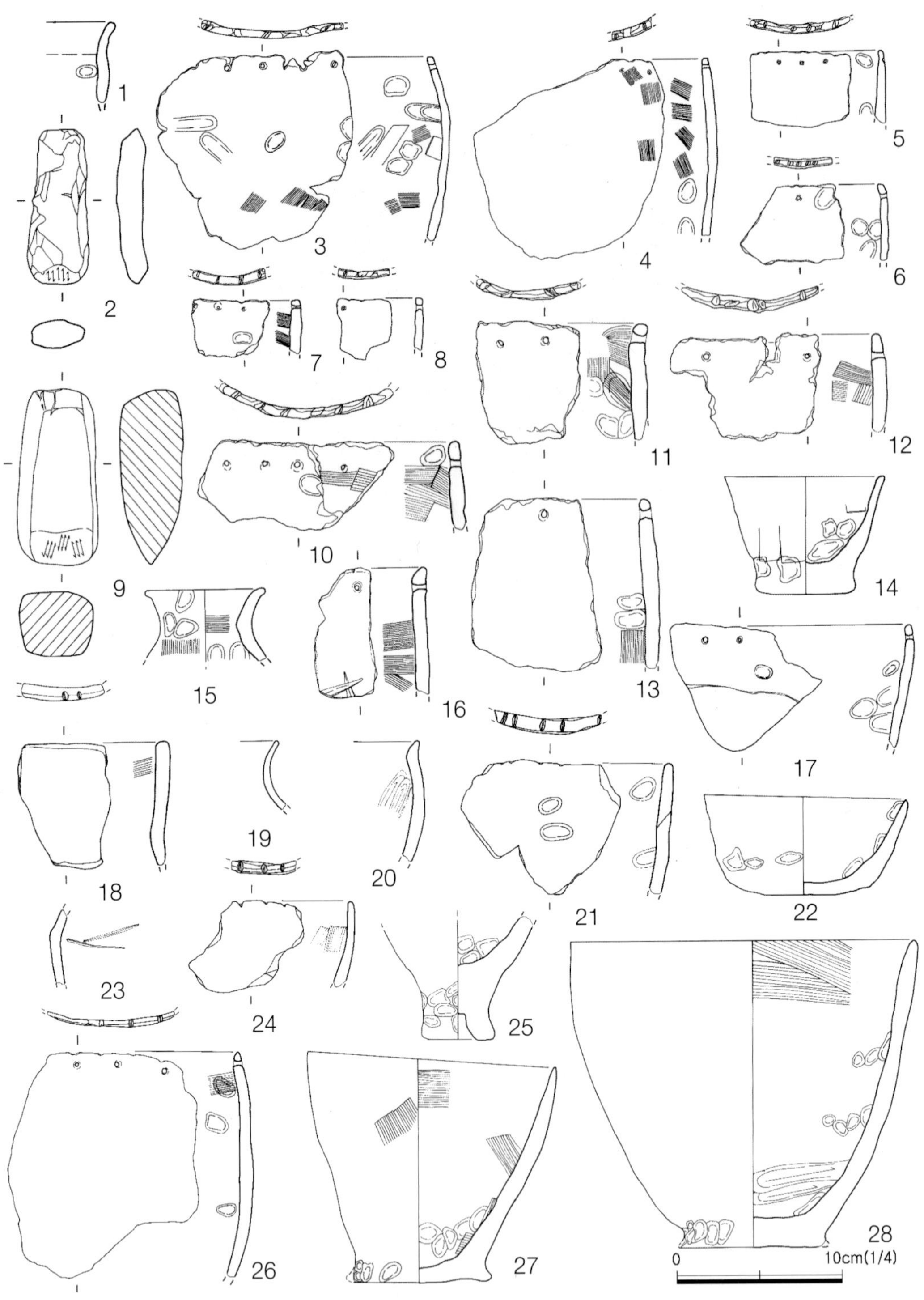

〈도면 18〉 아산 신법리 유적(7호 : 1~2), 아산 와우리유적(1호 : 3~9호 / 2호 : 10~14 / 3호 : 15~18 / 4호 : 19 / 5호 : 20~28)

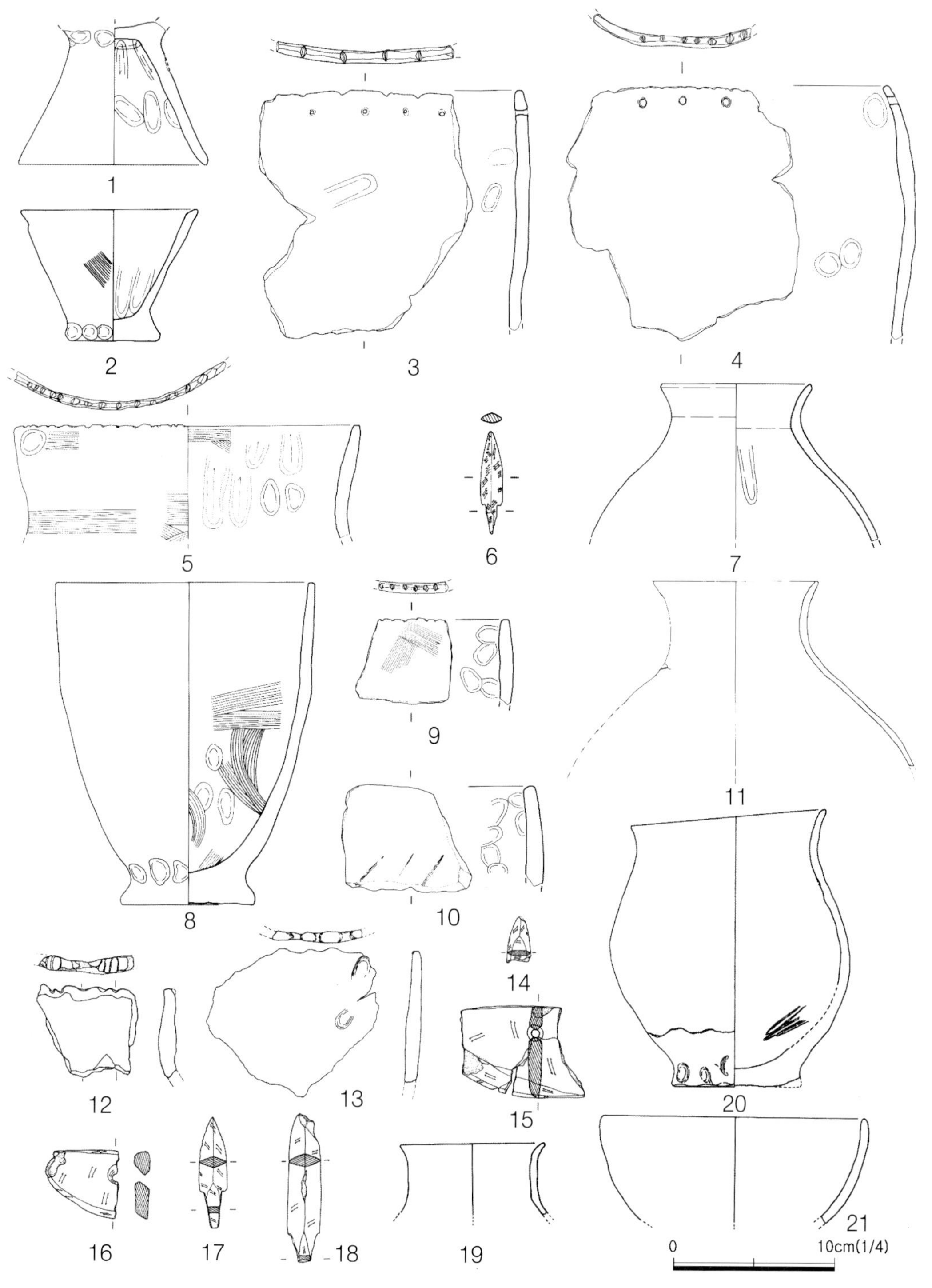

〈도면 19〉 아산 와우리유적(1호 : 1 / 8호 : 2~8 / 9호 : 9~10), 아산 군덕리유적(1호 : 11~13 / 2호 : 14~15 / 3호 : 16~21)

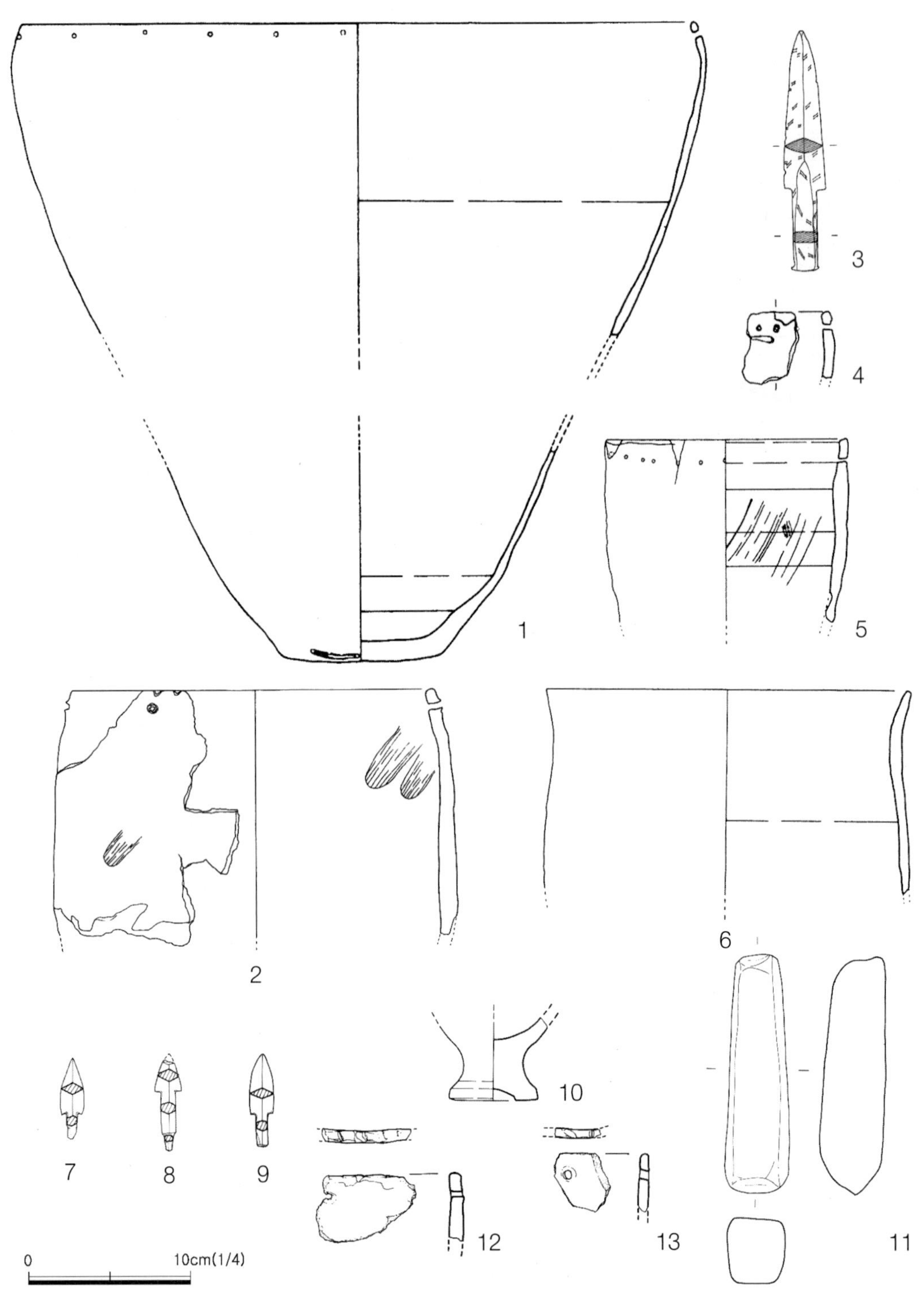

〈도면 20〉 아산 군덕리유적(4호 : 1~2 / 5호 : 3~6), 아산 신달리유적(1호 : 7~8 / 2호 : 9~11 / 3호 : 12~13)

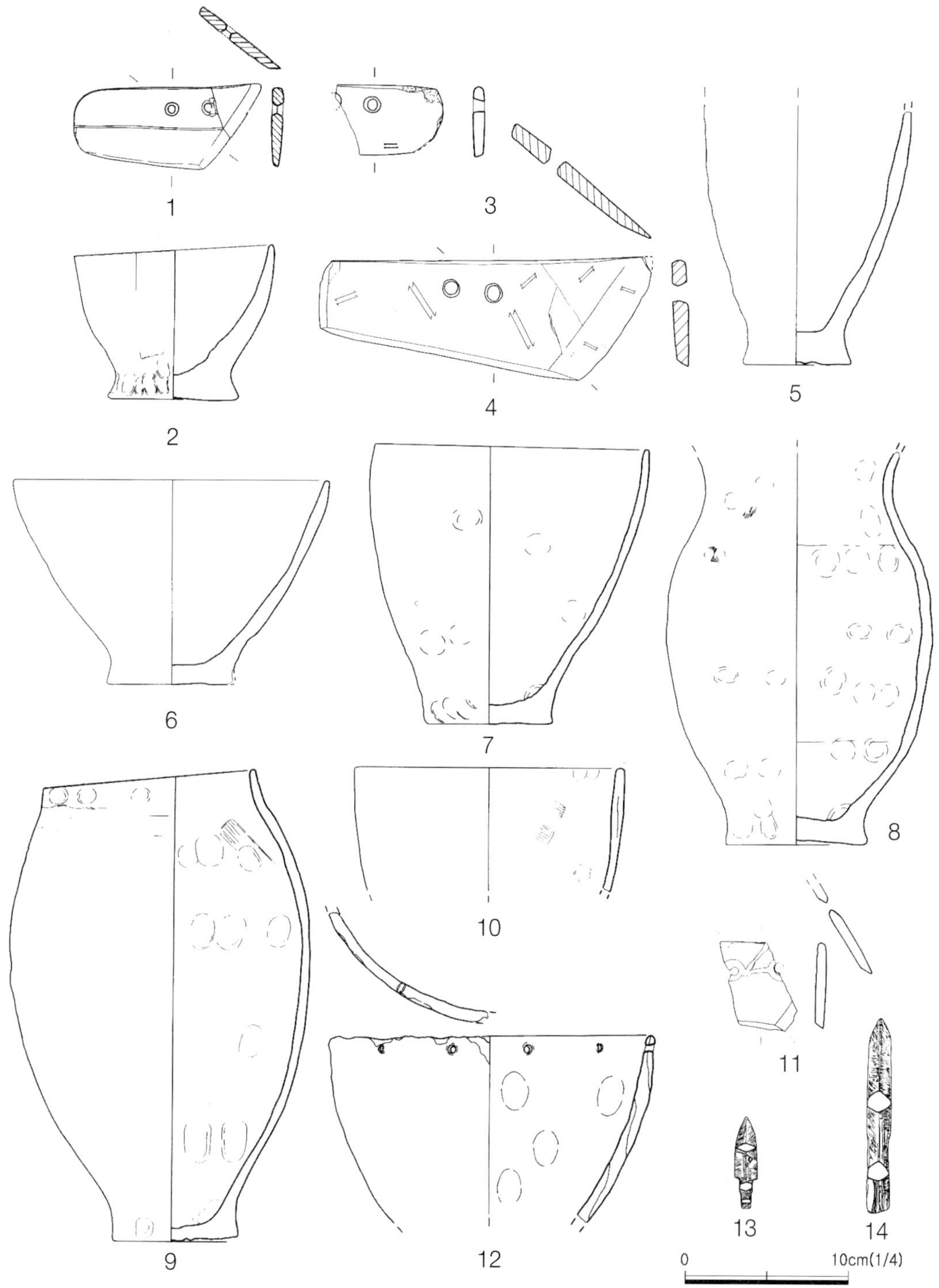

〈도면 21〉 아산 덕지리유적(2호 : 1~2 / 3호 : 3~6 / 4호 : 7~8 / 7호 : 9~11), 아산 명암리유적(2호 : 12~14)

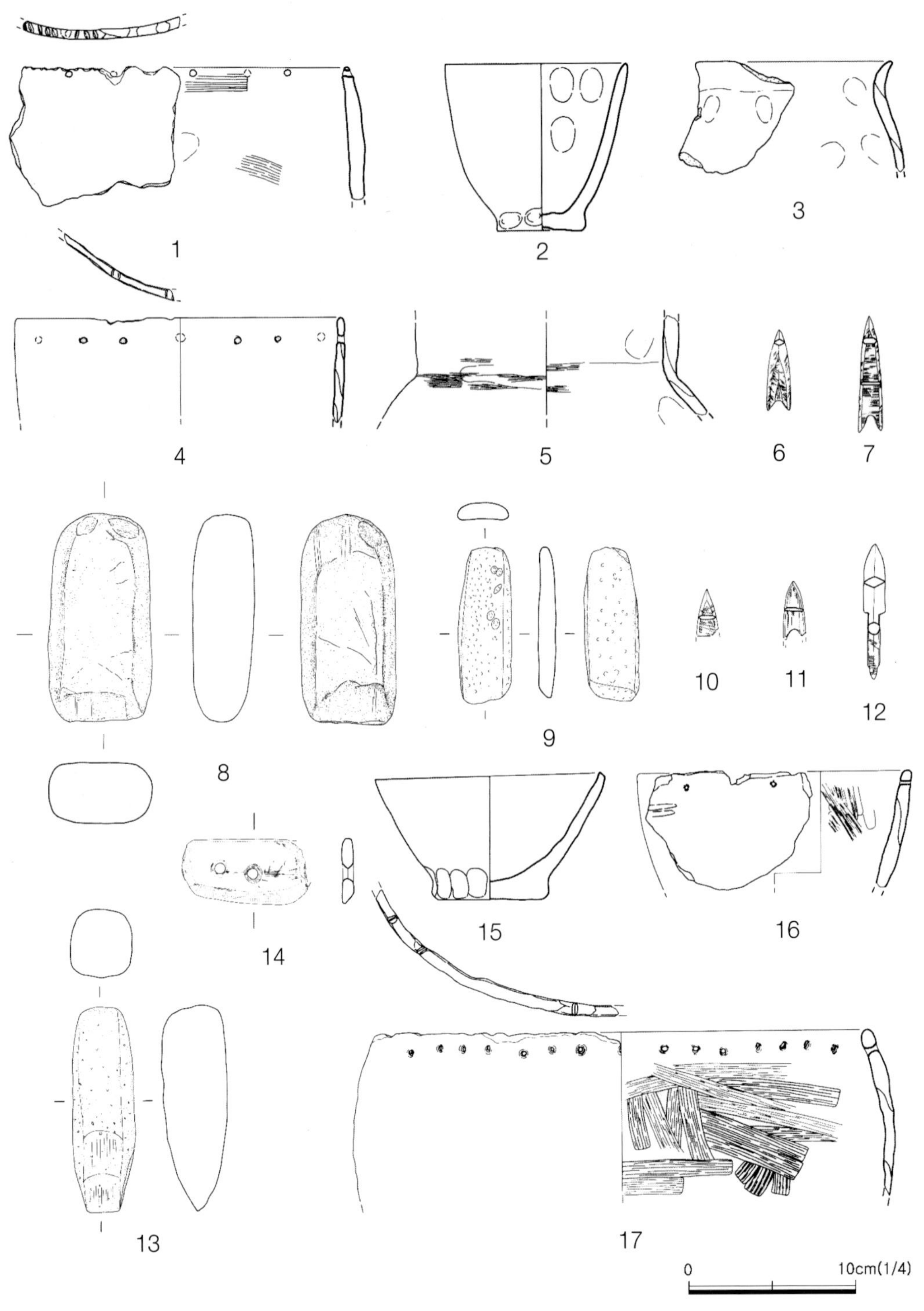

〈도면 22〉 아산 명암리유적 11지점(3호 : 1~8 / 4호 : 9~17)

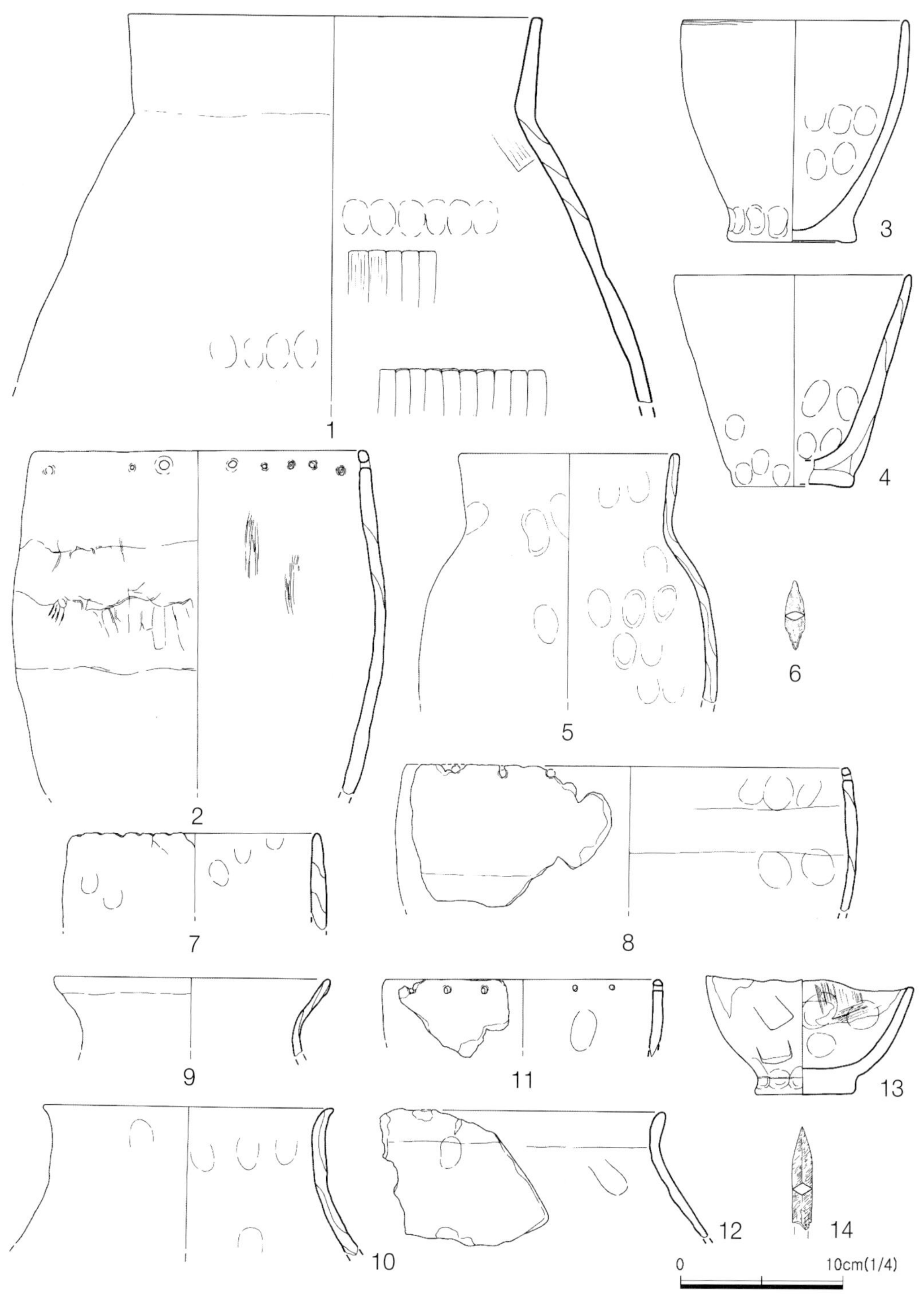

〈도면 23〉 아산 명암리유적 11지점(6호 : 1~2 / 7호 : 3~10 / 10호 : 11~12 / 11호 : 13~14)

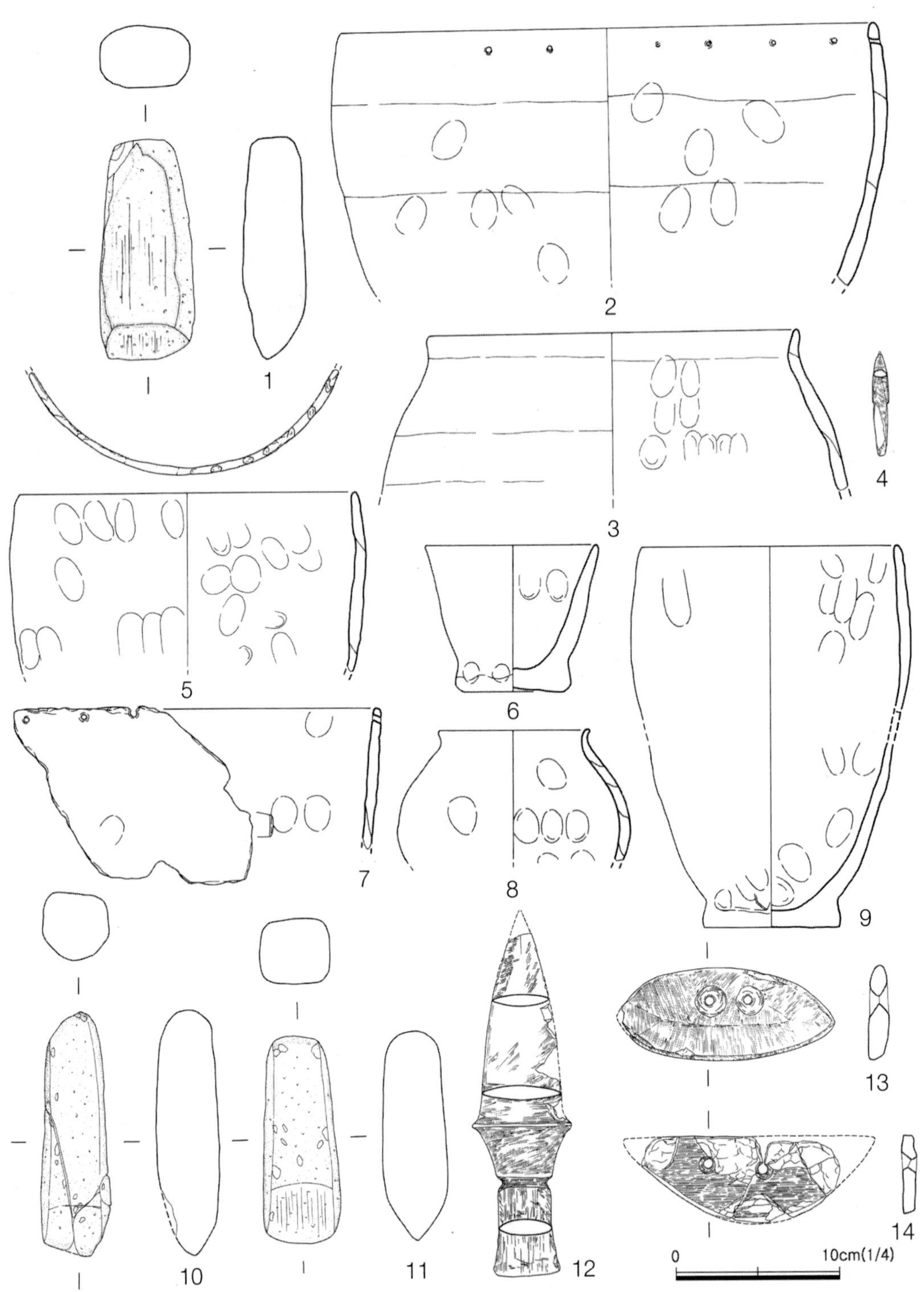

〈도면 24〉 아산 명암리유적 11지점(11호 : 1 / 12호 : 2~3 / 13호 : 4~9 / 14호 : 10~14)

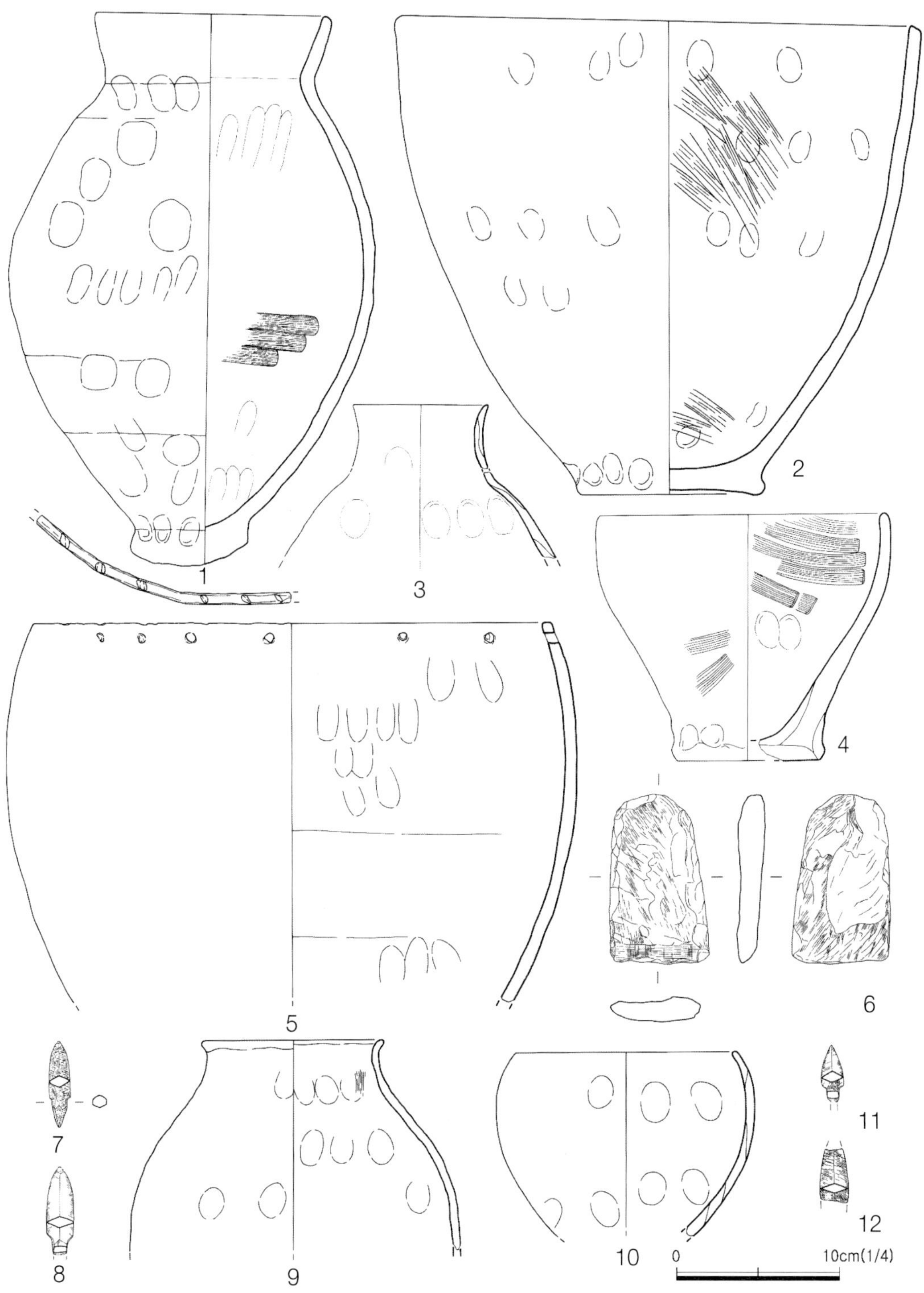

〈도면 25〉 아산 명암리유적 11지점(14호 : 1~5 / 중2호 : 6~8 / 중3호 : 9~10 / 중6호 . 11 / 중7호 : 12)

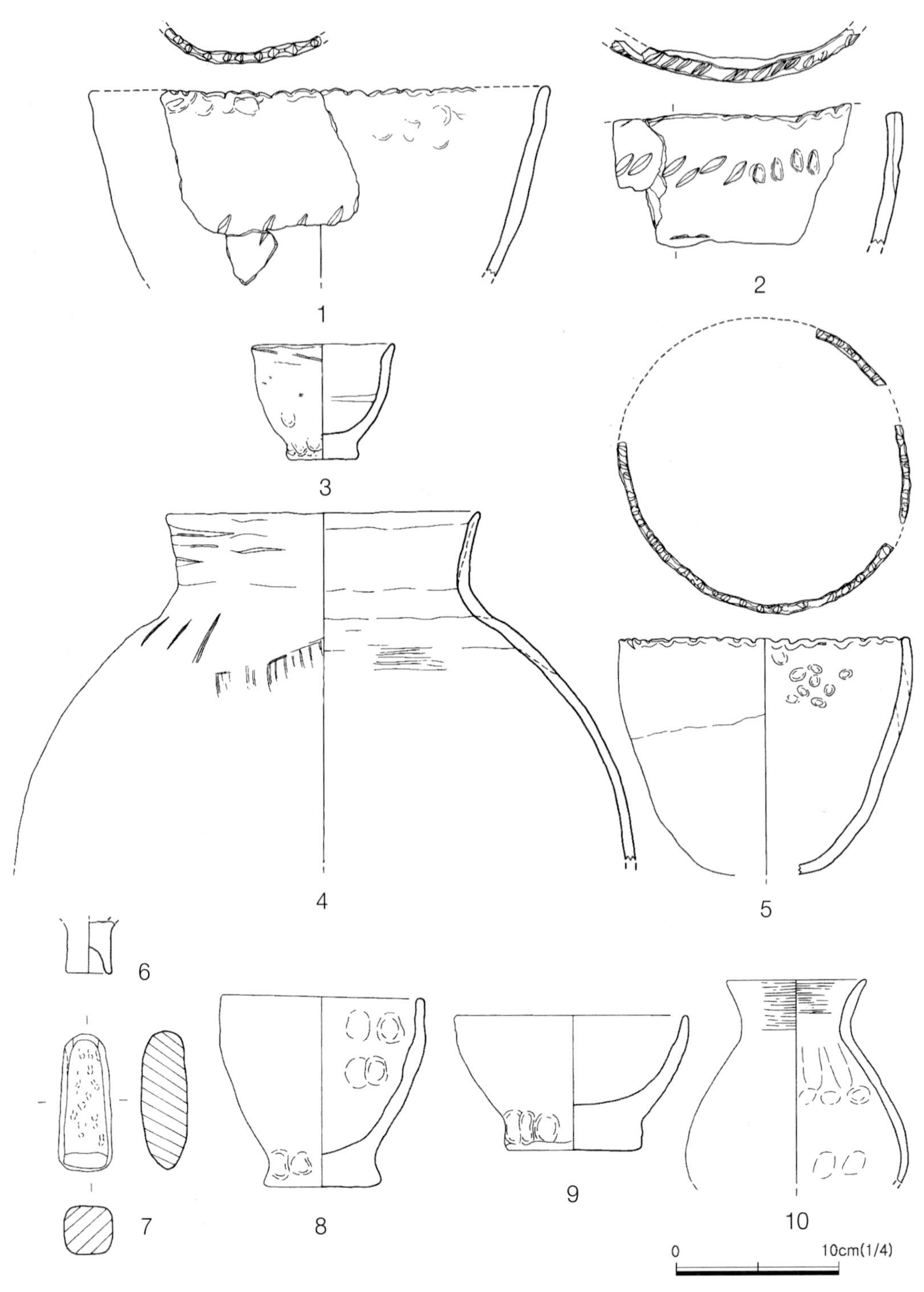

〈도면 26〉 아산 명암리유적 6지점(1호 : 1~5), 아산 갈산리유적(1호 : 6 / 2호 : 7~9 / 3호 : 10)

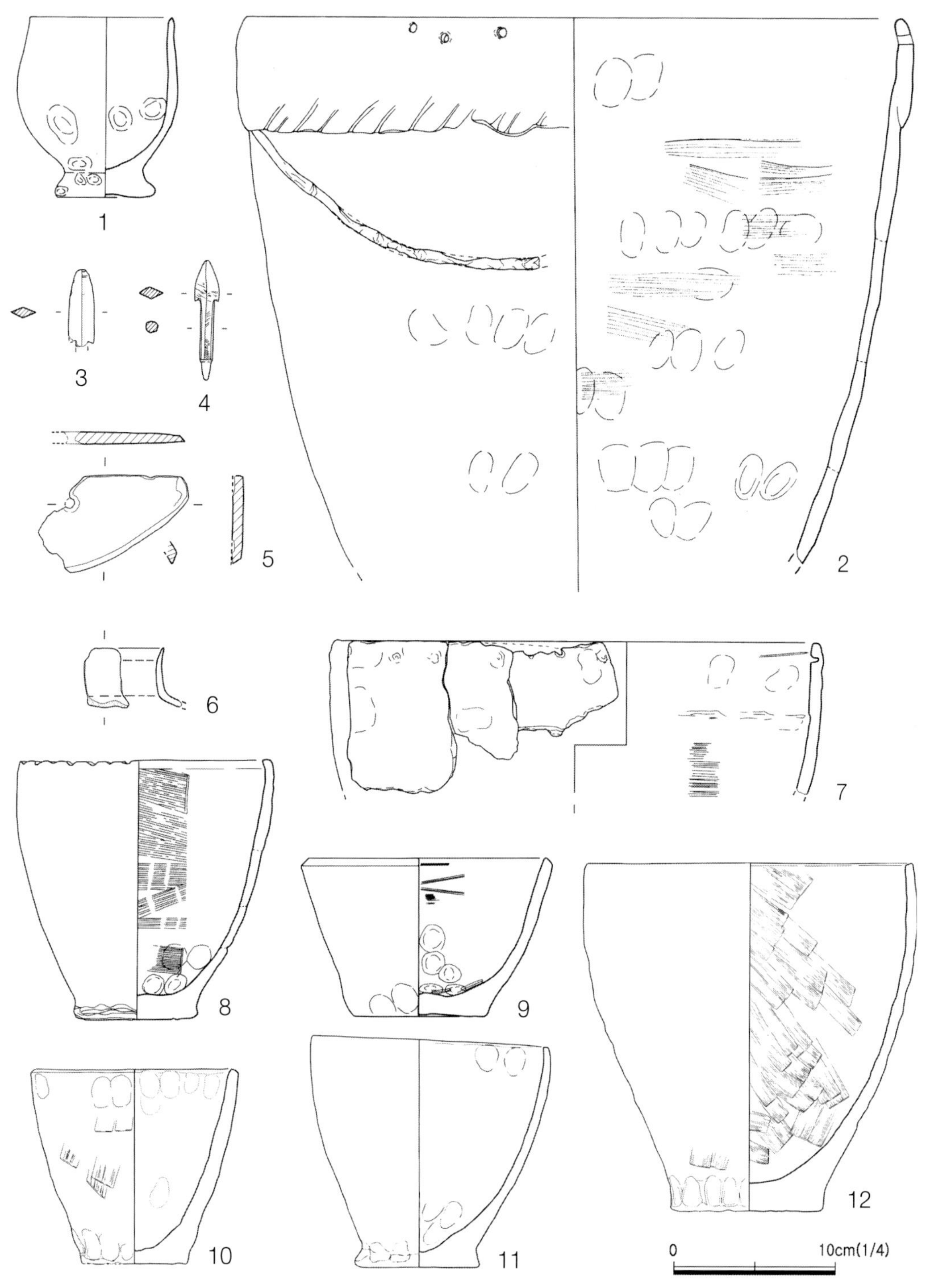

〈도면 27〉 아산 갈산리유적(4호 : 1~2), 아산 풍기동유적(1호 : 3~6 / 2호 : 7~9), 아산 대흥리 큰선장유적(1호 : 10~12)

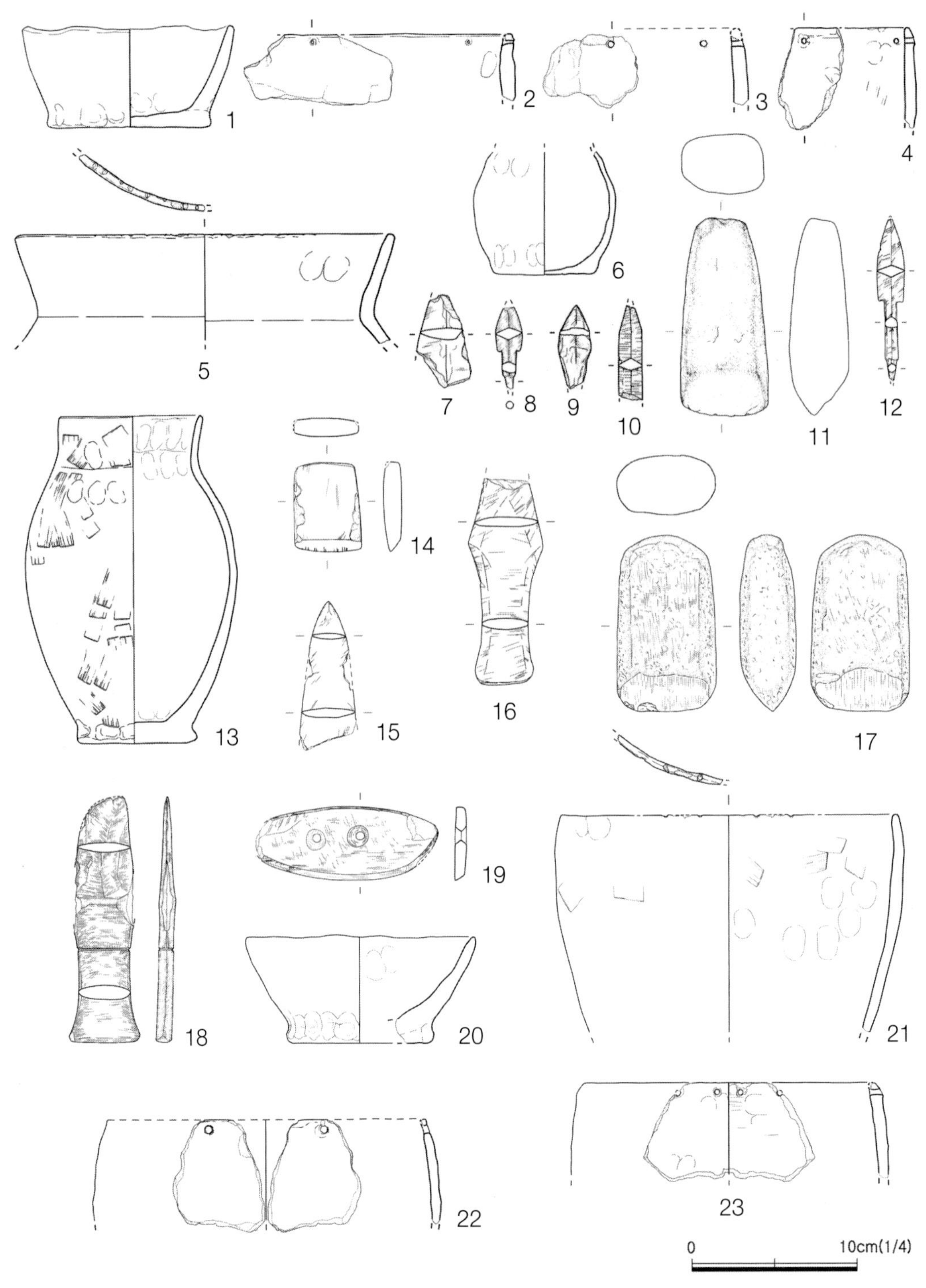

〈도면 28〉 아산 대흥리 큰선장유적(1호 : 1~10 / 2호 : 11~12 / 3호 : 13~16 / 4호 : 17~19 / 5호 : 20~23)

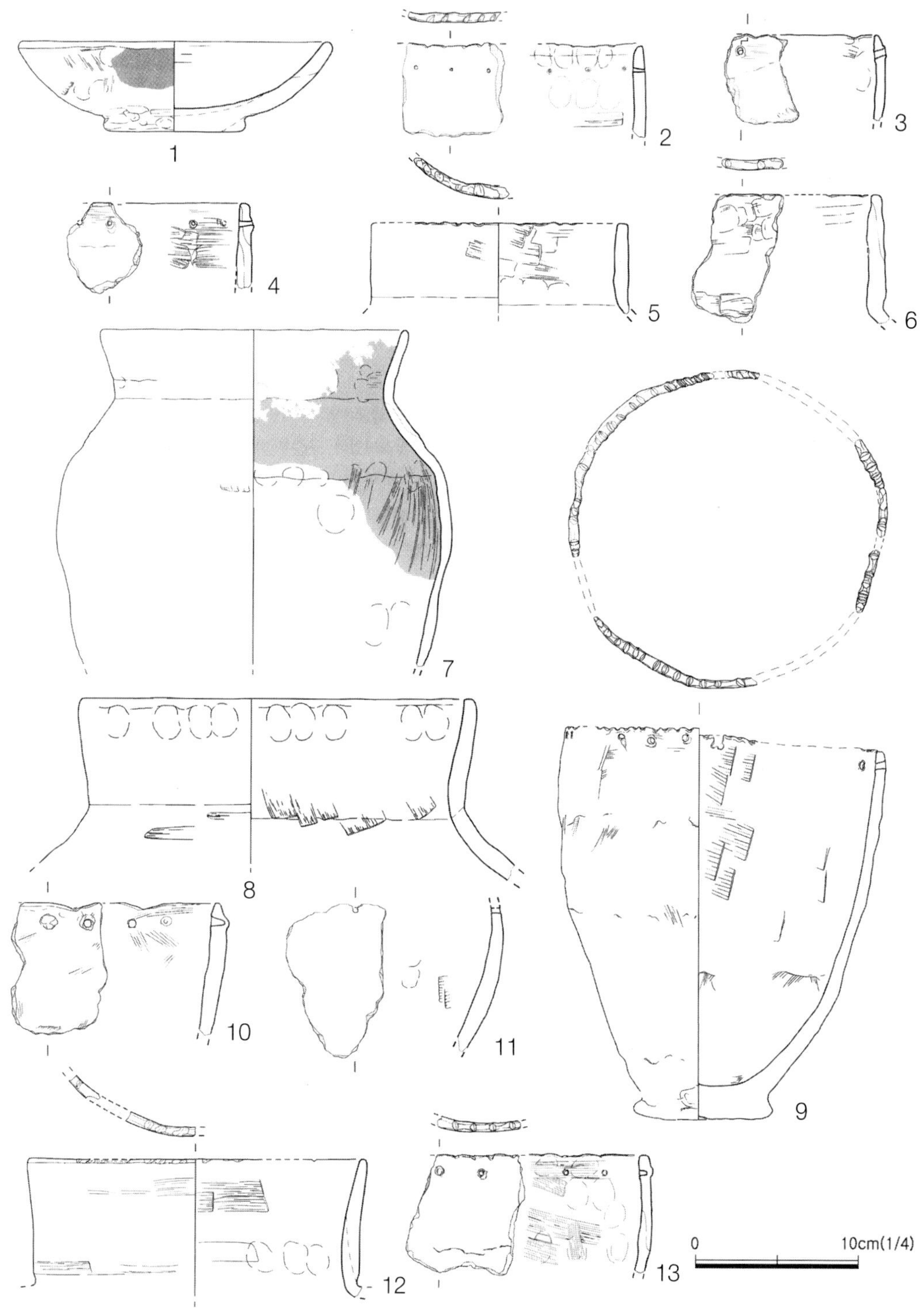

〈도면 29〉 아산 대흥리 큰선장유적(5호 : 1~8 / 7호 : 9~11 / 11호 : 12~13)

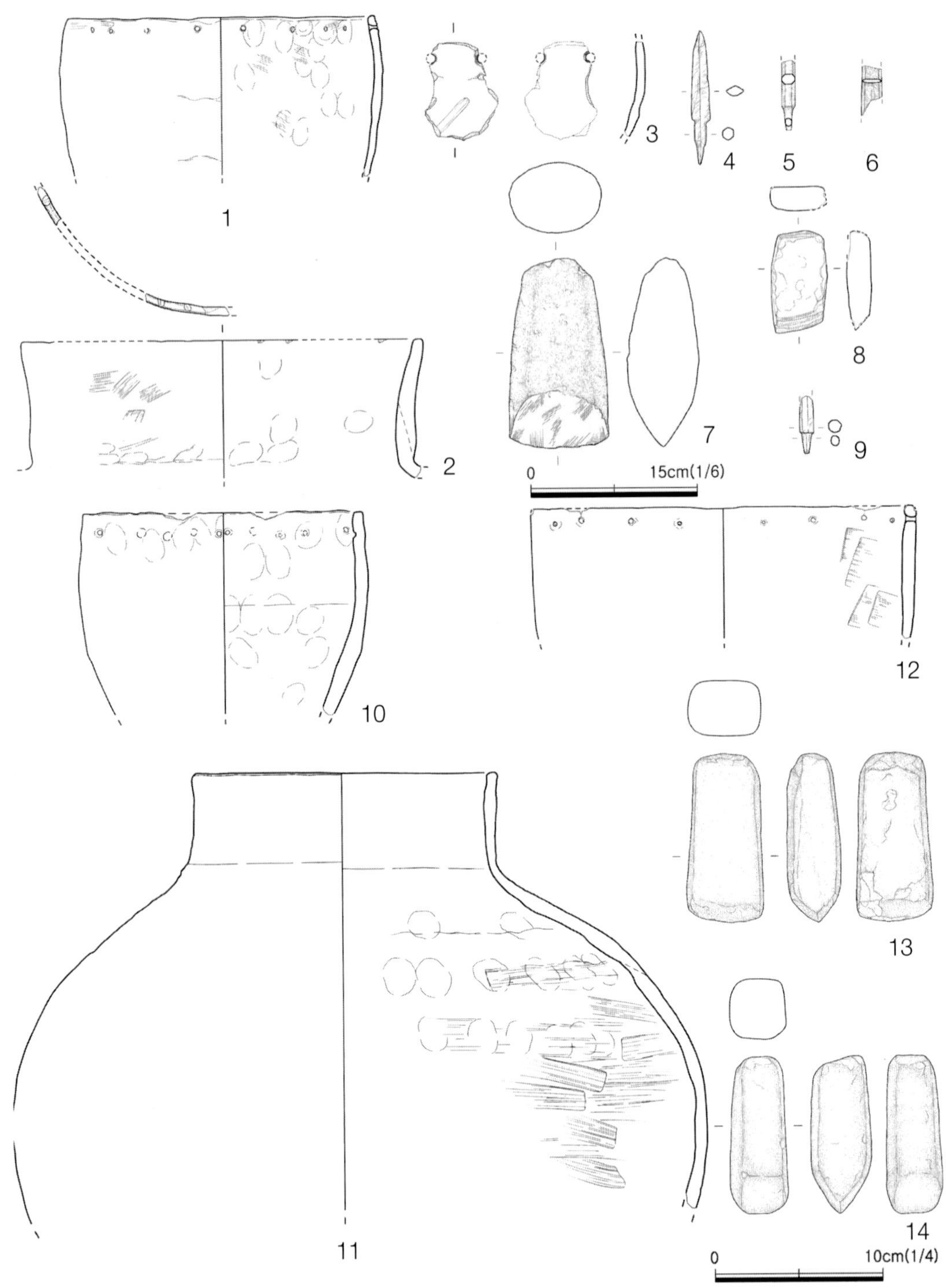

〈도면 30〉 아산 대흥리 큰선장유적(11호 : 1~6 / 12호 : 7~8 / 13호 : 9~10 / 14호 : 11~14)

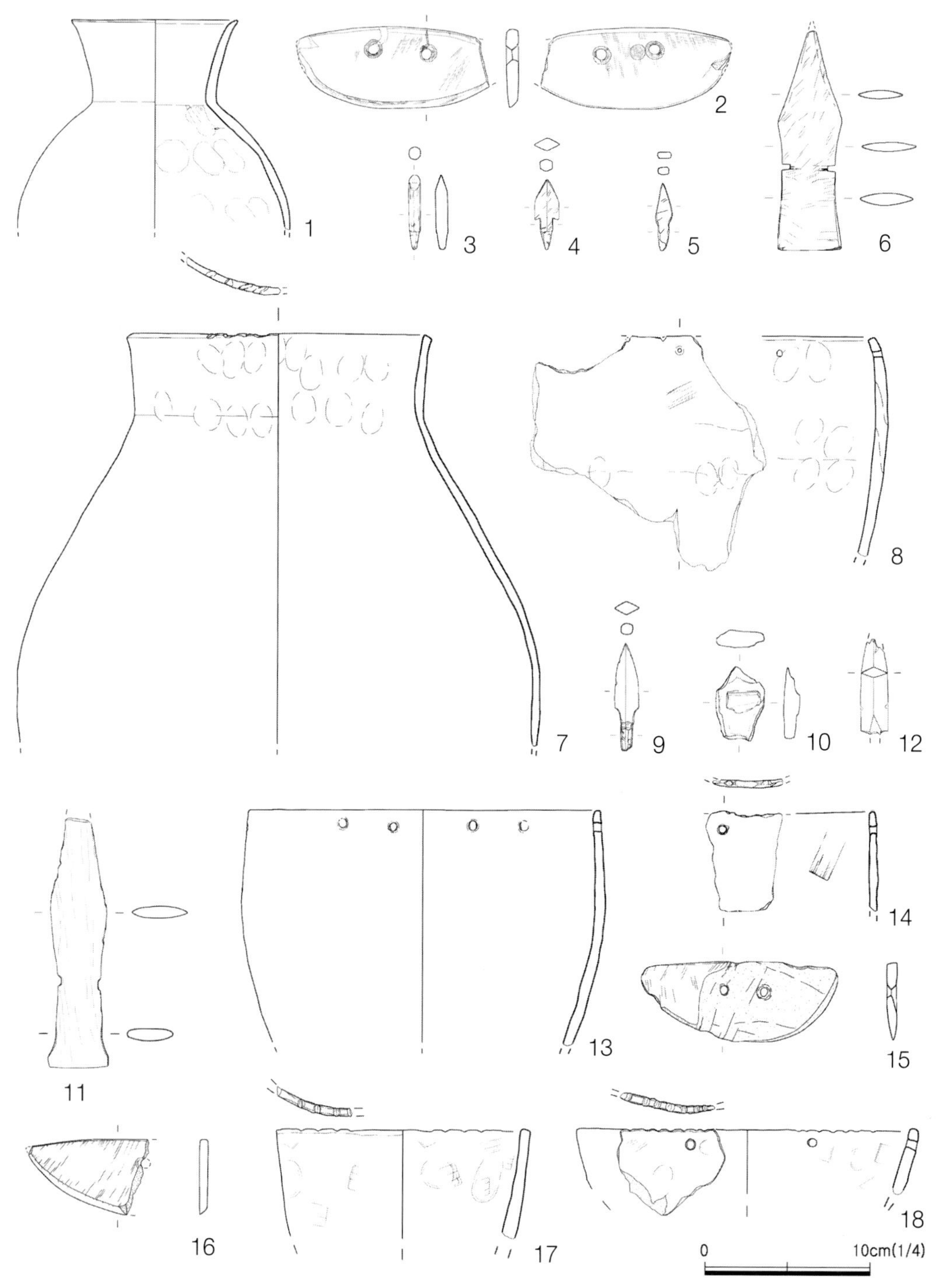

〈도면 31〉 아산 대흥리 큰선장유적(14호 : 1~2 / 15호 : 3~6 / 16호 : 7~11 / 17호 : 12 / 20호 : 13~16),
아산 밤줄길유적(4호 : 17~18)

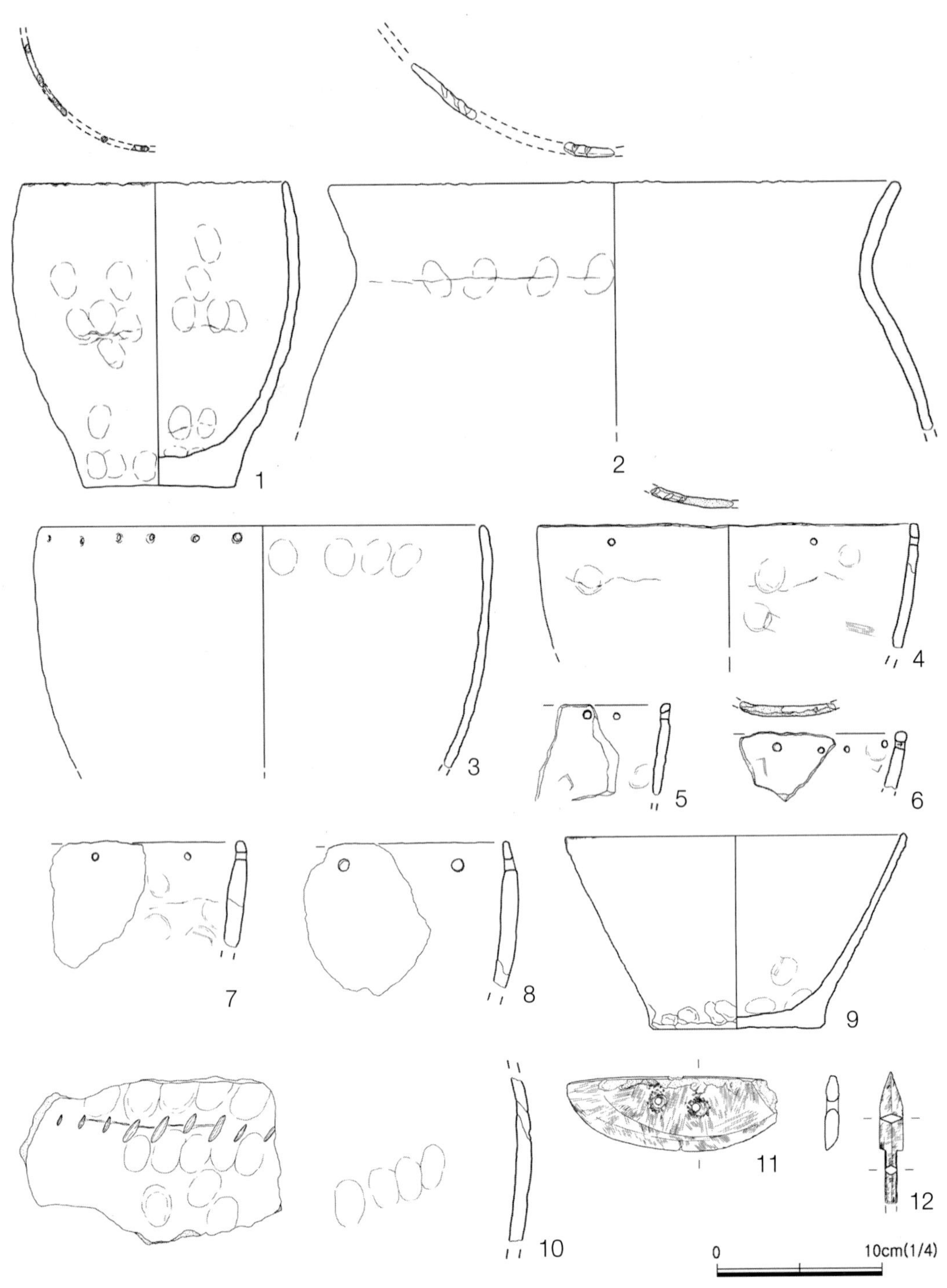

〈도면 32〉 아산 밤줄길유적(4호 : 1~12)

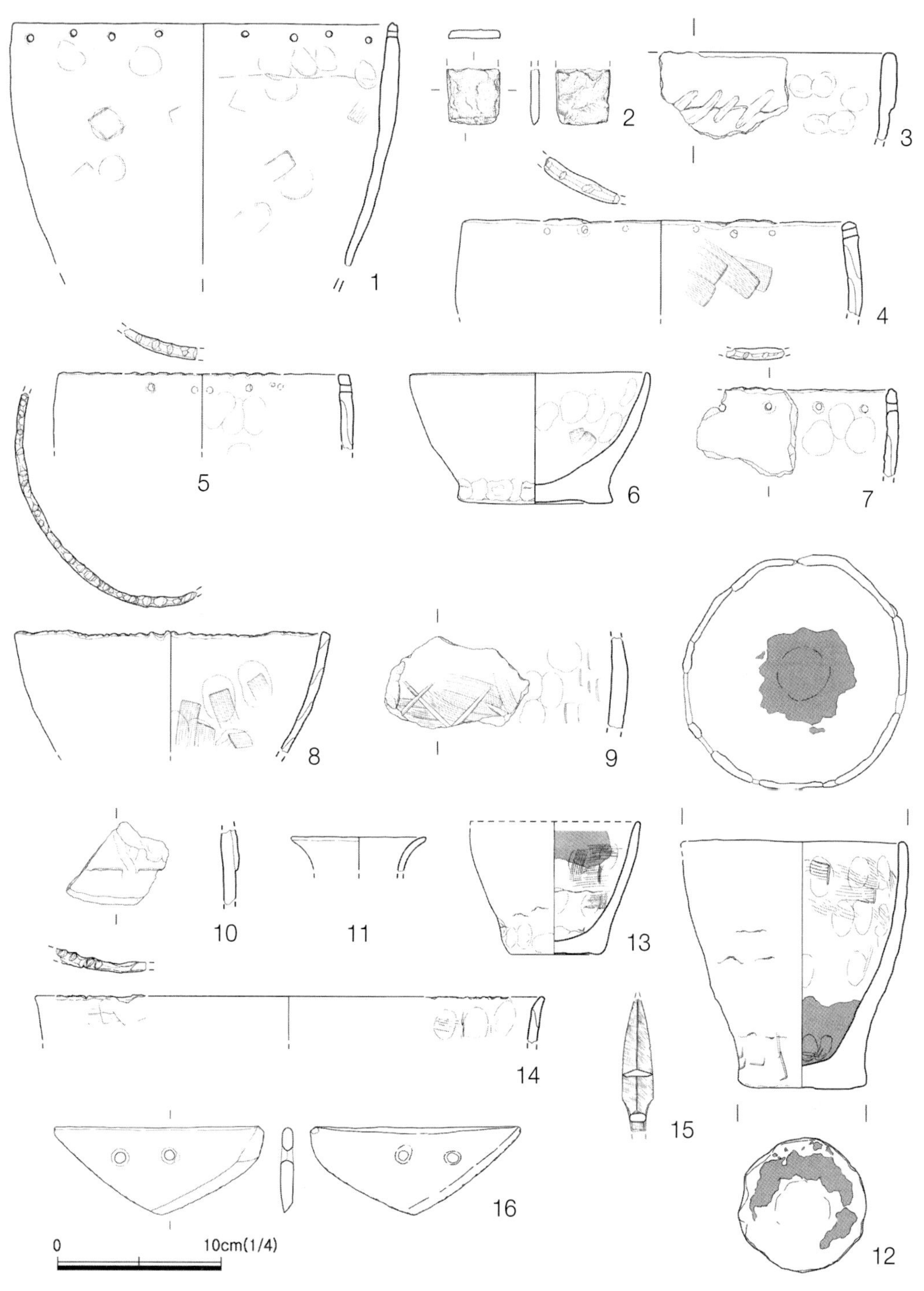

<도면 33> 아산 밤줄길유적(5호 : 1~2 / 7호 : 3 / 8호 : 4~11), 아산 시전리유적(1호 : 12 / 2호 : 13~15 / 3호 : 16)

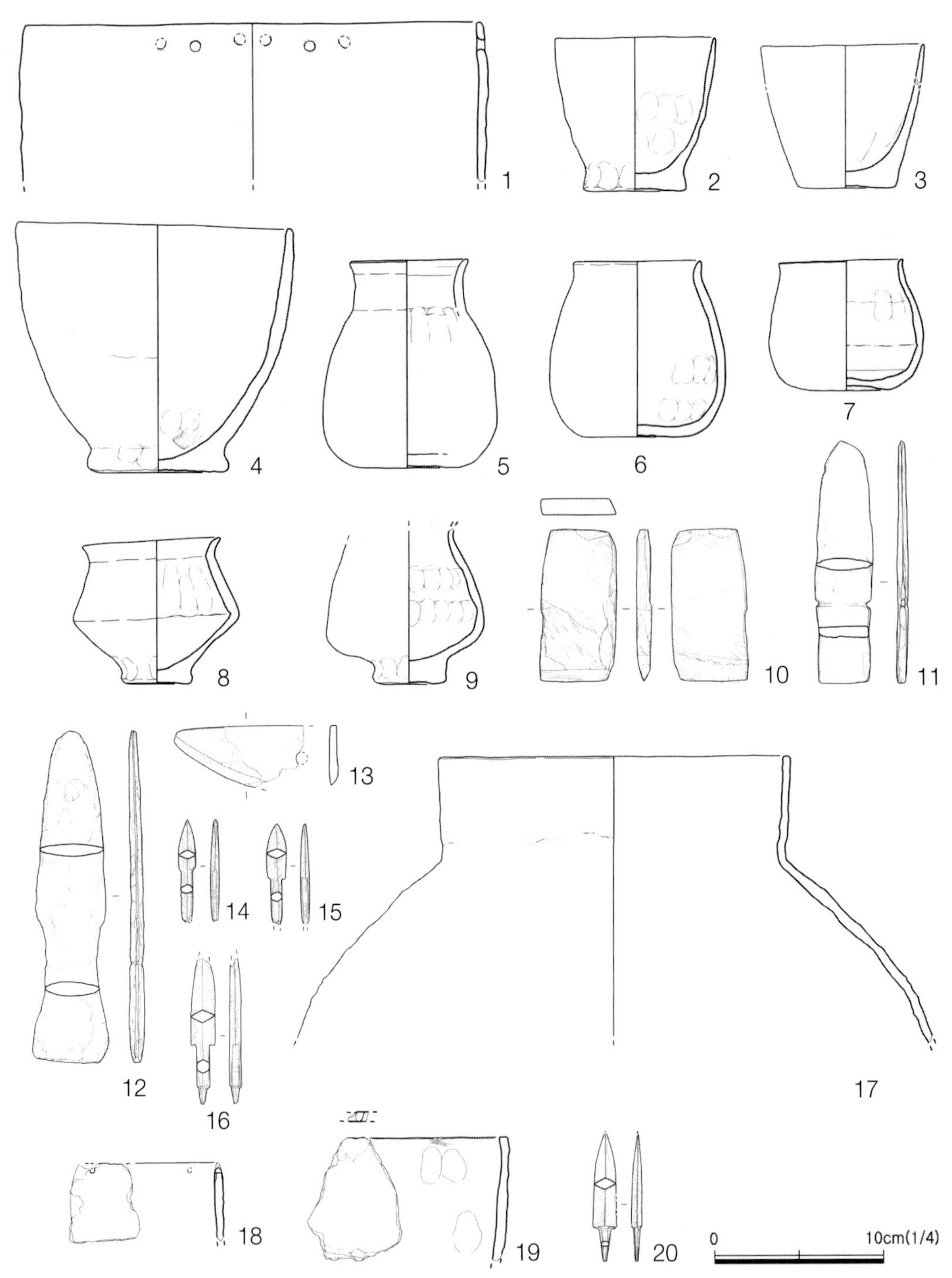

〈도면 34〉 아산 용화동 가재골유적(2호 : 1 / 4호 : 2~11 / 6호 : 12~15 / 7호 : 16 / 8호 : 17~20)

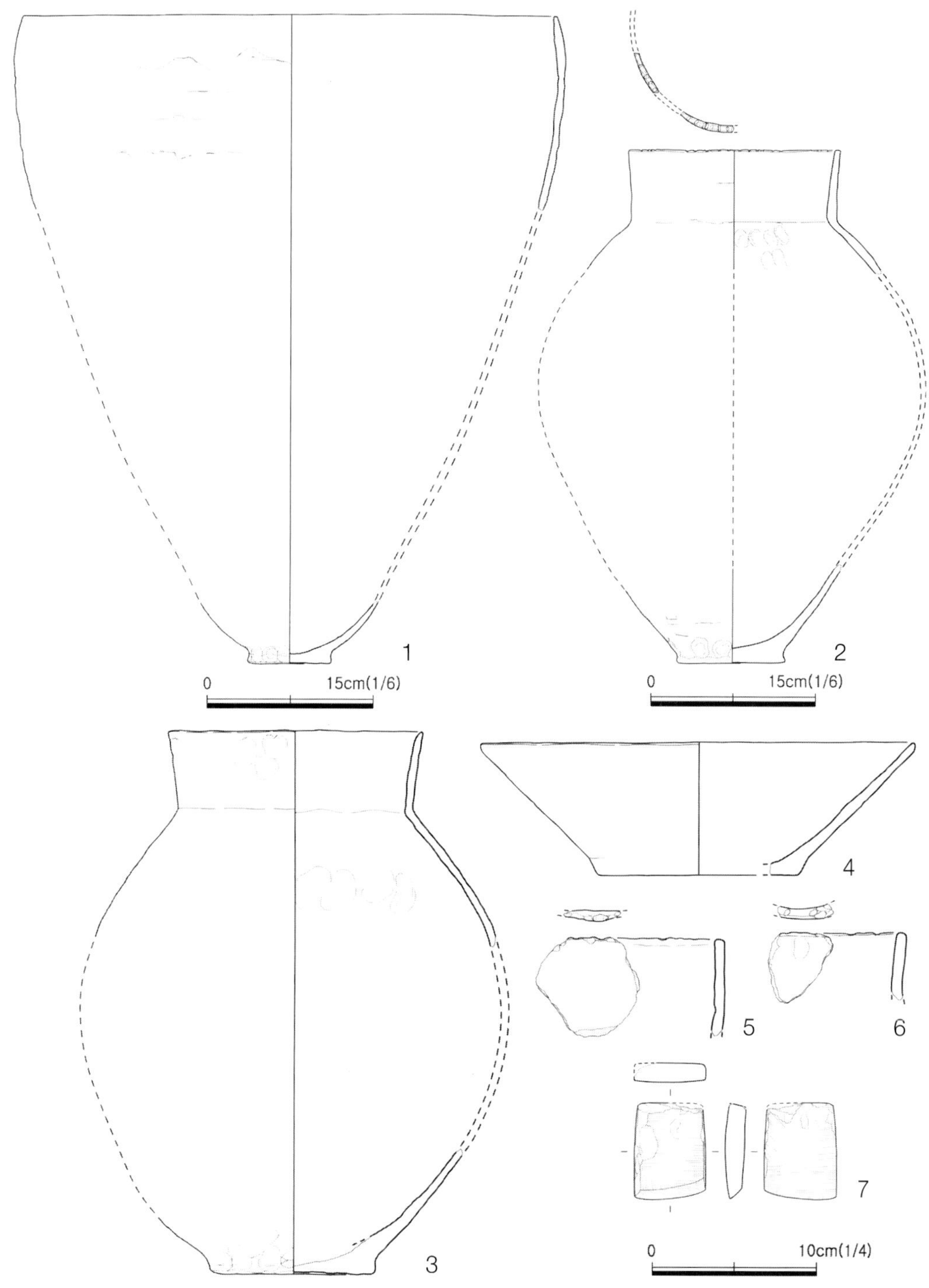

〈도면 35〉 아산 용화동 가재골유적(8호 : 1~3 / 10호 : 4~6 / 11호 : 7)

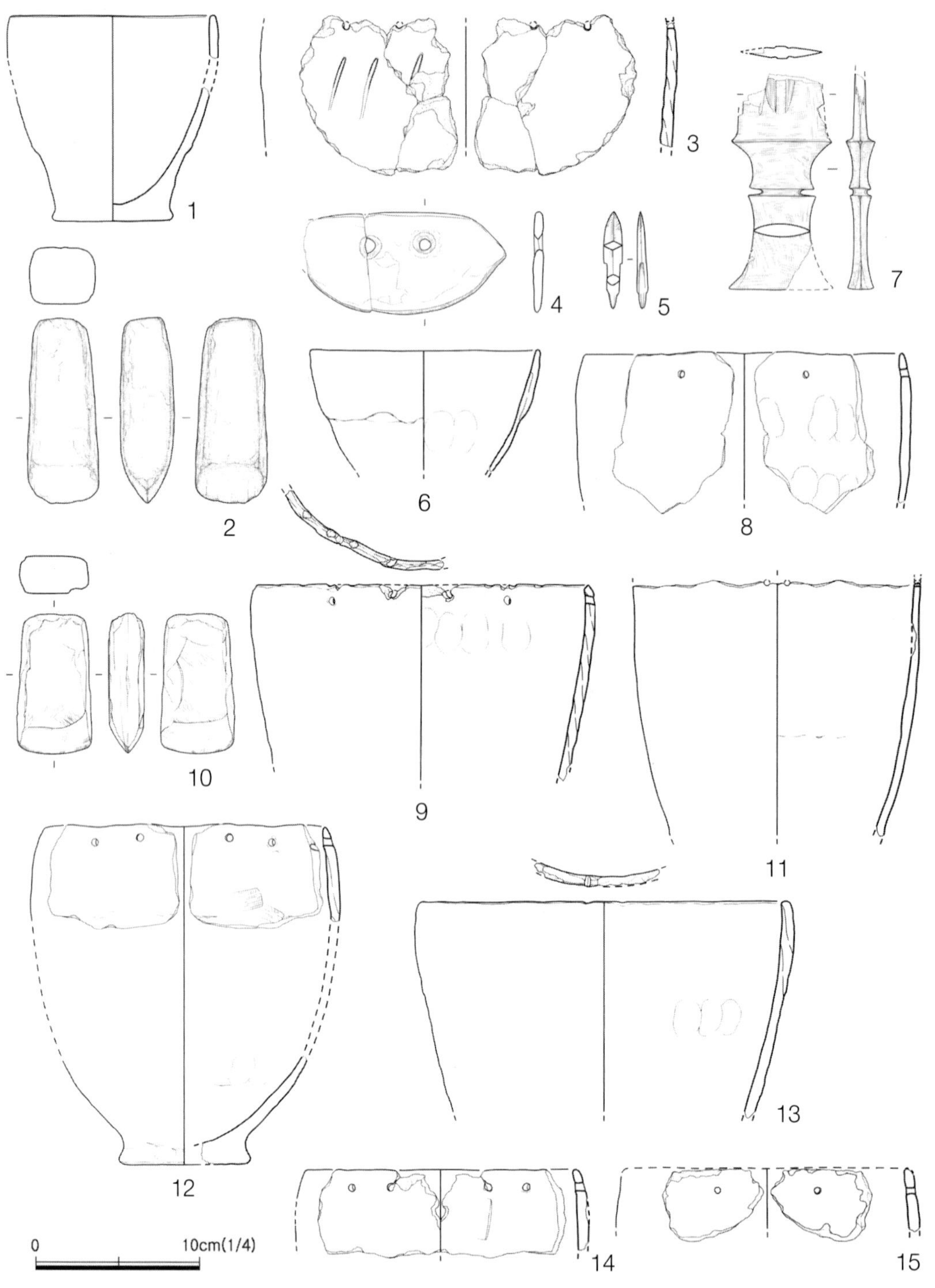

〈도면 36〉 아산 용화동 가재골유적(11호 : 1~2 / 13호 : 3~5 / 14호 : 6~7 / 16호 : 8~10 / 18호 : 11~15)

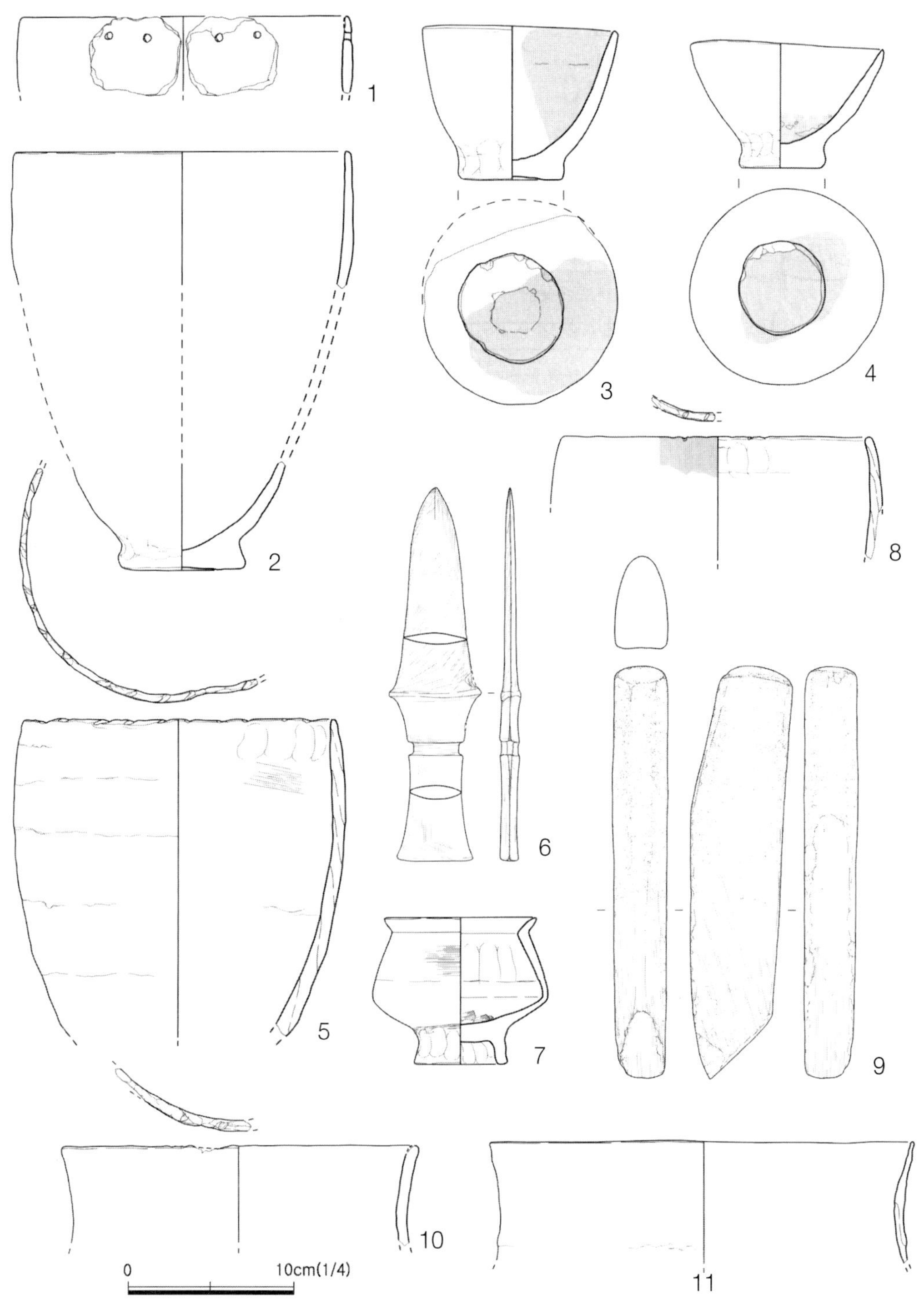

〈도면 37〉 아산 봉화농 가재골유석(18호 : 1 / 19호 : 2 / 21오 : 3~6 / 22호 : 7~8 / 23호 : 9~11)

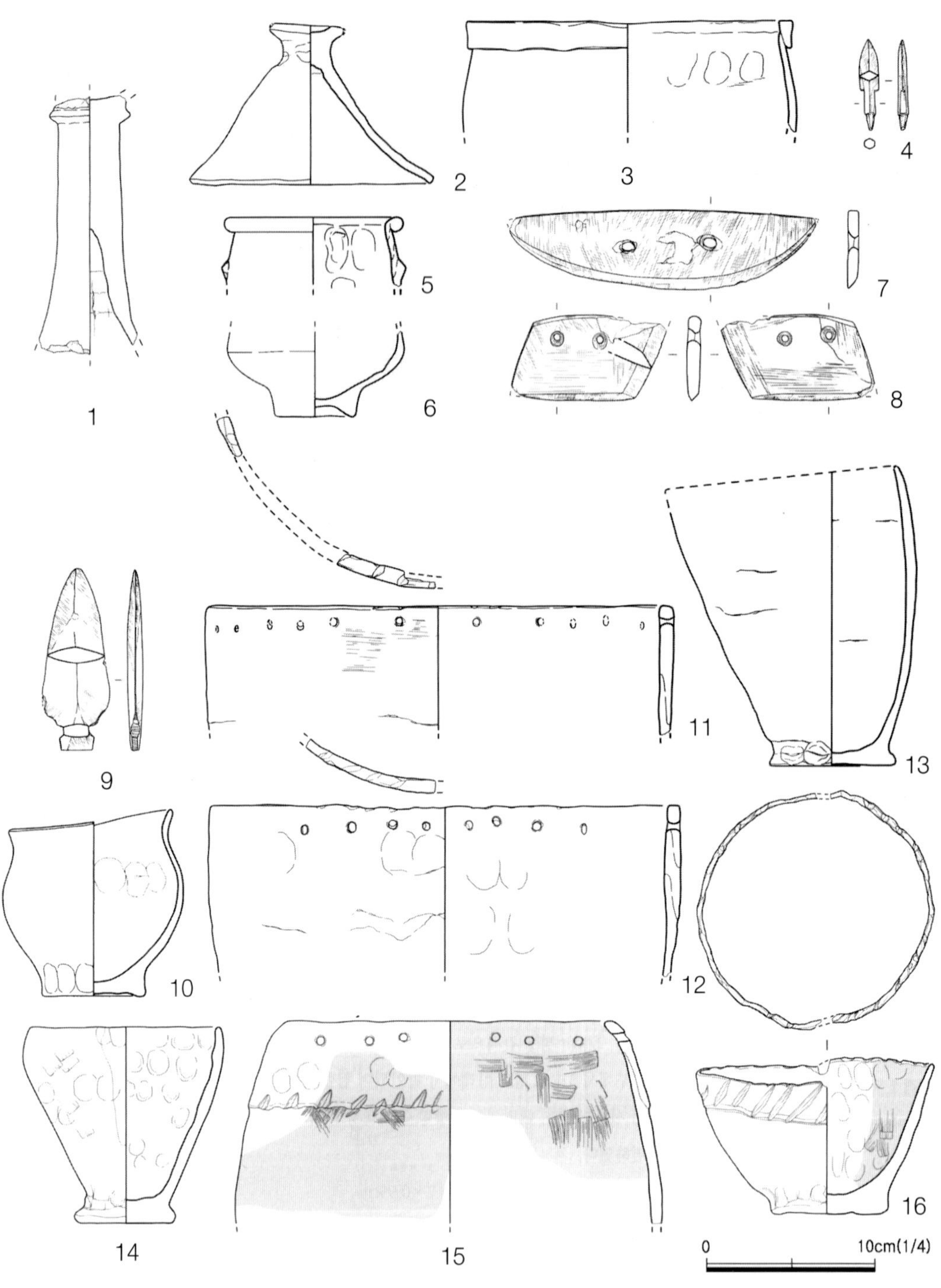

〈도면 38〉 아산 용화동 가재골유적(24호 : 1~5 / 26호 : 6~7 / 27호 : 8~10 / 31호 : 11~13),
　　　　　아산 장재리 안강골 I 유적(1호 : 14~16)

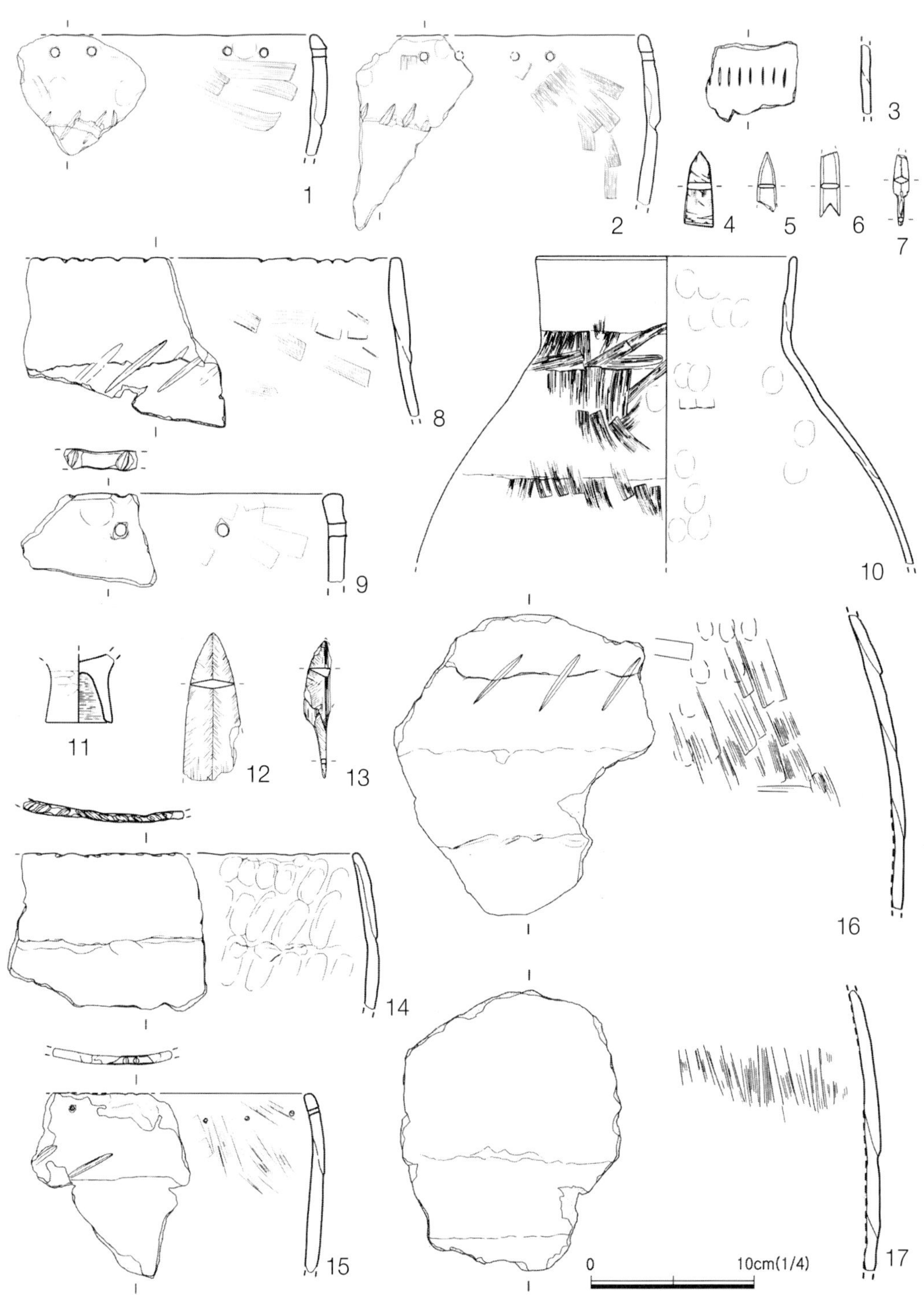

〈도면 39〉 아산 장재리 안강골 I 유적(1호 : 1~2 / 2호 : 3~4 / 3호 : 5~8 / 4호: 9~13 / 5호 : 14~17)

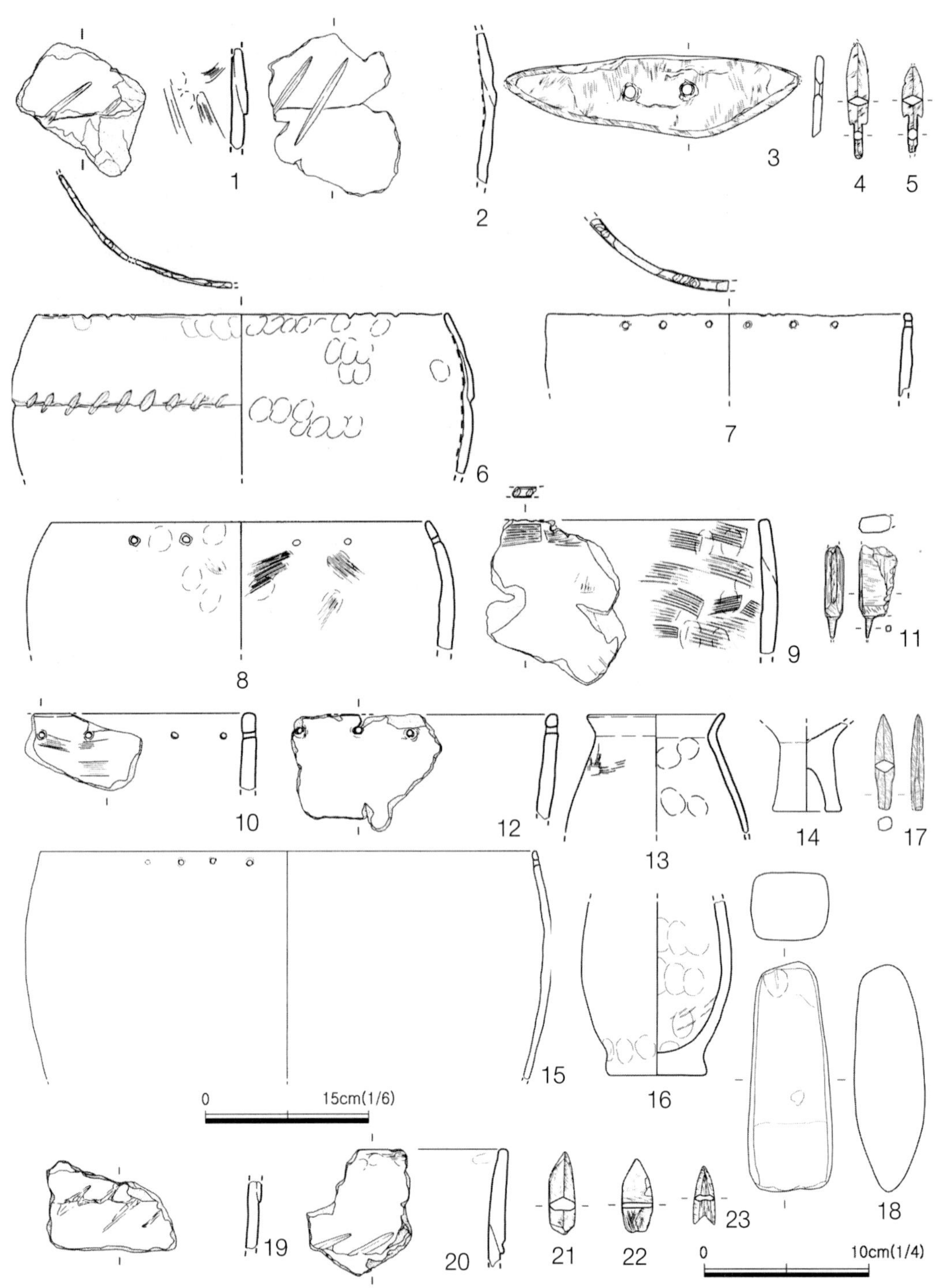

<도면 40> 아산 장재리 안강골 I 유적(5호 : 1 / 6호 : 2 / 8호 : 3~4 / 9호: 5~6 / 10호 : 7~11),
아산 장재리 안강골 II 유적(II-1호 : 12~17 / II-2호 : 18~23)

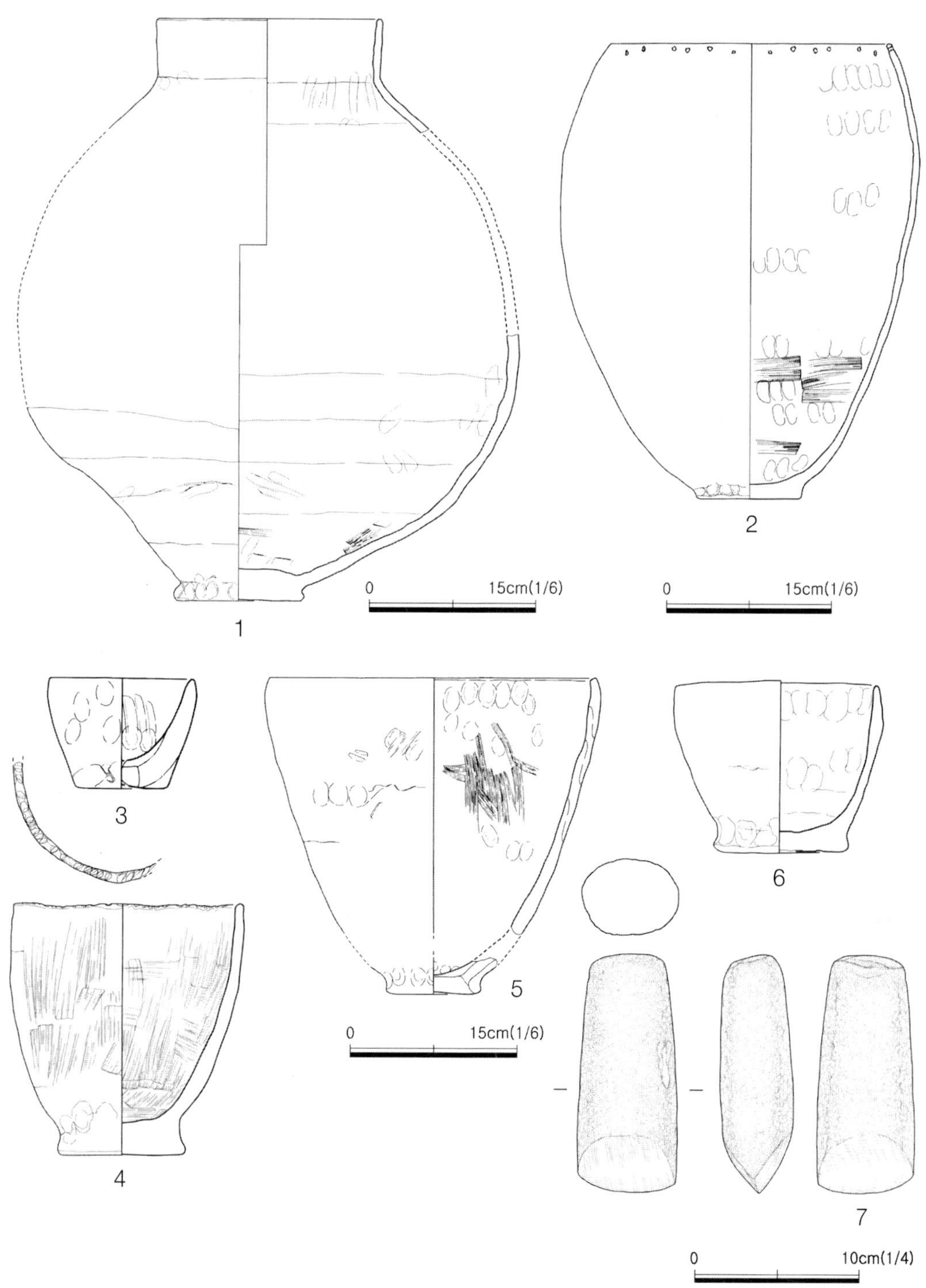

〈도면 41〉 아산 풍기동 밤줄길유적(1호 : 1~2 / 9호 : 3~5 / 14호 : 6~7)

아산지역 유물 속성일람표

<table>
<tr><td colspan="8" align="center">아산 신법리유적</td></tr>
</table>

토기 속성일람

유구번호	도면번호	기고(잔존)	구경	저경	비고
7호	18-1	(4.8)			외반구연

석기 속성일람

유구번호	도면번호	종류	길이	폭	두께	석재	비고
7호	18-2	석부	8.8	2.7~3.7	1.7		합인

<table>
<tr><td colspan="6" align="center">아산 와우리유적</td></tr>
</table>

토기 속성일람

유구번호	도면번호	기고(잔존)	구경	저경	비고
1호	18-3	(14.5)			구순각목문, 공렬문
	18-4	(15.4)			구순각목문, 공렬문
	18-5	(5.8)			구순각목문, 공렬문
	18-6	(6.1)			구순각목문, 공렬문
	18-7	(4.3)			구순각목문, 공렬문
	18-8	(4.1)			구순각목문, 공렬문
2호	18-10	(5.5)			구순각목문, 공렬문
	18-11	(7.4)			구순각목문, 공렬문
	18-12	(6.5)			구순각목문, 공렬문
	18-13	(10.3)			공렬문
	18-14	7.5	9.6	6.4	
3호	18-15	(4.6)			
	18-16	(7.7)			구순각목문, 공렬문
	18-17	(7.3)			공렬문
	18-18	(7.4)			구순각목문
4호	18-19	(3.6)			마연
5호	18-20	(5.7)			구순각목문
	18-21	(7.6)			구순각목문
	18-22	6.1	11.5	9.8	
	18-23	(4.6)			횡침선문
	18-24	(7.2)			구순각목문
	18-25	(6.9)		4.8	
	18-26	(13.4)			구순각목문, 공렬문
	18-27	13.8	13.8	8.8	
	18-28	18.6	20.0	8.7	
7호	19-1	(9.8)		11.4	
8호	19-2	8.0	11.1	6.1	
	19-3	(19.6)			구순각목문, 공렬문
	19-4	(15.4)			구순각목문, 공렬문

	19-5	(7.4)			구순각목문
	19-7	(7.2)			
	19-8	19.6	17.0	8.6	
9호	19-9	(4.4)			구순각목문
	19-10	(5.9)			단사선문

석기 속성일람

유구번호	도면번호	종류	길이	폭	두께	석재	비고
1호	18-9	석부	8.0	4.2	1.3		합인
8호	19-6	석촉	6.1	1.5	0.7		일단경식

아산 군덕리유적

토기 속성일람

유구번호	도면번호	기고(잔존)	구경	저경	비고
1호	19-11	(8.5)	10.2		적색마연
	19-12	(5.3)			구순각목문
	19-13	(8.1)			구순각목문
3호	19-19	(4.4)	9.0		흑색마연
	19-20	16.6	11.9	8.2	적색마연
	19-21	(6.3)	16.8		
4호	20-1	(15.3)	22.6		공렬문
	20-2	(9.7)	41.6	9.7	공렬문
5호	20-4	(5.3)			공렬문
	20-5	(9.4)	16.6		공렬문
	20-6	(12.1)	22.4		

석기 속성일람

유구번호	도면번호	종류	길이	폭	두께	석재	비고
2호	19-14	석촉	(2.6)	1.85	0.3	점판암	삼각만입
	19-15	석도	(7.6)	5.6	0.8	이암	
3호	19-16	석도	(4.6)	4.1	1.0	사암	
	19-17	석촉	6.8	1.7	2.2	사암	일단경식
	19-18	석촉	(9.0)	2.1	0.7	사암	일단경식
5호	20-3	석검	14.6	2.7	0.9	셰일	

아산 신달리유적

토기 속성일람

유구번호	도면번호	기고(잔존)	구경	저경	비고
2호	20-10	(4.7)			
3호	20-12	(4.3)			구순각목문, 공렬문
	20-13	(3.8)			구순각목문, 공렬문

석기 속성일람

유구번호	도면번호	종류	길이	폭	두께	석재	비고
1호	20-7	석촉	(4.8)	1.4	0.5	셰일	이단경식
	20-8	석촉	5.6	1.3	0.6	셰일	이단경식

| 2호 | 20-9 | 석촉 | 5.4 | | | 셰일 | 이단경식 |
| | 20-11 | 석부 | 14.1 | | 3.9 | | 합인 |

아산 덕지리유적

토기 속성일람

유구번호	도면번호	기고(잔존)	구경	저경	비고
2호	21-2	9.2	12.4	8.0	
3호	21-5	(15.2)		6.6	
	21-6	12.0	18.4	7.8	
4호	21-7	16.5	16.5	7.7	
	21-8	(23.0)		8.8	
7호	21-9	27.6	12.8	7.6	
	21-10	(7.0)	16.0		

석기 속성일람

유구번호	도면번호	종류	길이	폭	두께	석재	비고
2호	21-1	석도	9.2	4.7	0.7	사암	
3호	21-3	석도	(6.6)	4.1	0.6		
	21-4	석도	15.1	4.4	0.7	점판암	장주형
7호	21-11	석도	(3.8)	5.3	0.6		

아산 명암리유적 11지점

토기 속성일람

유구번호	도면번호	기고(잔존)	구경	저경	비고
2호	21-12	(10.4)	20.2		구순각목문, 공렬문
3호	22-1	(7.3)			구순각목문, 공렬문
	22-2	9.7	11.0	5.0	
	22-3	(6.6)			외반구연
	22-4	(6.4)	20.0		구순각목문, 공렬문
	22-5	(5.8)	15.9		
4호	22-15	7.4	12.6	6.4	
	22-16	(6.8)	(16.6)		공렬문
	22-17	(9.5)	30.0		구순각목문, 공렬문
6호	23-1	(23.7)	36.8		
	23-2	(20.2)	23.4		공렬문
7호	23-3	13.1	14.3	7.8	
	23-4	12.5	14.0	7.0	
	23-5	14.6	13.4		
	23-7	(5.7)	15.5		
	23-8	(8.4)	26.8		공렬문
	23-9	(4.8)	16.7		외반구연
	23-10	(8.6)	17.6		
10호	23-11	(4.6)	16.8		공렬문
	23-12	(7.3)			외반구연

유구번호	도면번호				비고
11호	23-13	6.2	6.0		
12호	24-2	(15.6)	32.6		공렬문
	24-3	(9.6)			외반구연
13호	24-5	10.5	21.0		구순각목문
	24-6	8.7		6.0	
	24-7	(8.4)			구순각목문, 공렬문
	24-8	(7.8)	9.2		외반구연, 마연
	24-9	22.6	15.8		
14호	25-1	32.5	7.0		외반구연
	25-2	28.0	11.2		
	25-3	(9.2)	8.2		
	25-4	14.5		8.8	
	25-5	(22.4)	31.8		구순각목문, 공렬문
중기-3호	25-9	(11.9)	11.0		외반구연
	25-10	(10.8)	14.0		내만구연

석기 속성일람

유구번호	도면번호	종류	길이	폭	두께	석재	비고
2호	21-13	석촉	5.3	1.4	0.5	세일	이단경식
	21-14	석촉	11.3	1.6	1.2	세일	일단경식
3호	22-6	석촉	4.7	1.3	0.4	세일	삼각만입
	22-7	석촉	6.8	1.3	0.2	세일	삼각만입
	22-8	석부	11.8	5.8	3.7		합인
4호	22-9	석부	9.2	3.3	1.0	흑연질편암	편평편인
	22-10	석촉	(2.8)	1.1	0.2	세일	삼각만입
	22-11	석촉	(3.4)	1.1	0.2	세일	삼각만입
	22-12	석촉	7.9	1.3	0.6	세일	이단경식
	22-13	석부	12.1	3.6	3.9	흑연질편암	합인
	22-14	석도	7.9	3.8	1.0	점판암	주형
7호	23-6	석촉	4.1	1.2	0.5	세일	이단경식
11호	23-14	석촉	(6.1)	1.2	0.7	세일	유경식
	24-1	석부	13.2	5.6	3.7	흑연질편암	
13호	24-4	석촉	6.2	0.9	0.5	세일	유경식
14호	24-10	석부	14.6	4.3	3.9	흑연질편암	합인
	24-11	석부	12.4	4.6	3.9	탄질편암	합인
	24-12	석검	20.4	4.9	0.7	세일	이단병식
	24-13	석도	13.0	5.5	1.3	규장암	어형
	24-14	석도	12.2	5.2	0.8	백운모편암	
중기-2호	25-6	석부	10.0	5.6	1.3	천매암	편평편인
	25-7	석촉	5.0	1.3	0.7	세일	유경식
	25-8	석촉	5.1	1.7	0.7	미사암	일단경식
중기-6호	25-11	석촉	(3.4)	1.4	0.6	세일	
중기-7호	25-12	석촉	(3.0)	1.9	0.5	세일	

아산 명암리유적 6지점

토기 속성일람

유구번호	도면번호	기고(잔존)	구경	저경	비고
1호	26-1	(8.4)	29.0		구순각목문, 단사선문
	26-2	(8.0)			구순각목문, 단사선문, 이중구연
	26-3	6.9	(8.8)	4.2	
	26-4	(20.8)	19.8		
	26-5	(14.2)	18.2		구순각목문

아산 갈산리유적

토기 속성일람

유구번호	도면번호	기고(잔존)	구경	저경	비고
1호	26-6	(3.2)			대각부
2호	26-8	11.4	12.6	7.2	
	26-9	8.2	14.3	8.4	
3호	26-10	(12.0)		8.7	
4호	27-1	10.8	9.1	6.7	
	27-2	(34.5)	33.4		구순각목문, 이중구연, 단사선문, 공렬문

석기 속성일람

유구번호	도면번호	종류	길이	폭	두께	석재	비고
2호	26-7	석부	8.2	3.2	2.8	자철석	합인

아산 풍기동유적

토기 속성일람

유구번호	도면번호	기고(잔존)	구경	저경	비고
1호	27-6	(3.5)			
2호	27-7	(8.8)	29.4		공렬문
	27-8	15.2	15.5	6.7	구순각목문
	27-9	9.2	14.6	1.3	

석기 속성일람

유구번호	도면번호	종류	길이	폭	두께	석재	비고
1호	27-3	석촉	(4.5)	1.5	0.6	셰일	
	27-4	석촉	6.9	1.5	0.7	셰일	이단경식
	27-5	석도	(9.2)	5.7	0.5	셰일	

아산 대흥리 큰선장유적

토기 속성일람

유구번호	도면번호	기고(잔존)	구경	저경	비고
1호	27-10	11.3	12.6	6.4	
	27-11	13.5	14.3	13.5	
	27-12	20.3	21.0	8.4	
	28-1	5.9	12.9	10.0	
	28-2	(3.9)			공렬문

유구번호	도면번호	길이	폭	두께	비고
	28-3	(5.2)			공렬문
	28-4	(6.0)			공렬문
	28-5	(6.3)	23.0		구순각목문
	28-6	(7.1)		6.0	
3호	28-13	19.1	8.5	6.4	
	28-20	6.2	14.0	8.8	
	28-21	(12.7)	20.4		구순각목
	28-22	(6.1)	(19.4)		공렬문
	28-23	(5.6)	(17.6)		공렬문
	29-1	5.2	18.8	8.4	
5호	29-2	(5.2)			공렬문, 구순각목문
	29-3	(4.9)			공렬문
	29-4	(4.9)			공렬문
	29-5	(5.2)	15.2		구순각목
	29-6	(7.45)			구순각목
	29-7	(19.3)	18.0		
	29-8	(9.8)	26.0		
	29-9	22.5	19.4	8.5	구순각목, 공렬문
7호	29-10	(7.6)			공렬문
	29-11	(8.0)			구연부편
	29-12	7.8	20.4		구순각목
	29-13	(6.5)			공렬문, 구순각목문
11호	30-1	(9.0)	18.4		공렬문
	30-2	(8.0)	24.0		구순각목
	30-3	(5.8)			공렬문
13호	30-10	(11.7)	16.8		공렬문
	30-11	(25.1)	18.4		
14호	30-12	(8.1)	22.6		공렬문
	31-1	(12.5)	9.9		
16호	31-7	(23.5)	18.1		
	31-8	(12.9)			공렬문
20호	31-13	(13.5)	13.5		공렬문
	31-14	(5.7)			공렬문, 구순각목

석기 속성일람

유구번호	도면번호	종류	길이	폭	두께	석재	비고
	28-7	석검	5.4	3.2	0.65		
1호	28-8	석촉	4.8	1.6	0.65		이단경식
	28-9	석촉	4.9	1.9	0.4		
	28-10	석촉	5.55	1.45	0.7		
2호	28-11	석부	11.7	5.35	3.5		편인
	28-12	석촉	9.4	1.7	0.7		이단경식
	28-14	석착	5.3	4.1	1.1		편인
3호	28-15	석검(창)	(8.7)	3.5	0.5		
	28-16	석검	(12.1)	4.5	0.6		일단병식

유구번호	도면번호						비고
4호	29-17	석부	10.0	6.0	3.4		합인
	28-18	석검	14.4	3.2	0.8		이단병식
	28-19	석도	4.3	11.2	0.65		어형
11호	30-3	석촉	7.7	1.1	0.7		이단경식
	30-5	석촉	(2.9)	1.2	0.2		이단경식
	30-6	석촉	(2.9)	1.2			삼각만입
12호	30-7	석부	16.0	6.0	4.1		합인
	30-8	석착	5.9	3.3	1.4		
13호	30-9	석촉	(3.3)				이단경식
14호	30-13	석부	9.8	4.35	3.0		합인
	30-14	석부	9.1	3.5	3.6		합인
	31-2	석도	4.5	(11.7)	0.7		어형
15호	31-3	석촉	4.3	0.7	0.7		이단경식
	31-4	석촉	4.1	1.4	0.6		이단경식
	31-5	석촉	4.0	1.0	0.4		
	31-6	석검	12.7	3.8	0.7		이단병식
16호	31-9	석촉	6.2	1.5	0.8		일단경식
	31-10	석재	4.2	2.9	0.9		
	31-11	석검	14.5	1.5	0.8		
17호	31-12	석촉	(5.4)	1.6	0.6		
20호	31-15	석도	4.6	11.8	0.6		주형
	31-16	석도	4.2	(7.0)	0.5		주형

<table>
<tr><td colspan="5" align="center">아산 밤줄길유적</td></tr>
</table>

토기 속성일람

유구번호	도면번호	기고(잔존)	구경	저경	비고
4호	31-17	(6.0)	15.0		구순각목
	31-18	(3.5)	20.6		공렬문, 구순각목
	32-1	17.7	15.8	6.2	구순각목
	32-2	(14.0)	34.5		구순각목
	32-3	(14.0)	26.8		공렬문
	32-4	(7.1)	22.4		공렬문, 구순각목
	32-5	(5.1)			공렬문
	32-6	(3.2)			공렬문, 구순각목
	32-7	(6.1)			공렬문
	32-8	(8.3)			공렬문
	32-9	11.2	20.4	10.0	
	32-10	(9.4)			단사선문
5호	33-1	(14.0)	23.2		공렬문
7호	33-3	(5.0)			단사선문
8호	33-4	(5.55)	24.5		공렬문, 구순각목
	33-5	(4.3)	17.4		공렬문, 구순각목
	33-6	7.65	14.4	9.3	
	33-7	(5.05)			공렬문, 구순각목

유구번호	도면번호	기고(잔존)	구경	저경			비고
	33-8	(7.0)	19.0				구순각목
	33-9	(5.25)					단사선문
	33-10	(4.8)					이중구연, 단사선문
	33-11	(1.95)	8.1				적색마연

석기 속성일람

유구번호	도면번호	종류	길이	폭	두께	석재	비고
4호	32-11	석도	4.45	12.8	0.8	셰일	주형
	32-12	석촉	7.65	1.4	0.5	셰일	이단경식
5호	33-2	석부	(3.3)	3.0	0.5		편평편인

아산 시전리유적

토기 속성일람

유구번호	도면번호	기고(잔존)	구경	저경	비고
1호	33-12	14.3	13.8	7.9	
2호	33-13	7.5	10.1	5.3	
	33-14	(2.6)	30.6		구순각목

석기 속성일람표

유구번호	도면번호	종류	길이	폭	두께	석재	비고
2호	33-15	석촉	(7.7)	1.9	0.5	점판암	
3호	33-16	석도	5.1	12.7	0.75	응회암	삼각형

아산 용화동 가재골유적

토기 속성일람

유구번호	도면번호	기고(잔존)	구경	저경	비고
2호	34-1	(9.0)	27.2		공렬문
4호	34-2	8.85	9.6	6.1	
	34-3	8.3	(9.7)	5.7	
	34-4	14.5	16.5	8.5	
	34-5	12.05	6.9	6.0	
	34-6	10.15	7.4	6.0	
	34-7	7.55	7.35	5.5	
	34-8	8.45	9.3	3.9	
	34-9	(8.95)		4.15	
8호	34-17	(16.5)	21.0		
	34-18	(4.55)			공렬문
	34-19	(7.15)			구순각목
	35-1	57.1	48.6	7.6	
	35-2	45.0	19.4	10.0	구순각목
	35-3	31.6	15.4	10.0	
10호	35-4	7.7	26.2	12.0	
	35-5	(5.7)			구순각목
	35-6	(3.9)			구순각목
11호	36-1	12.0	12.6	7.0	

유구번호	도면번호				비고
13호	36-3	(7.25)			공렬문, 단사선문
14호	36-6	(7.2)	14.0		
16호	36-8	(8.7)	19.6		공렬문
	36-9	(11.4)	20.0		공렬문, 구순각목
18호	36-11	(14.8)			공렬문
	36-12	19.6	17.0	8.0	공렬문
	36-13	(12.65)	22.3		구순각목
	36-14	(4.7)	16.4		공렬문
	36-15	(3.15)	17.0		공렬문
	37-1	(4.5)	19.6		공렬문
19호	37-2	24.2	20.2	7.7	
21호	37-3	9.0	11.0	6.0	
	37-4	7.4	11.8	4.9	
	37-5	(18.4)	18.6		구순각목
22호	37-7	8.5	9.1	5.55	
	37-8	(7.1)	18.4		구순각목
23호	37-10	(5.7)	21.4		구순각목
	37-11	(7.1)	25.6		
24호	38-1	(14.4)			대각편
	38-2	9.3	14.4		뚜껑
	38-3	(6.4)	19.4		이중구연
	38-5	(4.0)	10.7		이중구연
26호	38-6	(4.9)		4.8	
27호	38-10	10.7	9.7	6.0	
31호	38-11	(7.2)	27.8		공렬문, 구순각목
	38-12	(9.8)	27.8		공렬문, 구순각목
	38-13	17.1	14.0	7.6	

석기 속성일람

유구번호	도면번호	종류	길이	폭	두께	석재	비고
4호	34-10	석착	8.8	4.7	0.95	셰일	
	34-11	석검	14.05	3.45	0.7	셰일	
6호	34-12	석검	19.2	4.6	0.85	셰일	이단병식
	34-13	석도	3.4	7.8	0.5	셰일	주형
	34-14	석촉	5.9	1.1	0.55	셰일	이단경식
	34-15	석촉	5.85	1.2	0.55	셰일	이단경식
7호	34-16	석촉	(8.4)	0.75	1.5	셰일	이단경식
8호	34-20	석촉	7.4	1.45	0.6	셰일	일단경식
11호	35-7	석착	5.65	4.4	1.2	셰일	
	36-2	석부	10.85	4.35	3.35	점판암	
13호	36-4	석도	6.0	12.15	0.6	셰일	어형
	36-5	석촉	5.7	1.1	0.65	셰일	이단경식
14호	36-7	석검	(12.7)	6.0	1.7	셰일	이단병식
16호	36-10	석부	8.2	4.5	2.2	셰일	양인

21호	37-6	석검	21.75	5.55	0.8	점판암	이단병식
23호	37-9	석부	24.0	3.3	5.6	응회암	주상편인
24호	38-4	석촉	5.15	1.2	0.5	산성맥암	이단병식
26호	38-7	석도	18.0	4.55	0.7	세일	주형
27호	38-8	석도	4.95	8.1	0.8	산성맥암	
	38-9	석창	10.45	3.8	0.9	점판암	

아산 장재리 안강골 I 유적

토기 속성일람

유구번호	도면번호	기고(잔존)	구경	저경	비고
1호	38-14	11.3	11.6	5.6	발형토기
	38-15	(11.6)	19.4		이중구연, 단사선문, 공렬문
	38-16	(8.6)	14.15	6.4	이중구연, 단사선문, 구순각목
	39-1	(7.5)			공렬문
	39-2	(9.9)			이중구연, 단사선문, 공렬문
2호	39-3	(4.1)			단사선문
3호	39-8	(9.1)			이중구연, 단사선문
4호	39-9	(3.4)			공렬문, 구순각목
	39-10	(18.0)	16.0		
	39-11	(4.0)	4.0		대각편
5호	39-14	(9.1)			이중구연, 구순각목
	39-15	(10.5)			이중구연, 단사선문, 구순각목, 공렬문
	39-16	(17.2)			이중구연 단사선문
	39-17	(16.4)			
	40-1	(5.9)			이중구연, 단사선문
6호	40-2	(8.7)			이중구연, 단사선문
9호	40-6	(10.6)	28.0		이중구연, 단사선문, 구순각목
10호	40-7	(4.85)	22.0		공렬문, 구순각목
	40-8	(7.5)	23.2		공렬문
	40-9	(8.0)			구순각목
	40-10	(4.3)			공렬문

석기 속성일람

유구번호	도면번호	종류	길이	폭	두께	석재	비고
2호	39-4	석촉	4.3	1.8	0.4	세일	무경식
3호	39-5	석촉	(3.5)	1.3	0.2	세일	삼각만입(추정)
	39-6	석촉	(3.8)	1.2	0.3	세일	삼각만입
	39-7	석촉	(4.2)	1.0	0.4	세일	일단경식
4호	39-12	석검	(8.6)	3.5	0.5	세일	
	39-13	석촉	(8.0)		0.5	세일	
8호	40-3	석도	17.8	4.8	0.5	세일	주형
	40-4	석촉	(6.7)	1.3	0.5	세일	일단경식
9호	40-5	석촉	(5.1)	1.2	0.6	세일	이단경식
10호	40-11	석촉	(5.4)	2.3	0.3	세일	

<table>
<tr><td colspan="6" align="center">아산 장재리 안강골 II 유적</td></tr>
</table>

토기 속성일람

유구번호	도면번호	기고(잔존)	구경	저경	비고
II-1호	40-12	(6.8)			공렬문
	40-13	(6.7)	8.0		마연
	40-14	(5.0)		4.0	대각편
	40-15	(20.3)	47.0		공렬문
	40-16	(10.2)		5.7	
II-2호	40-19	(3.9)			이중구연, 단사선문
	40-20	(6.9)			이중구연, 단사선문

석기 속성일람

유구번호	도면번호	종류	길이	폭	두께	석재	비고
II-1호	40-17	석촉	5.5	1.7	0.7	셰일	일단경식
II-2호	40-18	석부	13.5	5.1	4.3	편마암	합인
	40-21	석촉	4.9	1.6	0.8	셰일	
	40-22	석촉	4.3	1.9	0.3	셰일	
	40-23	석촉	3.5	1.4	0.35	셰일	삼각만입

<table>
<tr><td colspan="6" align="center">아산 풍기동 밤줄길유적</td></tr>
</table>

토기 속성일람

유구번호	도면번호	기고(잔존)	구경	저경	비고
1호	41-1	52.1	22.2	16.9	
	41-2	40.1	26.0	9.2	공렬문
9호	41-3	(6.4)		5.6	
	41-4	14.7	14.0	7.6	구순각목
	41-5	28.0		8.5	
14호	41-6	10.2	12.3	8.2	

석기 속성일람

유구번호	도면번호	종류	길이	폭	두께	석재	비고
14호	41-7	석부	14.0	5.7	4.5		양인

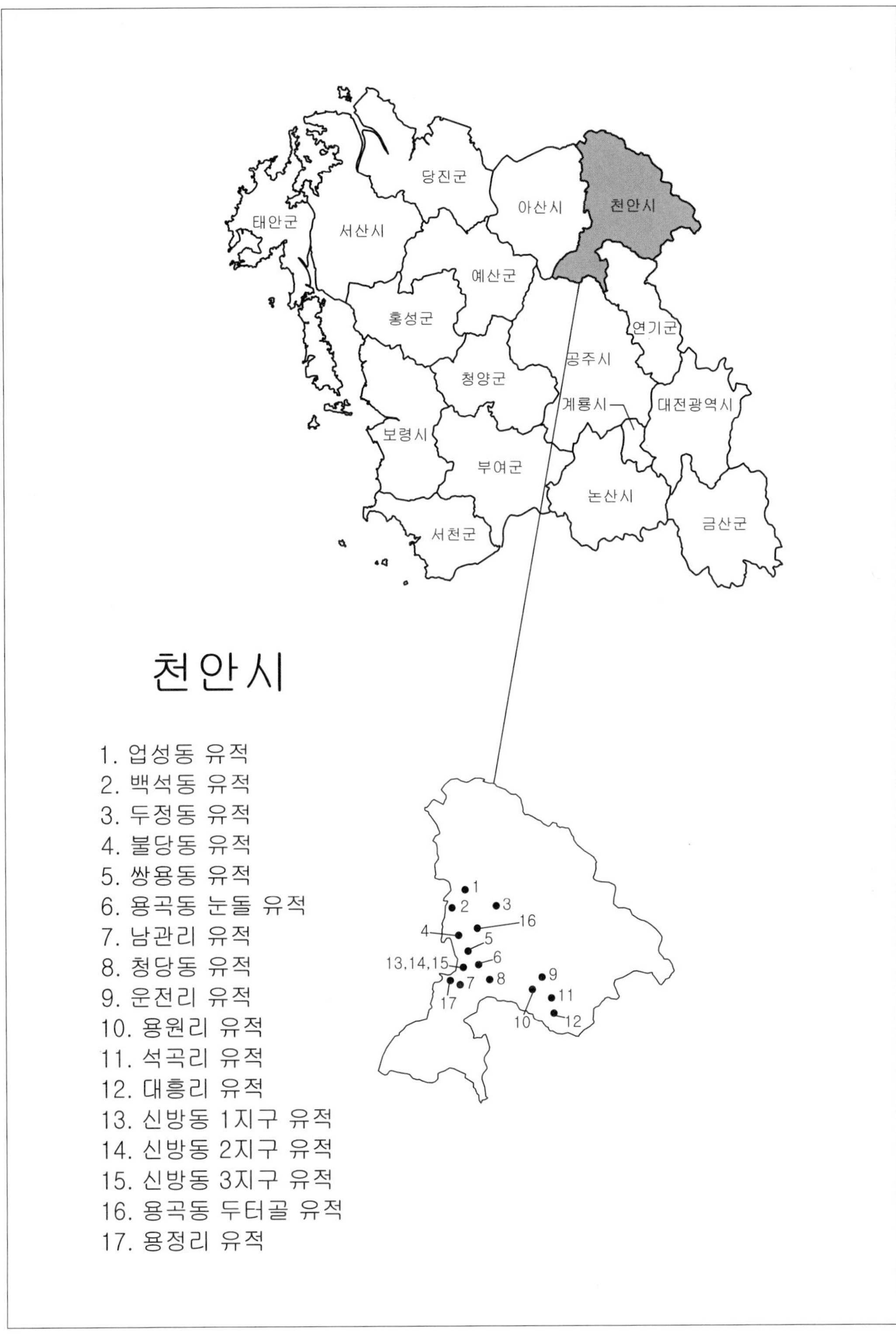

천안시

1. 업성동 유적
2. 백석동 유적
3. 두정동 유적
4. 불당동 유적
5. 쌍용동 유적
6. 용곡동 눈돌 유적
7. 남관리 유적
8. 청당동 유적
9. 운전리 유적
10. 용원리 유적
11. 석곡리 유적
12. 대흥리 유적
13. 신방동 1지구 유적
14. 신방동 2지구 유적
15. 신방동 3지구 유적
16. 용곡동 두터골 유적
17. 용정리 유적

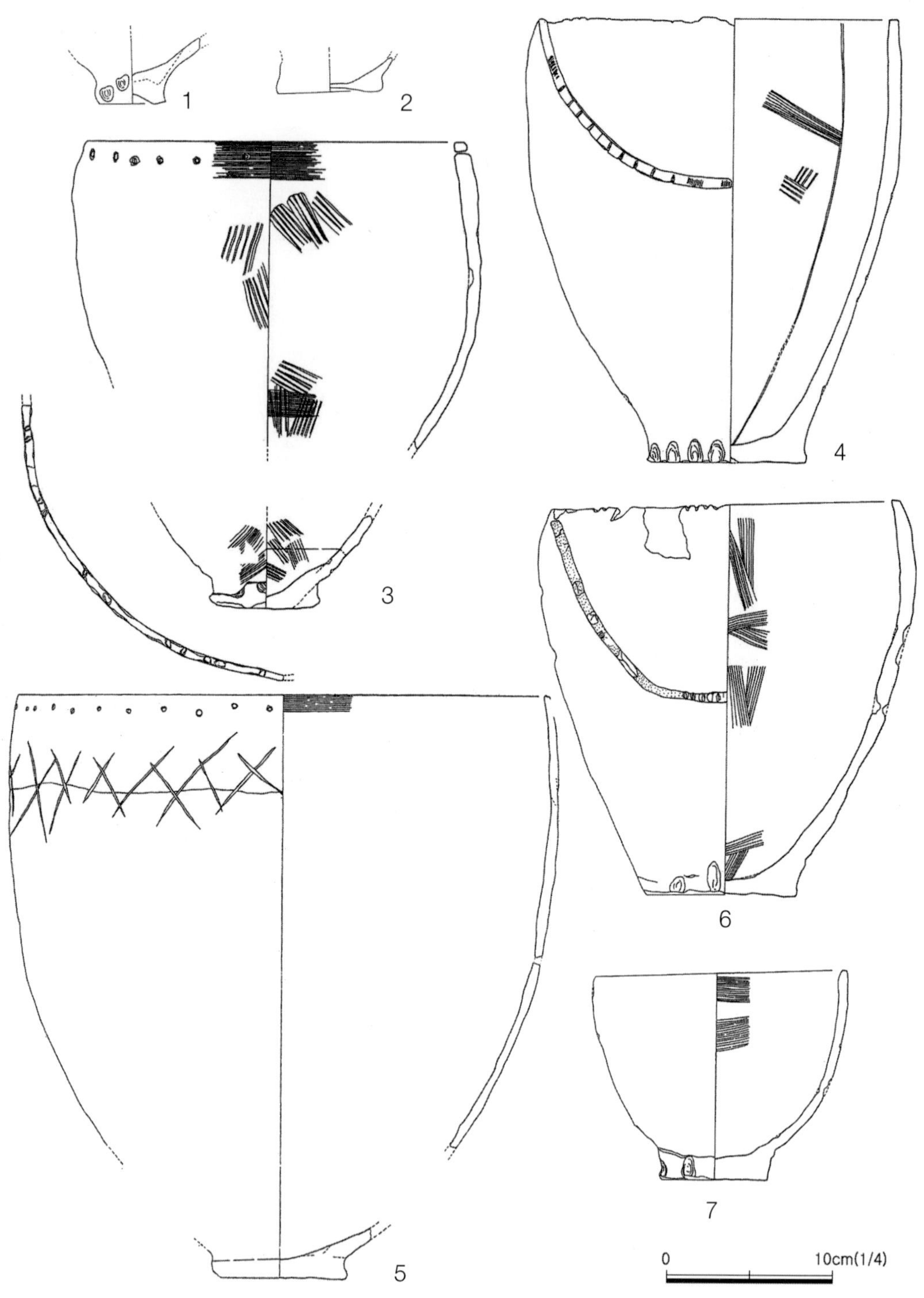

<도면 42> 천안 업성동유적(1호 : 1~2), 천안 백석동유적(A-2호 : 3 / A-4호 : 4~7)

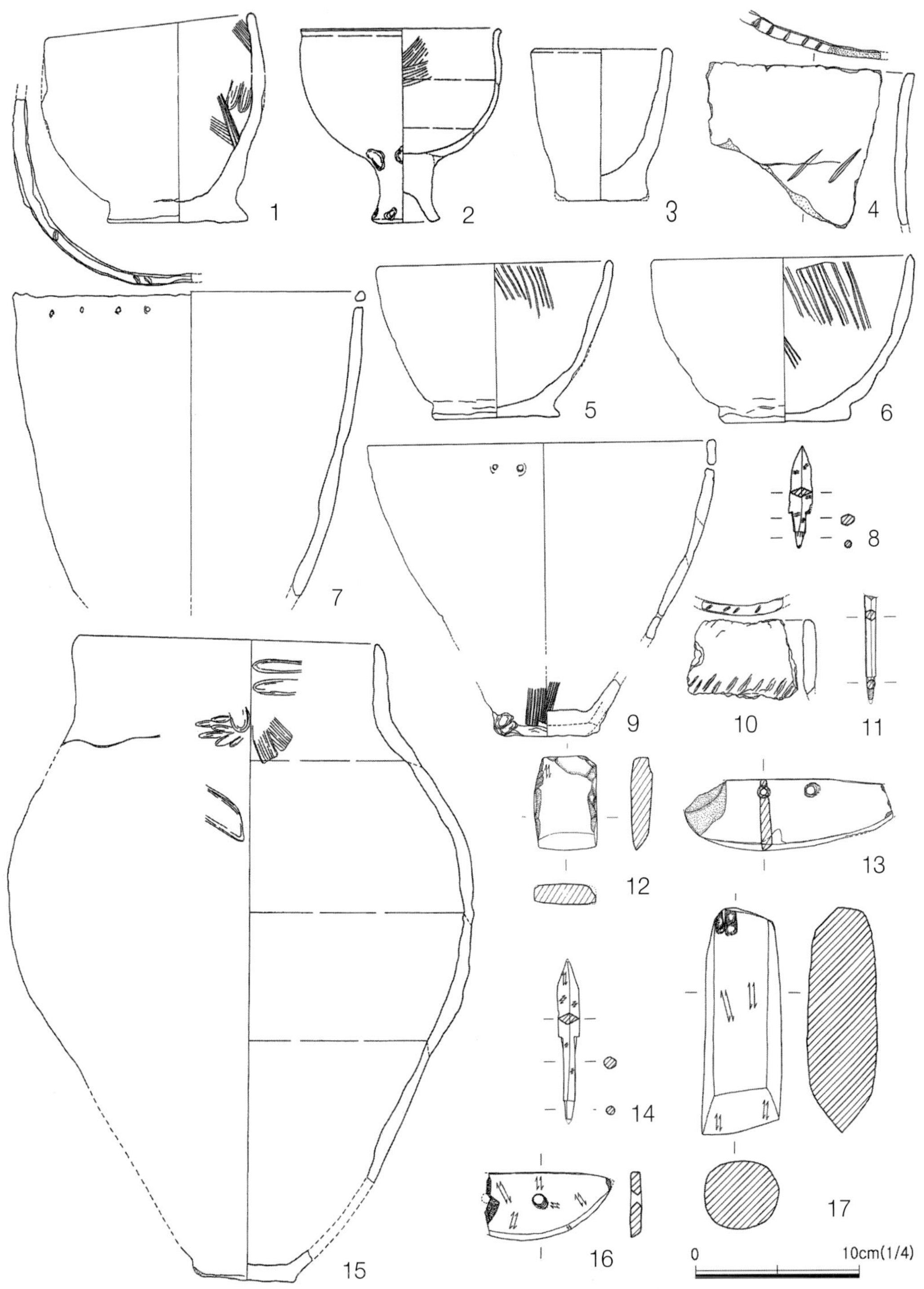

〈도면 43〉 천안 백석동유적(A-4호 : 1~4 / A-5호 : 5~8 / A-6호 : 9~13 / A-7호 : 14 / A-8호 : 15~17)

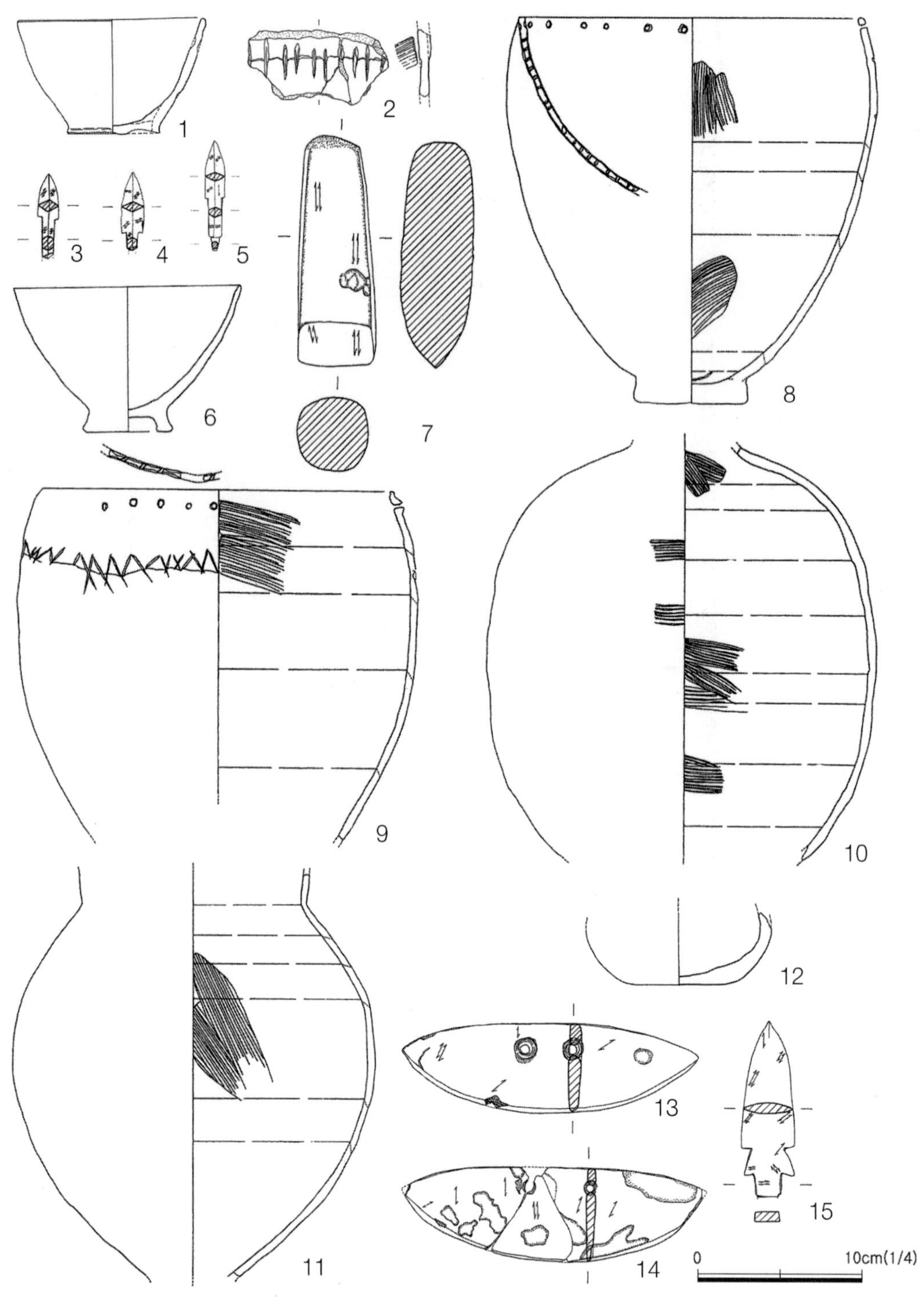

〈도면 44〉 천안 백석동유적(A-9호 : 1~4 / A-11호 : 5 / B-1호 : 6~7 / B-2호 : 8~15)

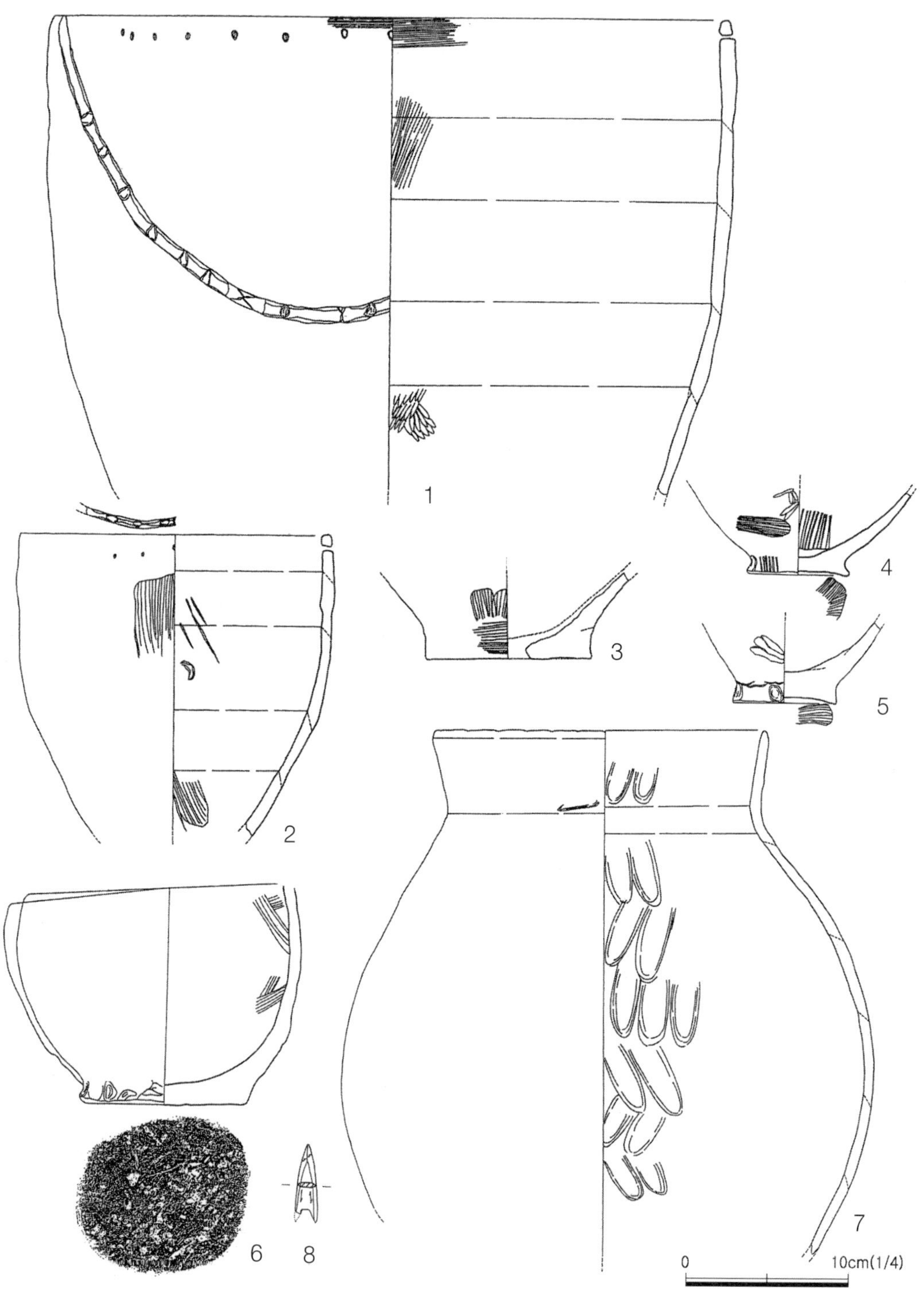

〈도면 45〉 천안 백석동유적(B-3호 : 1~3 / B-4호 : 4~8)

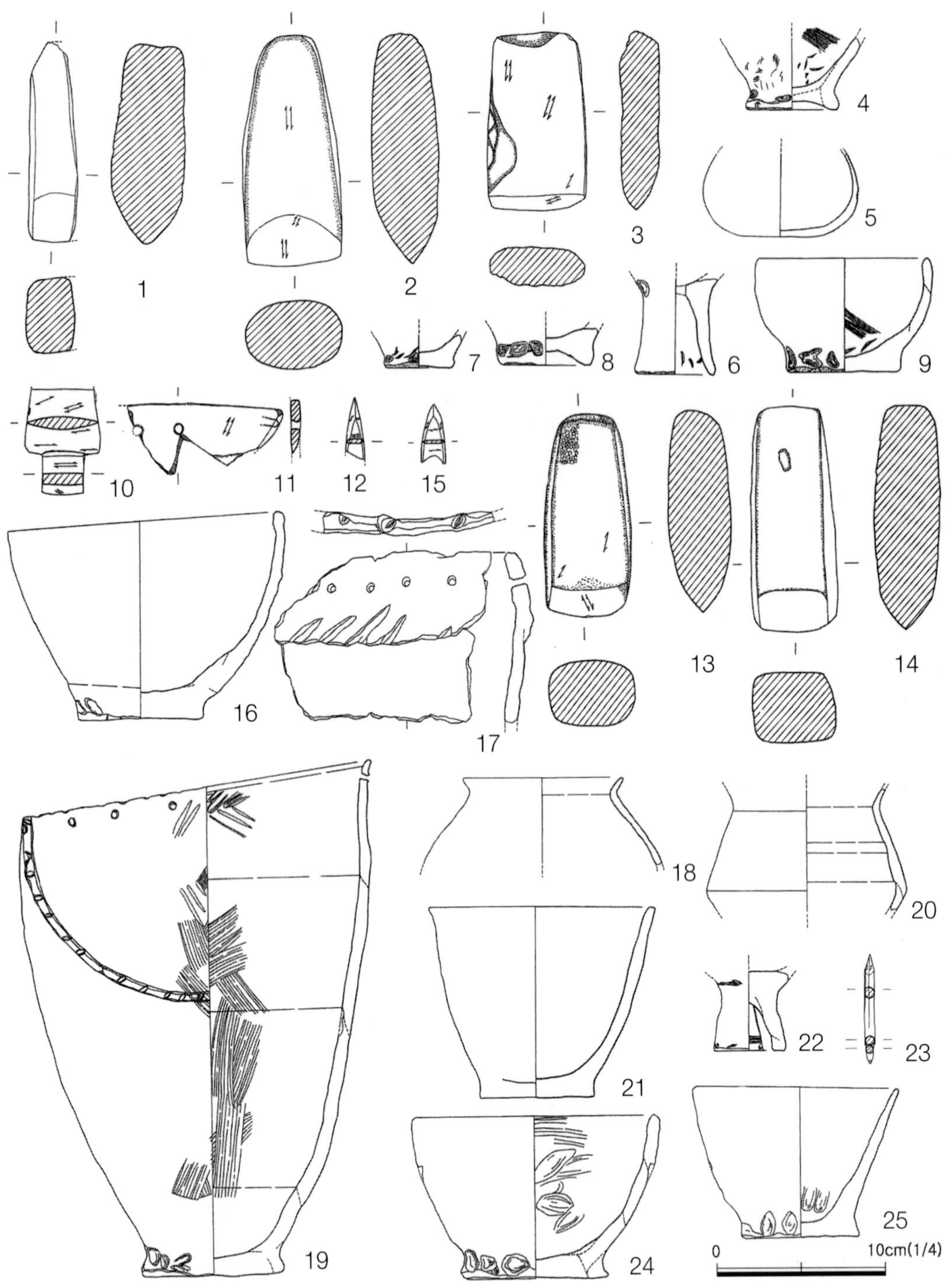

〈도면 46〉 천안 백석동유적(B-4호 : 1~2 / B-6호 : 3~4 / B-7호 : 5 / B-10호 : 6 / B-11호 : 7~14 / B-12호 : 15~17 /
B-13호 : 18 / B-14호 : 19 / B-15호 : 20~22 / B-16호 : 23 / B-17호 : 24 / B-18호 : 25)

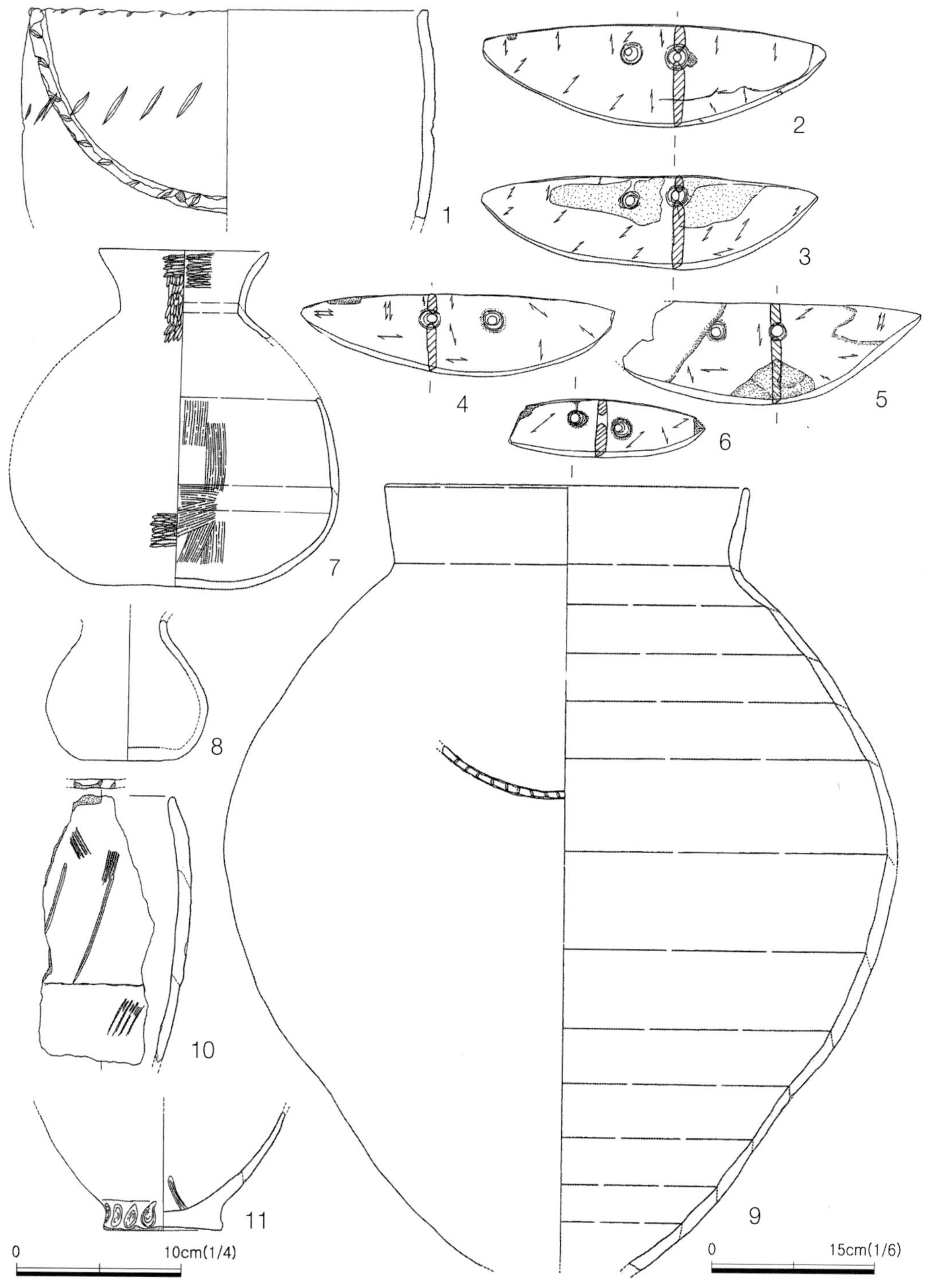

〈도면 47〉 천안 백석동유적(B-18호 : 1 / B-19호 : 2~9 / B-20호 : 10~11)

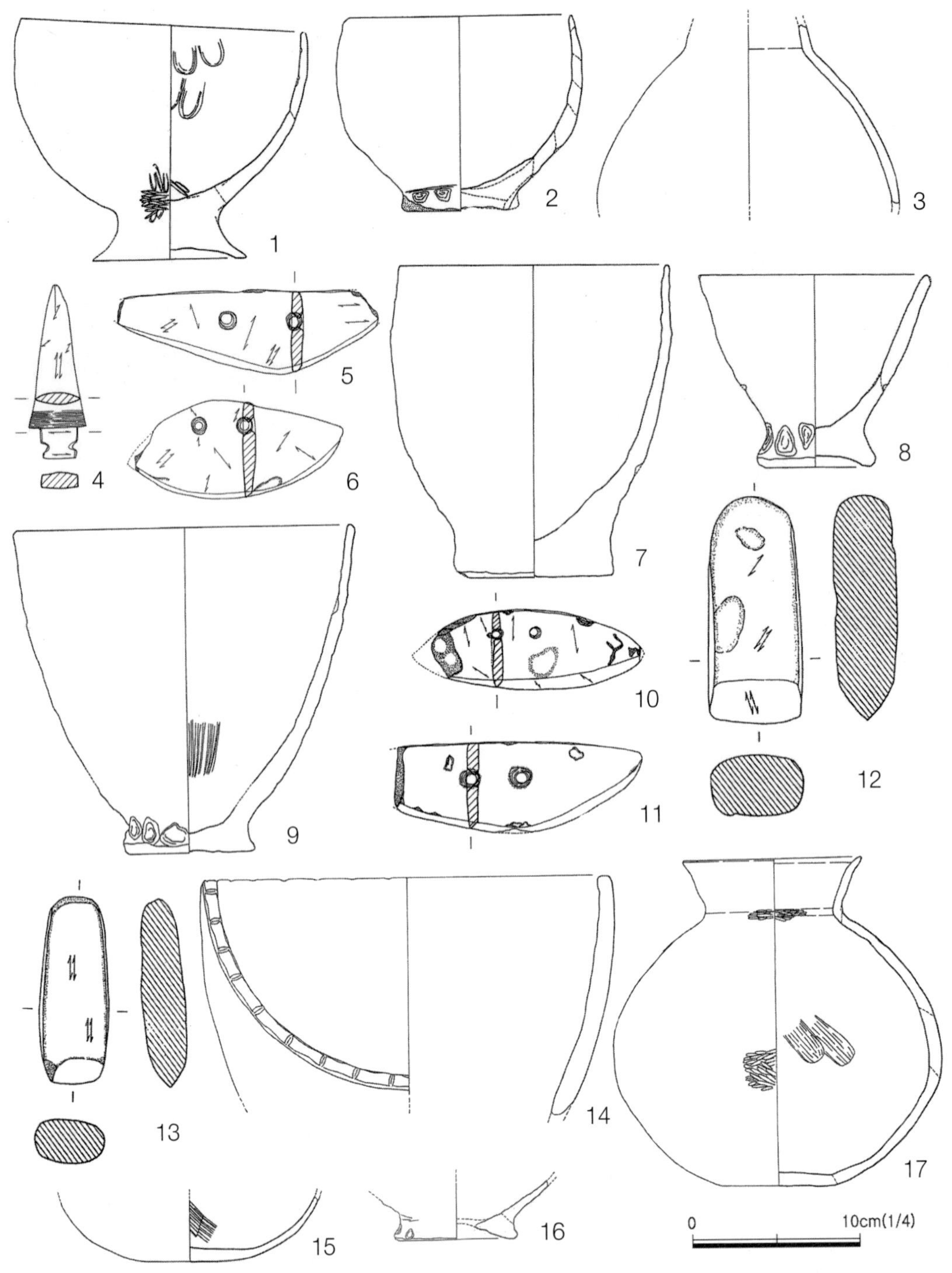

〈도면 48〉 천안 백석동유적(B-20호 : 1~4 / B-21호 : 5~6 / B-22호 : 7~13 / Ⅰ-1호 : 14~15 / Ⅰ-2호 : 16~17)

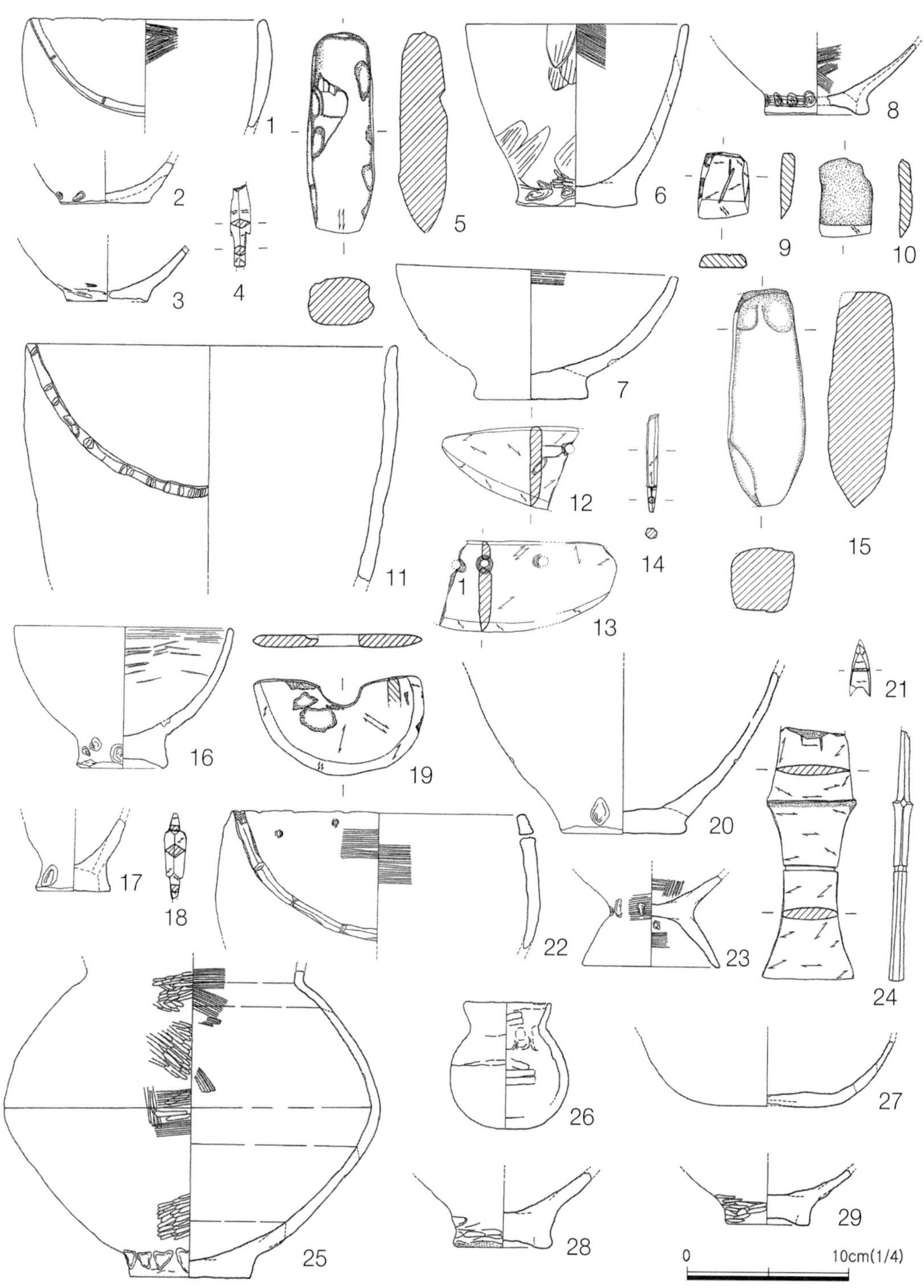

〈도면 49〉 천안 백석동유적(I -3호 : 1~4 / I -7호 : 5 / I -8호 : 6~10 / I -11호 : 11~14 / I -12호 : 15 / I -13-①호 : 16~18 / I -13-②호 : 19 / I -14호 : 20~21 / I -15호 : 22~23 / I -16-①호 : 24 / I -16-②호 : 25~29)

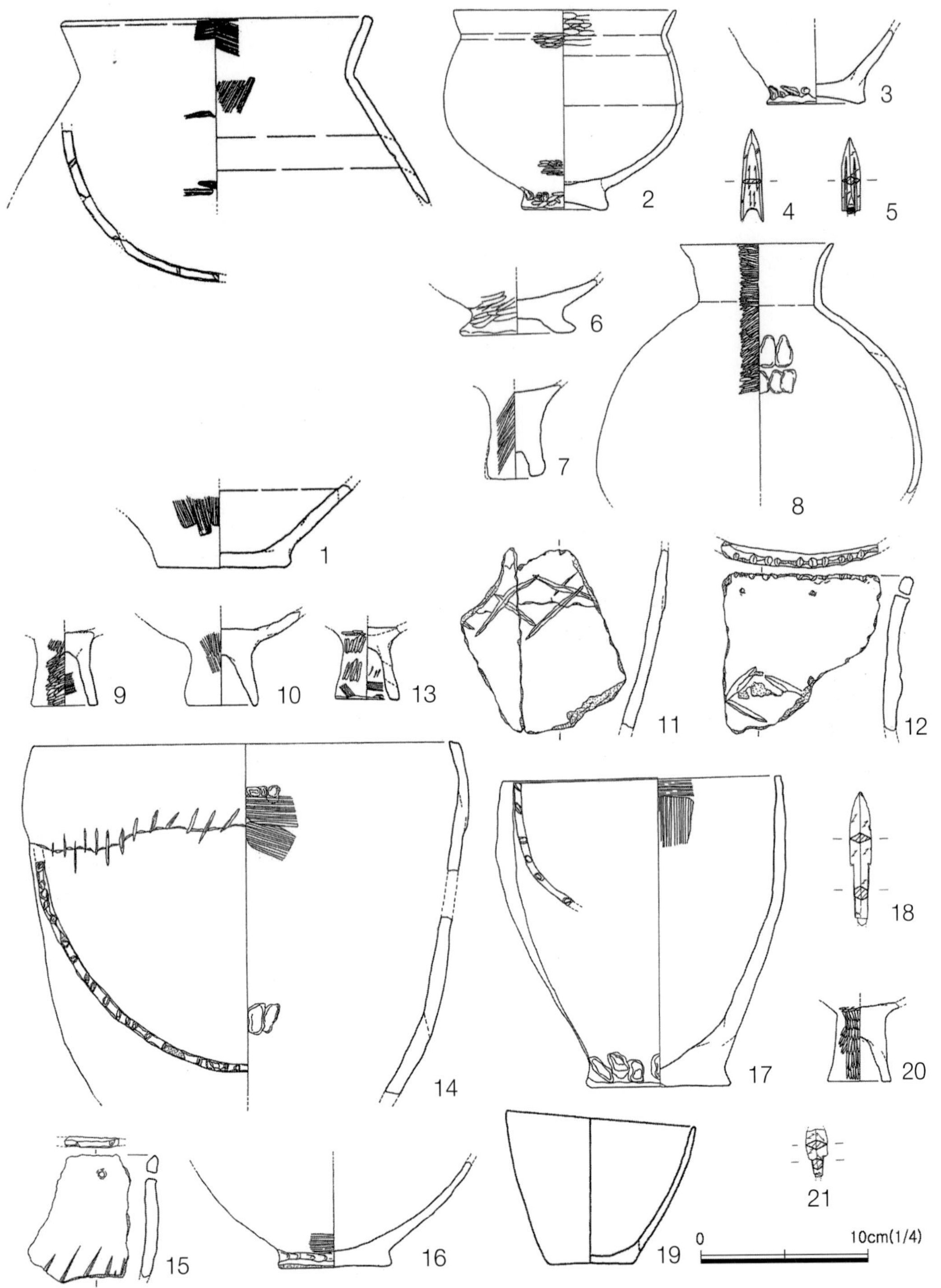

〈도면 50〉 천안 백석동유적(Ⅰ-16-②호 : 1 / Ⅰ-17호 : 2~5 / Ⅰ-23호 : 6~8 / Ⅱ-2호 : 9~12 / Ⅱ-3호 : 13~14 / Ⅱ-5호 : 15 / Ⅱ-6호 : 16~18 / Ⅱ-7호 : 19~21)

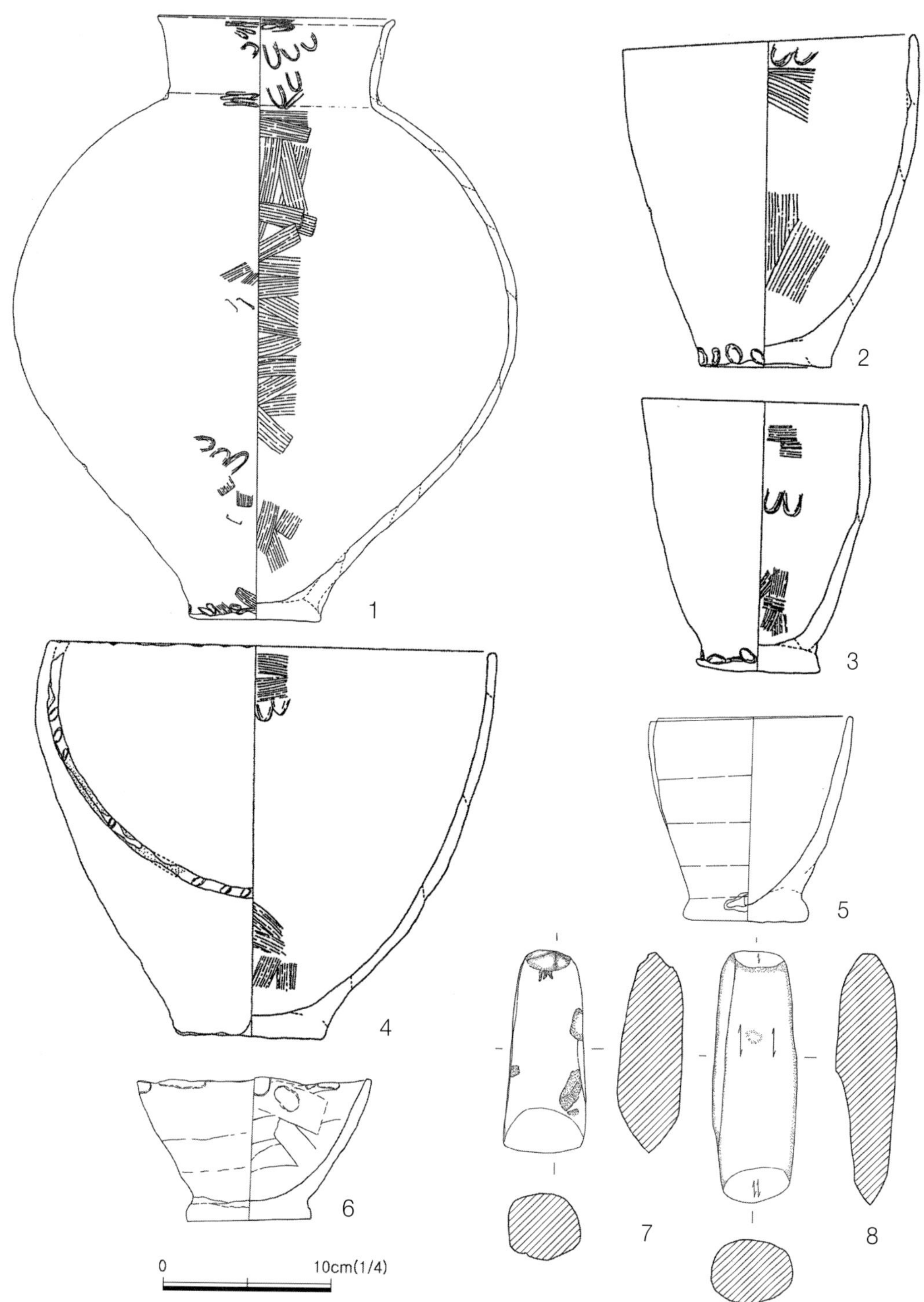

〈도면 51〉 천안 백석동유적(II-7호 : 1~4 / II-9호 : 5~8)

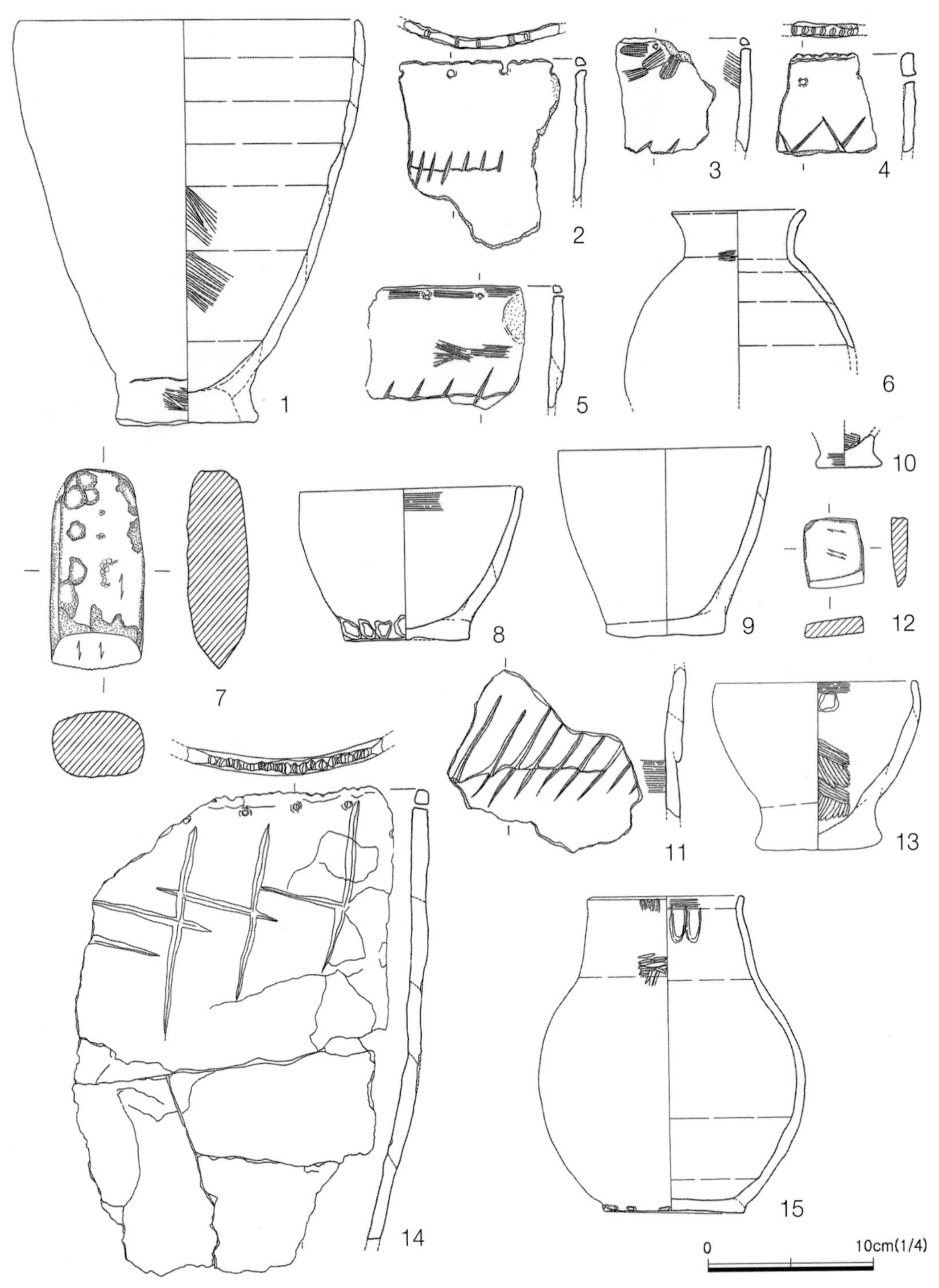

〈도면 52〉 천안 백석동유적(II-10호 : 1~7 / III-1호 : 8~10 / III-2호 : 11 / III-3호 : 12~13 / III-4호 : 14 / III-5호 : 15)

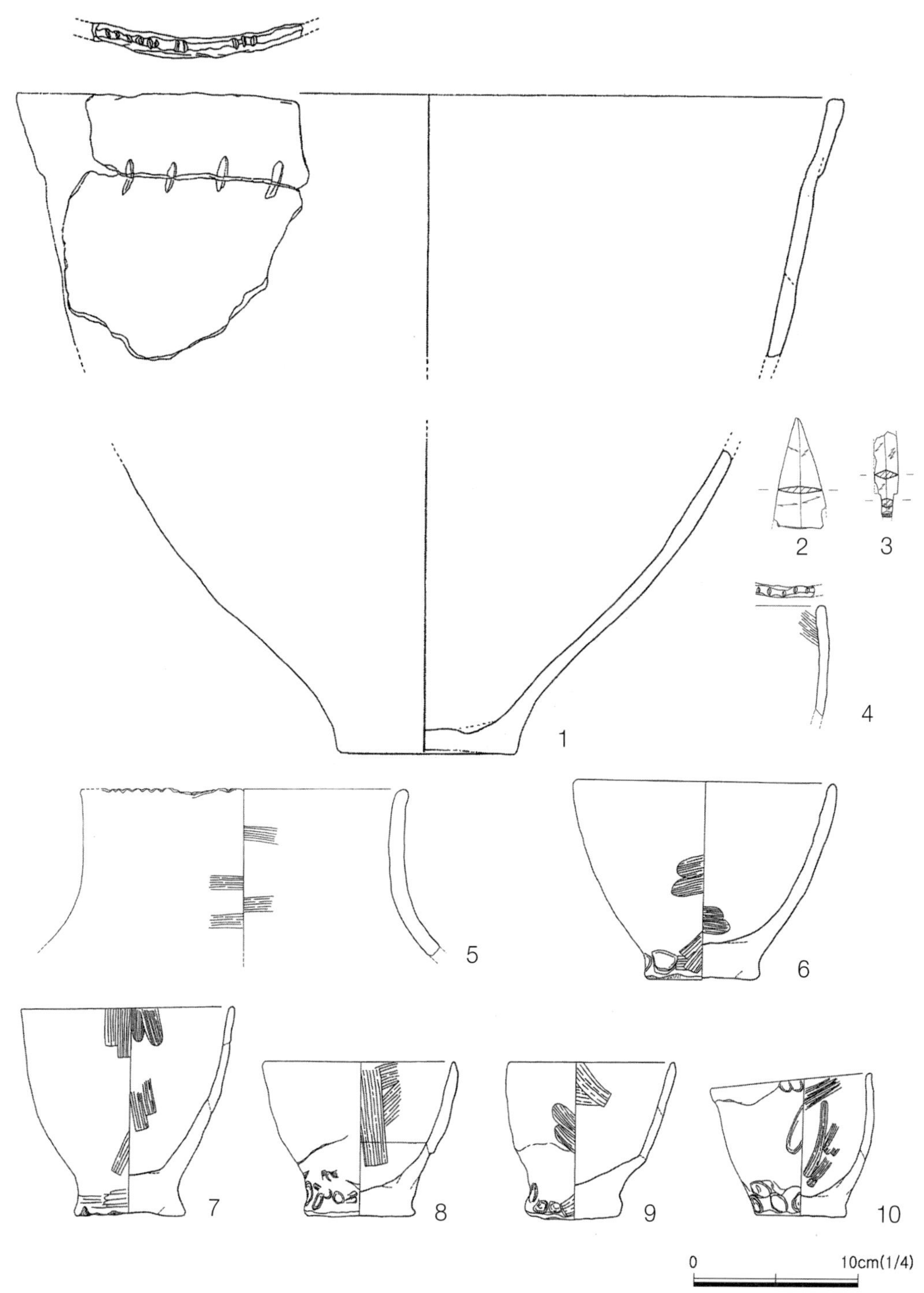

〈도면 53〉 천안 백석동유적(Ⅲ-6호 : 1 / Ⅲ-9호 : 2~3 / Ⅳ-1호 : 4~5 / Ⅳ-2호 : 6~10)

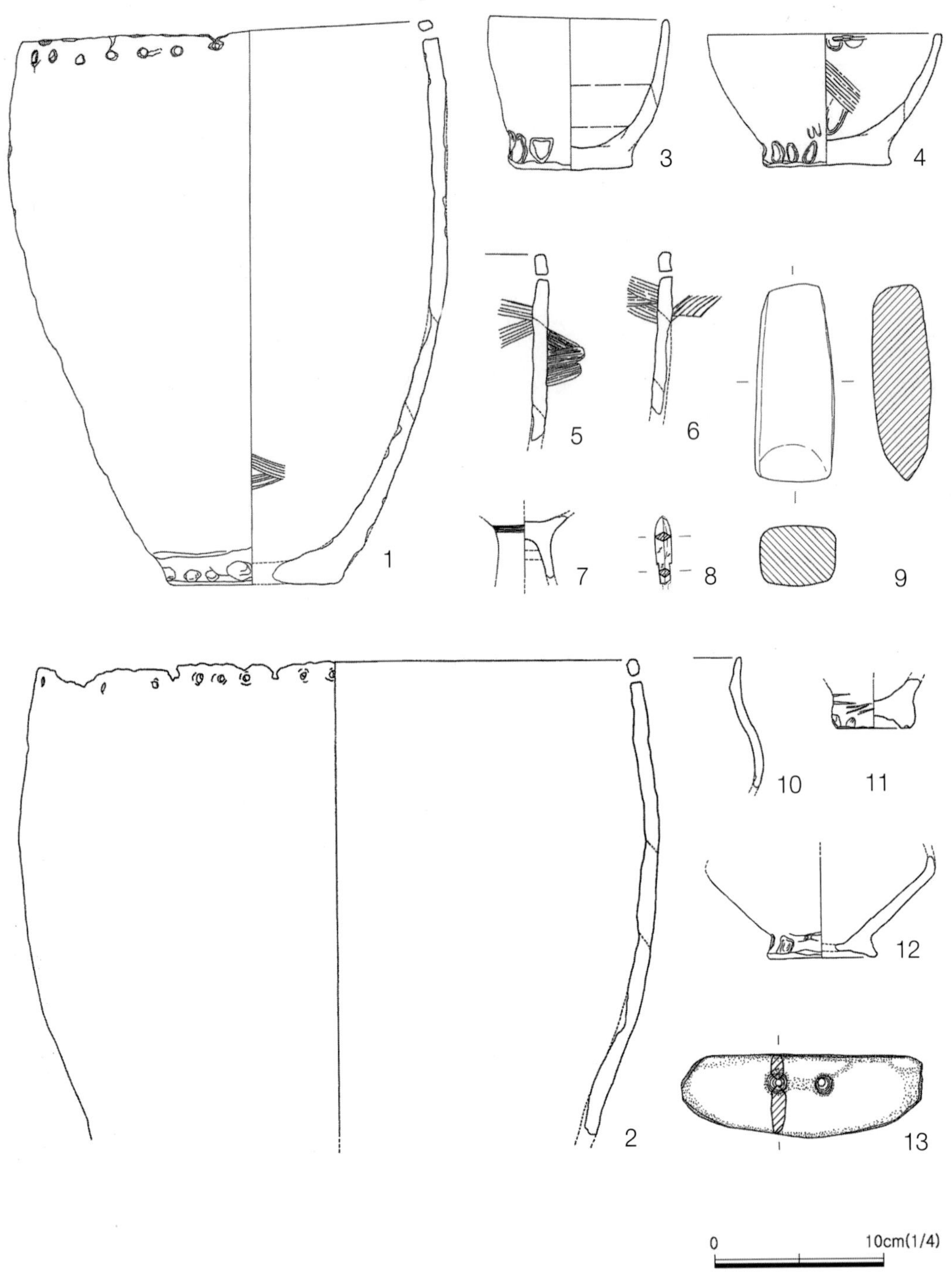

<도면 54〉 천안 백석동유적(IV-2호 : 1~2 / IV-3호 : 3~9 / IV-4호 : 10~13)

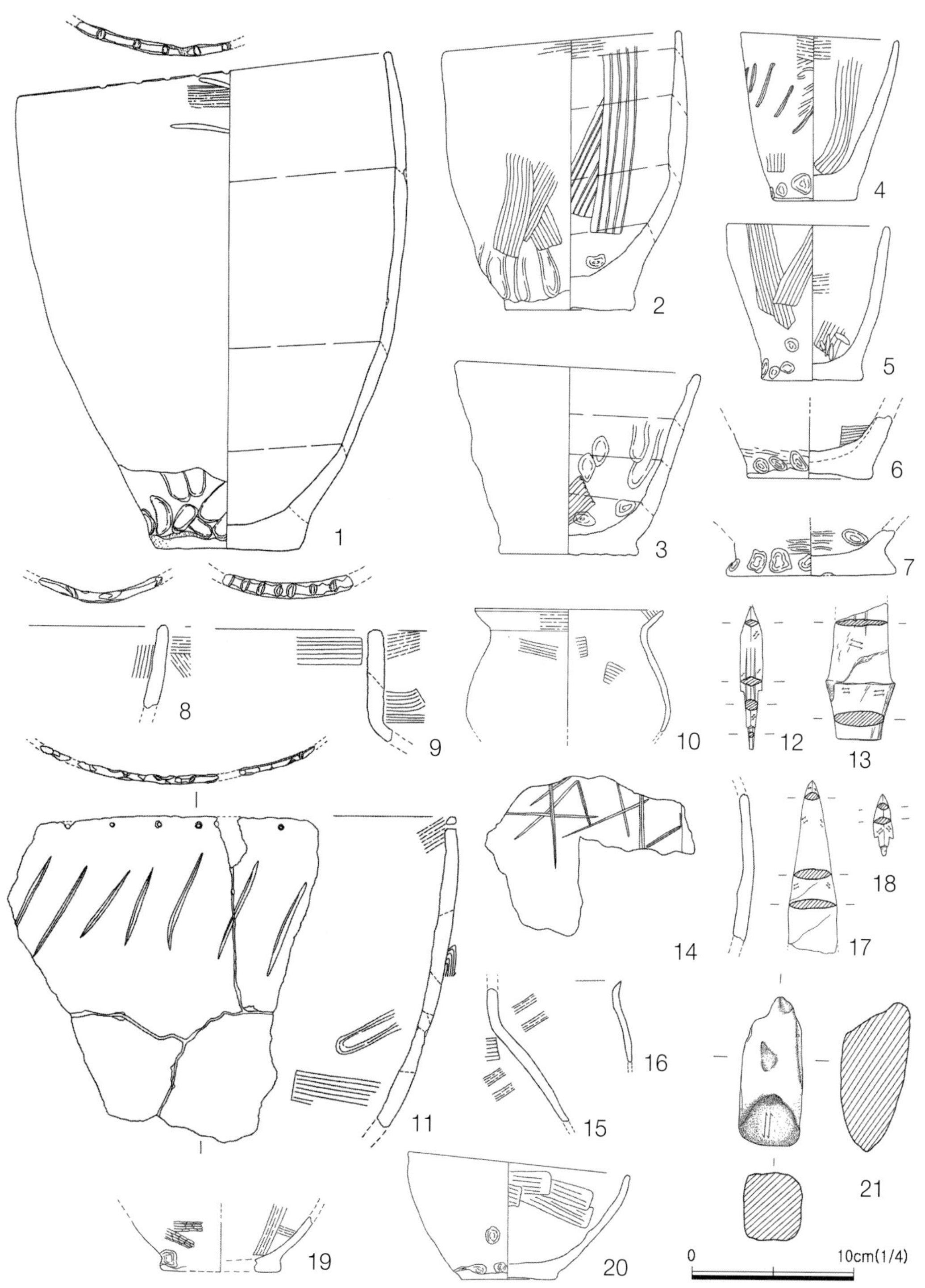

〈도면 55〉 천안 백석동유적(IV-4호 : 1 / 새-1호 : 2~8 / 새-2호 : 9~13 / 새-3호 : 14~18 / 새-5호 : 19~20 / 새-7호 : 21)

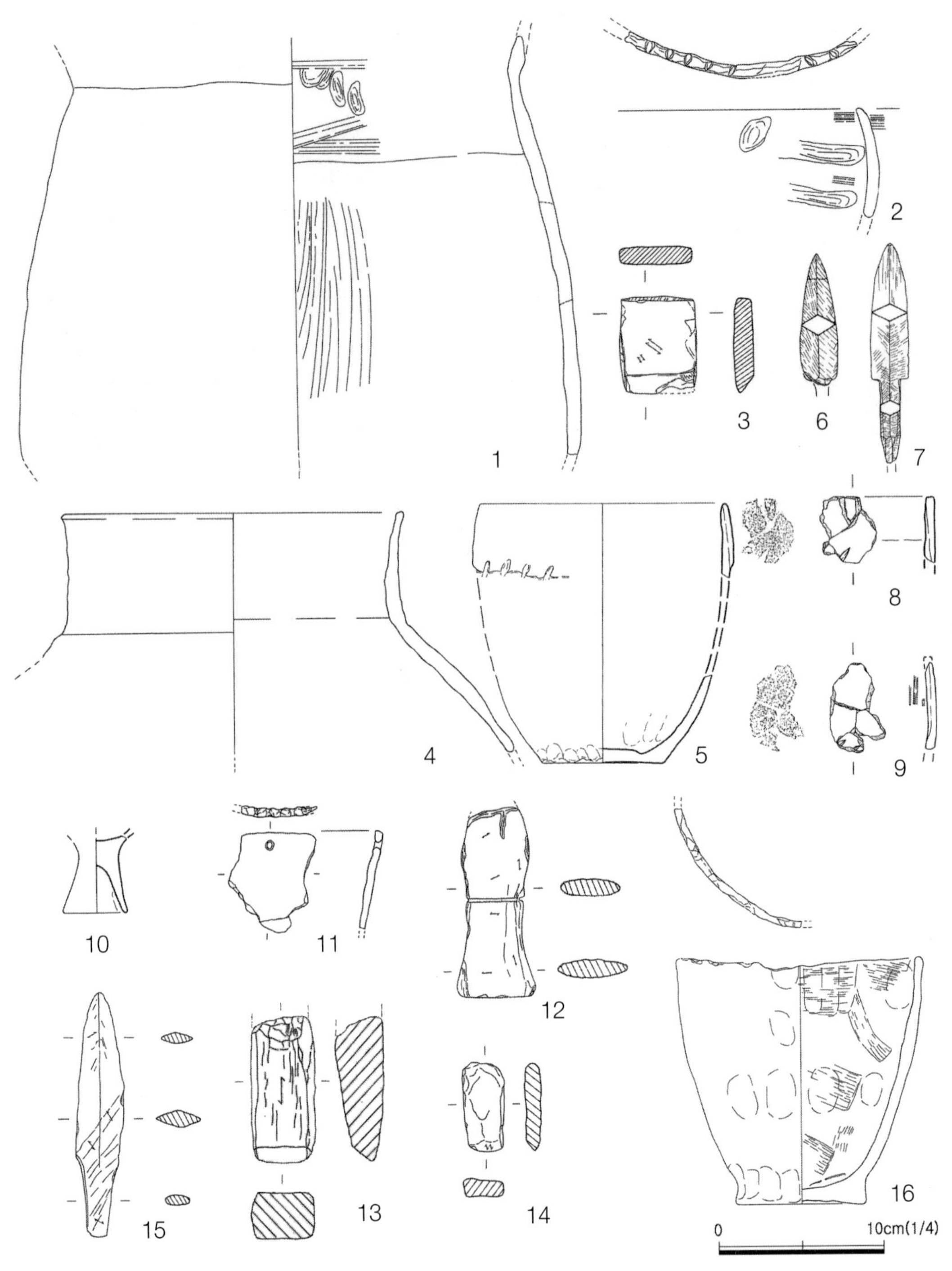

〈도면 56〉 천안 백석동유적(새-10호 : 1~3 / 새-11호 : 4), 천안 두정동유적(1호 : 5~7 / 2호 : 8~10),
천안 불당동유적(II-1호 : 11 / II-3호 : 12 / II-5호 : 13 / II-8호 : 14 / II-11호 : 15 / II-12호 : 16)

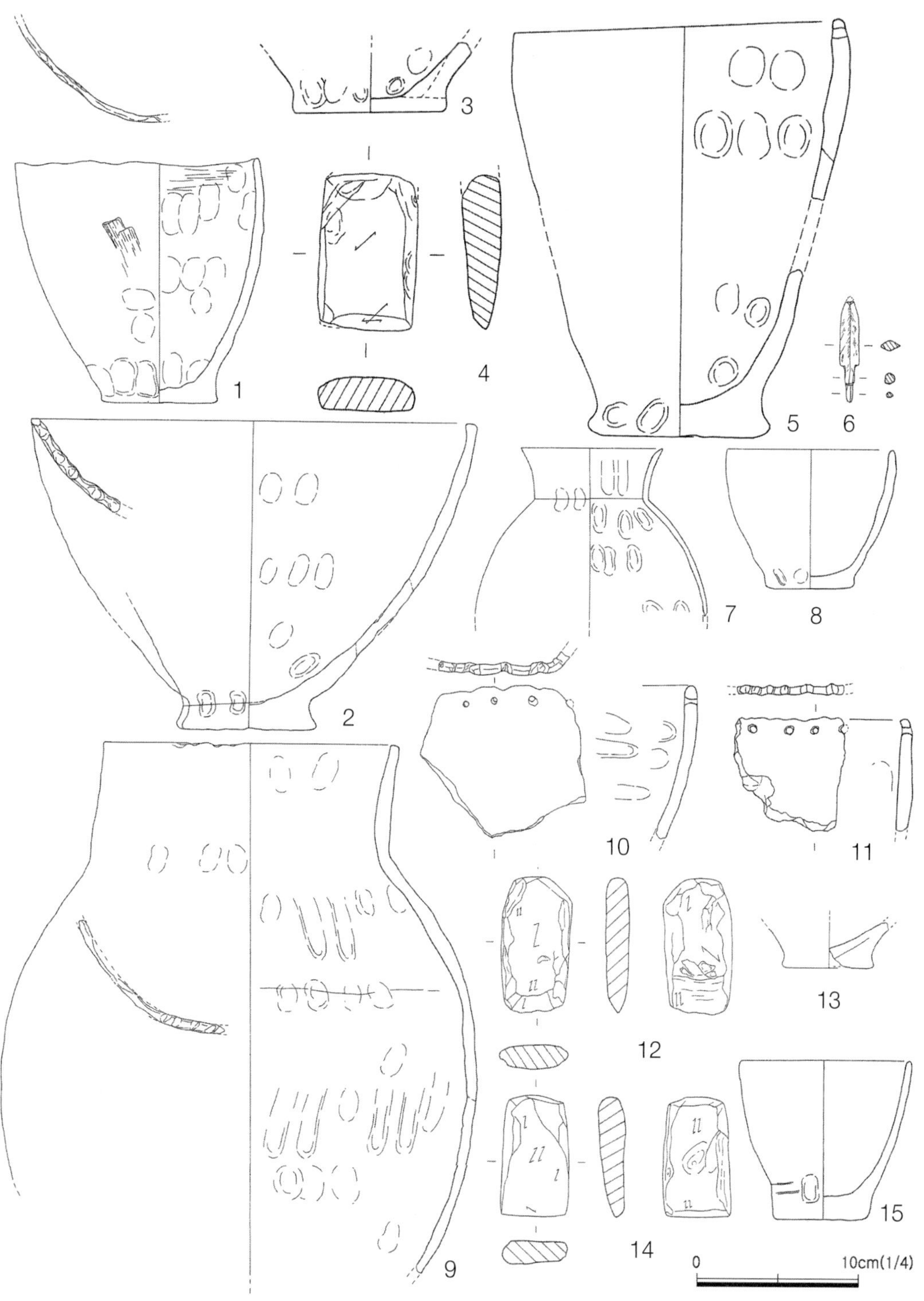

〈도면 57〉 천안 불당동유적(Ⅱ-12호 : 1 / Ⅱ-14호 : 2 / Ⅱ-18호 : 3 / Ⅱ-19호 : 4~5 / Ⅱ-20호 : 7~10 / Ⅲ-1호 : 11 / Ⅲ-2호 : 12 / Ⅲ-3호 : 13 / Ⅲ-4호 : 14 / Ⅲ-6호 : 15)

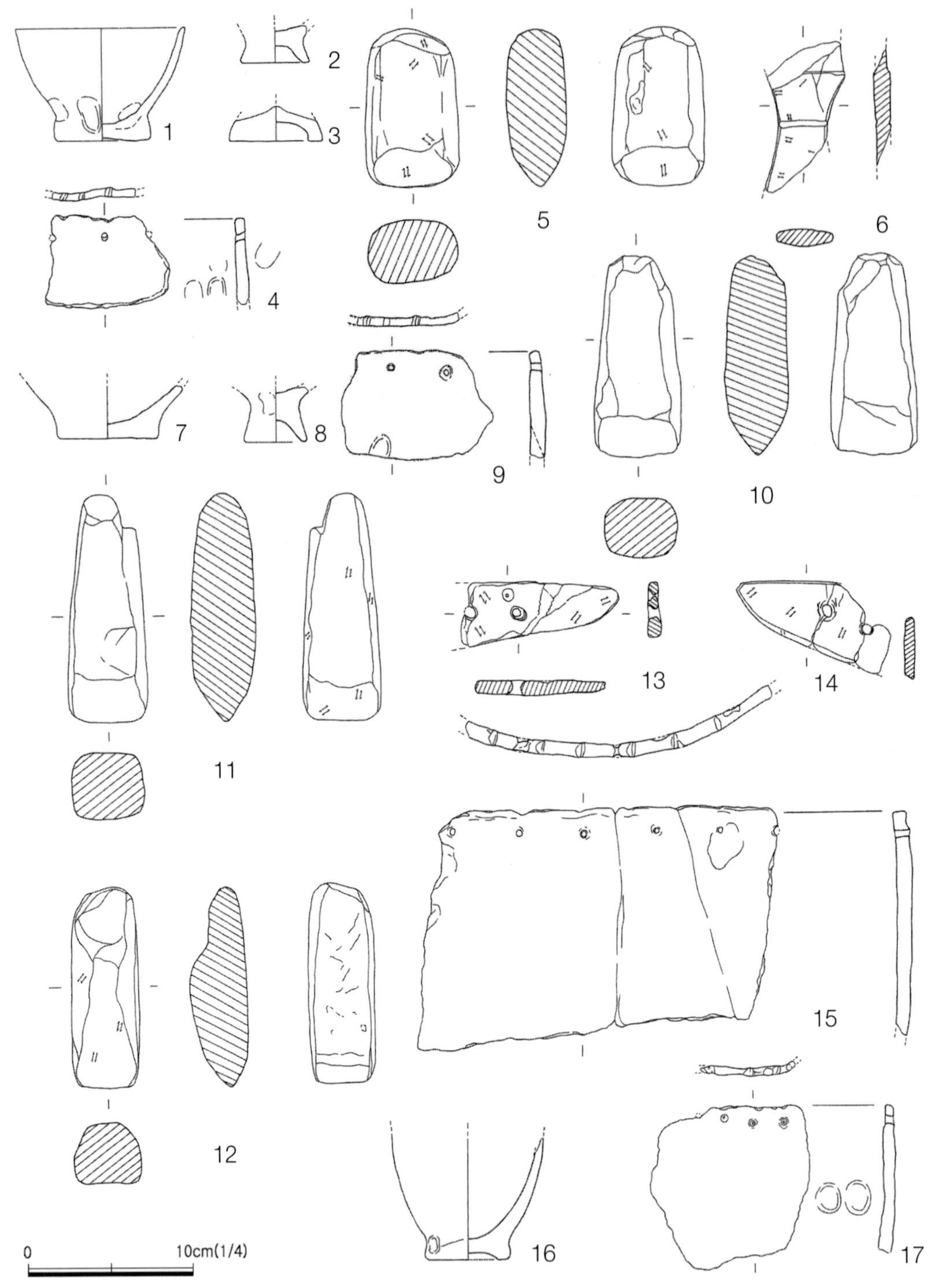

〈도면 58〉 천안 불당동유적(Ⅲ-6호 : 1~6 / Ⅲ-7호 : 7~14 / Ⅲ-9호 : 15~16 / Ⅲ-10호 : 17)

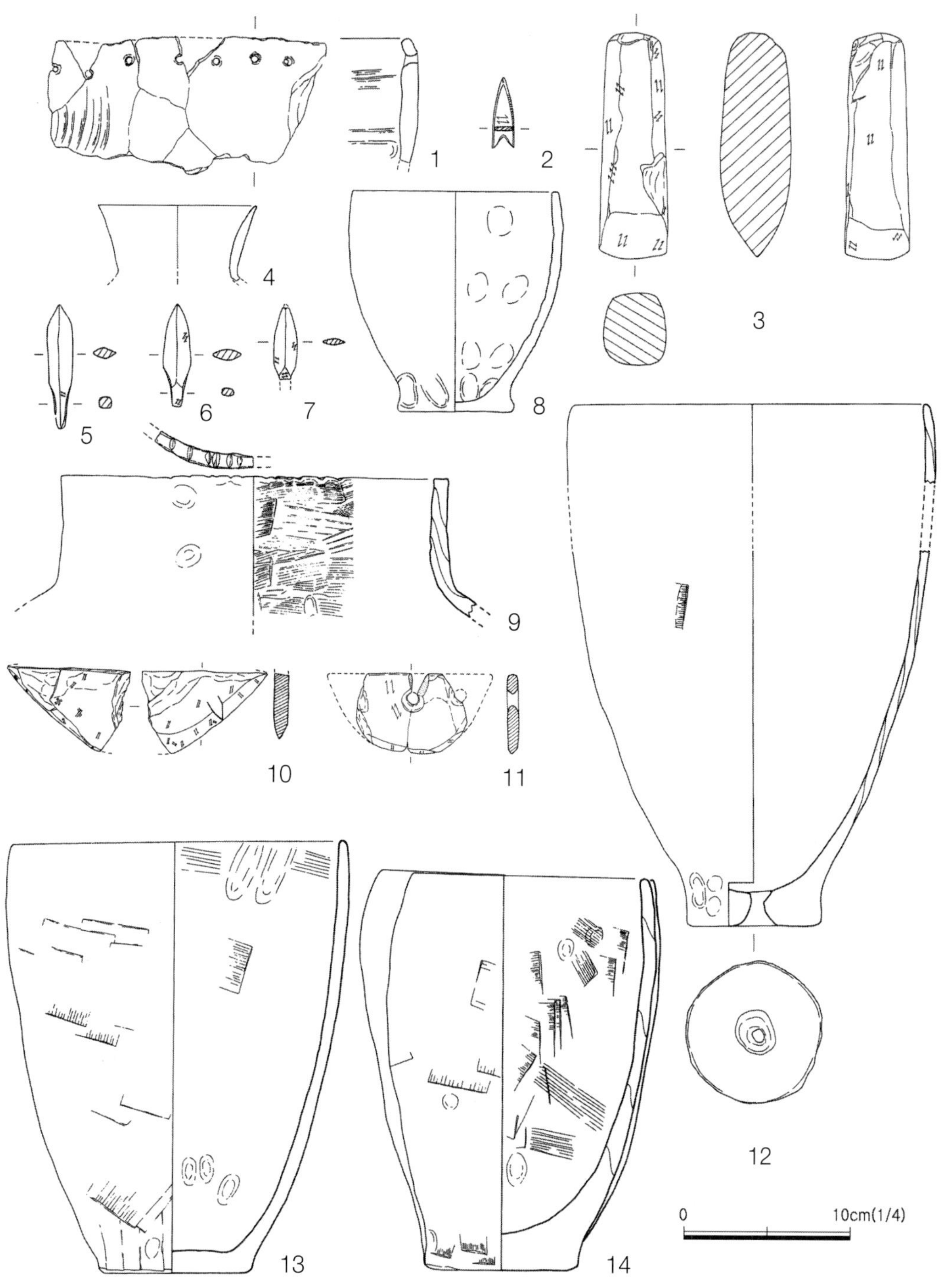

〈도면 59〉 천안 불당동유적(Ⅲ-11호 : 1~2 / Ⅲ-12호 : 3 / Ⅲ-13호 : 4 / Ⅲ-16호 : 5~8),
천안 쌍용동유적(3-1호 : 9~10 / 3-5호 : 11~14)

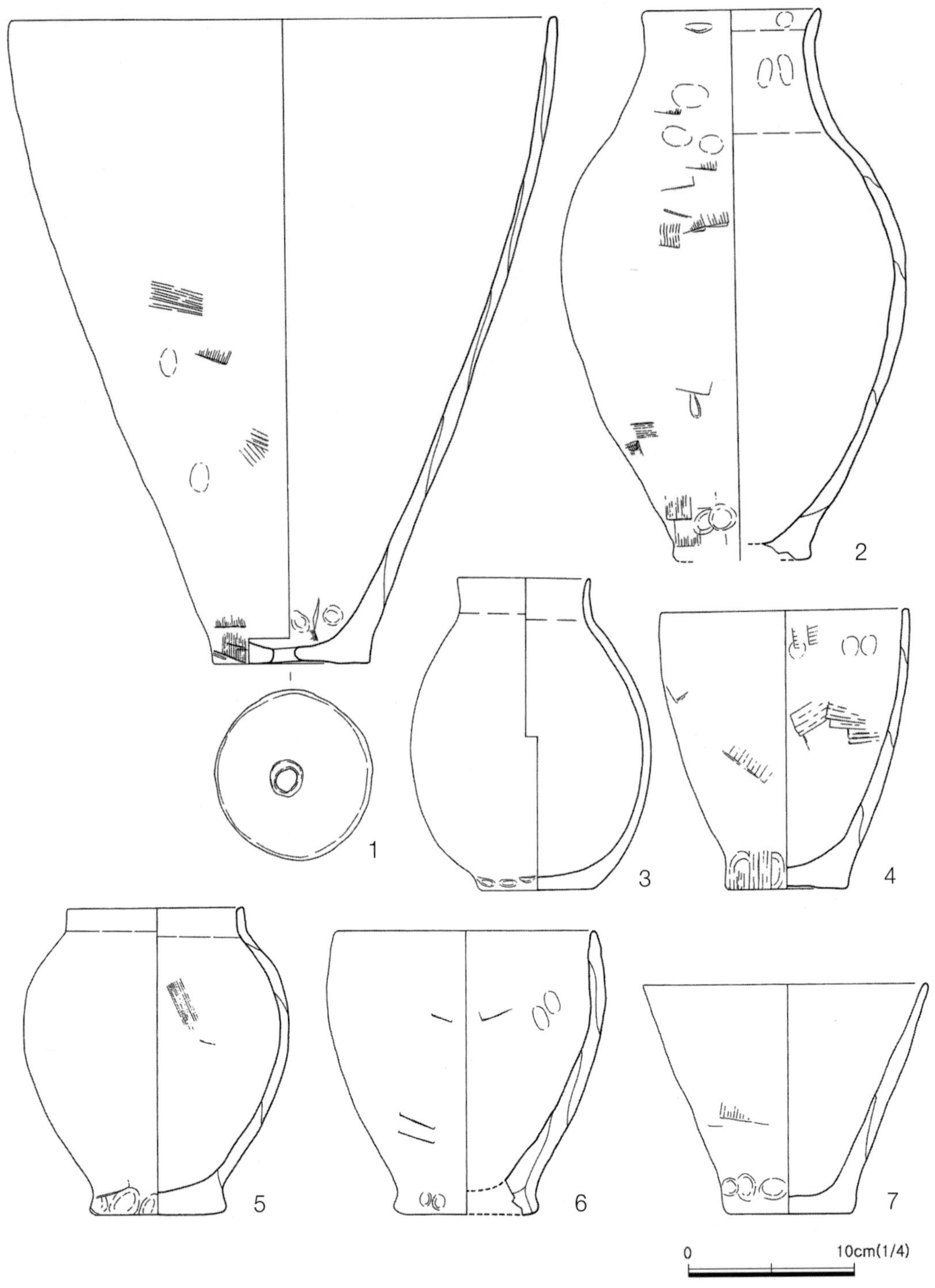

〈도면 60〉 천안 쌍용동유적(3-5호 : 1~7)

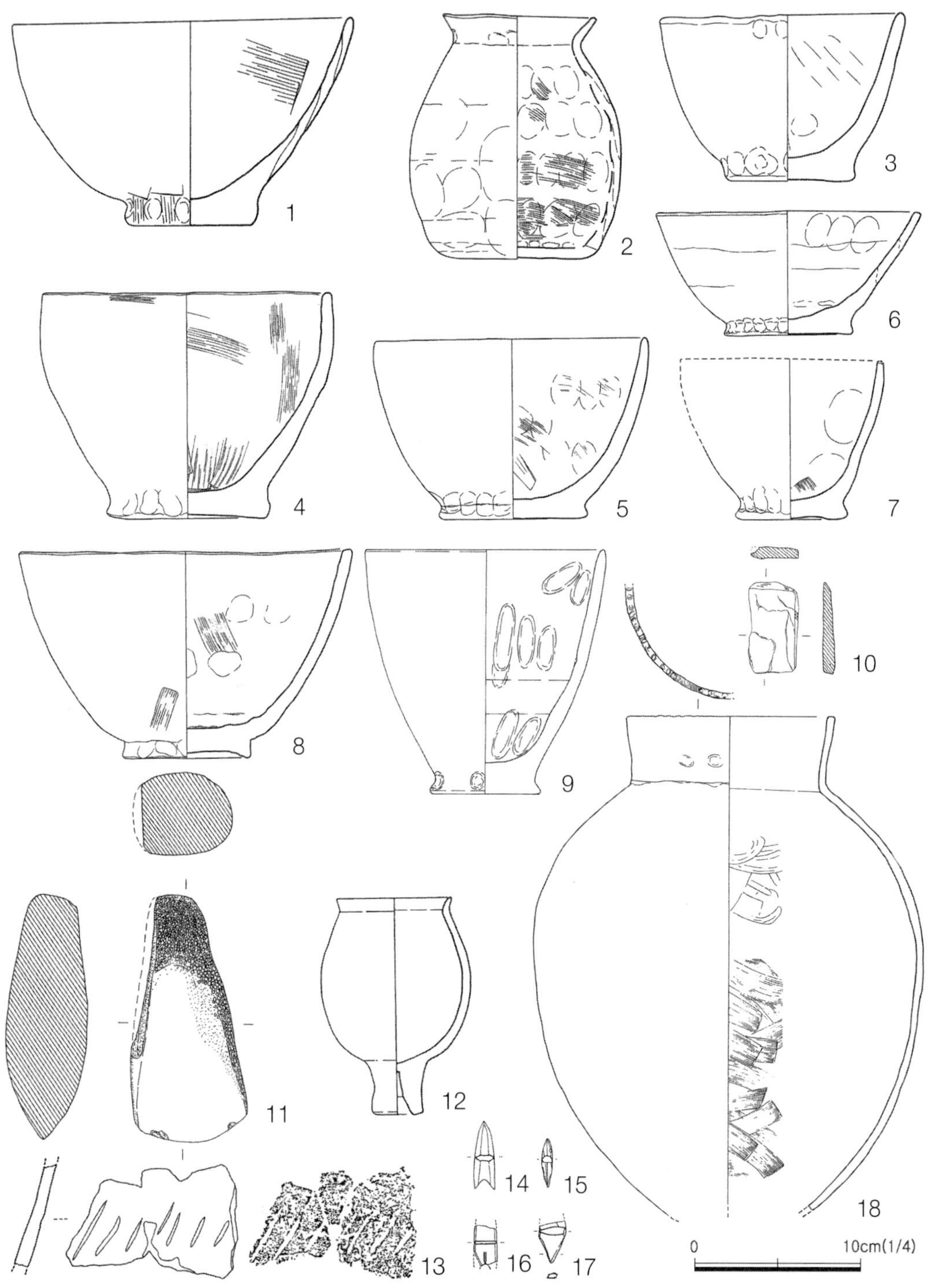

〈도면 61〉 천안 쌍용동유적(3-5호 : 1), 천안 용곡동 눈돌유적(Ⅰ-1호 : 2~3 / Ⅰ-2호 : 4~8),
천안 남관리유적(2호 : 9~10 / 5호 : 11), 천안 정당농유석(1호 : 12~18)

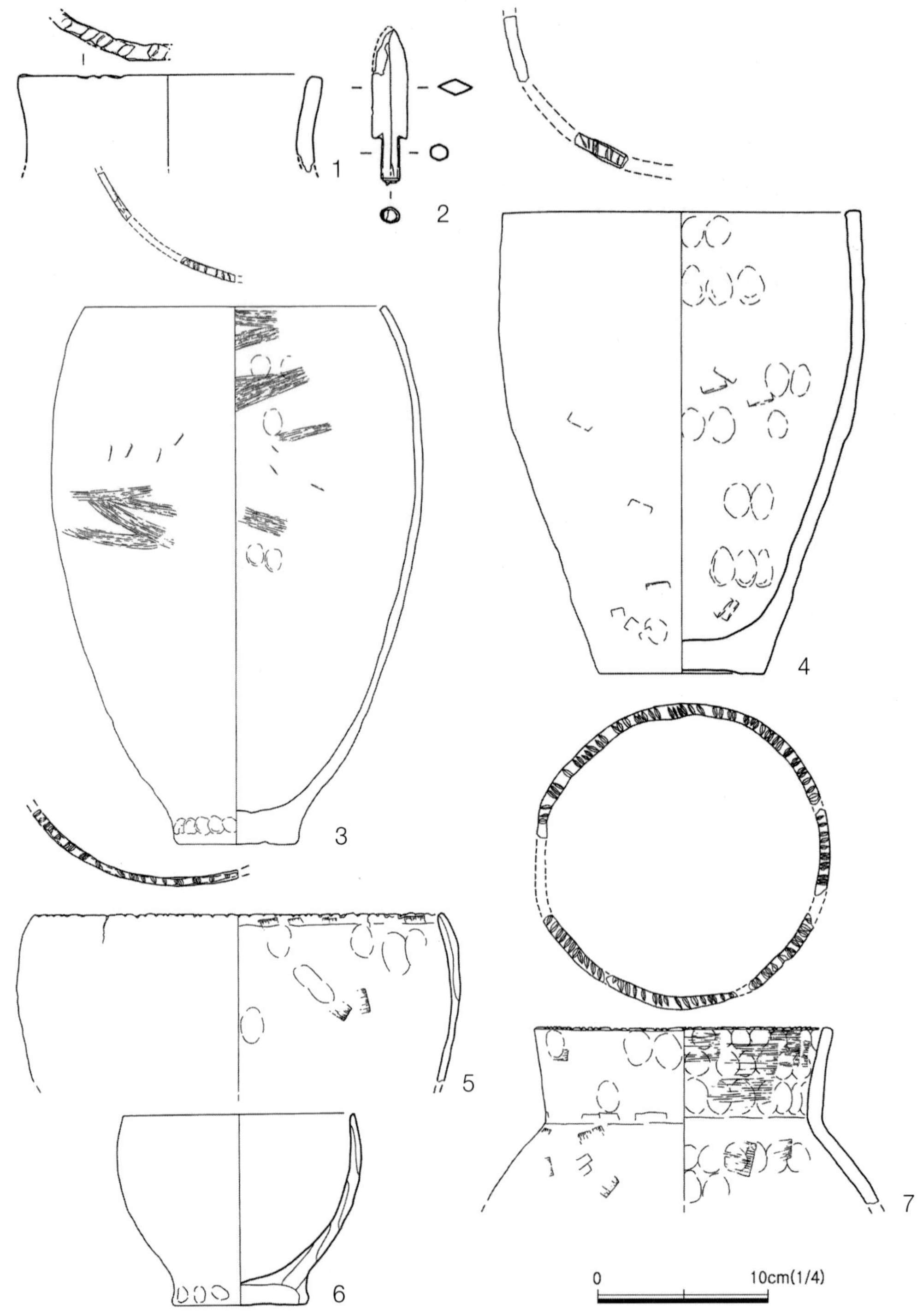

〈도면 62〉 천안 청당동유적(2호 : 1~2), 천안 운전리유적(A-2호 : 3~7)

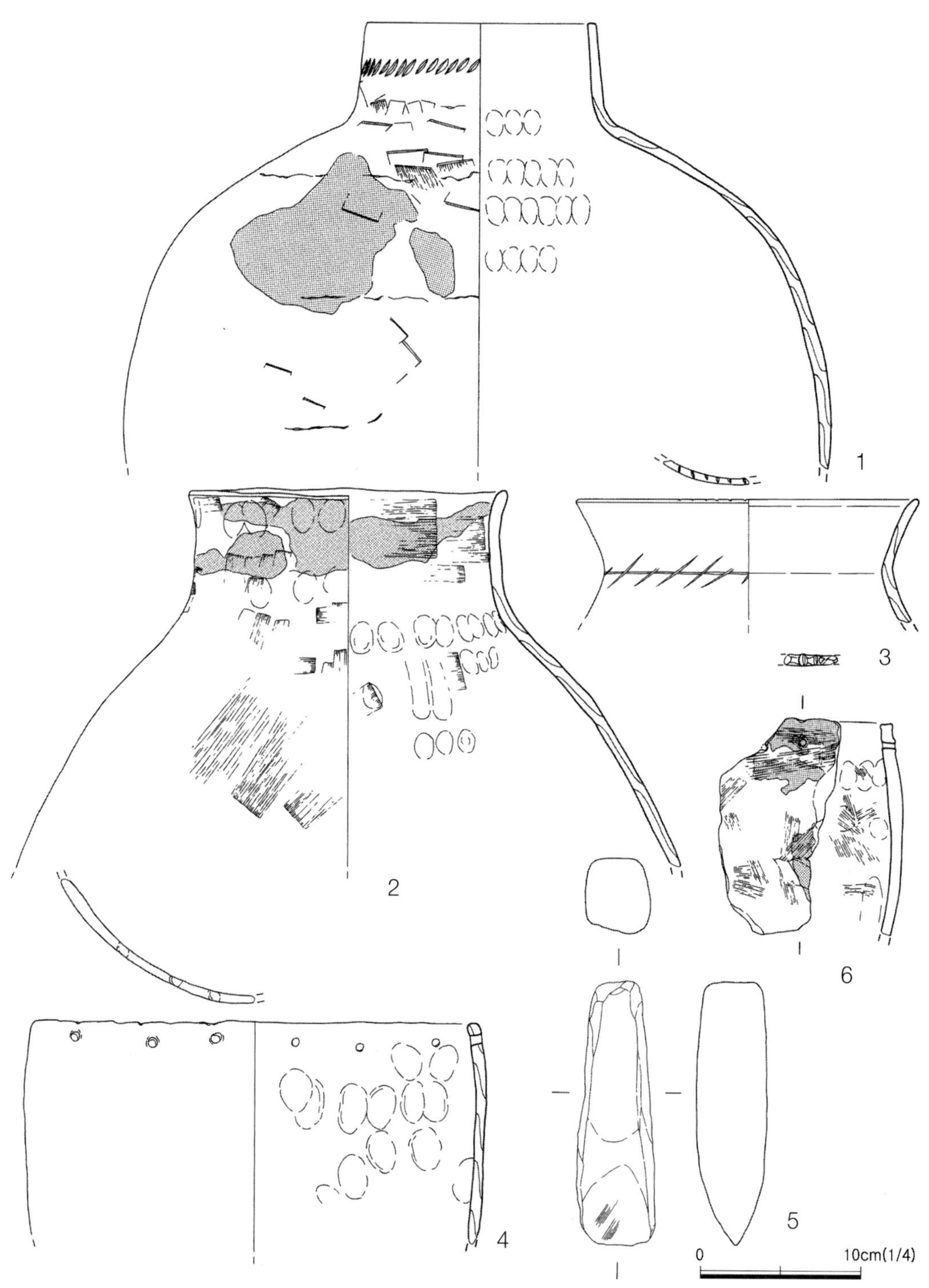

〈도면 63〉 천안 운전리유적(A-2호 : 1~4 / A-3호 : 5 / B-2호 : 6)

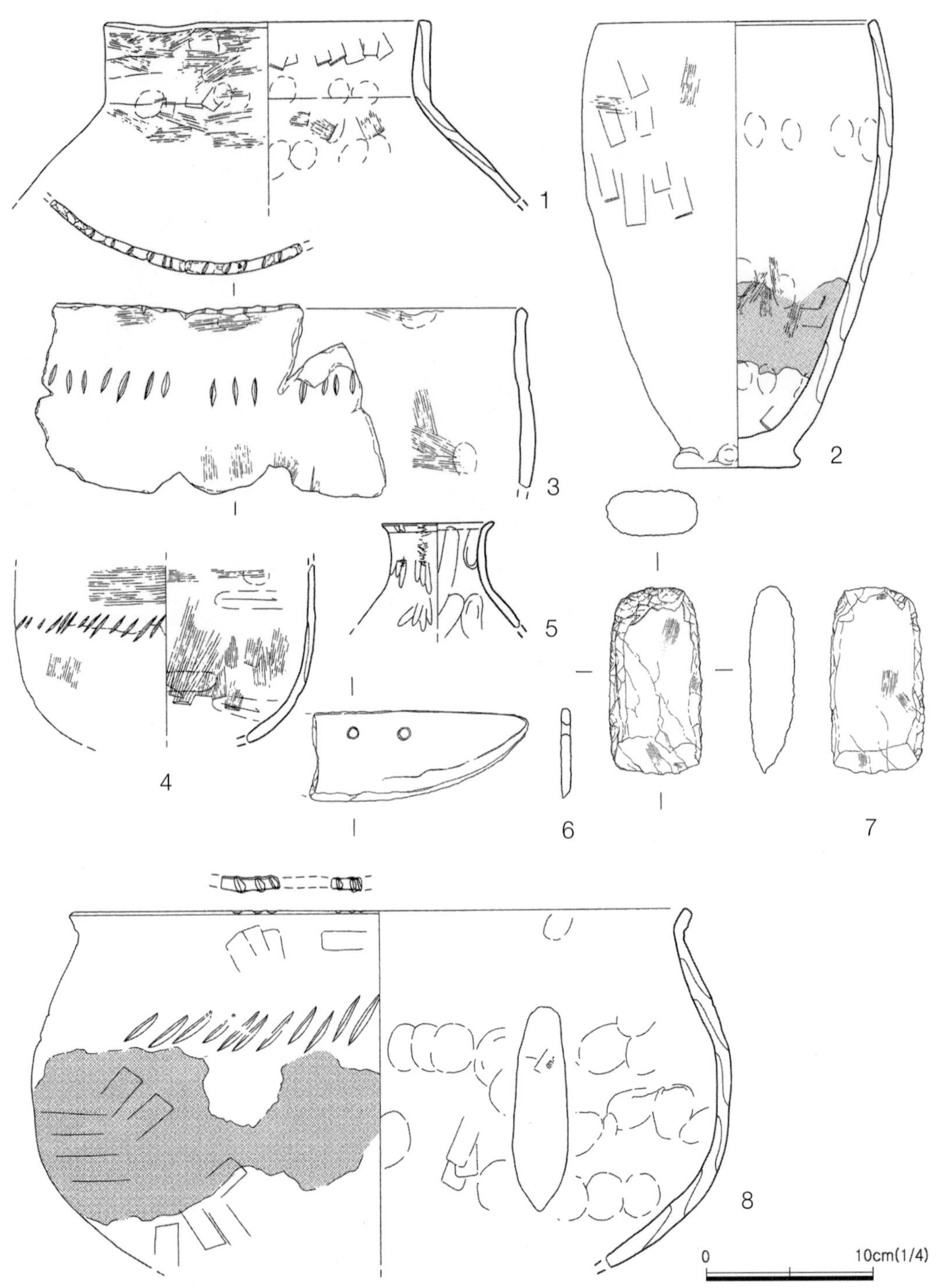

〈도면 64〉 천안 운전리유적(B-2호 : 1 / B-4호 : 2~7 / B-6호 : 8)

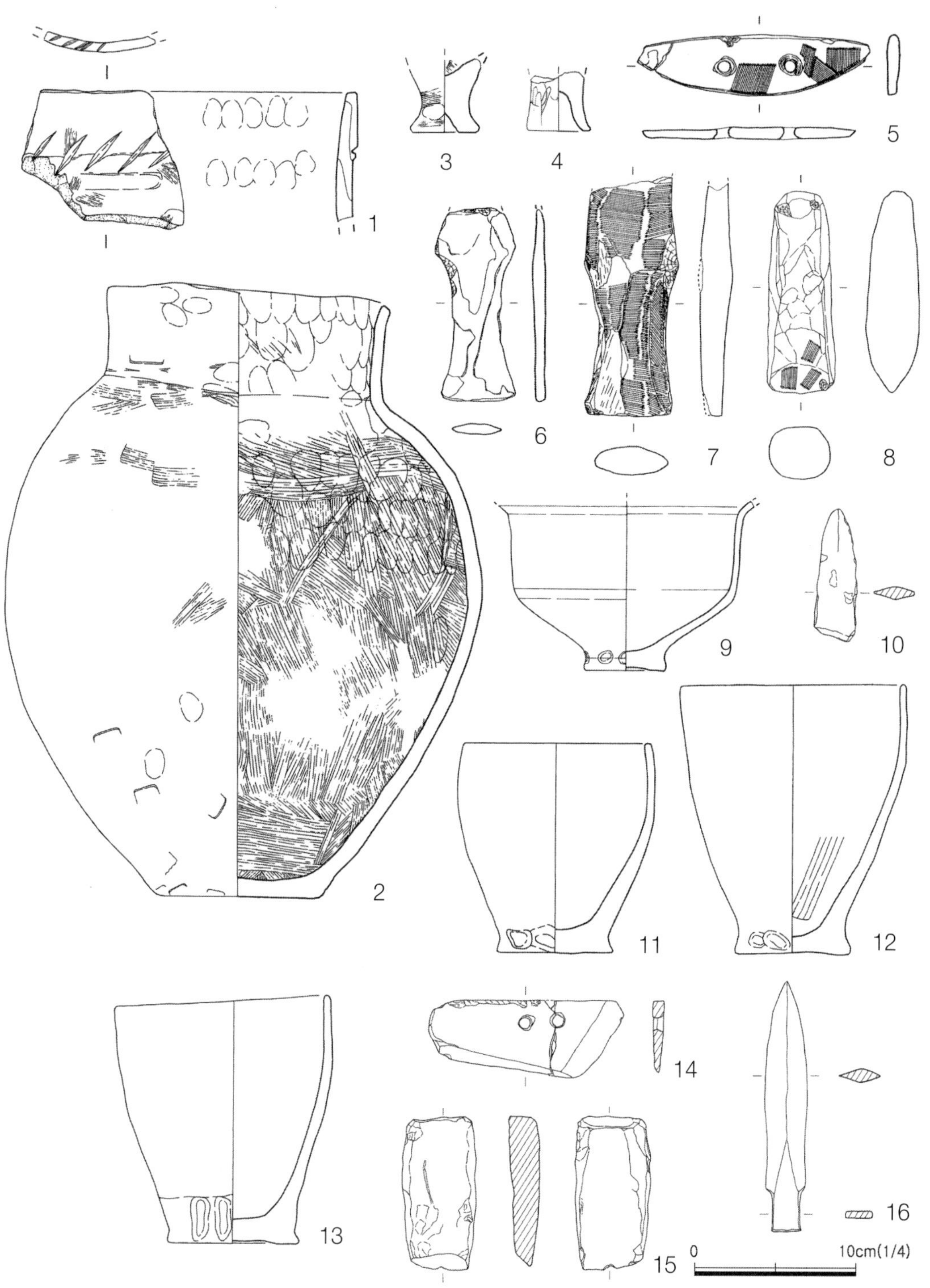

〈도면 65〉 천안 운전리유적(B-6호 : 1 / C-2호 : 2 / C-3호 : 3~4), 천안 용원리유적(1호 : 5~6 / 2호 : 7 / 3호 : 8 / 4호 : 9),
천안 석곡리유적(KC-002 : 10~11 / KC-004 : 12~16)

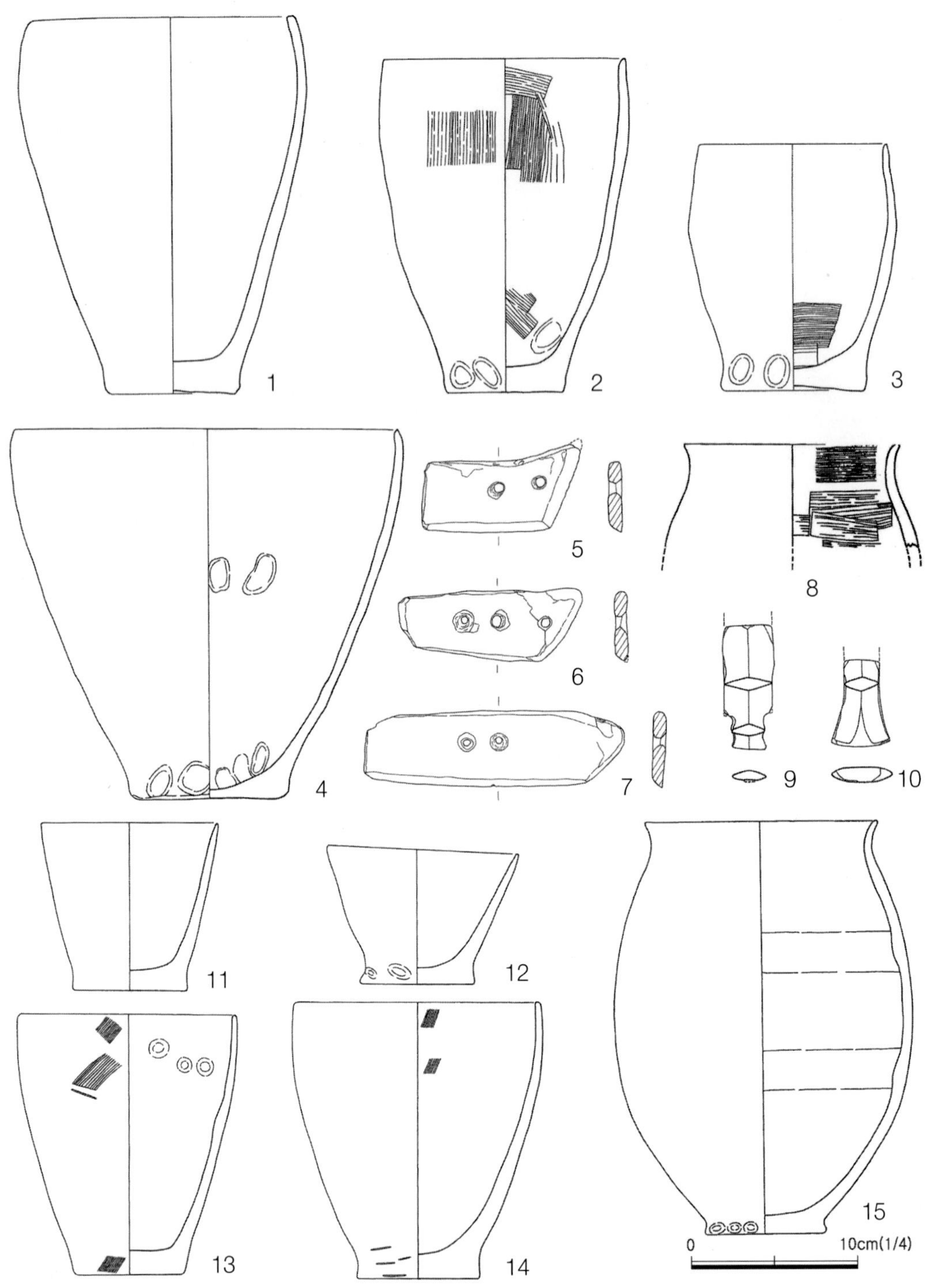

〈도면 66〉 천안 석곡리유적(KC-005 : 1~7), 천안 대흥리유적(1호 : 8~10 / 2호 : 11~15)

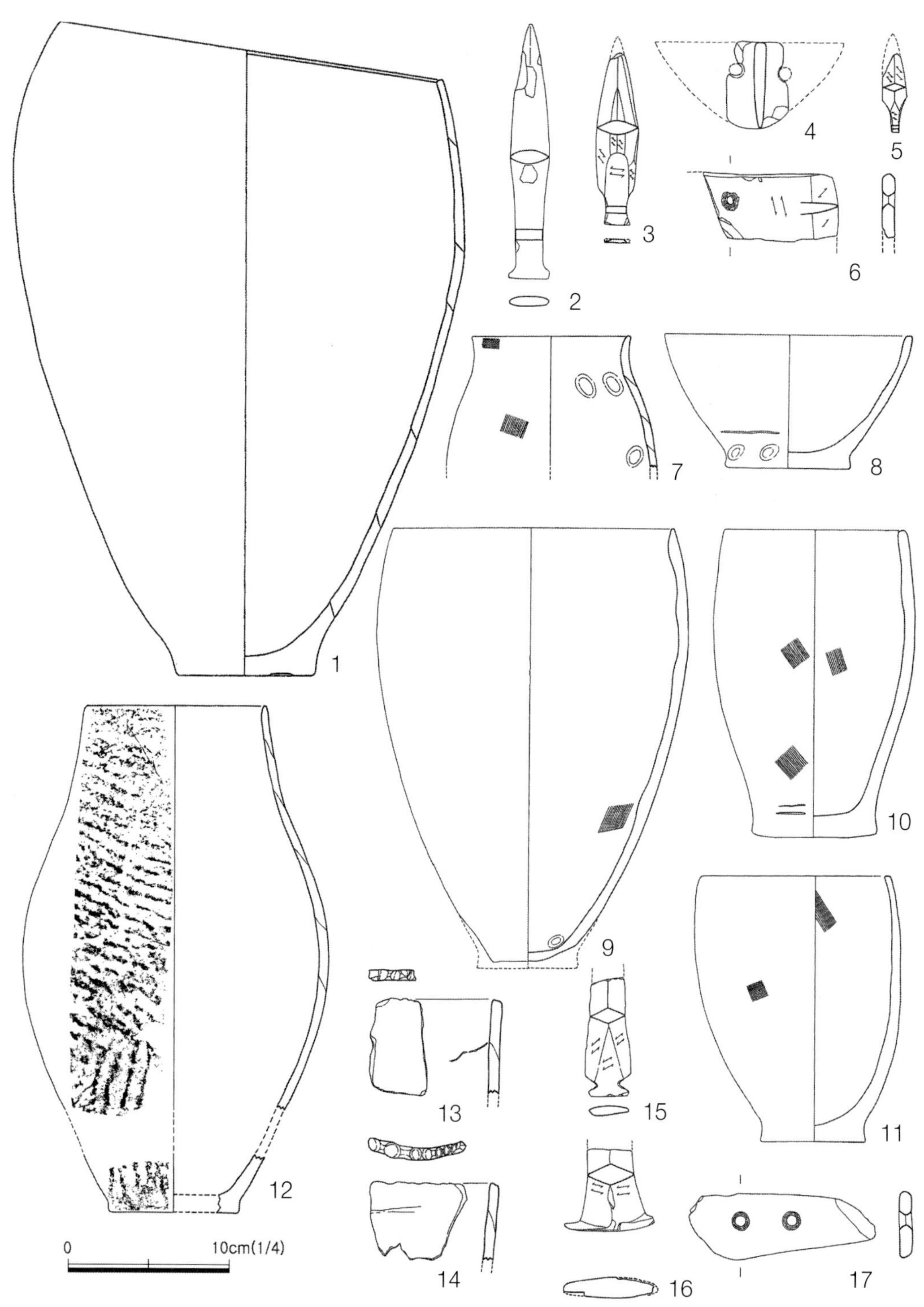

〈도면 67〉 천안 대흥리유적(2호 : 1~4 / 3호 : 5~11 / 4호 : 12~16 / 5호 : 17)

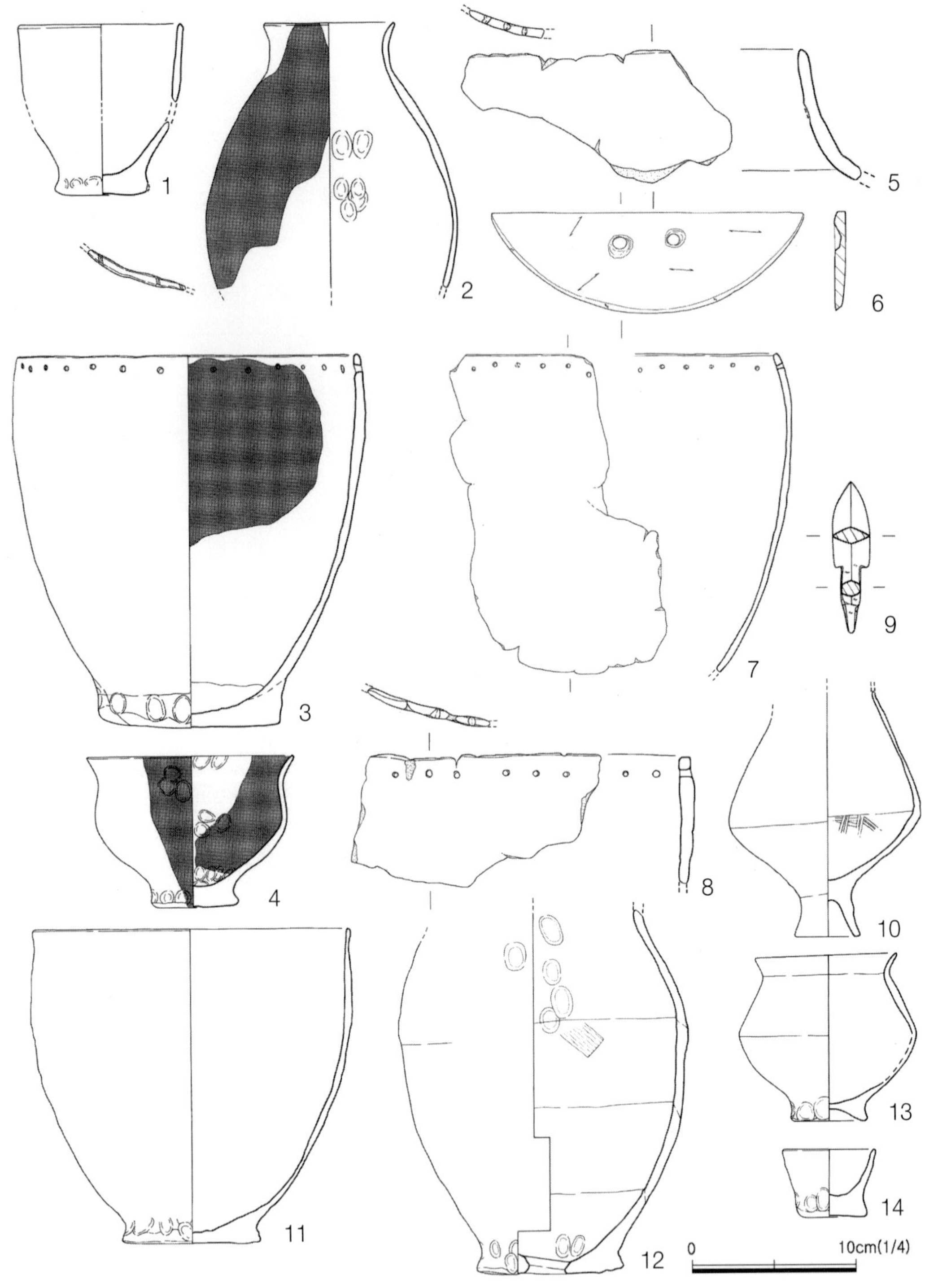

〈도면 68〉 천안 신방동유적 1지구(1호 : 1 / 5호 : 2 / 6호 : 3~5 / 7호 : 6~7 / 8호 : 8 / 12호 : 9~10 / 14호 : 11 /
15호 : 12~14)

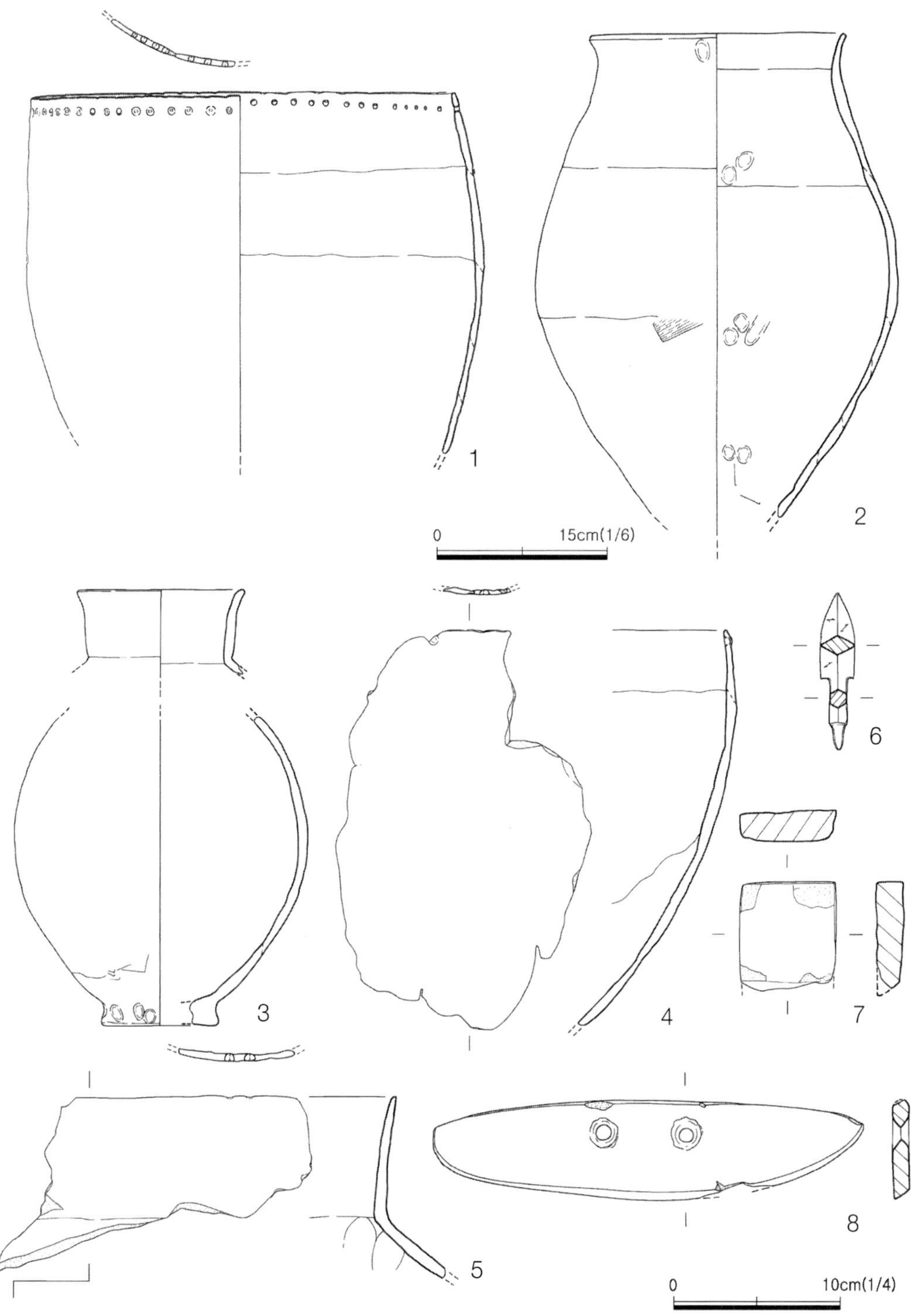

〈도면 69〉 천안 신방동유적 1지구(15호 : 1~8)

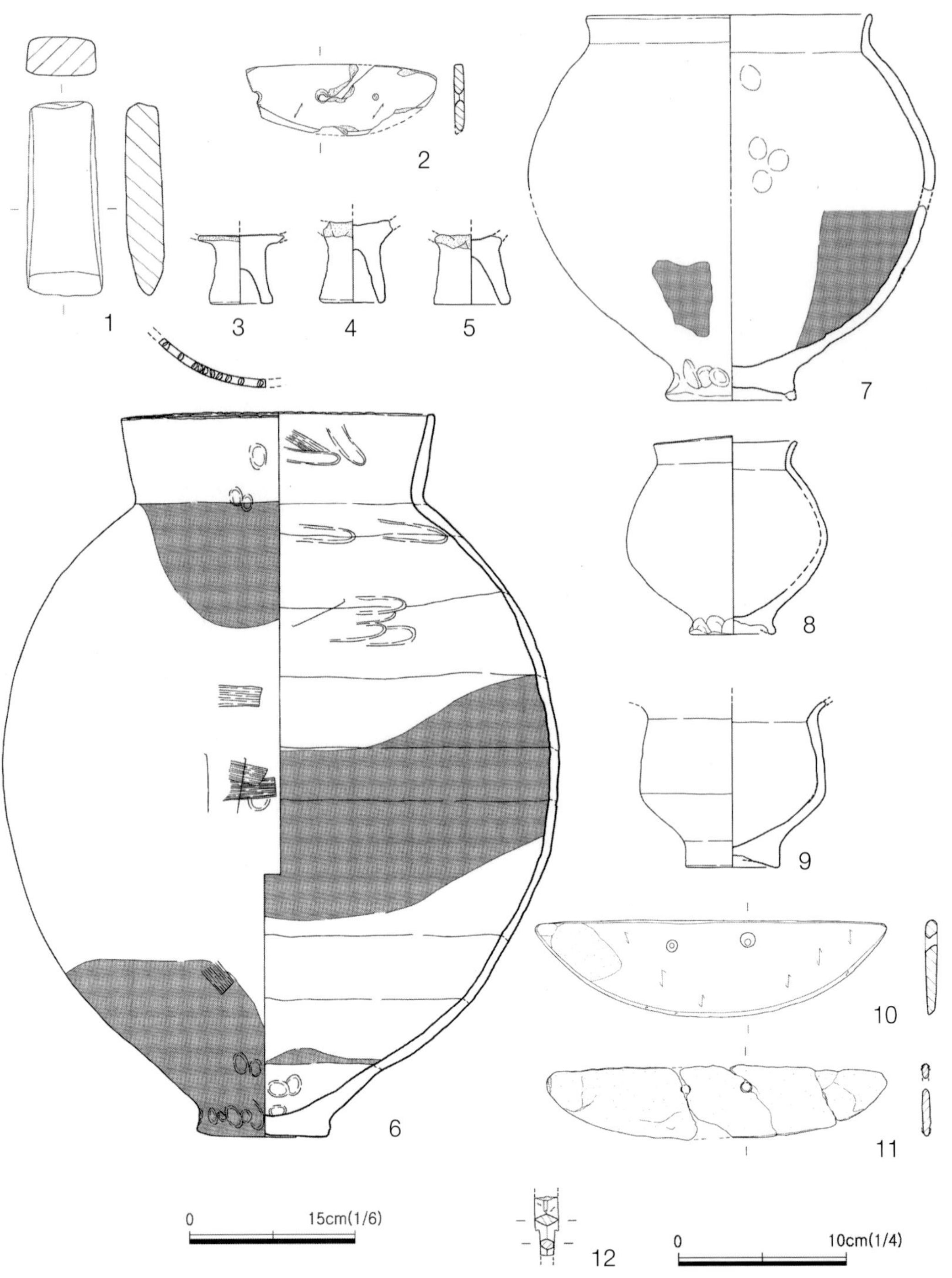

<도면 70> 천안 신방동유적 1지구(18호 : 1 / 19호 : 2 / 20호 : 3~5 / 21호 : 6~12)

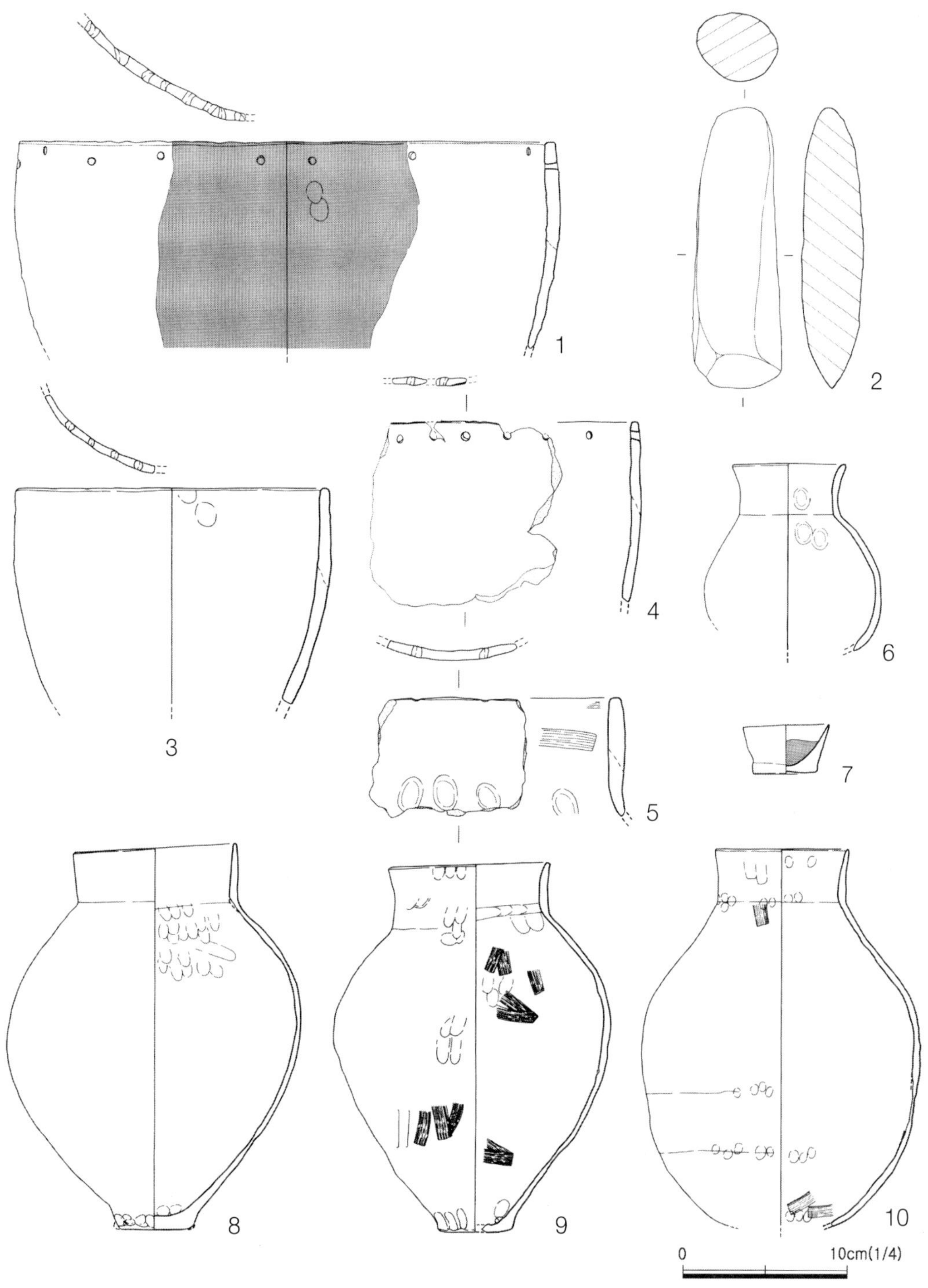

〈도면 71〉 천안 신방동유적 1지구(21호 : 1~2 / 25호 : 3~7), 천안 신방동유적 2지구(1호 : 8~10)

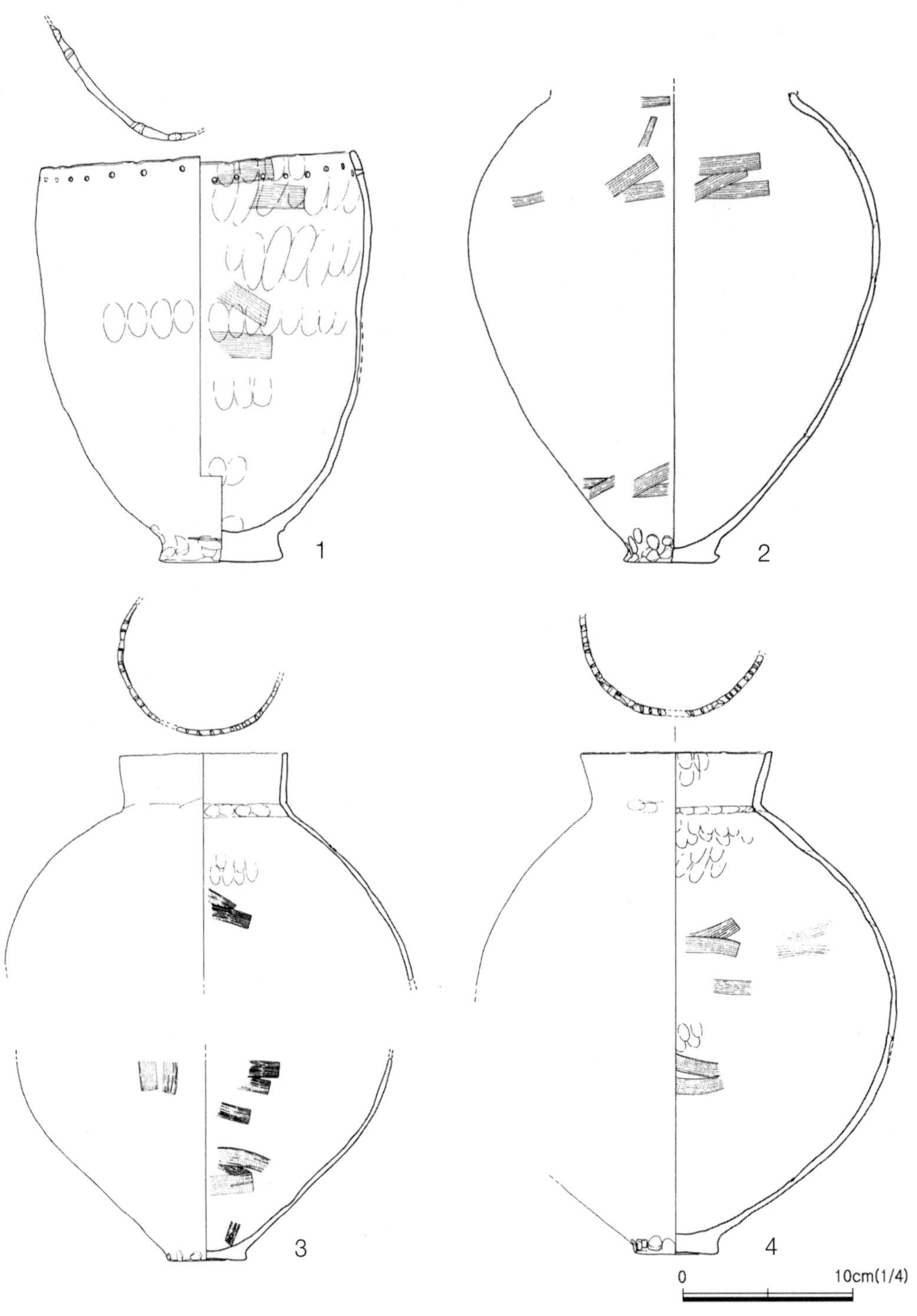

〈도면 72〉 천안 신방동유적 2지구(1호 : 1~4)

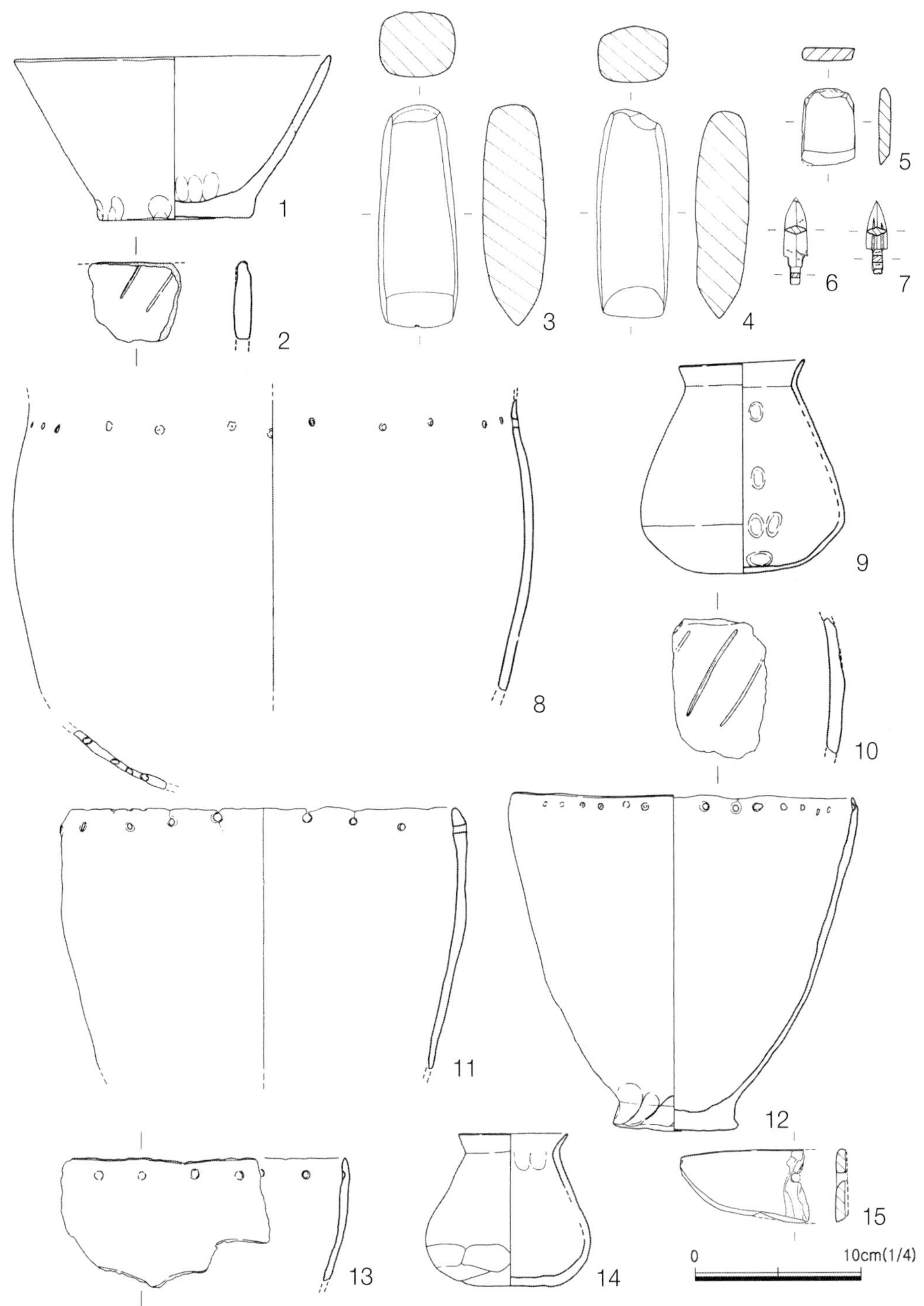

〈도면 /3〉 천안 신방동유적 2지구(1호 : 1~7 / 2호 : 8~10 / 4호 : 11~15)

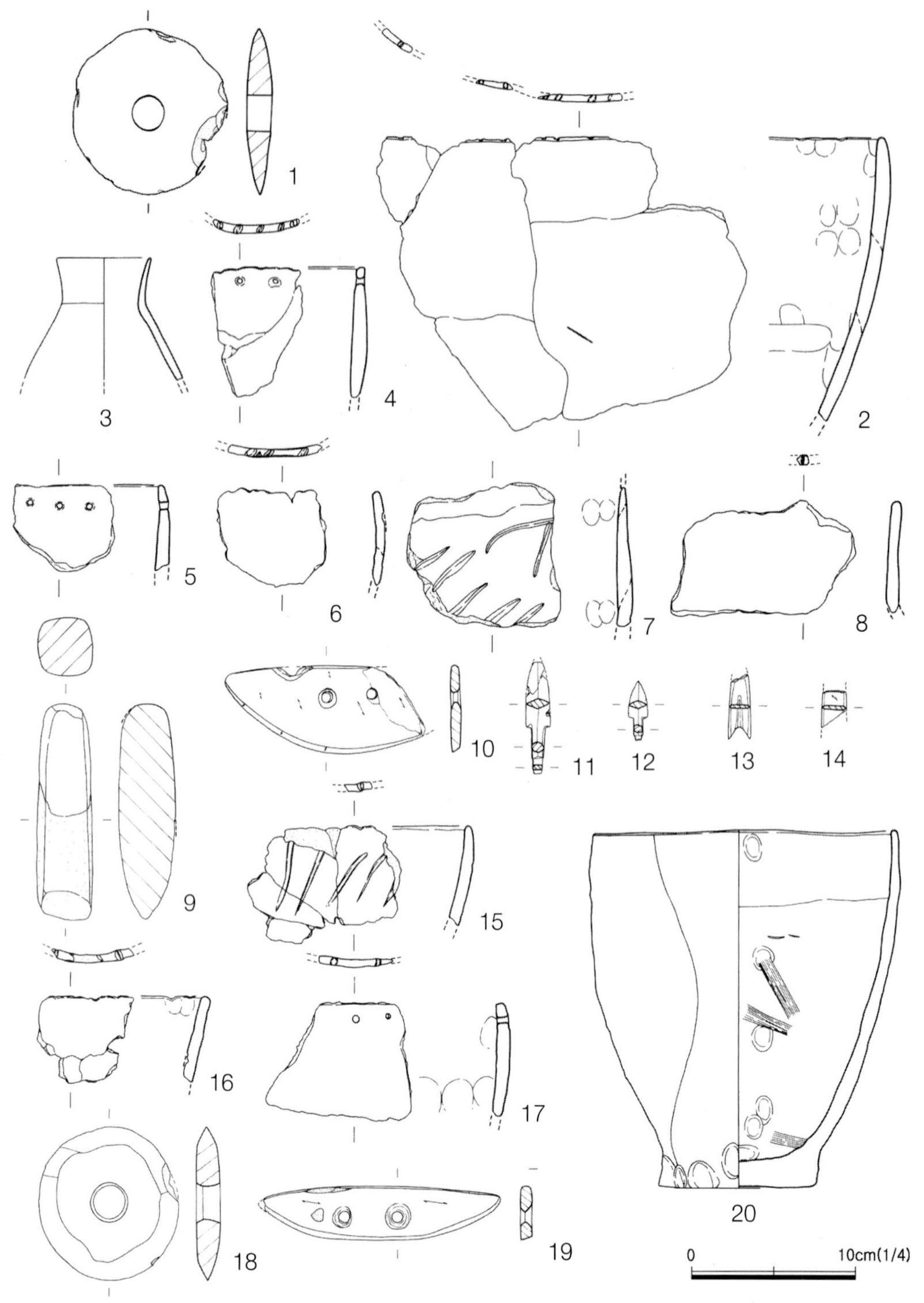

〈도면 74〉 천안 신방동유적 2지구(4호 : 1 / 6호 : 2~14 / 8호 : 15~16 / 9호 : 17~18 / 10호 : 19 / 11호 : 20)

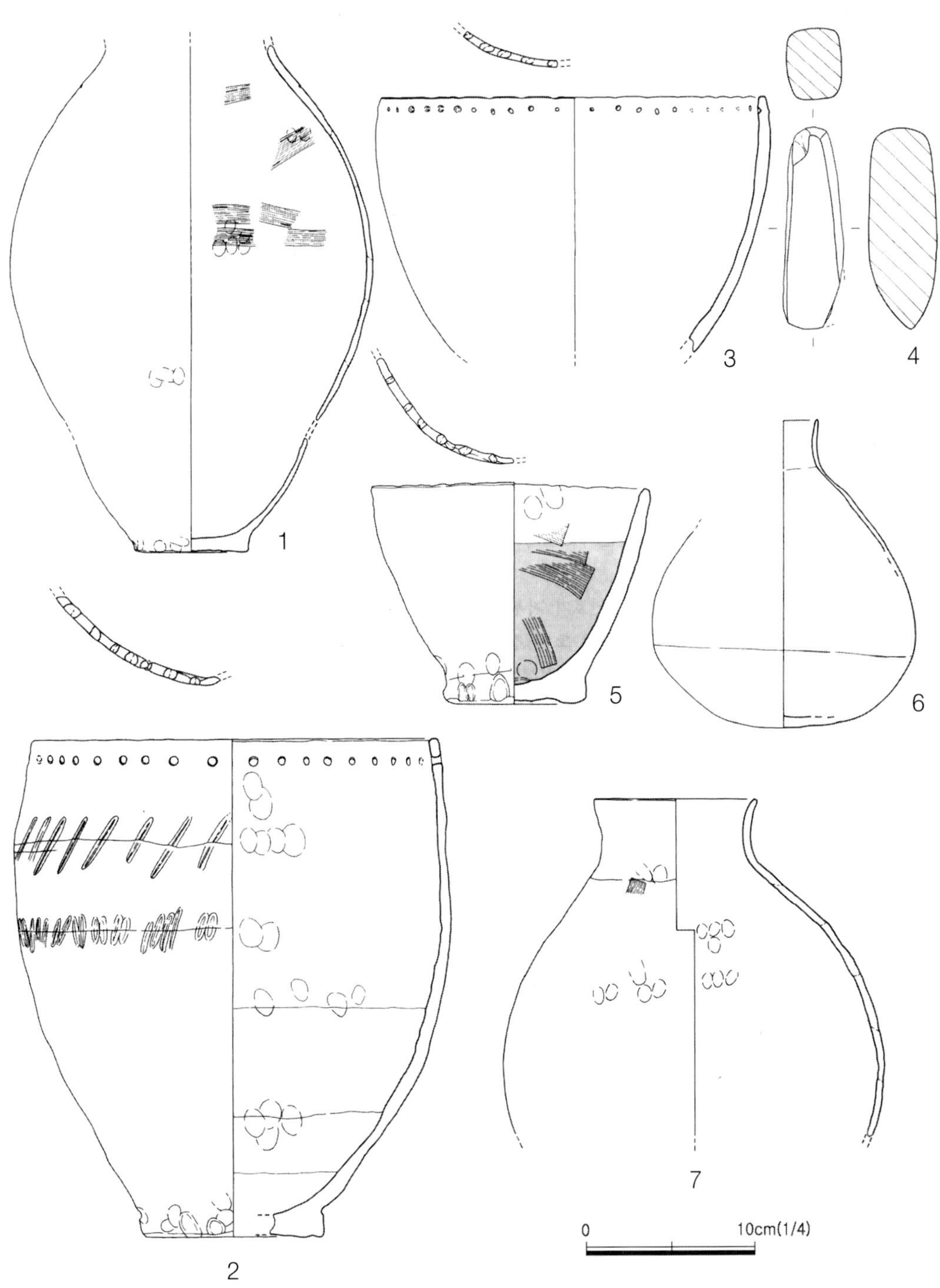

〈도면 75〉 천안 신방동유적 2지구(11호 : 1~4 / 12호 : 5~7)

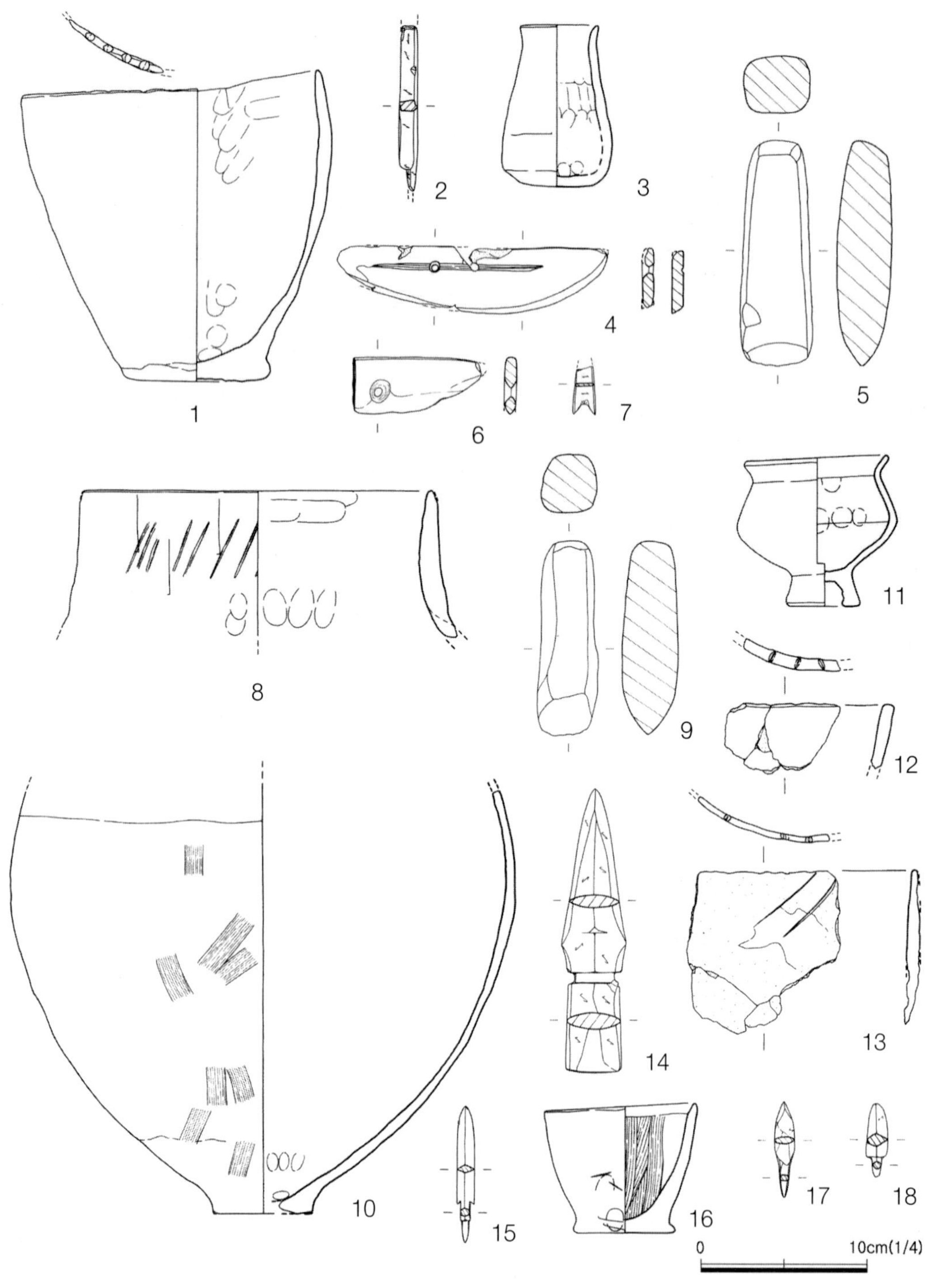

〈도면 76〉 천안 신방동유적 2지구(12호 : 1~2 / 13호 : 3~5 / 15호 : 6~7 / 17호 : 8~9 / 19호 : 10~15 / 20호 : 16 / 22호 : 17~18)

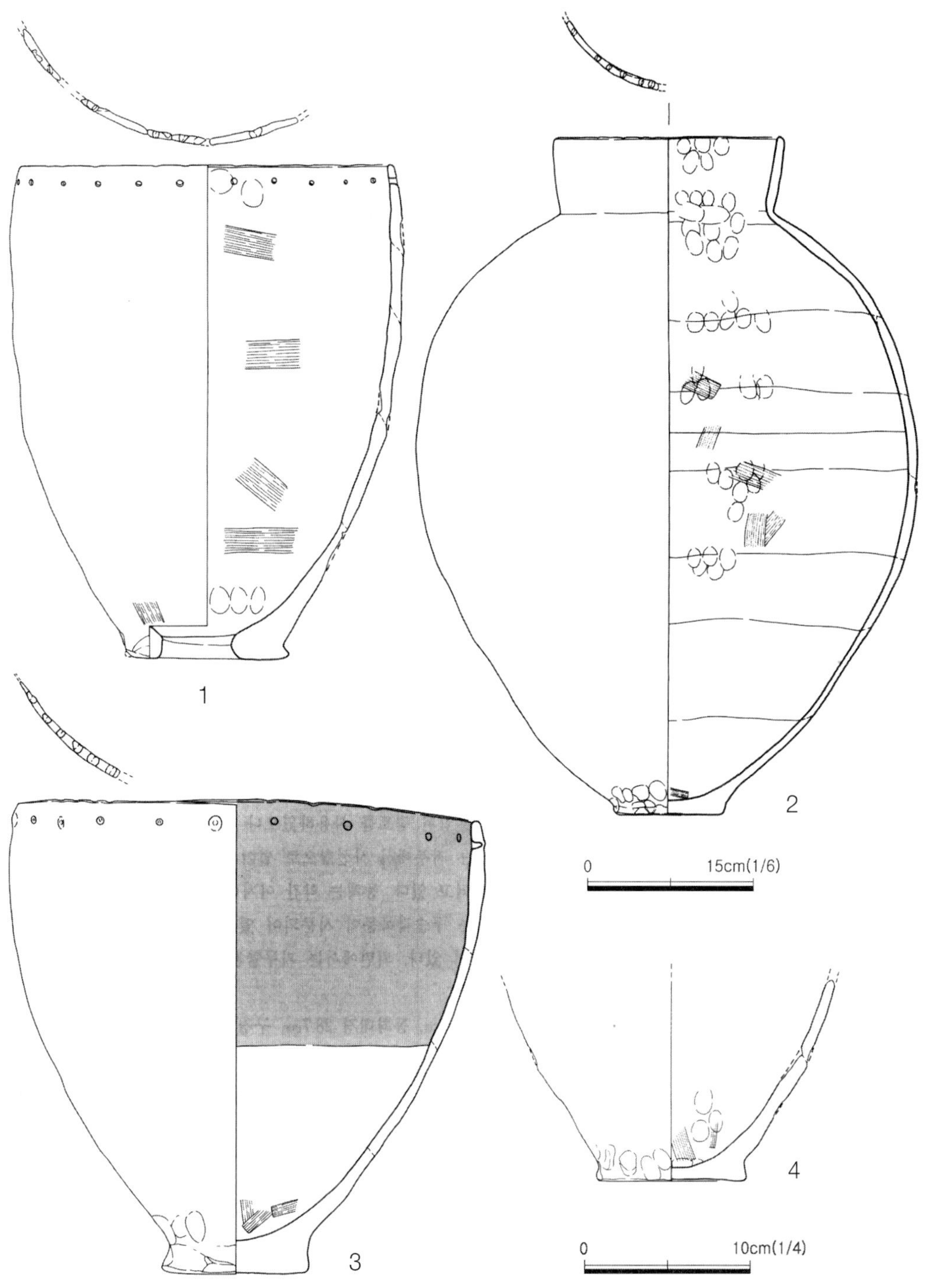

〈도면 77〉 천안 신방동유적 2지구(23호 : 1~4)

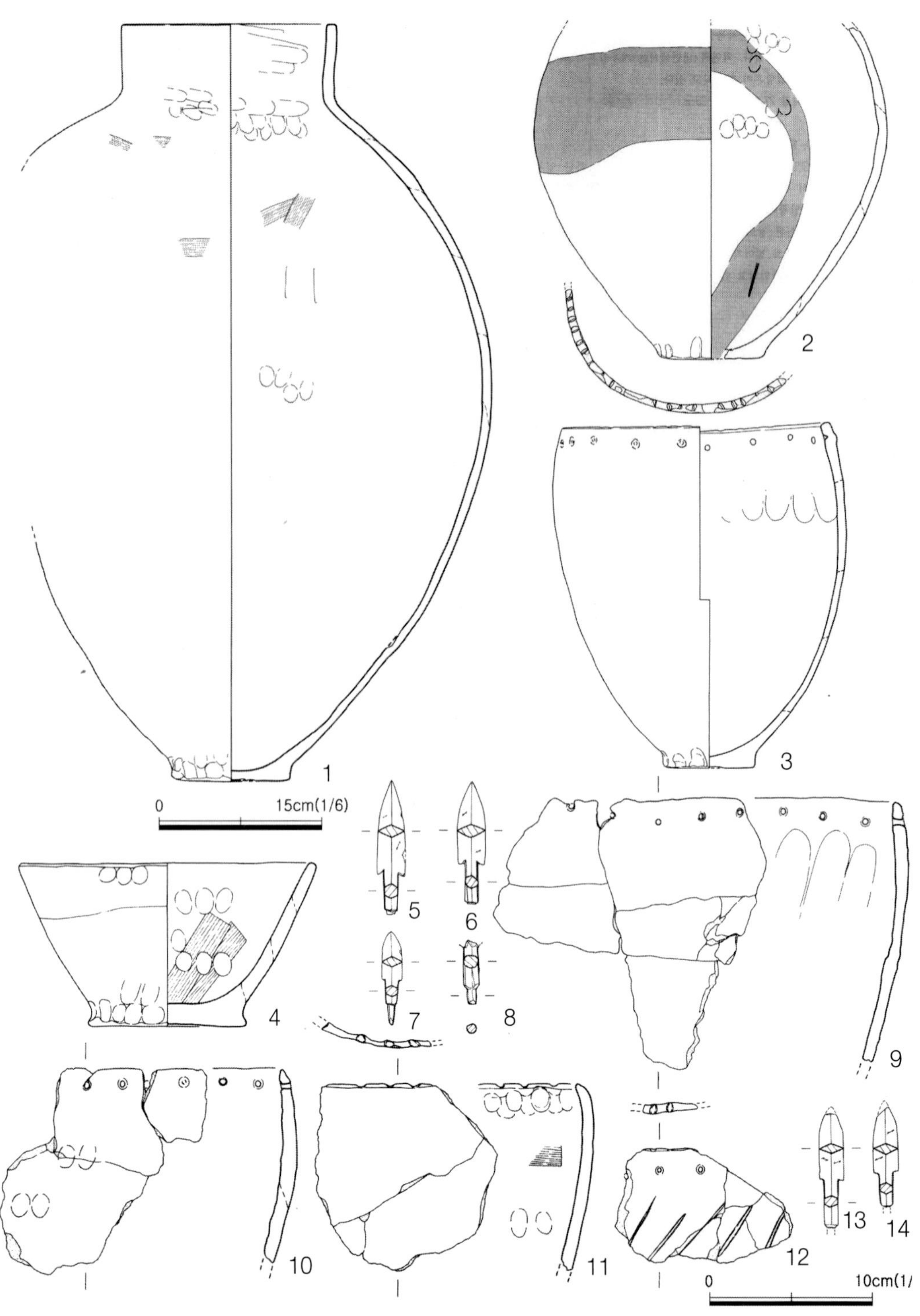

〈도면 78〉 천안 신방동유적 2지구(23호 : 1~3 / 27호 : 4~8 / 28호 : 9~14)

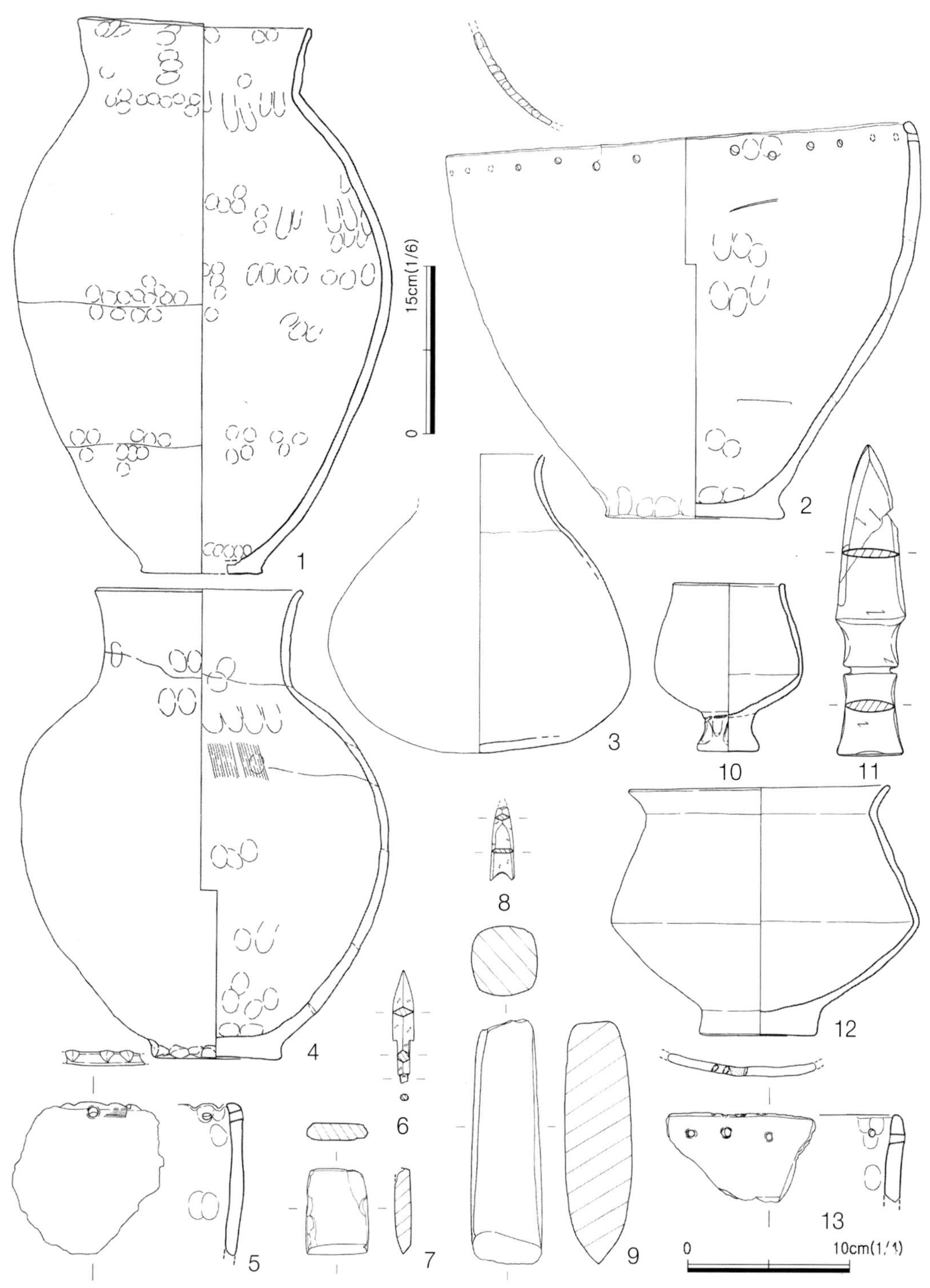

〈도면 79〉 천안 신방동유적 3지구(1호 : 1~4 / 2호 : 5~9 / 5호 : 10~12 / 9호 : 13)

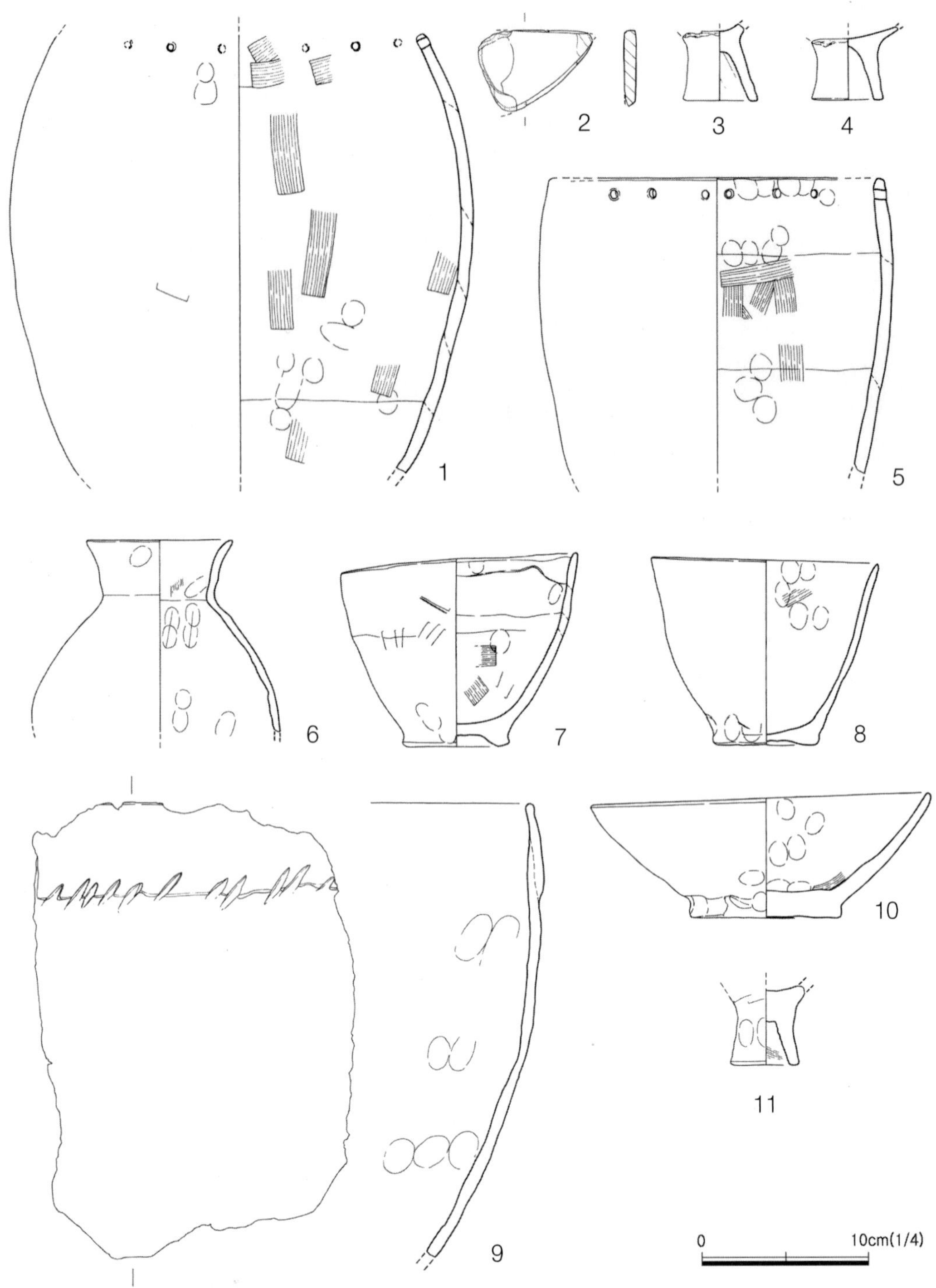

〈도면 80〉 천안 신방동유적 3지구(10호 : 1~2 / 12호 : 3~4 / 15호 : 5~11)

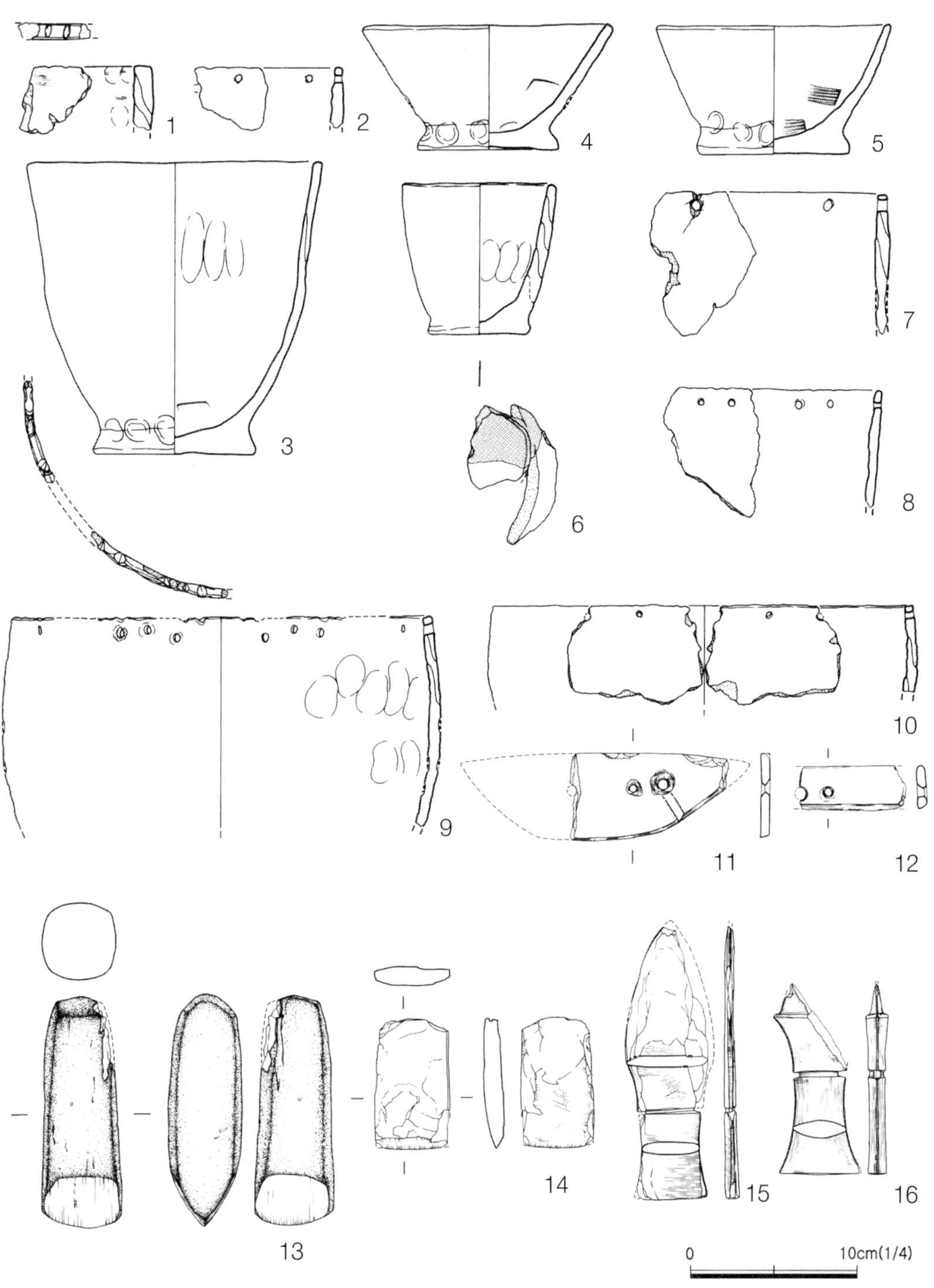

〈도면 81〉 천안 용곡동 누터골유석(1호 : 1~2 / 2호 : 3~16)

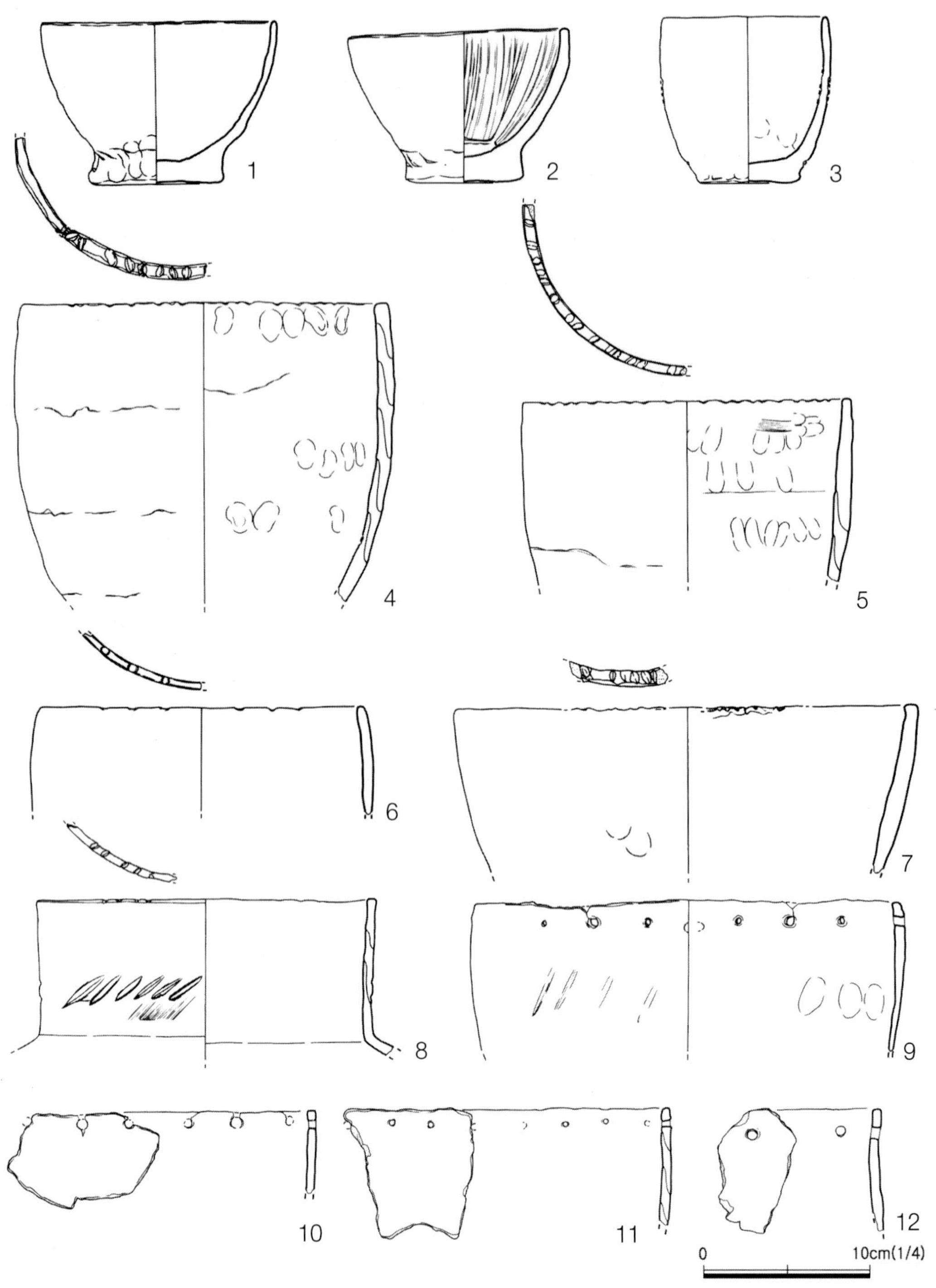

〈도면 82〉 천안 용곡동 두터골유적(3호 : 1~12)

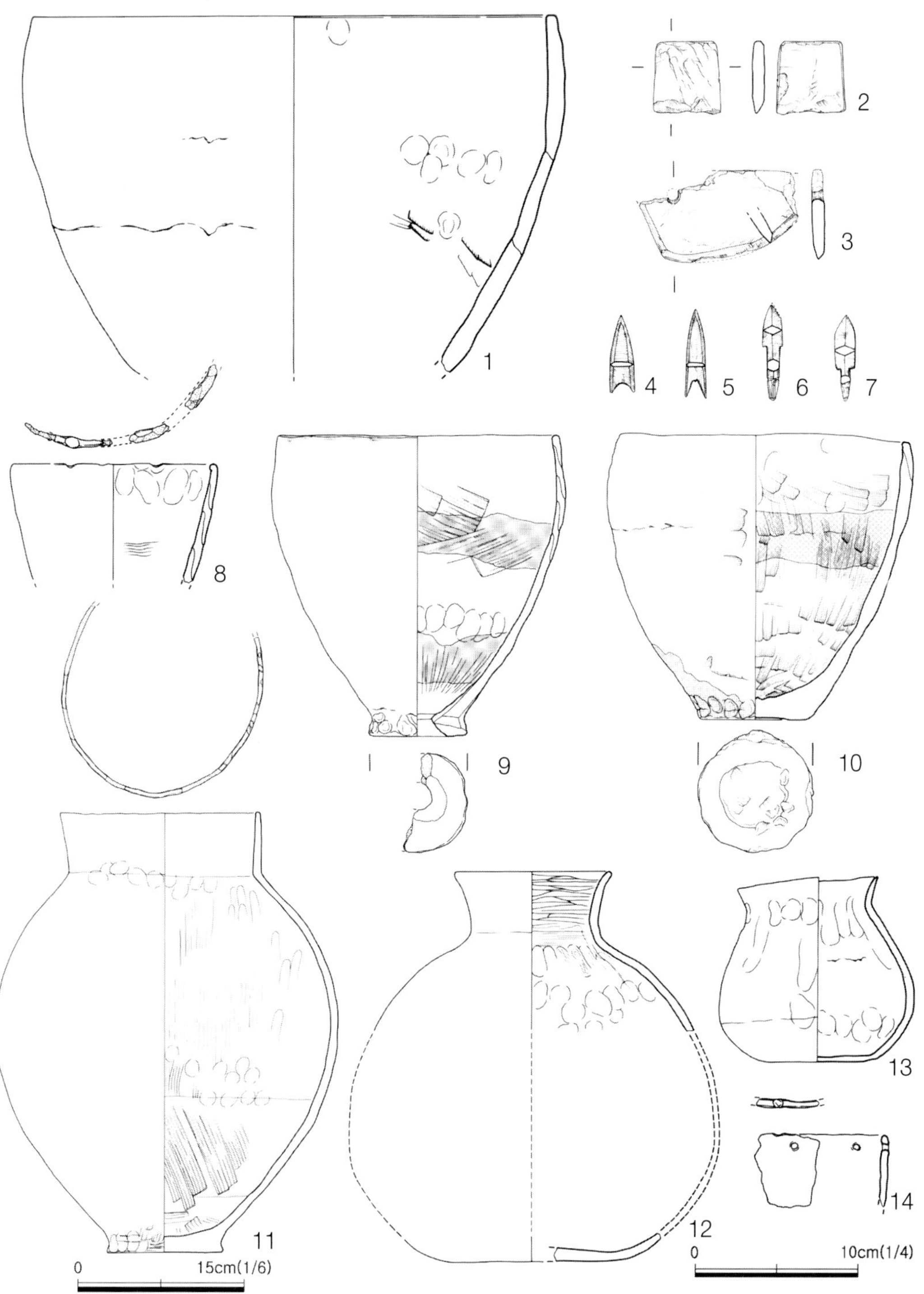

〈도면 83〉 전안 용곡동 두너끌유적(3호 : 1~7 / 4호 : 8 / 5호 : 9~14)

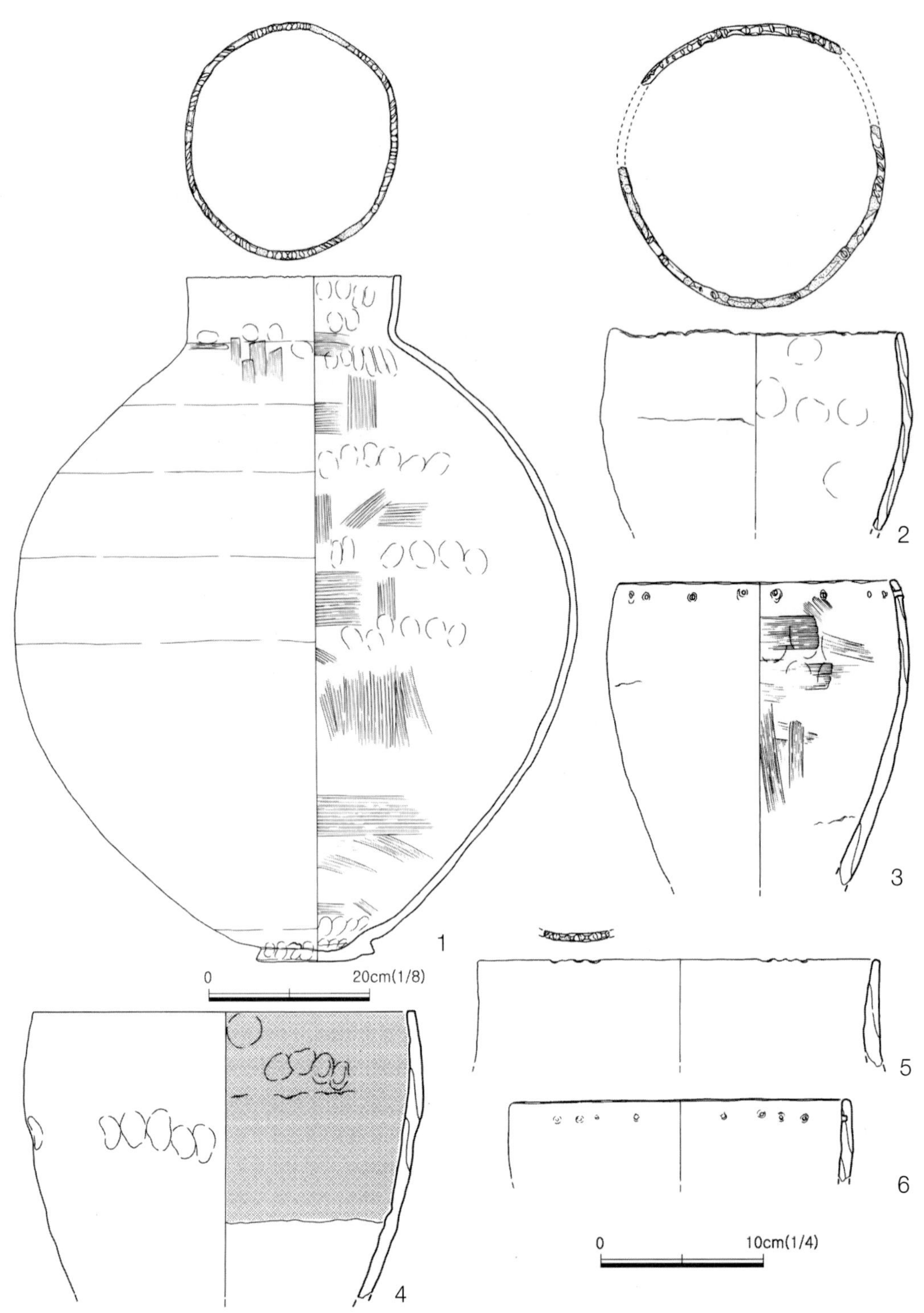

〈도면 84〉 천안 용곡동 두터골유적(5호 : 1~6)

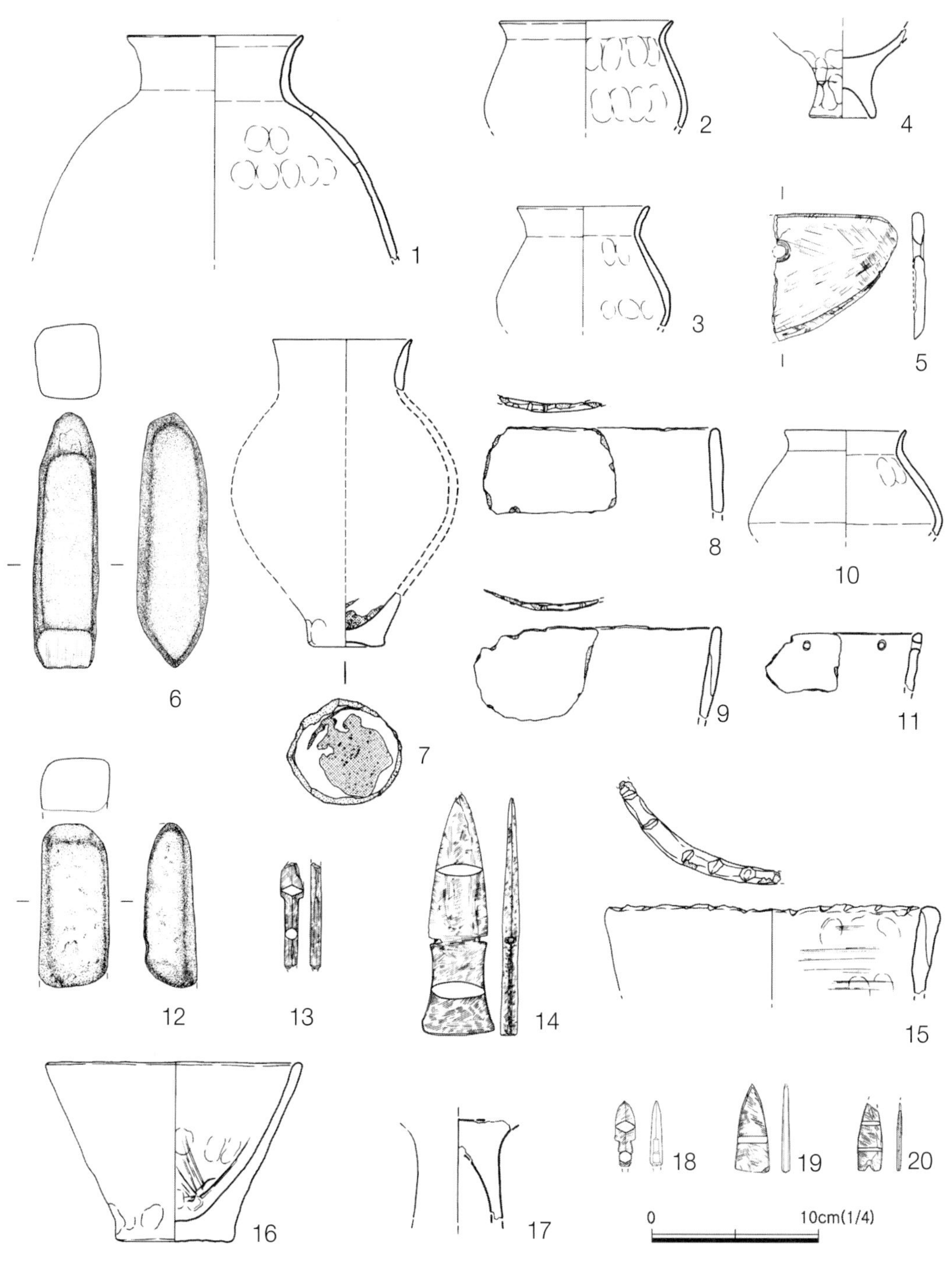

〈도면 85〉 천안 용곡동 두터골유적(5호 : 1~4 / 6호 : 5~6 / 7호 : 7~10 / 8호 : 11~14 / 10호 : 15~16 / 11호 : 17),
천안 용정리유적(Ⅰ-1-1호 : 18~20)

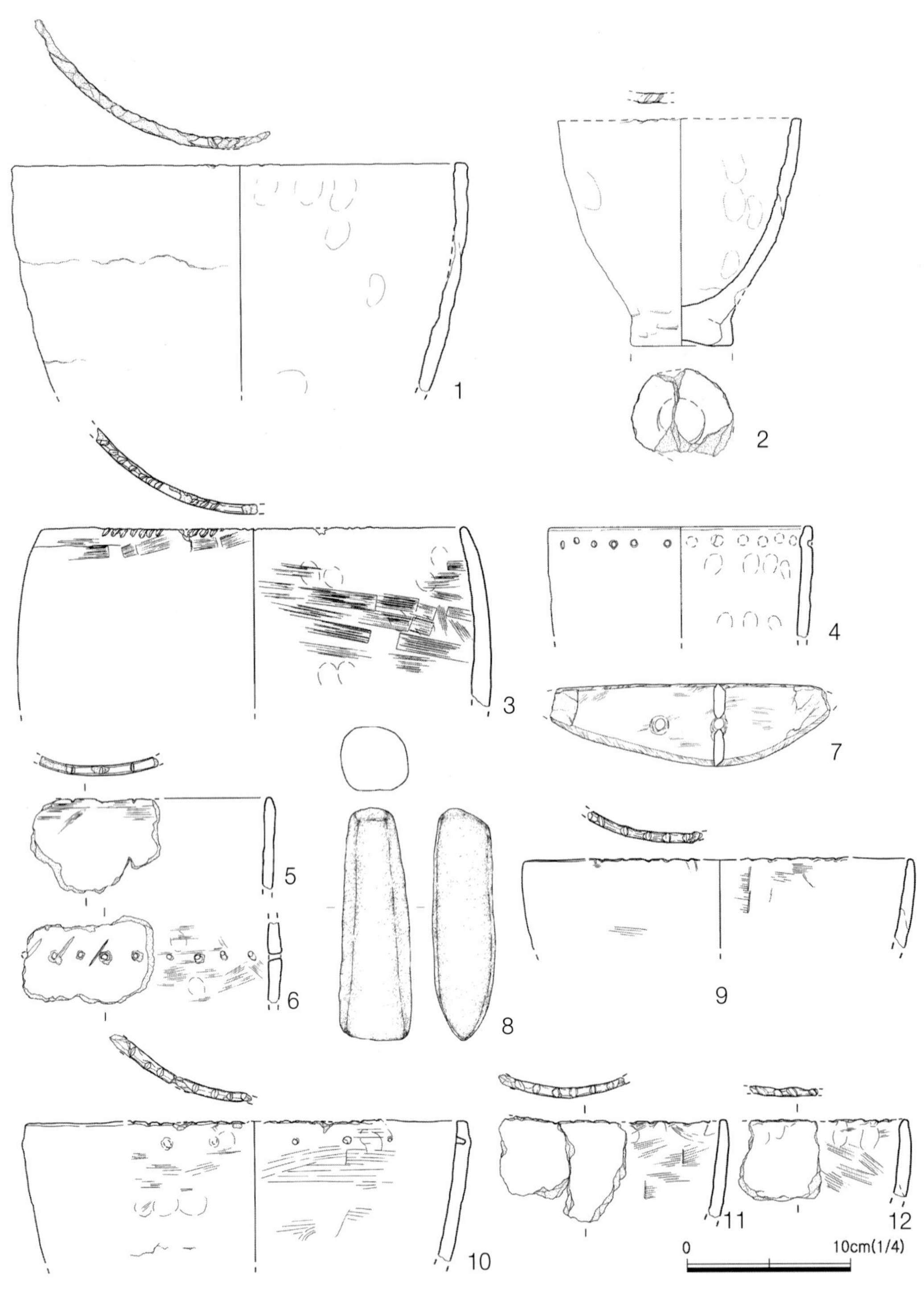

<도면 86> 천안 용정리유적(Ⅰ-1-1호 : 1 / Ⅰ-1-2호 : 2 / Ⅰ-1-3호 : 3~8 / Ⅰ-1-4호 : 9~12)

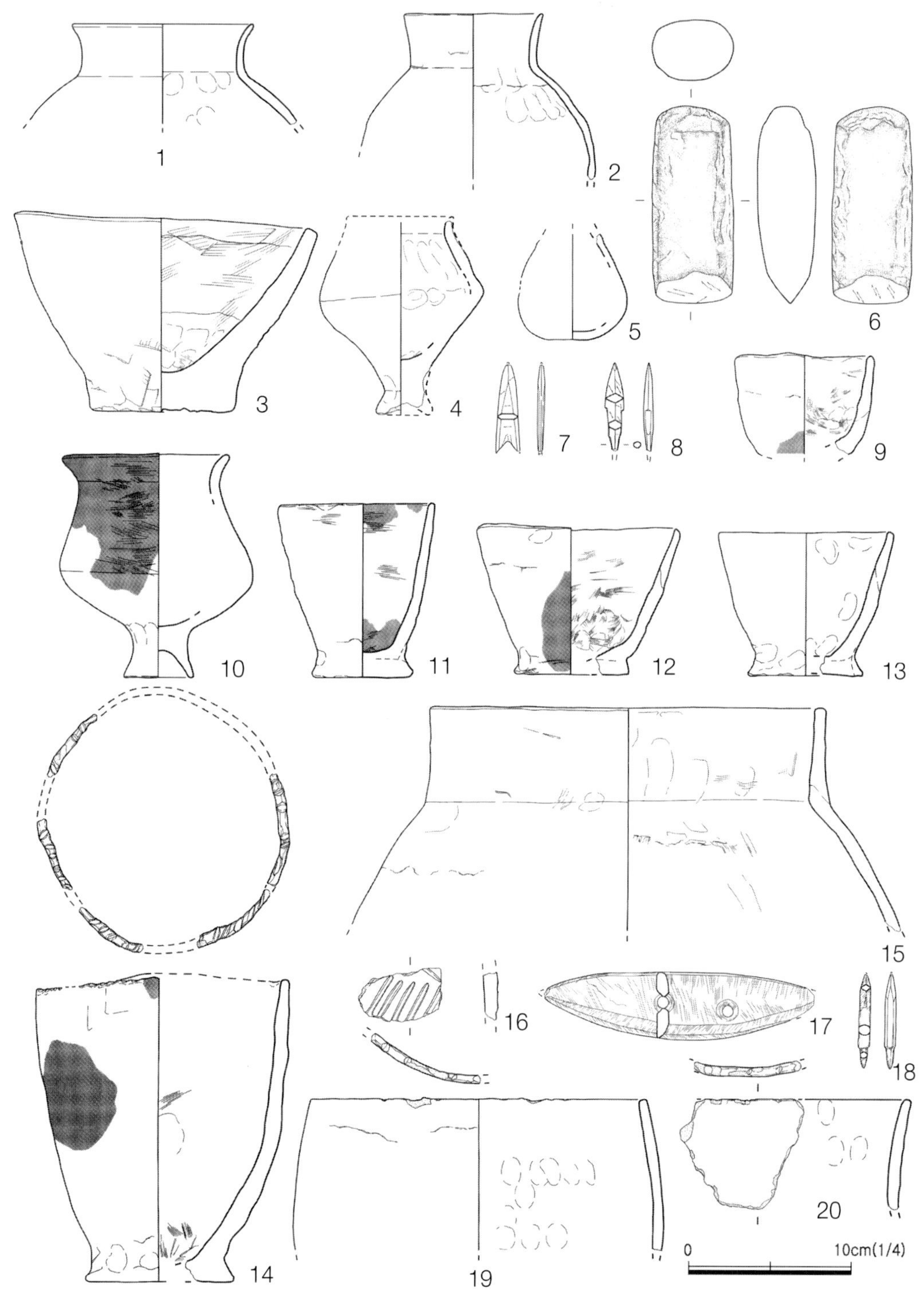

〈도면 87〉 전안 봉성리뮤석(Ⅰ-1-4호 : 1~8 / Ⅰ-1-5호 : 9~18 / Ⅰ-1-6호 : 19~20)

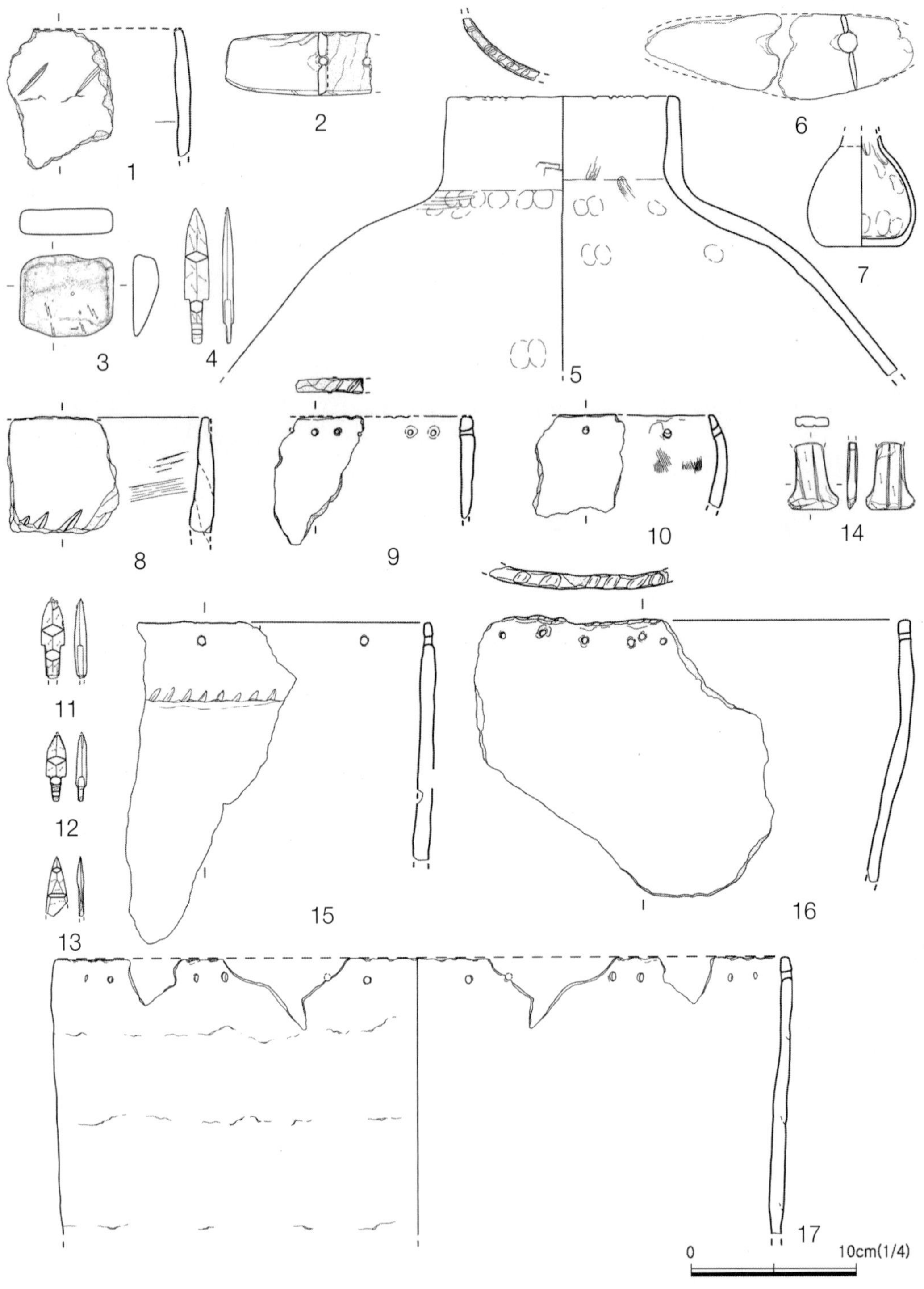

〈도면 88〉 천안 용정리유적(I -1-6호 : 1~4 / I -1-7호 : 5~7 / I -2-2호 : 8~10 / I -2-3호 : 11~13 / I -2-4호 : 14 /
II -1호 : 15 / III-1호 : 16~17)

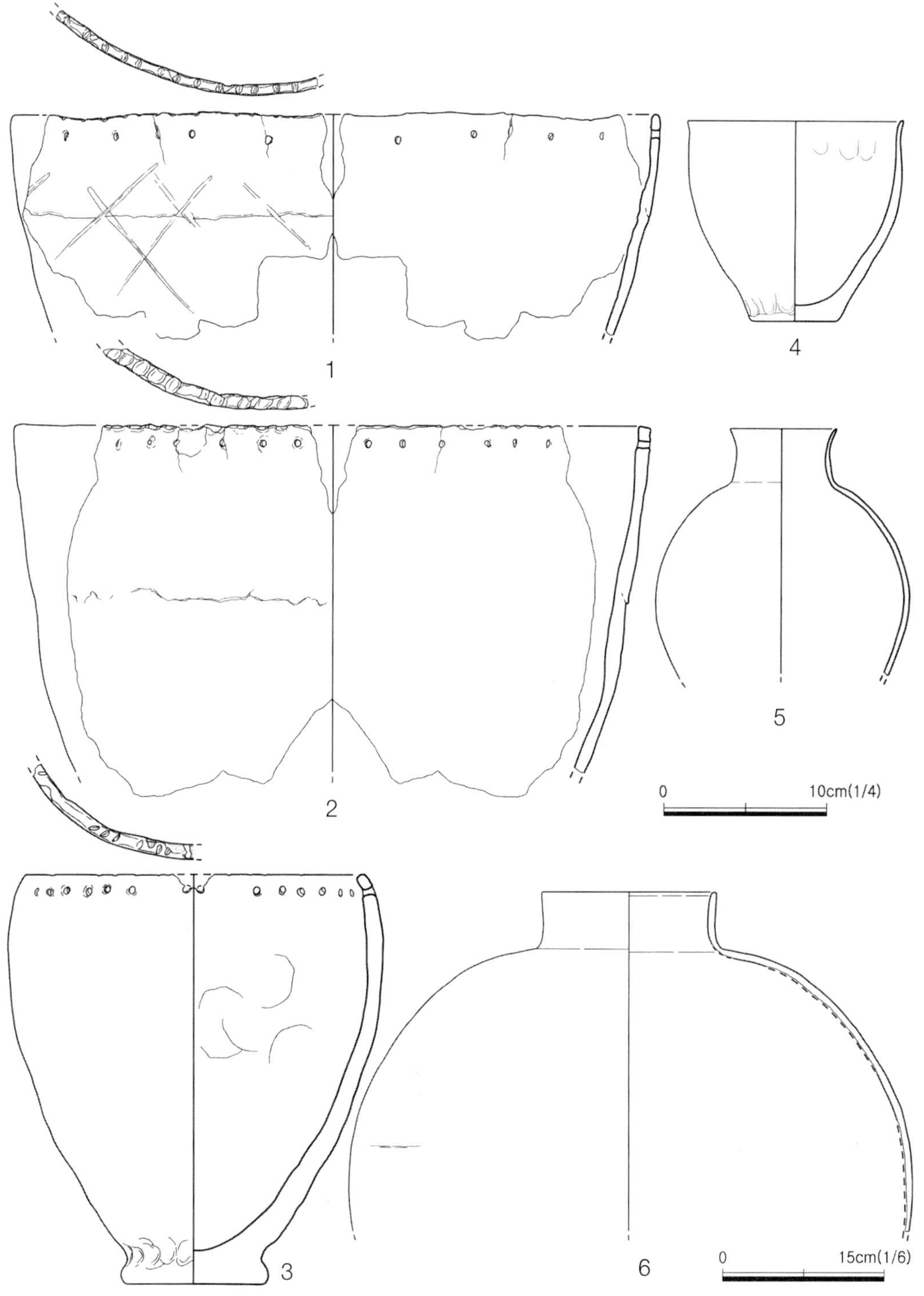

〈도면 89〉 천안 용정리유적(Ⅲ-1호 : 1~3 / Ⅲ-3호 : 4~6)

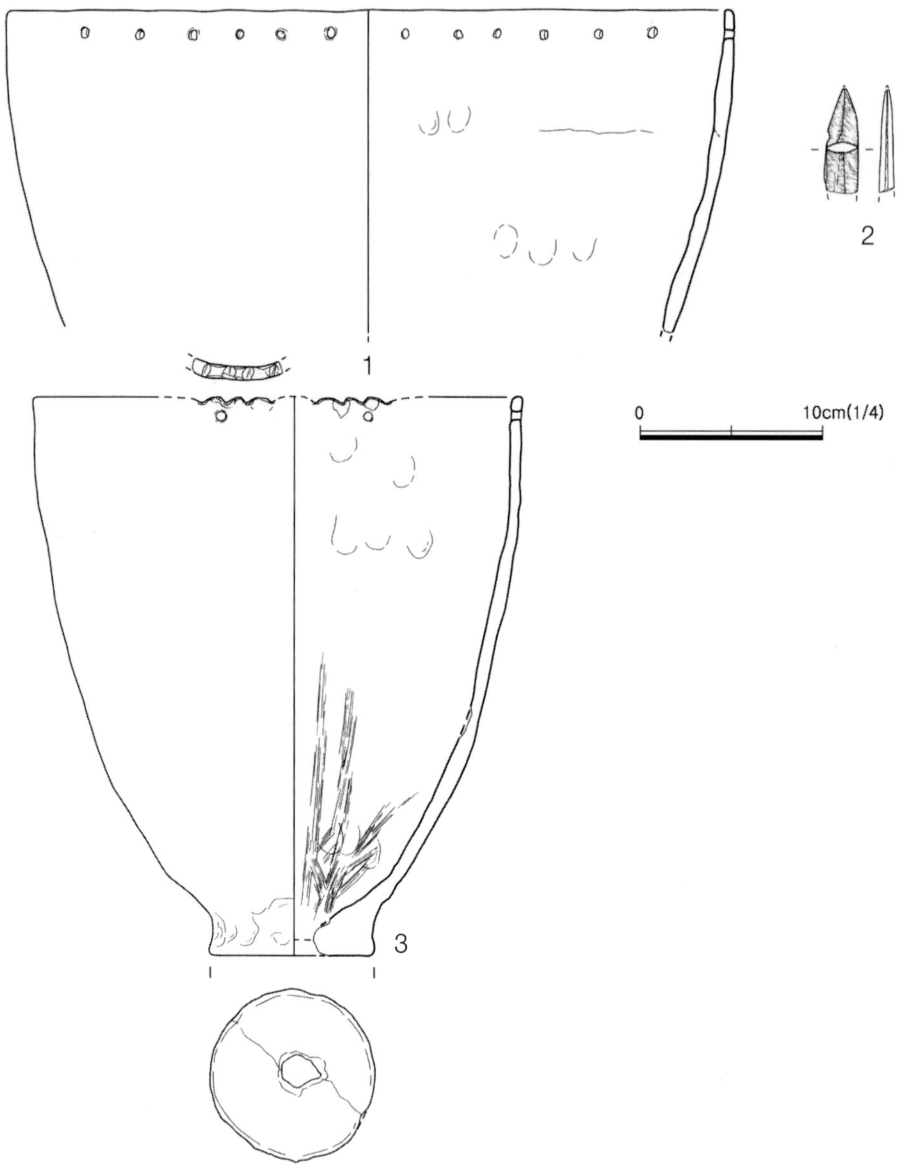

〈도면 90〉 천안 용정리유적(Ⅲ-3 : 1~2 / Ⅲ-4 : 3)

천안지역 유물 속성일람표

<table>
<tr><td colspan="6" align="center">천안 업성동유적</td></tr>
</table>

토기 속성일람

유구번호	도면번호	기고(잔존)	구경	저경	비고
1호	42-1	(3.9)		4.5	갈색마연
	42-2	(2.4)		6.8	적색마연

<table>
<tr><td colspan="6" align="center">천안 백석동유적</td></tr>
</table>

토기 속성일람

유구번호	도면번호	기고(잔존)	구경	저경	비고
A-2호	42-3	(28.0)	23.5	6.9	공렬문
A-4호	42-4	27.0	22.4	9.6	구순각목문
	42-5	(30.5)	37.2		구순각목문, 공렬문, 단사선문
	42-6	23.6	21.7	9.2	구순각목문
	42-7	12.4	15.5	6.6	
	43-1	12.5	13.0	8.4	
	43-2	11.6	12.3	4.1	대각
	43-3	10.2	10.0	6.8	
	43-4	(8.6)			구순각목문, 단사선문
A-5호	43-5	9.1	14.0	7.8	
	43-6	9.7	16.0	8.0	
	43-7	(18.1)	21.8		구순각목문, 공렬문
A-6호	43-9	(24.1)	29.5	9.0	공렬문
	43-10	(6.1)			구순각목문, 난사선문
A-8호	43-15	(38.1)	18.8	6.3	
A-9호	44-1	7.9	13.3	6.6	
	44-2	(4.5)			이중구연, 단사선문
B-1호	44-6	8.4	13.8	5.5	적색마연
B-2호	44-8	34.5	32.0	10.6	구순각목문, 공렬문
	44-9	(30.8)	33.0		구순각목문, 공렬문, 단사선문
	44-10	(36.5)			
	44-11	(36.4)			
	44-12	(4.3)		6.0	마연
B-3호	45-1	(28.1)	(41.2)		구순각목문, 공렬문
	45-2	(17.5)	19.0		구순각목문, 공렬문
	45-3	(3.7)		7.9	갈색마연
B-4호	45-4	(4.8)		6.4	적색마연
	45-5	(4.7)		6.4	적색마연
	45-6	12.8	19.4	10.9	
	45-7	(31.0)	20.8		
B-6호	46-4	(4.3)		5.6	적색마연

B-7호	46-5	(4.9)			
B-10호	46-6	(5.6)		4.8	적색마연, 대각
B-11호	46-7	(1.9)		4.2	적황색마연
	46-8	(2.2)		5.6	적황색마연
	46-9	6.8	10.5	7.0	
B-12호	46-16	12.1	(16.9)	7.7	
	46-17	(9.8)			구순각목문, 공렬문, 단사선문, 이중구연
B-13호	46-18	(5.1)			갈색마연
B-14호	46-19	29.5	21.6	8.8	구순각목문, 공렬문
	46-20	(7.1)			마연
B-15호	46-21	11.2	13.8	6.8	
	46-22	(4.6)		(4.2)	대각, 적색마연
B-17호	46-24	9.4	14.9	8.8	
B-18호	46-25	8.7	12.4	7.2	
	47-1	(12.2)	22.3		구순각목문, 단사선문
	47-7	(20.1)	10.6	8.1	적색마연
B-19호	47-8	(8.4)		6.0	
	47-9	(69.5)	33.5		구순각목문
	47-10	(15.4)			구순각목문, 단사선문, 이중구연
	47-11	(6.8)		7.4	적색마연
B-20호	48-1	13.5	17.5	9.4	
	48-2	11.3	13.5	7.0	
	48-3	(10.3)			갈색마연
	48-7	18.4	16.4	9.3	
B-22호	48-8	11.3	14.2	7.2	
	48-9	19.1	20.8	8.1	
I-1호	48-14	(13.8)	(24.6)		구순각목문
	48-15	(3.7)	6.1		적갈색마연
I-2호	48-16	(3.3)		7.4	적색마연
	48-17	(19.2)	10.8	7.0	적갈색마연
	49-1	(6.4)	(14.6)		구순각목문
I-3호	49-2	(2.4)		5.6	마연
	49-3	(6.0)		6.4	적색마연
	49-6	10.8	13.6	7.2	
I-8호	49-7	10.8	13.6	7.2	
	49-8	4.1		6.4	갈색마연
I-11호	49-11	(14.1)	23.0		구순각목문
I-13-①호	49-16	8.4	13.1	5.6	
	49-17	(4.4)		4.6	적황색마연
I-14호	49-20	(9.8)		7.7	
I-15호	49-22	(8.0)	(18.2)		구순각목문, 공렬문
	49-23	(5.4)		8.6	마연
I-16-②호	49-25	(18.4)		7.7	갈색마연

	49-26	7.6	5.5		마연
	49-27	(4.0)		7.2	적색마연
	49-28	(4.5)		6.0	적갈색마연
	49-29	(3.3)		5.4	황갈색마연
	50-1	(45.0)	26.8	11.5	
I-17호	50-2	11.9	(13.8)	5.4	갈색마연
	50-3	(4.3)		6.0	갈색마연
	50-6	(3.1)		6.8	갈색마연
I-23호	50-7	(5.5)		3.6	적색마연
	50-8	(14.8)		9.3	적갈색마연
	50-9	(4.3)		4.0	적색마연, 대각
II-2호	50-10	(5.3)		4.4	적색마연
	50-11	(7.9)			구순각목문, 공렬문, 단사선문
	50-12	(10.2)			이중구연, 단사선문
II-3호	50-13	(4.3)		3.8	적색마연, 대각
	50-14	(20.8)	26.4		구순각목문, 단사선문, 이중구연
II-5호	50-15	(8.4)			구순각목문, 단사선문, 이중구연
II-6호	50-16	(6.0)	7.0		갈색마연
	50-17	18.0	16.4	8.8	구순각목문
	50-19	8.6	11.4	5.2	
	50-20	(5.0)		4.0	갈색마연
II-7호	51-1	53.9	22.5	12.3	
	51-2	19.0	18.1	8.1	
	51-3	15.8	13.9	7.6	
	51-4	23.4	27.2	9.1	구순각목문
II-9호	51-5	12.3	12.0	7.7	
	51-6	8.4	14.0	7.3	
	52-1	(25.3)	22.0	9.2	
	52-2	(8.6)			구순각목문, 공렬문, 단사선문, 이중구연
II-10호	52-3	(6.8)			구순각목문, 공렬문, 단사선문, 이중구연
	52-4	(5.9)			구순각목문, 공렬문, 단사선문
	52-5	(7.3)			공렬문, 단사선문, 이중구연
	52-6	(10.8)	8.3		갈색마연
	52-8	9.1	13.4	7.5	
III-1호	52-9	11.2	13.0	7.1	
	52-10	(1.9)		4.0	갈색마연
III-2호	52-11	(9.1)			단사선문, 이중구연
III-3호	52-13	10.3	12.6	8.0	
III-4호	52-14	(25.6)			구순각목문, 공렬문, 단사선문
III-5호	52-15	18.6	9.8	8.7	갈색마연
III-6호	53-1	(18.5)		10.4	구순각목문, 단사선문, 이중구연
IV-1호	53-4	(6.4)			구순각목문
	53-5	(9.6)	(20.0)		구순각목문

유구번호	도면번호				비고
IV-2호	53-6	11.4	15.6	7.0	
	53-7	(6.2)		12.0	
	53-8	(9.7)		9.0	
	53-9	(5.0)		11.6	
	53-10	(8.7)		12.0	
	54-1	32.3	24.3	10.4	공렬문
	54-2	(27.9)	(36.4)		공렬문
IV-3호	54-3	8.5	10.7	7.4	
	54-4	7.5	(14.0)	7.8	
	54-5	(10.6)			공렬문
	54-6	(9.2)			공렬문
	54-7	(3.5)			적색마연, 대각
IV-4호	54-10	(7.6)			갈색마연
	54-11	(2.9)		4.6	갈색마연
	54-12	(5.9)		6.4	갈색마연, 대각
새-1호	55-1	29.7	23.4	9.1	
	55-2	16.0	15.1	7.8	
	55-3	11.0	14.2	7.9	
	55-4	9.8	9.8	5.2	
	55-5	9.1	9.7	6.0	
	55-6	(3.5)		6.7	갈색마연
	55-7	(7.5)		5.4	적황색마연
	55-8	(5.5)			구순각목문
새-2호	55-9	(6.7)			구순각목문
	55-10	(8.2)	(13.1)		적색마연, 대각
	55-11	(13.4)			구순각목문, 공렬문, 단사선문
새-3호	55-14	(8.8)			단사선문
	55-15	(6.2)			갈색마연
	55-16	(4.8)			갈색마연
새-5호	55-19	(3.4)		(7.7)	적색마연
	55-20	7.6	13.8	6.0	
새-10호	56-1	(22.9)			
	56-2	(6.7)			구순각목문
새-11호	56-4	(14.0)	20.8		

석기 속성일람

유구번호	도면번호	종류	길이	폭	두께	석재	비고
A-5호	43-8	석촉	6.1	2.2	0.5	사암	이단경식
A-6호	43-11	석촉	(6.3)		0.7	사암	이단경식
	43-12	석부	5.7	3.9	1.3	사암	편평편인
	43-13	석도	(13.1)	4.3	0.6	점판암	
A-7호	43-14	석촉	4.3	1.3	0.6	사암	이단경식
A-8호	43-16	석도	(7.5)	4.0	0.6		
	43-17	석부	13.4	4.8	4.5	편마암	합인
A-9호	44-3	석촉	(5.1)	1.3	0.65	점판암	이단경식

	44-4	석촉	(4.7)	1.4	0.6	점판암	이단경식
A-11호	44-5	석촉	6.5	3.1	0.65	사암	이단경식
B-1호	44-7	석부	13.3	4.7	4.3	화강편암	합인
B-2호	44-13	석도	18.2	5.4	0.7	점판암	주형
	44-14	석도	18.3	5.5	0.6	점판암	주형
	44-15	석창	(10.4)	3.3	0.6	세일	
B-4호	45-8	석촉	4.8	1.2	0.4	세일	삼각만입
	46-1	석부	11.8	(2.9)	4.4	현무암	양인
	46-2	석부	13.7	5.7	4.0	화강편마암	양인
B-6호	46-3	석부	10.7	5.9	2.5	편마암	
	46-10	석검	(6.2)	4.6	0.9	세일	
	46-11	석도	(9.5)	(4.1)	0.5	점판암	
B-11호	46-12	석촉	(3.7)	101	0.3	세일	삼각만입
	46-13	석부	11.8	5.2	3.9	편마암	양인
	46-14	석부	13.1	5.2	4.1	현무암	양인
B-12호	46-15	석촉	3.5	1.5	0.2	세일	삼각만입
B-16호	46-23	석촉	6.5	1.1	0.6	세일	일단경식
	47-2	석도	21.4	6.2	0.8	점판암	장주형
	47-3	석도	20.9	5.5	0.7	점판암	장주형
B-19호	47-4	석도	19.4	4.9	0.6	점판암	장주형
	47-5	석도	(18.6)	6.1	0.6	점판암	장주형
	47-6	석도	(12.2)	3.5	0.7	점판암	장주형
B-20호	48-4	석창	10.3	3.5	0.9	세일	유경식
B-21호	48-5	석도	(16.0)	4.9	0.6	점판암	
	48-6	석도	(11.8)	5.7	0.7	세일	
	48-10	석노	(12.4)	4.7	0.7	세일	
B-22호	48-11	석도	(14.8)	5.2	0.7	점판암	
	48-12	석부	15.6	6.6	4.5	화강편마암	
	48-13	석부	12.9	5.0	3.2	현무암	
Ⅰ-3호	49-4	석촉	(4.7)	1.3	0.6	세일	이단경식
Ⅰ-7호	49-5	석부	11.8	4.0	2.8	처트	합인
Ⅰ-8호	49-9	석부	3.8	3.1	0.8	세일	편평편인
	49-10	석부	4.6	3.2	0.7	사암	편평편인
	49-12	석도	(8.2)	5.1	0.7		
Ⅰ-11호	49-13	석도	(9.7)	5.5	0.8	점판암	
	49-14	석촉	(6.2)	0.7	0.7	세일	이단경식
Ⅰ-12호	49-15	석부	12.9	4.8	4.0	현무암	양인
Ⅰ-13-①호	49-18	석촉	(5.1)	1.3	0.85	세일	일단경식
Ⅰ-13-②호	49-19	석도	(10.5)	5.6	0.8	세일	
Ⅰ-14호	49-21	석촉	(2.8)	1.4	0.2	세일	삼각만입
Ⅰ-16-①호	49-24	석검	(14.9)	4.5	0.6	세일	유혈구, 이단병식
Ⅰ-17호	50-4	석촉	5.7	1.4	0.2	세일	삼각만입
	50-5	석촉	(4.7)	1.2	0.5	세일	유혈구, 삼각만입

유구번호	도면번호	종류	길이	폭	두께	석재	비고
II-6호	50-18	석촉	(7.9)	1.3	0.8	사암	이단경식
II-7호	50-21	석촉	(2.8)	1.3	0.6	사암	이단경식
II-9호	51-7	석부	12.1	4.9	3.8	화강편암	합인
	51-8	석부	14.9	5.3	3.8	편암	양인
II-10호	52-7	석부	11.8	5.9	3.8	편암	합인
III-3호	52-12	석착	4.2	3.7	1.0	세일	편인
III-9호	53-2	석검	(6.6)	3.1	0.4	편암	
	53-3	석촉	(5.1)	1.5	0.6	세일	이단경식
IV-3호	54-8	석촉	(3.9)	1.0	0.4	세일	이단경식
	54-9	석부	11.4	4.8	3.5	현무암	양인
IV-4호	54-13	석도	14.7	4.9	0.9	점판암	장방형
새-2호	55-12	석촉	9.7	1.5	0.6	사암	이단경식
	55-13	석검	(8.6)	4.1	0.5	점판암	이단병식
새-3호	55-17	석검	(10.9)	3.2	0.5	사암	이단병식
	55-18	석촉	4.0	1.4	0.6	사암	이단경식
새-7호	55-21	석부	(9.1)	3.9	4.1	화강암	양인
새-10호	56-3	석부	5.8	4.7	1.2	사암	편인

천안 두정동유적

토기 속성일람

유구번호	도면번호	기고(잔존)	구경	저경	비고
1호	56-5	(15.3)	(15.0)	7.2	이중구연, 단사선문
2호	56-8	(5.0)			이중구연, 단사선문
	56-9	(5.1)			이중구연, 단사선문
	56-10	(4.5)		(3.9)	대각

석기 속성일람

유구번호	도면번호	종류	길이	폭	두께	석재	비고
1호	56-6	석촉	(5.2)	1.5	0.8	점판암	
	56-7	석촉	(8.6)	1.5	0.6		이단경식

천안 불당동유적

토기 속성일람

유구번호	도면번호	기고(잔존)	구경	저경	비고
II-1호	56-11	(6.3)			구순각목문, 공렬문
II-12호	56-16	15.0	15.5	8.0	
	57-1	15.0	15.3	7.4	
II-14호	57-2	18.8		8.7	구순각목문
II-18호	57-3	(3.1)		7.0	적갈색마연
II-19호	57-5	(18.3)	(15.2)	8.4	
II-20호	57-7	(10.0)	8.7		적갈색마연
	57-8	8.6	(10.8)	5.3	
	57-9	(32.9)	(18.6)		구순각목문
	57-10	(9.2)			구순각목문, 공렬문

유구번호	도면번호	기고(잔존)		구경	비고
III-1호	57-11	(6.8)			구순각목문, 공렬문
III-3호	57-13	(2.8)		(6.0)	적갈색마연
	57-15	10.0	(11.0)	6.0	
	58-1	6.9	(10.6)	6.0	
III-6호	58-2	(2.2)		4.4	적색마연
	58-3	(2.0)		5.8	황갈색마연
	58-4	(5.2)			구순각목문, 공렬문
	58-7	(3.3)		6.4	적갈색마연
III-7호	58-8	(3.4)		4.0	대각
	58-9	(6.6)			구순각목문, 공렬문
III-9호	58-15	(13.2)			구순각목문, 공렬문
	58-16	(7.4)		5.2	적갈색마연
III-10호	58-17	(8.8)			구순각목문, 공렬문
III-11호	59-1	(7.2)			
III-13호	59-4	(4.4)	9.7		
III-16호	59-8	8.3		7.6	

석기 속성일람

유구번호	도면번호	종류	길이	폭	두께	석재	비고
II-3호	56-12	석검	(11.4)	9.7	1.2	점판암	이단병식
II-5호	56-13	석부	(8.9)	4.0	2.7	휘록암	편인
II-8호	56-14	석착	5.4	2.5	0.9	규장암	단인
II-11호	56-15	석검	14.9	3.2	1.0	점판암	유경식
II-19호	57-4	석부	7.0	4.5	1.8	편암	편인
II-20호	57-6	석촉	(6.3)	1.2	0.6	점판암	이단경식
III-2호	57-12	석부	8.4	4.2	1.4	점판암	합인
III-4호	57-14	석부	7.3	4.2	1.6	편암	편평편인
III-6호	58-5	석부	9.3	5.6	3.7	화강편마암	양인
	58-6	석검	(9.0)	4.7	1.0	점판암	이단병식
	58-10	석부	12.4	5.4	4.2	휘록암	합인
	58-11	석부	14	5	4.2	휘록암	합인
III-7호	58-12	석부	12.2	4.1	3.7	휘록암	합인
	58-13	석도	10.0	3.2	0.8	점판암	장주형
	58-14	석도	10.2	4.2	0.8	점판암	장주형
III-11호	59-2	석촉	4.1	1.3	0.3	점판암	삼각만입
III-12호	59-3	석부	13.6	4.1	4.5	편암	합인
	59-5	석촉	7.5	1.6	0.7	셰일	일단경식
III-16호	59-6	석촉	6.2	1.8	0.6	셰일	일단경식
	59-7	석촉	(4.3)	1.5	0.4	셰일	일단경식

천안 쌍용동유적

토기 속성일람

유구번호	도면번호	기고(잔존)	구경	저경	비고
3-1호	59-9	(6.1)	(23.2)		구순각목문

3-5호	59-12	30.0	(21.2)	8.1
	59-13	24.8	19.6	9.2
	59-14	22.8	16.0	9.2
	60-1	38.0	(33.2)	9.8
	60-2	32.4	10.5	8.3
	60-3	18.4	(8.1)	7.1
	60-4	16.2	15.0	7.4
	60-5	18.1	12.9	8.3
	60-6	16.6	(15.6)	(8.7)
	60-7	13.5	(17.3)	7.7
	61-1	13.1	20.5	8.1

석기 속성일람

유구번호	도면번호	종류	길이	폭	두께	석재	비고
3-1호	59-10	석도	(7.4)	4.7	1.2	점판암	
3-5호	59-11	석도		4.6	0.7	점판암	

천안 용곡동 눈돌유적

토기 속성일람

유구번호	도면번호	기고(잔존)	구경	저경	비고
Ⅰ-1호	61-2	14.2	9.3	9.6	
	61-3	9.9	14.4	8.2	
Ⅰ-2호	61-4	12.9	17.1	10.2	
	61-5	10.4	(16.2)	8.6	
	61-6	7.4	15.5	8.6	
	61-7	9.3	(12.0)	6.9	
	61-8	11.7	(17.7)	7.6	

천안 남관리유적

토기 속성일람

유구번호	도면번호	기고(잔존)	구경	저경	비고
2호	61-9	(14.5)	14.0		

석기 속성일람

유구번호	도면번호	종류	길이	폭	두께	석재	비고
2호	61-10	석착	5.4	2.9	0.7		
5호	61-11	석부	14.5	7.1	3.1		양인

천안 청당동유적

토기 속성일람

유구번호	도면번호	기고(잔존)	구경	저경	비고
1호	61-12	13.0	7.0	3.0	적색마연, 대각
	61-13	(6.8)			단사선문
2호	61-18	(43.5)	19.1		구순각목문
	62-1	(5.2)	(17.2)		구순각목문

석기 속성일람

유구번호	도면번호	종류	길이	폭	두께	석재	비고
1호	61-14	석촉	4.6	1.4	0.5		삼각만입
	61-15	석촉	3.3	0.8	0.4		
	61-16	석촉	(2.7)	1.8	0.2		삼각만입
	61-17	석촉	(2.7)	1.8	0.5		
2호	62-2	석촉	(6.1)	4.2	0.6	세일	이단경식

천안 운전리유적

토기 속성일람

유구번호	도면번호	기고(잔존)	구경	저경	비고
A-2호	62-3	46.9	26.8	10.4	구순각목문
	62-4	28.4	21.4	9.8	구순각목문
	62-5	(9.7)	(27.2)		구순각목문
	62-6	11.1	14.0	8.2	
	62-7	(10.3)	(18.0)		구순각목문
	63-1	(47.0)	23.6		단사선문
	63-2	(22.5)	19.3		
	63-3	(7.5)			구순각목문, 단사선문
	63-4	(13.1)			구순각목문, 공렬문
B-2호	63-6	(12.7)			구순각목문, 공렬문
	64-1	(10.7)	19.9		
B-4호	64-2	(26.5)	17.4	7.1	
	64-3	(10.5)			구순각목문, 단사선문, 이중구연
	64-4	(10.4)	18.4		단사선문,이중구연
	64-5	(6.2)	7.0		적색마연
B-6호	64-8	(20.0)	38.0		구순각목문, 단사선문
	65-1	(7.7)			구순각목문, 단사선문, 이중구연
C-2호	65-2	37.7	8.9	4.9	
C-3호	65-3	(4.5)		4.4	대각, 마연
	65-4	(3.2)		4.0	마연

석기 속성일람

유구번호	도면번호	종류	길이	폭	두께	석재	비고
A-3호	63-5	석부	15.5	4.0	4.4	편암	합인
B-4호	64-6	석도	(7.5)	5.2	0.6		장주형
	64-7	석부	10.7	5.6	2.6		합인

천안 용원리유적

토기 속성일람

유구번호	도면번호	기고(잔존)	구경	저경	비고
4호	65-9	(10.3)	(15.8)	5.2	대각, 적색마연

석기 속성일람

유구번호	도면번호	종류	길이	폭	두께	석재	비고
1호	65-5	석도	14.7	3.7	0.7	섬관암	주형

유구번호	도면번호	종류	길이	폭	두께	석재	비고
	65-6	석검	(14.4)	5.2	1.7	니암	
2호	65-7	석검	(11.7)	4.7	0.7	니암	
3호	65-8	석부	12.4	3.8	3.3		합인

천안 석곡리유적

토기 속성일람

유구번호	도면번호	기고(잔존)	구경	저경	비고
KC-002	65-11	12.4	11.4	7.0	
KC-004	65-12	16.2	14.2	7.2	
	65-13	14.6	13.3	8.0	
KC-005	66-1	22.6	16.2	7.8	
	66-2	20.1	14.8	7.0	
	66-3	14.8	11.4	8.4	
	66-4	22.2	(23.8)	8.6	

석기 속성일람

유구번호	도면번호	종류	길이	폭	두께	석재	비고
KC-002	65-10	석검	(7.6)	2.4	0.7	안산암	
KC-004	65-14	석도	11.6	4.5	0.7	편마암	
	65-15	석부	8.9	4.4	1.7	세일	편인
	65-16	석검	14.5	2.5	0.8	세일	
KC-005	66-5	석도	11.4	4.2	0.8	실트스톤	편인
	66-6	석도	9.3	4.4	0.8	세일	편인
	66-7	석도	16.1	4.5	0.8	세일	편인

천안 대흥리유적

토기 속성일람

유구번호	도면번호	기고(잔존)	구경	저경	비고
1호	66-8	(7.6)	13.4		외반구연
2호	66-11	10.6	12.0	7.8	
	66-12	8.6	11.6	7.4	
	66-13	15.5	14.0	7.2	
	66-14	17.0	15.5	7.8	
	66-15	25.2	13.7	7.2	외반구연
	67-1	39.0	24.2	8.2	
3호	67-7	(7.6)	10.0		외반구연, 적색마연
	67-8	8.3	16.2	7.8	
	67-9	26.4	17.7	0.7	
	67-10	19.0	12.8	8.0	
	67-11	16.8	12.8	7.2	
4호	67-12	(31.2)	11.1	8.1	
	67-13	(5.6)			구순각목문
	67-14	(4.3)			구순각목문

석기 속성일람

유구번호	도면번호	종류	길이	폭	두께	석재	비고
1호	66-9	석검	(7.2)	3.2	0.8		유경식
	66-10	석검	(5.2)	3.8	0.9		유병식
2호	67-2	석검	15.6	2.5	0.9		유경식
	67-3	석검	10.5	2.6	0.9		유경식
	67-4	석도		5.3			주형
3호	67-5	석촉	(4.9)	1.5	0.5		
	67-6	석도	(10.8)	5.2	0.8		장방형
4호	67-15	석검	(7.1)	2.3	0.9		유경식
	67-16	석검	(4.8)	3.0	1.3		유병식
5호	67-17	석도	12.0	4.0	0.6		장주형

천안 신방동유적 1지구

토기 속성일람

유구번호	도면번호	기고(잔존)	구경	저경	비고
1호	68-1	10.1	9.7	5.6	
5호	68-2	(15.6)	7.9		적색마연
6호	68-3	(16.7)	21.2	11.1	구순각목문, 공렬문
	68-4	8.8	12.8	5.4	(흑회색 또는 황적색)마연
	68-5	(7.8)			구순각목문
7호	68-7	(24.7)			공렬문
8호	68-8	(7.4)			구순각목문, 공렬문
12호	68-10	(14.2)		3.8	
14호	68-11	18.5	19.3	8.4	
15호	68-12	(22.2)		8.7	
	68-13	9.7	8.6	4.3	흑회색마연
	68-14	4.0	5.7	2.3	
	69-1	(31.1)	38.3	11.6	구순각목문, 공렬문
	69-2	(43.5)	22.7		
	69-3	23.0	10.2	7.1	적색마연
	69-4	(23.3)			구순각목문, 공렬문
	69-5	(10.5)			구순각목문
20호	70-3	(4.0)		3.6	대각
	70-4	(4.8)		3.6	대각
	70-5	(4.1)		4.4	대각
21호	70-6	62.9	28.3	11.7	구순각목문
	70-7	22.4	16.9	7.4	
	70-8	11.5	8.5	5.0	마연
	70-9	(9.5)		5.6	적색마연
	71-1	(11.8)	32.0		구순각목문, 공렬문
	71-3	(12.6)	18.5	8.7	구순각목문
	71-4	(10.6)		11.1	구순각목문, 공렬문

71-5	(7.0)					구순각목문
71-6	(10.9)	6.8				적색마연
71-7	2.9	5.4	3.9			

석기 속성일람

유구번호	도면번호	종류	길이	폭	두께	석재	비고
7호	68-6	석도	19.1	5.8	0.7	점판암	반월형
12호	68-9	석촉	5.9	1.5	0.6	혼펠스	이단경식
15호	69-6	석촉	6	1.3	0.7	혼펠스	이단경식
	69-7	석착	(4.5)	5.8	1.6	점판암	편인
	69-8	석도	17	3.8	0.7	점판암	반월형
18호	70-1	석부	11.3	4.2	2.2	편암	합인
19호	70-2	석도	(11.3)	4.1	0.6	점판암	주형
21호	70-10	석도	20.9	5.5	0.7	점판암	주형
	70-11	석도	20.3	4.2	0.5	점판암	주형
	70-12	석촉	(3.4)	1.5	0.6	점판암	이단경식
	71-2	석부	17.2	5.3	3.8	혼펠스	합인

천안 신방동유적 2지구

토기 속성일람

유구번호	도면번호	기고(잔존)	구경	저경	비고
1호	71-8				
	71-9				
	71-10				
	72-1	23.6	19.0	7.4	구순각목문, 공렬문
	72-2	53.9		11.1	
	72-3	(23.0)	20.5	9.7	구순각목
	72-4	(58.0)	22.4	10.0	구순각목
	73-1	9.5	19.3	9.5	
	73-2	(4.7)			단사선문
2호	73-8	(16.7)			공렬문
	73-9	12.4	7.7	7.4	암황적색마연
	73-10	(7.8)			단사선문
4호	73-11	(15.2)	22.9		구순각목문, 공렬문
	73-12	19.7	20.6	7.7	공렬문
	73-13	(7.1)			공렬문
	73-14	8.9	6.6	5.5	명황갈색마연
6호	74-2	(17.7)			구순각목
	74-3	(7.3)	7.8		황적색마연
	74-4	(7.6)			구순각목문, 공렬문
	74-5	(5.1)			공렬문
	74-6	(5.8)			구순각목문
	74-7	(8.5)			단사선문
	74-8	(7.7)			구순각목문

유구번호	도면번호				비고
8호	74-15	(5.1)			구순각목문, 단사선문
	74-16	(5.9)			구순각문목
9호	74-17	(7.0)			구순각목문, 공렬문
11호	74-20	21.0	18.8	9.7	
	75-1	(12.9)		13.5	
	75-2	28.5	24.0	10.5	구순각목문, 공렬문, 단사선문
	75-3	(14.4)	23.1		구순각목문, 공렬문
12호	75-5	12.7	16.8	8.3	구순각목문
	75-6	17.5			적색마연
	75-7	(38.6)	19.5		
13호	76-1	18.2	18.0	9.0	구순각목문
	76-3	9.5	4.6	4.4	임갈색마연
17호	76-8	(8.5)	21.4		단사선문
19호	76-10	(37.8)		9.2	
	76-11	8.7	8.9	2.5	
	76-12	(3.8)			구순각목문
	76-13	(8.7)			구순각목문, 단사선문
20호	76-16	7.4	9.0	6.2	
23호	77-1	28.5	22.5	9.9	구순각목문, 공렬문
	77-2	59.0	20.7	10.2	구순각목문
	77-3	27.2	28.0	8.9	구순각목문, 공렬문
	77-4	(11.5)		9.2	
	78-1	67.2	20	11.1	
	78-2	(29.5)		10.0	
	78-3	30.8	25.0	8.6	구순각목문, 공렬문
27호	78-8	9.6	18.5	9.8	
28호	78-9	(13.0)			공렬문
	78-10	(11.0)			구순각목문
	78-11	(12.1)			공렬문
	78-12	(6.8)			구순각목문, 공렬문, 단사선문

석기 속성일람

유구번호	도면번호	종류	길이	폭	두께	석재	비고
1호	73-3	석부	12.9	4.7	3.8	편암	합인
	73-4	석부	12.0	4.4	3.2	편암	합인
	73-5	석착	4.4	3.2	0.7	셰일	편인
	73-6	석촉	4.9	1.4	0.6	점판암	이단경식
	73-7	석촉	4.1	1.3	0.5	점판암	이단경식
4호	73-15	석도	(7.8)	4.3	0.7	점판암	주형
	74-1	방추차	5.6		1.5	토제	원형
6호	74-9	석부	12.8	3.5	3.5	편암	합인
	74-10	석도	12.3	5.1	0.6	점판암	주형
	74-11	석촉	6.6	1.4	0.6	점판암	이단경식
	74-12	석촉	3.5	1.1	0.5	점판암	이단경식

	74-13	석촉	(3.8)	1.3	0.2	점판암	삼각만입
	74-14	석촉	(2.1)	0.8	0.7	이암	이단경식
	74-18	석부	9.1	9.1	1.5	유문암	환상
10호	74-19	석도	14.6	3.0	0.7	점판암	주형
11호	75-4	석부	11.6	4.0	3.5	편암	합인
12호	76-2	불명	9.7	1.0	0.6	천매암	도자형
13호	76-4	석도	16.3	4.1	3.3	점판암	주형
	76-5	석부	13.3	4.1	3.3	편암	합인
15호	76-6	석도	(7.8)	3.3	0.7	점판암	
	76-7	석촉	(2.8)	1.3	0.2	점판암	삼각만입
17호	76-9	석부	11.3	3.7	3.4	편암	합인
19호	76-14	석검	16.6	4.0	1.0	점판암	이단병식
	76-15	석촉	7.9	1.1	0.4	점판암	이단경식
22호	76-17	석촉	5.6	1.2	0.4	점판암	유경식
	76-18	석촉	4.3	1.3	0.7	점판암	일단경식
25호	78-4	석촉	7.9	1.8	0.7	천매암	이단경식
	78-5	석촉	7.1	1.8	0.8	천매암	
	78-6	석촉	5.5	1.2	0.6	천매암	이단경식
	78-7	석촉	(3.7)	0.9	0.7	천매암	이단경식
28호	78-13	석촉	(6.7)	1.5	0.7	천매암	이단경식
	78-14	석촉	(5.8)	1.5	0.6	천매암	이단경식

천안 신방동유적 3지구

토기 속성일람

유구번호	도면번호	기고잔존)	구경	저경	비고
1호	79-1	49.5	21.6	11.2	
	79-2	23.5	29.0	10.9	
	79-3	17.5			암황적색마연
	79-4	27.8	13.0	7.9	암적갈색마연
2호	79-5	(9.0)			구순각목문, 공렬문
5호	79-10	9.8	6.9	3.8	
	79-12	14.8	16.6	7.2	명회갈색마연
9호	79-13	(5.2)			구순각목문, 공렬문
10호	80-1	(25.5)			공렬문
12호	80-3	(4.4)		4.5	대각
	80-4	(4.1)		4.4	대각
15호	80-5	(17.0)	20.3		공렬문
	80-6	(11.0)	7.8		암황적색마연
	80-7	11.1	14.2	5.0	
	80-8	10.7	13.5	6.0	
	80-9	(26.1)			단사선문
	80-10	6.9	20.1	9.0	
	80-11	(4.6)		4.1	대각

유구번호	도면번호	종류	길이	폭	두께	석재	비고
2호	79-6	석촉	(6.7)	1.3	0.7	천매암	이단경식
	79-7	석착	5.0	3.7	1.0	천매암	편인
	79-8	석촉	(4.3)	1.3	0.4	천매암	삼각만입형
	79-9	석부	14.2	4.3	4.1	편암	합인
5호	79-11	석검	18.4	4.4	0.7	천매암	이단병식
10호	80-2	석도	(6.8)		0.8	점판암	

천안 용곡동 두터골유적

토기 속성일람

유구번호	도면번호	기고(잔존)	구경	저경	비고
1호	81-1	(4.0)			구순각목문
	81-2	(3.6)			공렬문
2호	81-3	17.0	14.6	9.5	
	81-4	7.3	15.2	8.4	
	81-5	7.4	14.5	9.1	
	81-6	8.9	9.0	5.7	탄착흔
	81-7	(8.1)			공렬문
	81-8	(6.7)			공렬문
	81-9	(12.1)	25.4		공렬문
	81-10	(5.1)	25.6		구순각목문, 공렬문
3호	82-1	9.7	14.3	8.1	
	82-2	9.1	13.3	7.1	
	82-3	9.9	10.0	6.3	
	82-4	(17.4)	22.6		구순각목문
	82-5	(10.6)	20.0		구순각목문
	82-6	(6.2)	20.1		구순각목문
	82-7	(9.8)	28.6		구순각목문
	82-8	(19.2)	20.8		단사선문
	82-9	(8.2)	25.8		공렬문, 단사선문
	82-10	(4.9)			공렬문
	82-11	(7.0)			공렬문
	82-12	(7.2)			공렬문
	83-1	(20.9)	32.0		
4호	83-8	(7.1)	12.4		구순각목문
5호	83-9	39.0	18.7	10.9	구순각목문
	83-10	10.8	8.8	6.1	
	83-11	19.2	20.3	7.4	
	83-12	26.6	26.0	9.2	
	83-13	10.0	8.2	6.6	
	83-14	(4.2)			구순각목문, 공렬문
	84-1	19.2	20.3	7.4	

	84-2	(13.1)	18.0		구순각목문
	84-3	(17.0)	24.4		공렬문
	84-4	(18.0)	17.5		
	84-5	(6.3)	25.2		구순각목문
	84-6	(4.8)	21.0		공렬문
	85-1	(13.0)	10.6		
	85-2	(6.5)	9.9		
	85-3	(6.9)	8.0		
	85-4	(5.3)	4.0		
7호	85-7	(18)	8.1	4.5	
	85-8	(5.0)			구순각목문
	85-9	(5.3)			구순각목문
	85-10	(6.1)	7.5		
8호	85-11	(3.3)			공렬문
10호	85-15	(5.1)	20.1		구순각목문
	85-16	10.3	15.8	7.3	
11호	85-17	(4.6)			

석기 속성일람

유구번호	도면번호	종류	길이	폭	두께	석재	비고
2호	81-11	석도	(9.2)	4.6	0.6	흑색점판암	
	81-12	석도	4.4	2.6	0.5	흑색천매암	
	81-13	석부	13.3	4.5	4.5	화강편마암	
	81-14	석착	7.5	4.5	1.1	셰일	
	81-15	석검	(16.2)	5.4	0.6~0.9	흑색점판암	
	81-16	석검	(11)	3.2	1.0	흑색점판암	
3호	83-2	석착	4.1	4.1	0.9	혼펠스	
	83-3	석도	(5.3)	9.6	0.8	흑연질편암	
	83-4	석촉	4.5	1.3	0.3	셰일	
	83-5	석촉	5.2	1.2	0.2	혼펠스	
	83-6	석촉	(5.6)	1.2	0.7	셰일	
	83-7	석촉	5.0	1.2	0.6	혼펠스	
6호	85-5	석도	6.5	6.7	0.7	흑색점판암	
	85-6	석부	13.0	3.3	3.8	흑색질편암	
8호	85-12	석부	9.4	4.1	3.0	흑연질편암	
	85-13	석촉	(6.2)	1.3	0.7	암회색셰일	
	85-14	석검	14.9	3.6	0.7~1.0	흑색점판암	

천안 용정리유적

토기 속성일람

유구번호	도면번호	기고(잔존)	구경	저경	비고
I-1-1호	86-1	(13.3)	27.4		구순각목문
I-1-2호	86-2	13.3	14.6	6.2	구순각목문
I-1-3호	86-3	(10.5)	26.0		구순각목문

유구번호	도면번호				비고
	86-4	(6.5)	16.0		공렬문
	86-5	(5.4)			구순각목문
	86-6	(4.7)			구순각목문, 단사선문
	86-9	(5.2)	24.0		구순각목문
	86-10	(8.2)	26.0		구순각목문, 공렬문
	86-11	(5.6)			구순각목문
	86-12	(4.5)			구순각목문
Ⅰ-1-4호	87-1	(5.8)	11.0		
	87-2	(9.4)	8.4		적색마연
	87-3	11.5	18.5	8.6	
	87-4	(11.2)	5.8		
	87-5	(6.1)		2.7	
	87-9	(6.3)	8.7		
	87-10	13.0	10.2	4.2	
	87-11	10.2	9.4	6.0	
Ⅰ-1-5호	87-12	8.5	12.0	6.8	
	87-13	8.1	10.8	7.4	
	87-14	17.15	15.6	6.89	
	87-15	(13.0)	24.0		
	87-16	(2.7)			단사선문
	87-19	(8.7)			구순각목문
Ⅰ-1-6호	87-20	(6.3)			구순각목문
	88-1	(7.2)			단사선문
Ⅰ-1-7호	88-5	(6.6)		4.8	적색마연(추정)
	88-6	(15.9)	14.1		
	88-8	(6.8)			단사선문
Ⅰ-2-2호	88-9	(7.6)			구순각목문, 공렬문
	88-10	(6.0)			공렬문
Ⅱ-1호	88-15	(13.9)			공렬문, 단사선문
	88-16	(15.4)			공렬문, 구순각목문
	88-17	(16.3)	44.8		공렬문
Ⅲ-1호	89-1	(12.8)	39.5		공렬문, 이중구연, 단사선문, 구순각목문
	89-2	(20.3)	39.0		공렬문, 이중구연, 구순각목문
	89-3	24.1	20.8	8.6	공렬문, 구순각목문
	89-4	11.7	13.2	5.4	
Ⅲ-3호	89-5	(15.0)	6.5		단도마연
	89-6	(29.9)	15.8		
	90-1	(17.0)	39.6		공렬문
Ⅲ-4호	90-3	29.6	26.8	9.0	공렬문, 구순각목문

석기 속성일람

유구번호	도면번호	종류	길이	폭	두께	석재	비고
Ⅰ-1-1호	85-18	석촉	3.8	1.2	0.6	세일	
	85-19	석재	5.0	1.85	0.4	세일	

	85-20	석재	(3.85)	1.6	0.25	셰일	
Ⅰ-1-3호	86-7	석도	(17.0)	4.9	0.6		
	86-8	석부	13.6	4.2	3.9		
Ⅰ-1-4호	87-6	석부	11.5	4.5	3.5		
	87-7	석촉	5.0	1.2	0.4		
	87-8	석촉	5.5	1.0	0.6		
Ⅰ-1-5호	87-17	석도	(16.5)	4.0	0.7		
	87-18	석촉	5.7	0.7	0.5		
Ⅰ-1-6호	88-2	석도	(8.7)	3.7	0.6		
	88-3	지석	4.8	5.7	0.7		
	88-4	석촉	8.0	1.8	0.6		
Ⅰ-1-7호	88-7	석도	(16.0)	4.4	0.2		
Ⅰ-2-3호	88-11	석촉	4.7	1.4	0.5		일단경식
	88-12	석촉	4.0	1.1	0.5		일단경식
	88-13	석촉	3.5	1.1	0.2		삼각만입
Ⅰ-2-4호	88-14	석검	3.9	1.8	0.5		
Ⅲ-3호	90-2	석촉	5.7	1.7	0.6		

당진군
태안군
서산시
아산시
천안시
예산군
홍성군
연기군
공주시
청양군
계룡시
대전광역시
보령시
부여군
논산시
서천군
금산군
1

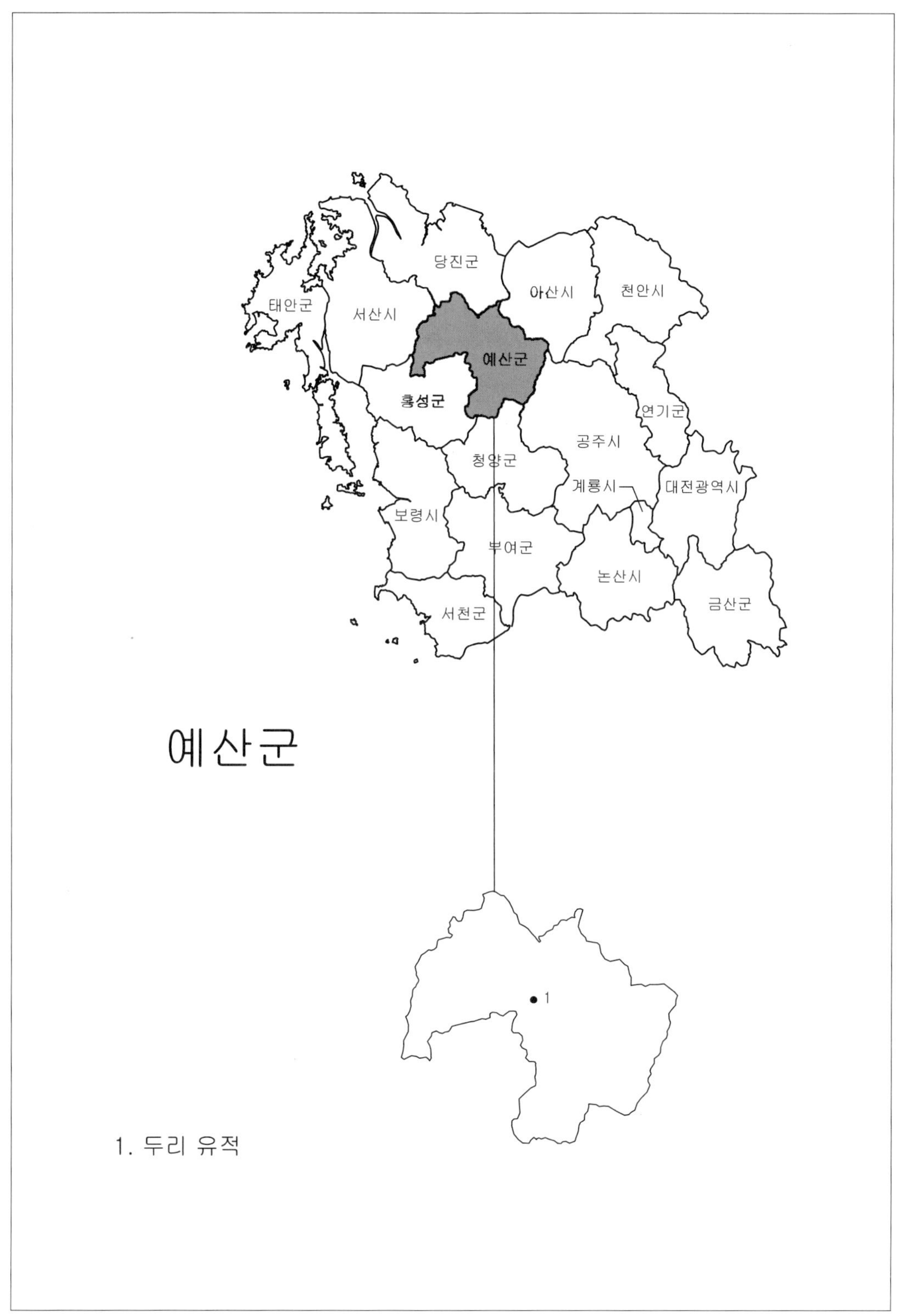

예산군

1. 두리 유적

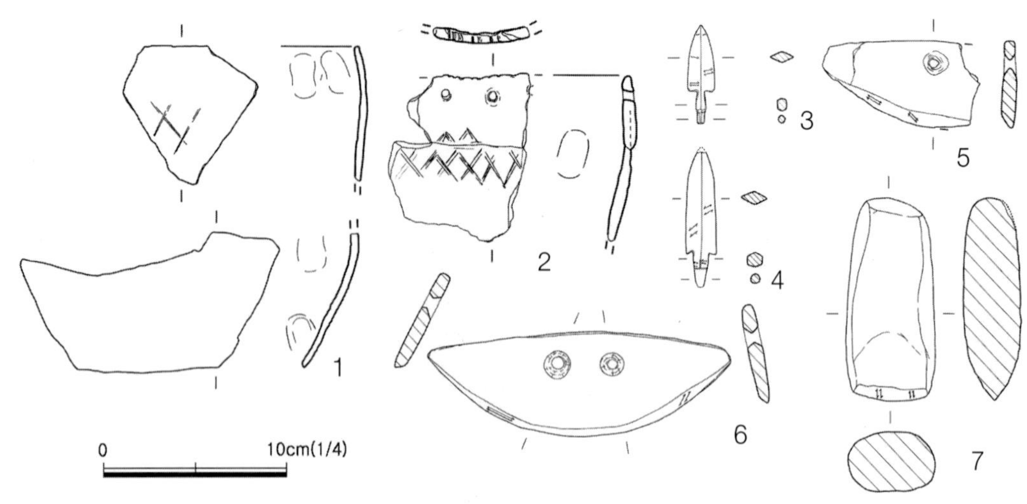

〈도면 91〉 예산 두리유적(1호 : 1~2 / 3호 : 3~4 / 4호 : 5~7)

예산지역 유물 속성일람표

예산 두리유적						

토기 속성일람

유구번호	도면번호	기고(잔존)	구경	저경	비고
1호	91-1	(7.1)			복합사선문
	91-2	(3.7)			구순각목공렬문, 이중구연, 복합사선문

석기 속성일람

유구번호	도면번호	종류	길이	폭	두께	석재	비고
3호	91-3	석촉	5.25	1.45	0.65		이단경식
	91-4	석촉	7.1	1.1	0.6		이단경식
4호	91-5	석도	(4.6)	8.7	0.5~0.7		
	91-6	석도	16.45		0.8		주형
	91-7	석부	10.8	4.9	3.15		합인

홍성군

1. 상정리 유적
2. 장척리 유적
3. 남장리 유적
4. 송월리, 학계리 유적

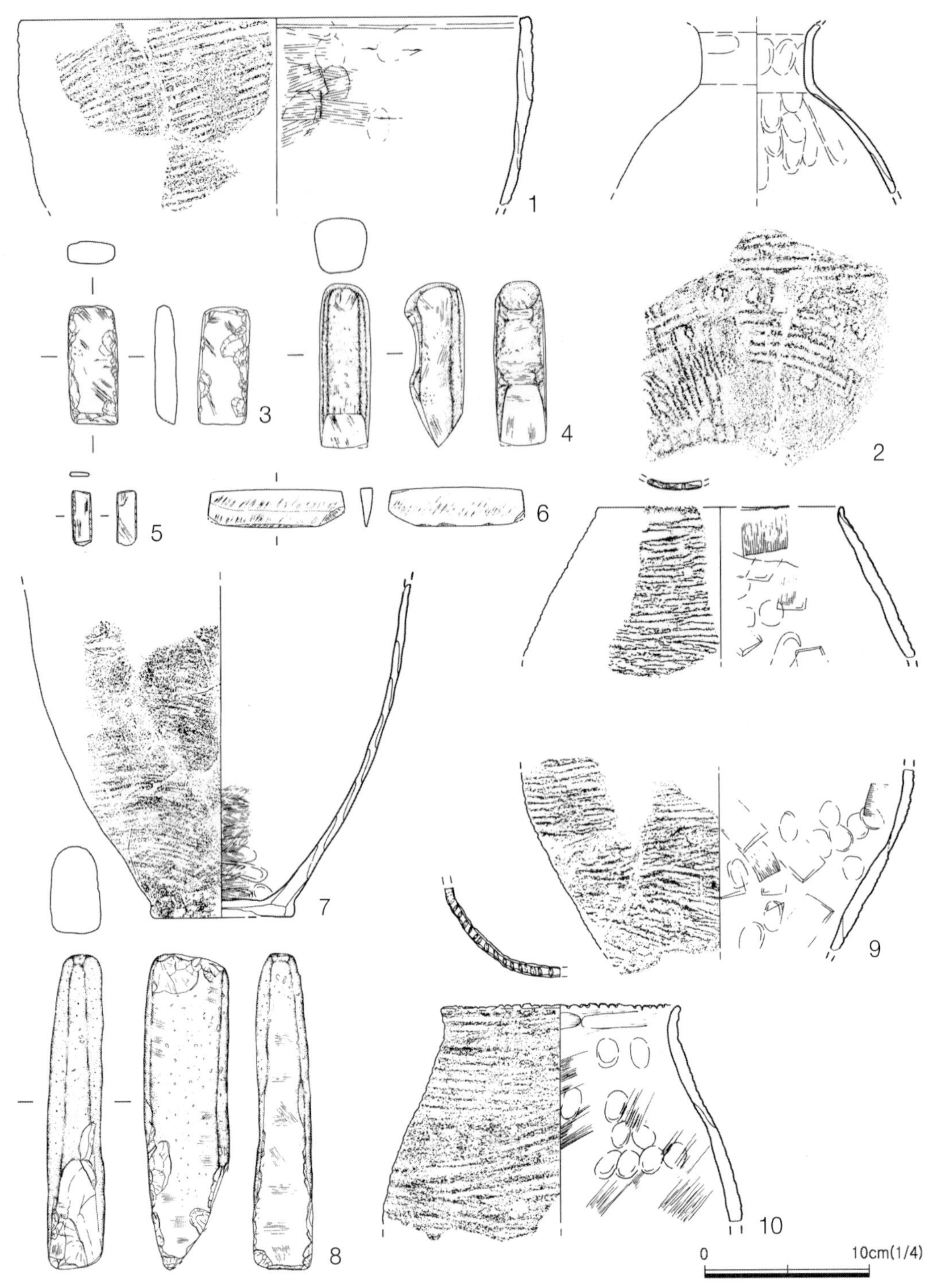

〈도면 92〉 홍성 상정리유적(1호 : 1~4), 홍성 장척리유적(1호 : 5~6 / 2호 : 7~8 / 3호 : 9~10)

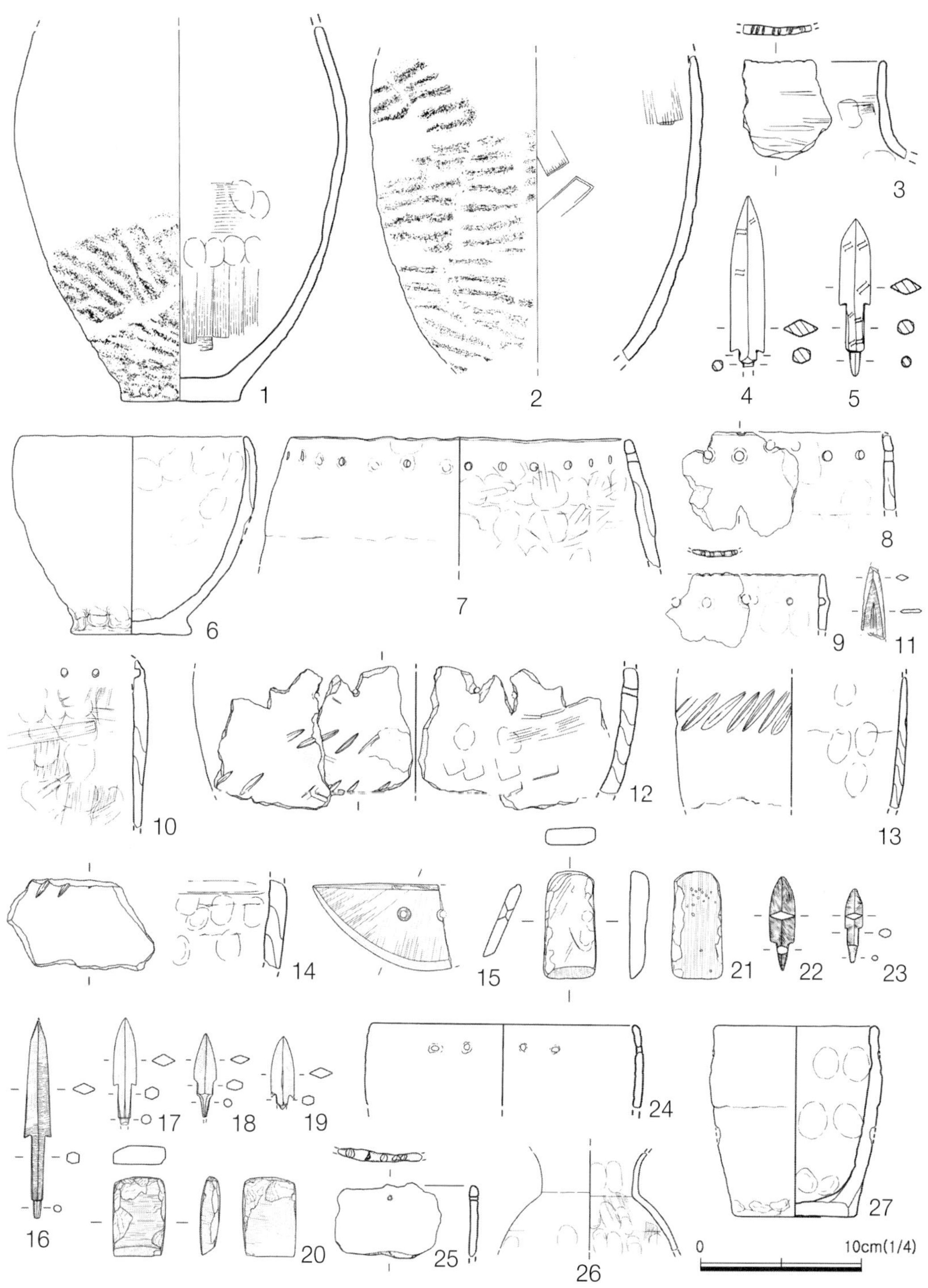

〈도면 93〉 홍성 장척리유적(3호 : 1~2), 홍성 남장리유적(1호 : 3 / 6호 : 4~5), 홍성 송월리유적(1호 : 6~11 /
2호 : 12~21 / 3호 : 22~23 / 5호 : 24~25 / 6호 : 26~27)

홍성지역 유물 속성일람표

<table>
<tr><td colspan="6" align="center">홍성 상정리유적</td></tr>
</table>

토기 속성일람

유구번호	도면번호	기고(잔존)	구경	저경	비고
1호	92-1	11.0	31.6		
	92-2	10.25	(7.8)		마연

석기 속성일람표

유구번호	도면번호	종류	길이	폭	두께	석재	비고
1호	92-3	석부	7.0	3.1	1.3	혼펠스	편평편인
	92-4	석부	9.8	3.2	3.3	화성암	유구

<table>
<tr><td colspan="6" align="center">홍성 장척리유적</td></tr>
</table>

토기 속성일람

유구번호	도면번호	기고(잔존)	구경	저경	비고
2호	92-7	3.6		6.4	
3호	92-9	(26.8)	14.8		원시타날문, 구순각목
	92-10	(12.8)	14.4		구순각목문
	93-1	(22.2)		7.4	
	92-2	(18.0)			

석기 속성일람

유구번호	도면번호	종류	길이	폭	두께	석재	비고
1호	92-5	석촉	3.3	1.2	0.3	점판암	편평무경식
	92-6	석도	8.3	2.1	0.7	편마암	제형
2호	92-8	석부	19.1	5.3	3.1	석영반암	주상편인

<table>
<tr><td colspan="6" align="center">홍성 남장리유적</td></tr>
</table>

토기 속성일람

유구번호	도면번호	기고(잔존)	구경	저경	비고
1호	93-3	(5.2)			구순각목문

석기 속성일람표

유구번호	도면번호	종류	길이	폭	두께	석재	비고
1호	93-4	석촉	(10.4)	2.1	1.0		일단경식
	93-5	석촉	9.6	1.9	1.0		이단경식

<table>
<tr><td colspan="6" align="center">홍성 송월리 · 학계리유적</td></tr>
</table>

토기 속성일람

유구번호	도면번호	기고(잔존)	구경	저경	비고
1호	93-6	11.7	13.8	7.3	
	93-7	(7.55)	20.8		공렬문
	93-8	(6.2)			공렬문
	93-9	(3.25)			공렬문, 구순각목문

유구번호	도면번호	길이	폭	두께	비고
	93-10	(9.85)			공렬문
2호	93-12	(7.1)			공렬문, 단사선문
	93-13	(8.5)			단사선문
	93-14	(5.2)			단사선문
5호	93-24	(4.8)	16.2		공렬문
	93-25	(4.8)			공렬문, 구순각목문
6호	93-26	11.3	10.2	7.7	
	93-27	(5.8)			흑색마연

석기 속성일람

유구번호	도면번호	종류	길이	폭	두께	석재	비고
1호	93-11	석촉	4.2	1.45	0.35		삼각만입
2호	93-15	석도	5.15	8.5	0.7		주형
	93-16	석촉	11.7	1.65	0.7		이단경식
	93-17	석촉	6.3	0.4~1.4	0.7		이단경식
	93-18	석촉	4.9	0.2~1.4	0.6	세일	이단경식
	93-19	석촉	4.3	0.3~1.4	0.6		이단경식
	93-20	석착	4.7	3.2	1.1		
	93-21	석착	6.4	3.2	1.1		편인
3호	93-22	석촉	5.5	1.6	0.6		일단경식
	93-23	석촉	4.4	1.1	0.5		이단경식

보령시

1. 연지리유적
2. 관산리유적
3. 주교리유적
4. 관창리유적(B구역)
5. 관창리유적(F구역)
6. 관창리유적(C,E구역)
7. 소송리 '나'유적
8. 죽청리 '가'유적
9. 구룡리유적
10. 평라리유적

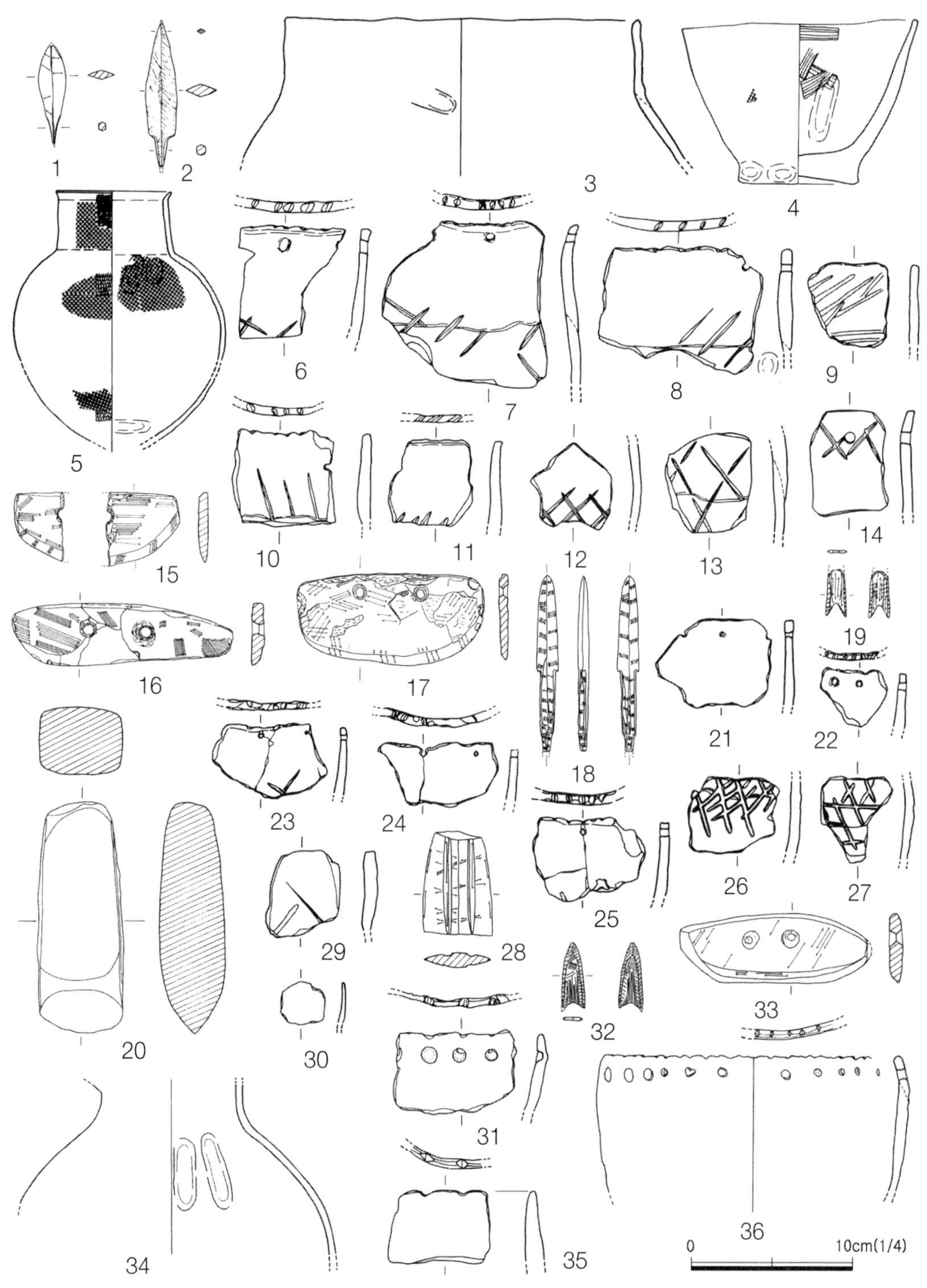

〈도면 94〉 보령 연지리유적(4호 : 1), 보령 관산리유적(1호 : 2~3 / 4호 : 4~20 / 5호 : 28 / 6호 : 21~27 / 8호 : 29~33 / 9호 : 34~35 / 10호 : 36)

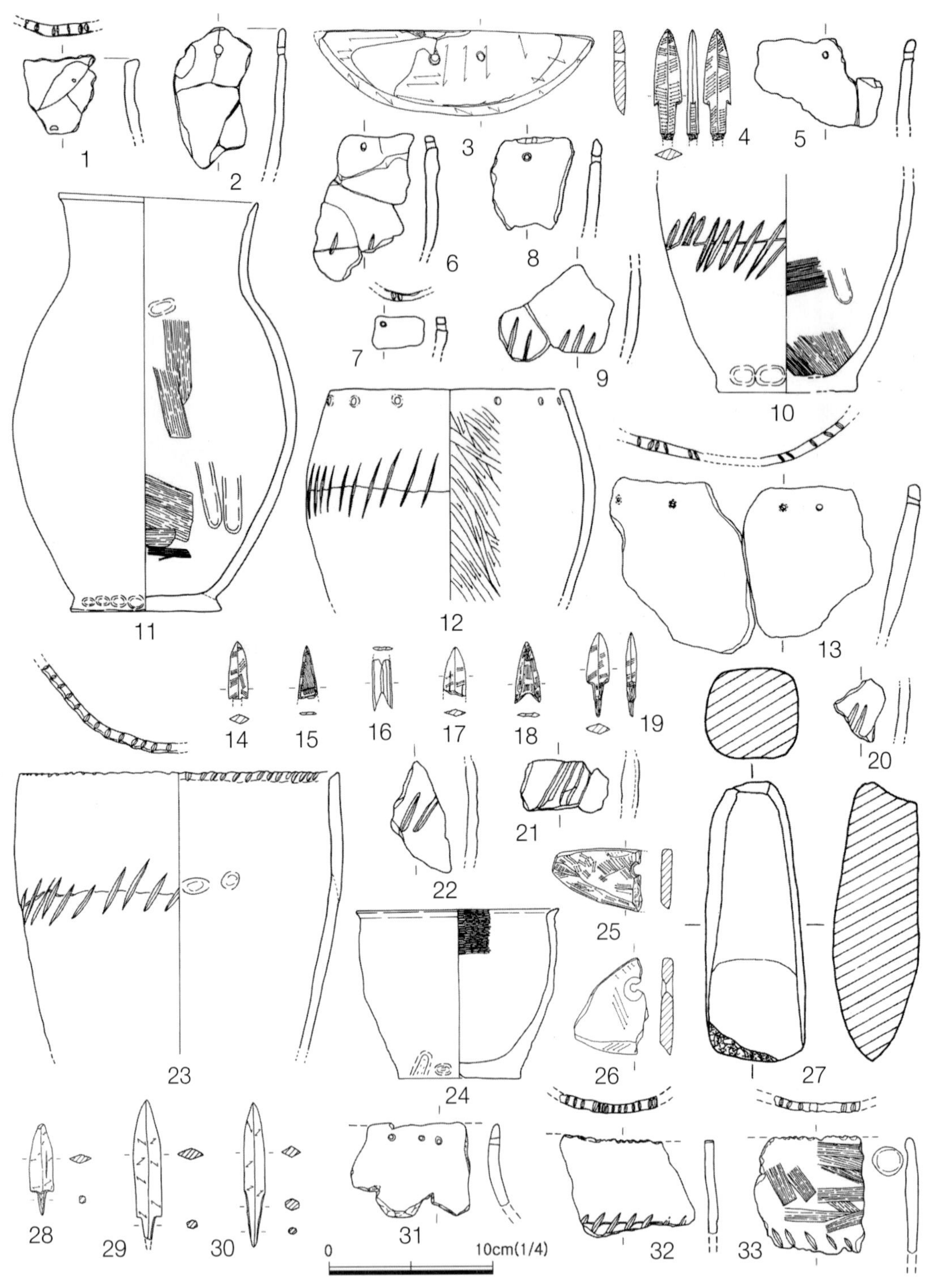

〈도면 95〉 보령 관산리유적(11호 : 1~4 / 12호 : 5~12 / 13호 : 13~27), 보령 주교리유적(1호 : 28 / 3호 : 29~30 / 4호 : 31 / 8호 : 32~33)

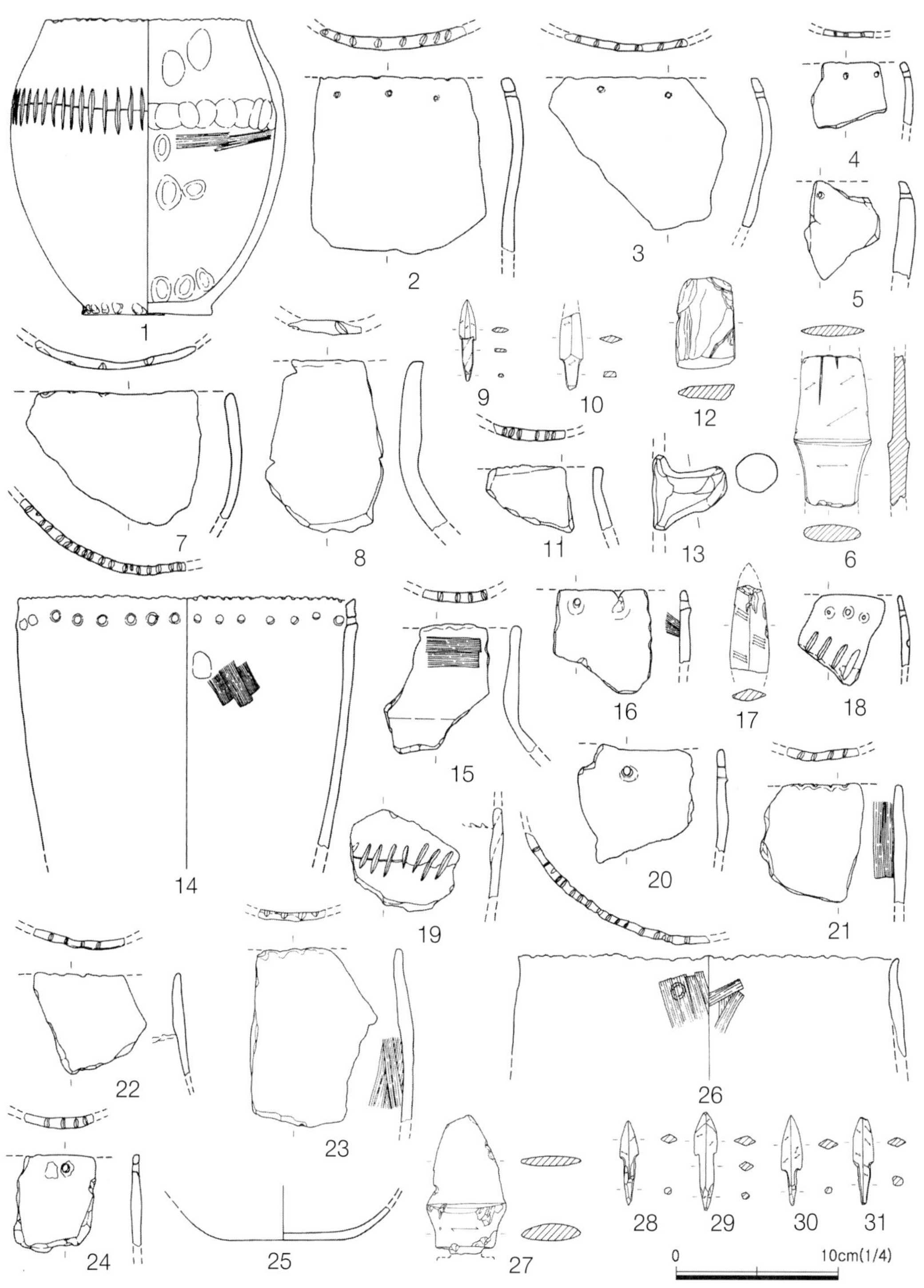

〈도면 96〉 보령 주교리유적(7호 : 1 / 8호 : 2~10 / 11호 : 11~12 / 12호 : 13~17 / 13호 : 18~31)

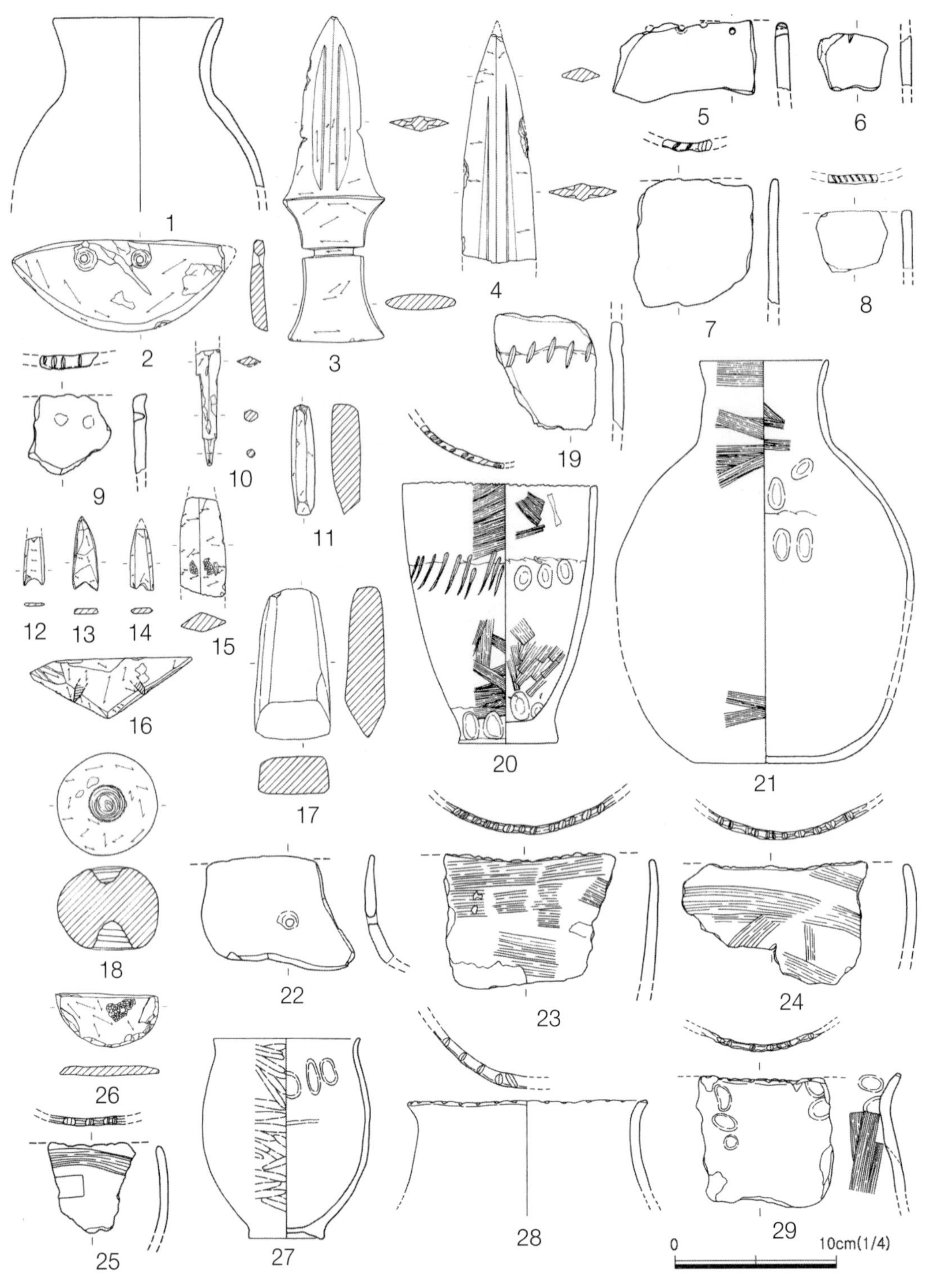

〈도면 97〉 보령 주교리유적(13호 : 1~4 / 14호 : 5~8 / 15호 : 9 / 17호 : 10~11 / 18호 : 12~21 / 20호 : 22 / 21호 : 23~26), 보령 관창리유적(B구역)(1호 : 27~29)

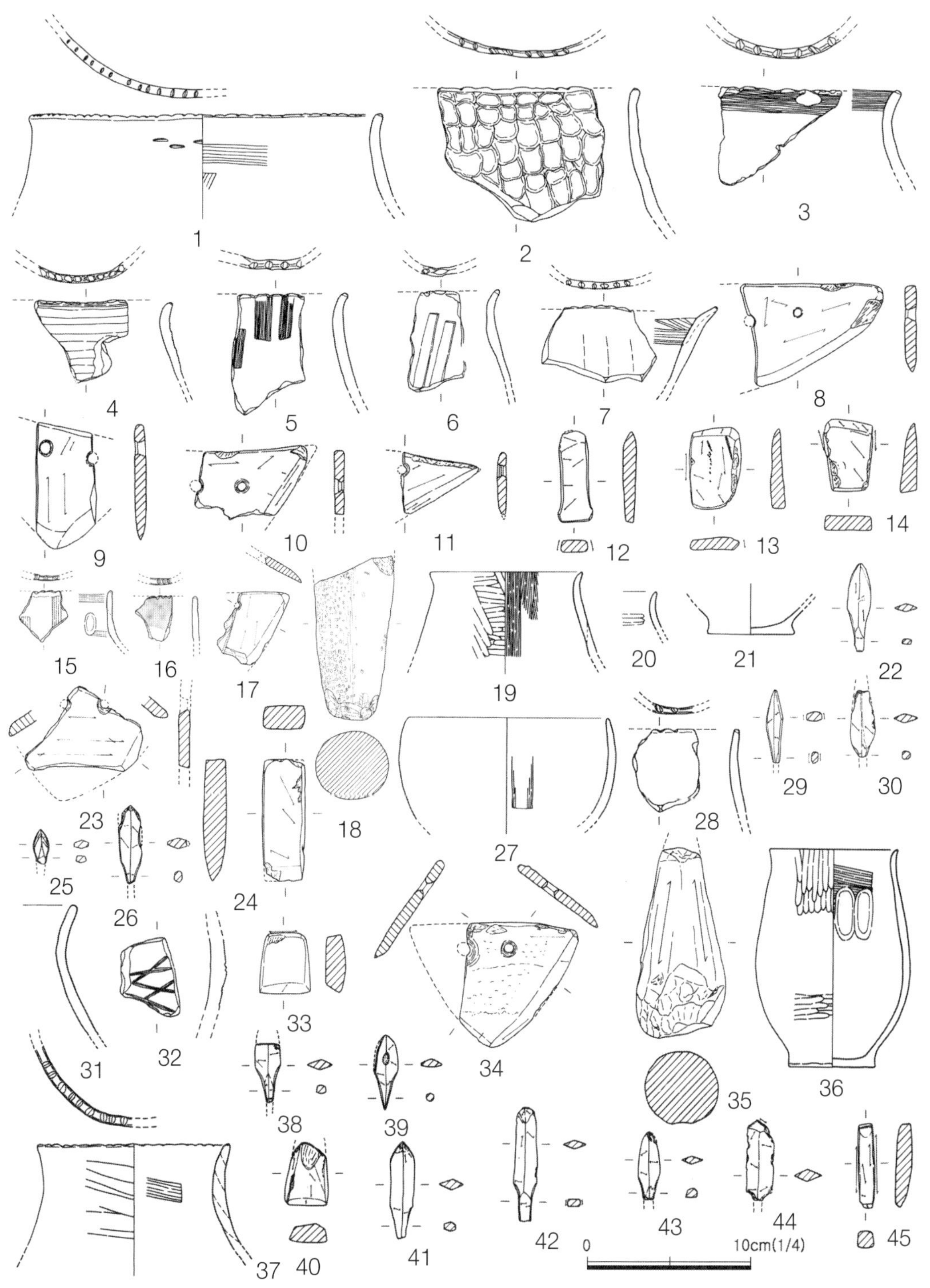

〈도면 98〉 보령 관창리유적(B구역)(1호 : 1~14 / 3호 : 15~18 / 4호 : 19~24 / 5호 : 25~27 / 6호 : 28~31 / 7호 : 32~35 / 8호 : 36~40 / 9호 : 41~45)

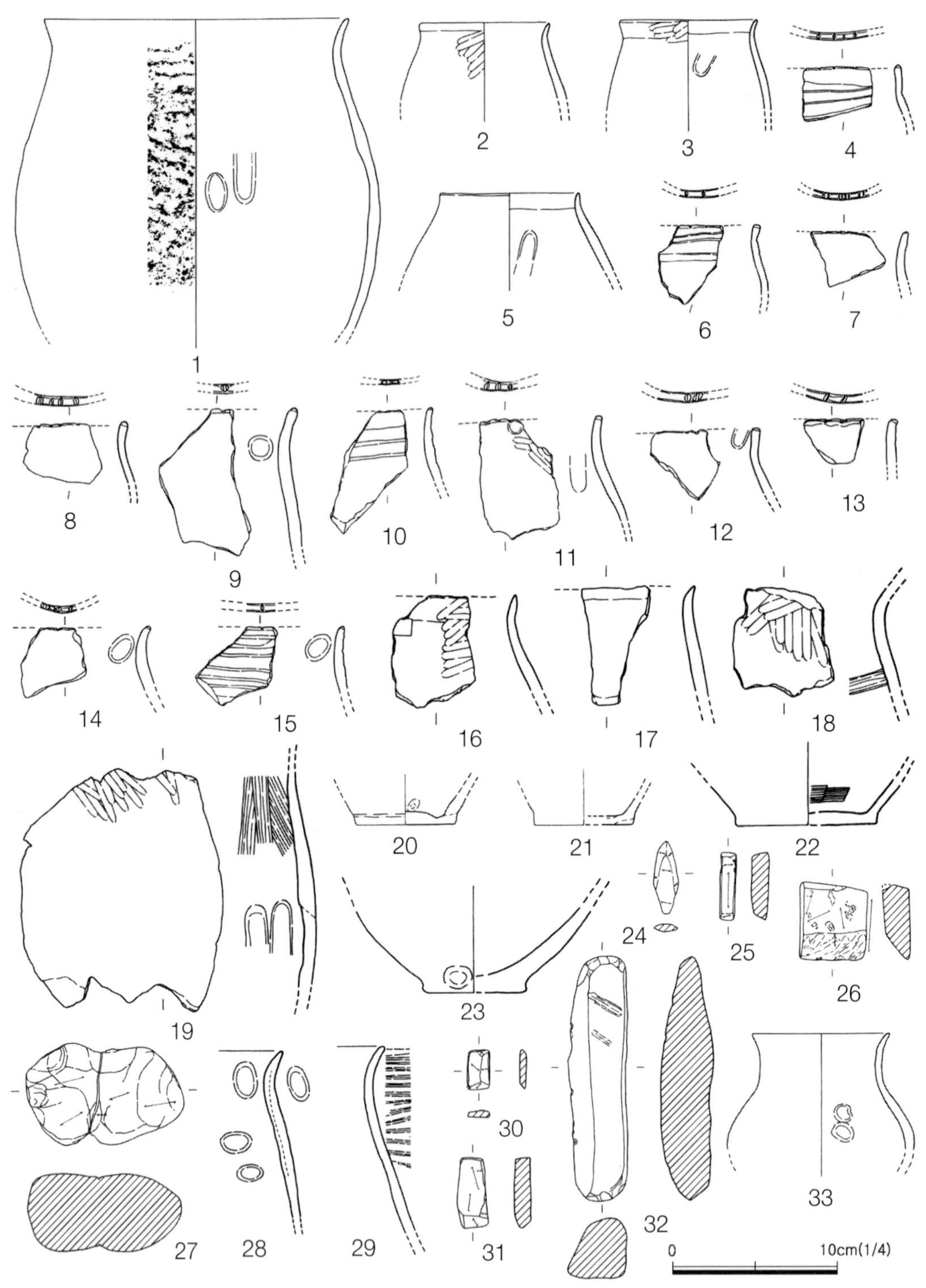

〈도면 99〉 보령 관창리유적(B구역)(10호 : 1~27 / 11호 : 28~32 / 12호 : 33)

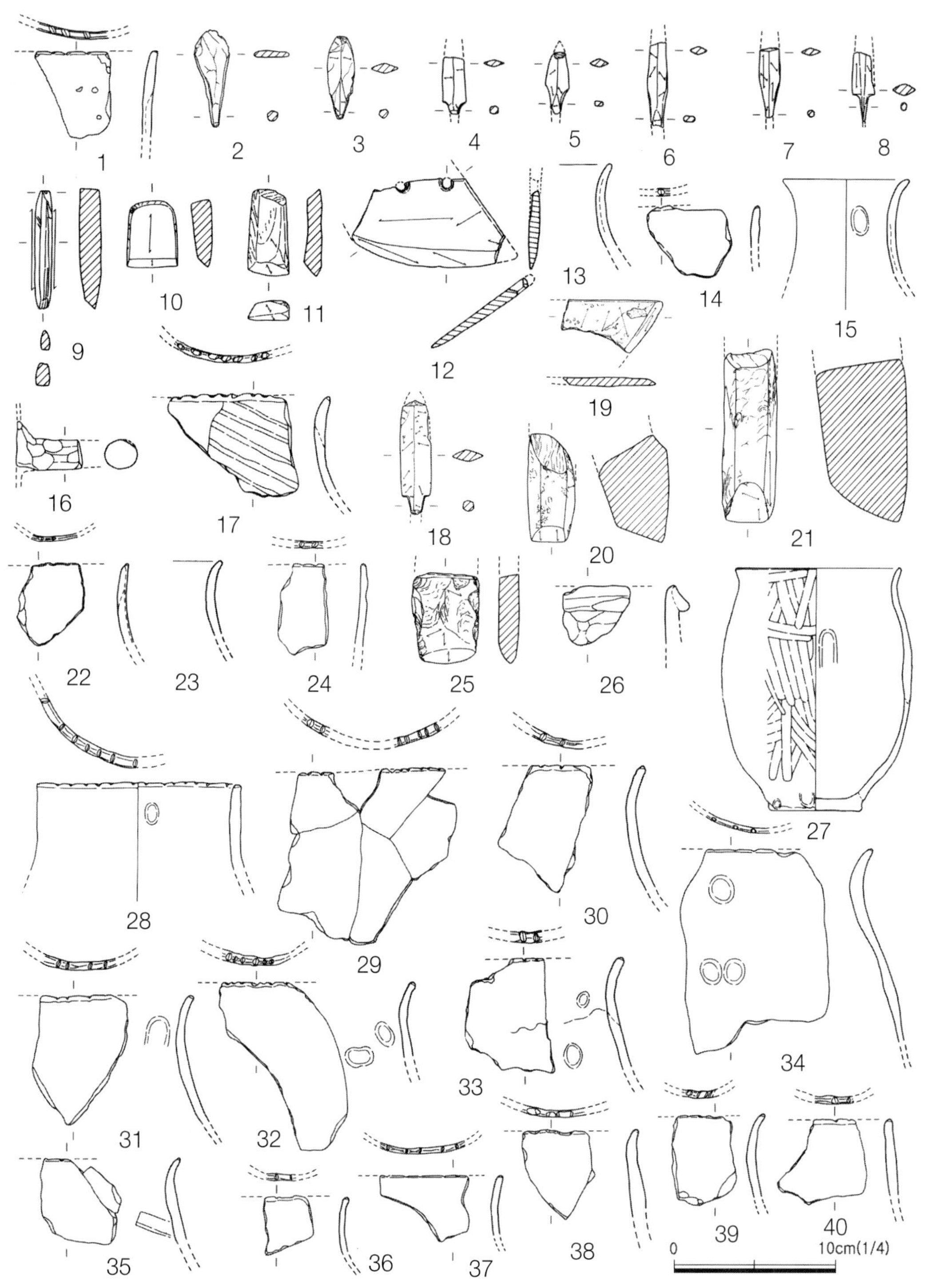

<도면 100> 보령 관창리유적(B구역)(12호 : 1~3 / 14호 : 4~12 / 15호 : 13~21 / 16호 : 22~23 / 18호 : 24~25 / 19호 : 26~40)

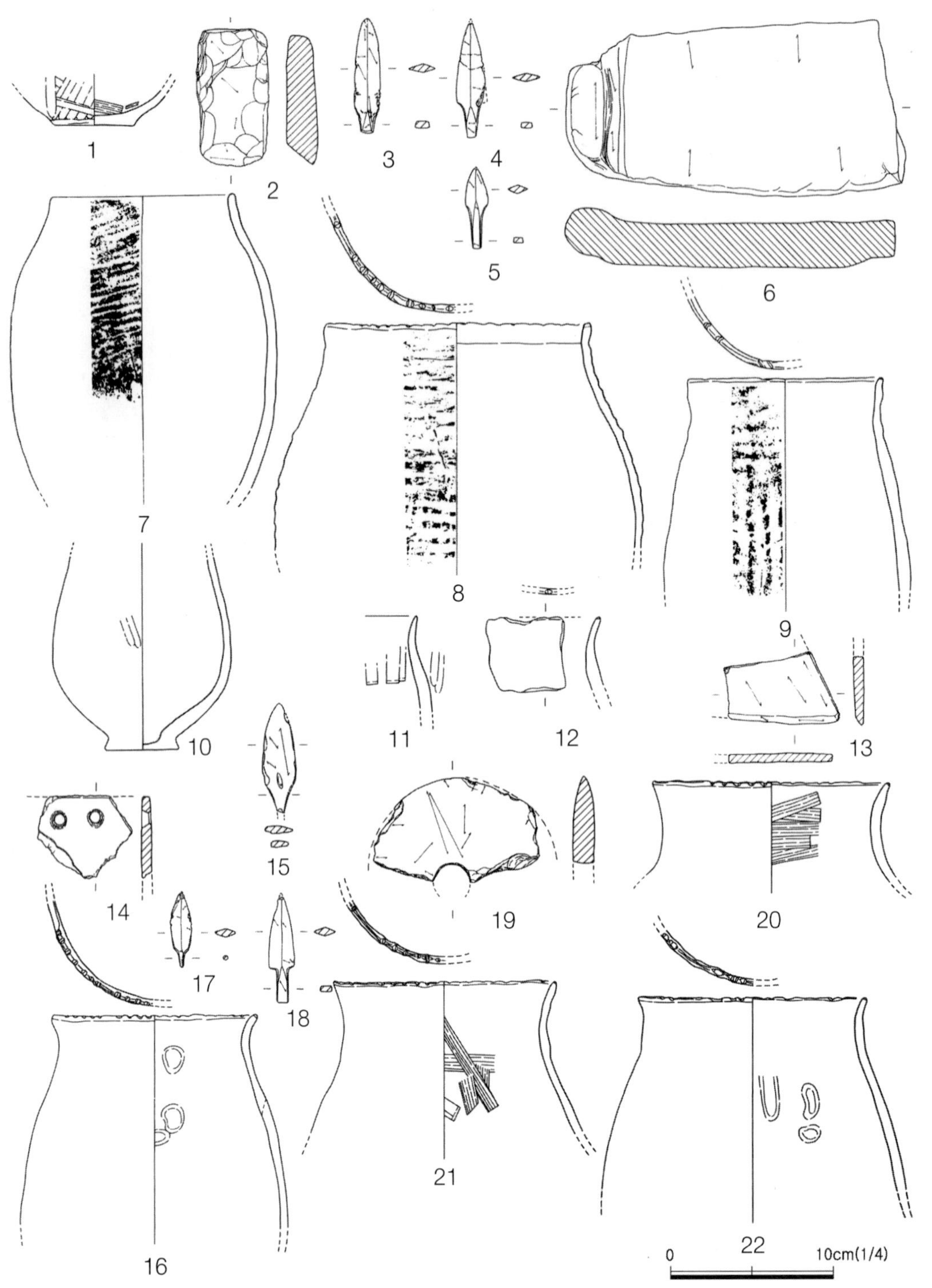

〈도면 101〉 보령 관창리유적(B구역)(19호 : 1~6 / 20호 : 7~13 / 21호 : 14~16 / 22호 : 17~19 / 24호 : 20~22)

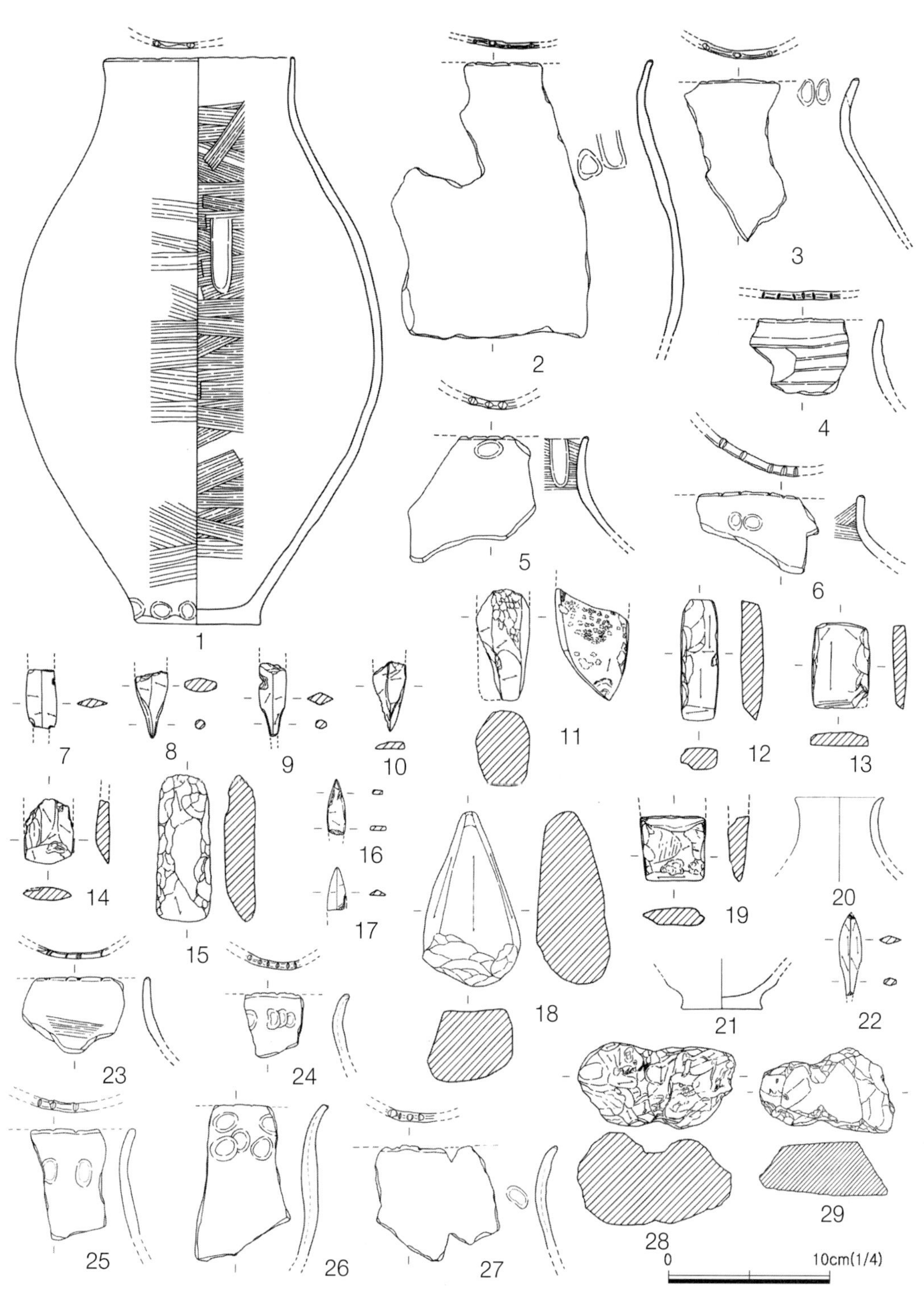

〈도면 102〉 보령 관창리유적(B구역)(24호 : 1~6 / 26호 : 7~15 / 27호 : 16~17 / 28호 : 19 / 29호 : 18 / 30호 : 20~29)

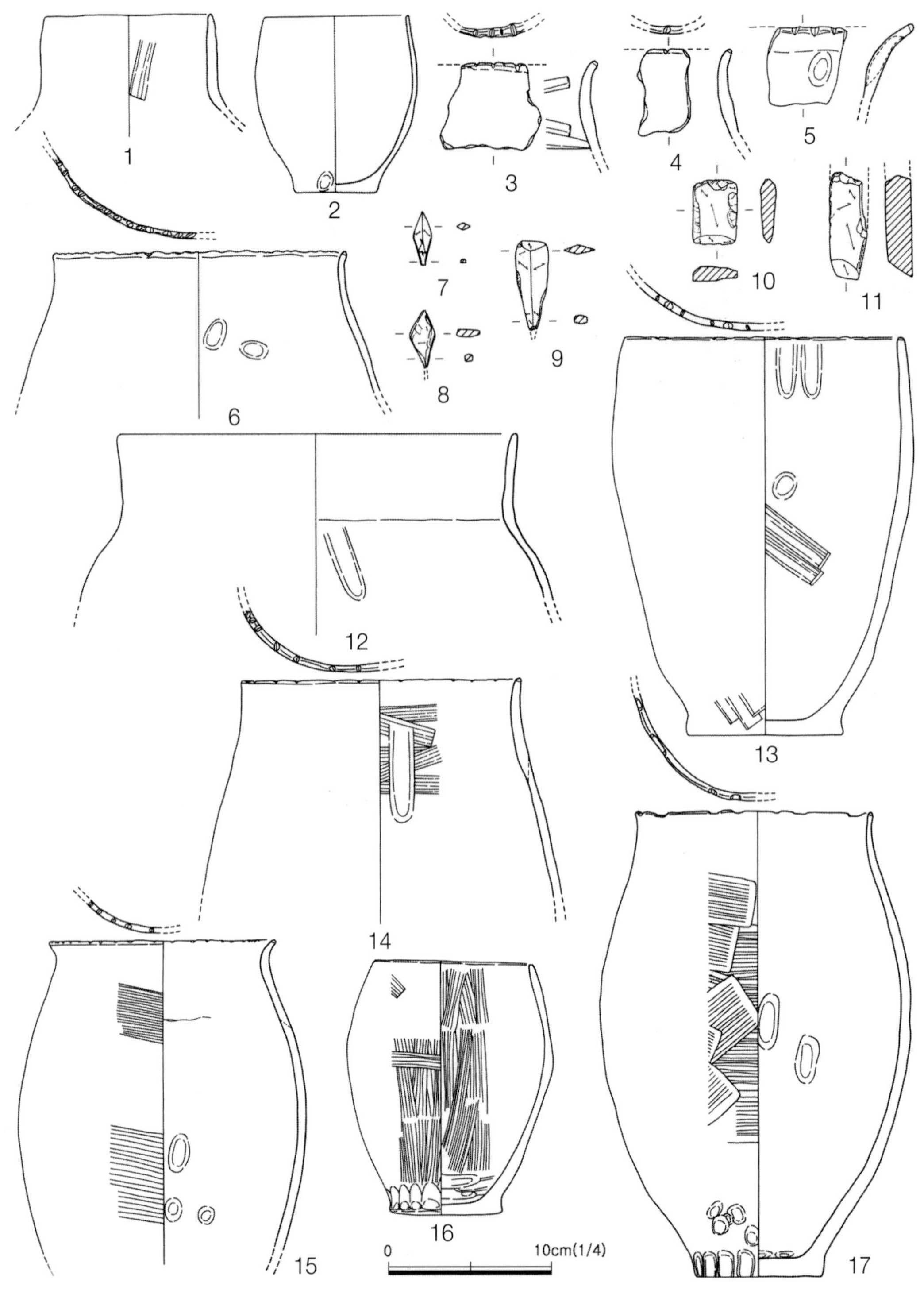

〈도면 103〉 보령 관창리유적(B구역)(31호 : 1~5 / 32호 : 6~11 / 35호 : 12~13 / 36호 : 14~17)

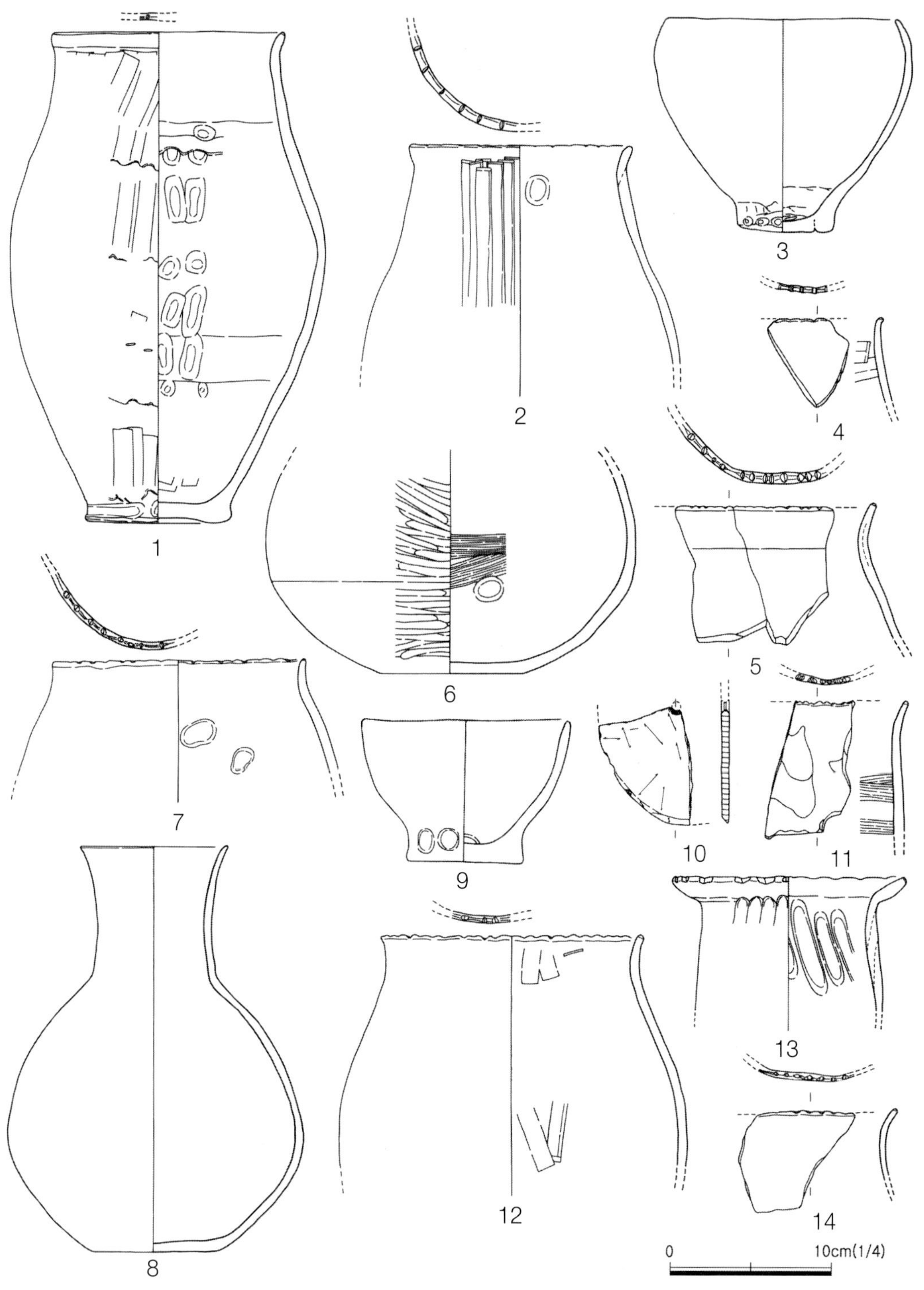

〈도면 104〉 보령 관창리유적(B구역)(36호 : 1~10 / 38호 : 11~14)

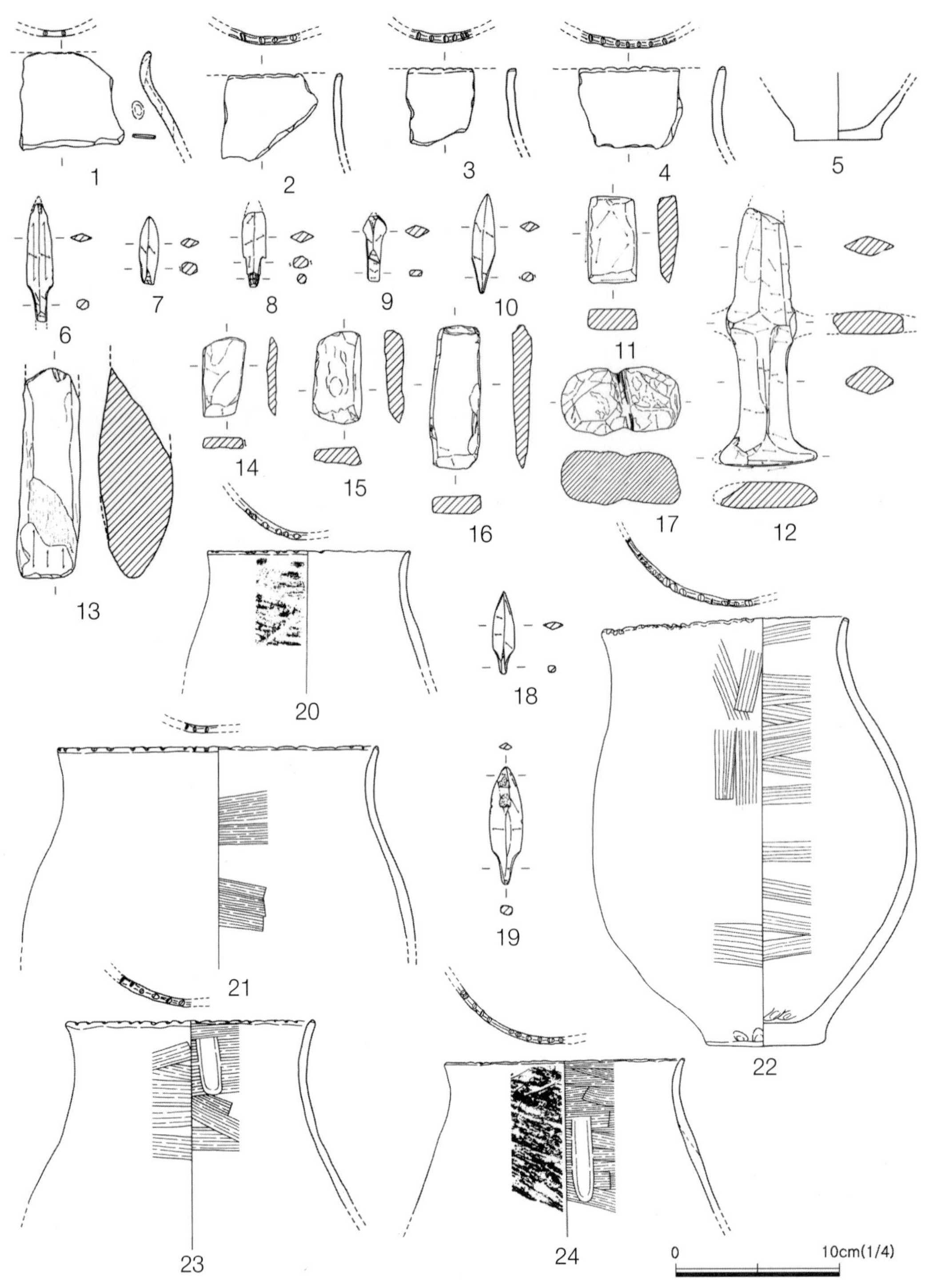

〈도면 105〉 보령 관창리유적(B구역)(38호 : 1~17 / 39호 : 18~19 / 40호 : 20~24)

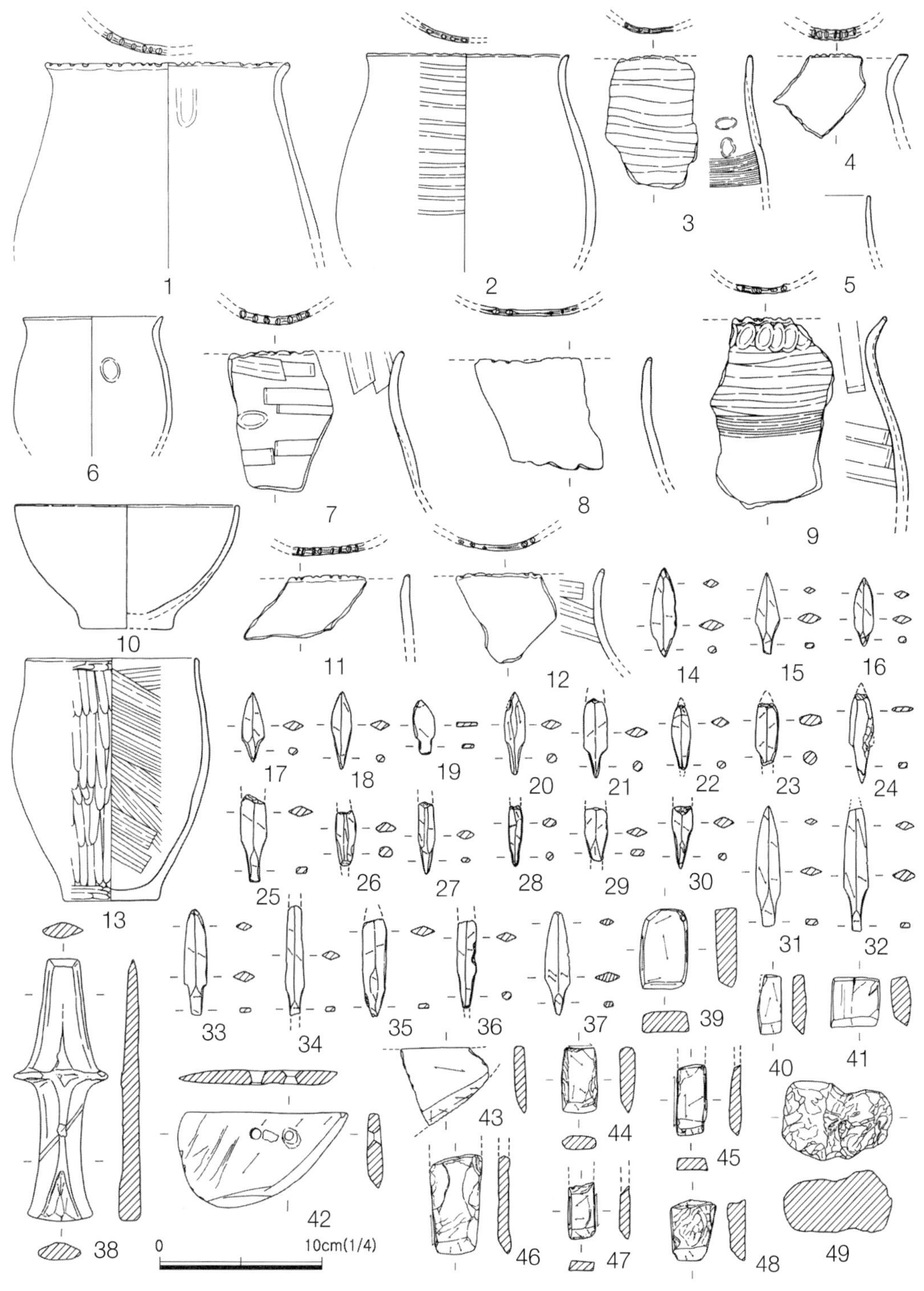

<도면 106> 보령 관창리유적(B구역)(40호 : 1~49)

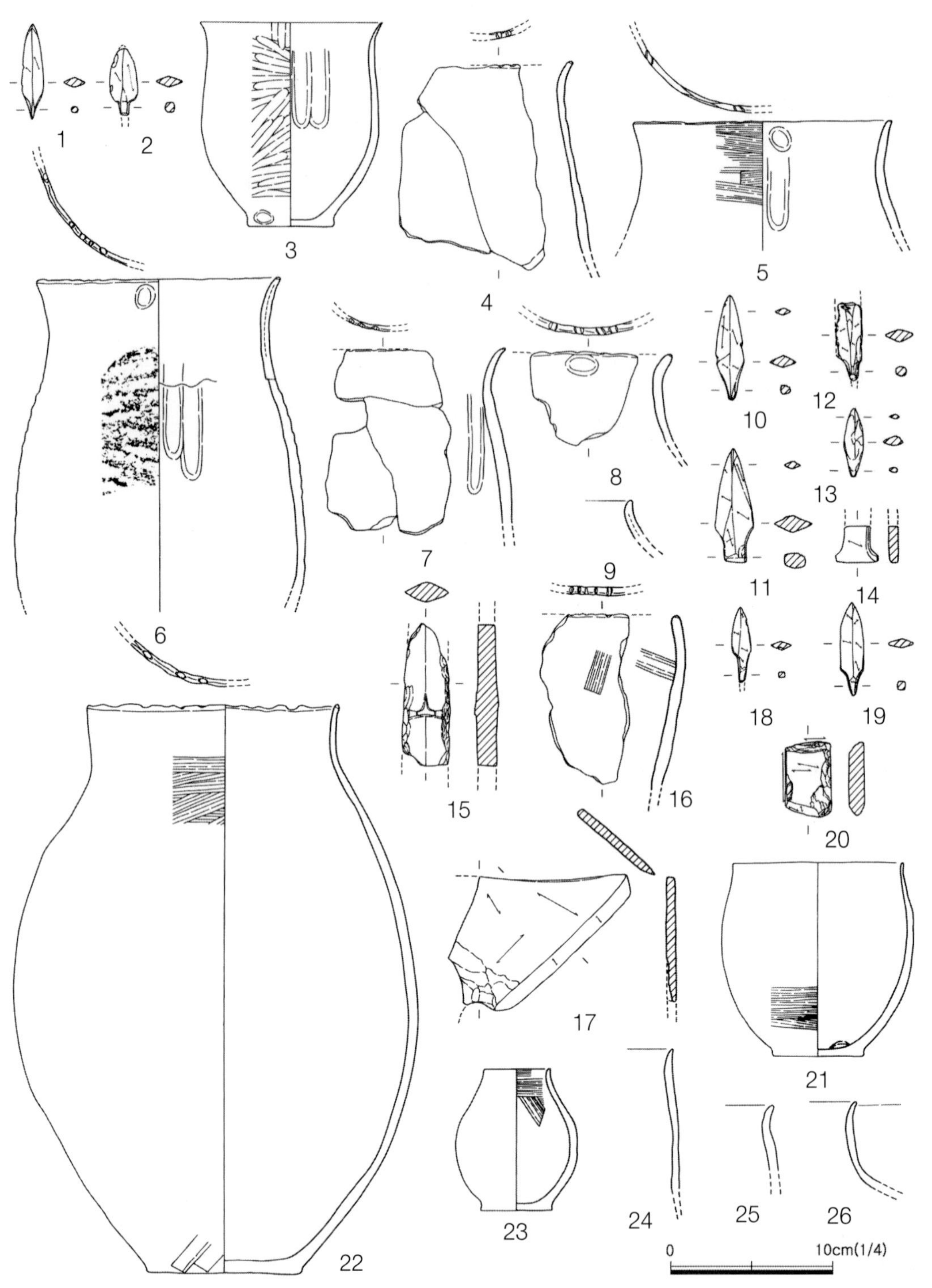

〈도면 107〉 보령 관창리유적(B구역)(41호 : 1~2 / 42호 : 3~14 / 43호 : 16~17 / 44호 : 21 / 47호 : 18~20 / 48호 : 22~26)

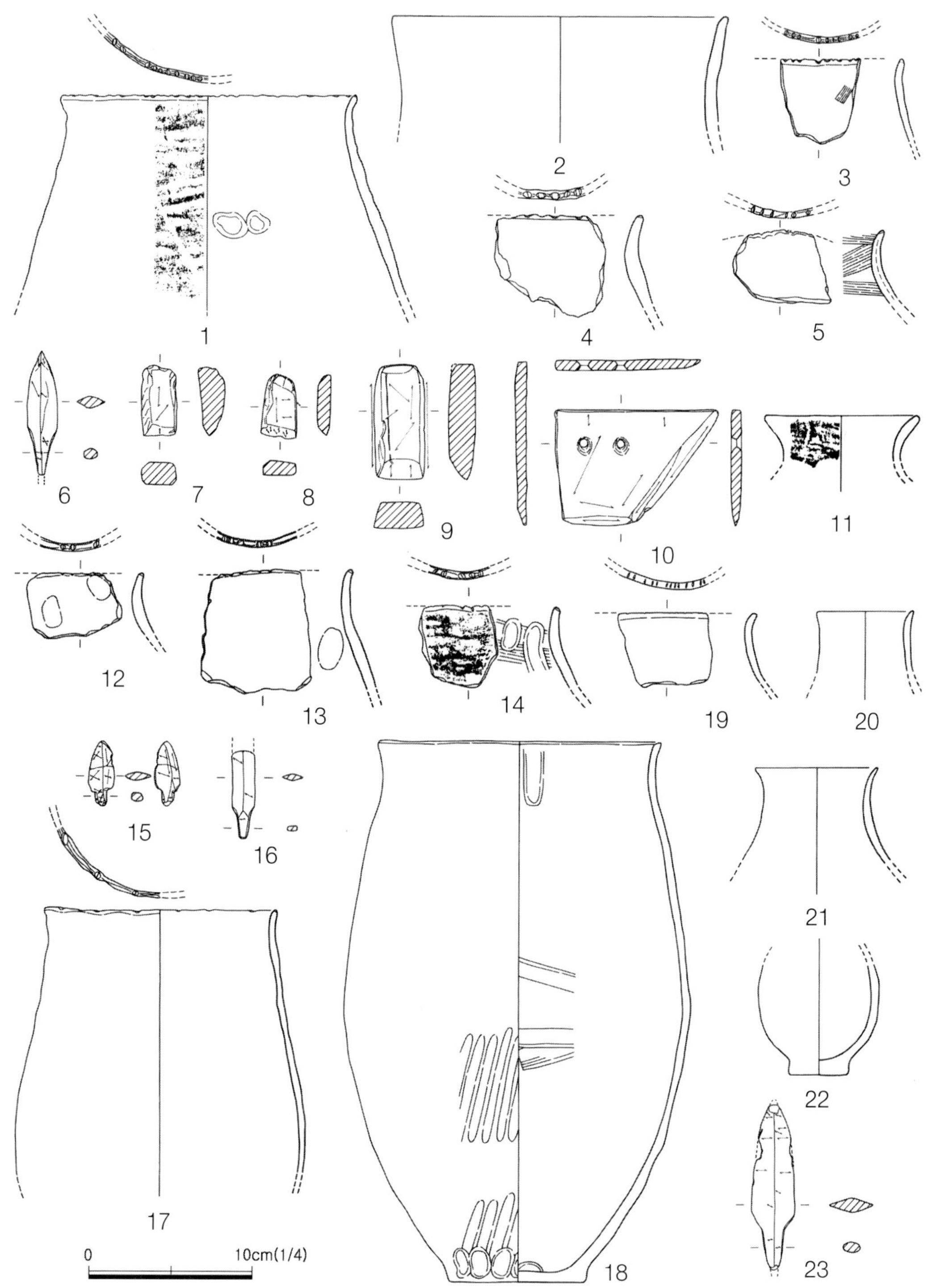

〈노면 108〉 보령 관창리유적(B구역)(48호 : 1~10 / 49호 : 17 / 51호 : 11~16 / 52호 : 18~23)

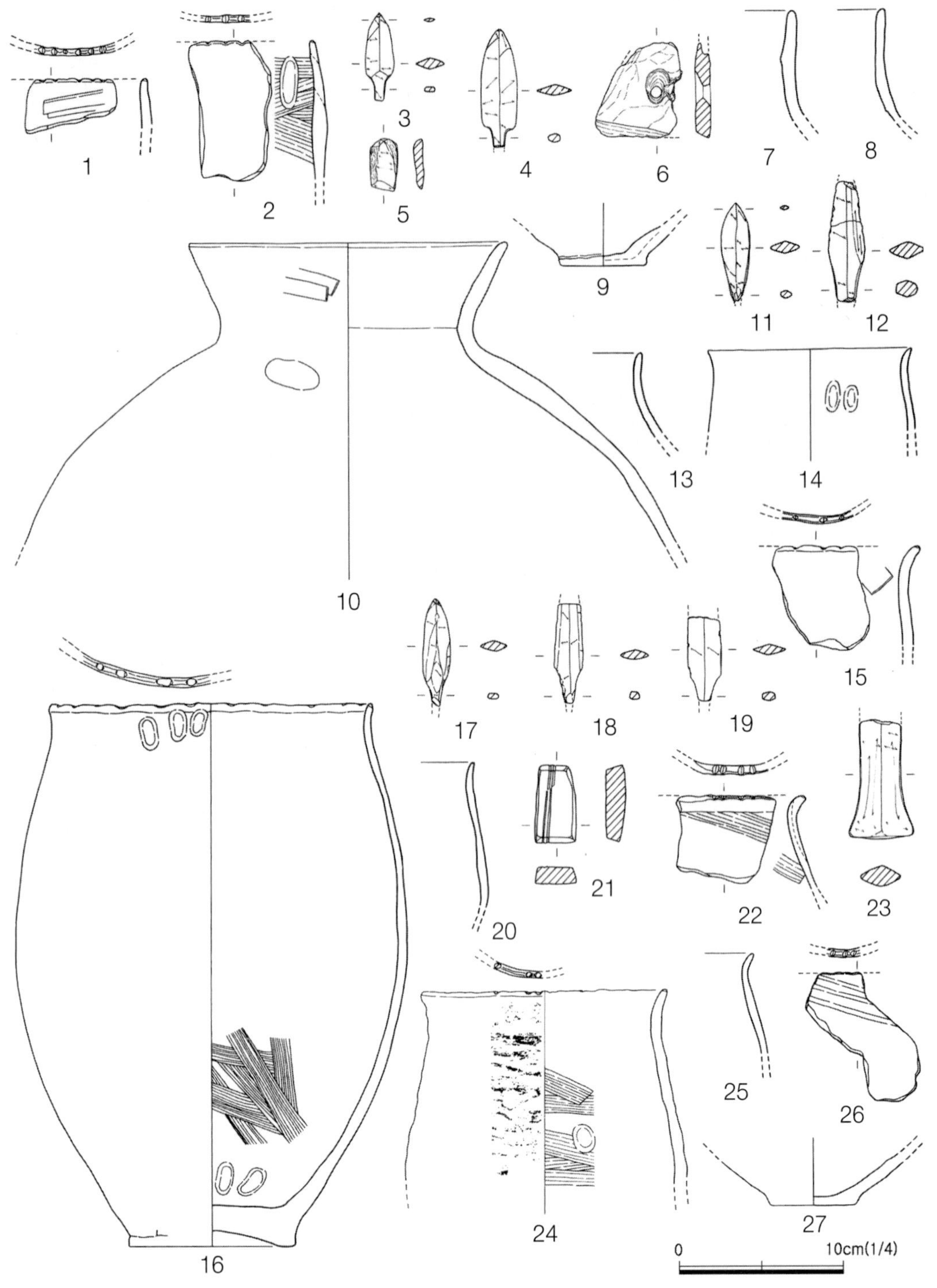

<도면 109> 보령 관창리유적(B구역)(53호 : 1~6 / 54호 : 7~12 / 55호 : 13~15 / 57호 : 16~19 / 58호 : 20~21 / 60호 : 22~27)

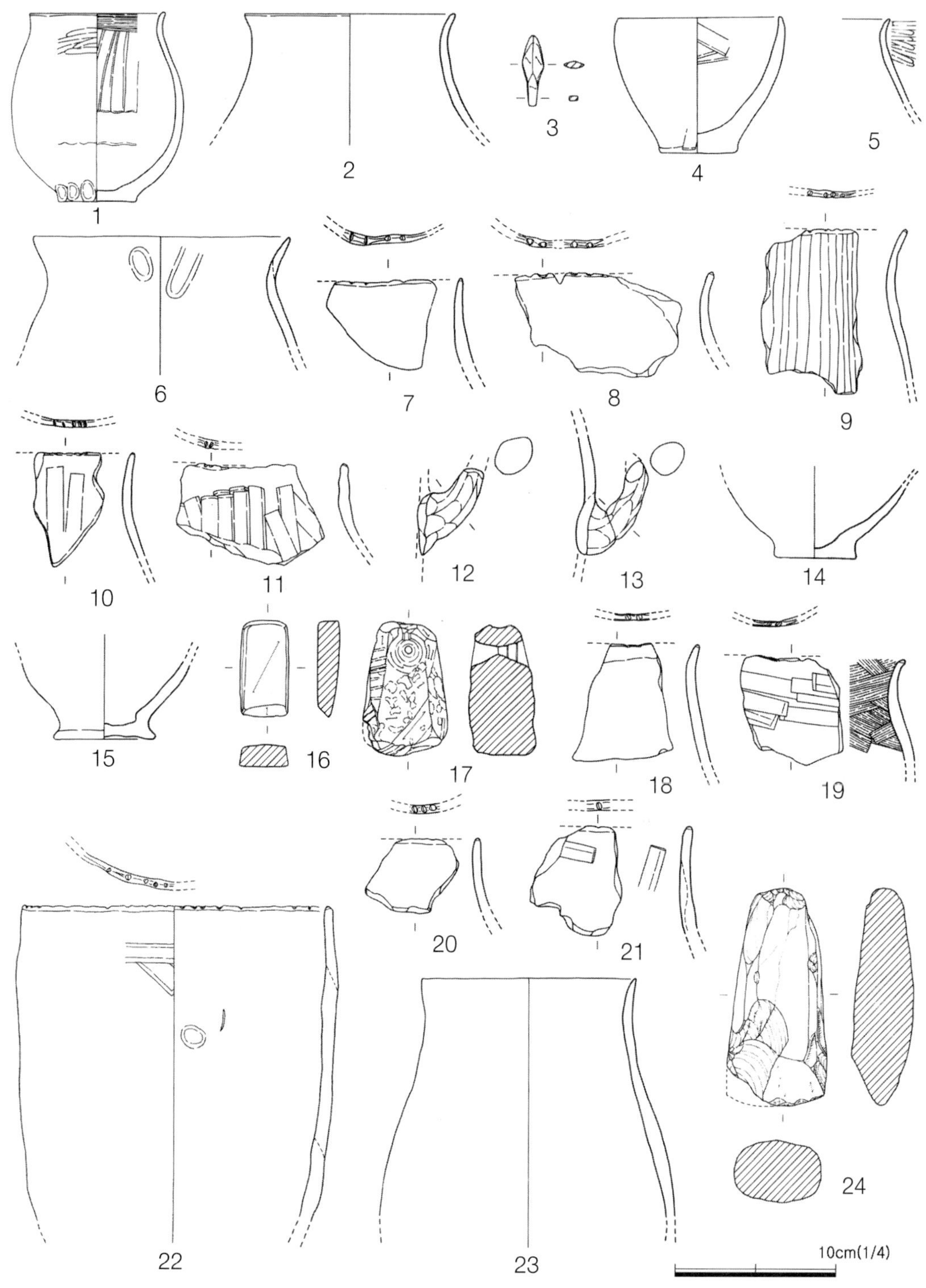

<도면 110> 보령 관장리유석(B구역)(61호 : 1~3 / 63호 : 4~17 / 67호 : 18~19 / 69호 : 20~24)

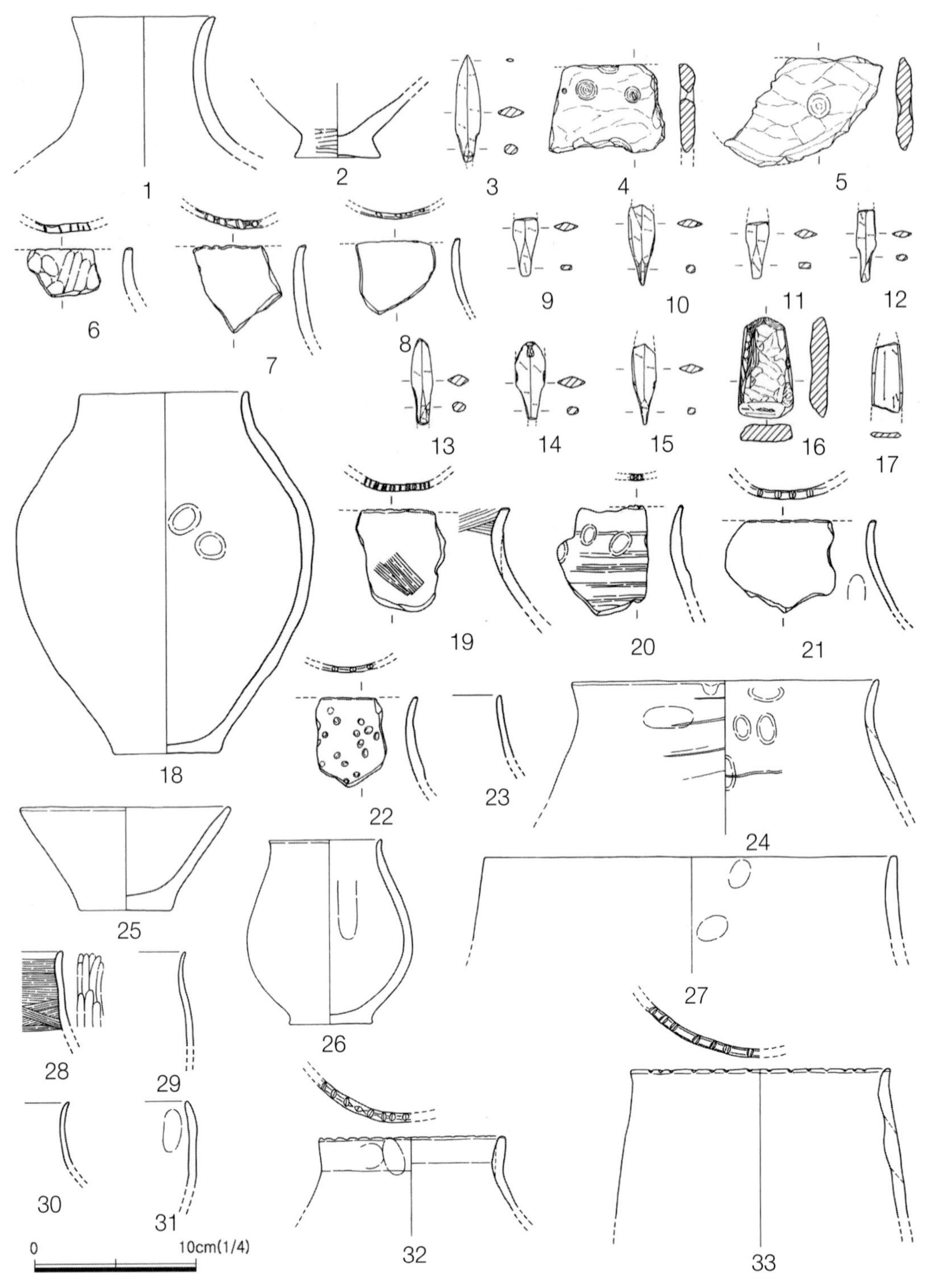

〈도면 111〉 보령 관창리유적(B구역)(71호 : 1~2 / 73호 : 3~5 / 76호 : 6~16 / 78호 : 17~23 / 79호 : 24~33)

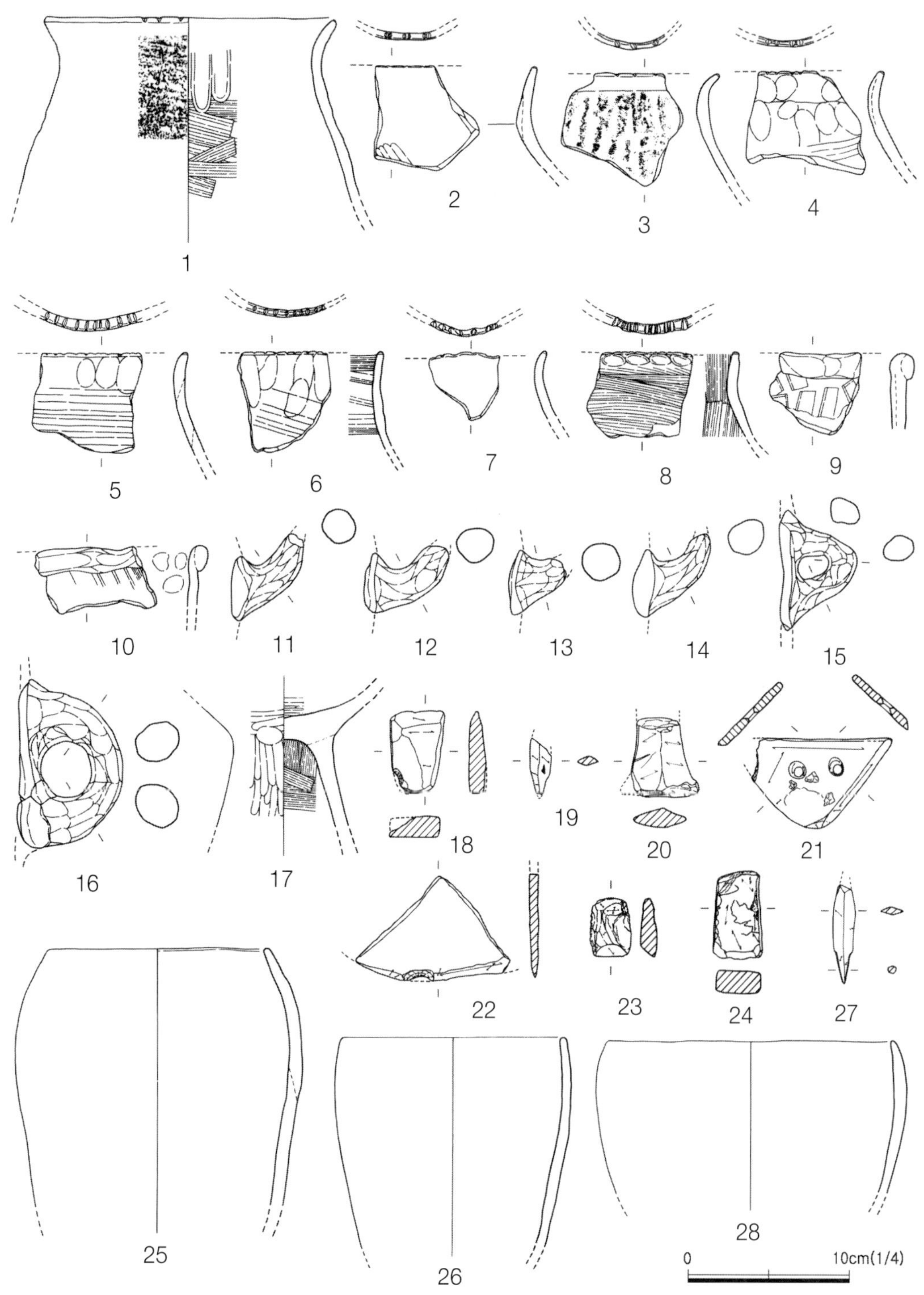

〈도면 112〉 보령 관상리유적(B구역)(79호 : 1~22 / 80호 : 23~26 / 81호 : 27~28)

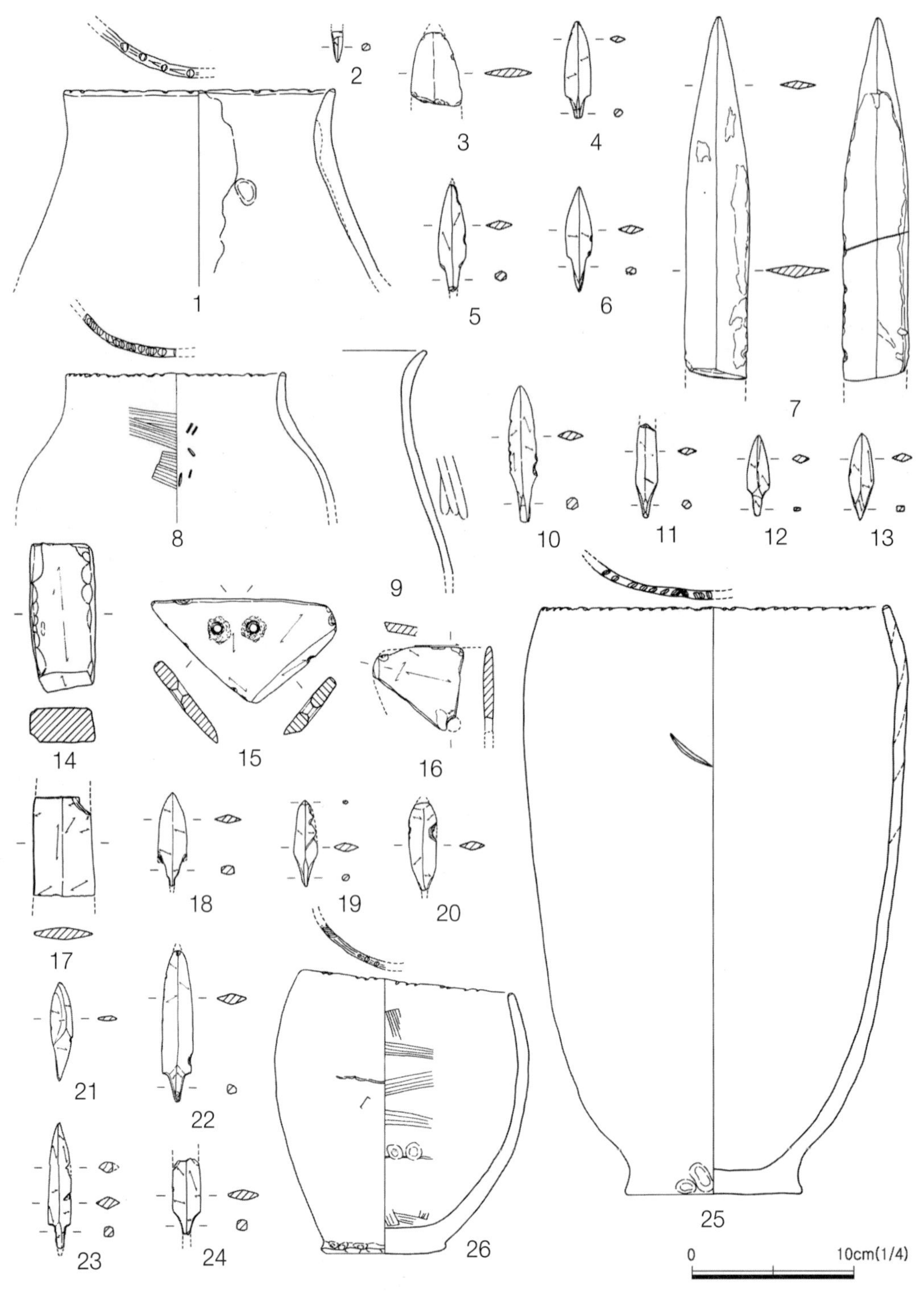

〈도면 113〉 보령 관창리유적(B구역)(82호 : 1 / 83호 : 2~3 / 84호 : 4~7 / 86호 : 8~16 / 87호 : 17~18 / 93호 : 19 / 95호 : 20~22 / 96호 : 23 / 97호 : 24~25 / 98호 : 26)

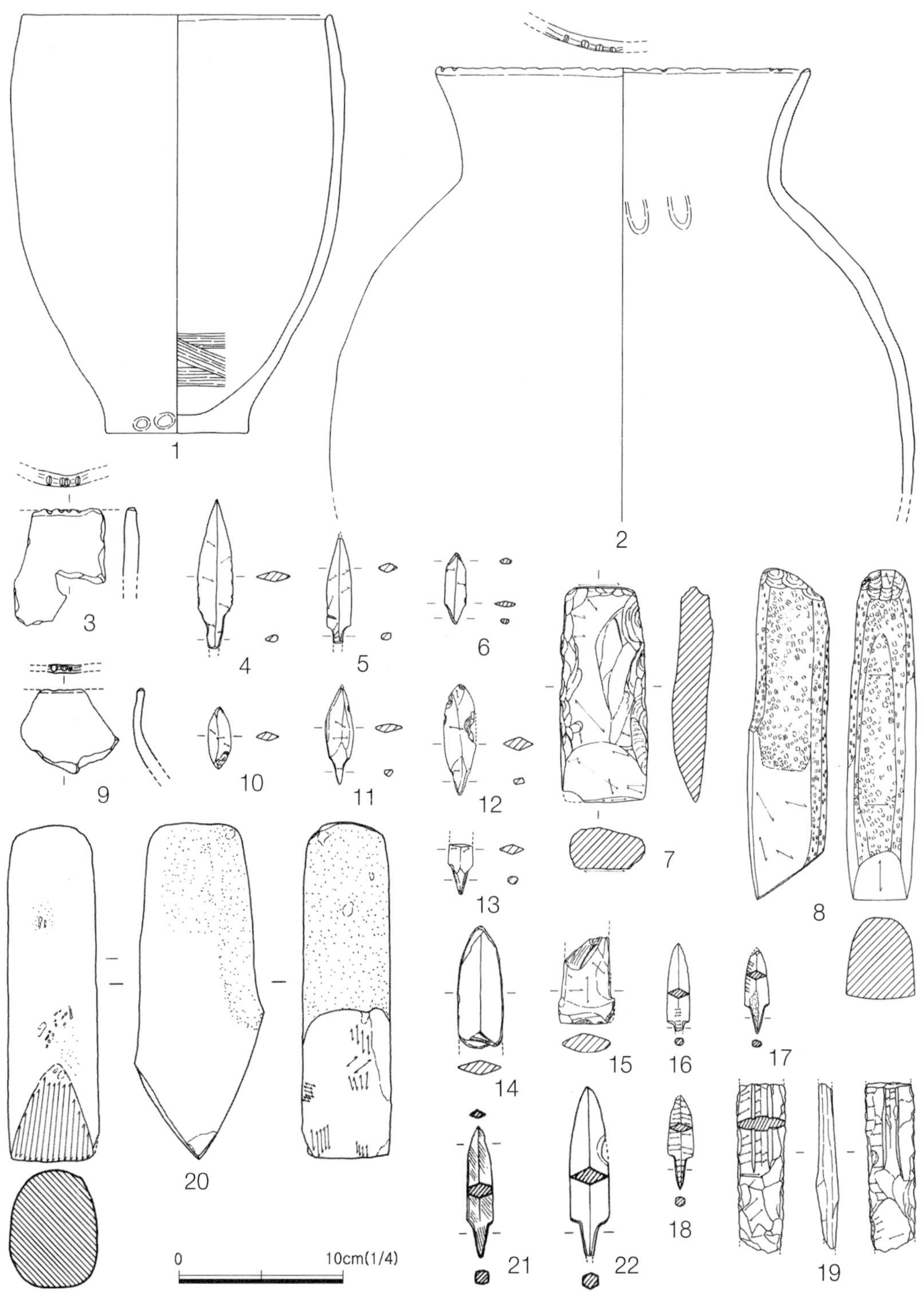

<도면 114> 보령 관창리유적(B구역)(98호 : 1~3 / 99호 : 4~8 / 100호 : 9~15), 보령 관창리유적(F구역)(1호 : 16~19 / 2호 : 20~22)

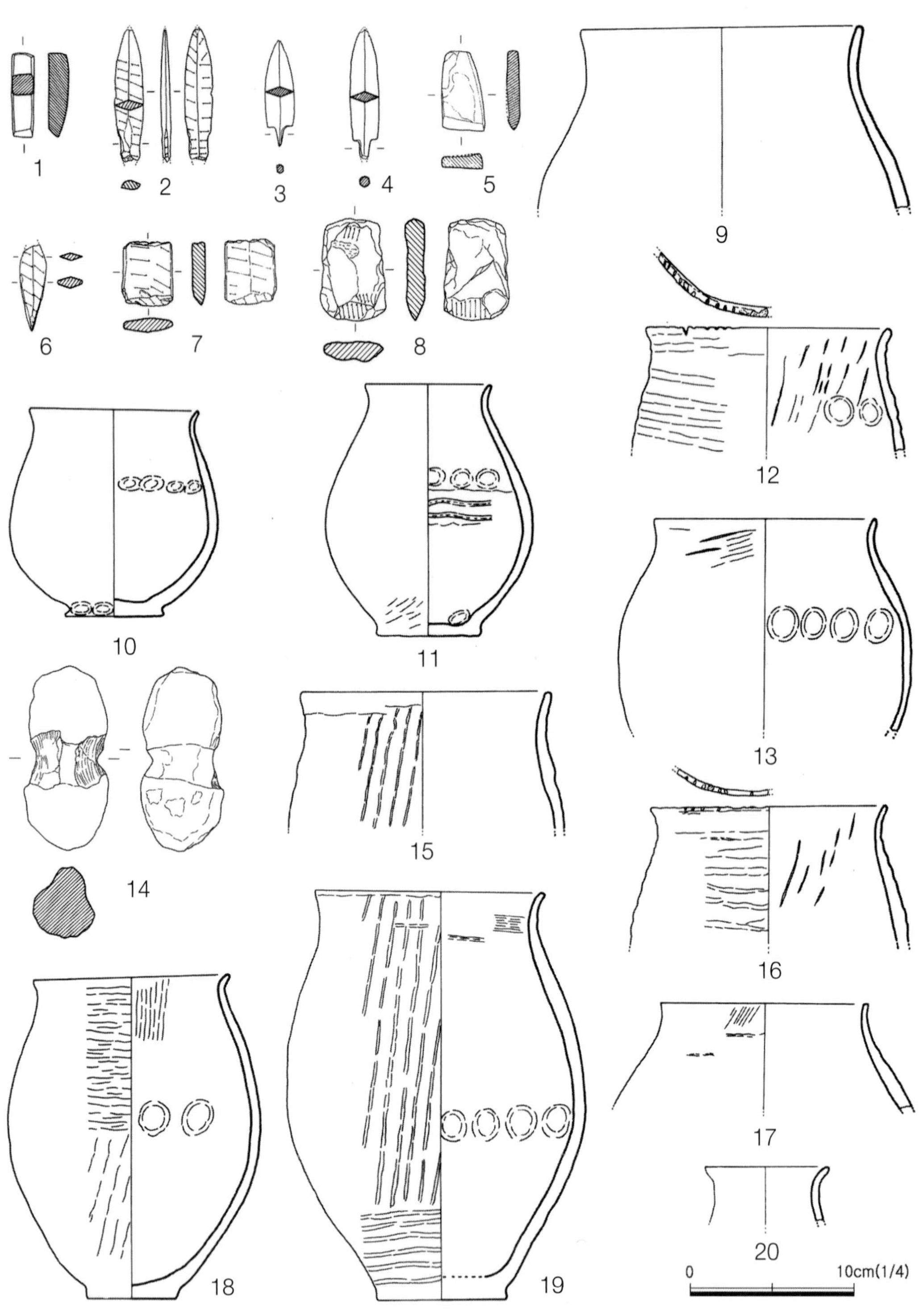

〈도면 115〉 보령 관창리유적(F구역)(3호 : 1~2 / 4호 : 3~4 / 5호 : 5~9 / 6호 : 10~14 / 7호 : 15~18 / 8호 : 19~20)

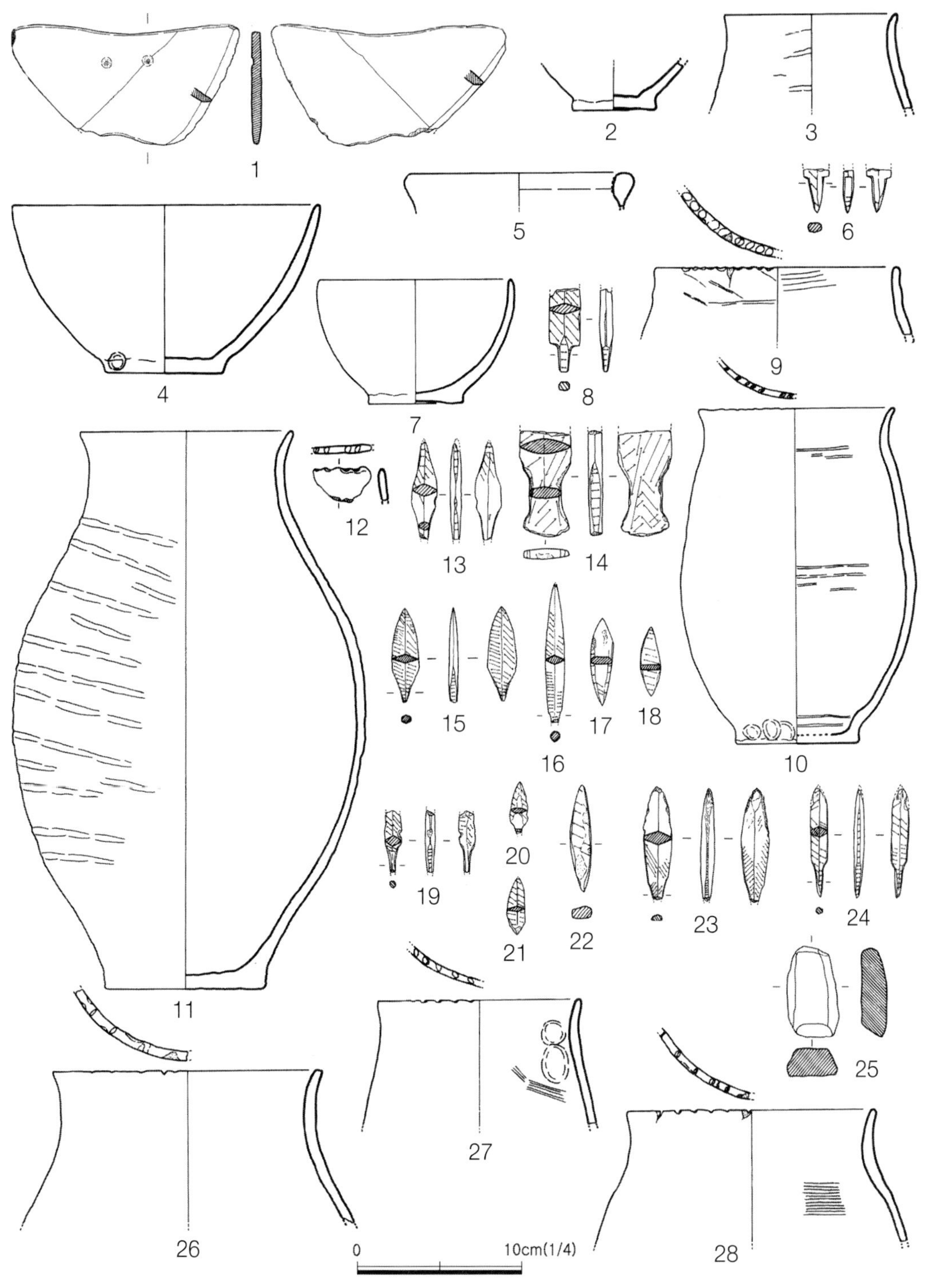

〈도면 116〉 보령 관창리유적(F구역)(8호 : 1 / 10호 : 2~6 / 11호 : 7~10 / 12호 : 11~14 / 13호 : 15~16 / 14호 : 17~25 / 15호 : 26~28)

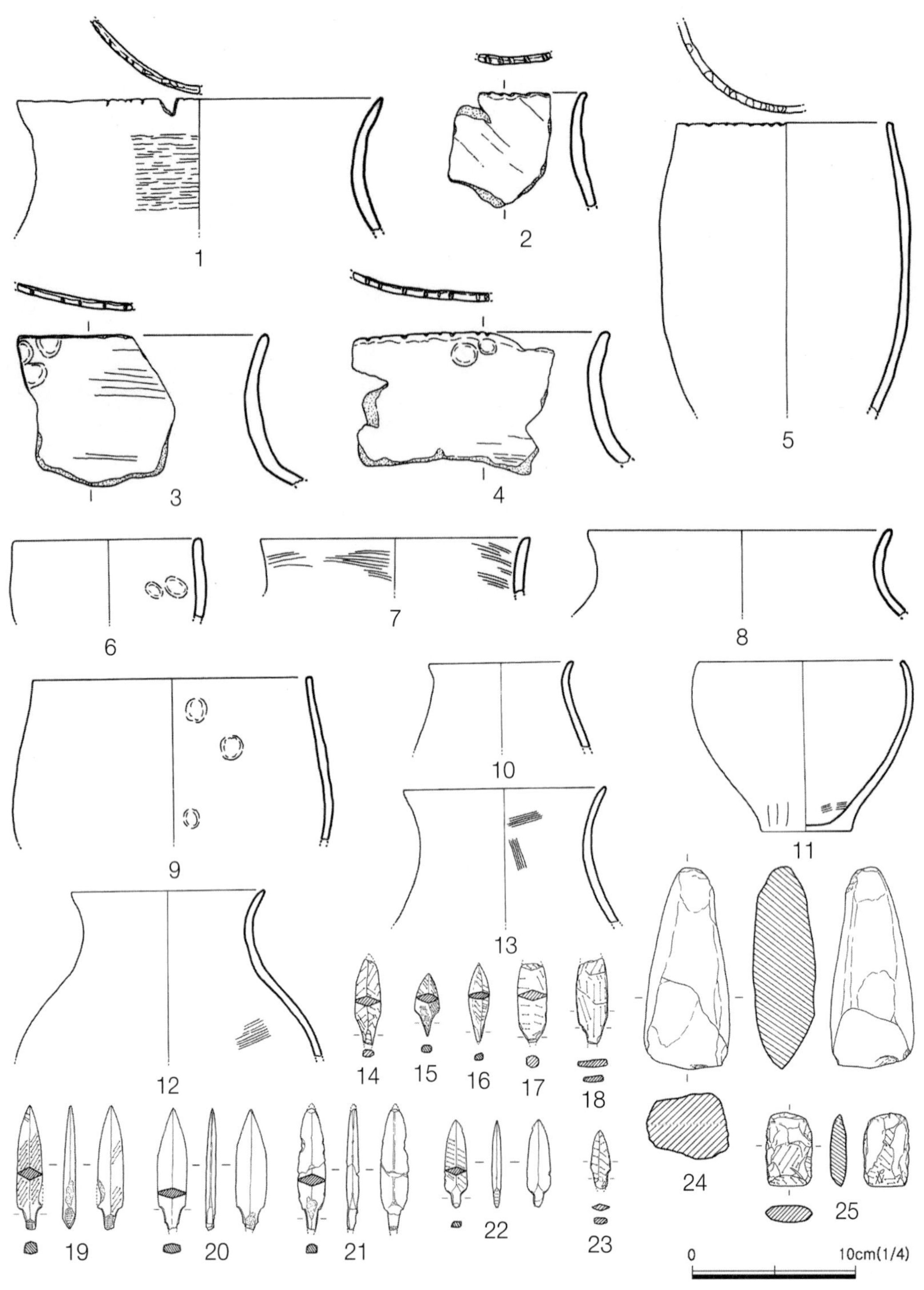

〈도면 117〉 보령 관창리유적(F구역)(15호 : 1~25)

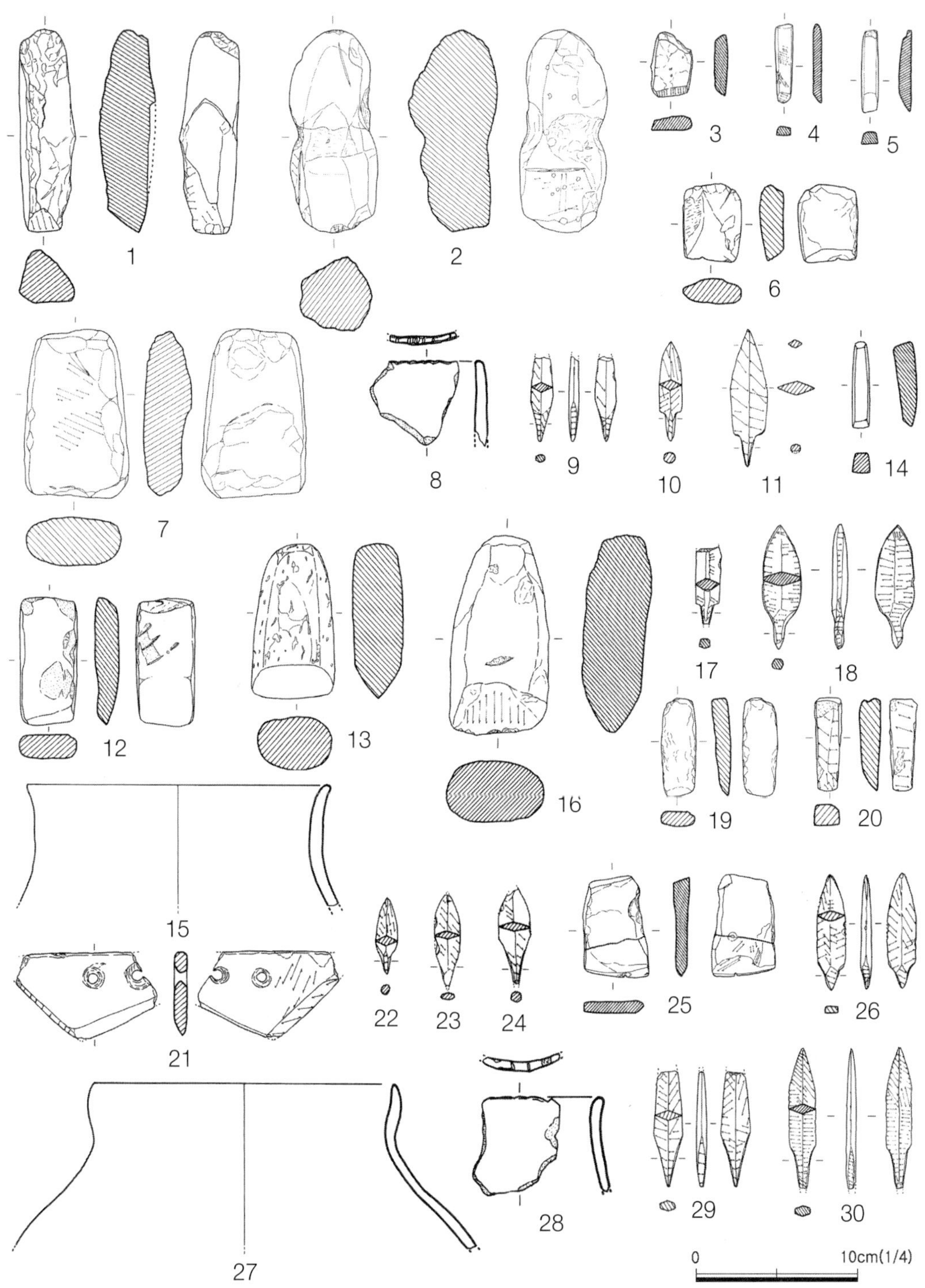

〈도면 118〉 보령 관창리유적(F구역)(15호 : 1~6 / 16호 : 8~9 / 17호 : 7 / 19호 : 12~13 / 21호 : 10~11 / 23호 : 14~18 / 24호 : 19~20 / 25호 : 21~24 / 26호 : 25~30)

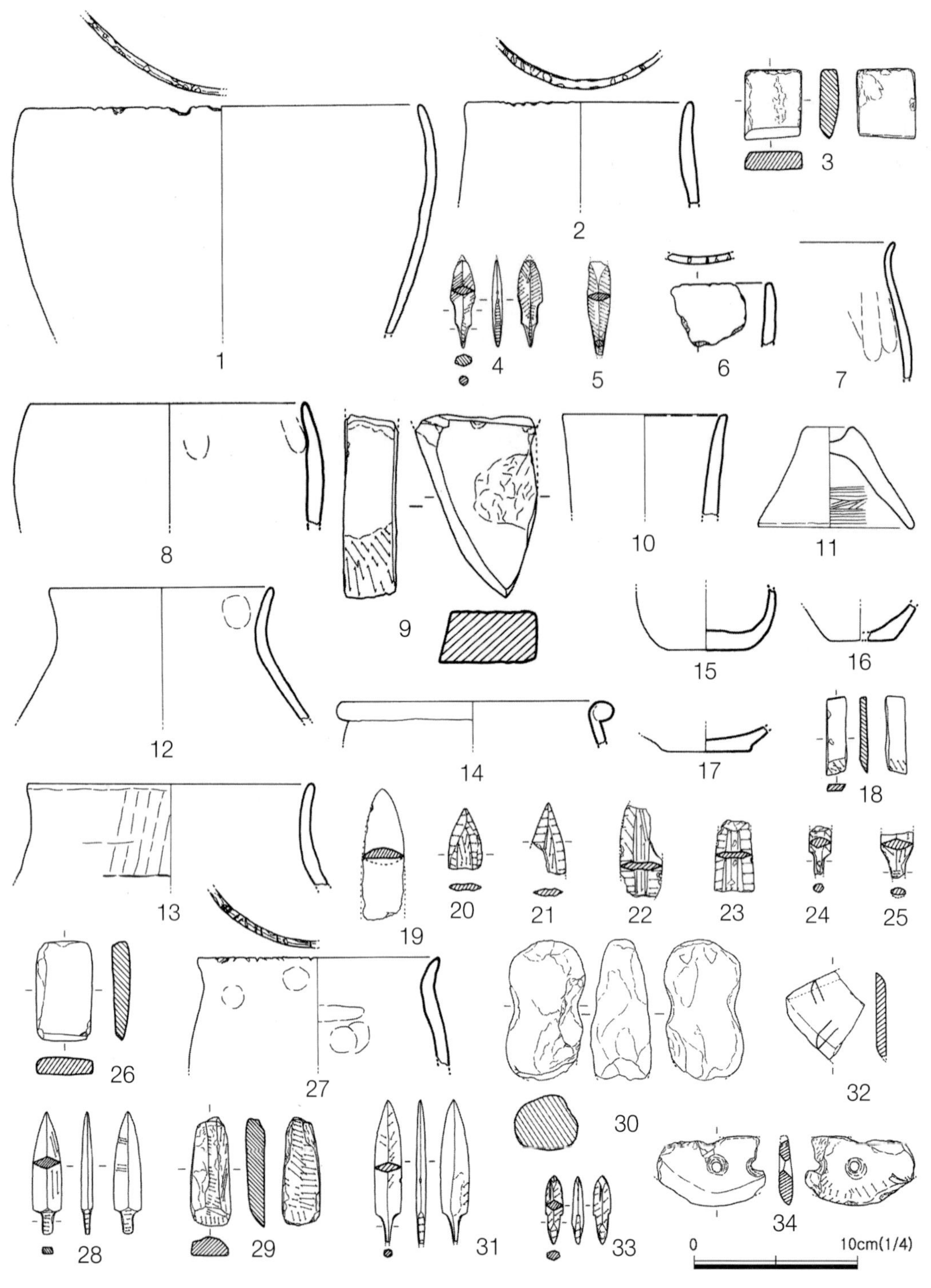

〈도면 119〉 보령 관창리유적(F구역)(27호 : 1~3 / 28호 : 4~7 / 29호 : 8~9 / 30호 : 10~23 / 31호 : 28~29 / 32호 : 30~31 / 33호 : 24~27 / 34호 : 32 / 35호 : 33~34)

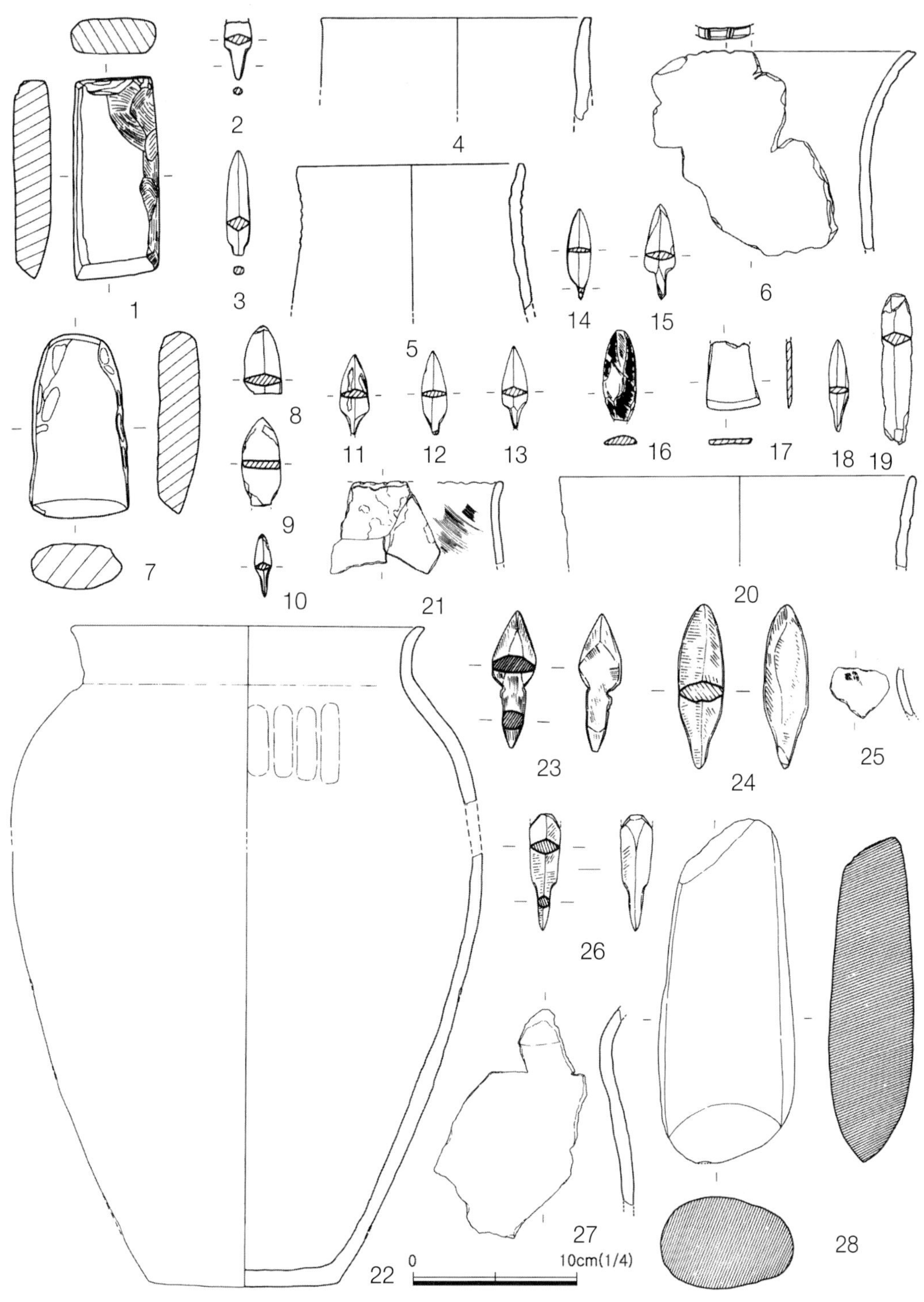

〈도면 120〉 보령 관창리유적(E구역)(1호 : 1~3 / 2호 : 4~6 / 4호 : 7~10 / 5호 : 11~17 / 9호 : 20 / 10호 : 18~19),
보령 소송리 '나' 유적(21~24), 보령 죽청리 '가' 유적(1호 : 26 / 2호 : 25 / 4호 : 27 / 5호 : 28)

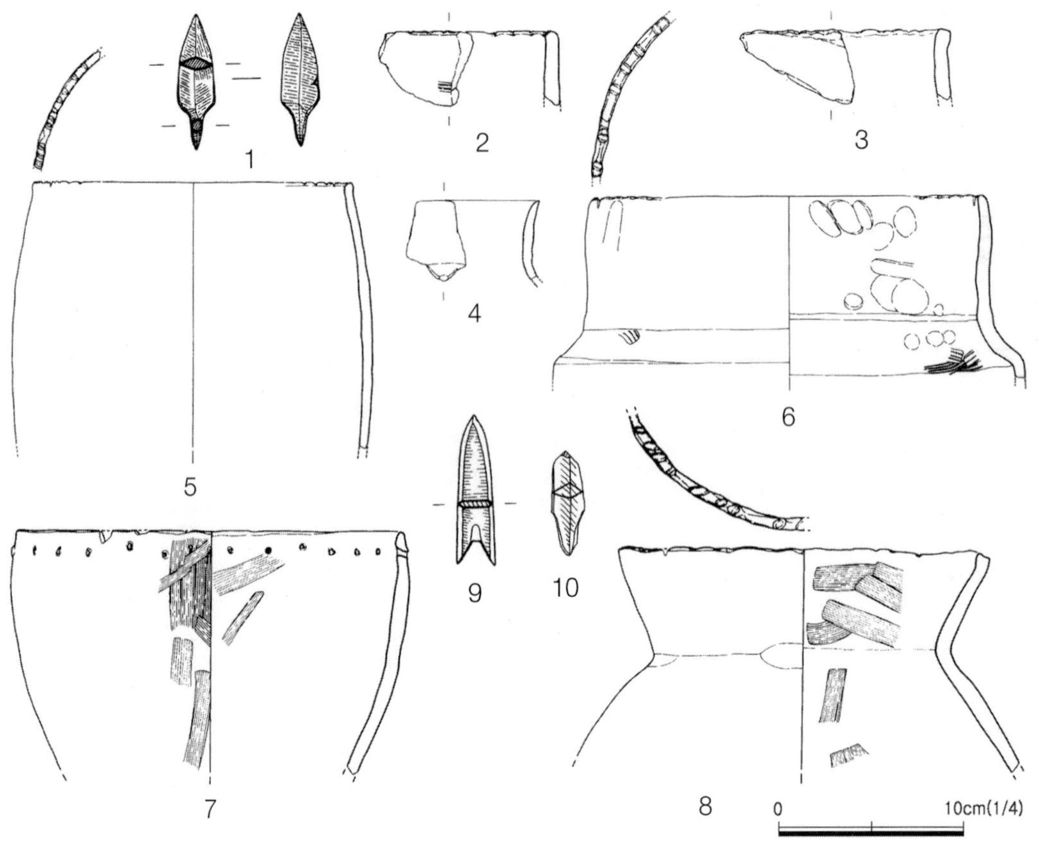

〈도면 121〉 보령 죽청리 '가' 유적(6호 : 1 / 9호 : 2~5 / 12호 : 6), 보령 구룡리유적(1호 : 7~9), 보령 평라리유적(1호 : 10)

보령지역 유물 속성일람표

보령 연지리유적							

석기 속성일람

유구번호	도면번호	종류	길이	폭	두께	석재	비고
KC-004	94-1	석촉	6.0	1.7	0.6	셰일	일단경식

보령 관산리유적				

토기 속성일람

유구번호	도면번호	기고(잔존)	구경	저경	비고
KC-001	94-3	(9.2)	(21.4)		
KC-004	94-4	9.8	14.5	7.4	
	94-5	(15.6)	7.2		단도마연
	94-6	(6.6)			구순각목문, 공렬문, 단사선문

유구번호	도면번호				비고
	94-7	(9.3)			구순각목문, 공렬문, 단사선문, 이중구연
	94-8	(6.3)			구순각목문, 공렬문, 단사선문, 이중구연
	94-9	(4.8)			단사선문
	94-10	(5.4)			구순각목문, 단사선문
	94-11	(4.9)			구순각목문, 단사선문
	94-12	(4.5)			단사선문
	94-13	(5.7)			단사선문, 이중구연
	94-14	(6.0)			공렬문, 단사선문
KC-006	94-21	(4.8)			공렬문
	94-22	(3.3)			구순각목문, 공렬문
	94-23	(4.2)			구순각목문, 공렬문, 단사선문
	94-24	(3.7)			구순각목문, 공렬문
	94-25	(4.8)			구순각목문, 공렬문, 단사선문
	94-26	(4.2)			단사선문
	94-27	(4.9)			단사선문
KC-008	94-29	(5.1)			단사선문
	94-30	(2.5)			단도마연
	94-31	(4.8)			구순각목문, 공렬문
KC-009	94-34	(10.2)			단도마연
	94-35	(4.2)			구순각목문
KC-010	94-36	(9.1)	18.4		구순각목문, 공렬문, 이중구연
KC-011	95-1	(4.5)			구순각목문
	95-2	(6.9)			공렬문
KC-012	95-5	(5.1)			공렬문
	95-6	(9.0)			공렬문, 단사선문
	95-7	(2.1)			구순각목문, 공렬문
	95-8	(5.3)			구순각목문, 공렬문
	95-9	(5.4)			단사선문
	95-10	13.2		8.2	단사선문
	95-11	24.8	12.2	8.1	
	95-12	(12.6)	14.4		단사선문, 공렬문, 이중구연
KC-013	95-13	(11.1)			구순각목문, 공렬문
	95-20	(3.9)			단사선문
	95-21	(3.0)			단사선문
	95-22	(6.6)			단사선문
	95-23	(16.8)	19.6		구순각목문, 단사선문, 이중구연
	95-24	10.0	12.4	7.4	

석기 속성일람

유구번호	도면번호	종류	길이	폭	두께	석재	비고
KC-001	94-2	석촉	8.5	1.9	0.7		
KC-004	94-15	석도		4.4	0.6	안산암	주형
	94-16	석도	13.1	2.3~3.7	0.7	점판암	주형
	94-17	석도	11.4	5.0~5.4	0.55	점판암	주형

유구번호	도면번호	기종	기고(잔존)	구경	저경	석재	비고
	94-18	석촉	10.3	0.8	0.7		이단경식, 유엽형
	94-19	석촉	2.8	1.2	0.2		편평
	94-20	석도	13.6	5.2	4.0		양인
KC-005	94-28	석검	(6.1)	4.2	0.9	점판암	유혈구
KC-008	94-32	석촉	3.9	1.5	0.4	안산암	편평만입
	94-33	석도	11.6	4.1	0.8		반월형
KC-011	95-3	석도	16.7	5.0	0.7	편마암	주형
	95-4	석촉	3.3	1.2	0.4	점판암	이단경식, 유엽형
	95-14	석촉	3.4	1.2	0.45	점판암	유경식
	95-15	석촉	3.15	1.1	0.15	점판암	편평
	95-16	석촉	(3.0)	1.2	0.2		삼각만입형
	95-17	석촉	3.6	1.6	0.1~0.2	점판암	삼각만입형
KC-013	95-18	석촉	(2.7)	1.8	0.4	점판암	
	95-19	석촉	5.0	1.4	0.6	점판암	이단경식
	95-25	석도	(5.5)	3.7	0.6	점판암	주형
	95-26	석도	(4.6)	5.8	0.8		주형
	95-27	석부	16.5	5.9	5.3	화강암	합인

보령 주교리유적

토기 속성일람

유구번호	도면번호	기고(잔존)	구경	저경	비고
KC-004	95-31	(5.0)			공렬문
KC-007	96-1	17.6	12.6	8.2	구순각목문, 단사선문, 이중구연
	95-32	(5.6)			구순각목문, 단사선문
	95-33	(6.8)			구순각목문, 단사선문
	96-2	(10.2)			구순각목문, 공렬문
KC-008	96-3	(8.0)			구순각목문, 공렬문
	96-4	(3.8)			구순각목문, 공렬문
	96-5	(5.8)			공렬문
	96-7	(7.6)			구순각목문
	96-8	(10.2)			구순각목문
KC-011	96-11	(3.8)			구순각목문
	96-13	(4.4)			
KC-012	96-14	(14.4)	21.2		구순각목문, 공렬문
	96-15	(7.4)			구순각목문
	96-16	(4.2)			공렬문
	96-18	(4.2)			공렬문, 단사선문
	96-19	(5.2)			단사선문, 이중구연
	96-20	(6.0)			공렬문
KC-013	96-21	(7.0)			구순각목문
	96-22	(6.0)			구순각목문
	96-23	(10.2)			구순각목문
	96-24	(5.4)			구순각목문, 공렬문

	96-25	(2.0)		7.6	적색마연
	96-26	(5.8)	22.4		구순각목문
	97-1	(10.0)	9.4		
KC-014	97-5	(4.2)			공렬문
	97-6	(2.4)			단사선문
	97-7	(7.5)			구순각목문
	97-8	(3.5)			구순각목문
KC-015	97-9	(4.9)			구순각목문, 공렬문
KC-018	97-19	(6.4)			단사선문
	97-20	15.6	12.0	6.2	구순각목문, 단사선문, 이중구연
	97-21	24.4	8.0	8.0	적색마연
KC-020	97-22	(6.3)			공렬문
KC-021	97-23	(7.5)			구순각목문
	97-24	(5.4)			구순각목문
	97-25	(5.6)			구순각목문

석기 속성일람

유구번호	도면번호	종류	길이	폭	두께	석재	비고
KC-001	95-28	석촉	5.5	0.5~1.5	0.4~0.6	셰일	일단경식
KC-003	95-29	석촉	8.3	0.5~1.7	0.5	셰일	일단경식
	95-30	석촉	8.6	0.4~1.3	0.6	셰일	일단경식
KC-008	96-6	석검	8.9	3.5~5.1	0.5~1.4	셰일	유혈구
	96-9	석촉	4.8	0.3~1.1	0.2~0.3	실트스톤	이단경식
	96-10	석촉	4.3	0.6~1.4	0.4	셰일	이단경식
KC-011	96-11	석부	5.4	3.7	0.9	편마암	편평편인
KC-012	96-17	석검	5.0	2.5	0.7	셰일	
KC-013	96-27	석검	8.2	4.8	1.1	실트스톤	이단병식
	96-28	석촉	5.0	1.0	0.5	셰일	이단경식
	96-29	석촉	5.9	1.4	0.6	셰일	이단경식
	96-30	석촉	5.5	1.2	0.6	셰일	이단경식
	96-31	석촉	5.2	1.1	0.6	셰일	이단경식
	97-2	석도	13.5	5.4	0.9		주형
	97-3	석검	19.7	6.1	1.0	셰일	유혈구, 이단병식
	97-4	석검	(13.8)	4.3	0.8	셰일	유혈구
KC-017	97-10	석촉	7.0	1.4	0.6	셰일	이단경식
	97-11	석착	6.6	1.6	1.8	편마암	
KC-018	97-12	석촉	3.0	1.3	0.2	셰일	삼각만입
	97-13	석촉	4.0	1.5	0.4	셰일	삼각만입
	97-14	석촉	3.7	1.5	0.3	셰일	삼각만입
	97-15	석검	(5.8)	2.8	1.0	셰일	
	97-16	석도	3.4	8.9	0.6	셰일	
	97-17	석부	9	4.3	2.5	실트스톤	
	97-18	요석		6.2	4.2	활석	
KC-021	97-26	석도	6.1	3.0	0.5	셰일	주형

보령 관창리유적(B구역)

토기 속성일람

유구번호	도면번호	기고(잔존)	구경	저경	비고
KC-001	97-27	12.0	9.2	5.0	단도마연
	97-28	(6.0)			구순각목문
	97-29	(7.5)			구순각목문
	98-1	(6.3)	12.0		구순각목문
	98-2	(7.8)			구순각목문
	98-3	(6.0)			구순각목문
	98-4	(4.8)			구순각목문
	98-5	(7.2)			구순각목문
	98-6	(5.9)			구순각목문
	98-7	(4.8)			구순각목문
KC-003	98-15	(4.5)			구순각목문
	98-16	(3.9)			구순각목문
KC-004	98-19	(6.1)	9.4		단도마연
	98-20	(2.1)			단도마연
	98-21	(1.5)		3.2	단도마연
KC-005	98-27	(5.1)	12.4		
KC-006	98-28	(4.8)			구순각목문
	98-31	(7.8)			
KC-007	98-32	(4.8)			단사선문
KC-008	98-36	13.0	8.4	5.6	단도마연
	98-37	(7.8)	12.0		구순각목문
KC-010	99-1	(19.5)	19.0		
	99-2	(6.0)	8.0		단도마연
	99-3	(6.6)	8.4		단도마연
	99-4	(4.5)			구순각목문
	99-5	(5.8)	8.8		단도마연
	99-6	(4.8)			구순각목문
	99-7	(4.4)			구순각목문
	99-8	(4.6)			구순각목문
	99-9	(8.7)			구순각목문
	99-10	(7.5)			구순각목문
	99-11	(7.2)			구순각목문
	99-12	(4.2)			구순각목문
	99-13	(2.7)			구순각목문
	99-14	(4.2)			구순각목문
	99-15	(4.5)			구순각목문
	99-16	(5.1)			
	99-17	(5.4)			단도마연
	99-18	(4.8)			단도마연
	99-19	(10.8)			단도마연

	99-20	(1.8)		5.6	단도마연
	99-21	(1.5)		6.0	단도마연
	99-22	(2.1)		(3.2)	단도마연
	99-23	(3.9)		4.3	단도마연
KC-011	99-28	(9.9)			
	99-29	(10.8)			
KC-012	99-33	(6.3)	8.6		단도마연
	100-1	(3.9)			구순각목문
	100-13	(4.8)			단도마연
	100-14	(3.9)			구순각목문
KC-015	100-15	(7.8)	7.8		단도마연
	100-16			1.5~1.8	
	100-17	(6.0)			구순각목문
KC-016	100-22	(4.8)			구순각목문
	100-23	(4.5)			
KC-018	100-24	(4.6)			구순각목문
	100-26	(3.6)			
	100-27	14.5	10.4	5.4	단도마연
	100-28	(8.1)	11.4		구순각목문
	100-29	(10.2)			구순각목문
	100-30	(6.0)			구순각목문
	100-31	(6.0)			구순각목문
	100-32	(9.9)			구순각목문
	100-33	(6.6)			구순각목문
KC-019	100-34	(12.0)			구순각목문
	100-35	(4.8)			구순각목문
	100-36	(3.6)			구순각목문
	100-37	(3.9)			구순각목문
	100-38	(8.4)			구순각목문
	100-39	(6.4)			구순각목문
	100-40	(4.4)			구순각목문
	101-1	(2.2)		5.0	단도마연
	101-7	(18.6)	11.6		
	101-8	(12.0)	16.2		구순각목문
KC-020	101-9	(13.8)	12.2		구순각목문
	101-10	(11.4)			단도마연
	101-11	(5.8)			단도마연
	101-12	(4.5)			구순각목문
KC-021	101-16	(12.2)	13.0		구순각목문
	101-20	(6.2)	14.8		구순각목문
KC-024	101-21	(9.1)	14.0		구순각목문
	101-22	(11.4)	14.5		구순각목문
	102-1	34.0	12.1	8.0	구순각목문

	102-2	(16.2)			구순각목문
	102-3	(9.6)			구순각목문
	102-4	(4.5)			구순각목문
	102-5	(7.5)			구순각목문
	102-6	(4.8)			구순각목문
KC-030	102-20	(3.6)			
	102-21	(2.0)			단도마연
	102-23	(4.8)			구순각목문
	102-24	(3.6)			구순각목문
	102-25	(3.9)			구순각목문
	102-26	(9.0)			구순각목문
	102-27	(6.6)			구순각목문
KC-031	103-1	(6.0)	10.6		
	103-2	10.5	9.0	4.8	
	103-3	(3.6)			구순각목문
	103-4	(5.1)			구순각목문
	103-5	(4.5)			구순각목문
KC-032	103-6	(17.7)	18.2		구순각목문
KC-035	103-12	(9.6)	15.0		
	103-13	23.8	9.6	17.8	
KC-036	103-14	(12.3)	17.2		구순각목문
	103-15	(19.2)	14.4		구순각목문
	103-16	15.3	10.0	7.6	
	103-17	27.8	15.0	7.4	
	104-1	29.2	16.5	9.2	
	104-2	(18.0)	13.6		구순각목
	104-3	12.8	15.2	6.0	단도마연
	104-4	(6.4)			구순각목문
	104-5	(8.1)			구순각목문
	104-6	(12.0)		8.7	단도마연
	104-7	7.6	15.8		구순각목문
	104-8	24.5	9.0	7.6	단도마연
	104-9	8.5	13.2	7.0	
KC-038	104-11	(6.3)			구순각목문
	104-12	(14.4)	16.0		구순각목문
	104-13	(8.4)	14.6		구순각목문
	104-14	(4.5)			구순각목문
	105-1	(5.7)			구순각목문
	105-2	(5.1)			구순각목문
	105-3	(4.5)			구순각목문
	105-4	(4.6)			구순각목문
	105-5	(3.0)	6.4		단도마연
KC-040	105-20	(8.4)	12.6		구순각목문
	105-21	(12.0)	20.0		구순각목문

	105-22	(9.9)	15.8	7.6	구순각목문
	105-23	(11.1)	15.5		구순각목문
	105-24	(9.8)	14.8		구순각목문
	106-1	(10.5)	15.0		구순각목문
	106-2	(11.1)	12.6		구순각목문
	106-3	(7.8)			구순각목문
	106-4	(5.1)			구순각목문
	106-5	(3.3)			단도마연
	106-6	(6.9)	8.6		
	106-7	(7.8)			구순각목문
	106-8	(6.6)			구순각목문
	106-9	(11.2)			구순각목문
	106-10	7.5	13.9	5.7	
	106-11	(3.6)			구순각목문
	106-12	(5.4)			구순각목문
	106-13	16.5	11.6	5.8	단도마연
KC-042	107-3	12.3	11.4	5.2	단도마연
	107-4	(12.4)			구순각목문
	107-5	(6.6)	15.9		구순각목문
	107-6	(19.1)	15.4		구순각목문
	107-7	(10.8)			구순각목문
	107-8	(5.7)			구순각목문
	107-9	(2.4)			구순각목문
KC-043	107-16	(10.2)			구순각목문
KC-044	107-21	11.7	10.6	5.4	
	107-22	34.0	15.7	9.4	구순각목문
	107-23	8.4	4.0	4.2	단도마연
	107-24	(8.1)			단도마연
	107-25	(3.9)			단도마연
KC-048	107-26	(8.0)			단도마연
	108-1	(12.0)			구순각목문
	108-2	(6.5)			
	108-3	(4.8)			구순각목문
	108-4	(6.0)			구순각목문
	108-5	(4.5)			구순각목문
KC-049	108-17	(15.6)	14.4		구순각목문
	108-11	(2.7)	9.5		
KC-051	108-12	(3.9)			구순각목문
	108-13	(6.9)			구순각목문
	108-14	(4.8)			구순각목문
	108-18	32.1	17.4	8.2	
KC-052	108-19	(4.2)			구순각목문
	108-20	(3.6)			단도마연
	108-21	(5.7)			단도마연

	108-22	(6.6)			단도마연
KC-053	109-1	(3.1)			구순각목문
	109-2	(6.7)			구순각목문
KC-054	109-7	(6.4)			단도마연
	109-8	(6.3)			단도마연
	109-9	(1.8)			단도마연
	109-10	(18.0)			
KC-055	109-13	(4.8)			단도마연
	109-14	(4.9)	12.4		단도마연
	109-15	(6.3)			구순각목문
KC-057	109-16	32.2	20.0	10.0	구순각목문
KC-058	109-20	(8.5)			단도마연
KC-060	109-22	(5.1)			구순각목문
	109-24	(11.4)	14.8		구순각목문
	109-25	(6.0)			단도마연
	109-26	(7.5)			구순각목문
	109-27	(3.3)		5.2	단도마연
KC-061	110-1	11.4	8.6	4.8	단도마연
	110-2	(6.6)	13.0		단도마연
KC-063	110-4	8.1	10.8	4.8	
	110-5	(4.8)			단도마연
	110-6	(6.3)	15.6		
	110-7	(5.1)			구순각목문
	110-8	(6.0)			구순각목문
	110-9	(9.9)			구순각목문
	110-10	(6.9)			구순각목문
	110-11	(6.0)			
	110-12			2.9	
	110-13			2.3	
	110-14	(4.5)		7.2	단도마연
	110-15	(4.8)		6.2	단도마연
KC-067	110-18	(6.7)			구순각목문
	110-19	(6.2)			구순각목문
KC-069	110-20	(18.3)	19.0		구순각목문
	110-21	(4.5)			구순각목문
	110-22	(6.5)			구순각목문
	110-23	(10.4)	13.0		
KC-071	111-1	(6.9)	9.0		단도마연
	111-2	(3.5)		5.6	단도마연
KC-076	111-6	(2.9)			구순각목문
	111-7	(3.6)			구순각목문
	111-8	(4.4)			구순각목문
KC-078	111-18	21.5	10.6	6.5	
	111-19	(6.0)			구순각목문

	111-20	(6.4)			구순각목문
	111-21	(5.4)			군순각목문
	111-22	(5.2)			구순각목문
	111-23	(3.7)			단도마연
	111-24	(7.5)	19.0		
	111-25	6.2	13.1	5.6	
	111-26	11.1	7.1	5.2	단도마연
	111-27	(4.9)			
	111-28	(4.8)			흑색마연
	111-29	(5.8)			단도마연
	111-30	(3.7)			단도마연
	111-31	(5.1)			단도마연
	111-32	(4.5)	11.6		구순각목문
	111-33	(9.1)	16.0		구순각목문
	112-1	(10.8)	18.0		구순각목문
	112-2	(6.2)			구순각목문
	112-3	(6.6)			구순각목문
	112-4	(6.1)			구순각목문
KC-079	112-5	(5.9)			구순각목문
	112-6	(6.0)			구순각목문
	112-7	(3.8)			구순각목문
	112-8	(5.1)			구순각목문
	112-9	(4.9)			
	112-10	(2.5)			
	112-11			2.1	
	112-12			2.1	
	112-13			2.2	
	112-14			2.1	
	112-15			1.6~1.8	
	112-16			2.2~2.4	
	112-17	(7.8)			
KC-080	112-25	(15.0)	13.8		
	112-26	(12.0)	13.6		
KC-081	112-28	(8.9)			
KC-082	113-1	(11.7)			구순각목문
KC-086	113-8	(7.8)	13.6		구순각목문
	113-9	(13.4)			단도마연
KC-097	113-25	35.0	21.6	11.0	구순각목문
	113-26	16.8	13.1	7.2	구순각목문
KC-098	114-1	24.8	19.2	8.6	
	114-2	(25.5)	22.9		구순각목문
	114-3	(6.9)			구순각목문
KC 100	114-9	(4.9)			구순각목문

석기 속성일람

유구번호	도면번호	종류	길이	폭	두께	석재	비고
KC-001	98-8	석도	6.2	8.6	0.7	셰일	주형
	98-9	석도	3.6	7.2	0.5~0.8	셰일	삼각형
	98-10	석도	6.4	3.9	0.5~0.6	사암	삼각형
	98-11	석도	4.6	3.1	0.5~0.6	셰일	삼각형
	98-12	석검	5.4	2.2	0.5~0.8	셰일	유경식
	98-13	석부	4.9	3.2	0.5~0.9	셰일	편평편인
	98-14	석부	4.2	3.1	0.5~1.1	셰일	편평편인
KC-003	98-17	석도	5.0	6.5	0.6~0.7	셰일	삼각형
	98-18	고석	(14.6)	7.3	6.3	안산암	
KC-004	98-22	석촉	5.2	1.5	0.3~0.5	셰일	일단경식
	98-23	석도	4.7	6.9	0.7	사암	삼각형
	98-24	석부	7.2	2.6	1.4	실트스톤	편평편인
KC-005	98-25	석촉	2.1	1.0	0.4~0.5	셰일	일단경식
	98-26	석촉	4.7	1.3	0.6	셰일	일단경식
KC-006	98-29	석촉	4.3	1.1	0.5~0.6	셰일	일단경식
	98-30	석촉	3.9	1.6	0.6~0.7	셰일	일단경식
KC-007	98-33	석부	3.7	3.2	0.7	사암	편평편인
	98-34	석도	7.4	6.7	0.5~0.6	셰일	삼각형
	98-35	고석	11.3	2.6~5.5	4.2	사암	
KC-008	98-38	석촉	3.5	1.5	0.6	셰일	일단경식
	98-39	석촉	4.4	1.4	0.5	셰일	일단경식
	98-40	석부	(3.7)	2.6	1.1	셰일	편평편인
KC-009	98-41	석촉	5.8	1.4	0.6	셰일	일단경식
	98-42	석촉	6.7	1.4	0.5	셰일	일단경식
	98-43	석촉	4.2	1.3	1.0	셰일	일단경식
	98-44	석촉	4.8	1.7	0.7	셰일	일단경식
	98-45	석착	5.0	1.0	1.0	활석	
KC-010	99-24	석촉	4.4	2.5	0.4		일단경식
	99-25	석착	4.0	0.9	1.1	셰일	
	99-26	석부	4.6	4.3	1.7	셰일	편평편인
	99-27	석추	6.0	9.5	4.5	사암	286g
KC-011	99-30	석부	2.3	1.4	0.4	셰일	편평편인
	99-31	석부	4.2	1.8	1.0	셰일	편평편인
	99-32	고석	14.5	3.6	3.5	실트스톤	
KC-012	100-2	석촉	5.7	0.4~2.2	0.5	셰일	일단경식
	100-3	석촉	4.9	1.7	0.6	셰일	일단경식
KC-014	100-4	석촉	(3.4)	1.4	0.4~0.5	셰일	일단경식
	100-5	석촉	(3.6)	1.5	0.3~0.5	셰일	일단경식
	100-6	석촉	(5.0)	2.7	0.4~0.7	셰일	일단경식
	100-7	석촉	(4.2)	1.4	0.4~0.5	셰일	일단경식
	100-8	석촉	(4.1)	1.4	0.5~0.6	셰일	일단경식
	100-9	석착	7.2	1.0	1.3	셰일	

	100-10	석부	4.0	3.0	0.8~1.2	편마암	편평편인
	100-11	석부	5.2	2.5	0.9~1.1	셰일	편평편인
	100-12	석도	7.6	7.8	0.6	셰일	삼각형
KC-015	100-18	석촉	(6.8)	1.9	0.6~0.7	셰일	일단경식
	100-19	석도	(3.1)	(5.8)	0.6	셰일	삼각형
	100-20	석부	(6.4)	2.9	4.3	사암	유구
	100-21	석부	(10.1)	3.3	5.6	셰일	주상편인
KC-018	100-25	석부	(5.3)	4.1	1.2	셰일	편평편인
	101-2	석부	8.1	4.4	1.9	셰일	편평편인
KC-019	101-3	석촉	6.8	1.1	0.5	셰일	일단경식
	101-4	석촉	6.8	1.7	0.5	셰일	일단경식
	101-5	석촉	4.7	1.7	0.3~0.5	셰일	일단경식
	101-6	연석	20.0	10.0	2.5~2.8	사암	
KC-020	101-13	석도	4.3	6.5	0.5~0.6	실트스톤	삼각형
KC-021	101-14	석도	4.8	5.8	0.6		
	101-15	석촉	6.4	2.1	0.4	셰일	일단경식
KC-022	101-17	석촉	4.5	1.4	0.5	사암	일단경식
	101-18	석촉	6.2	1.6	0.3~0.5	셰일	일단경식
	101-19	석부	5.1	10.0	1.3	셰일	환상
	102-7	석촉	3.4	1.8	0.5	셰일	일단경식
	102-8	석촉	3.8	2.0	0.6~0.8	셰일	일단경식
	102-9	석촉	4.3	1.6	0.5~0.8	셰일	일단경식
	102-10	석촉	4.2	2.0	0.4	셰일	일단경식
KC-026	102-11	석부	6.7	3.3	4.5	응회암	주상편인
	102-12	석부	7.2	2.3	1.1~1.4	셰일	편평편인
	102-13	석부	5.0	3.7	0.5~0.8	셰일	편평편인
	102-14	석부	3.8	3.0	0.8	셰일	편평편인
	102-15	석부	8.8	3.4	1.8	셰일	편평편인
KC-027	102-16	석촉	3.3	1.2	0.3	셰일	
	102-17	석촉	2.6	1.2	0.3	셰일	
KC-028	102-19	석부	3.9	3.8	1.2	사암	편평편인
KC-029	102-18	고석	10.4	6.1	4.2	사암	
	102-22	석촉	4.8	1.5	0.5	셰일	일단경식
KC-030	102-28	석추	4.9	9.4	4.0~5.5	활석	
	102-29	석추	7.3	12.3	4.0~4.8	사암	
	103-7	석촉	3.2	0.3~0.4	1.0	셰일	일단경식
	103-8	석촉	3.4	1.5	0.4	셰일	일단경식
KC-032	103-9	석촉	5.3	2.0	0.4	셰일	일단경식
	103-10	석부	3.8	2.7	0.9	셰일	편평편인
	103-11	석부	6.3	2.4	1.6	반암	편평편인
KC-036	104-10	석도	(5.2)	(7.8)	0.4	실트스톤	
	105-6	석촉	7.0	1.6	0.6	셰일	일단경식
KC-038	105-7	석촉	4.0	1.2	0.8	셰일	일단경식
	105-8	석촉	4.5	1.4	0.8	셰일	일단경식

	105-9	석촉	3.9	1.6	0.5	셰일	
	105-10	석촉	6.0	0.7~1.4	0.5	셰일	일단경식
	105-11	석부	5.2	3.0	1.2	셰일	편평편인
	105-12	석검	15.3	2.9~6.4	1.1~1.6	셰일	일단병식
	105-13	석부	(12.4)	3.8	4.5	셰일	주상편인
	105-14	석부	(4.7)	2.6	0.6	셰일	편평편인
	105-15	석부	5.4	5.0	1.0	셰일	편평편인
	105-16	석부	8.5	2.9	1.1	셰일	편평편인
	105-17	석추	6.0	11.0	3.8~4.7	활석	
KC-039	105-18	석촉	4.9	1.3	0.5	셰일	일단경식
	105-19	석촉	7.0	2.0	0.6	셰일	일단경식
	106-14	석촉	5.4	1.6	0.5~0.6	셰일	일단경식
	106-15	석촉	4.8	1.5	0.3~0.6	셰일	일단경식
	106-16	석촉	4.3	1.2	0.4~0.5	셰일	일단경식
	106-17	석촉	4.2	1.3	0.4~0.5	셰일	일단경식
	106-18	석촉	4.7	1.3	0.5	셰일	일단경식
	106-19	석촉	3.3	1.4	2.5	셰일	일단경식
	106-20	석촉	4.0	1.3	0.5	셰일	일단경식
	106-21	석촉	(4.7)	1.4	0.6	셰일	일단경식
	106-22	석촉	(3.8)	1.2	0.5	셰일	일단경식
	106-23	석촉	(3.7)	1.4	0.7	셰일	일단경식
	106-24	석촉	(5.3)	1.5	0.3~0.4	셰일	일단경식
	106-25	석촉	(5.2)	2.6	0.4~0.6	셰일	일단경식
	106-26	석촉	(3.2)	1.2	0.5~0.6	셰일	일단경식
	106-27	석촉	(4.3)	1.0	0.5~0.6	셰일	일단경식
	106-28	석촉	(3.6)	0.8	0.5	셰일	일단경식
	106-29	석촉	(3.2)	1.4	0.4~0.5	셰일	일단경식
KC-040	106-30	석촉	(3.7)	1.3	0.5~0.6	셰일	일단경식
	106-31	석촉	7.3	1.4	0.4~0.5	셰일	일단경식
	106-32	석촉	8.4	1.5	0.4~0.7	셰일	일단경식
	106-33	석촉	6.3	1.4	0.3~0.6	셰일	일단경식
	106-34	석촉	(6.6)	1.1	0.4~0.5	셰일	일단경식
	106-35	석촉	(5.8)	1.5	0.3~0.6	셰일	일단경식
	106-36	석촉	(5.2)	1.2	0.5	셰일	일단경식
	106-37	석촉	(6.2)	1.5	0.3~0.5	셰일	일단경식
	106-38	석검	15.6	5.8	1.2	셰일	일단병식
	106-39	석부	4.7	2.9	1.3	셰일	편평편인
	106-40	석부	3.6	1.5	0.8	셰일	편평편인
	106-41	석부	2.9	3.0	1.2	셰일	편평편인
	106-42	석도	5.6	9.9	0.9	셰일	삼각형
	106-43	석도	(4.6)	5.0	0.6	실트스톤	
	106-44	석부	3.9	2.2	0.7~0.9	셰일	편평편인
	106-45	석부	(4.2)	2.0	0.5~0.7	셰일	편평편인
	106-46	석부	(6.9)	2.5~3.2	0.6	셰일	편평편인

	106-47	석부	(3.2)	1.8	0.5~0.6	셰일	편평편인
	106-48	석부	3.6	2.8	1.1	셰일	편평편인
	106-49	석추	4.6	6.8	3.0~3.7	활석	
KC-041	107-1	석촉	5.7	1.3	0.6	셰일	일단경식
	107-2	석촉	(5.0)	1.7	0.6	셰일	일단경식
KC-042	107-10	석촉	6.2	1.6	0.6	셰일	일단경식
	107-11	석촉	6.8	2.4	0.9	셰일	일단경식
	107-12	석촉	(4.5)	1.6	0.6	셰일	일단경식
	107-13	석촉	(4.0)	1.3	0.4	셰일	일단경식
	107-14	석검	(2.1)	2.7	0.6	셰일	유경식
	107-15	석검	(8.5)	2.8	1.4	셰일	일단병식
KC-043	107-17	석도	(7.7)	8.0	0.6	실트스톤	
KC-047	107-18	석촉	(4.9)	1.1	0.4	실트스톤	일단경식
	107-19	석촉	5.6	1.0	0.5	셰일	일단경식
	107-20	석부	4.3	2.8	1.0	셰일	편평편인
KC-048	108-6	석촉	(7.3)	1.8	0.7	셰일	일단경식
	108-7	석부	4.0	2.1	1.4	셰일	편평편인
	108-8	석부	3.6	2.0	0.8	셰일	편평편인
	108-9	석부	6.8	3.1	1.6	실트스톤	편평편인
	108-10	석도	(6.9)	10.1	0.6	실트스톤	
KC-051	108-15	석촉	3.9	1.6	0.4	셰일	일단경식
	108-16	석촉	(5.2)	1.4	0.4	셰일	일단경식
KC-052	108-23	석촉	9.8	2.7	0.8	셰일	일단경식
KC-053	109-3	석촉	(5.1)	1.8	0.6	셰일	일단경식
	109-4	석촉	(7.0)	2.2	0.6	셰일	일단경식
	109-5	석부	3.1	1.7	0.4~0.6	셰일	편평편인
	109-6	석도	(5.0)	5.6	8.5~9.5	천매암	
KC-054	109-11	석촉	(5.8)	1.3	0.7	셰일	일단경식
	109-12	석촉	(7.1)	2.2	1.0	셰일	일단경식
KC-057	109-17	석촉	6.3	1.7	0.6	셰일	일단경식
	109-18	석촉	5.9	1.8	0.6	셰일	일단경식
	109-19	석촉	(4.9)	2.1	0.6	셰일	일단경식
KC-058	109-21	석부	4.6	2.5	0.9~1.2	셰일	편평편인
KC-060	109-23	석검	6.9	2.6~4.0	1.2~1.7	셰일	
KC-061	110-3	석촉	4.2	1.3	0.4	셰일	일단경식
KC-063	110-16	석부	5.8	3.0	0.9~1.3	사암	편평편인
	110-17	석추	8.0	5.3	4.0	활석	
KC-069	110-24	석부	13.0	6.2	3.7	화성암	합인
KC-073	111-3	석촉	6.5	1.6	0.6	셰일	일단경식
	111-4	석도	(5.3)	7.1	1.0	셰일	
	111-5	석도	6.5	(7.2)	1.0	실트스톤	
KC-076	111-9	석촉	3.4	1.5	0.6	셰일	일단경식
	111-10	석촉	4.8	1.6	0.5	셰일	일단경식
	111-11	석촉	4.9	1.5	0.5	셰일	일단경식

	111-12	석촉	4.3	1.2	0.4	셰일	일단경식
	111-13	석촉	5.2	1.3	0.6	셰일	일단경식
	111-14	석촉	4.7	1.7	0.7	셰일	일단경식
	111-15	석촉	3.3	1.4	0.3~0.5	셰일	일단경식
	111-16	석부	6.1	2.6~3.5	1.2	셰일	편평편인
KC-078	111-17	석촉	4.2	1.9	0.3	셰일	편평석촉
	112-18	석부	4.9	3.1	0.3~1.3	셰일	편평편인
	112-19	석촉	3.2	1.3	0.5	셰일	일단경식
KC-079	112-20	석검	(4.7)	2.7~4.0	0.8~1.3	셰일	
	112-21	석도	(7.8)	5.3	0.5	셰일	삼각형
	112-22	석도	(9.5)	(6.4)	0.1~0.7	셰일	
KC-080	112-23	석부	3.5	2.5	1.0	셰일	편평편인
	112-24	석부	5.2	3.0	1.3	셰일	편평편인
KC-081	112-27	석촉	6.0	1.4	0.5	셰일	일단경식
KC-083	113-2	석촉	(1.8)	0.7	0.4	셰일	일단경식
	113-3	석검	(4.3)	3.2	0.5	셰일	
KC-084	113-4	석촉	5.7	1.6	0.4	셰일	일단경식
	113-5	석촉	6.3	1.6	0.6	셰일	일단경식
	113-6	석촉	6.1	1.6	0.6	셰일	일단경식
	113-7	석검	(21.5)	3.9	0.7	셰일	
KC-086	113-10	석촉	8.0	1.6	0.6	셰일	일단경식
	113-11	석촉	5.6	1.4	0.4	셰일	일단경식
	113-12	석촉	4.7	1.3	0.4	셰일	일단경식
	113-13	석촉	5.1	1.6	0.5	셰일	일단경식
	113-14	석도	8.6	4.0	2.1	셰일	편평편인
	113-15	석도	6.1	11.6	0.9	셰일	삼각형
	113-16	석도	(5.1)	5.5	0.6	셰일	
KC-087	113-17	석검	(5.9)	3.7	0.7	셰일	
	113-18	석촉	(5.5)	1.8	0.5	사암	이단경식
KC-093	113-19	석촉	5.1	1.5	0.5	셰일	일단경식
KC-095	113-20	석촉	(5.3)	1.7	0.5	셰일	일단경식
	113-21	석촉	5.9	1.3	0.3	셰일	
	113-22	석촉	(9.0)	2.0	0.6	셰일	일단경식
KC-096	113-23	석촉	7.5	1.4	0.6	셰일	일단경식
KC-097	113-24	석촉	4.4	1.8	0.6	셰일	일단경식
KC-099	114-4	석촉	8.7	2.1	0.7	셰일	일단경식
	114-5	석촉	6.2	1.5	0.4	셰일	일단경식
	114-6	석촉	4.2	1.3	0.4	셰일	일단경식
	114-7	석부	12.7	5.1	2.1	안산암	편평편인
	114-8	석부	19.4	4.2	4.8	화성암	유구
KC-100	114-10	석촉	3.6	1.4	0.5	셰일	일단경식
	114-11	석촉	5.7	1.7	0.4	셰일	일단경식
	114-12	석촉	6.5	1.9	0.7	셰일	일단경식
	114-13	석촉	(3.0)	1.5	0.6	셰일	일단경식

| 114-14 | 석검 | (7.2) | 2.8 | 0.8 | 셰일 | |
| 114-15 | 석검 | (5.1) | 3.0 | 1.1 | 셰일 | 유경식 |

보령 관창리유적(F구역)

토기 속성일람

유구번호	도면번호	기고(잔존)	구경	저경	비고
5호	115-9	(10.1)	17.0		
6호	115-10	12.2	10.3	5.8	적색마연
	115-11	14.9	7.6	6.1	적색마연
	115-12	(7.2)	14.6		
	115-13	(12.5)	13.2		
7호	115-15	(8.2)	15.1		
	115-16	(8.1)	14.2		구순각목문
	115-17	(6.1)	12.5		
	115-18	18.9	12.0	5.4	
8호	115-19	24.0	13.8	7.8	
	115-20	(3.2)	7.8		
10호	116-2	(2.6)		5.0	적색마연
	116-3	(5.6)	10.7		
	116-4	9.9	19.0	7.2	
	116-5	(2.0)	13.4		
11호	116-7	7.3	11.7	5.7	
	116-9	(4.0)	14.8		구순각목문
	116-10	19.7	12.2	7.4	구순각목문
12호	116-11	32.9	13.2	10.0	
	116-12	(1.8)			구순각목문
15호	116-26	(9.1)	16.5		구순각목문
	116-27	(7.4)	12.4		구순각목문
	116-28	(7.9)	15.4		구순각목문
	117-1	(7.8)	22.4		구순각목문
	117-2	(6.5)			구순각목문
	117-3	(8.7)			구순각목문
	117-4	(7.4)			구순각목문
	117-5	(17.1)	13.5		구순각목문
	117-6	(4.6)	11.6		구순각목문
	117-7	(3.1)	16.6		구순각목문
	117-8	(5.0)	18.2		구순각목문
	117-9	(9.5)	17.4		구순각목문
	117-10	(5.0)	9.0		적색마연
	117-11	10.0	12.2	5.6	적색마연
	117-12	(9.8)	12.1		적색마연
	117-13	(8.0)	12.4		적색마연
16호	118 8	(5.0)			구순각목문
23호	118-15	(7.0)	18.4		외반구연

유구번호	도면번호				비고
26호	118-27	(9.7)	18.2		
	118-28	(5.5)			구순각목문
27호	119-1	(13.5)	24.6		구순각목문
	119-2	(6.0)	13.6		구순각목문
28호	119-6	(3.7)			구순각목문
	119-7	(8.0)			적색마연
29호	119-8	(7.2)	17.0		
30호	119-10	(6.0)	10.2		흑색마연
	119-11	(5.9)		9.1	
	119-12	(7.9)	13.8		
	119-13	(6.0)	17.8		
	119-14	(2.5)	16.0		
	119-15	(3.6)		5.0	적색마연
	119-16	(2.1)		4.0	흑색마연
	119-17	(1.4)		5.4	흑색마연
33호	119-27	(6.5)	15.0		구순각목문

석기 속성일람

유구번호	도면번호	종류	길이	폭	두께	석재	비고
1호	114-16	석촉	5.2	1.4	0.5	점판암	
	114-17	석촉	4.9	1.9	0.5	점판암	
	114-18	석촉	5.6	1.6	0.5	점판암	
	114-19	석검	9.8	3.0	1.0	점판암	유혈구
2호	114-20	석부	13.2	4.8	3.6	화강암	합인
	114-21	석촉	5.2	1.1	0.6	세일	
	114-22	석촉	6.2	1.6	0.5	점판암	
3호	115-1	석착	4.9	1.2	1.2	유문암	
	115-2	석촉	7.8	1.7	0.7	점판암	
4호	115-3	석촉	6.3	1.8	0.5	세일	
	115-4	석촉	7.6	1.7	0.6	세일	
5호	115-5	석착	4.2	2.5	1.0	세일	
	115-6	석촉	5.2	1.6	0.6	점판암	
	115-7	석착	3.8	3.0	0.8	점판암	
	115-8	석착	6.0	3.7	1.0	점판암	
6호	115-14	석추	10.8	3.8		사암	
8호	116-1	석도	14.2	6.8	0.6	섬록암	삼각형
10호	116-6	석촉	(2.6)		0.6	점판암	
11호	116-8	석촉	(4.9)	1.9	0.7	점판암	
12호	116-13	석촉	5.7	1.6	0.7	점판암	
	116-14	석검	(6.2)	3.2	0.9	점판암	
13호	116-15	석촉	5.6	1.8	0.6	점판암	
	116-16	석촉	(8.1)	1.2	0.5	점판암	
14호	116-17	석촉	5.2	1.3	0.4	점판암	
	116-18	석촉	(4.1)	1.3	0.3	점판암	
	116-19	석촉	(3.7)	1.0	0.6	세일	

	116-20	석촉	3.1	1.0	0.3	셰일	
	116-21	석촉	(3.4)	1.1	0.3	셰일	
	116-22	석촉	6.4	1.3	0.7	셰일	
	116-23	석촉	(6.8)	1.8	0.8	셰일	
	116-24	석촉	(6.9)	1.1	0.6	셰일	
	116-25	석착	5.4	3.0	1.6	사암	
15호	117-14	석촉	4.9	1.6	0.6	셰일	
	117-15	석촉	3.7	1.5	0.5	셰일	
	117-16	석촉	4.5	1.3	0.4	셰일	
	117-17	석촉	4.7	1.8	0.6	셰일	
	117-18	석촉	4.9	1.8	0.5	점판암	
	117-19	석촉	7.3	1.6	0.7	셰일	
	117-20	석촉	7.1	1.8	0.6	셰일	
	117-21	석촉	7.2	1.7	0.7	점판암	
	117-22	석촉	5.2	1.4	0.5	셰일	
	117-23	석촉	(3.5)	1.2	0.4	셰일	
	117-24	석부	12.0	5.3	4.0	화강암	
	117-25	석착	4.3	2.8	1.0	셰일	
	118-1	석착	12.0	3.5	3.1	현무암	
	118-2	석추	11.9		5.3	활석	
	118-3	석착	3.9	2.5	0.8	셰일	
	118-4	석착	4.6	1.1	0.5	셰일	
	118-5	석착	4.8	1.1	0.7	안산암	
	118-6	석착	4.4	3.6	1.5	현무암	
16호	118-9	석촉	(5.0)	1.3	0.6	점판암	
17호	118-7	석부	9.9	6.0	2.9	현무암	
19호	118-12	석부	7.5	2.8	1.5	석영안산암	편평편인
	118-13	석부	9.1	5.1	3.1	화강암	합인
21호	118-10	석촉	5.9	1.4	0.6	셰일	
	118-11	석촉	8.2	2.3	0.8	셰일	
23호	118-14	석착	5.1	1.1		셰일	
	118-16	석부	11.7	5.8	3.6	석영안산암	합인
	118-17	석촉	(4.5)	1.5	0.7	점판암	
	118-18	석촉	7.3	2.4	0.8	셰일	
24호	118-19	석착	6.3	2.2	0.9	석영안산암	
	118-20	석착	5.4	1.2	1.3	점판암	
25호	118-21	석도	(8.2)	5.2	0.8	점판암	삼각형
	118-22	석촉	4.5	1.4	0.6	점판암	
	118-23	석촉	(5.4)	1.6	0.5	셰일	
	118-24	석촉	(5.6)	1.9	0.6	점판암	
26호	118-25	석착	5.8	3.6	0.7	셰일	
	118-26	석촉	6.9	1.7	0.6	셰일	
	118-29	석촉	6.8	1.8	0.6	셰일	
	118-30	석촉	8.3	1.7	0.6	셰일	

유구번호	도면번호	종류	길이	폭	두께	석재	비고
27호	119-3	석착	4.1	3.5	1.1	세일	
28호	119-4	석촉	(5.2)		0.6	점판암	이단경식
	119-5	석촉	(5.6)	1.4	0.6	점판암	
29호	119-9	석부	6.9	2.0		점판암	주상편인
30호	119-18	석착	4.5	1.2	0.4	점판암	
	119-19	석검	(7.8)		1.0	니암	
	119-20	석촉	3.5		0.4	세일	편평
	119-21	석촉	(4.1)		0.4	점판암	편평
	119-22	석촉	(5.2)		0.5	세일	편평
	119-23	석촉	(4.1)		0.4	세일	편평
31호	119-28	석촉	7.3		0.7	점판암	일단경식
	119-29	석착	6.4		1.1	세일	주상편인
32호	119-30	석촉	8.4	1.7	0.6	세일	일단경식
	119-31	석추	8.3			사암	
33호	119-24	석촉	(2.9)	1.3	0.7	점판암	일단경식
	119-25	석촉	(2.6)	2.0	0.6	점판암	일단경식
	119-26	석착	6.0	3.5	1.0	유문암	편평편인
34호	119-32	석도	(5.0)		0.6	현무암	삼각형
35호	119-33	석촉	4.0	1.1	0.6		일단경식
	119-34	석도	(6.5)			세일	반월형

보령 관창리유적(C · E구역)

토기 속성일람

유구번호	도면번호	기고(잔존)	구경	저경	비고
E-2호	120-4	(6.1)	16.6		무문
	120-5	(5.0)	13.6		무문
	120-6	11.2			구순각목문
E-9호	120-20	(5.5)	22.2		무문

석기 속성일람

유구번호	도면번호	종류	길이	폭	두께	석재	비고
E-1호	120-1	석부	11.3	5.0	1.9		편인
	120-2	석촉	3.3	1.6	0.6		일단경식
	120-3	석촉	6.0	1.4	0.7		일단경식
E-4호	120-7	석부	10.4	5.1	2.5		합인
	120-8	석촉	(3.9)	2.1	0.7		
	120-9	석촉	(5.0)	2.2	0.5		유경식
	120-10	석촉	(3.6)	1.0	0.4		유경식
E-5호	120-11	석촉	4.8	1.8	0.5		일단경식
	120-12	석촉	5.0	1.5	0.5		일단경식
	120-13	석촉	4.9	1.9	0.7		일단경식
	120-14	석촉	5.5	1.4	0.4		일단경식
	120-15	석촉	5.6	1.9	0.5		일단경식
	120-16	석촉	5.5	2.0	0.5		일단경식
	120-17	석도	4.2	3.4	0.25		

| E-10호 | 120-18 | 석촉 | 5.5 | 1.2 | 0.3 | | 일단경식 |
| | 120-19 | 석촉 | (8.6) | 1.7 | 0.8 | | |

<table><tr><td colspan="7" align="center">보령 소송리 '나' 유적</td></tr></table>

토기 속성일람

유구번호	도면번호	기고(잔존)	구경	저경	비고
1호	120-21	(4.8)			구순각목문
	120-22	37.4	21.6	11.6	외반구연

석기 속성일람

유구번호	도면번호	종류	길이	폭	두께	석재	비고
1호	120-23	석촉	6.0	1.7	0.8		일단경식
	120-24	석촉	7.4	1.2	0.4		일단경식

<table><tr><td colspan="8" align="center">보령 죽청리 '가' 유적</td></tr></table>

토기 속성일람

유구번호	도면번호	기고(잔존)	구경	저경	비고
2호	120-25	(3.0)			적색마연
4호	120-27	(13.45)			적색마연
9호	121-2	(3.95)			구순각목문
	121-3	(3.9)			구순각목문
	121-4	(4.25)			구순각목문
	121-5	(13.95)	17.6		구순각목문
12호	121-6	(9.5)	21.0		구순각목문

석기 속성일람

유구번호	도면번호	종류	길이	폭	두께	석재	비고
1호	120-26	석촉	4.3	1.2	0.4		일단경식
5호	120-28	석부	20.3	8.5	5.4		합인
6호	121-1	석촉	4.5	1.3	0.5		일단경식

<table><tr><td colspan="6" align="center">보령 구룡리유적</td></tr></table>

토기 속성일람

유구번호	도면번호	기고(잔존)	구경	저경	비고
1호	121-7	(11.0)	19.0		구순각목문
	121-8	(12.1)	21.0		공렬문

석기 속성일람

유구번호	도면번호	종류	길이	폭	두께	석재	비고
1호	121-9	석촉	5.0	1.2	0.3	점판암	편평만입

<table><tr><td colspan="8" align="center">보령 평라리유적</td></tr></table>

석기 속성일람

유구번호	도면번호	종류	길이	폭	두께	석재	비고
1호	121-10	석촉	5.52	1.84	0.59		일단경식

1. 학암리유적
2. 학암리유적(서천-공주 고속도로구간)
3. 분향리유적

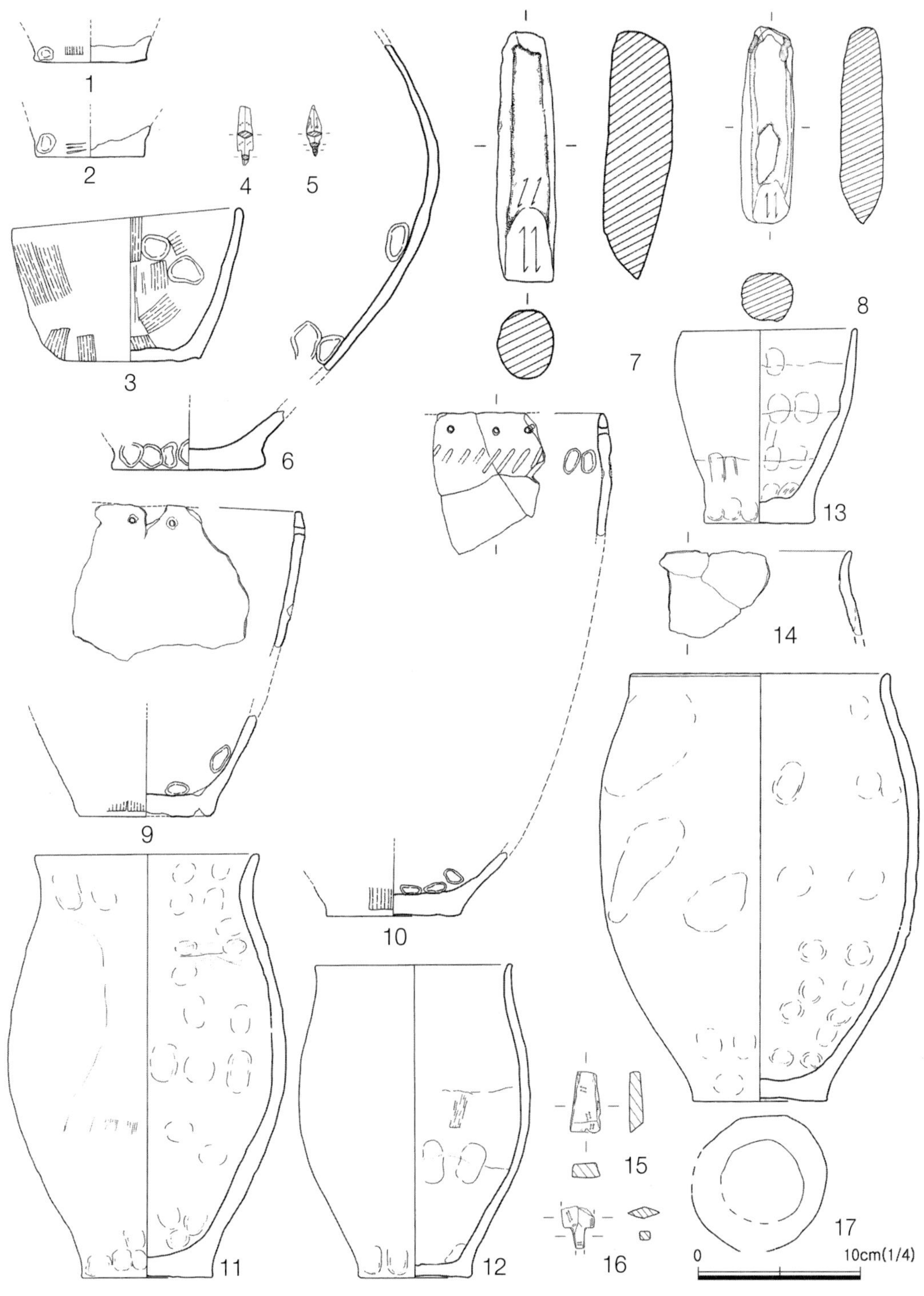

〈도면 122〉 청양 흿임리유적(Ⅰ-1호 : 1·2 / Ⅰ-3호 : 3~8 / Ⅱ-1호 : 9~10),
청양 학암리(서천~공주간)유적(Ⅰ-2호 : 11~13 / Ⅰ-3호 : 14 / Ⅰ-4호 : 15 / Ⅰ-5호 : 16~17)

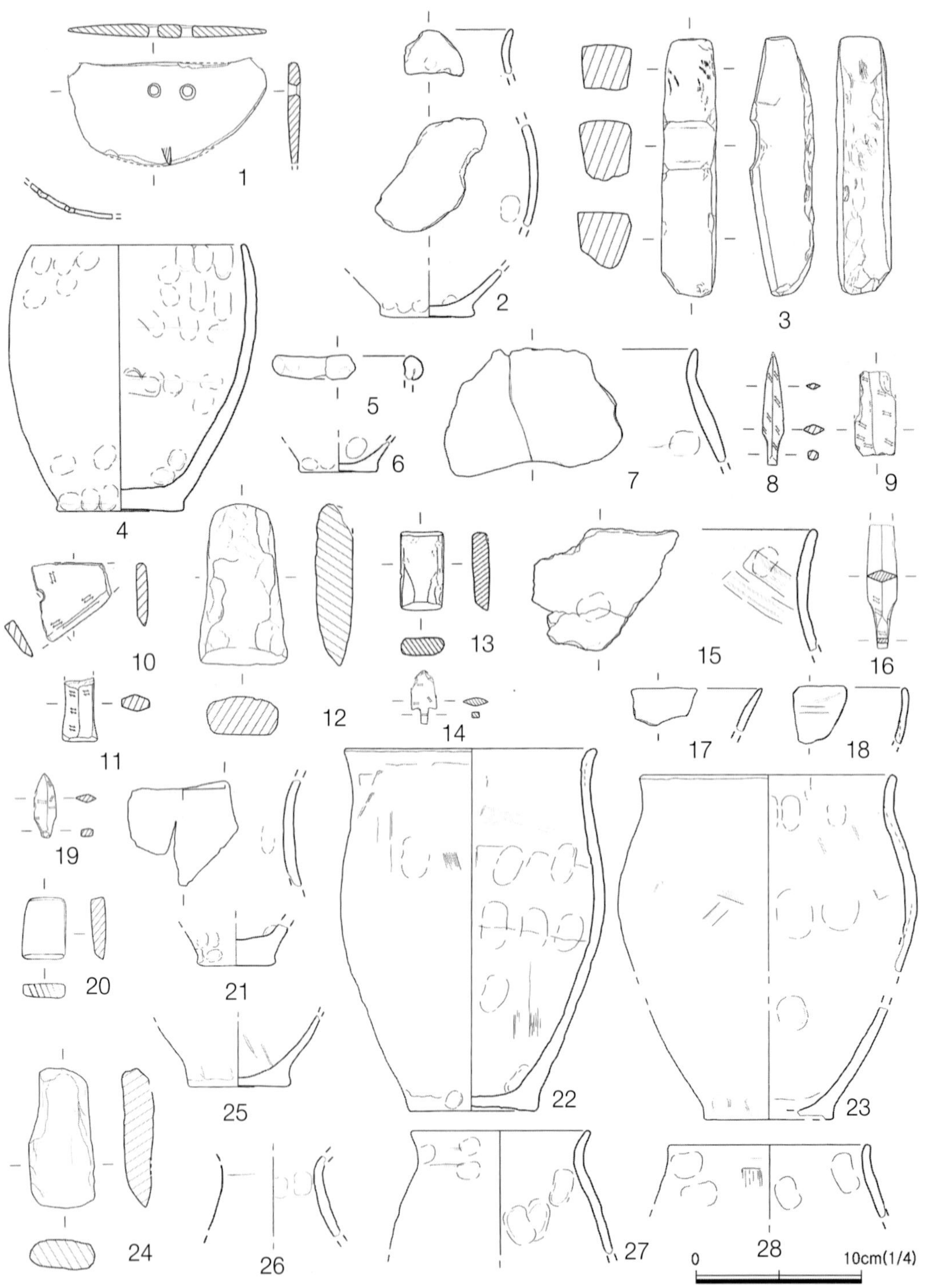

〈도면 123〉 청양 학암리(서천~공주간)유적(I -7호 : 1 / II-A-1호 : 2~6 / II-A-3호 : 7~11 / II-A-5호 : 12~14 /
II-A-7호 : 15~16 / II-A-8호 : 17~18 / II-A-9호 : 19 / II-A-11호 : 20 / II-A-12호 : 21~24 / II-C-3호 : 25),
청양 분향리유적(1호 : 26~28)

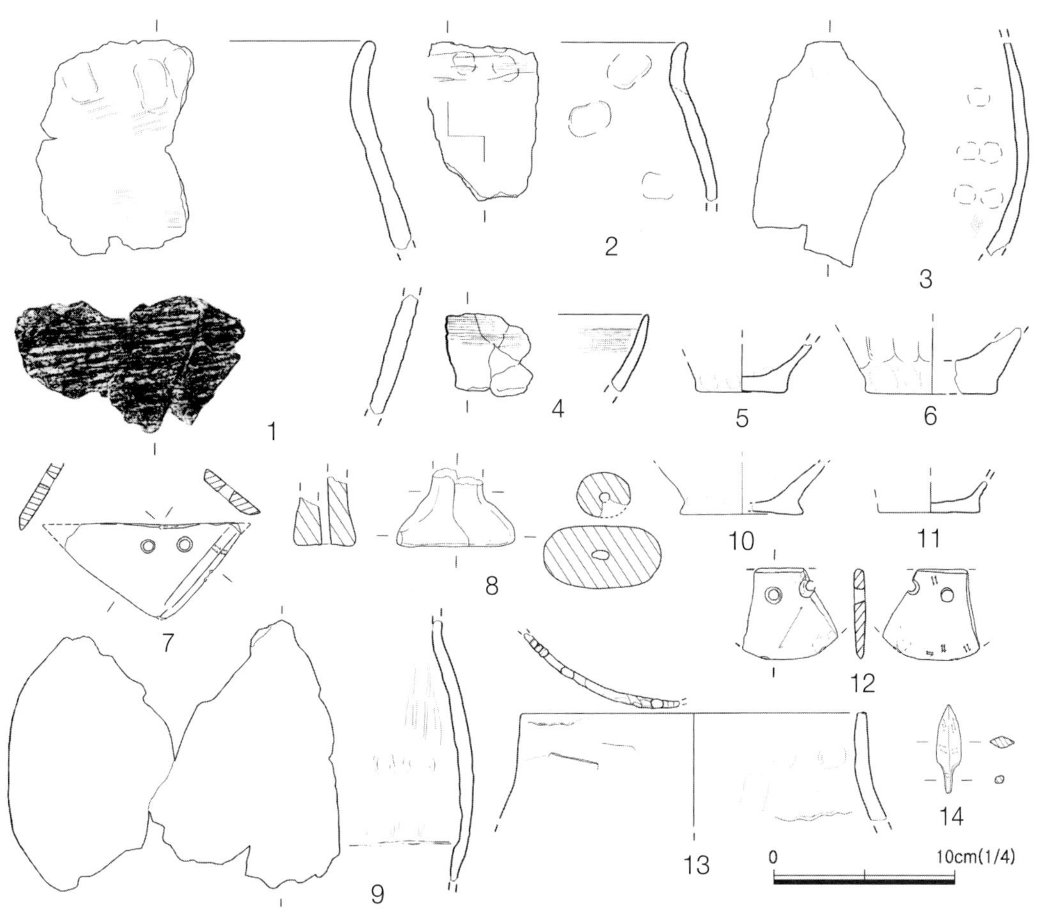

〈도면 124〉 청양 분향리유적(1호 : 1~8 / 2호 : 9 / 4호 : 10 / 5호 : 11 / 6호 : 12 / 7호 : 13 / 8호 : 14)

청양지역 유물 속성일람표

청양 학암리유적

토기 속성일람

유구번호	도면번호	기고(잔존)	구경	저경	비고
I-1	122-1	(1.6)		7.0	단도마연
	122-2	(2.6)		6.8	단도마연
I-3	122-3	6.49	10.0	8.4	
	122-6	(14.7)			적색마연
II-1	122-9	(11.1)		8.2	공렬문
	122-10	(14.1)		8.2	이중구연, 단사선문, 공렬문

석기 속성일람

유구번호	도면번호	종류	길이	폭	두께	석재	비고
I-3	122-4	석착	4.6	1.4	0.6	점판암	이단경식
	122-5	석촉	(5.3)	1.5	0.6	셰일	이단경식
	122-7	석부	15.7	8.7	4.2	이암	주상편인
	122-8	석부	12.4	8.4	2.9	화강암	주상편인

청양 학암리(서천~공주간)유적

토기 속성일람

유구번호	도면번호	기고(잔존)	구경	저경	비고
I-2	122-11	25.1	13.0	8.0	
	122-12	18.6	12.0	6.9	
	122-13	11.6	10.8	6.8	
I-3	122-14	(5.0)			
I-5	122-17	(25.4)	16.2	8.2	
II-A-1	123-2			5.8	적색마연
	123-4	15.8	13.2	7.8	구순각목문
	123-5	(1.2)			점토대토기
	123-6	(1.75)		4.9	적색마연
II-A-3	123-7	(6.7)			
II-A-7	123-15	(7.15)			
II-A-8	123-17	(1.9)			적색마연
	123-18	(3.5)			적색마연
II-A-12	123-21			4.8	적색마연
	123-22	21.4	15.45	7.85	
	123-23	(22.0)	15.8	7.95	
II-C-3	123-25	(4.3)		6.3	적색마연

석기 속성일람

유구번호	도면번호	종류	길이	폭	두께	석재	비고
I-4	122-15	석착	3.6	1.85	0.85		
I-5	122-16	석촉	2.55	1.95	0.65		

유구번호	도면번호	종류	길이	폭	두께	석재	비고
I-7	123-1	석도	12.1	6.0	0.8		반월형
II-A-1	123-3	석부	15.2	3.3	3.85		유구
	123-8	석촉	6.5	1.3	0.6		일단경식
II-A-3	123-9	석검	(5.1)	2.4	0.8	이암	검신부
	123-10	석도	4.7	4.7	0.6	사암	삼각형
	123-11	석검	(3.85)	2.1	0.92	이암	병부
	123-12	석부	9.5	5.45	2.2		합인
II-A-5	123-13	석부	6.0	3.15	1.1	이암	편평편인
	123-14	석촉	3.0	1.4	0.45	이암	일단경식
II-A-7	123-16	석촉	7.28	1.72	0.75		일단경식
II-A-9	123-19	석촉	3.8	1.4	0.45	이암	일단경식
II-A-11	123-20	석부	3.7	2.7	0.9	이암	편평편인
II-A-12	123-24	석부	8.1	6.0	1.7	이암	합인

청양 분향리유적

토기 속성일람

유구번호	도면번호	기고(잔존)	구경	저경	비고
	123-26	(4.7)			적색마연
	123-27	(7.28)	11.0		
	123-28	(4.3)	12.4		
	124-1	(11.0)			원시타날문
1호	124-2	(8.4)			
	124-3	(11.3)			갈색마연
	124-4	(4.05)			적색마연
	124-5	(2.55)		5.6	갈색마연
	124-6	(3.5)		7.4	흑색마연
2호	124-9	(14.0)			적색마연
4호	124-10	(2.8)		6.7	적색마연
5호	124-11	(1.68)		5.6	갈색마연
7호	124-13	(5.7)			구순각목문

석기 속성일람

유구번호	도면번호	종류	길이	폭	두께	석재	비고
1호	124-7	석도	9.7	5.0	0.65		삼각형
	124-8	석검	(4.1)	6.5	2.9		검파두식
6호	124-12	석도	6.2	5.4	0.7		반월형
8호	124-14	석촉	4.7	1.4	0.6		일단경식

공주시

1. 장원리유적
2. 귀산리유적
3. 신영리 여드니유적
4. 태봉동유적
5. 제천리유적
6. 신관동유적
7. 산의리유적
8. 장선리유적
9. 안영리유적
10. 안영리 새터유적

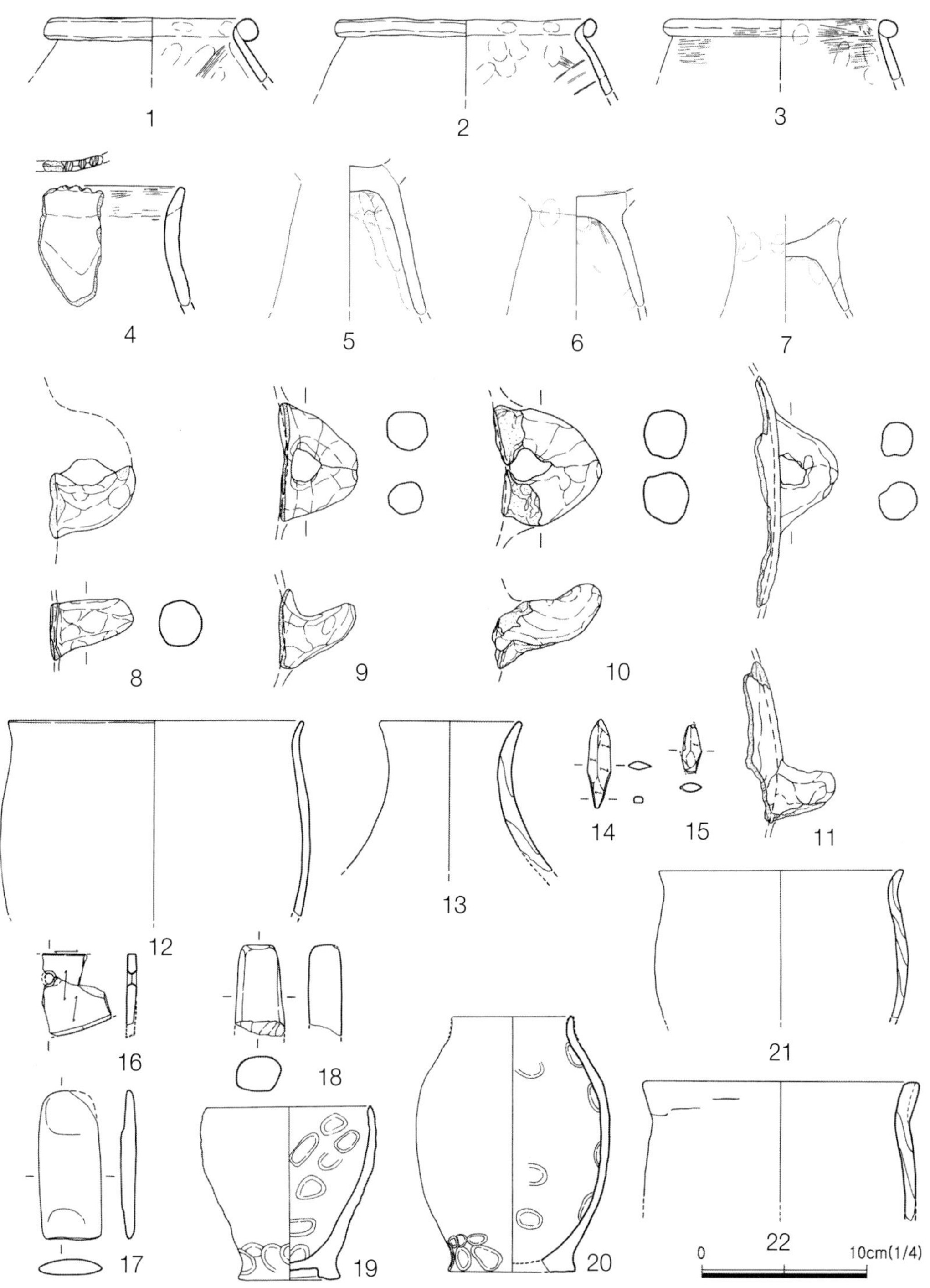

〈도면 125〉 공주 장원리유적(1호 : 1~11), 공주 귀산리유적(1호 : 12호 / 2호 : 13~16 / 3호 : 17~22)

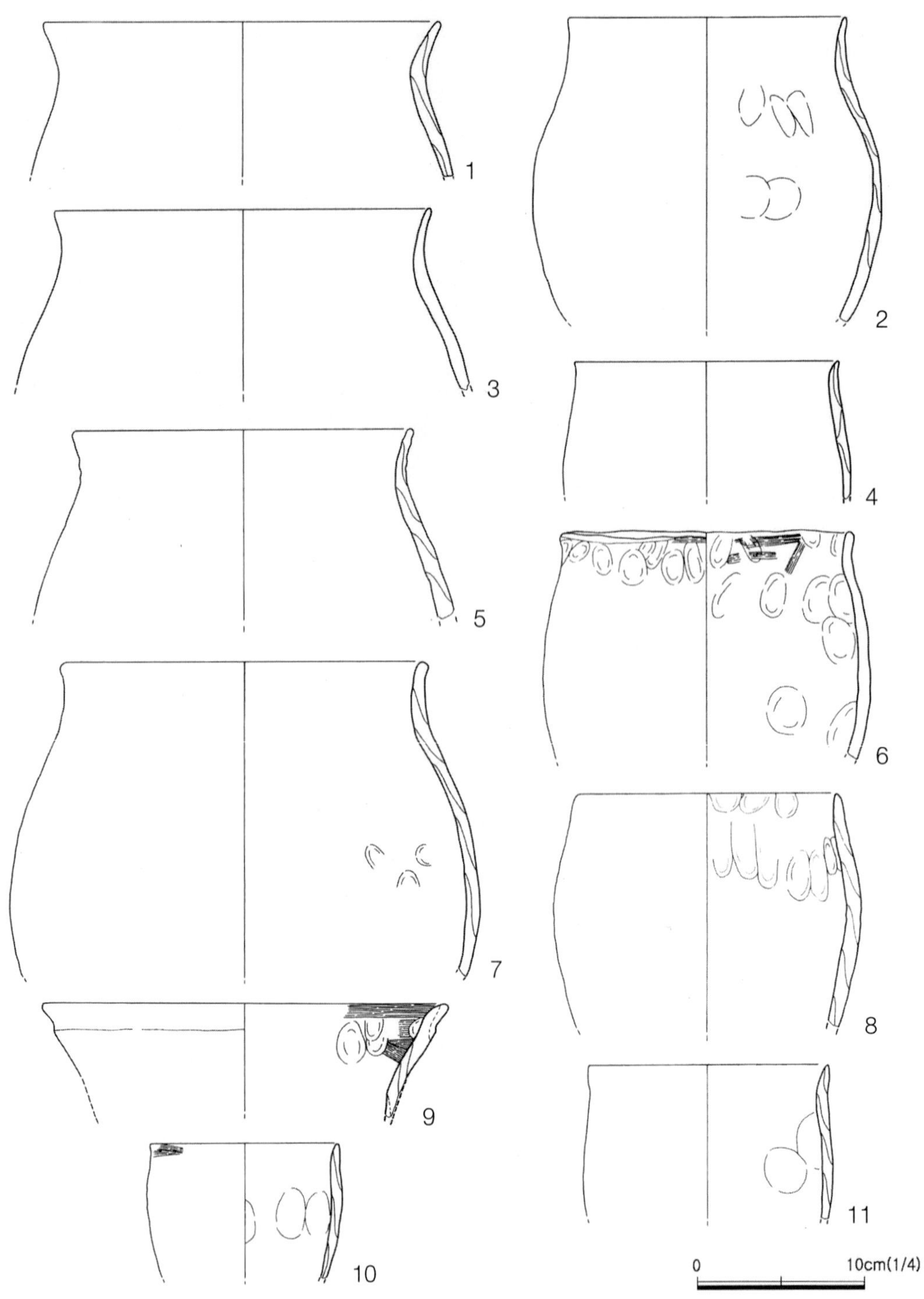

〈도면 126〉 공주 귀산리유적(3호 : 1~11)

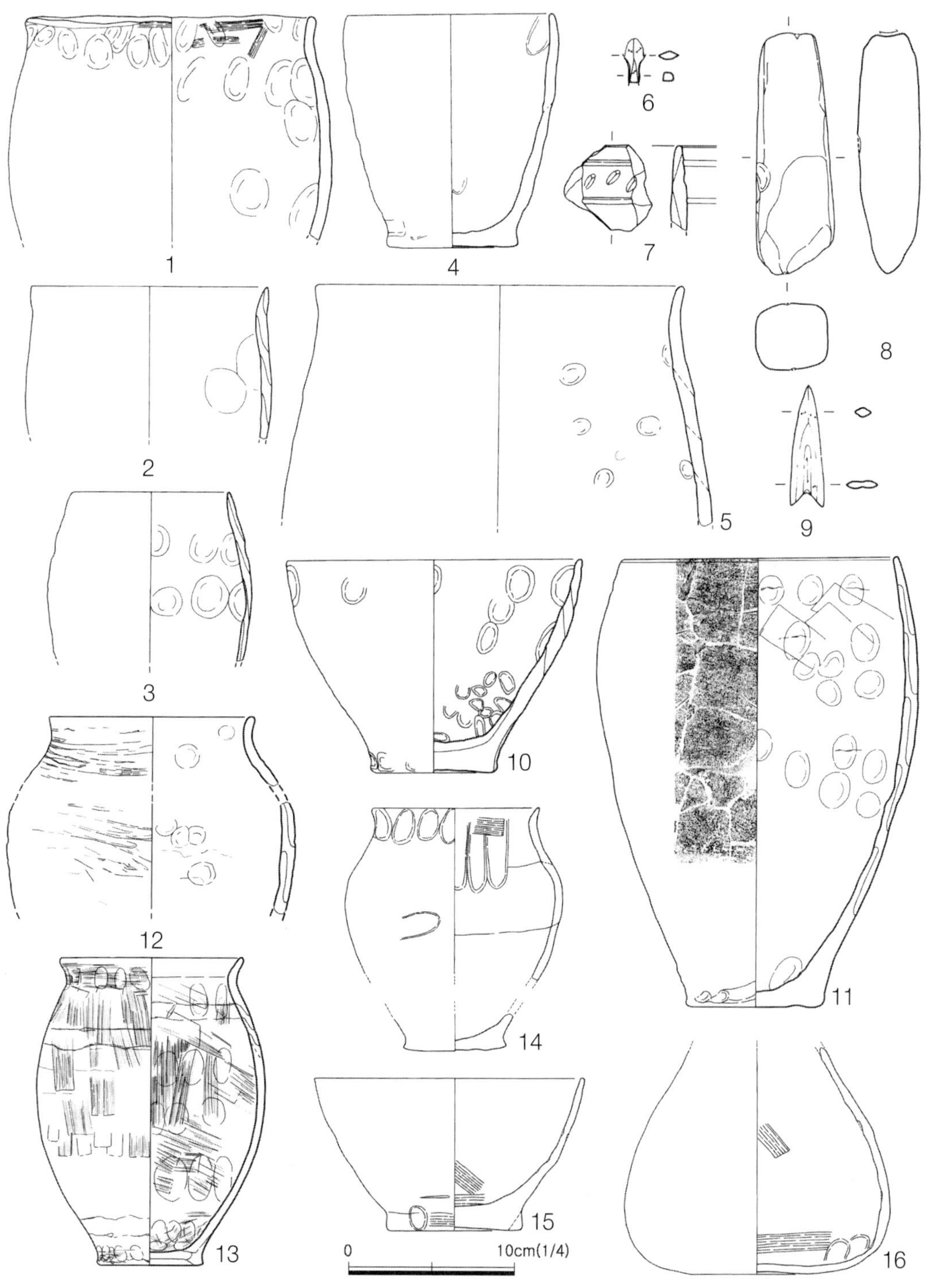

〈도면 127〉 공주 귀산리유적(3호 : 1~3 / 4호 : 4~6 / II-2호 : 7~8 / II-4호 : 9~10),
　　　　　공주 신영리 여드니유적(1호 : 11 / 2호 : 12 / 4호 : 13), 공주 태봉동유적(1호 : 14~15 / 2호 : 16)

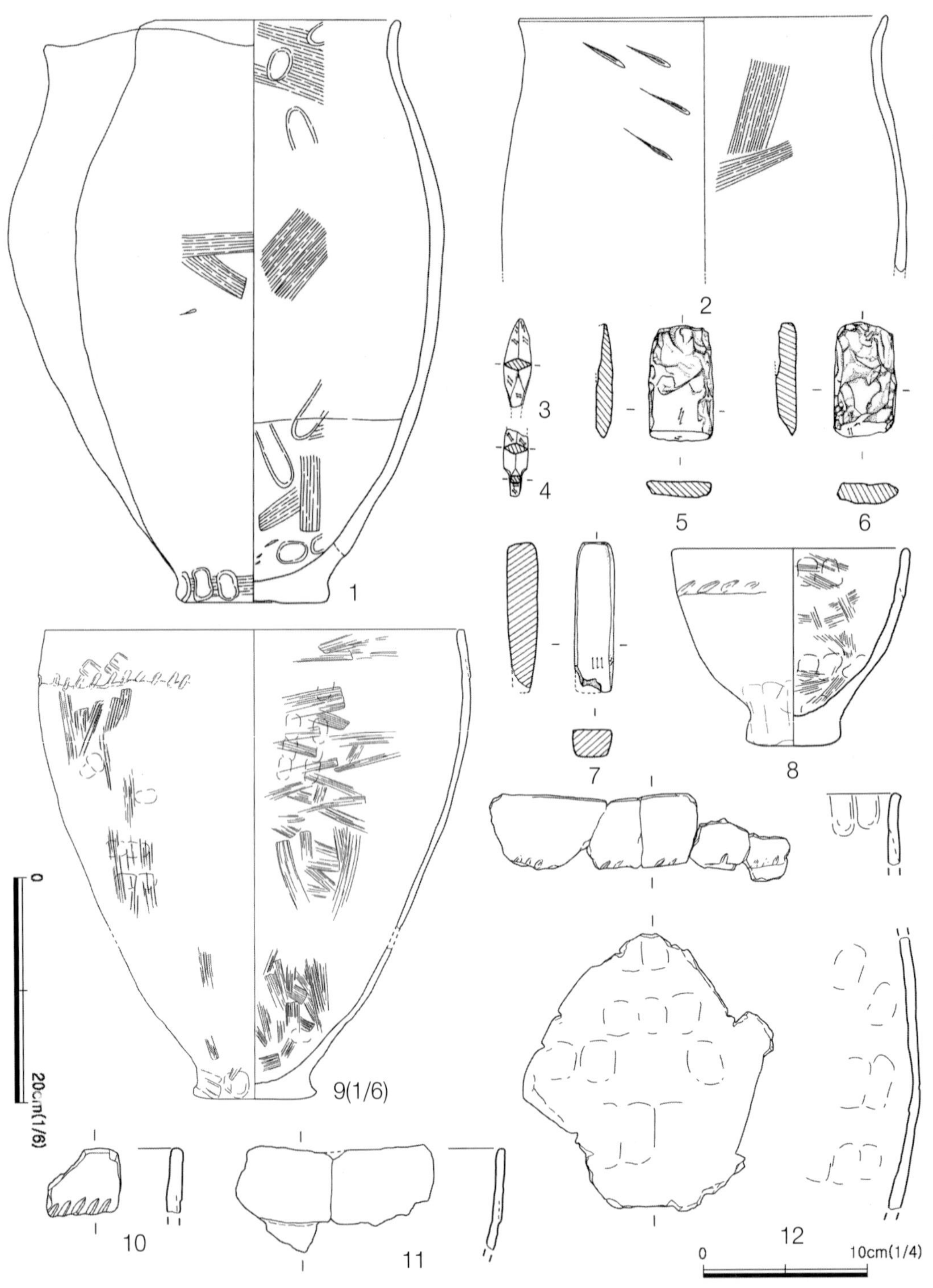

〈도면 128〉 공주 태봉동유적(2호 : 1~7), 공주 제천리유적(1호 : 8~9 / 2호 : 10~12)

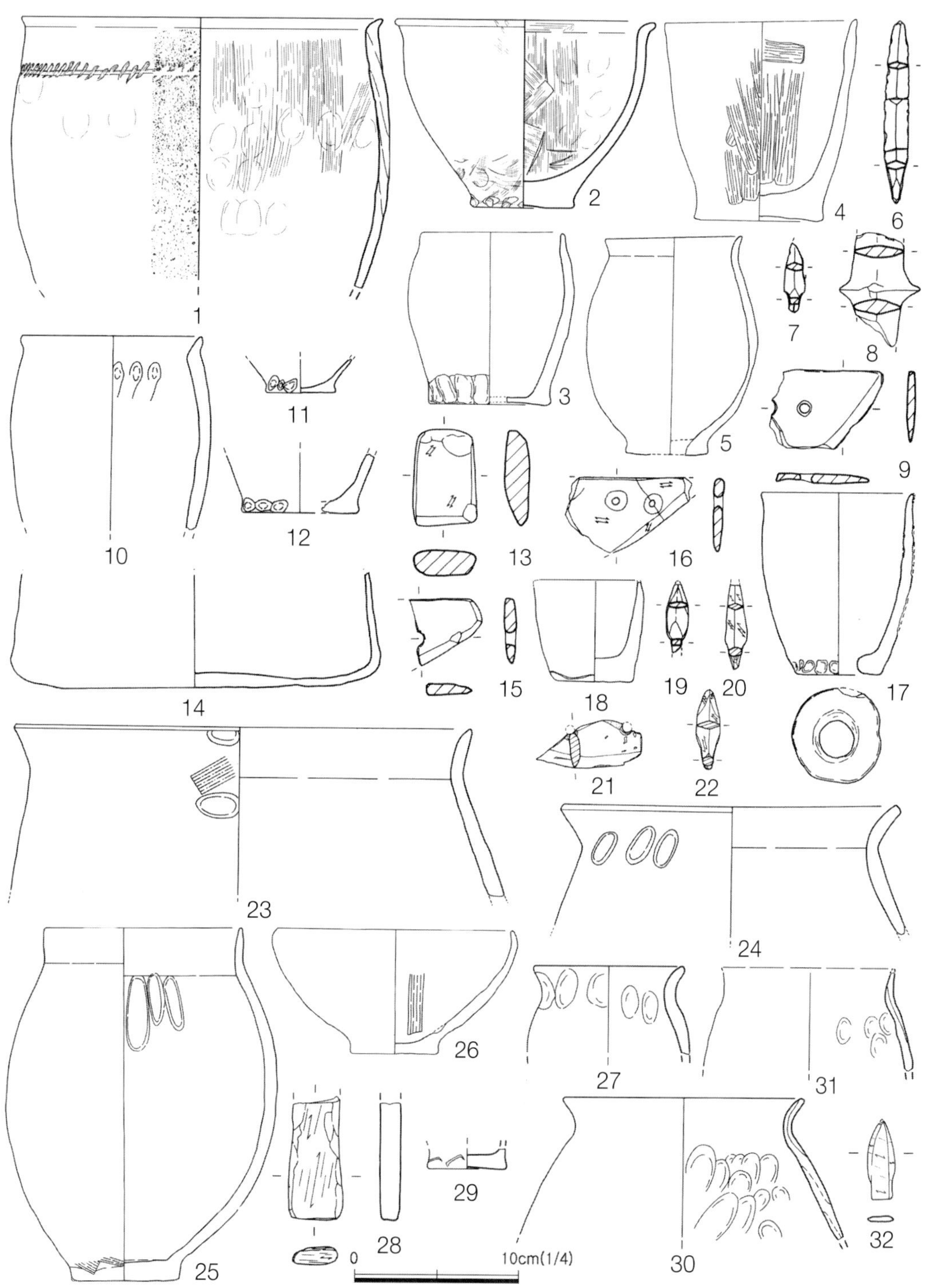

〈도면 129〉 공주 신관동유적(1호 : 1~2), 공주 산의리유적(6호 : 3~4 / 7호 : 5), 공주 장선리유적(1호 : 6~13 / 2호 : 14~15 / 3호 : 16~17 / 4호 : 18~19), 공주 안영리유적(3호 : 20 / 6호 : 21~24 / 9호 : 25~26), 공주 안영리 새터유적(2호 : 27 / 3호 : 28~30 / 4호 : 31~32)

공주지역 유물 속성일람표

<table>
<tr><td colspan="6" align="center">공주 장원리유적</td></tr>
</table>

토기 속성일람

유구번호	도면번호	기고(잔존)	구경	저경	비고
1호	125-1	(4.0)	12.9		점토대토기
	125-2	(5.0)	15.6		점토대토기
	125-3	(3.2)	14.2		점토대토기
	125-4	(6.7)			구순각목문
	125-5	(8.4)			대각
	125-6	(6.4)			대각
	125-7	(4.7)			대각
	125-8	(7.2)			고리형 파수부
	125-9	(4.3)			고리형 파수부
	125-10	(6.2)			고리형 파수부
	125-11	(14.0)			고리형 파수부

<table>
<tr><td colspan="6" align="center">공주 귀산리유적</td></tr>
</table>

토기 속성일람

유구번호	도면번호	기고(잔존)	구경	저경	비고
1호	125-12	(12.0)	17.4		
2호	125-13	(9.2)	8.0		
3호	125-19	10.1	9.8	6.2	
	125-20	14.4	7.2	7.6	
	125-21	(9.2)	14.4		
	125-22	(8.0)	16.8		
	126-1	(9.2)	11.8		
	126-2	(18.0)	16.8		
	126-3	(10.5)	23.1		
	126-4	(8.0)	16.0		
	126-5	(11.3)	19.8		
	126-6	(15.6)	19.6		
	126-7	(18.5)	12.0		
	126-8	(14.4)	15.6		
	126-9	(6.5)	24.8		
	126-10	(8.4)	11.4		
	126-11	(11.4)	14.4		
	127-1	(13.6)	17.6		
	127-2	(9.6)	14.0		
	127-3	(10.8)	9.6		
4호	127-4	14.0	12.4		
	127-5	(14.8)	20.4		

유구번호	도면번호	길이	폭	두께	
II-2호	127-7	(5.2)			
II-4호	127-10	12.8	18.0	7.6	

석기 속성일람

유구번호	도면번호	종류	길이	폭	두께	석재	비고
2호	125-14	석촉	5.1	1.3	0.4		유경식
	125-15	석촉	(2.9)	1.2	0.4		
	125-16	석도	(3.7)	4.7	0.6		
3호	125-17	석검	8.6	3.7	0.9		
	125-18	석부	(5.2)	2.7	2.0		
	127-6	석촉	2.5	1.3	0.4		유경식
II-2호	127-8	석부	14.4	4.8	4.0		
II-4호	127-9	석촉	7.2	2.0	0.4		삼각만입

공주 신영리 여드니유적

토기 속성일람

유구번호	도면번호	기고(잔존)	구경	저경	비고
1호	127-11	26.7	16.9	8.3	
3호	127-12	(13.9)	10.3		
4호	127-13	18.9	11.6	6.8	

공주 태봉동유적

토기 속성일람

유구번호	도면번호	기고(잔존)	구경	저경	비고
1호	127-14	15.4	11	6.9	적색마연
	127-15	9.6	17.8	8.8	
2호	127-16	(14.3)			단도마연
	128-1	31.3	19.0	10.7	
	128-2	(15.0)	22.4		

석기 속성일람

유구번호	도면번호	종류	길이	폭	두께	석재	비고
2호	128-3	석촉	(5.7)	1.8	0.7	사암	
	128-4	석촉	(4.2)	1.7	0.7	사암	
	128-5	석부	7.4	4.3	1.0	이암	편평편인
	128-6	석부	7.2	4.1	1.9	이암	편평편인
	128-7	석부	(9.4)	2.6	1.9	사암	

공주 제천리유적

토기 속성일람

유구번호	도면번호	기고(잔존)	구경	저경	비고
1호	128-8	11.6	14.7	5.8	이중구연 단사선문
	128-9	42.2	11.4	38.8	이중구연 단사선문
2호	128-10	(3.9)			이중구연 단사선문
	128-11	(4.4)			이중구연
	128-12	(16.4)			이중구연 단사선문

공주 신관동유적

토기 속성일람

유구번호	도면번호	기고(잔존)	구경	저경	비고
1호	129-1	(16.8)	22.4		단사선문
	129-2	11.2	16.0	3.4	

공주 산의리유적

토기 속성일람

유구번호	도면번호	기고(잔존)	구경	저경	비고
6호	129-3	9.7	8.0	7.1	
	129-4	11.3	11.2	7.7	
7호	129-5	12.8	8.0	6.2	

공주 장선리유적

토기 속성일람

유구번호	도면번호	기고(잔존)	구경	저경	비고
1호	129-10	(12)	15.2		
	129-11	(2.0)		(6.0)	적색마연
	129-12	(3.6)		7.5	적색마연
2호	129-14	(6.8)		23.2	적색마연
3호	129-17	10.8	9.2	5.2	
4호	129-18	4.4	4.3	3.2	컵형

석기 속성일람

유구번호	도면번호	종류	길이	폭	두께	석재	비고
1호	129-6	석촉	10.8	1.6	0.52	점판암	유경식
	129-7	석촉	4.1	1.3	0.42	점판암	
	129-8	석검	(6.3)	5.2	0.7	사암	
	129-9	석도	(6.0)	4.6	0.5	점판암	주형
	129-13	석착	5.8	4.0	1.5	점판암	편평편인
2호	129-15	석도	(4.5)	4.0	0.8	점판암	
3호	129-16	석도	(7.5)	0.7	0.5	점판암	
4호	129-19	석촉	(4.4)	1.6	0.4		

공주 안영리유적

토기 속성일람

유구번호	도면번호	기고(잔존)	구경	저경	비고
6호	129-23	(11.0)	(27.5)		
	129-24	(7.7)	(20.8)		
9호	129-25	22.3	(16.7)	7.1	
	129-26	7.6	(15)	5.5	적색마연

석기 속성일람

유구번호	도면번호	종류	길이	폭	두께	석재	비고
3호	129-20	석촉	(4.6)	1.2	0.4	사암	일단경식

| 6호 | 129-21 | 석도 | (6.3) | 2.7 | 0.6 | 점판암 | |
| | 129-22 | 석촉 | 4.5 | 1.5 | 0.5 | 사암 | 일단경식 |

공주 안영리 새터유적

토기 속성일람

유구번호	도면번호	기고(잔존)	구경	저경	비고
2호	129-27	(5.2)	9.0		
3호	129-29	(1.2)		4.6	적색마연
	129-30	(8.4)	14.4		
4호	129-31	(6.2)	10.8		

석기 속성일람

유구번호	도면번호	종류	길이	폭	두께	석재	비고
3호	129-28	석검	(6.7)	3.2	1.2		
4호	129-32	석촉	4.6	1.6	0.3		

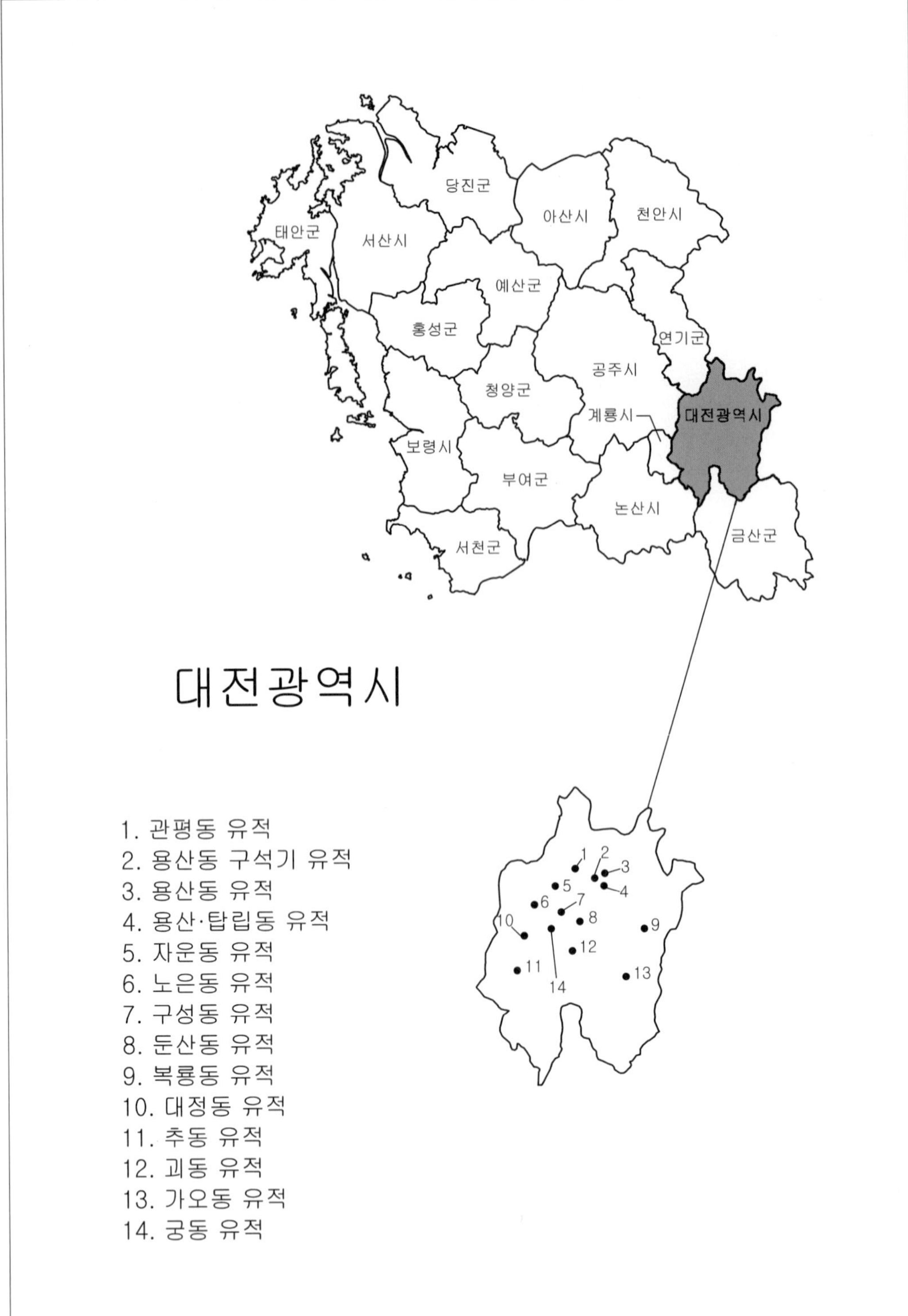

대전광역시

1. 관평동 유적
2. 용산동 구석기 유적
3. 용산동 유적
4. 용산·탑립동 유적
5. 자운동 유적
6. 노은동 유적
7. 구성동 유적
8. 둔산동 유적
9. 복룡동 유적
10. 대정동 유적
11. 추동 유적
12. 괴동 유적
13. 가오동 유적
14. 궁동 유적

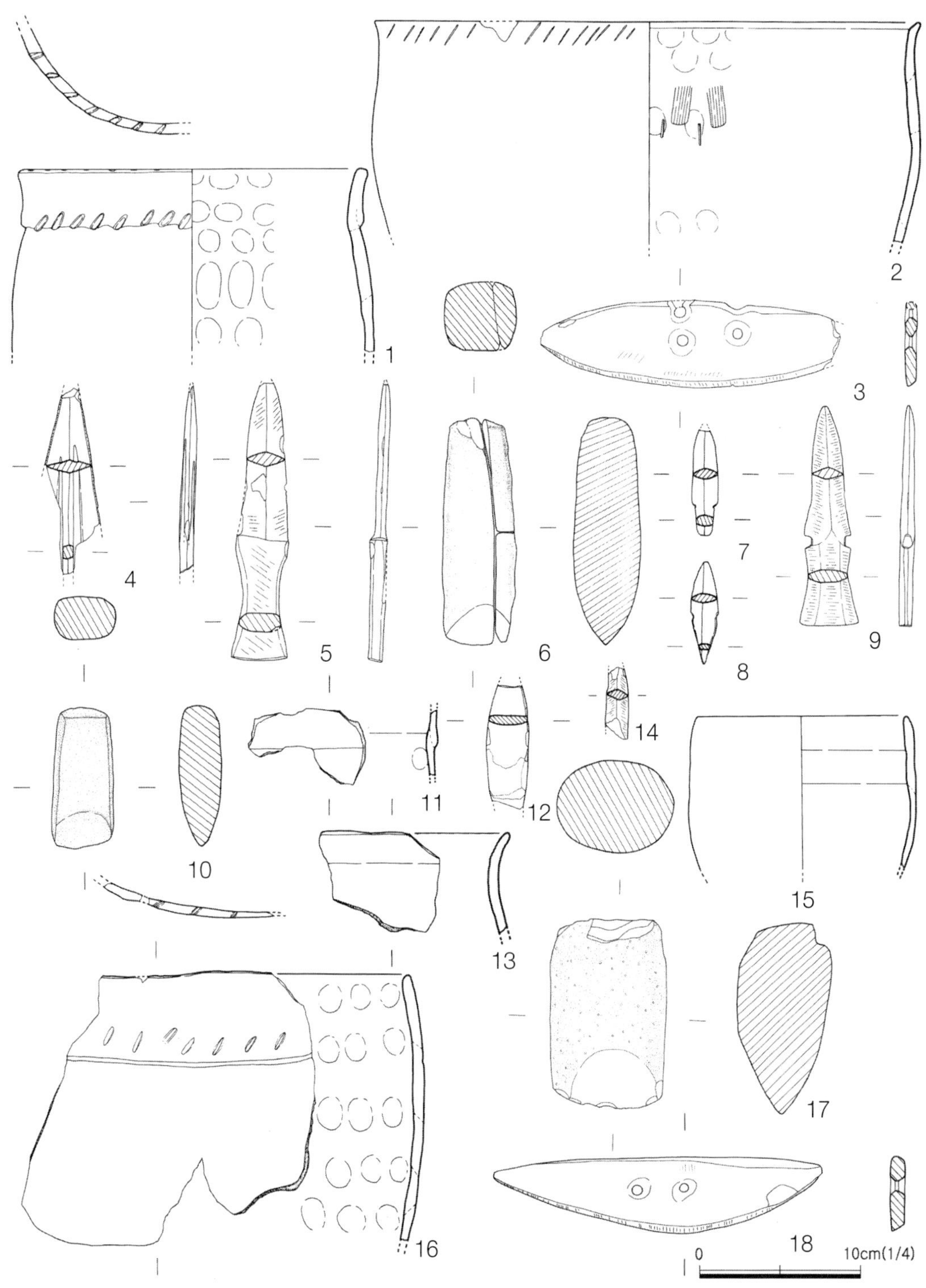

<도면 130> 대전 관평동유적(Ⅰ 1호 : 1 / Ⅱ-3호 : 2~8 / Ⅱ-4호 : 9~10 / Ⅱ-6호 : 11~12 / Ⅱ-8호 : 13~14 / Ⅱ-9호 : 15~18)

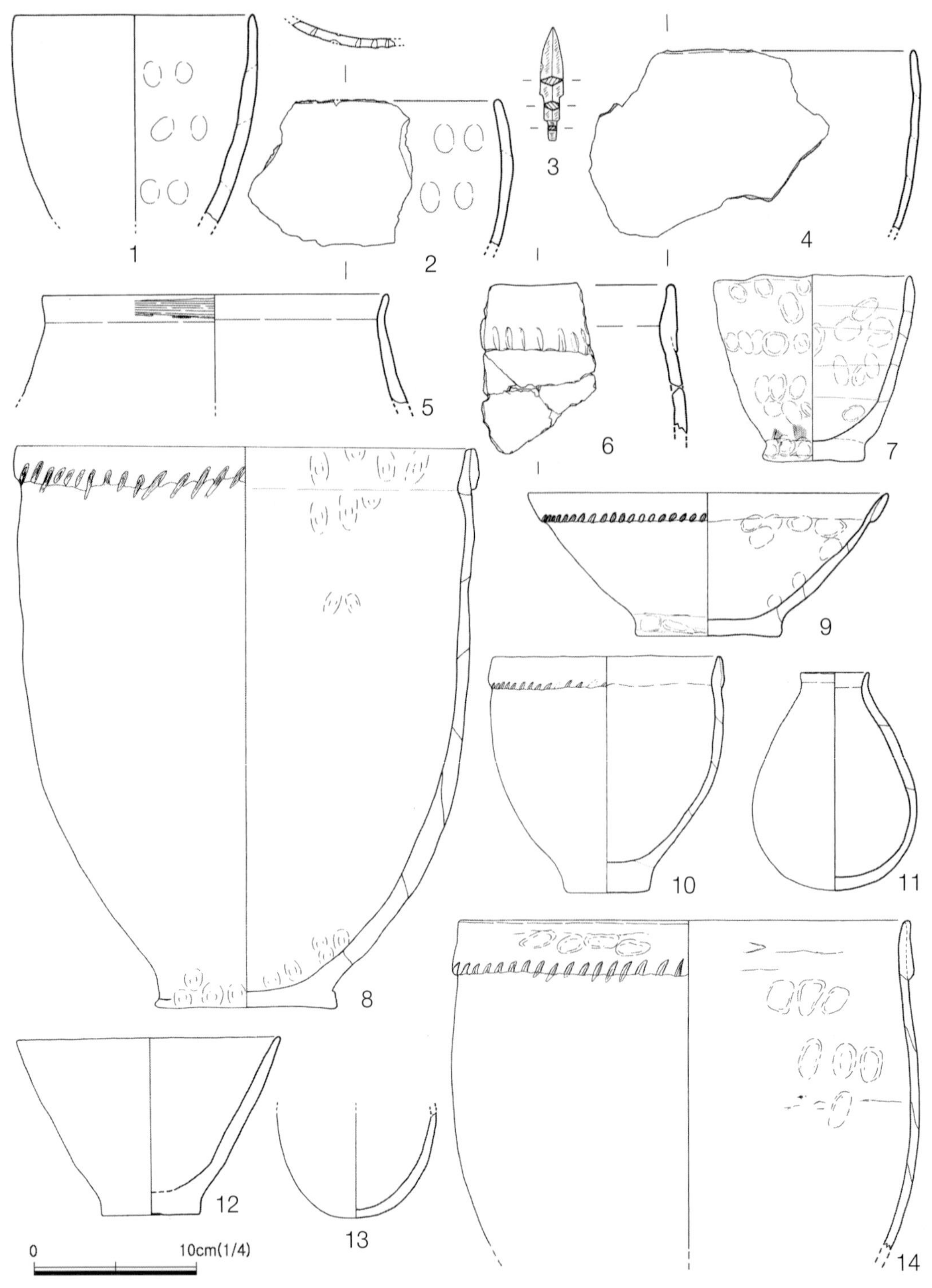

〈도면 131〉 대전 관평동유적(II-10호 : 1~3 / II-12호 : 4 / II-13호 : 5), 대전 용산동구석기유적(1호 : 6),
　　　　　대전 용산동유적(1호 : 7~14)

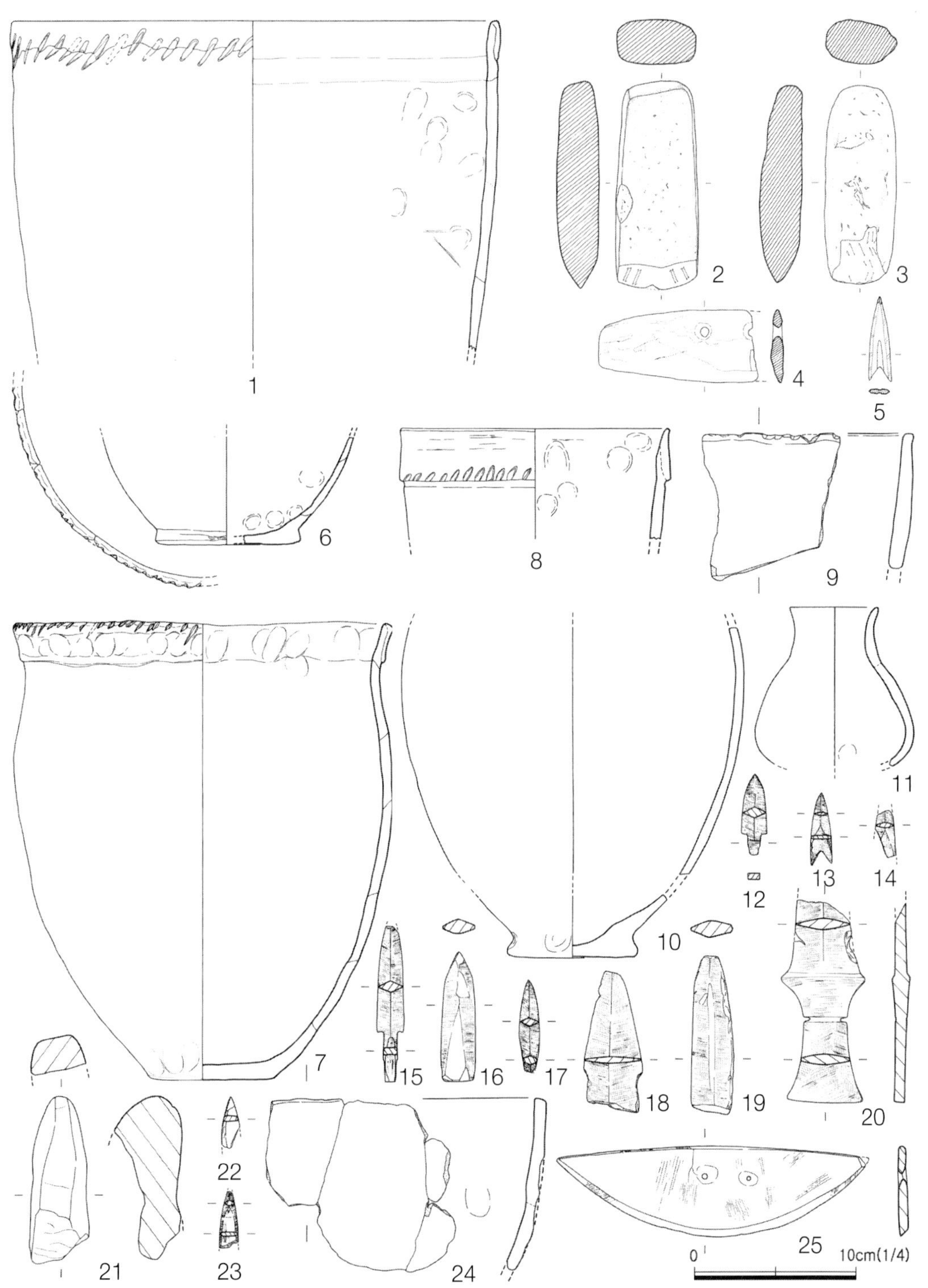

〈도면 132〉 대전 용산동유적(1호 : 1~6 / 2호 : 7~8), 대전 봉산·탑립동유적(2-1호 : 9~20 / 2-2호 : 21~24 / 2-3호 : 25)

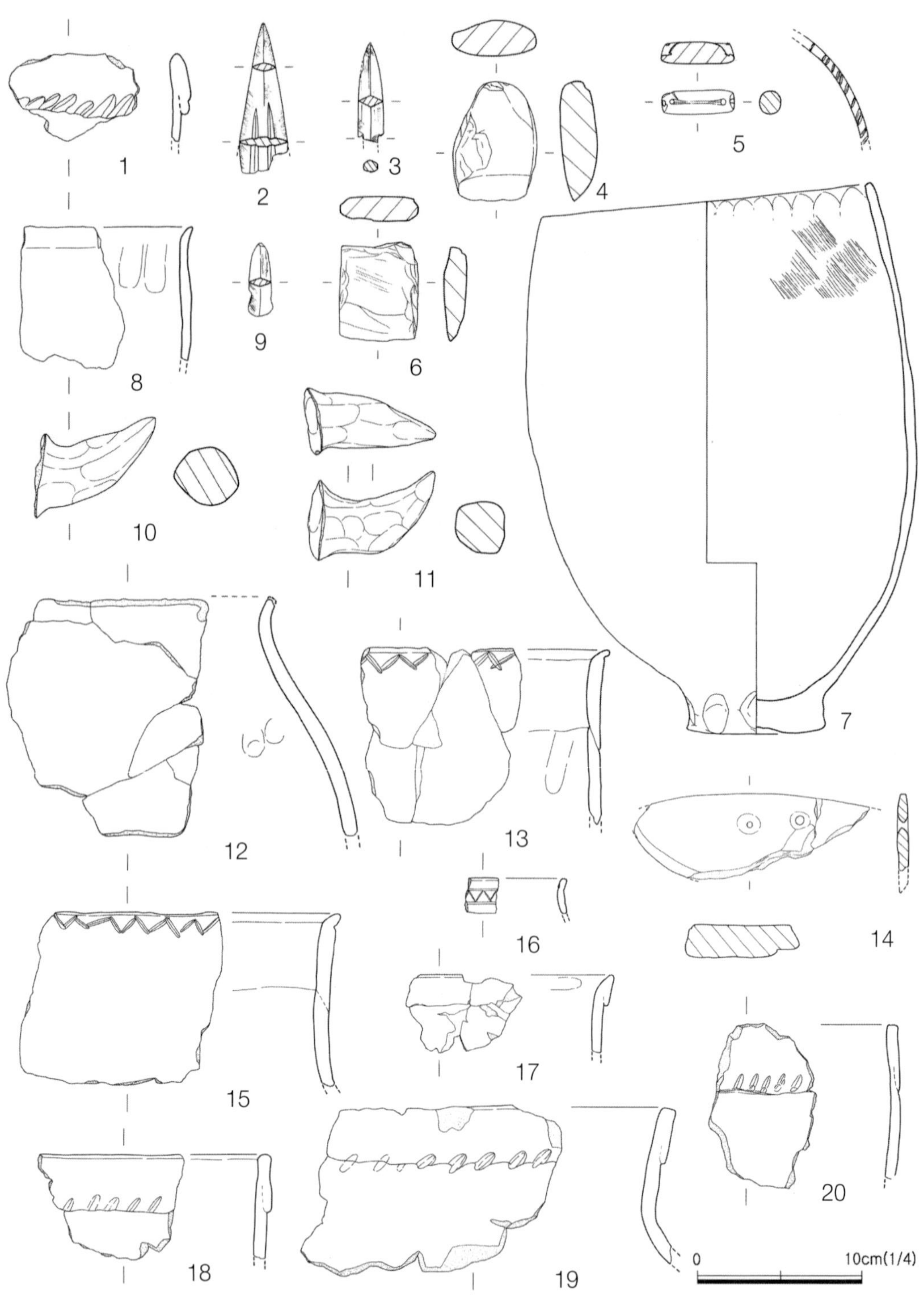

〈도면 133〉 대전 용산·탑립동유적(2-4호 : 1~5 / 2-5호 : 6~7 / 2-6호 : 8 / 2-7호 : 9/ 2-10호 : 10~11 / 2-12호 : 12 / 4-1호 : 13~15 / 4-2호 : 16~20)

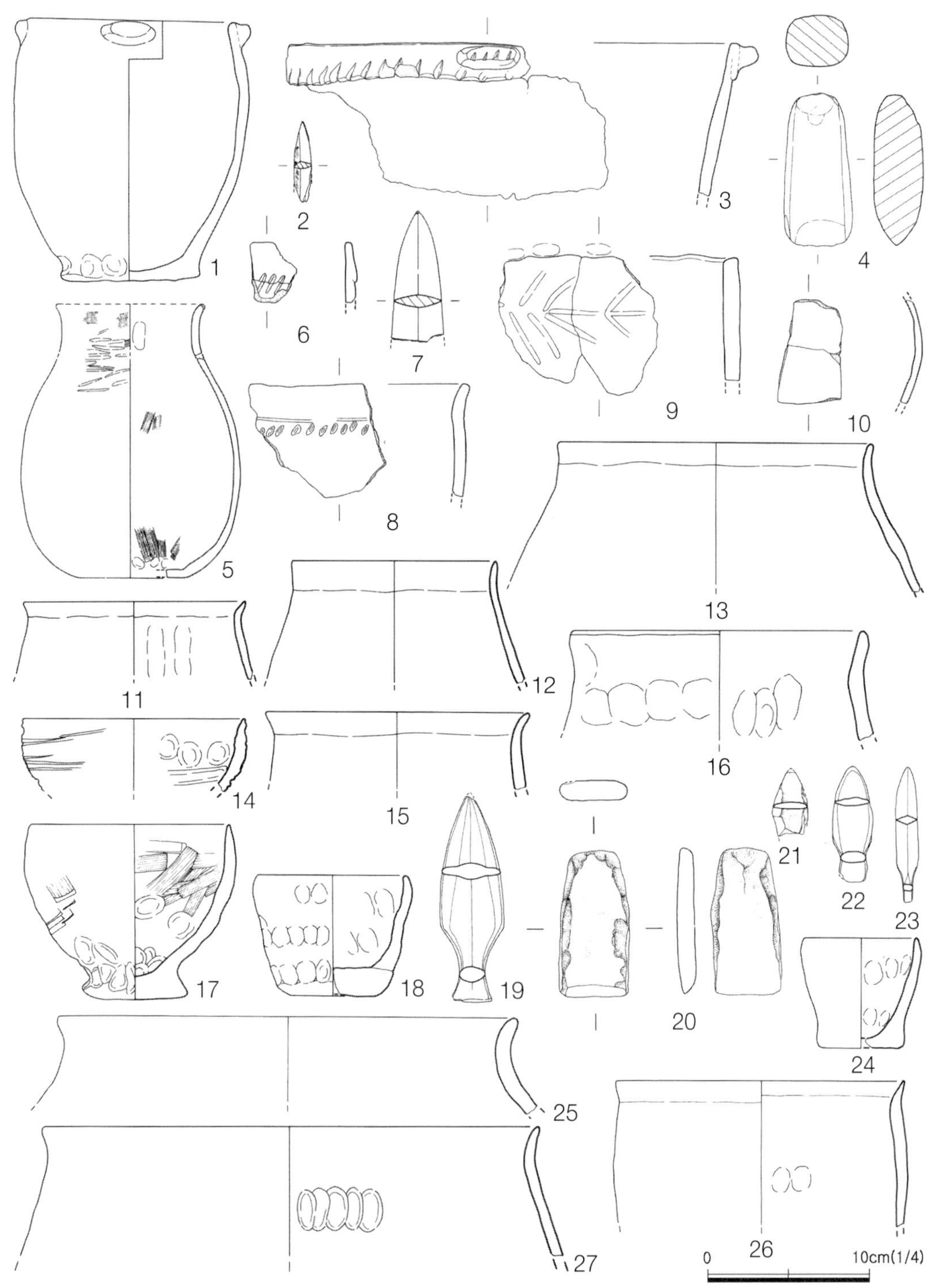

<도면 134> 대전 용산·탑립동유적(4-4호 : 1~2 / 4-5호 : 3 / 5-1호 : 4 / 6-10호 : 5~7 / 6-12호 : 8~10),
대전 자운동유적(II-1호 : 11~23 / II-3호 : 24~26 / II-4호 : 27)

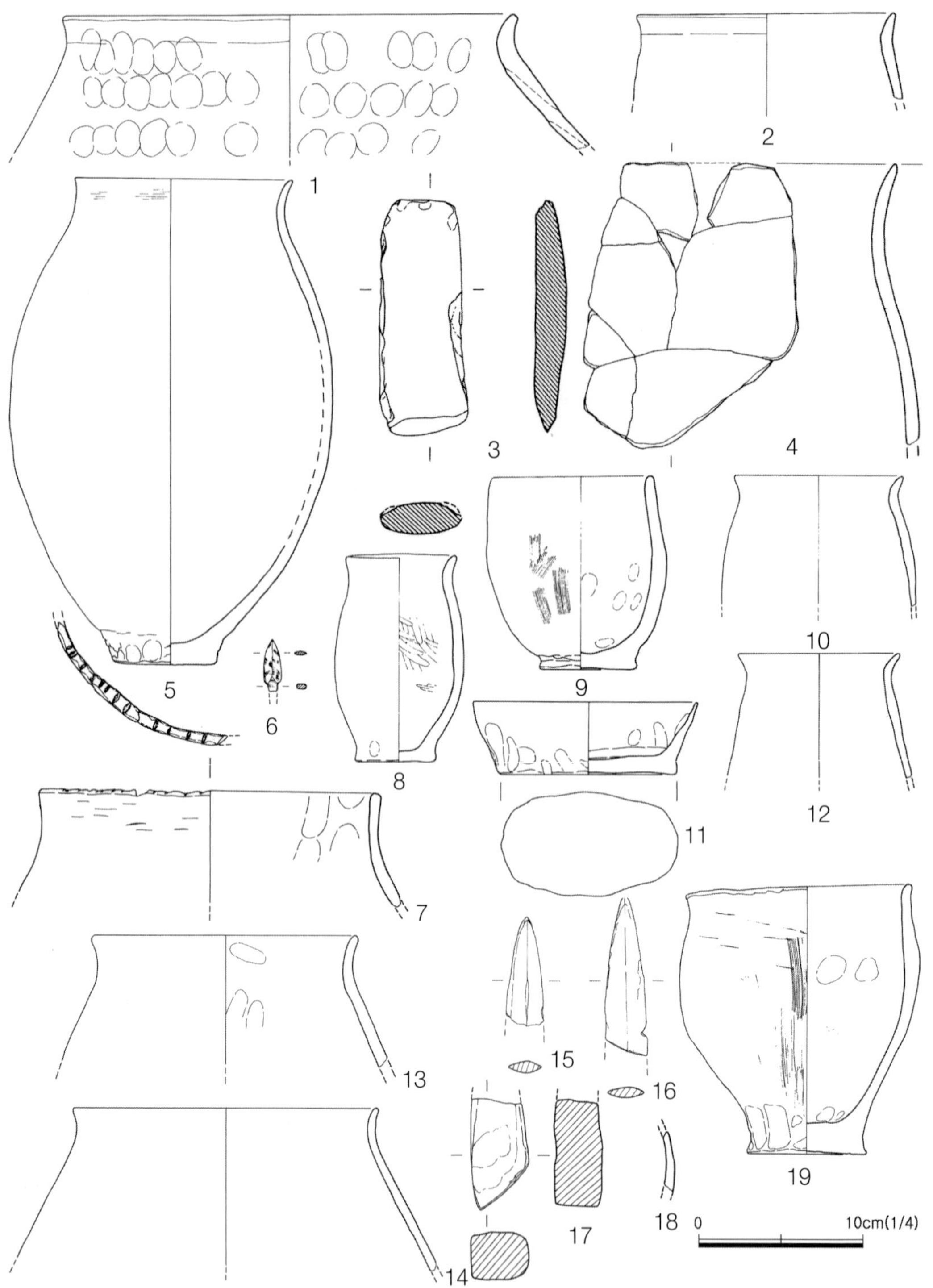

〈도면 135〉 대전 자운동유적(II-5호 : 1), 대전 노은동유적(A-1-1호 : 2~4), 대전 구성동유적(C-1호 : 5~7 /
C-2호 : 8~17 / C-3호 : 18 / C-4호 : 19)

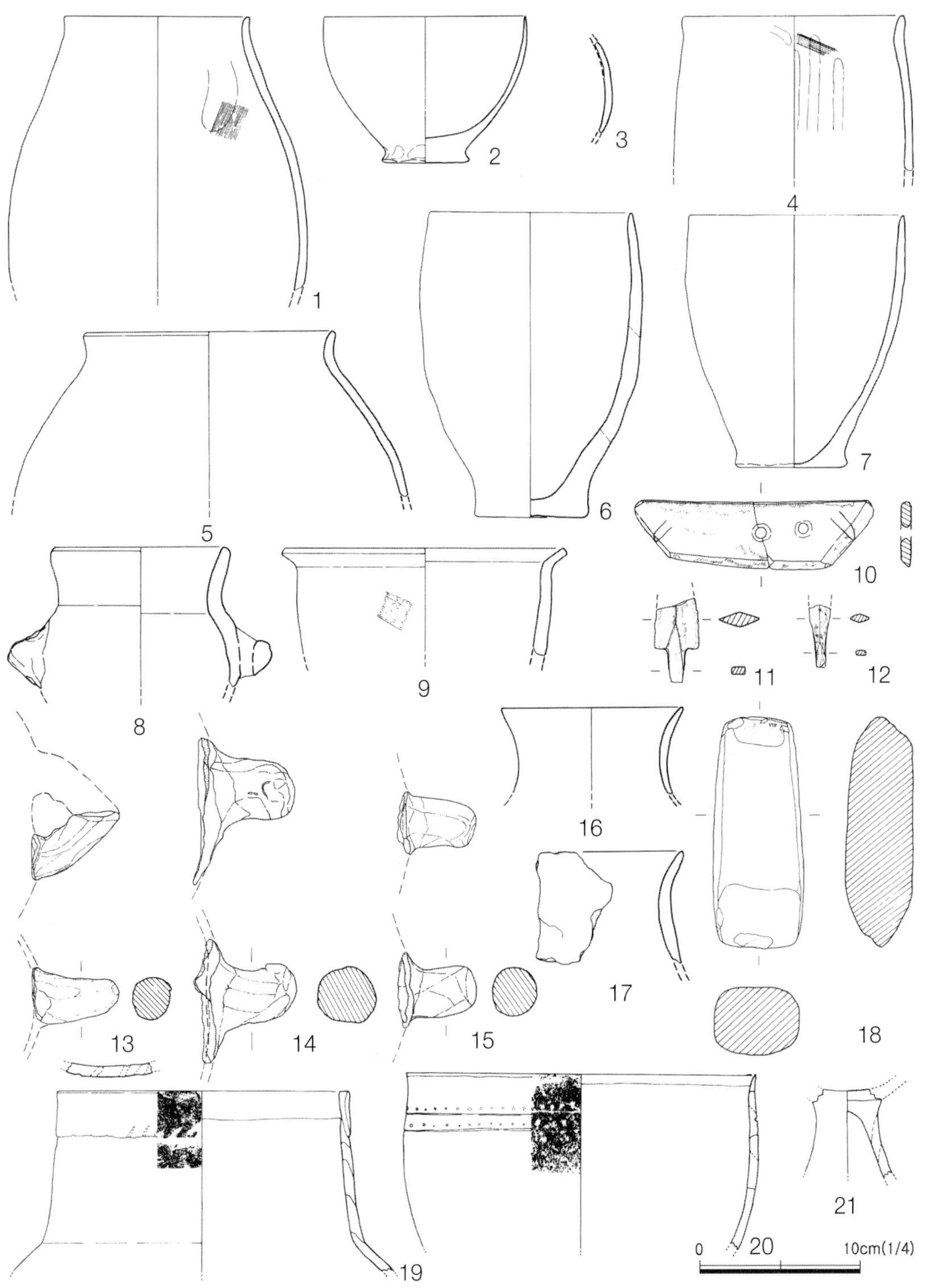

〈도면 136〉 대전 구성동유적(C-4호 : 1~4 / C-5호 : 5~15 / D-1호 : 16~18), 대전 둔산동유적(1호 : 19~21)

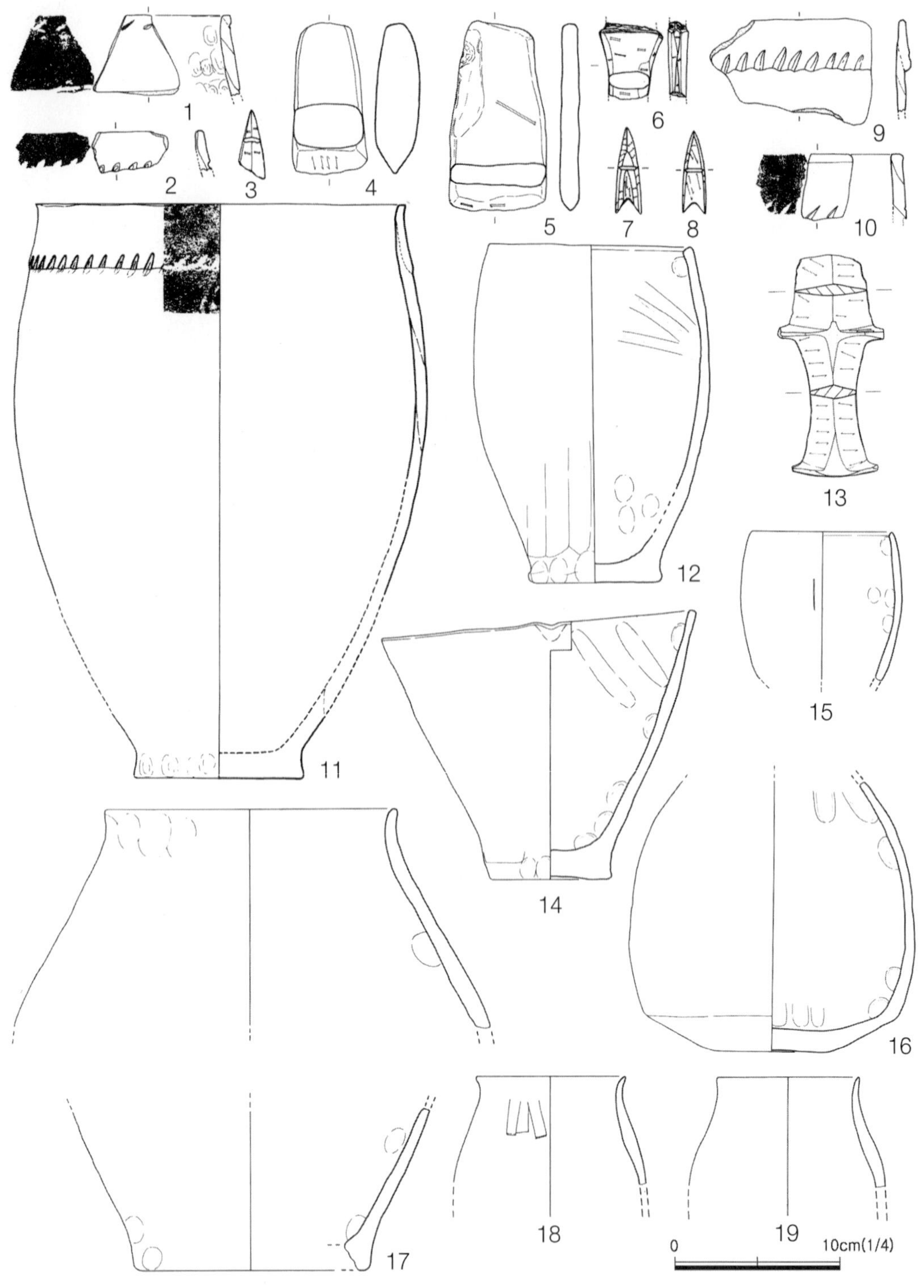

〈도면 137〉 대전 둔산동유적(1호 : 1~5 / 2호 : 6~9, 11 / 3호 : 10), 대전 복룡동유적(1호 : 12~13 / 2호 : 14~17),
대전 대정동유적(KC-001 : 18~19)

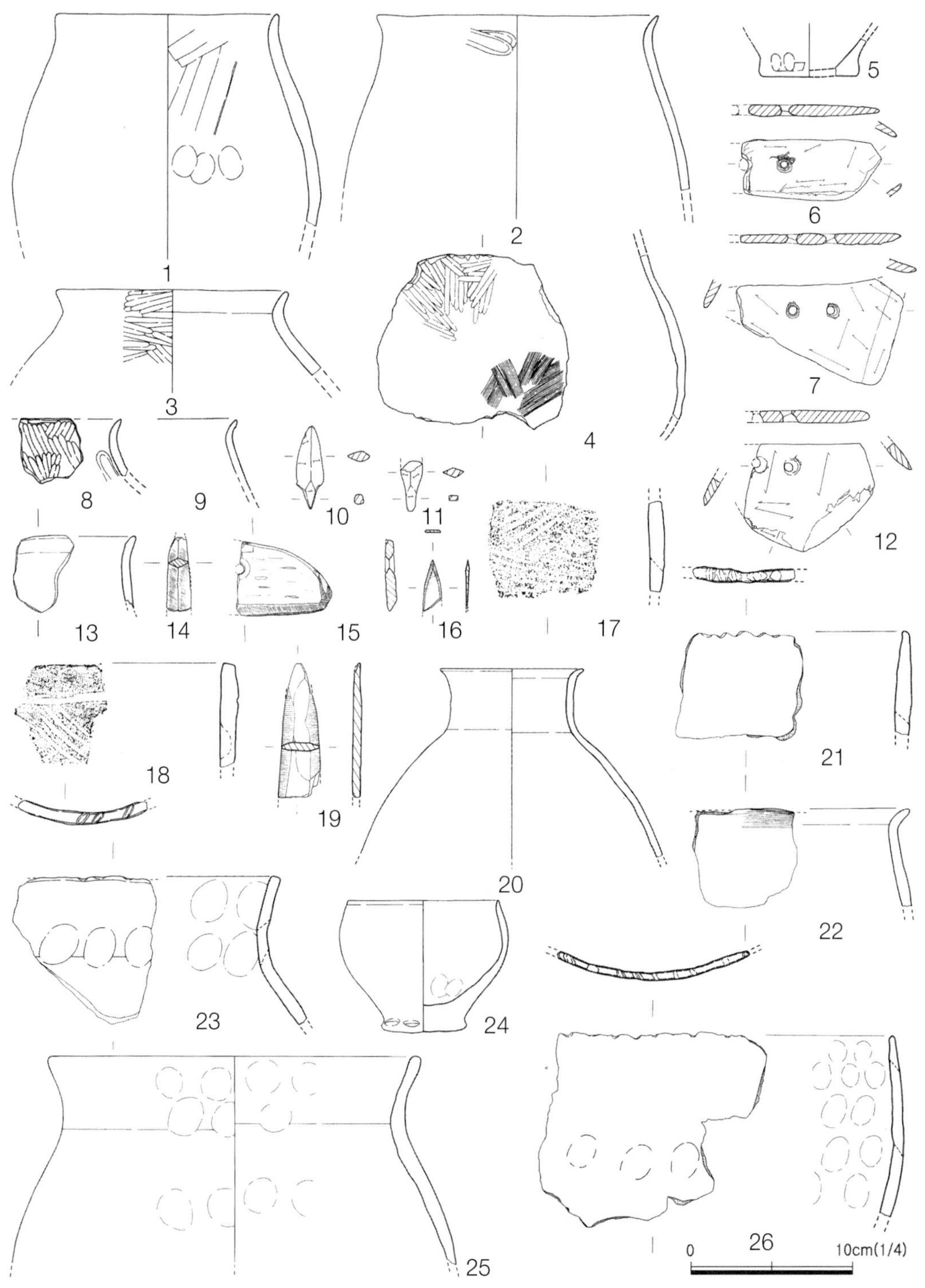

〈도면 138〉 대전 대정동유적(KC-001호 : 1~3 / KC-005호 : 4~6 / KC-006호 : 7~11 / KC-007호 : 12), 대전 추동유적
(1호 : 13~15), 대전 괴동유적(1호 : 16), 대전 기오동유적(1호 : 17 / 2호 : 18 / 3호 : 19 / 4호 : 20~26)

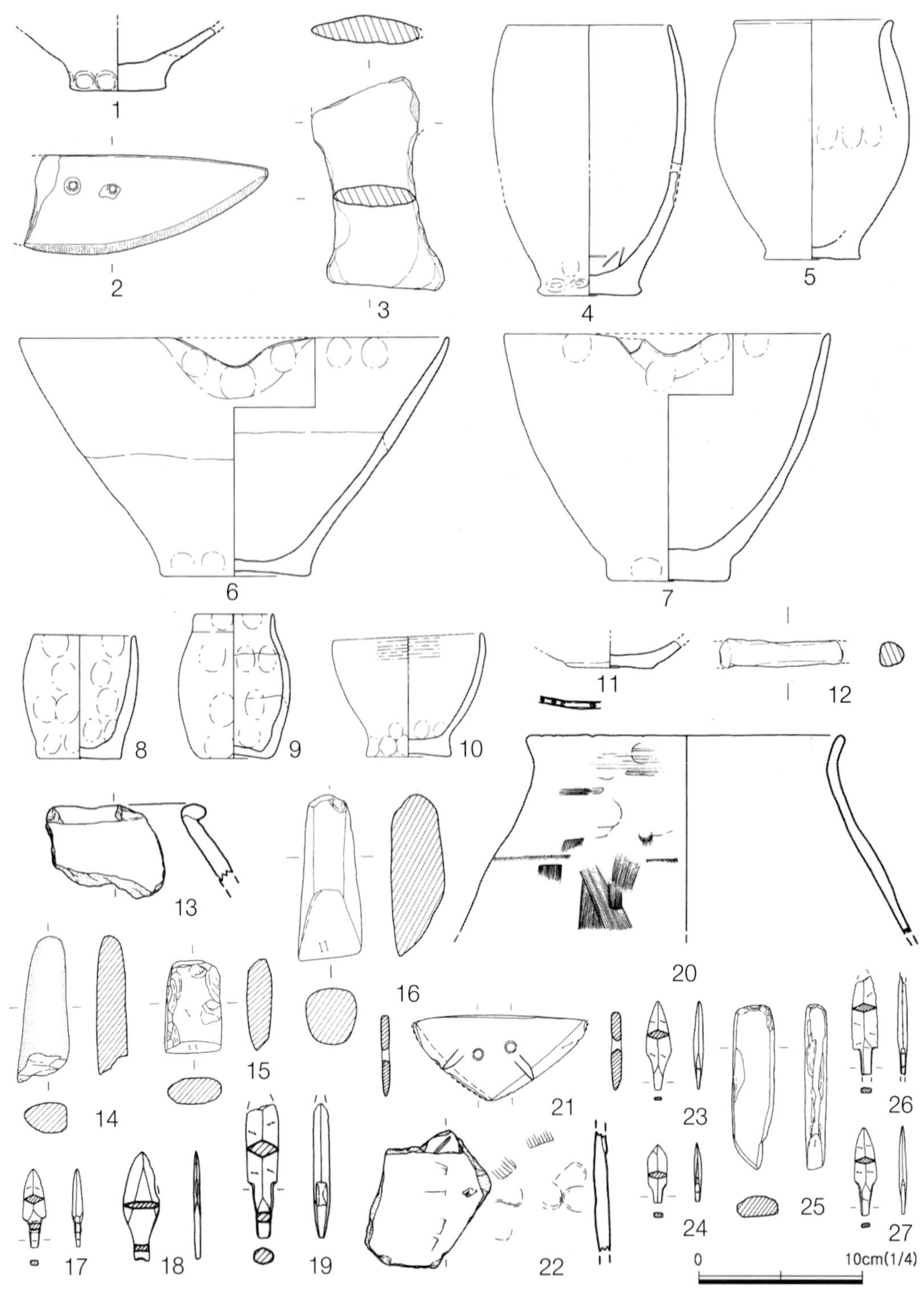

〈도면 139〉 대전 가오동유적(4호 : 1~3 / 8호 : 4~12), 대전 궁동유적(1호 : 13~17 / 3호 : 18~20 / 8호 : 21~25 / 10호 : 26~27)

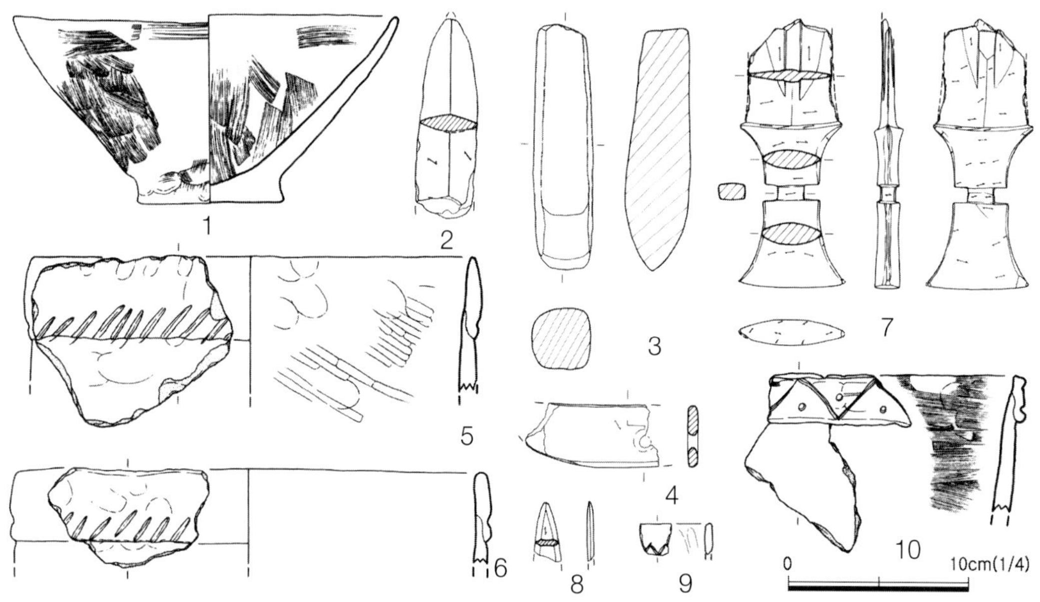

〈도면 140〉 대전 궁동유적(10호 : 1~4 / 장방형 2호 : 5~7 / 장방형 13호 : 8~10)

대전지역 유물 속성일람표

대전 관평동유적					

토기 속성일람

유구번호	도면번호	기고(잔존)	구경	저경	비고
I-1호	130-1	(11.0)	21.3		구순각목문, 단사선문, 이중구연
II-3호	130-2	(13.0)	33.7		단사선문
II-6호	130-11	(4.5)			이중구연
II-8호	130-13	(6.0)			적색마연
II-9호	130-15	(9.0)	13.2		
	130-16	(16.0)			구순각목문, 단사선문, 횡침선문
II-10호	131-1	(12.3)	14.8		
	131-2	(8.7)			구순각목문
II-12호	131-4	(6.0)			
II-13호	131-5	(6.0)			

석기 속성일람

유구번호	도면번호	종류	길이	폭	두께	석재	비고
II-3호	130-3	석도	18.3	5.2	0.7	편암	어형
	130-4	석검	11.0	2.8		점판암	유혈구
	130-5	석검	(16.5)			편암	일단병식

유구번호	도면번호	종류	길이	폭	두께	석재	비고
	130-6	석부	13.5	4.4	4.2	편암	합인
	130-7	석촉	6.2	1.5		편암	유경식
	130-8	석촉	6.2	1.7		편암	유경식
II-4호	130-9	석검	13.1			편암	일단병식
	130-10	석부	13.5	4.4	4.2	편암	합인
II-6호	130-12	석촉	5.8	1.6		편암	
II-8호	130-14	석촉	4.2	1.4		안산암	
II-9호	130-17	석부	11.1	7.0	5.7	편암	
	130-18	석도	20.1	4.6	0.9	셰일	주형
II-10호	131-3	석촉	6.8	1.4		편암	이단경식

<table><tr><td colspan="6" align="center">대전 용산동구석기유적</td></tr></table>

토기 속성일람

유구번호	도면번호	기고(잔존)	구경	저경	비고
1호	131-6	(10.2)			단사선문, 이중구연

<table><tr><td colspan="6" align="center">대전 용산동유적</td></tr></table>

토기 속성일람

유구번호	도면번호	기고(잔존)	구경	저경	비고
	131-7	10.9	12	6.2	
	131-8	33.3	28.1	11.4	단사선문, 이중구연
	131-9	8.5	22.0	8.7	단사선문, 이중구연
	131-10	14.0	14.0	5.0	단사선문, 이중구연
	131-11	(12.9)	4.2		적색마연
1호	131-12	10.5	16.2	6.0	
	131-13	(6.3)			적색마연
	131-14	19.2	28.0		단사선문, 이중구연
	132-1	19.6	29.7		단사선문, 이중구연
	132-6	(6.8)		9.0	마연
2호	132-7	26.9	23.2	7.8	구순각목문, 이중구연
	132-8	(6.6)	16.5		단사선문, 이중구연

석기 속성일람

유구번호	도면번호	종류	길이	폭	두께	석재	비고
	132-2	석부	12.5	5.0	2.5	화강편마암	
	132-3	석부	11.8	4.5	2.5	화강편마암	
1호	132-4	석도	10.0	4.2	0.7	편마암	장방형
	132-5	석촉	5.1	1.4	0.2	셰일	편평만입

<table><tr><td colspan="6" align="center">대전 용산·탑립동유적</td></tr></table>

토기 속성일람

유구번호	도면번호	기고(잔존)	구경	저경	비고
	132-9	(8.0)			구순각목문
2-1호	132-10	(19.5)		8.0	
	132-11	(9.4)	5.5		적색마연

유구번호	도면번호				비고
2-2호	132-24	(15.0)	10.2		
2-4호	133-1	(5.2)			단사선문, 이중구연
2-5호	133-7	32.4	20.3	8.4	구순각목문
2-6호	133-8	(7.9)			외반구연
2-10호	133-10	7.5			우각형 파수부
	133-11	7.5			우각형 파수부
2-12호	133-12	(13.8)			외반구연
4-1호	133-13	(10.3)			거치문
	133-15	(10.1)			거치문
4-2호	133-16	(2.1)			횡침선거치문
	133-17	(4.6)			이중구연
	133-18	(6.1)			이중구연, 단사선문
	133-19	(9.1)			이중구연, 단사선문
	133-20	(8.0)			이중구연, 단사선문
4-4호	134-1	15.3	12.4	8.4	절상돌대문
4-5호	134-3	(8.9)			이중구연, 단사선문, 절상돌대각목문
6-10호	134-5	16.0	8.8	4.8	적색마연
	134-6	(3.5)			이중구연, 단사선문
6-12호	134-8	(6.6)			횡침선단사선문
	134-9	(8.3)			즐문
	134-10	(6.0)			적색마연

석기 속성일람

유구번호	도면번호	종류	길이	폭	두께	석재	비고
2-1호	132-12	석촉	4.8	1.6	0.6	편암	이단경식
	132-13	석촉	4.3	1.3	0.2	편암	편평만입
	132-14	석촉	2.8	1.2	0.3	편암	
	132-15	석촉	9.2	1.5	0.7	편암	이단경식
	132-16	석촉	7.5	2.0	0.9	편암	
	132-17	석촉	5.5	1.2	0.5	편암	
	132-18	석검	8.0	3.2		편암	
	132-19	석촉	9.2	2.6	1.0	편암	
	132-20	석검	11.9		0.7	편암	이단병식
2-2호	132-21	석부	9.7	3.3		규질사암	유구
	132-22	석촉	3.0	1.0	0.4	편암	편평
	132-23	석촉	3.3	1.1	0.3	편암	편평
2-3호	132-25	석도	19.0	5.3			주형
2-4호	133-2	석검	8.7	3.0	0.6	편암	유혈구
	133-3	석촉	5.7	1.5	2.1	편암	유경식
	133-4	석부	7.1	5.1	2.1	규암	편인
	133-5	치레걸이	4.4	1.4		납석	
2-5호	133-6	석부	5.5	4.7	1.4	편암	편평편인
2-7호	133-9	석촉	4.3	1.4	0.5	편암	
4-1호	133-14	석도	14.2	4.5	0.7	편암	주형

4-4호	134-2	석촉	4.8	1.1		편암	
5-1호	134-4	석부	8.9	4.2	3.0	편암	합인
6-10호	134-7	석검	7.6	3.2	0.8	편암	

대전 자운동유적

토기 속성일람

유구번호	도면번호	기고(잔존)	구경	저경	비고
II-1호	134-11	(5.0)	13.6		외반구연
	134-12	(4.5)	12.4		외반구연
	134-13	(8.6)	19.2		외반구연
	134-14	(4.2)	13.7		
	134-15	(4.5)	16.0		외반구연
	134-16	(6.2)	18.0		외반구연
	134-17	10.3	12.0	6.3	
	134-18	7.2	9.2	5.3	
II-3호	134-24	6.5	6.8	4.4	
	134-25	5.3	27.8		외반구연
	134-26	5.0	12.2		외반구연
II-4호	134-27	7.5	30.2		외반구연
II-5호	135-1	7.9	27.1		외반구연

석기 속성일람

유구번호	도면번호	종류	길이	폭	두께	석재	비고
II-1호	134-19	석검	12.0	3.8	1.0	점판암	일단경식
	134-20	석부	8.6	4.3	1.2		편평편인
	134-21	석촉	3.6	2.2	0.3		
	134-22	석촉	6.8	2.6	0.7	사암	일단경식
	134-23	석촉	8.0	1.4	0.6		일단경식

대전 노은동유적

토기 속성일람

유구번호	도면번호	기고(잔존)	구경	저경	비고
A-1-1호	135-2	(4.5)	14.0		외반구연
	135-4	(15.0)			외반구연

석기 속성일람

유구번호	도면번호	종류	길이	폭	두께	석재	비고
A-1-1호	135-3	석부	11.1	3.8	1.5	편암	편평편인

대전 구성동유적

토기 속성일람

유구번호	도면번호	기고(잔존)	구경	저경	비고
C-1호	135-5	28.5	13.5	6.5	외반구연
	135-7	(15.0)			외반구연
C-2호	135-8	11.9	6.6	4.8	외반구연

유구번호	도면번호				비고
	135-9	11.2	9.8	5.9	
	135-10	(7.5)	10.0		외반구연
	135-11	4.2	13.2	10.4	
	135-12	(7.2)	9.6		외반구연
	135-13	(9.9)	18.8		외반구연
	135-14	(7.6)	15.6		외반구연
C-3호	135-18	(3.4)			적색마연
	135-19	15.6	13.6	7.2	
	136-1	(15.8)	11.2		외반구연
C-4호	136-2	(8.5)	12.0		
	136-3	(5.2)			적색마연
	136-4	(9.0)	13.4	7.2	
	136-5	(10.4)	15.2		
	136-6	18.0	12.0	9.0	
	136-7	15.0	13.2	6.8	
	136-8	(8.2)	11.0		파수부
C-5호	136-9	(4.4)	17.6		
	136-13	(5.3)			파수부
	136-14	(6.2)			파수부
	136-15	(4.8)			파수부
D-1호	136-16	(5.1)	10.8		적색마연
	136-17	(6.6)			외반구연

석기 속성일람

유구번호	도면번호	종류	길이	폭	두께	석재	비고
C-1호	135-6	석촉	3.0	1.1	0.3		유경식
	135-15	석검	6.3	2.2	0.7		
C-2호	135-16	석검	9.2	2.5	0.6		
	135-17	석부	6.0	3.4	2.8		유구
	136-10	석도	14.7	4.1	0.6		역제형
C-5호	136-11	석촉	4.9	2.7	0.9		일단경식
	136-12	석촉	3.6	1.3	0.5		일단경식
D-1호	136-18	석부	13.5	5.5	4.2		합인

대전 둔산동유적

토기 속성일람

유구번호	도면번호	기고(잔존)	구경	저경	비고
	136-19	(11.6)	17.7		이중구연, 구순각목문, 단사선문
	136-20	(10.6)	21.3		횡침선문, 점렬문
1호	136-21	(5.6)			두형
	137-1	(4.8)			단사선문
	137-2	(2.4)			단사선문
2호	137-9	(5.0)			이중구연, 단사선문
	137-11	34.0	23.0	10.8	이중구연, 단사선문
3호	137-10	(4.0)			이중구연, 단사선문

석기 속성일람

유구번호	도면번호	종류	길이	폭	두께	석재	비고
	137-3	석촉	4.2	1.2	0.5		
	137-4	석부	8.9	4.6	2.6		합인
1호	137-5	석부	11.3	6.0	1.2		
	137-6	석검	4.3	3.8	1.0		
	137-7	석촉	5.1	1.6	0.2	세일	편평만입
	137-8	석촉	4.9	1.7	0.2	혼펠스	편평만입

대전 복룡동유적

토기 속성일람

유구번호	도면번호	기고(잔존)	구경	저경	비고
1호	137-12	19.9	12.3	8.1	
	137-14	15.1	19.1	7.4	주구토기
	137-15	(8.2)	8.6		
2호	137-16	(16.0)		7.0	플라스크형
	137-17		17.9	4.6	외반구연

석기 속성일람

유구번호	도면번호	종류	길이	폭	두께	석재	비고
1호	137-13	석검	13.1	4.8			일단병식

대전 대정동유적

토기 속성일람

유구번호	도면번호	기고(잔존)	구경	저경	비고
	137-18	(6.1)	9.0		적색마연
	137-19	(6.3)	8.5		적색마연
KC-001	138-1	(12.2)	13.6		외반구연
	138-2	(10.0)	17.0		외반구연
	138-3	(4.5)	14.0		적색마연
KC-005	138-4	(9.5)			적색마연
	138-5	(2.0)		5.9	적색마연
KC-006	138-8	(3.0)			적색마연
	138-9	(4.3)			외반구연

석기 속성일람

유구번호	도면번호	종류	길이	폭	두께	석재	비고
KC-005	138-6	석도	8.8	3.6	0.6	실트스톤	편주형
	138-7	석도	10.0	6.2	0.6	실트스톤	삼각형
KC-006	138-10	석촉	4.8	1.8	0.6	세일	일단경식
	138-11	석촉	2.8	1.4	0.6	실트스톤	일단경식
KC-007	138-12	석도	6.4	7.9	0.7	실트스톤	삼각형

<table>
<tr><td colspan="6" align="center">대전 추동유적</td></tr>
</table>

토기 속성일람

유구번호	도면번호	기고(잔존)	구경	저경	비고
1호	138-13	(4.5)			외반구연

석기 속성일람

유구번호	도면번호	종류	길이	폭	두께	석재	비고
1호	138-14	석촉	4.3	2.0	0.6	점판암	
	138-15	석도	5.9	4.5	0.6	점판암	즐형

<table>
<tr><td colspan="8" align="center">대전 괴동유적</td></tr>
</table>

석기 속성일람

유구번호	도면번호	종류	길이	폭	두께	석재	비고
1호	138-16	석촉	3.0	1.1	0.1	점판암	편평촉

<table>
<tr><td colspan="6" align="center">대전 가오동유적</td></tr>
</table>

토기 속성일람

유구번호	도면번호	기고(잔존)	구경	저경	비고
1호	138-17	(5.4)			즐문토기
2호	138-18	(6.2)			즐문토기
4호	138-20	(11.3)	8.8		적색마연
	138-21	(6.1)			구순각목문
	138-22	(5.8)			외반구연
	138-23	(8.8)			구순각목문
	138-24	7.8	9.3	5.3	
	138-25	(12.3)	22.4		외반구연
	138-26	(10.9)			구순각목문
	139-1	3.8		7.3	적색마연
8호	139-4		9.7	6.3	
	139-5	14.2	9.8	5.9	
	139-6	14.6	26.4	9.3	주구토기
	139-7	14.6	19.6	7.5	주구토기
	139-8	7.3	6.2	5.0	
	139-9	8.5	4.8	4.1	
	139-10	7.1	9.0	5.2	
	139-11	(1.6)		5.2	흑색마연
	139-12	7.6			점토대

석기 속성일람

유구번호	도면번호	종류	길이	폭	두께	석재	비고
3호	138-19	석촉	7.9	2.3	0.5	편마암	편평
4호	139-2	석도	14.1	5.8	0.6		주형
	139-3	석검	11.6	6.4			

<table>
<tr><td colspan="6" align="center">대전 궁동유적</td></tr>
</table>

토기 속성일람

유구번호	도면번호	기고(잔존)	구경	저경	비고
1호	139-13	4.7			점토대토기
3호	139-20	11.6	19.1		구순각목문
8호	139-22	(7.3)			단사선문
10호	140-1	9.9	20.7	7.6	이중구연, 삼각문
장-2호	140-5	(7.3)	23.9		이중구연, 단사선문
	140-6	(5.0)	25.3		이중구연, 단사선문
장-13호	140-9	(1.6)			이중구연, 삼각거치문
	140-10	(7.4)			이중구연, 삼각문, 원형반투공

석기 속성일람

유구번호	도면번호	종류	길이	폭	두께	석재	비고
1호	139-14	석부	8.3	1.8	1.8	셰일	
	139-15	석부	5.5	3.4	1.5		편평편인
	139-16	석부	9.8	3.1	3.3	변성반암	
	139-17	석촉	4.7	1.3	0.5	셰일	이단경식
3호	139-18	석촉	6.4	2.2	0.4	셰일	일단경식
	139-19	석촉	7.8	2.1	1.0	점판암	이단경식
8호	139-21	석도	4.9	10.6	0.6	반암	삼각형
	139-23	석촉	5.3	1.3	0.5	셰일	일단경식
	139-24	석촉	3.5	1.2	0.4	셰일	일단경식
	139-25	석부	9.8	2.5	1.1	흑연질편암	
10호	139-26	석촉	(5.5)	1.6	0.5	셰일	일단경식
	139-27	석촉	5.2	1.3	0.4	셰일	일단경식
	140-2	석검	(10.6)	3.1	0.9	흑연질편암	
	140-3	석부	12.9	3.2	3.2		
	140-4	석도	3.3	(6.8)	0.6		
장-2호	140-7	석검	14.3	4.6	1.2		
장-13호	140-8	석촉	2.9	1.3	0.4		

부여군

1. 합정리 유적
2. 나복리 유적
3. 송국리 유적
4. 오석리 유적
5. 송학리 유적
6. 삼룡리 유적

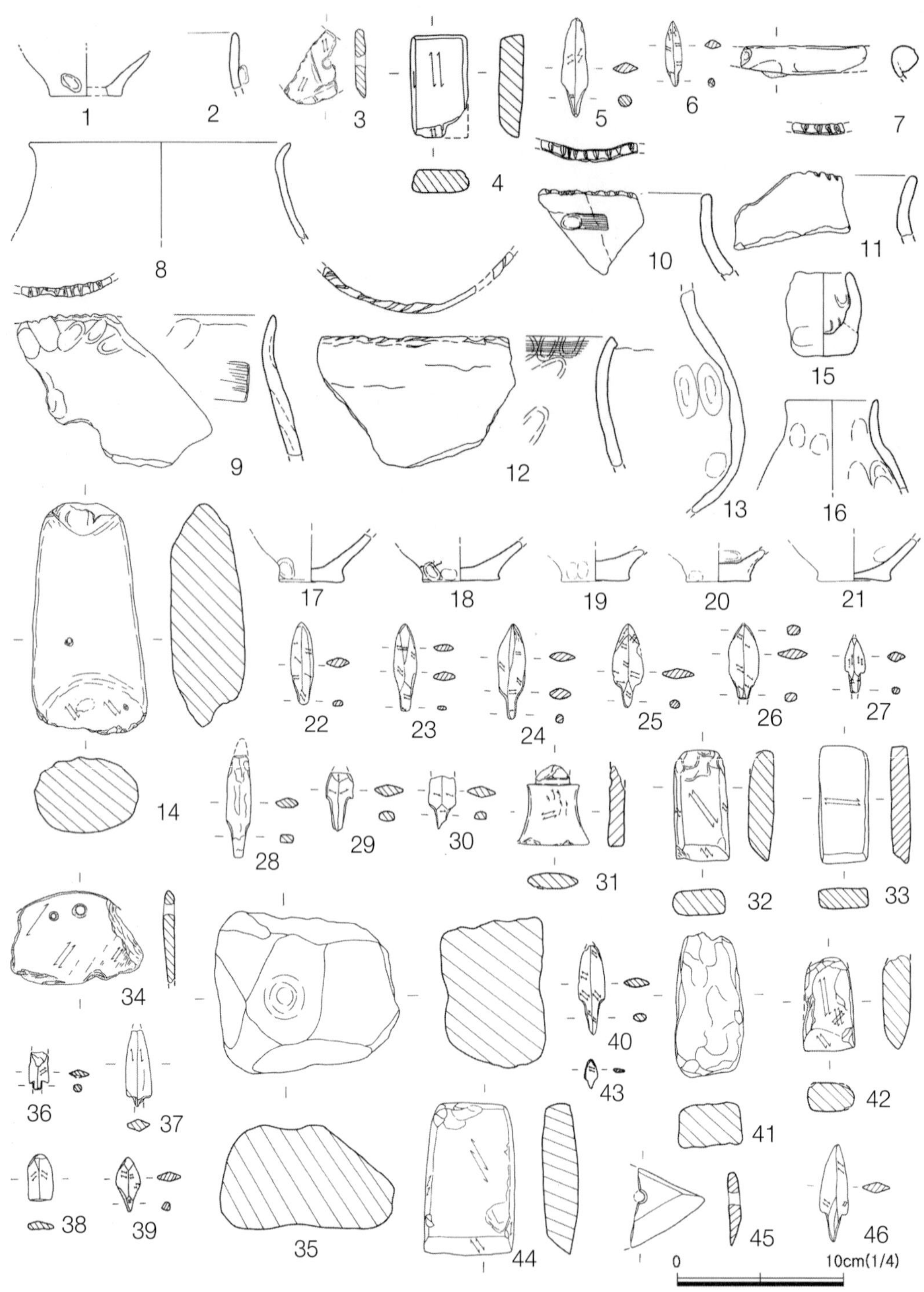

<도면 141> 부여 합정리유적(1호 : 1), 부여 나복리유적(4호 : 2~3 / 5호 : 4 / 7호 : 5~6 / 8호 : 7~14 / 9호 : 15~35 / 10호 : 36~37 / 11호 : 38 / 12호 : 39 / 13호 : 40~42 / 14호 : 43~45 / 16호 : 46)

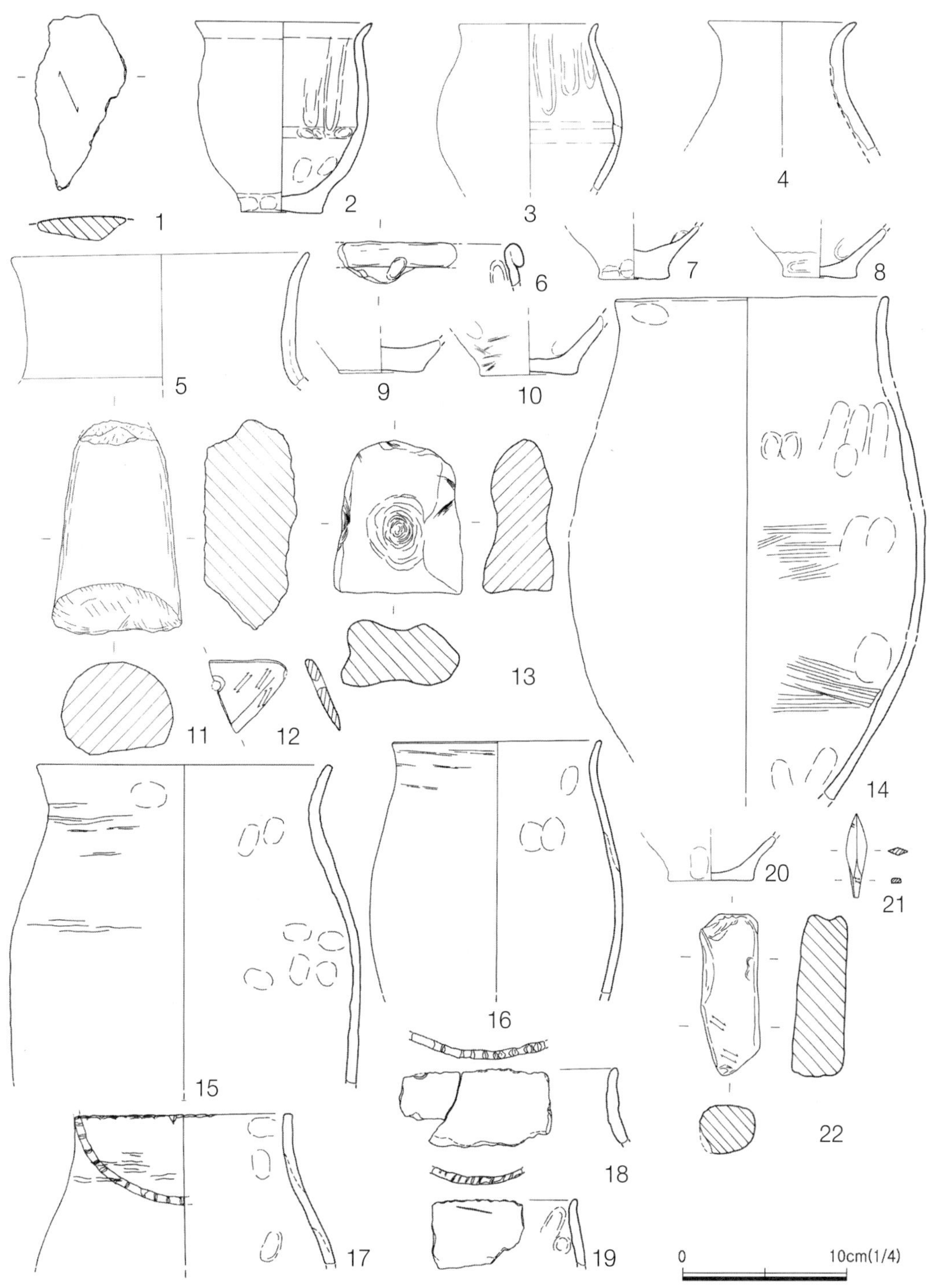

〈도면 142〉 부여 나복리유적(18호 : 1 / 20호 : 2~13 / 21호 : 14~22)

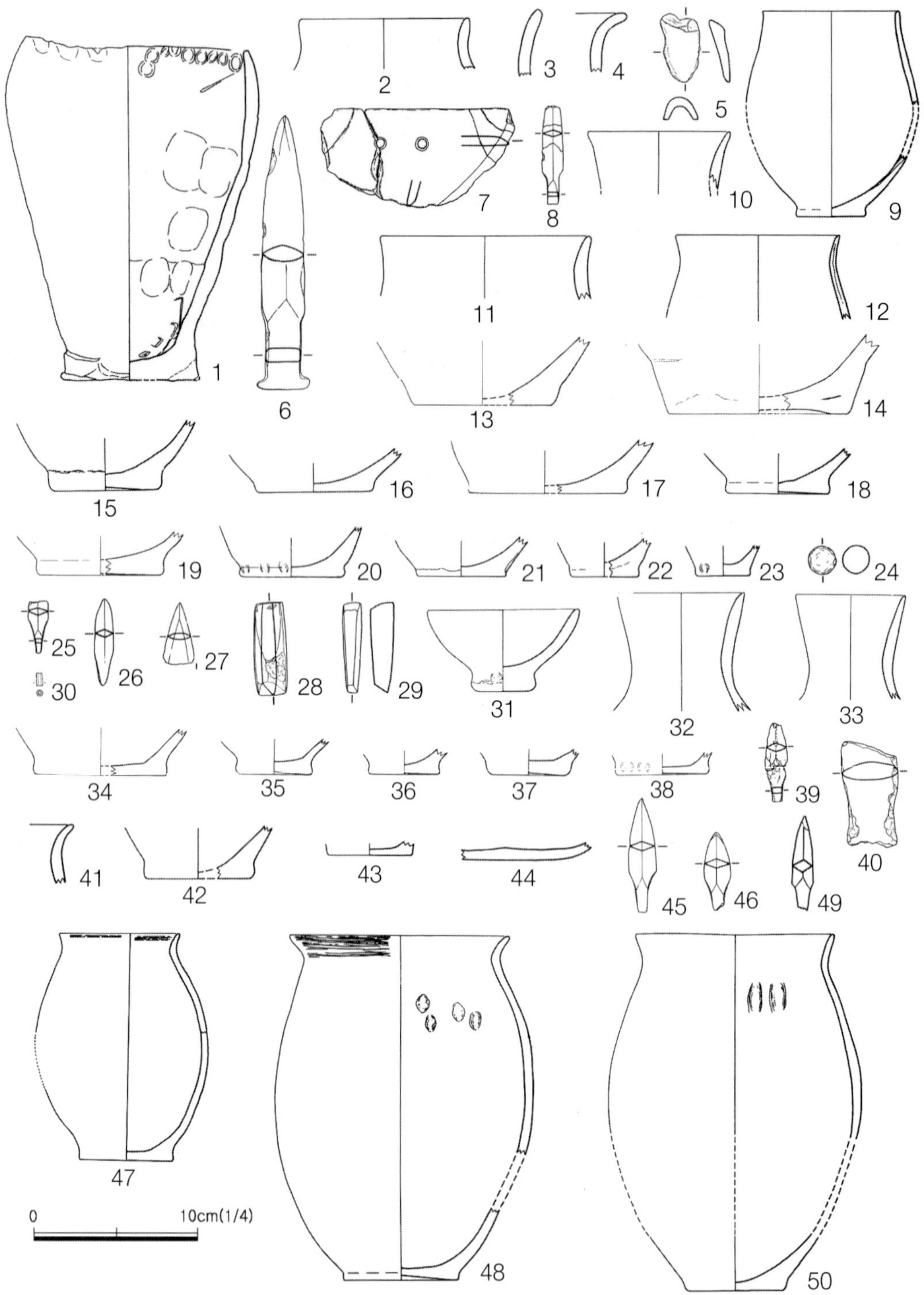

〈도면 143〉 부여 나복리유적(22호 : 1), 부여 송국리유적(17-1호 : 2~3 / 50-1호 : 4~8 / 50-2호 : 9~30 / 50-3호 : 31~40 / 50-4호 : 41~46 / 53-1호 : 47~49 / 54-1호 : 50)

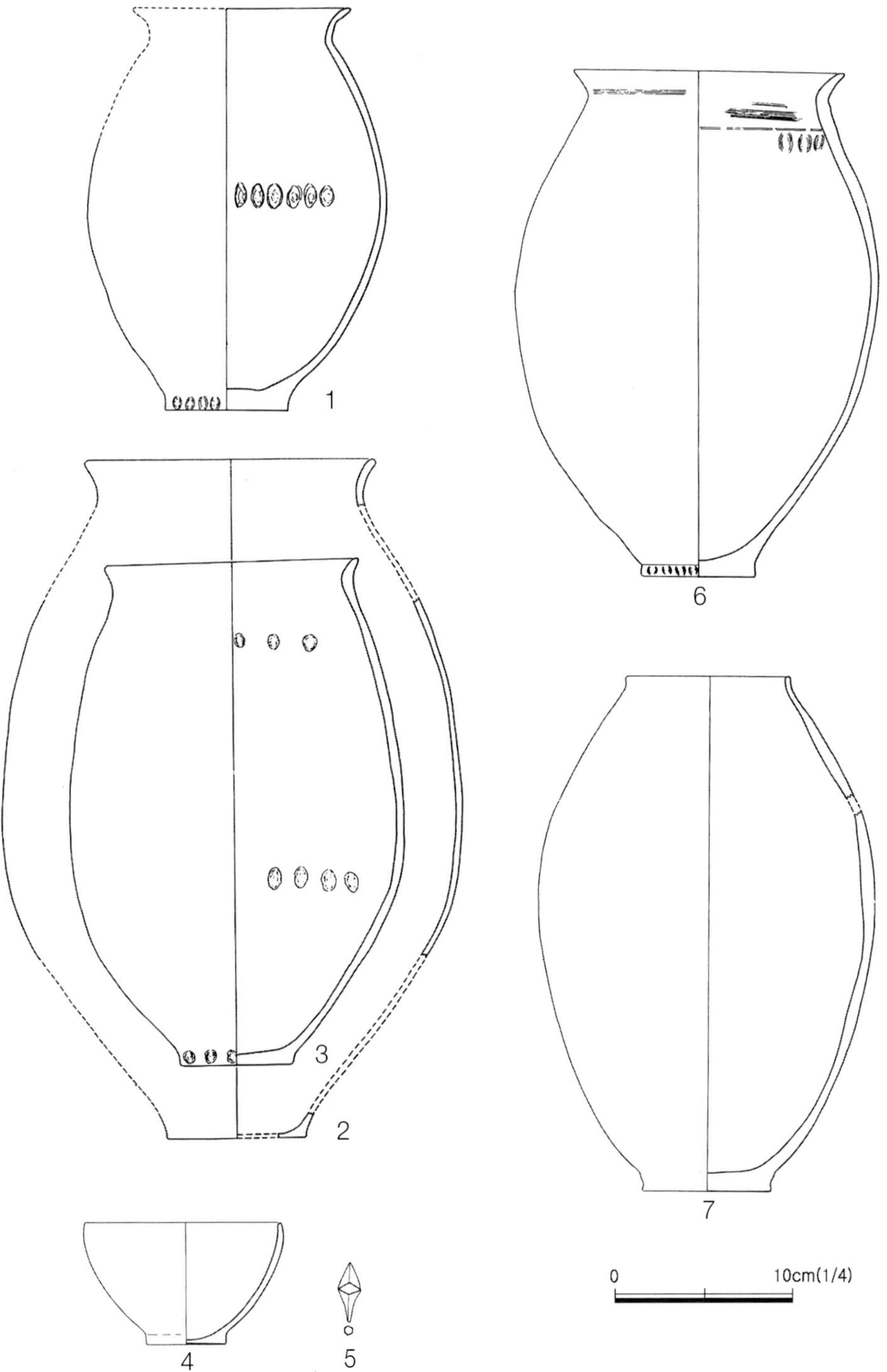

〈도면 144〉 부여 송국리유적(54-1호 : 1~5 / 54-2호 : 6~7)

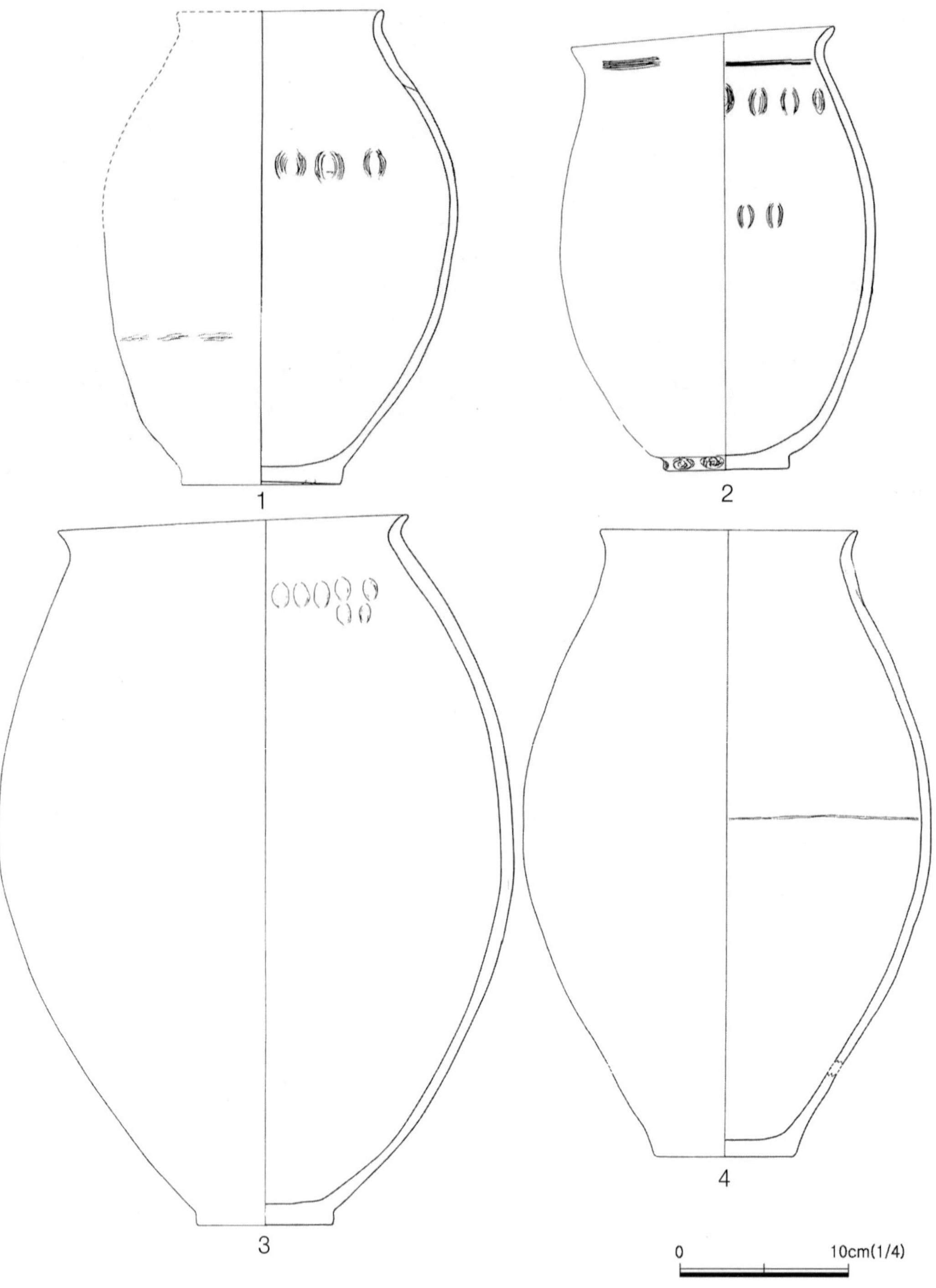

〈도면 145〉 부여 송국리유적(54-2호 : 1~4)

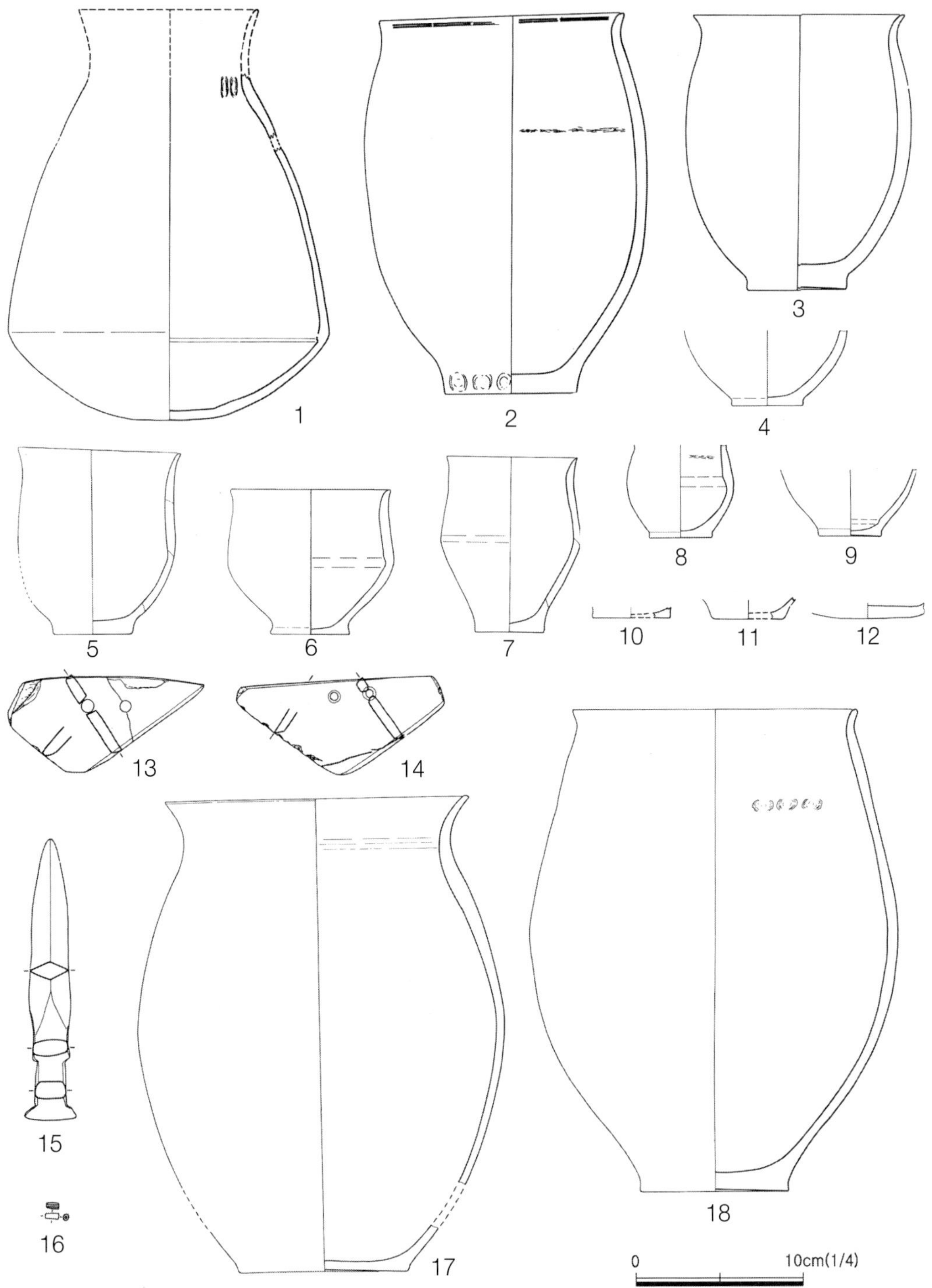

〈도면 146〉 부여 송국리유적(54-2호 : 1~16 / 54-3호 : 17~18)

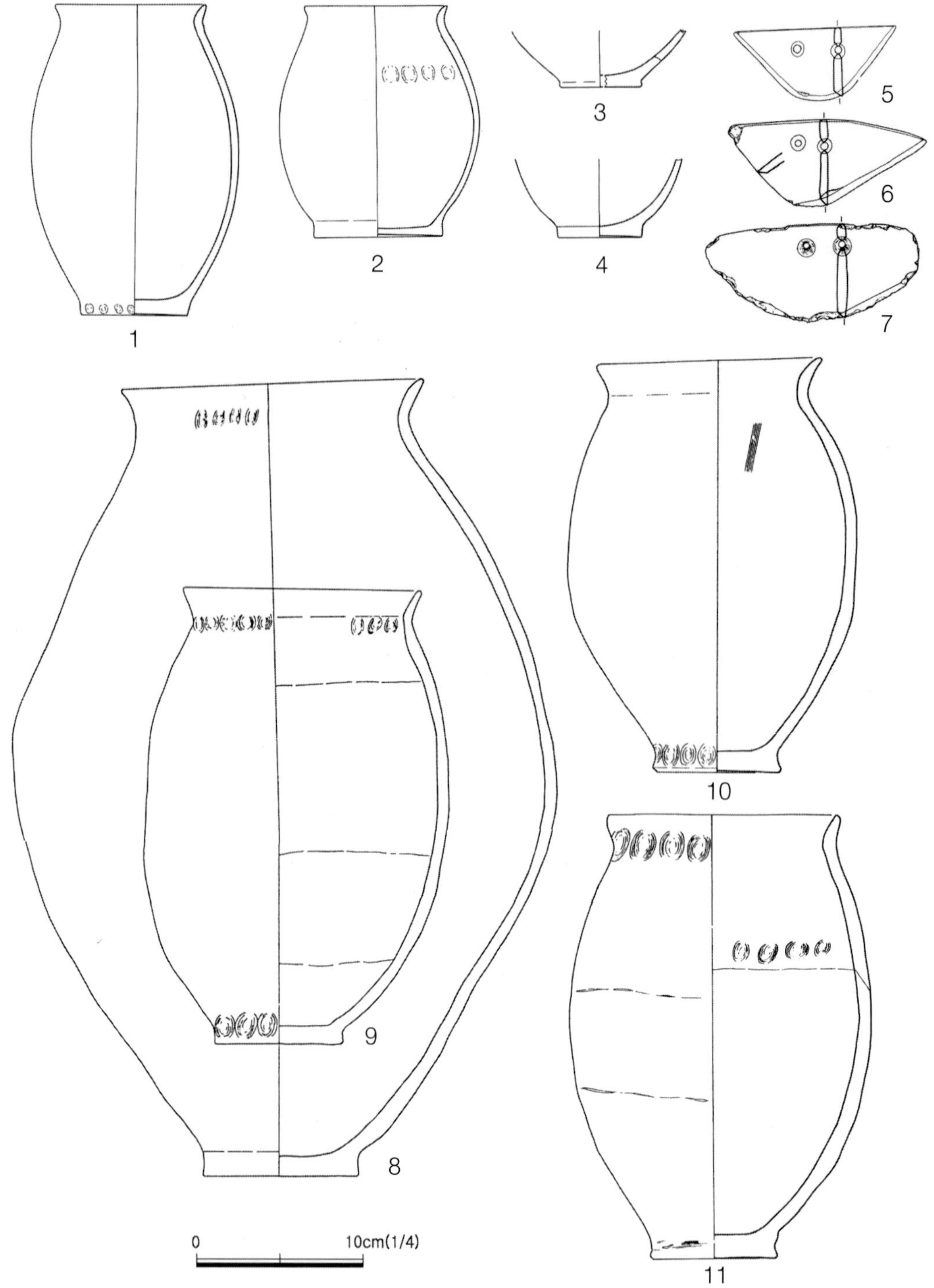

〈도면 147〉 부여 송국리유적(54-3호 : 1~7 / 54-5호 : 8~11)

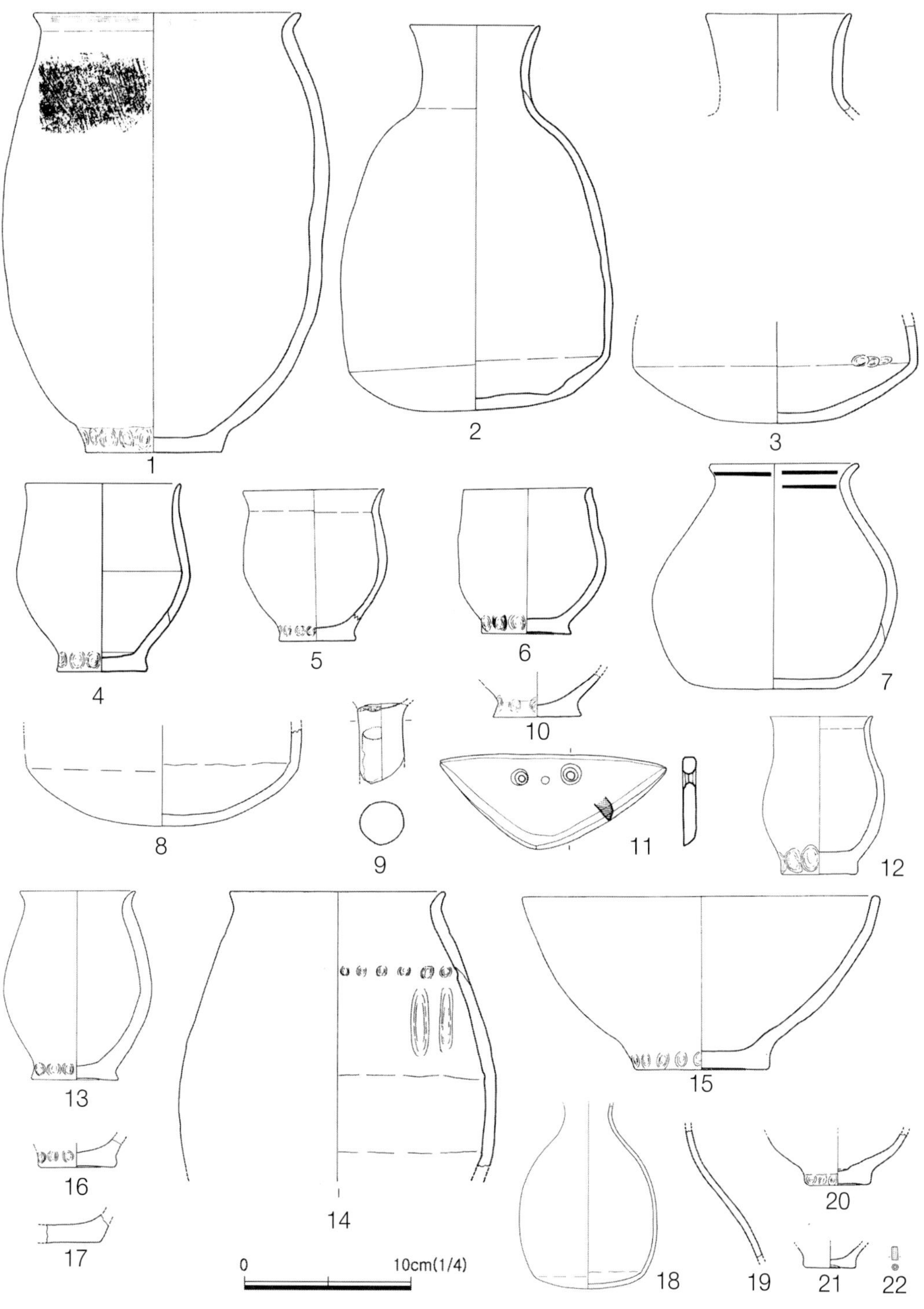

〈도면 148〉 부여 송국리유적(54-5호 : 1~11 / 54-6호 : 12~17 / 54-7호 : 18~22)

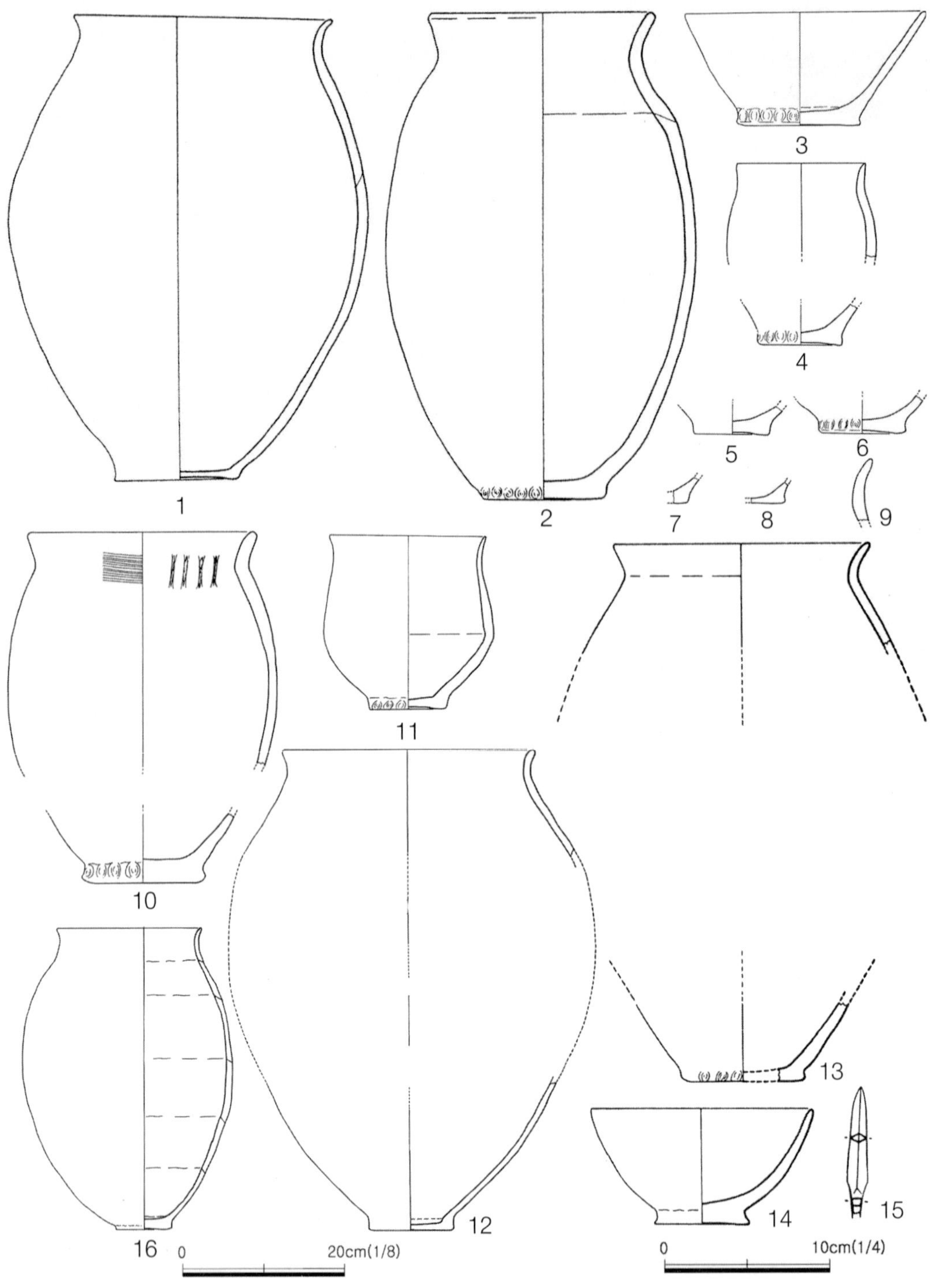

〈도면 149〉 부여 송국리유적(54-8호 : 1~9 / 54-9호 : 10~11 / 54-10호 : 12~15 / 54-11호 : 16)

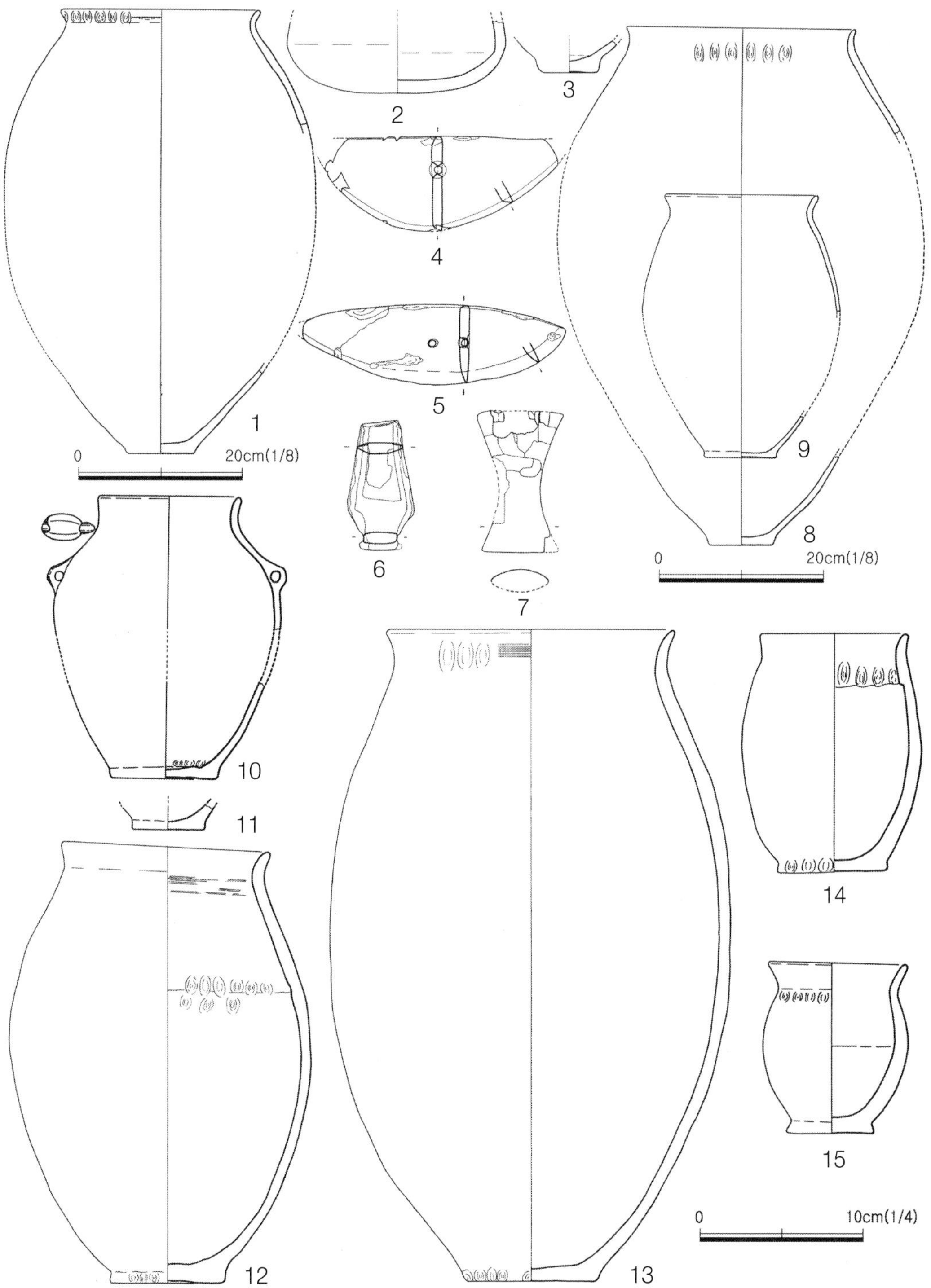

〈도면 150〉 부여 송국리유적(54-11호 : 1~7 / 54-12호 : 8~11 / 54-13호 : 12~15)

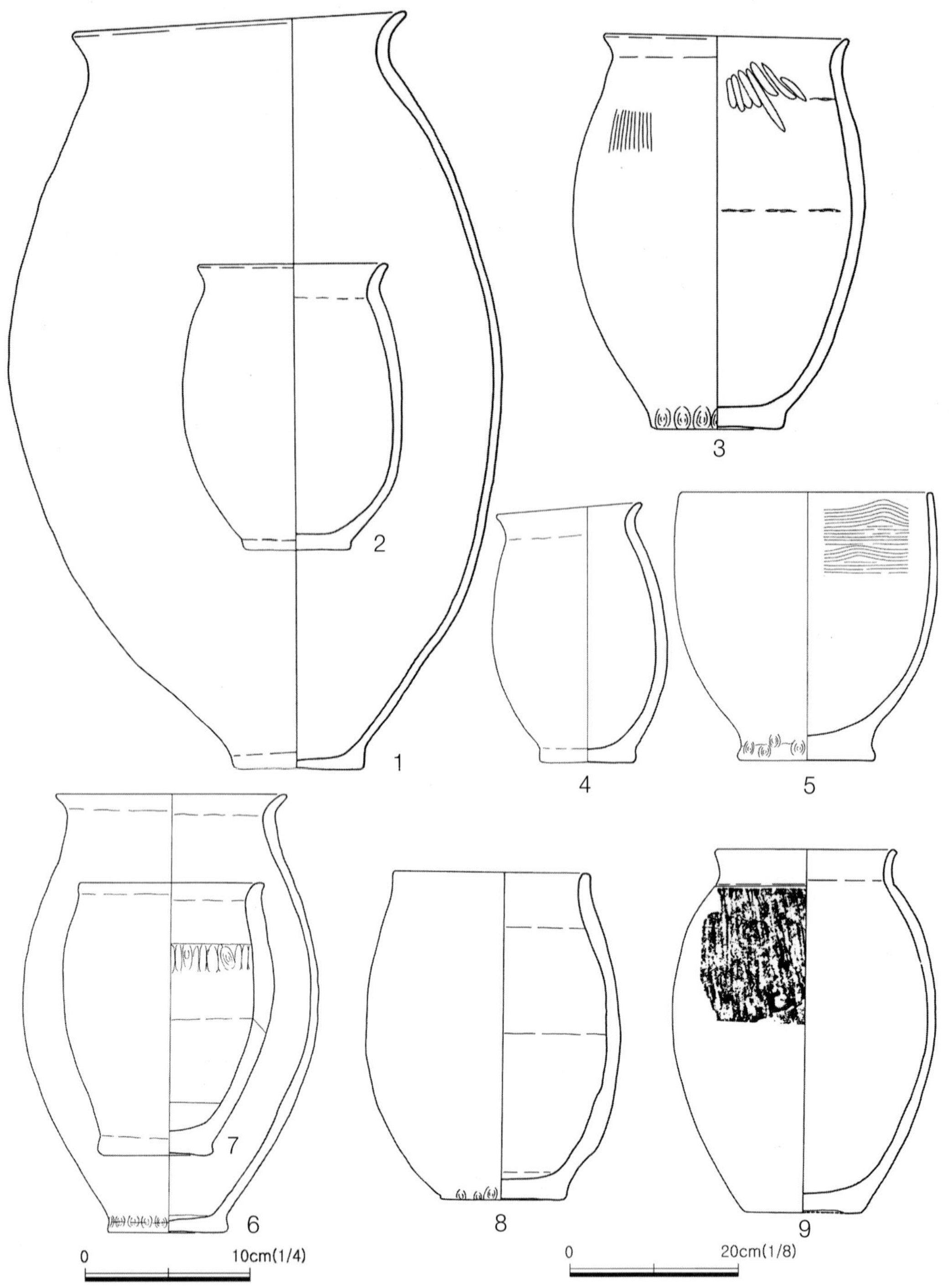

<도면 151> 부여 송국리유적(54-13호 : 1~3 / 54-14호 : 4~9)

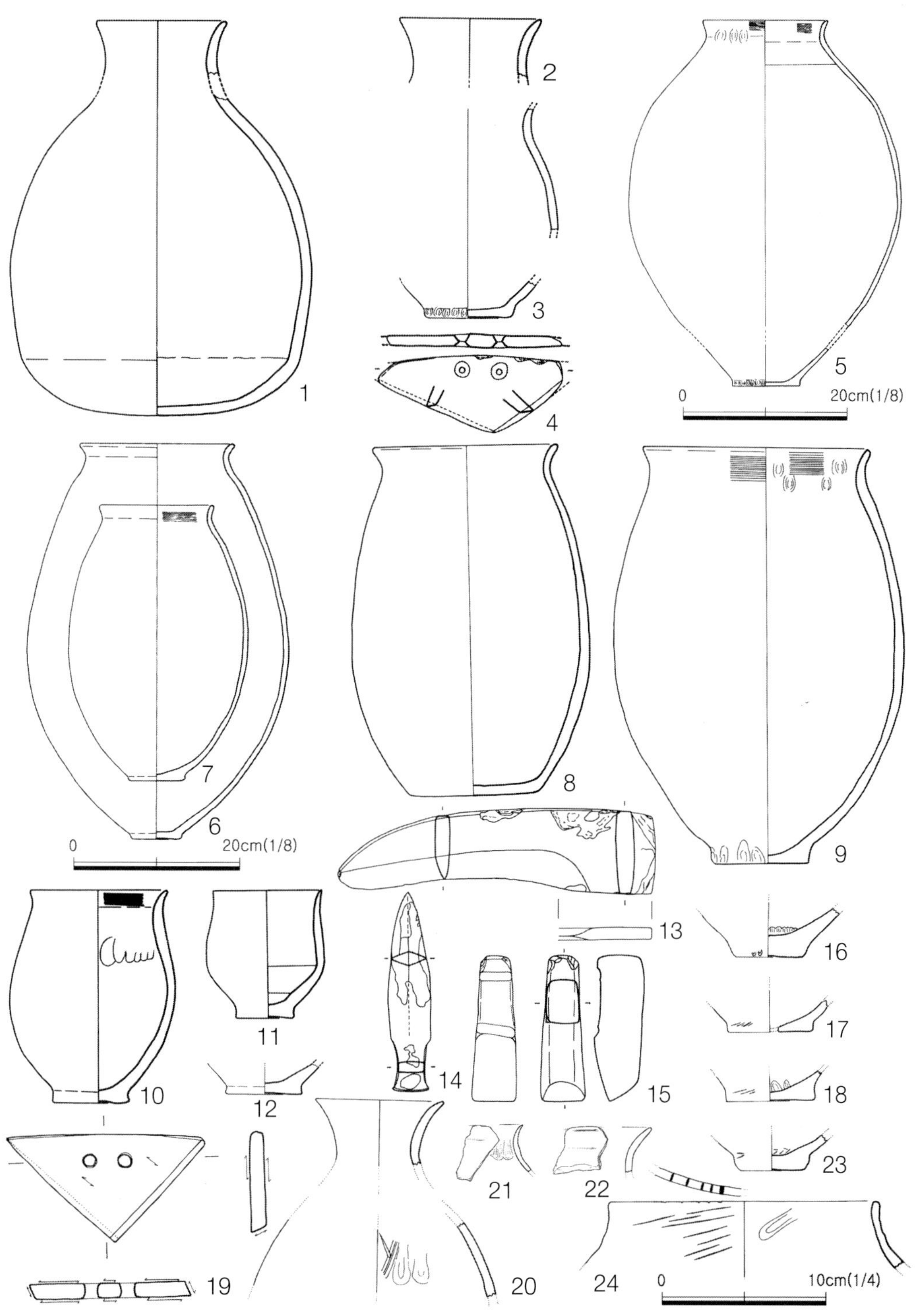

〈도면 152〉 부여 송국리유적(54-14호 : 1~4 / 54-15호 : 5~15 / 54-19호 : 16~19 / 54-20호 : 20~23 / 54-21호 : 24)

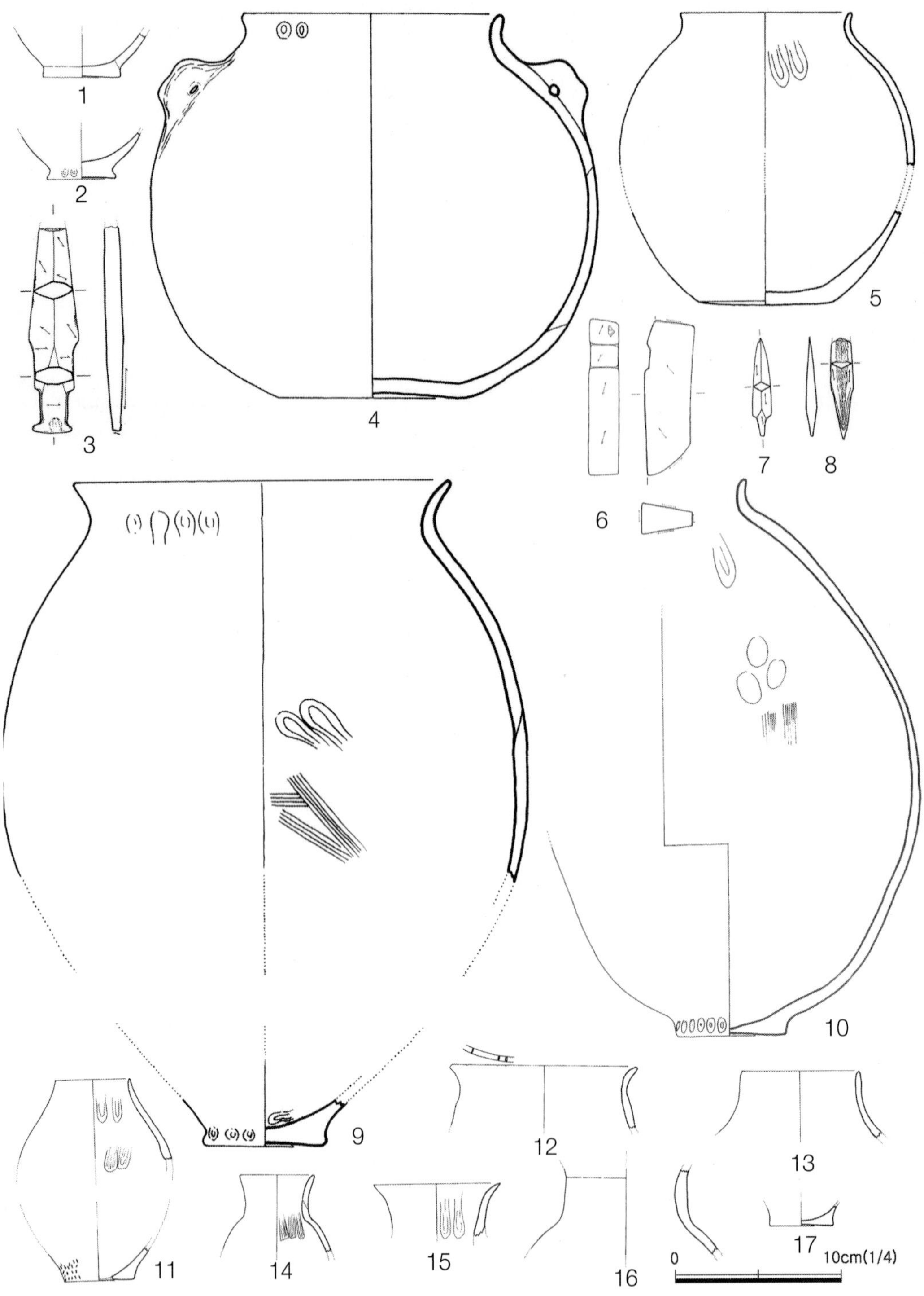

〈도면 153〉 부여 송국리유적(54-21호 : 1~3 / 54-22호 : 4~8 / 54-23호 : 9~17)

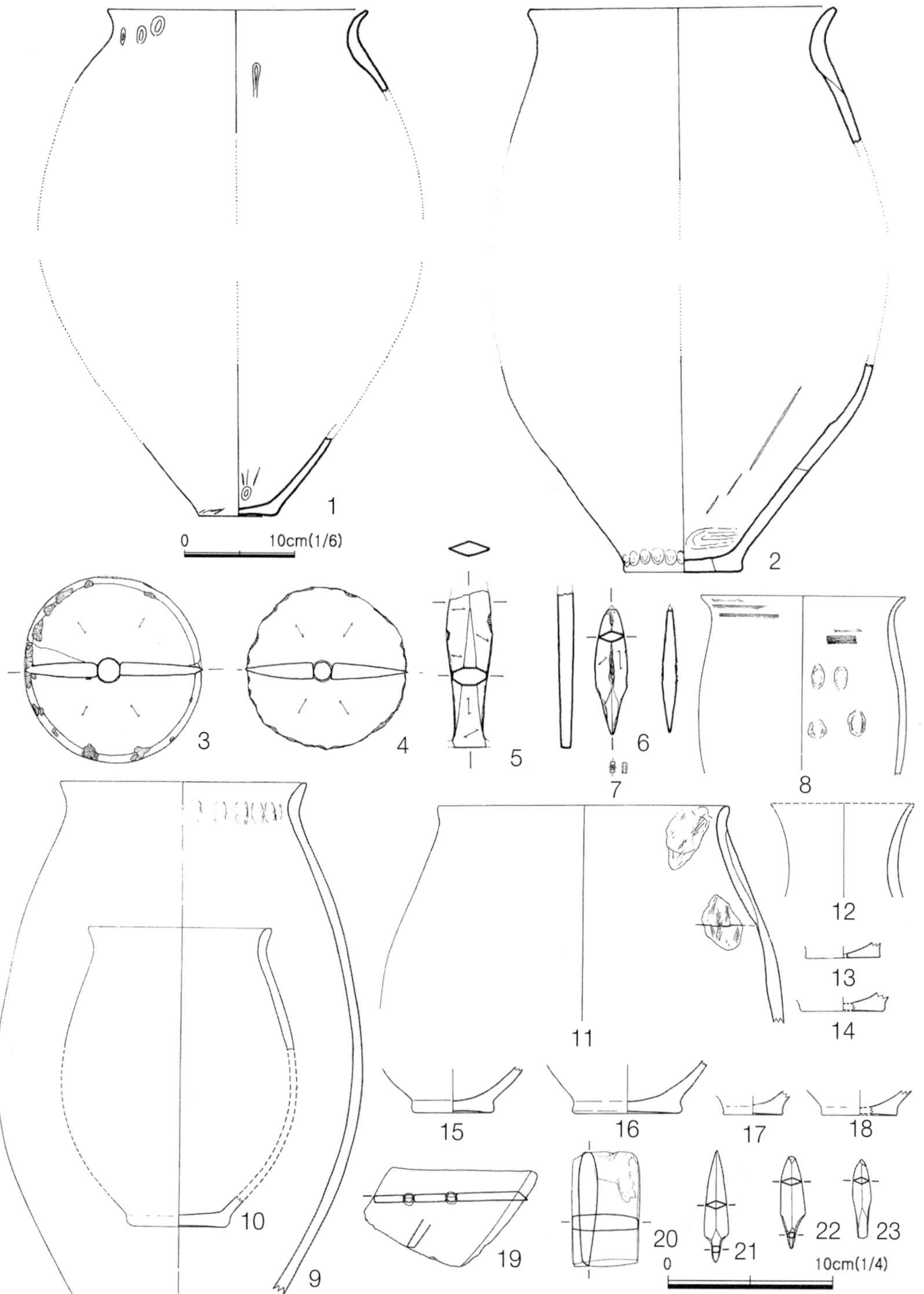

〈도면 154〉 부여 송국리유적(54-23호 : 1~7 / 55-1호 : 8~23)

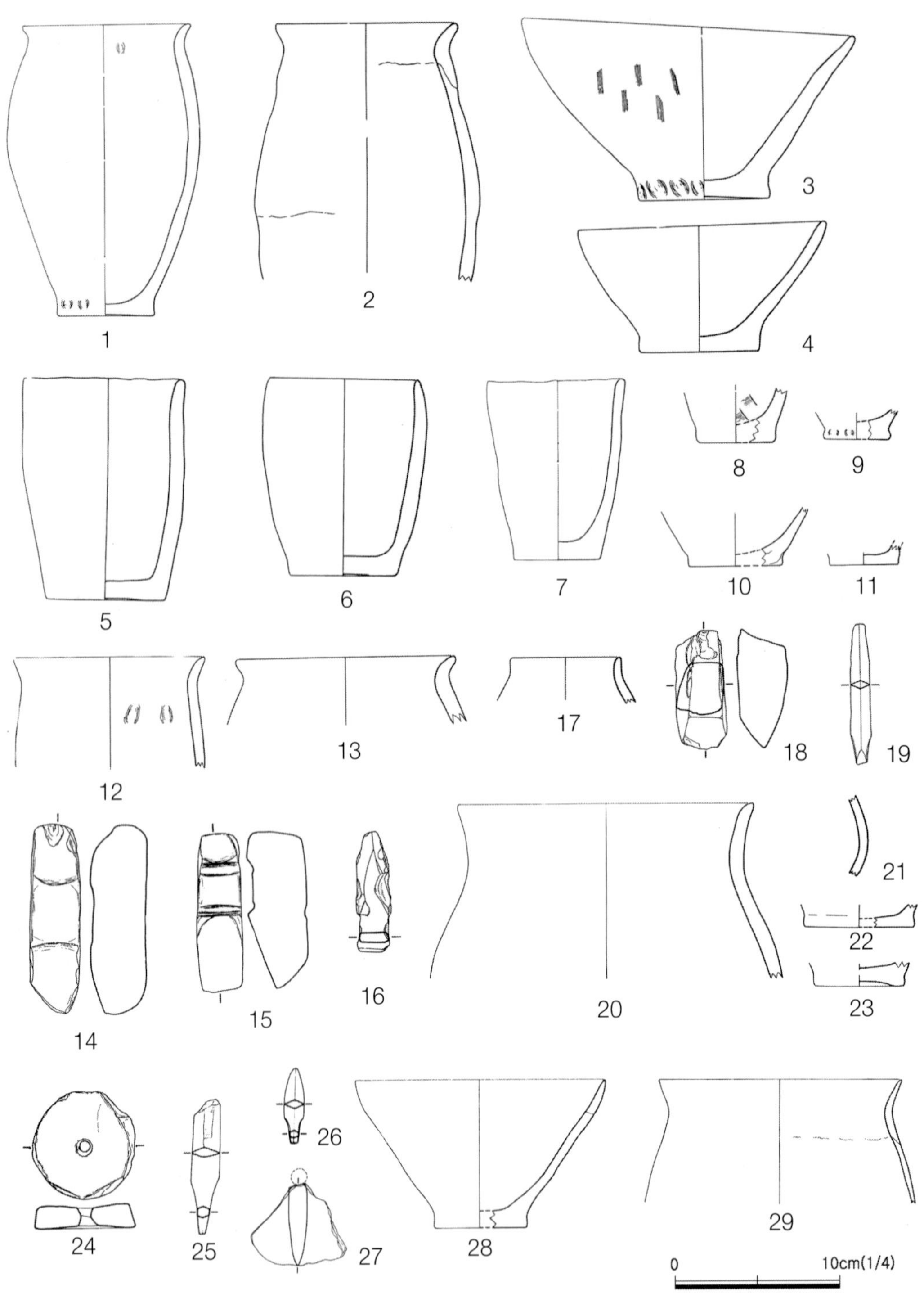

<도면 155> 부여 송국리유적(55-2호 : 1~16 / 55-3호 : 17~19 / 55-4호 : 20~27 / 55-5호 : 28~29)

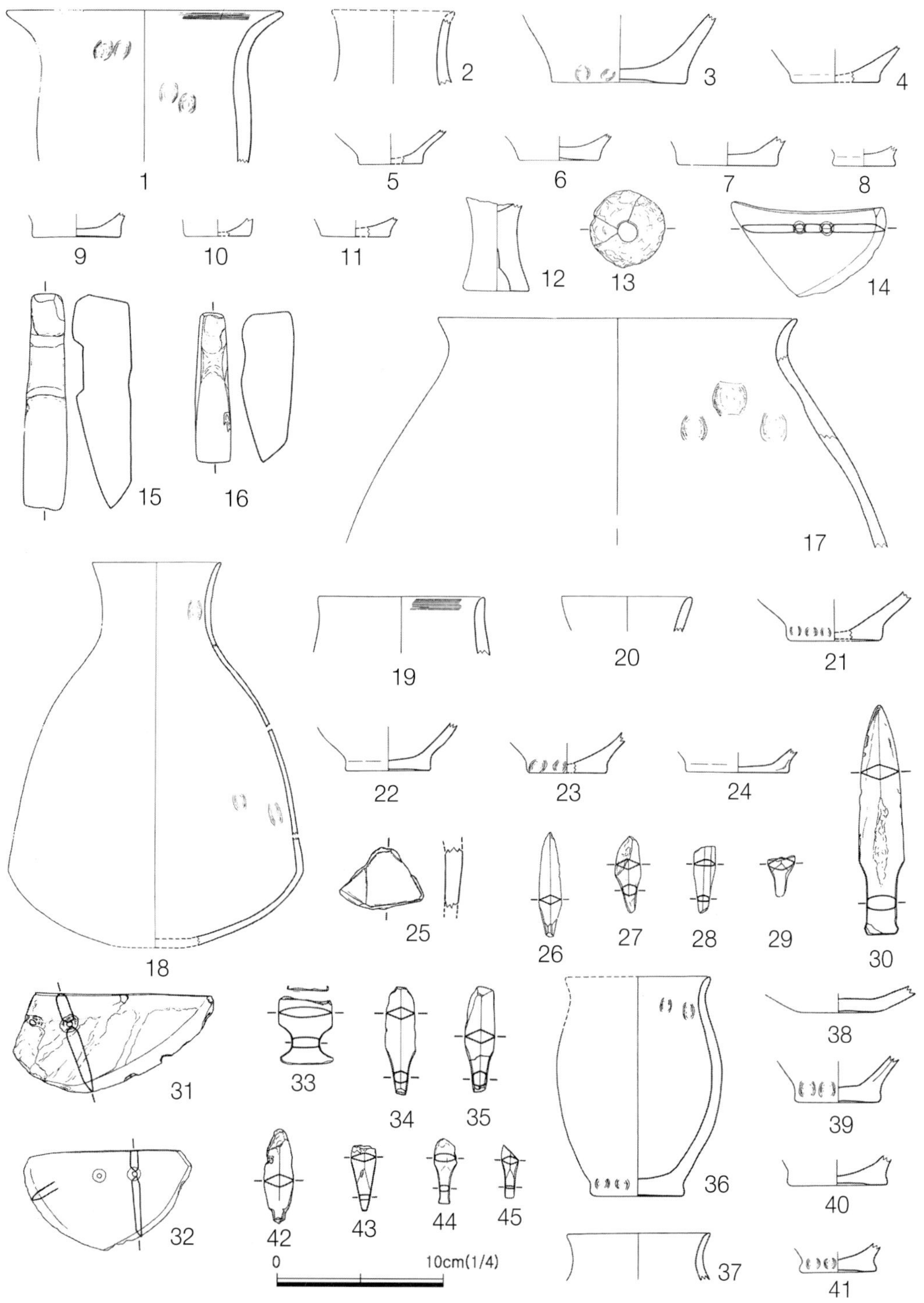

〈도면 156〉 부여 송국리유적(55-5호 : 1~16 / 55-6호 : 17~32 / 55-7호 : 33~35 / 55-8호 : 36 / 57-1호 : 37~45)

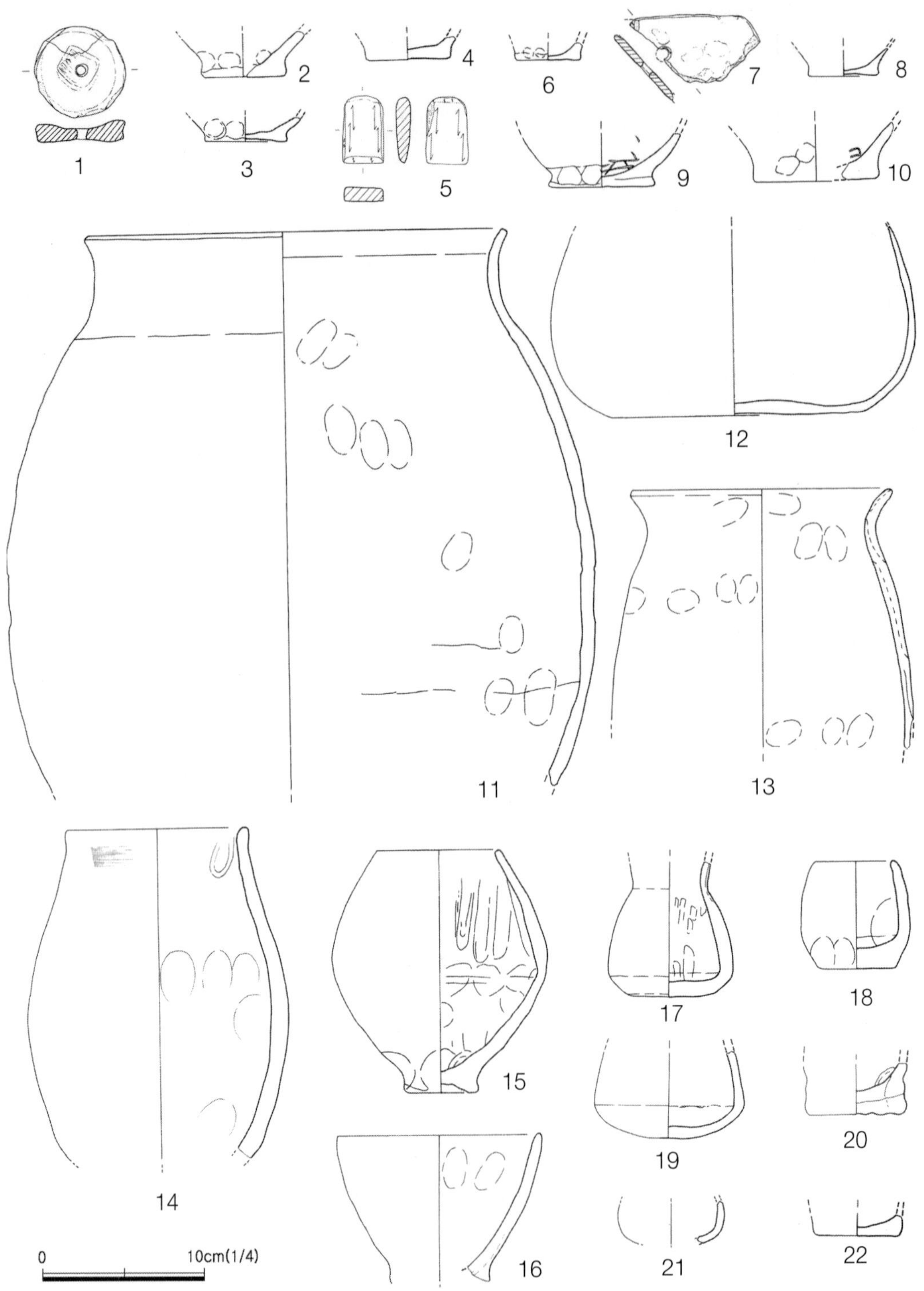

〈도면 157〉 부여 증산리유적(2호 : 1 / 3호 : 2~5 / 4호 : 6~7 / 5호 : 8~13 / 7호 : 14~22)

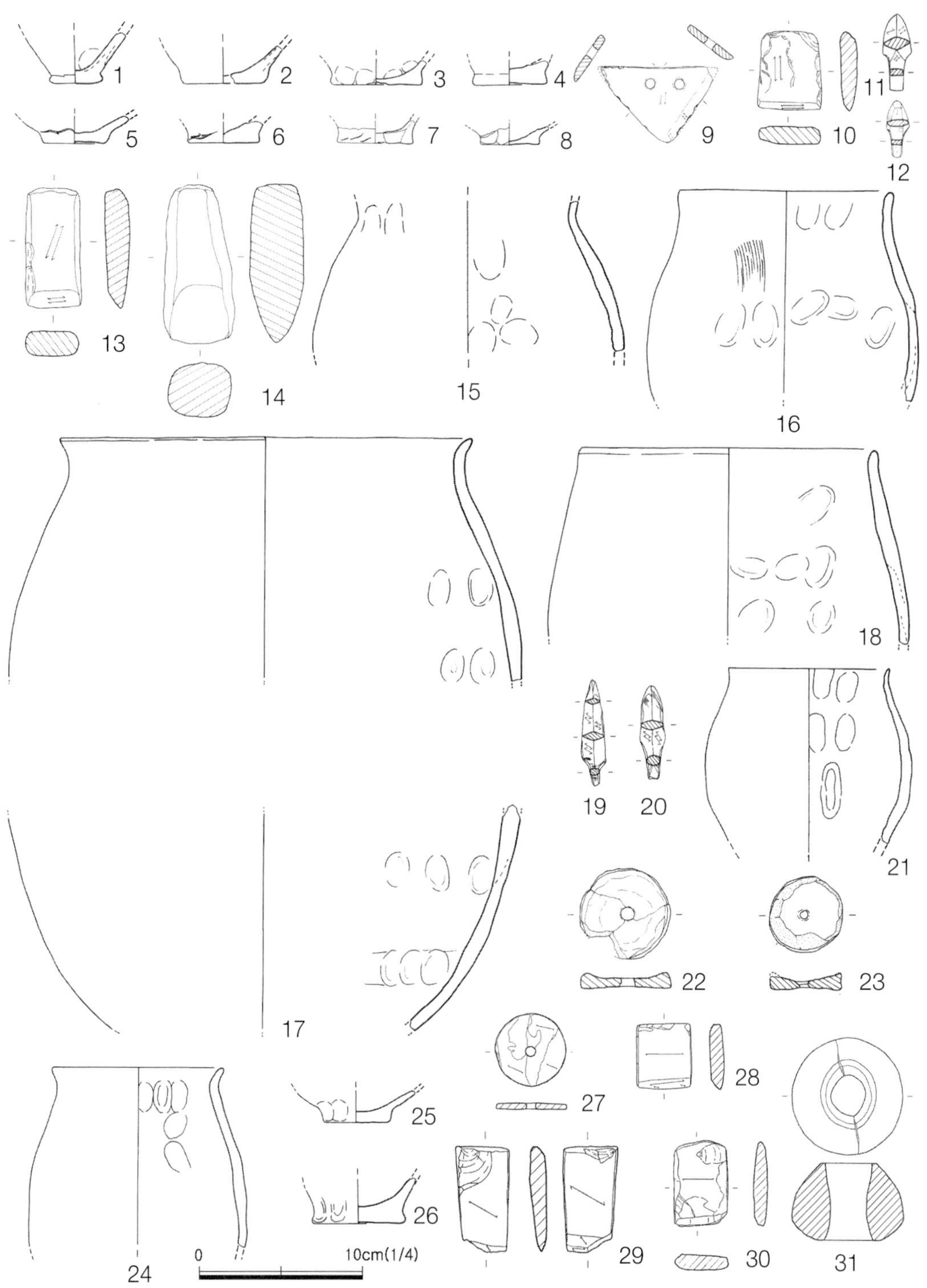

〈도면 158〉 부여 증산리유적(7호 : 1~14 / 8호 : 15 / 10호 : 16~20 / 11호 : 21~22 / 12호 : 23 / 13호 : 24·26),
부여 송학리유적(1호 : 27 / 2호 : 28·29 / 3호 : 30), 부여 삼룡리유적(3호 : 31)

부여지역 유물 속성일람표

부여 합정리유적					

토기 속성일람

유구번호	도면번호	기고(잔존)	구경	저경	비고
1호	141-1	(3.2)		5.2	

부여 나복리유적					

토기 속성일람

유구번호	도면번호	기고(잔존)	구경	저경	비고
4호	141-2	(3.3)			적색마연
	141-7	(2.1)			점토대토기
	141-8	(5.7)	16.0		적색마연
	141-9	(8.2)			구순각목문
8호	141-10	(4.8)			외반구연, 구순각목문
	141-11	(3.6)			외반구연, 구순각목문
	141-12	(7.6)			외반구연, 구순각목문
	141-13	(13.3)			적색마연
	141-15	5.0	3.3	3.5	컵형
	141-16	(5.1)	5.6		적색마연
	141-17	(2.9)		4.2	적색마연
9호	141-18	(2.3)		4.9	적색마연
	141-19	(1.9)		4.6	적색마연
	141-20	(1.9)		4.2	적색마연
	141-21	(2.5)		4.5	적색마연
	142-2	11.4	10.8	5.0	적색마연
	142-3	(9.9)	8.6		적색마연
	142-4	(7.5)	9.0		마연
	142-5	(7.2)	18.0		마연
20호	142-6	(2.4)			점토대토기
	142-7	(3.1)		4.4	적색마연
	142-8	(2.9)		4.6	적색마연
	142-9	(1.8)		5.2	적색마연
	142-10	(3.4)		6.0	적색마연
	142-14	(29.6)	16.8		
	142-15	(20.0)	17.6		외반구연
	142-16	(14.8)	12.4		외반구연
21호	142-17	(8.8)	12.8		외반구연, 구순각목문
	142-18	(4.8)			외반구연, 구순각목문
	142-19	(4.0)			외반구연, 구순각목문
	142-20	(2.6)		5.6	마연
22호	143-1	19.5	13.0	8.4	구순각목문

석기 속성일람

유구번호	도면번호	종류	길이	폭	두께	석재	비고
4호	141-3	석도	4.4	4.0	0.45		
5호	141-4	석부	5.9	3.4	1.4		편평편인
7호	141-5	석촉	5.8	1.6	0.6		일단경식
	141-6	석촉	3.7	0.9	0.5		일단경식
8호	141-14	석부	(13.3)	4.4	6.4		양인
9호	141-22	석촉	4.8	1.8	0.5		일단경식
	141-23	석촉	5.1	1.3	0.6		일단경식
	141-24	석촉	5.4	1.6	0.6		일단경식
	141-25	석촉	4.8	1.8	0.6		일단경식
	141-26	석촉	(4.2)	1.8	0.6		일단경식
	141-27	석촉	(3.2)	1.2	0.6		일단경식
	141-28	석촉	(5.9)	1.4	0.6		일단경식
	141-29	석촉	(3.4)		0.7		일단경식
	141-30	석촉	(2.4)		0.6		일단경식
	141-31	석검	(4.8)	3.0	0.8		이단병식
	141-32	석부	6.5	3.0	1.4		편평편인
	141-33	석부	6.9	3.0	1.2		편평편인
	141-34	석도	(5.4)		0.7		삼각형
	141-35	요석	10.6	9.5	5.6		
10호	141-36	석촉	(2.4)	1.2	0.4		일단경식
	141-37	석촉	(4.5	1.5	0.7		
11호	141-38	석촉	2.8	1.6	0.6		
12호	141-39	석촉	3.2	1.6	0.2		일단경식
13호	141-40	석촉	(5.2)	1.6	0.6		일단경식
	141-41	석부	(3.6)	2.7	1.0		편평편인
	141-42	석부	(5.5)	1.6	0.6		양인
14호	141-43	석촉	2.0	0.8	0.1		일단경식
	141-44	석부	9.0	0.8	2.2		편평편인
	141-45	석도	(4.4)	0.8	0.7		
16호	141-46	석촉	5.8	1.7	0.6		일단경식
18호	142-1	석검	9.6	5.2	1.2		
20호	142-11	석부	9.4	3.5	3.1		
	142-12	석도	4.4	4.4	0.5		
	142-13	요석	8.8	7.2	4		요석
21호	142-21	석촉	5.0	1.2	0.3		일단경식
	142-22	석부	9.4	3.5	3.1		유구

부여 송국리유적

토기 속성일람

유구번호	도면번호	기고(잔존)	구경	저경	비고
17-1호	143-2	(2.8)	10.0		

50-1호	143-3	(4.0)			
	143-4	(3.2)			
	143-5	3.6	2.0	0.4	대각
50-2호	143-9	12.4	8.4	4.4	적색마연
	143-10	(3.6)	8.4		적색마연
	143-11	(3.8)	12.4		적색마연
	143-12	(3.3)	10.0		적색마연
	143-13	(3.8)		8.4	적색마연
	143-14	(4.2)		10.8	적색마연
	143-15	(4.1)		6.6	적색마연
	143-16	(2.2)		7.0	적색마연
	143-17	(3.0)		9.4	적색마연
	143-18	(2.4)		6.2	적색마연
	143-19	(2.3)		7.6	적색마연
	143-20	(3.0)		6.4	적색마연
	143-21	(2.2)		5.4	적색마연
	143-22	(2.0)		4.2	적색마연
	143-23	(1.8)		6.2	적색마연
	143-24	(1.6)	1.6	1.5	토구
50-3호	143-31	4.8	9.1	6.0	
	143-32	(7.0)	7.6		적색마연
	143-33	(6.6)	6.6		적색마연
	143-34	(2.8)		8.0	적색마연
	143-35	(2.0)		4.4	적색마연
	143-36	(1.4)		4.2	적색마연
	143-37	(1.6)		4.6	적색마연
	143-38	(1.3)		5.6	적색마연
50-4호	143-41	(3.4)			적색마연
	143-42	(3.0)		6.6	적색마연
	143-43	(0.8)		5.2	적색마연
	143-44	(0.8)			적색마연
53-1호	143-47	15.1	8.4	6.6	적색마연
	143-48	22.9	15.2	8.0	
54-1호	143-50	23.5	13.4	6.5	
	144-1	26.0	15.0	8.2	
	144-2	37.0	19.1	8.6	
	144-3	50.0	22.0	10.5	
	144-4	6.8	11.1	4.4	적색마연
54-2호	144-6	31.6	17.2	7.3	
	144-7	32.0	10.7	8.4	
	145-1	22.3	12.4	9.06	
	145-2	25.5	15.5	7.4	
	145-3	40.0	21.0	8.4	

	145-4	36.7	15.4	8.4	
	146-1	(24.0)	10.8		플라스크형
	146-2	21.6	14.1	7.6	
	146-3	15.7	12.4	5.8	
	146-4	10.6	9.8	4.8	적색마연
	146-5	8.4	9.6	4.8	적색마연
	146-6	10.2	7.8	4.2	적색마연
	146-7	(4.4)		4.3	적색마연
	146-8	(5.4)		3.8	적색마연
	146-9	(3.8)		3.8	적색마연
	146-10	(0.7)		4.5	적색마연
	146-11	(1.2)		4.3	적색마연
	146-12	(1.0)		4.3	적색마연
54-3호	146-17	28.0	18.4	10.2	
	146-18	28.3	17.2	9.0	
	147-1	18.0	9.0	6.4	외반구연
	147-2	13.3	8.5	7.6	외반구연
	147-3	3.2		4.8	적색마연
	147-4	4.4		4.9	적색마연
54-5호	147-8	47.4	18.5	9.6	
	147-9	28.6	14.7	8.2	
	147-10	23.4	13.0	7.3	
	147-11	25.1	13.5	7.2	
	148-1	26.1	16.2	8.2	
	148-2	22.4	8.0	7.5	플라스크형
	148-3		8.6		플라스크형
	148-4	10.8	9.2	7.2	적색마연
	148-5	8.8	8.3	4.6	적색마연
	148-6	8.4	7.6	7.2	적색마연
	148-7	13.2	8.8	7.2	적색마연
	148-8	(6.0)			적색마연
	148-9	(4.4)			
	148-10	(2.6)		5.2	적색마연
54-6호	148-12	10.3	7.0	5.1	마연
	148-13	9.2	6.3	4.8	마연
	148-14	18.2	15.0		
	148-15	10.0	21.8	8.4	
	148-16	(1.4)		4.6	적색마연
	148-17	(1.6)			적색마연
54-7호	148-18	(10.8)			플라스크형
	148-19	(7.2)			적색마연
	148-20	(2.8)		3.9	적색마연
	148-21	(1.3)		3.0	적색마연

54-8호	149-1	28.8	15.4	7.2	
	149-2	29.2	13.6	7.5	
	149-3	6.6	14.3	7.3	
	149-4	10.4	7.4	5.2	적색마연
	149-5	(1.8)		4.6	적색마연
	149-6	(2.2)		5.2	적색마연
	149-7	(1.4)			적색마연
	149-8	(1.0)			적색마연
	149-9	(3.6)			적색마연
54-9호	149-10	22.0	14.4	7.8	
	149-11	10.2	9.5	4.8	
54-10호	149-12	56.8	29.6	20.8	
	149-13	33.0	15.8	7.6	
	149-14	6.8	13.6	5.9	
54-11호	149-16	36.0	17.6	6.4	
	150-1	52.8	24.0	8.0	
	150-2	(4.1)		13.4	적색마연
	150-3	(2.0)		3.8	적색마연
54-12호	150-8	60.8	26.6	8.0	
	150-9	31.2	18.4	9.6	
	150-10	16.9	8.9	6.9	양이부호
	150-11	(1.4)		4.6	적색마연
54-13호	150-12	25.3	12.8	7.0	
	150-13	38.0	17.4	8.1	
	150-14	14.2	9.1	6.8	
	150-15	10.3	8.4	5.4	
	151-1	44.5	21.0	8.2	
	151-2	17.0	11.8	6.8	
	151-3	23.1	14.6	8.0	
54-14호	151-4	15.0	8.6	5.6	
	151-5	17.5	13.7	8.2	
	151-6	25.2	13.9	7.3	
	151-7	15.5	11.0	6.9	
	151-8	20.8	10.4	6.8	
	151-9	19.2	11.2	7.2	
	152-1	23.4	7.9	17	적색마연, 플라스크형
	152-2	(4.0)	8.4		적색마연
	152-3	(12.4)		5.6	적색마연
54-15호	152-5	42.4	15.2	4.0	
	152-6	46.4	18.4	5.6	
	152-7	32.0	9.6	6.4	
	152-8	23.1	12.6	8.8	
	152-9	27.4	15.7	6.8	

	152-10	12.5	8.4	4.8	적색마연
	152-11	7.5	6.5	3.5	적색마연
	152-12	(1.8)		4.6	적색마연
54-19호	152-16	(2.4)		3.7	적색마연
	152-17	(1.5)		4.3	적색마연
	152-18	(1.6)		4.5	적색마연
	152-20	(11.2)	7.6		적색마연
54-20호	152-21	(2.8)			적색마연
	152-22	(2.7)			적색마연
	152-23	(2.1)		4.1	적색마연
	152-24	(7.8)		32.8	구순각목문
54-21호	153-1	(2.6)		4.8	적색마연
	153-2	(2.7)		4.2	적색마연
54-22호	153-4	22.8	15.6	11.2	
	153-5	17.2	10.0	8.0	
	153-9	(40.0)	22.7	7.2	
	153-10	(33.5)		6.8	
	153-11	11.8	4.6	4.3	적색마연
	153-12	(6.8)	22.0		구순각목문
	153-13	(3.8)	7.1		적색마연
54-23호	153-14	(4.9)	4.6		적색마연
	153-15	(3.1)	7.6		적색마연
	153-16	(5.0)			적색마연
	153-17	(1.1)		3.9	적색마연
	154-1	44.1	24.0	6.9	
	154-2	32.8	17.0	6.3	
	154-8	(10.0)	12.4		
	154-9	(30.0)	14.8		
	154-10	17.6	9.2	6.0	
	154-11	(12.6)	17.4		
	154-12	(5.6)	8.6		적색마연
55-1호	154-13	(0.8)		4.6	적색마연
	154-14	(0.8)		5.1	적색마연
	154-15	(2.6)		4.8	적색마연
	154-16	(2.8)		4.6	적색마연
	154-17	(1.2)		3.6	적색마연
	154-18	(1.6)		4.5	적색마연
	155-1	17.2	10.2	6.0	
	155-2	(14.4)	11.0		외반구연
55-2호	155-3	10.2	20.3	8.0	
	155-4	7.5	15.0	7.3	
	155-5	13.2	9.9	7.4	
	155-6	11.7	9.2	6.5	

유구	번호				비고
	155-7	10.4	8.0	5.2	
	155-8	(3.2)		4.8	흑색마연
	155-9	(1.6)		4.0	적색마연
	155-10	(3.2)		3.8	적색마연
	155-11	(1.0)		4.2	적색마연
	155-12	(6.6)		11.6	적색마연
	155-13	(4.0)		13.2	적색마연
55-3호	155-17	(2.4)	6.6		적색마연
	155-20	(18.0)	30.2		외반구연
	155-21	(4.4)			적색마연
55-4호	155-22	(1.4)		6.8	적색마연
	155-23	(1.4)		5.4	적색마연
	155-24	6.4	6.0	1.2	토제방추차(재활용)
	155-28	8.6	15.0	5.6	
	155-29	(7.4)	12.8		적색마연
	156-1	(8.8)	16.8		
	156-2	(4.4)	7.2		적색마연
	156-3	(4.0)		8.0	적색마연
	156-4	(2.0)		5.4	적색마연
	156-5	(1.8)		3.8	적색마연
55-5호	156-6	(1.4)		4.8	적색마연
	156-7	(1.4)		6.2	적색마연
	156-8	(1.2)		3.8	적색마연
	156-9	(1.4)		3.4	적색마연
	156-10	(1.2)		3.9	적색마연
	156-11	(1.0)		4.1	적색마연
	156-12	(5.5)		4.0	대각
	156-13	(4.4)	4.4		토제방추차(재활용)
	156-17	(13.2)	21.6		
	156-18	(23.0)	8.0		플라스크형
	156-19	(3.4)	10.0		적색마연
	156-20	(2.0)	7.8		적색마연
55-6호	156-21	(2.4)	3.8		적색마연
	156-22	(2.6)	3.2		적색마연
	156-23	(1.8)	4.8		적색마연
	156-24	(1.2)	6.2		적색마연
	156-25	(7.6)			흑색마연
55-8호	156-36	12.0	8.0	5.6	
	156-37	(2.4)	8.2		적색마연
	156-38	(1.0)		4.8	적색마연
57-1호	156-39	(2.4)		5.0	적색마연
	156-40	(1.6)		6.0	적색마연
	156-41	(1.6)		4.6	적색마연

유구번호	도면번호	종류	길이	폭	두께	석재	비고
50-1호	143-6	석검	16.4	2.4	0.8	수암	일단병식
	143-7	석도	10.8	5.6	0.4	수암	
	143-8	석촉	5.6	1.2	0.3	수암	일단경식
50-2호	143-25	석촉	(2.8)	1.2	0.2	수암	일단경식
	143-26	석촉	5.0			니암	
	143-27	석검	(3.6)	2.2	0.2	수암	
	143-28	석부	5.5	2.0	0.8	수암	
	143-29	석부	5.4			수암	
	143-30	관옥	0.8	0.35	0.15	벽옥	관옥
50-3호	143-39	석촉	(4.4)	1.2	0.7	수암	일단경식
	143-40	석검	(6.2)	3.2	1.2	수암	
50-4호	143-45	석촉	6.5	1.0	0.4	혼펠스	일단경식
	143-46	석촉	4.4	0.8	0.4	수암	일단경식석
53-1호	143-49	석촉	2.4	0.5	0.4	혼펠스	일단경식
54-1호	144-5	석촉	3.2	1.2	0.6	혼펠스	일단경식
54-2호	146-13	석도	11.0	5.2	0.6	편암	삼각형
	146-14	석도	12.5	6.0	0.5	사암	삼각형
	146-15	석검	17.6	2.4	0.8	수암	일단병식
	146-16	관옥	0.8	0.35	0.16	벽옥	관옥
54-3호	147-5	석도	9.5	4.1	0.4	편암	삼각형
	147-6	석도	12	4.8	0.4	수암	삼각형
	147-7	석도	12.6	5.5	0.6	편암	어형
54-5호	148-11	석검	13.8	5.6	0.8	반암	삼각형
54-7호	148-22	관옥	0.8		0.35	벽옥	관옥
54-10호	149-15	석촉	7.7	1.3	0.4	천매암	
54-11호	150-4	석도	13.8	5.3		이암	주형
	150-5	석도	(16.0)	4.8	0.6	운모편암	주형
	150-6	석검	7.5	3.9	0.6	이암	
	150-7	석검	8.2	5.1	0.8	목제	일단병식
54-14호	152-4	석도	(10.8)	4.4	0.8	이암	삼각형
54-15호	152-13	석겸	25.4	6	1.2	편암	
	152-14	석검	16.8	5.2	1.2	이암	유경식
	152-15	석부	8.7	2.6	5.2	혼펠스	유구
54-19호	152-19	석도	10.4	5.5	0.7	산성암맥	삼각형
54-21호	153-3	석검	12.0	3.0	0.55	천매암	
54-22호	153-6	석부	15.8	3.1	4.8	니암	유구
	153-7	석촉	5.7	0.8	0.7		일단경식
	153-8	석촉	5.8	1.4	0.75		일단경식
54-23호	154-3	석부	17.4		1.3	니암	환상
	154-4	석부	15.0		1.5	니암	환상
	154-5	석검	7.8	2.2	0.8		유경식

유구번호	도면번호	기종	길이	너비	두께	석재	비고
	154-6	석촉	6.2	1.6	0.6		일단경식
	154-7	관옥	0.8	0.36	0.15	벽옥	관옥
	154-19	석도	10.4	3.6	0.6	수암	삼각형
	154-20	석착	6.5	4.0	1.1	수암	석착
55-1호	154-21	석촉	6.4	1.2	0.5	혼펠스	일단경식
	154-22	석촉	5.2	1.6	0.6	혼펠스	일단경식
	154-23	석촉	4.5	1.0	0.4	수암	일단경식
	155-14	석부	11.0	3.0	3.2	화강암	유구
55-2호	155-15	석부	9.2	3.9	2.8	니암	유구
	155-16	석검	7.2	2.0	0.8	수암	유경식
55-3호	155-18	석부	6.8	2.8	3.2	수암	유구
	155-19	석촉	8.0	1.2	0.4	수암	일단경식
	155-25	석촉	8.2	1.6	0.5	혼펠스	일단경식
55-4호	155-26	석촉	4.4	1.2	0.4	수암	일단경식
	155-27	석부	14.4	1.4		편암	환상
	156-14	석도	9.6	5.6	0.3	편암	삼각형
55-5호	156-15	석부	12.4	2.8	2.5	편암	유구
	156-16	석부	8.8	2.4	2.0	수암	유구
	156-26	석촉	6.0	1.3	0.4	혼펠스	일단경식
	156-27	석촉	4.4	1.4	0.6	편암	일단경식
	156-28	석촉	3.9	1.2	0.4	점판암	일단경식
55-6호	156-29	석촉	2.2	1.4	0.6	수암	일단경식
	156-30	석검	13.2	2.8	0.6	수암	
	156-31	석도	12.3	5.7	0.6	판암	
	156-32	석도	10.0	5.6	0.4	사암	
	156-33	석검	3.9			수암	
55-7호	156-34	석촉	6.1	1.8	0.7	편암	일단경식
	156-35	석촉	6.2	2.0	0.6	혼펠스	일단경식
	156-42	석촉	5.3			수암	
57-1호	156-43	석촉	(4.0)	1.6	0.8	수암	일단경식
	156-44	석촉	4.2	1.8	0.7	편암	일단경식
	156-45	석촉	4.0	1.6	0.5	수암	일단경식

부여 증산리유적

토기 속성일람

유구번호	도면번호	기고(잔존)	구경	저경	비고
2호	157-1	(5.1)			방추차(적색마연저부 재활용)
	157-2	(2.6)		5.2	적색마연
3호	157-3	(1.4)		5.0	적색마연
	157-4	(1.2)		5.1	적색마연
4호	157-6	(1.0)		4.2	적색마연
6호	157-8	(1.5)		4.2	적색마연
	157-9	(3.0)		6.4	적색마연

유구번호	도면번호	(길이)	폭	두께	비고
	157-10	(3.4)		7.6	적색마연
	157-11	(32.2)	24.4		
	157-12	(10.7)		15.0	적색마연
	157-13	(15.0)	15.8		
	157-14	(19.1)	10.8		
	157-15	14.0	7.6	4.4	적색마연
	157-16	(8.5)	12.1		적색마연
	157-17	(10.8)		6.8	적색마연
	157-18	6.2	4.6	4.8	컵형
	157-19	(5.4)		10.0	적색마연
	157-20	(2.2)		5.0	적색마연
	157-21	(2.2)		4.0	적색마연
7호	157-22	(0.9)		4.0	적색마연
	158-1	(2.8)		3.2	적색마연
	158-2	(1.9)		4.6	적색마연
	158-3	(1.6)		6.1	적색마연
	158-4	(1.5)		4.6	적색마연
	158-5	(1.7)		4.0	적색마연
	158-6	(1.3)		4.8	적색마연
	158-7	(1.3)		4.8	적색마연
	158-8	(1.3)		4.4	적색마연
8호	158-15	(8.8)			외반구연
	158-16	(12.7)	12.4		외반구연
10호	158-17	(33.9)	24.3		외반구연
	158-18	(10.8)	17.7		외반구연
11호	158-21	(10.0)	9.7		외반구연
	158-22	(5.4)			방추차(마연토기저부 재활용)
12호	158-23	(4.3)			방추차(적색마연저부 재활용)
	158-24	(10.5)	10.5		
13호	158-25	(2.0)		4.0	적색마연
	158-26	(2.7)		6.0	적색마연

석기 속성일람

유구번호	도면번호	종류	길이	폭	두께	석재	비고
3호	157-5	석부	3.9	2.4	0.8	편마암	편평편인
4호	157-7	석도	4.0		0.4	점판암	삼각형
	158-9	석도	4.5	8.0	0.7	편마암	삼각형
	158-10	석부	4.4	3.65	0.96	편마암	편평편인
	158-11	석촉	4.3	1.6	0.7	세일	일단경식
7호	158-12	석촉	3.2	1.2	0.4	세일	일단경식
	158-13	석부	6.18	3.14	1.35	편마암	편평편인
	158-14	석부	8.96	3.05	3.8	편마암	양인
10호	158-19	석촉	6.0	1.45	0.5	세일	일단경식
	158-20	석촉	5.2	1.5	0.5	세일	일단경식

부여 송학리유적							

석기 속성일람

유구번호	도면번호	종류	길이	폭	두께	석재	비고
1호	158-27	방추차	6.4		0.4	실트스톤	
2호	158-28	석부	3.8	3.2	0.9	편마암	편평편인
	158-29	석착	4.2	2.2	0.7	셰일	
3호	158-30	석부	4.9	3.4	0.4	실트스톤	편평편인

부여 삼룡리유적							

석기 속성일람

유구번호	도면번호	종류	길이	폭	두께	석재	비고
3호	158-31	환석	7.0	13.2	2.5	사암	

서 천 군

1. 봉선리 유적
2. 봉선리·태성리유적
3. 당정리 유적
4. 오석리 유적
5. 한성리 유적
6. 추동리 유적
7. 도삼리 유적
8. 월기리 유적
9. 화산리 유적

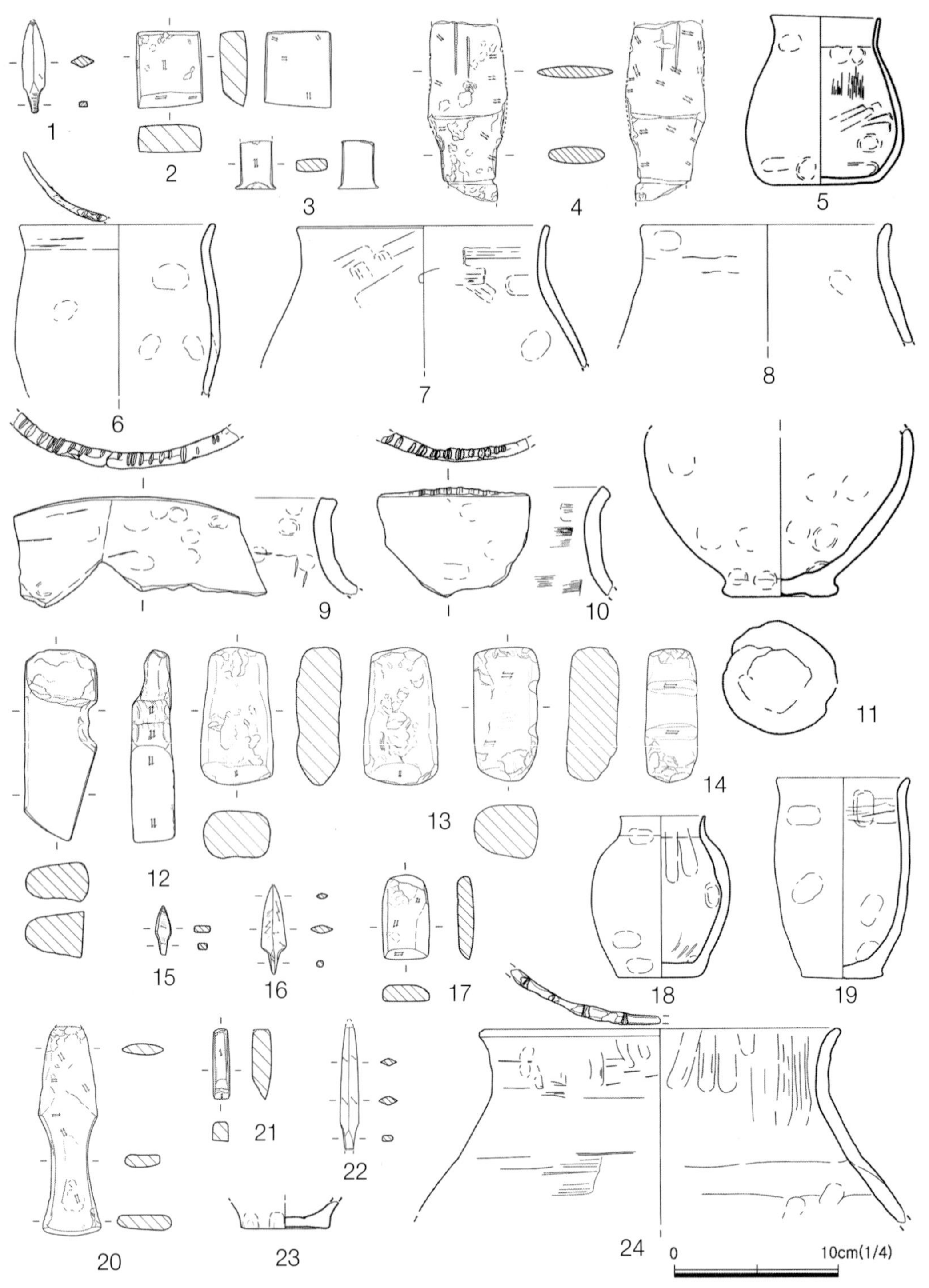

〈도면 159〉 서천 봉선리유적(3-Ⅰ-3호 : 1 / 3-Ⅱ-1호 : 2~11 / 3-Ⅱ-2호 : 12~19 / 3-Ⅱ-3호 : 20~24)

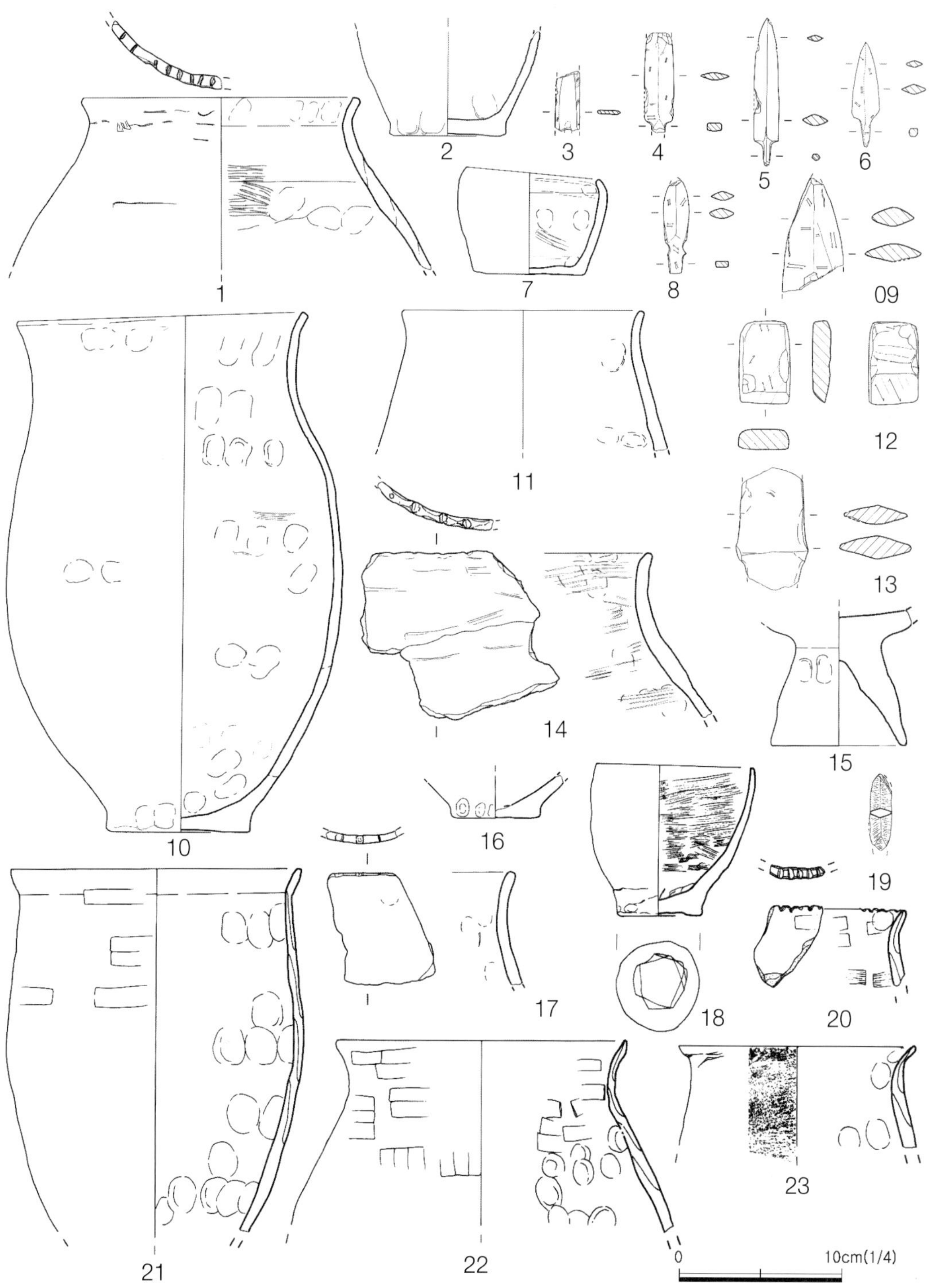

〈도면 160〉 서천 봉선리유적(3-Ⅱ-3호 : 1 / 3-Ⅱ-4호 : 2~3 / 3-Ⅱ-5호 : 4~5 / 3-Ⅱ-8호 : 6 / 3-Ⅱ-10호 : 7~8 /
3-Ⅲ-1호 : 9 / 3-Ⅲ-4호 : 10 / 3-Ⅲ-7호 : 11~13 / 3-Ⅲ-8호 : 14 / 3-Ⅲ-10호 : 15~17),
서천 봉선리 · 태선리유적(1호 : 18~23)

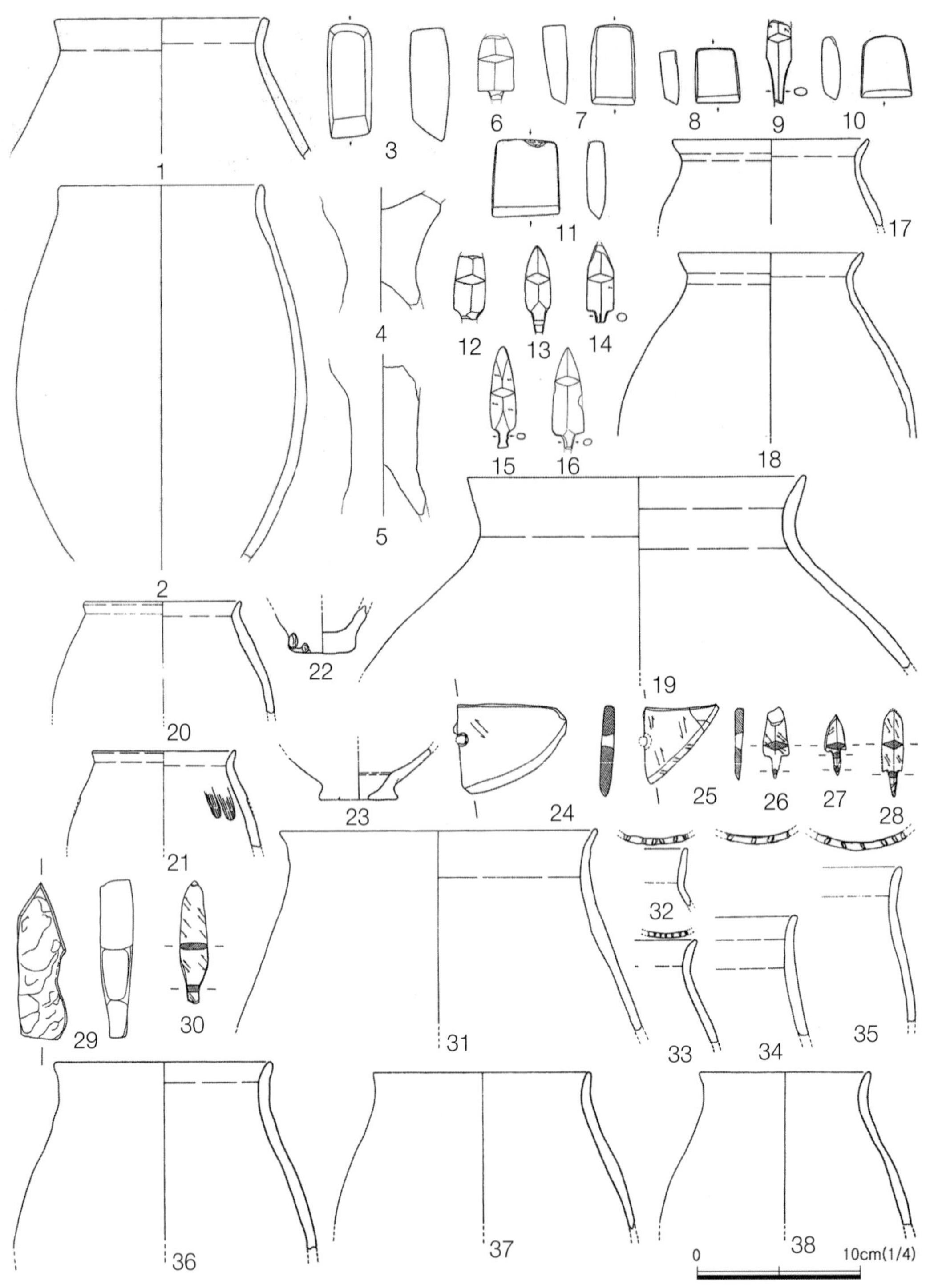

〈도면 161〉 서천 당정리유적(1호 : 1 / 2호 : 2~3 / 3호 : 4~6 / 4호 : 7 / 6호 : 8~9 / 7호 : 10 / 8호 : 11~13 / 9호 : 14~15 / 16호 : 16), 서천 오석리유적(94-1호 : 17~30 / 94-2호 : 31~38)

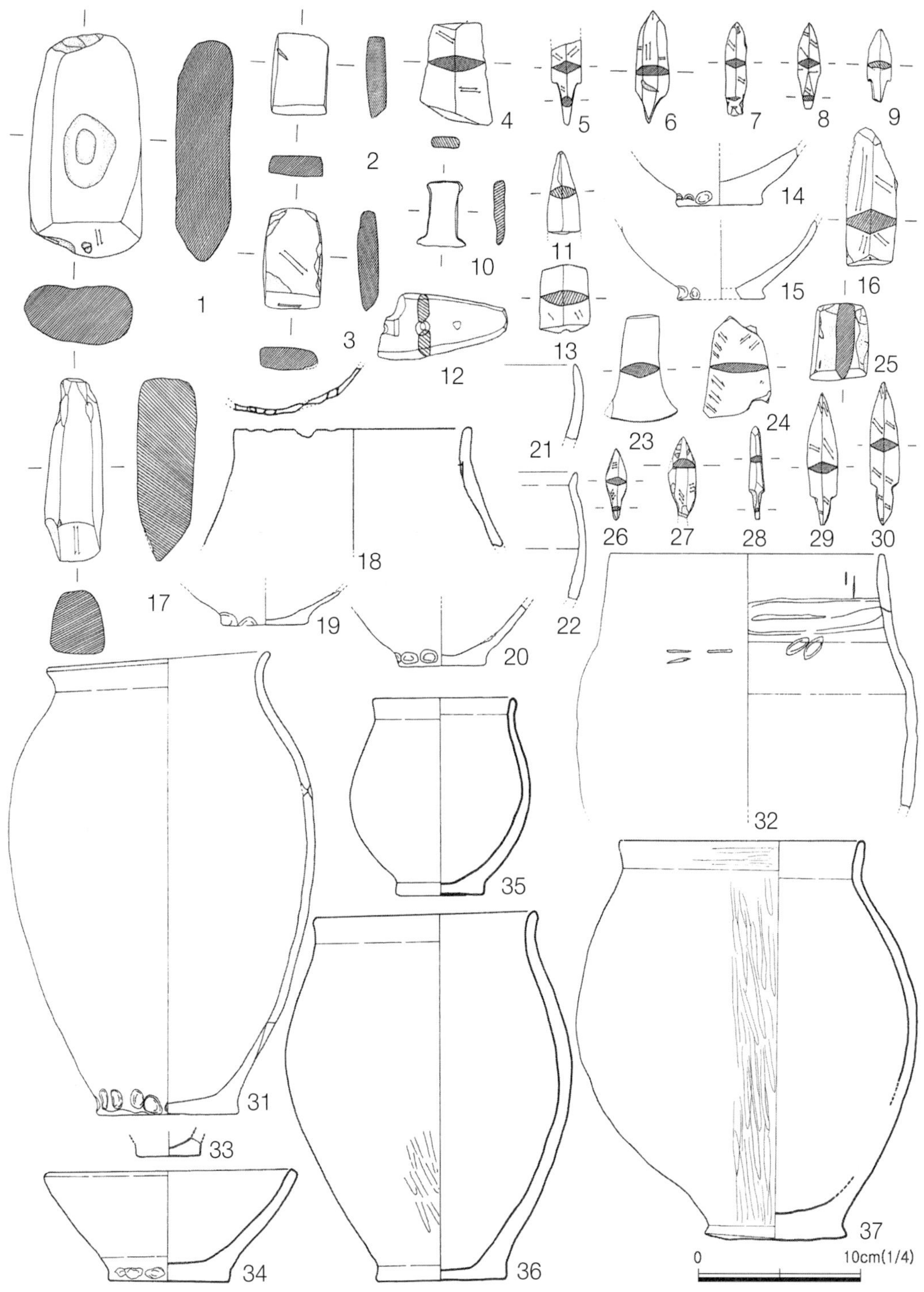

〈도면 162〉 서천 오석리유적(94-2호 : 1~8 / 95-1호 : 9~13 / 95-2호 : 14~17 / 95-3호 : 18~28 / 95-4호 : 31 / 95-6호 : 29~30 / 95-7호 : 32), 서천 한성리유적(1호 : 33 / 3호 : 34~37)

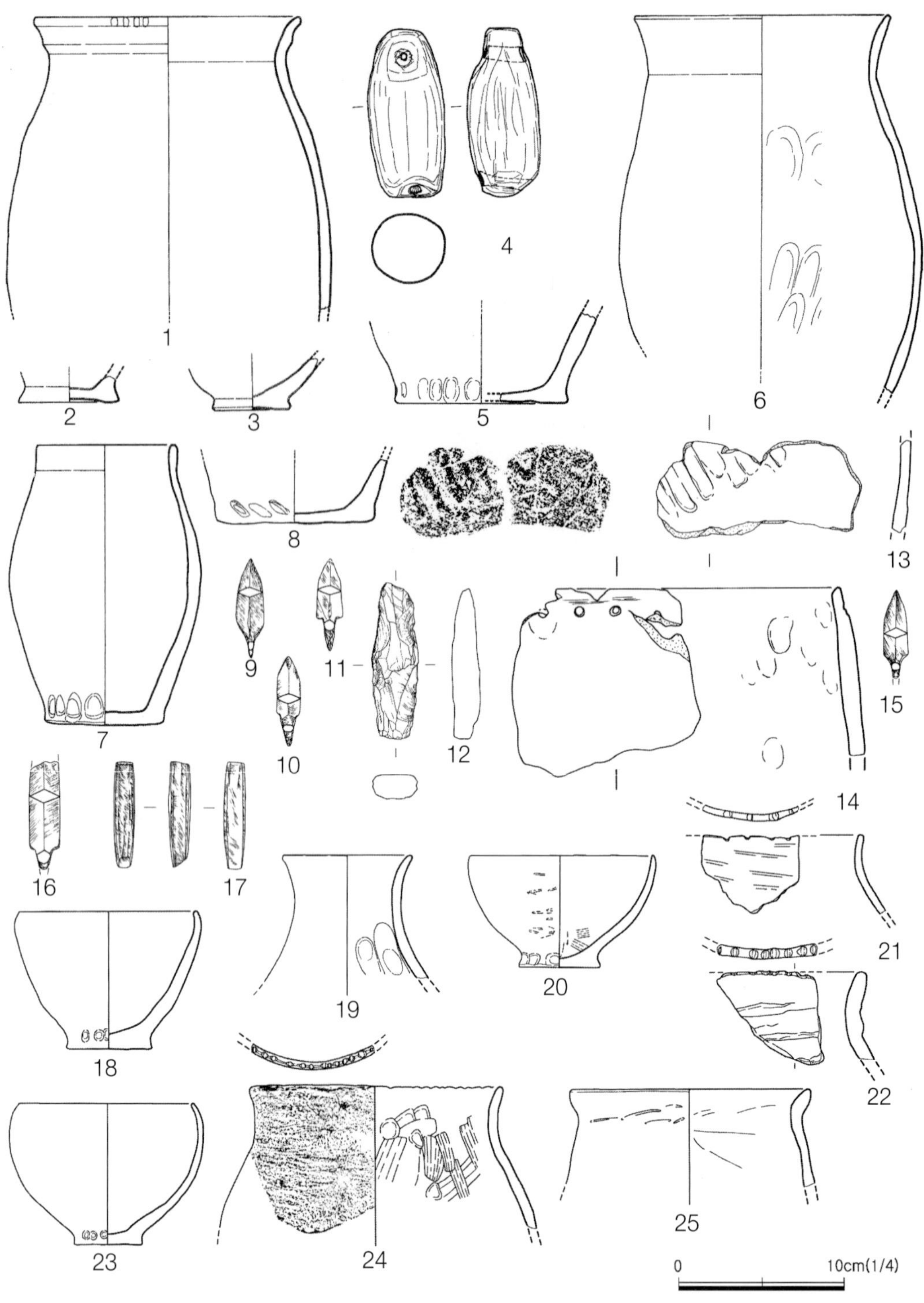

〈도면 163〉 서천 한성리유적(4호 : 1~3 / 5호 : 4~8), 서천 추동리유적(1호 : 9 / 2호 : 10~11 / 4호 : 12~13 / 5호 : 14~15 / 8호 : 16~17), 서천 도삼리유적(3호 : 18~25)

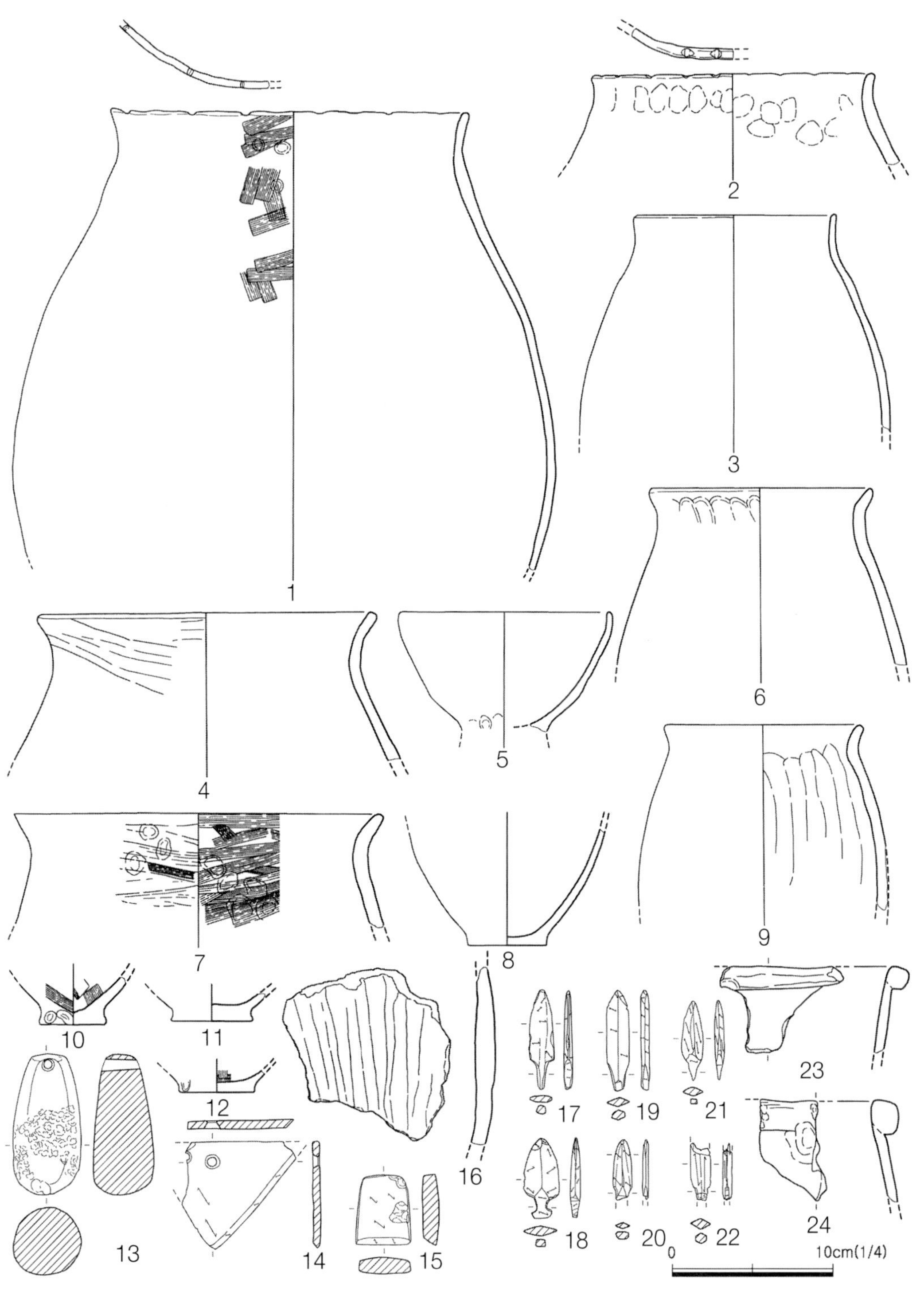

〈도면 164〉 시흥 도심리유적(3호 : 1~22 / 4호 : 23~24)

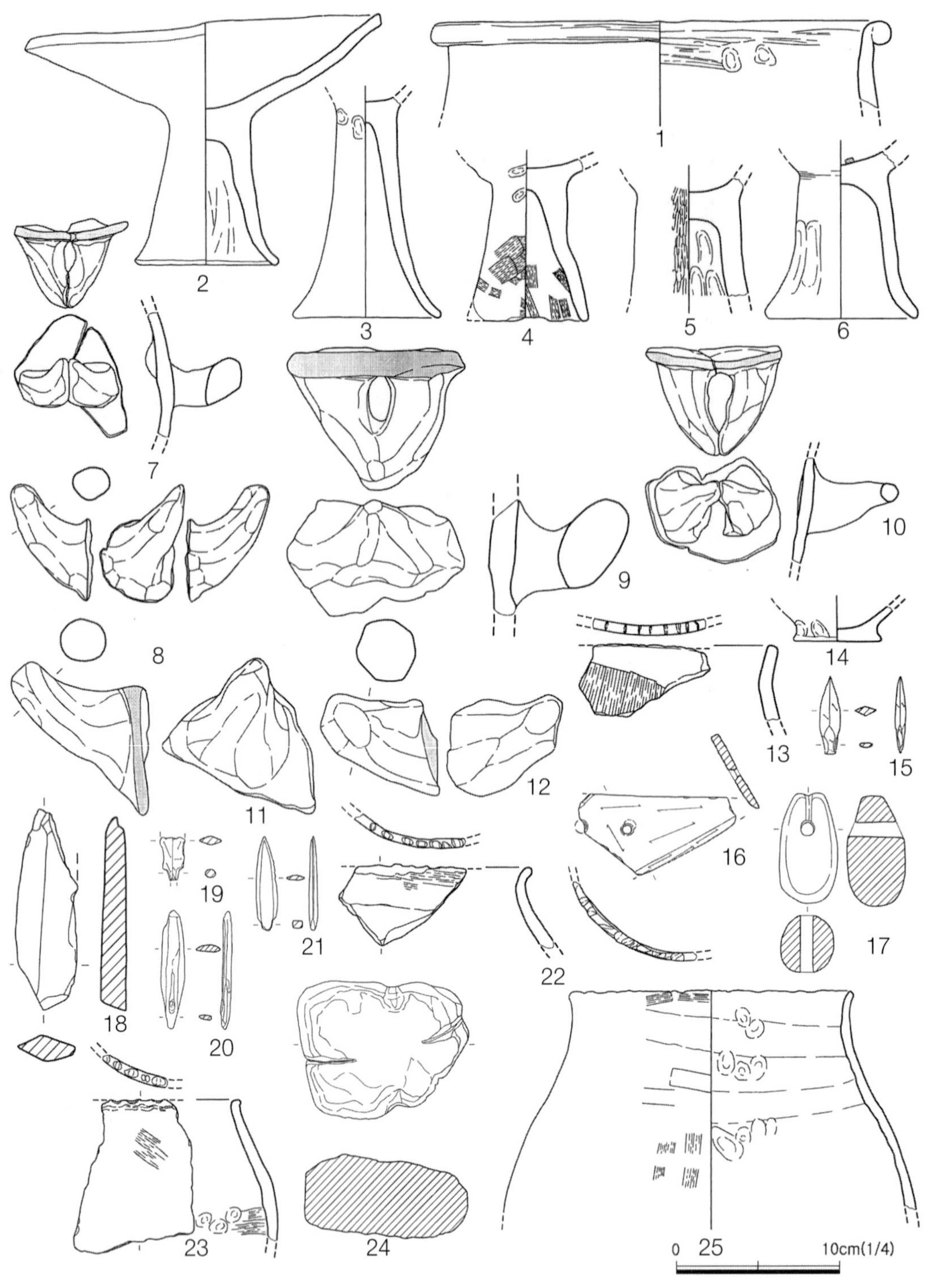

〈도면 165〉 서천 도삼리유적(4호 : 1~12 / 7호 : 13~17 / 8호 : 18 / 9호 : 19 / 10호 : 20~25)

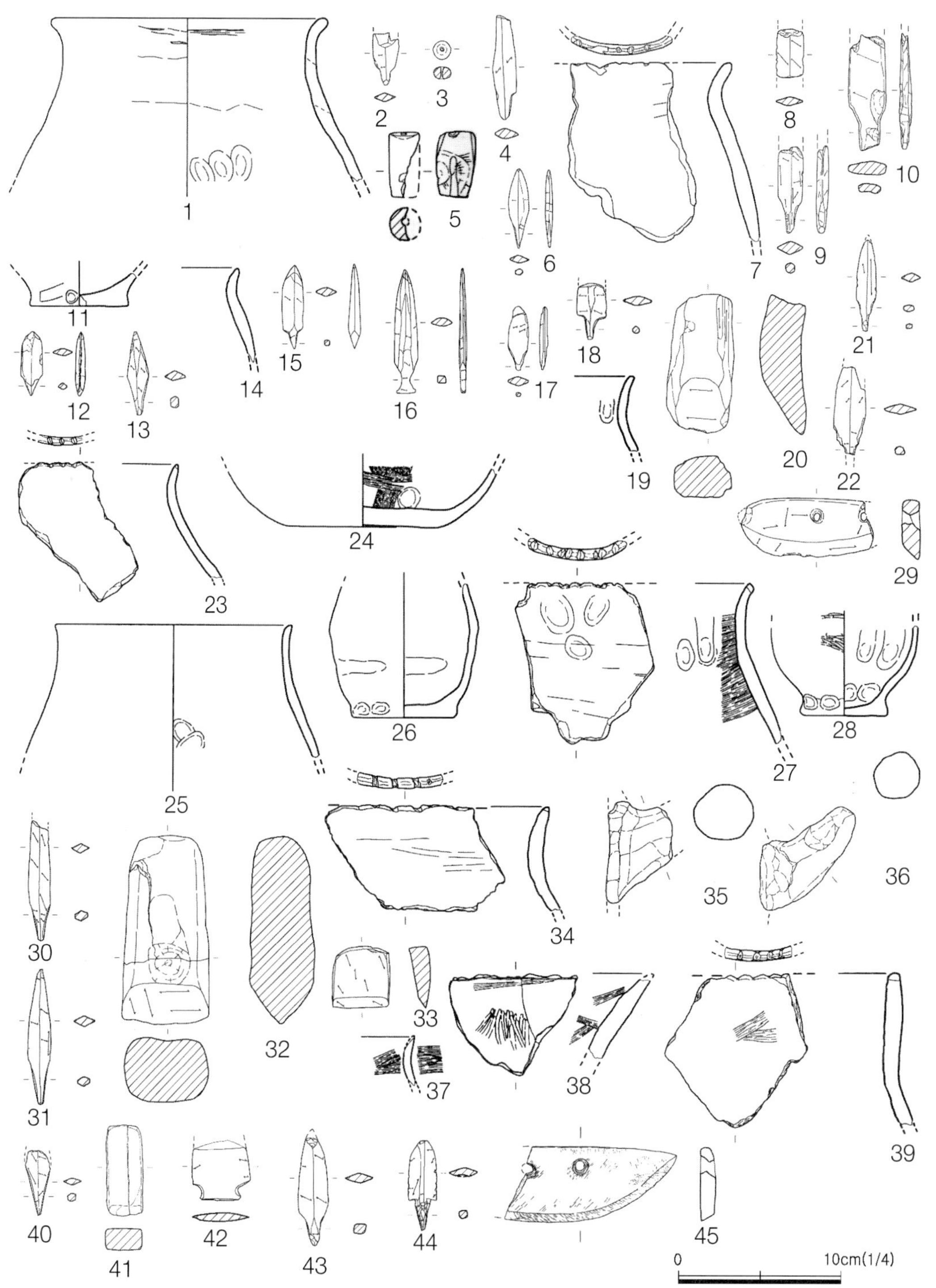

〈도면 166〉 서천 도삼리유적(10호 : 1 / 11호 : 2, 4 / 12호 : 5 / 13호 : 6 / 14호 : 7 / 15호 : 8 / 16호 : 3, 9~10 / 17호 : 11 /
20호 : 12 / 22호 : 13 / 24호 : 14~15 / 27호 : 16 / 28호 : 17), 서천 월기리유적(1호 : 18 / 3호 : 19 /
5호 : 20~24 / 6호 : 25~29 / 7호 : 30~34 / 10호 : 35~41 / 13호 : 42~44), 서천 화산리유적(1호 : 45)

서천지역 유물 속성일람표

서천 봉선리유적

토기 속성일람

유구번호	도면번호	기고(잔존)	구경	저경	비고
3-II-1호	159-5	7.7	5.2	6.3	마연
	159-6	(10.2)	(12.2)		구순각목문
	159-7	(8.6)	(15.6)		
	159-8	(7.1)	(15.5)		
	159-9	(5.7)			구순각목문
	159-10	(6.5)			구순각목문
	159-11	(7.5)		5.3	적색마연
3-II-2호	159-18	9.3	5.2	5.2	
	159-19	12.0	8.2	5.1	
3-II-3호	159-23	(1.6)		5.6	적색마연
	159-24	(11.7)	(22.0)		구순각목문
	160-1	(10.2)	(16.8)		구순각목문
3-II-4호	160-2	(6.2)		7.0	적색마연
3-II-10호	160-7	6.4	7.9	6.6	
3-III-4호	160-10	30.1	17.4	8.8	
3-III-7호	160-11	(8.3)			
3-III-8호	160-14	(9.8)			구순각목문
3-III-10호	160-15	(8.0)		8.4	
	160-16	(2.5)		6.2	적갈색마연
	160-17	(6.7)			구순각목문

석기 속성일람

유구번호	도면번호	종류	길이	폭	두께	석재	비고
3-I-3호	159-1	석촉	5.4	0.65	1.2	세일	일단경식
3-II-1호	159-2	석착	4.4	4.0	1.6	사암	편평편인
	159-3	석검	(2.9)	1.9	0.7	세일	유경식
	159-4	석검	(10.8)	4.6	1.0	세일	유혈구, 이단병식
3-II-2호	159-12	석부	11.3	4.4	2.7	천매암	유구
	159-13	석부	12.4	6.6	4.0	사암	양인
	159-14	석부	7.9	3.9	3.0	편마암	유구석부
	159-15	석촉	2.9	1.0	0.4	세일	일단경식
	159-16	석촉	5.3	1.5	0.55	세일	일단경식
	159-17	석착	5.0	2.8	0.95	세일	편평편인
3-II-3호	159-20	석검	(13.9)	4.0	1.0	세일	일단병식
	159-21	석착	4.7	1.2	1.3	세일	
	159-22	석촉	(8.2)	1.3	0.6	세일	일단경식
3-II-4호	160-3	석촉	(3.3)	1.5	0.25	세일	편평만입

유구번호	도면번호	종류	길이	폭	두께	석재	비고
3-Ⅱ-5호	160-4	석촉	(5.8)	1.8	0.5	셰일	일단경식
	160-5	석촉	8.7	1.6	0.65	셰일	일단경식
3-Ⅱ-8호	160-6	석촉	6.2	1.7	0.6	셰일	일단경식
3-Ⅱ-10호	160-8	석촉	(5.6)	1.6	0.6	셰일	이단경식
3-Ⅲ-1호	160-9	석검	(6.7)	3.6	1.1	셰일	
3-Ⅲ-7호	160-12	석부	4.8	3.1	1.2	사암	편평편인
	160-13	석검	(7.2)	4.4	1.3	셰일	

서천 봉선리 · 태성리유적

토기 속성일람

유구번호	도면번호	기고(잔존)	구경	저경	비고
1호	160-18	9.0	9.7	5.0	
	160-20	(4.5)			구순각목문
	160-21	(41.4)	17.9		
	160-22	(17.6)	11.0		
	160-23	(6.0)	14.6		

석기 속성일람

유구번호	도면번호	종류	길이	폭	두께	석재	비고
1호	160-19	석촉	(4.6)	1.3			

서천 당정리유적

토기 속성일람

유구번호	도면번호	기고(잔존)	구경	저경	비고
1호	161-1	(8.0)	13.2		
2호	161-2	28.0	13.0		
3호	161-4	(7.1)		(4.3)	
	161-5	(10.7)		(4.2)	

석기 속성일람

유구번호	도면번호	종류	길이	폭	두께	석재	비고
2호	161-3	석착	6.9	2.8	2.4		
3호	161-6	석촉	(3.8)	2.0	0.6		
4호	161-7	석착	4.7	2.6	1.4		
6호	161-8	석착	3.65	3.2	1.2		
	161-9	석촉	(4.9)	1.45	0.61		
7호	161-10	석착	3.6	3.1	1.4		
8호	161-11	석착	(4.6)	4.0	1.2		
	161-12	석촉	(4.3)	1.9	0.62		
	161-13	석촉	5.2	1.55	0.65		
9호	161-14	석촉	(3.9)	1.6	0.5		
	161-15	석촉	6.0	1.5	0.55		
16호	161-16	석촉	(6.1)	1.8	0.66		

토기 속성일람

유구번호	도면번호	기고(잔존)	구경	저경	비고
94-1호	161-17	(6.5)	14.8		
	161-18	(13.7)	4.0		
	161-19	(14.4)	25.4		
	161-20	(8.3)	12.0		
	161-21	(7.1)	10.8		
	161-22	(2.9)		9.8	적색마연
	161-23	(1.5)		4.7	적색마연
94-2호	161-31	(7.5)	(13.8)		
	161-32	(5.7)			구순각목문
	161-33	(12.4)			구순각목문
	161-34	(7)			구순각목문
	161-35	(9.3)			구순각목문
	161-36	(10.8)	(13.6)		
	161-37	(9.3)	(13.2)		
	161-38	(9.1)	(10.4)		
95-2호	162-14	(5.5)			
	162-15	(3.2)		5.4	적색마연
95-3호	162-18	(6.9)	(14.3)		구순각목문
	162-19	(3.6)		5.7	적색마연
	162-20	(2.1)		5.5	적색마연
	162-21	(3.7)			
	162-22	(7.6)			
95-4호	162-31	27.0	13.5	8.8	
95-7호	162-32	(14.7)	17.0		

석기 속성일람

유구번호	도면번호	종류	길이	폭	두께	석재	비고
94-1호	161-24	석도	(6.3)	5.7	0.7		주형
	161-25	석도	(4.3)	4.2	0.5		삼각형
	161-26	석촉	(4.1)	1.5	0.5		이단경식
	161-27	석촉	5.0	1.2	0.5		이단경식
	161-28	석촉	3.8	1.3	0.5		이단경식
	161-29	석부	9.3				유구
	161-30	석촉	7.4	1.6	0.4		일단경식
94-2호	162-1	석부	13.2	6.6	3.4		합인
	162-2	석착	4.7	3.3	1.2	사암	
	162-3	석착	5.8	3.5	1.3	사암	
	162-4	석검	(6.1)	4.3	1.0	이암	
	162-5	석촉	5.0	1.9	0.8	점판암	이단경식
	162-6	석촉	(5.5)	1.9	0.8	점판암	

유구번호	도면번호	종류				석재	비고
95-1호	162-7	석촉	5.5	1.3	0.6	이암	
	162-8	석촉	5.2	1.4	0.6	사암	
	162-9	석촉	(4.2)	1.6	0.5		
	162-10	석검	(3.8)	1.7	0.6	이암	
	162-11	석검	(5.0)	2.1	0.8	사암	
	162-12	석도	(7.8)	3.7	0.7	점판암	
	162-13	석검	(3.9)	3.0	0.9	사암	
95-2호	162-16	석검	(8.1)	3.2	1.4	사암	
	162-17	석부	11.2	3.4	3.6		
95-3호	162-23	석검	(6.2)	2.4	0.8	이암	일단병식
	162-24	석검					
	162-25	석착	4.3	3.4	1.1	사암	
	162-26	석촉	4.1	1.3	0.5	점판암	일단경식
	162-27	석촉	(4.6)	1.7	0.6	점판암	일단경식
	162-28	석촉	5.4	1.1	0.5	사암	알단경식
95-6호	162-29	석촉	8.6	1.9	0.8	점판암	일단경식
	162-30	석촉	7.8	1.9	0.7	점판암	일단경식

서천 한성리유적

토기 속성일람

유구번호	도면번호	기고(잔존)	구경	저경	비고
1호	162-33	(1.0)		(4.1)	적색마연
3호	162-34	6.9	15.3	7.2	적색마연
	162-35	11.9	8.5	5.5	
	162-36	22.5	13.6	8.1	
	162-37	24.2	15.0	8.8	
4호	163-1	(17.5)	16.2		
	163-2	(1.5)		6.2	황갈색마연
	163-3	(3.0)		4.8	적색마연
5호	163-5	(5.3)		10.5	적색마연
	163-6	(22.5)	(15.4)		
	163-7	16.5	8.4	7.5	
	163-8	(3.8)		9.7	적색마연

석기 속성일람

유구번호	도면번호	종류	길이	폭	두께	석재	비고
5호	163-4	석추	10.0	4.5			

서천 추동리유적

토기 속성일람

유구번호	도면번호	기고(잔존)	구경	저경	비고
4호	163-13	(5.6)			타날문
5호	163-14	(8.3)			공렬문

석기 속성일람

유구번호	도면번호	종류	길이	폭	두께	석재	비고
1호	163-9	석촉	6.0	1.7	0.6	셰일	일단경식
2호	163-10	석촉	5.3	1.4	0.6	셰일	일단경식
	163-11	석촉	5.4	1.1	0.6	셰일	일단경식
4호	163-12	석부	9.2	2.7	1.5	셰일	
5호	163-15	석촉	(5.2)	1.5	0.6	셰일	
8호	163-16	석촉	(6.4)	1.8	0.8	셰일	
	163-17	석부	6.4	1.3	1.2	셰일	

서천 도삼리유적

토기 속성일람

유구번호	도면번호	기고(잔존)	구경	저경	비고
KC-003호	163-18	8.0	10.8	10.4	적색마연
	163-19	(7.1)	7.6		적색마연
	163-20	7.6	11.2	10.0	적색마연
	163-21	(4.4)			구순각목문
	163-22	(5.5)			구순각목문
	163-23	8.3	10.8	4.2	적색마연
	163-24	(8.4)	15.2		구순각목문
	163-25	(5.7)	14.0		
	164-1	(29.5)	23.0		구순각목문
	164-2	(5.5)	16.4		구순각목문
	164-3	(13.1)	12.6		
	164-4	(10.5)	19.2		
	164-5	(7.1)	13.2		적색마연
	164-6	(10.4)	13.4		
	164-7	(6.8)	21.6		
	164-8	(6.7)		5.4	적색마연
	164-9	(11)	12.0		
	164-10	(2.8)		4.0	적색마연
	164-11	(1.9)		5.0	적색마연
	164-12	(1.1)		4.6	적색마연
	164-16	(10.4)			타날문
KC-004호	164-23	(5.1)			점토대토기
	164-24	(6.0)			점토대토기
	165-1	(5.1)	26.6		점토대토기
	165-2	14.8	21.5	8.3	
	165-3	(13.4)		(9.0)	
	165-4	(9.5)		7.6	
	165-5	(7.3)			
	165-6	(9.8)		9.0	
	165-7	(7.4)			고리형 파수부

유구번호	도면번호			비고
	165-8	(7.1)		우각형 파수부
	165-9	(4.6)		고리형 파수부
	165-10	(6.3)		고리형 파수부
	165-11	(5.2)		우각형 파수부
	165-12	(5.7)		우각형 파수부
KC-007호	165-13	(4.4)		구순각목문
	165-14	(2.2)	5.2	적색마연
	165-22	(4.8)		구순각목문
KC-010호	165-23	(8.5)		구순각목문
	165-25	(12.0)	16.6	구순각목문
	166-1	(9.5)	8.6	
KC-014호	166-7	(10.8)		구순각목문
KC-017호	166-11	(1.9)	6.5	적색마연
KC-024호	166-14	(5.6)		적색마연

석기 속성일람

유구번호	도면번호	종류	길이	폭	두께	석재	비고
	164-13	석추	8.2	4.1	3.5	활석	
	164-14	석부	(6.2)	6.7	0.4	실트스톤	삼각형
	164-15	석착	4.1	3.2	1.0	사암	편평편인
	164-17	석촉	5.9	1.4	0.4	셰일	유경식
KC-003호	164-18	석촉	4.8	2.1	0.6	셰일	유경식
	164-19	석촉	5.9	1.5	0.5	셰일	유경식
	164-20	석촉	(3.5)	1.2	0.3	셰일	유경식
	164-21	석촉	4.8	1.3	0.6	셰일	유경식
	164-22	석촉	(3.5)	1.3	0.6	셰일	유경식
	165-15	석촉	4.5	1.2	0.6	셰일	유경식
KC-007호	165-16	석도	4.7	(9.3)	0.6	실트스톤	
	165-17	석추	6.5	3.5	3.5	활석	
KC-008호	165-18	석검	(7.9)	2.4	1.8	실트스톤	
KC-009호	165-19	석촉	(2.5)	1.3	0.5	셰일	유경식
	165-20	석촉	7	1.4	0.4	실트스톤	유경식
KC-010호	165-21	석촉	5.6	1.2	0.5	셰일	유경식
	165-24	석추	8.4	10.0	4.5	사암	
KC-011호	166-2	석촉	(3.1)	1.5	0.5	셰일	유경식
	166-4	석촉	(6.5)	1.3	0.6	셰일	유경식
KC-012호	166-5	관옥	2.5	(1.2)	0.6		
KC-013호	166-6	석촉	4.6	1.3	0.4	실트스톤	유경식
KC-015호	166-8	석촉	(2.3)	1.6	0.5	셰일	
	166-3	구슬	1.1		0.7	목	
KC-016호	166-9	석촉	(5.1)	1.5	0.7	셰일	유경식
	166-10	석창	(7.1)	2.4	0.8	셰일	유경식
KC-020호	166-12	석촉	3.6	1.1	0.4	셰일	유경식
KC-022호	166-13	석촉	5.0	1.3	0.6	셰일	유경식

유구번호	도면번호	종류				석재	비고
KC-024호	166-15	석촉	4.4	1.2	0.5	세일	유경식
KC-027호	166-16	석촉	7.3	1.4	0.5	세일	유경식
KC-028호	166-17	석촉	3.9	1.3	0.5	세일	유경식

서천 월기리유적

토기 속성일람

유구번호	도면번호	기고(잔존)	구경	저경	비고
KC-003호	166-19	(4.3)			
KC-005호	166-23	(8.2)			구순각목문
	166-24	(3.4)		9.0	적색마연
KC-006호	166-25	(9.3)			구순각목문
	166-26	(7.8)		6.0	적색마연
	166-27	(6.0)	14.4		
	166-28	(5.2)		(5.2)	적색마연
KC-007호	166-34	(6.2)			구순각목문
KC-010호	166-35	(6.1)	3.8		
	166-36	(4.1)	2.6		
	166-37	(2.9)			적색마연
	166-38	(5.6)			흑색마연
	166-39	(9.0)			구순각목문

석기 속성일람

유구번호	도면번호	종류	길이	폭	두께	석재	비고
KC-001호	166-18	석촉	(3.3)	1.7	0.5	니암	일단경식
KC-005호	166-20	석부	(8.2)	4.0	2.5	사암	편인
	166-21	석촉	5.7	1.2	0.5		이단경식
	166-22	석촉	(5.2)	1.9	0.6		
KC-006호	166-29	석도	3.5	(7.9)	1.1	사암	주형
KC-007호	166-30	석촉	(7.1)	1.3	0.6	세일	일단경식
	166-31	석촉	8.0	1.3	0.6	세일	일단경식
	166-32	석부	11.2	5.4	3.5	사암	양인
	166-33	석착	3.6	1.1		사암	편평편인
KC-010호	166-40	석촉	(3.9)	1.5	0.5	실트스톤	일단경식
	166-41	석착	5.4	2.2	1.3	세일	편평편인
KC-013호	166-42	석검	(3.5)	3.5	0.6	혼펠스	유경식
	166-43	석촉	(6.3)	1.8	0.6	실트스톤	
	166-44	석촉	5.3	1.7	0.5	세일	일단경식

서천 화산리유적

석기 속성일람

유구번호	도면번호	종류	길이	폭	두께	석재	비고
1호	166-45	석도	(8.7)	4.5	1.0	변성암	주형

계룡시

1. 두계리 유적
2. 입암리 유적

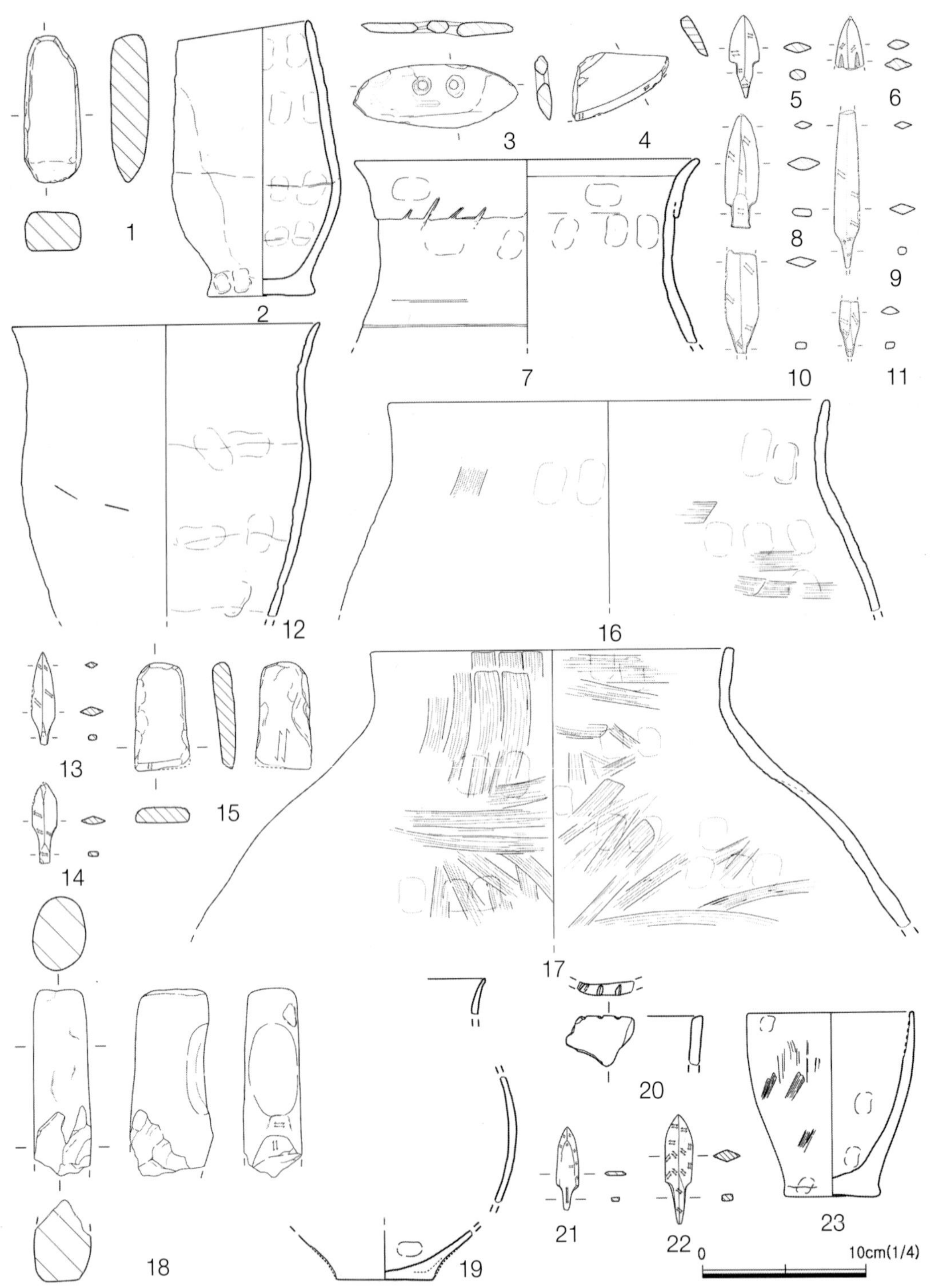

〈도면 167〉 계룡 두계리유적(1호 : 1 / 3호 : 2~6 / 4호 : 7 / 7호 : 8~12 / 8호 : 13~15 / 10호 : 16~17),
계룡 입암리유적(3호 : 18 / 4호 : 19 / 8호 : 20 / 10호 : 21 / 12호 : 23 / 14호 : 22)

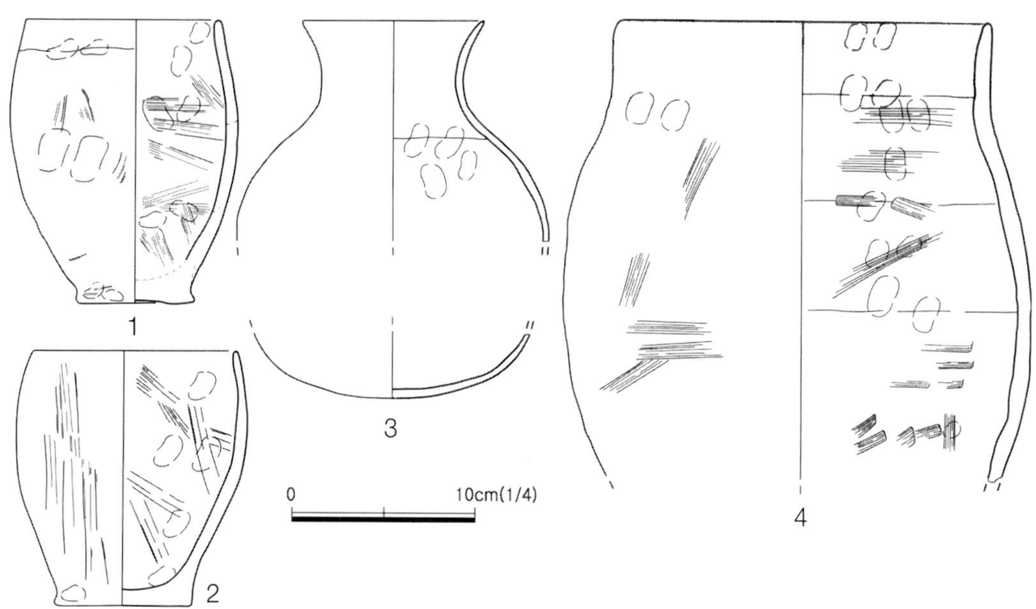

〈도면 168〉 계룡 입암리유적(16호 : 1~2 / 20호 : 3~4)

계룡지역 유물 속성일람표

계룡 두계리유적					

토기 속성일람

유구번호	도면번호	기고(잔존)	구경	저경	비고
3호	167-2	16.4	8.5	6.8	
4호	167-7	10.9	21.2	6.8	이중구연, 단사선문
7호	167-12	17.4	19.4	0.35	
10호	167-16	13.2	17.0	0.5~0.8	
	167-17	16.4	22.6	0.6~1.0	

석기 속성일람

유구번호	도면번호	종류	길이	폭	두께	석재	비고
1호	167-1	석부	8.75	3.5	2.3		합인
3호	167-3	석도	10.1	3.8	0.8		어형
	167-4	석도편	4.08	6.02	0.75		주형
	167-5	석촉	4.9	1.8	0.6		이단경식
	167 6	석촉	3.0	1.7	0.7		유혈구

7호	167-8	석촉	7.2	2.1	0.7		일단경식
	167-9	석촉	9.4	1.6	1.0		일단경식, 유엽형
	167-10	석촉	6.1	1.95	0.65		일단경식
	167-11	석촉	3.5	1.2	0.5		일단경식
8호	167-13	석촉	5.5	1.4	0.5		일단경식
	167-14	석촉	4.8	0.5	0.5		일단경식
	167-15	석부	6.4	3.5	1.2		편평편인

계룡 입암리유적

토기 속성일람

유구번호	도면번호	기고(잔존)	구경	저경	비고
4호	167-19	(17.9)		5.8	적색마연
8호	167-20	(3.0)			구순각목문
12호	167-23	10.9	10.1	5.6	
16호	168-1	15.0	10.5	6.1	
	168-2	13.5	11.0	7.1	
20호	168-3	(20.0)	9.7		적색마연
	168-4	(24.3)	20.1		

석기 속성일람

유구번호	도면번호	종류	길이	폭	두께	석재	비고
3호	167-18	석부	11.0	3.3	4.4		유단
10호	167-21	석촉	5.0	1.4	0.3		일단경식
14호	167-22	석촉	5.4	1.6	0.66	이암	유경식

논산시

1. 원북리 유적
2. 마전리 유적

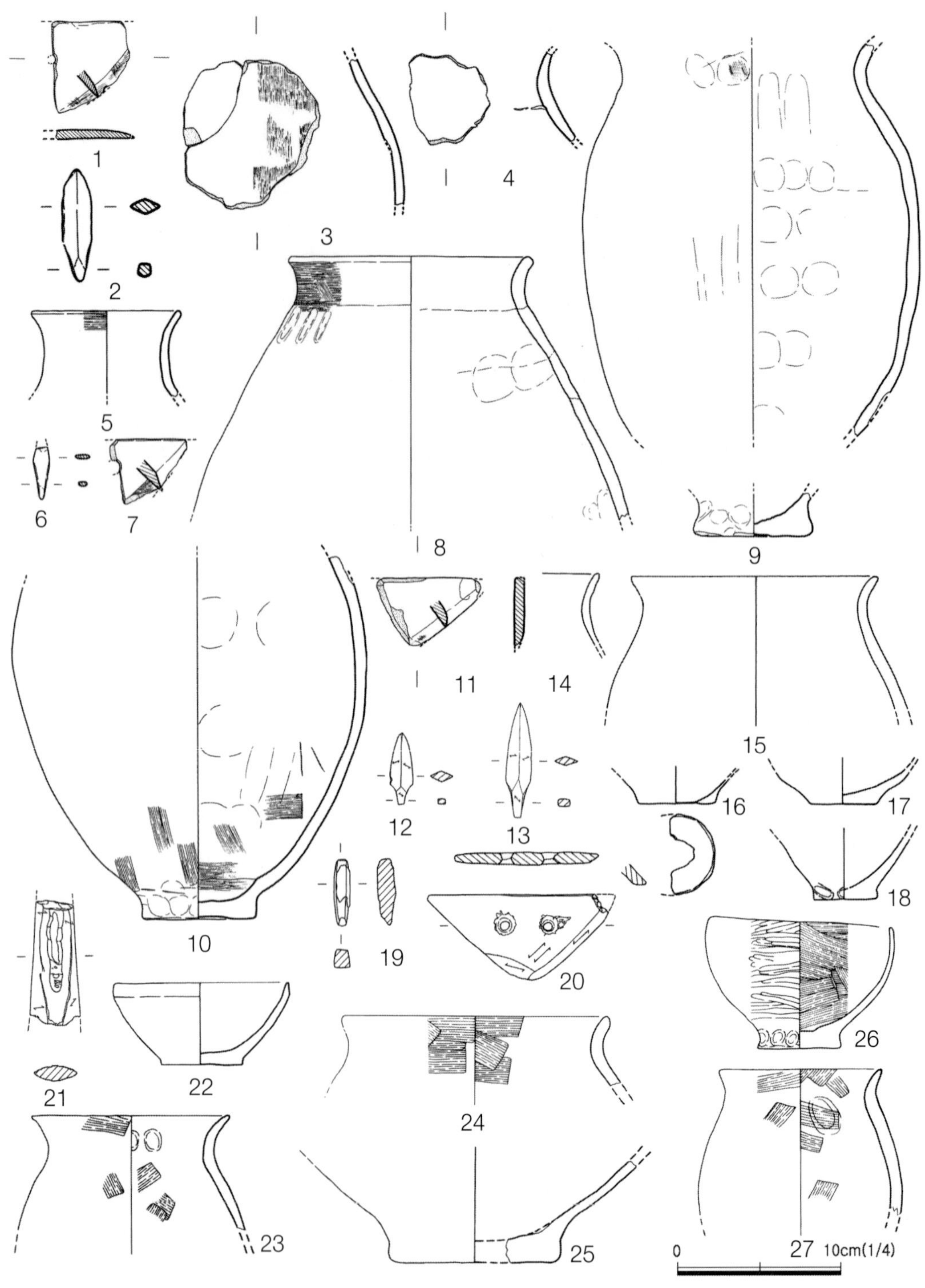

〈도면 169〉 논산 원북리유적(2호 : 1 / 3호 : 2~4 / 19호 : 5~10 / 22호 : 11),
논산 마전리유적(A-KC-002 : 12~13 / A-KC-005 : 14~21 / C-KC-001 : 22~27)

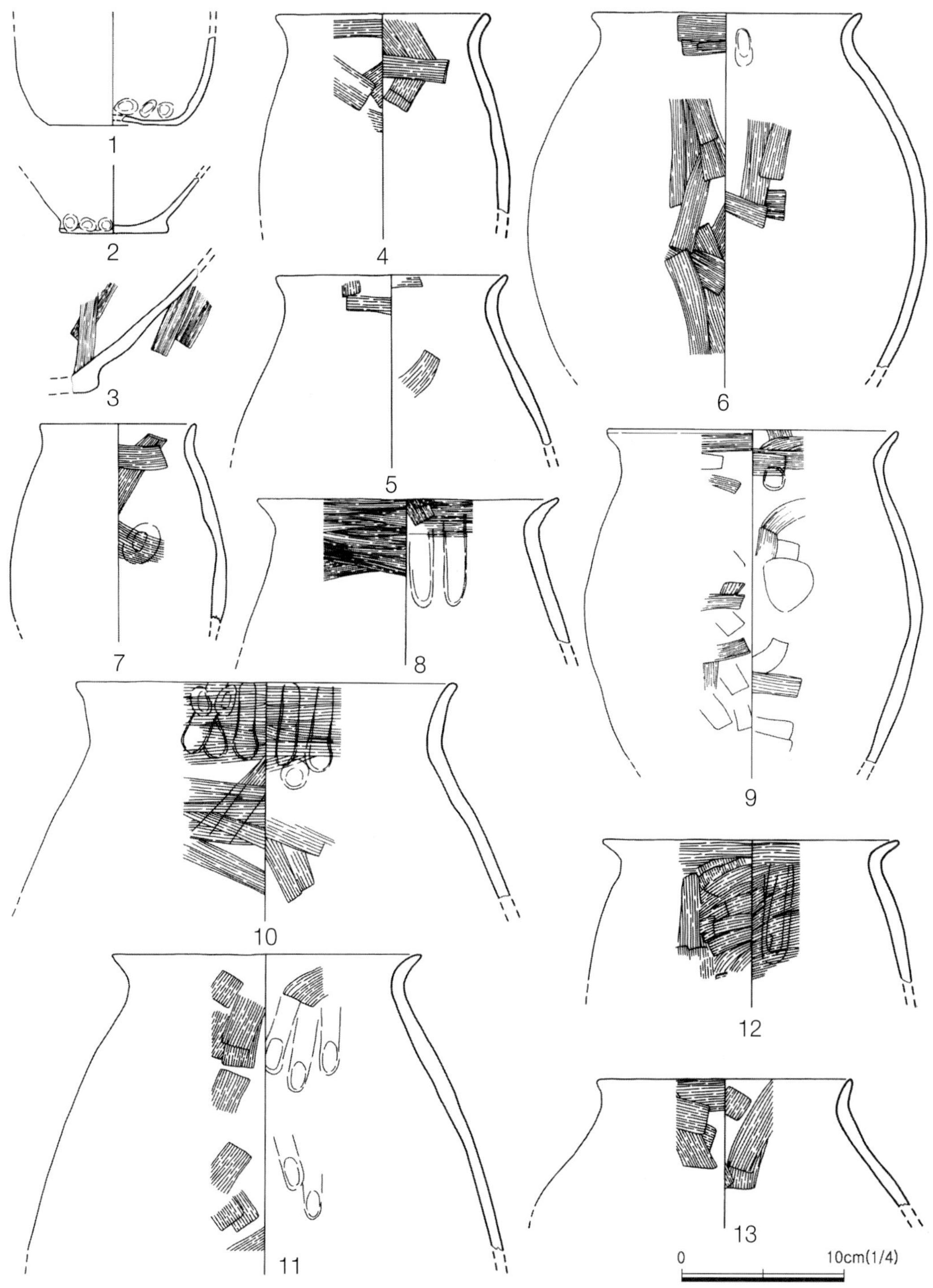

〈도면 170〉 논산 마전리유적(C-KC-001 : 1~13)

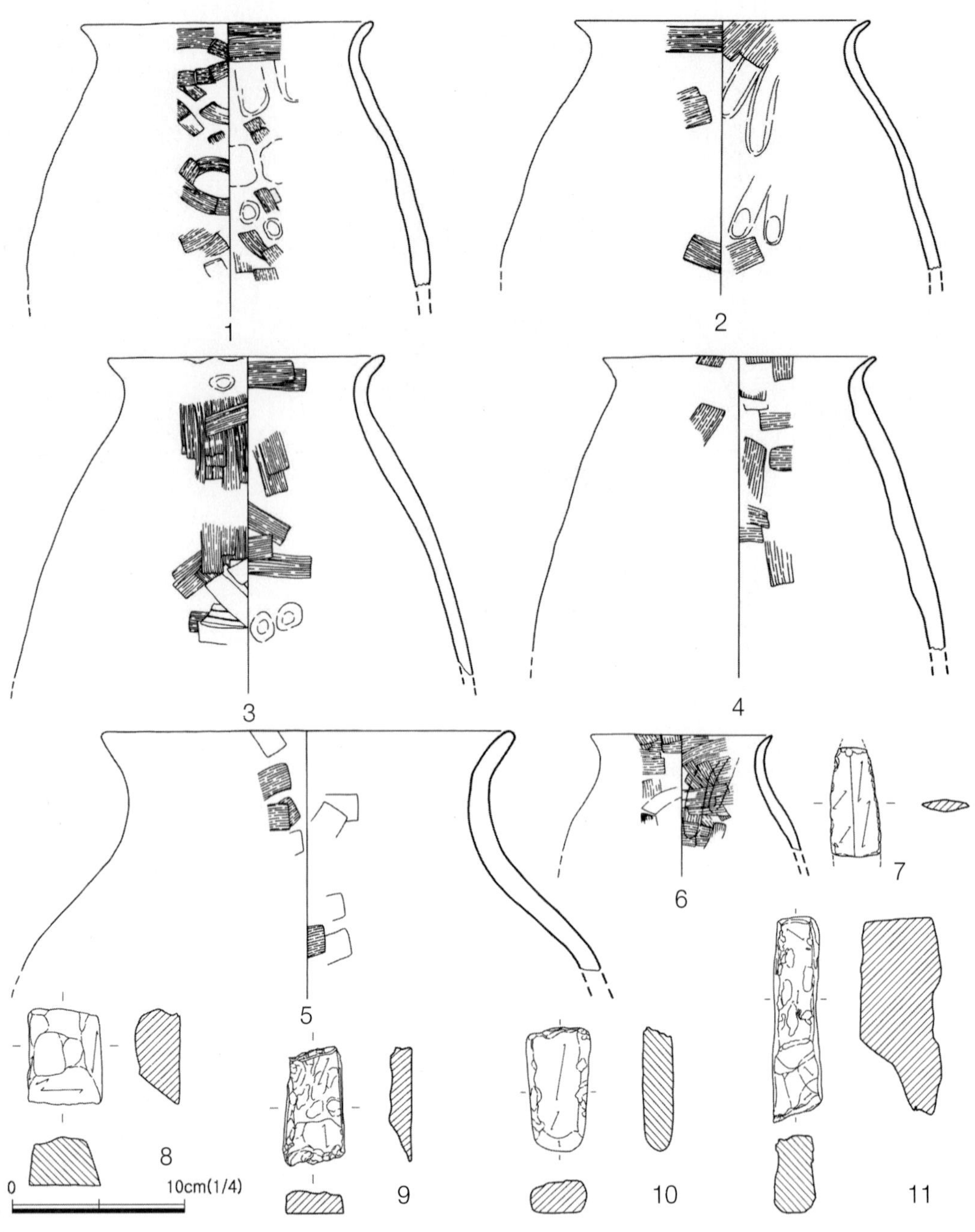

〈도면 171〉 논산 마전리유적(C-KC-001 : 1~11)

논산지역 유물 속성일람표

<table>
<tr><td colspan="6" align="center">논산 원북리유적</td></tr>
</table>

토기 속성일람

유구번호	도면번호	기고(잔존)	구경	저경	비고
3호	169-3	(8.3)			적색마연
	169-4	(5.0)			적색마연
19호	169-5	(3.1)	7.8		적색마연
	169-8	(21.8)	21.0		
	169-9	(27.8)		7.0	
	169-10	(20.5)		6.8	

석기 속성일람

유구번호	도면번호	종류	길이	폭	두께	석재	비고
2호	169-1	석도	(7.0)	5.2		점판암	
3호	169-2	석촉	4.4		0.6	셰일	일단경식
19호	169-6	석촉	3.1		0.3		일단경식
	169-7	석도	3.8	4.9	0.7	점판암	삼각형
22호	169-11	석도	4.0		0.6	사암	삼각형

<table>
<tr><td colspan="6" align="center">논산 마전리유적</td></tr>
</table>

토기 속성일람

유구번호	도면번호	기고(잔존)	구경	저경	비고
A-KC-005	169-14	(4.4)			단도마연
	169-15	(7.8)	15.3		
	169-16	(1.5)		4.8	단도마연
	169-17	(2.4)		4.2	단도마연
	169-18	(3.6)		4.0	단도마연
C-KC-001	169-22	(4.9)		4.8	단도마연
	169-23	(6.4)	12.2		
	169-24	(4.0)	16.2		
	169-25	(5.9)		10.2	단도마연
	169-26	7.8	11.1	5.0	단도마연
	169-27	(8.4)	9.6		
	170-1	(5.2)		7.6	
	170-2	(2.9)		6.4	단도마연
	170-3	(7.1)			단도마연
	170-4	(11.7)		12.3	
	170-5	(10.1)		13.5	
	170-6	(20.7)		16.0	
	170-7	(11.7)		9.2	
	170-8	(8.7)		19.4	
	170-9	(19.5)		17.4	

170-10	(12.6)		22.6	
170-11	(17.3)		18.4	
170-12	(8.3)		18.0	
170-13	(7.3)		15.5	단도마연
171-1	(14.6)	16.8		
171-2	(14.3)	16.9		
171-3	(18.3)	16.0		
171-4	(16.3)	15.4		
171-5	(13.4)	24.0		
171-6	(6.5)	10.4		

석기 속성일람

유구번호	도면번호	종류	길이	폭	두께	석재	비고
A-KC-002	169-12	석촉	4.2	1.4	0.6	셰일	일단경식
	169-13	석촉	6.9	1.5	0.5	셰일	일단경식
A-KC-005	169-19	석착	4.0	1.0	1.0	셰일	
	169-20	석도	10.6	5.0	0.7	사암	삼각형
	169-21	석검	7.2	3.2	0.8	셰일	
C-KC-001	171-7	석검	6.0	2.0~2.8	0.6	혼펠스	
	171-8	석부	5.8	4.2	2.2~2.7	셰일	편평편인
	171-9	석부	6.4	2.8~3.3		셰일	편평편인
	171-10	석부	6.8	2.9~3.5		사암	편인
	171-11	석부	11.2	2.2~2.5	4.1~4.3	혼펠트	유구

금산군

1. 수당리 유적
2. 수당리 유적(표고재배부지)

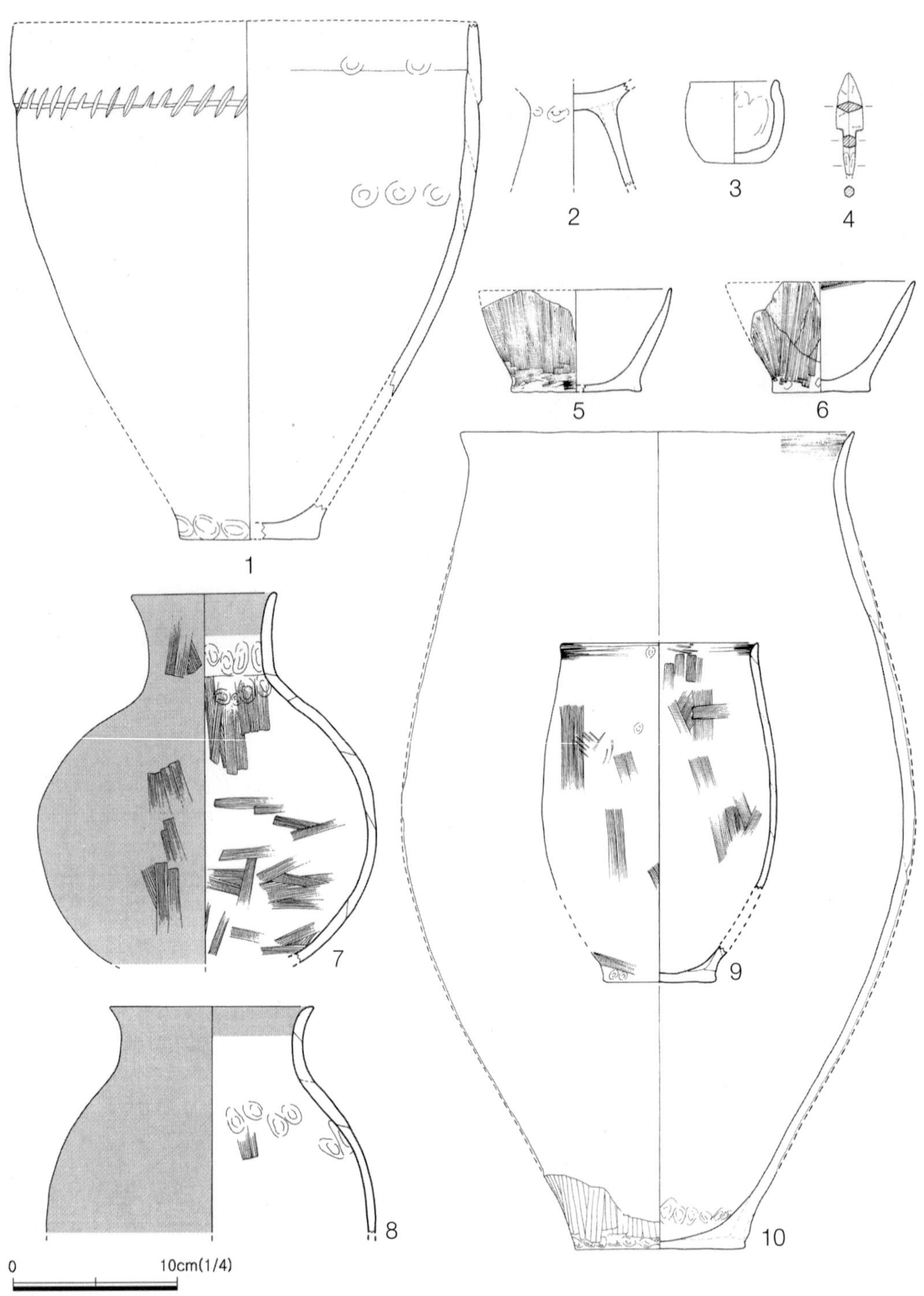

〈도면 172〉 금산 수당리유적(1호 : 1~4 / 2호 : 5~10)

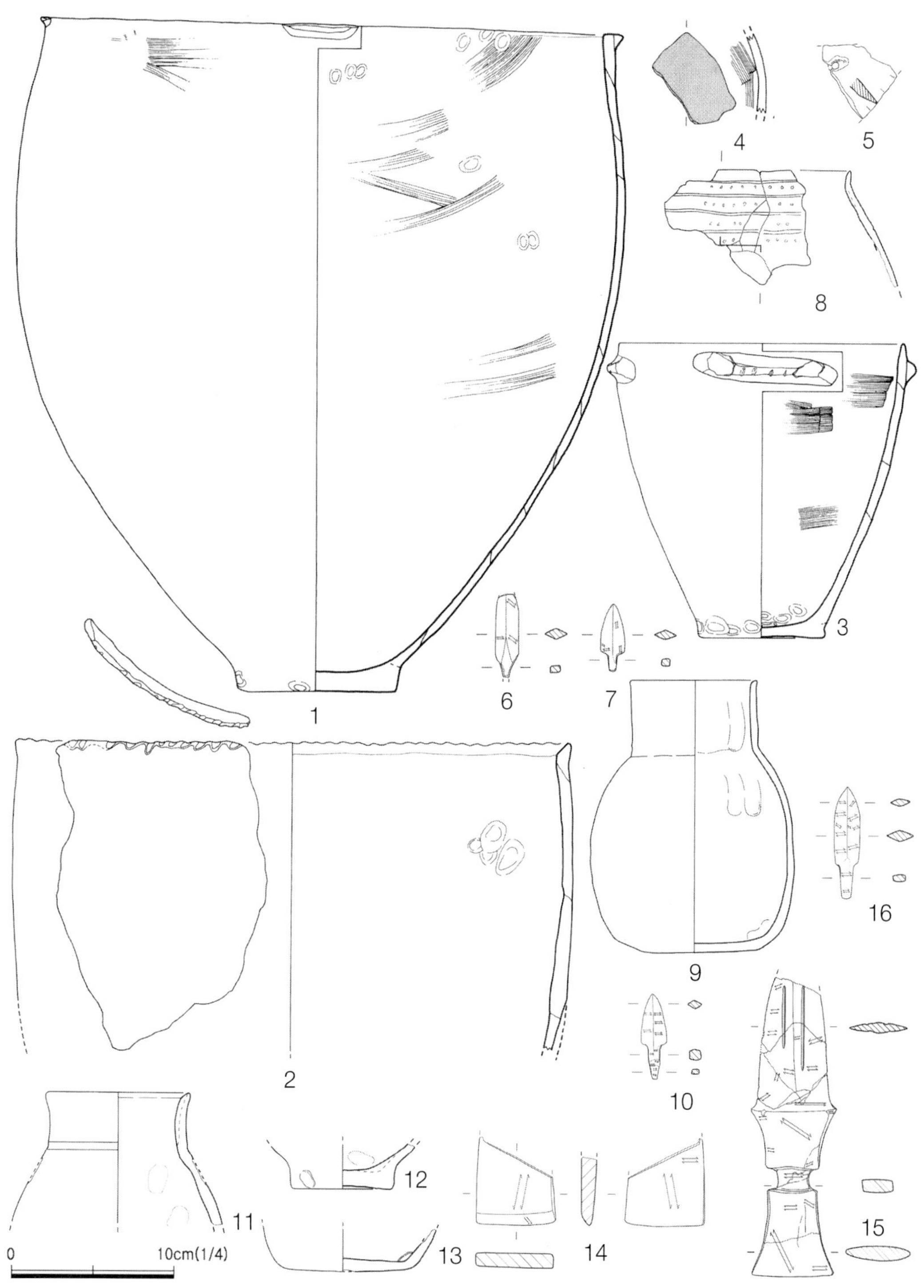

〈도면 173〉 금신 수딩리유적(6호 : 1~4 / 7호 : 5), 금산 수당리유적(표고새배부지)(1호 : 6~7 / 3호 : 8~15 / 6호 : 16)

금산지역 유물 속성일람표

금산 수당리유적

토기 속성일람

유구번호	도면번호	기고(잔존)	구경	저경	비고
1호	172-1	30.5	28.8	8.6	이중구연, 단사선문
	172-2	(6.0)			대각
	172-3	4.8	5.4	3.6	
2호	172-5	6.0	11.8	7.9	외반구연
	172-6	6.5	11.5	6.0	외반구연
	172-7	(21.9)	9.1		적색마연
	172-8	(7.7)	12.0		적색마연
	172-9	20.6	11.4	7.2	
	172-10	47.1	24.0	10.4	
6호	173-1	45.2	40.0	8.8	절상돌대문
	173-2	(18.3)	34.5		구순각목문
	173-3	17.6	17.5	7.8	절상돌대각목문
	173-4	(4.7)			적색마연

석기 속성일람

유구번호	도면번호	종류	길이	폭	두께	석재	비고
1호	172-4	석촉	6.0	1.6	0.7	안산암	일단경식
7호	173-5	석도	4.8	4.6	0.5	점판암	삼각형

금산 수당리유적(표고재배부지)

토기 속성일람

유구번호	도면번호	기고(잔존)	구경	저경	비고
3호	173-8	(4.6)			적색마연
	173-9	16.2	7.8	8.3	
	173-11	(7.7)	7.3		적색마연
	173-12	(2.7)		6.4	적색마연
	173-13	(2.7)		8.0	적색마연

석기 속성일람

유구번호	도면번호	종류	길이	폭	두께	석재	비고
1호	173-6	석촉	4.9	1.4	0.4	이암	일단경식
	173-7	석촉	4.0	1.5	0.4	점판암	일단경식
3호	173-10	석촉	5.0	1.5	0.4	이암	이단경식
	173-14	석부	5.2	4.8	2.0		편평편인
	173-15	석검	17.6	5.2	0.8	이암	유혈구, 이단병식
6호	173-16	석촉	6.6	1.6	0.4	세일	일단경식

II

청동기시대 유물집성

충청북도

忠淸北道

제천시

1. 계산리 유적
2. 양평리 유적
3. 능강리 유적

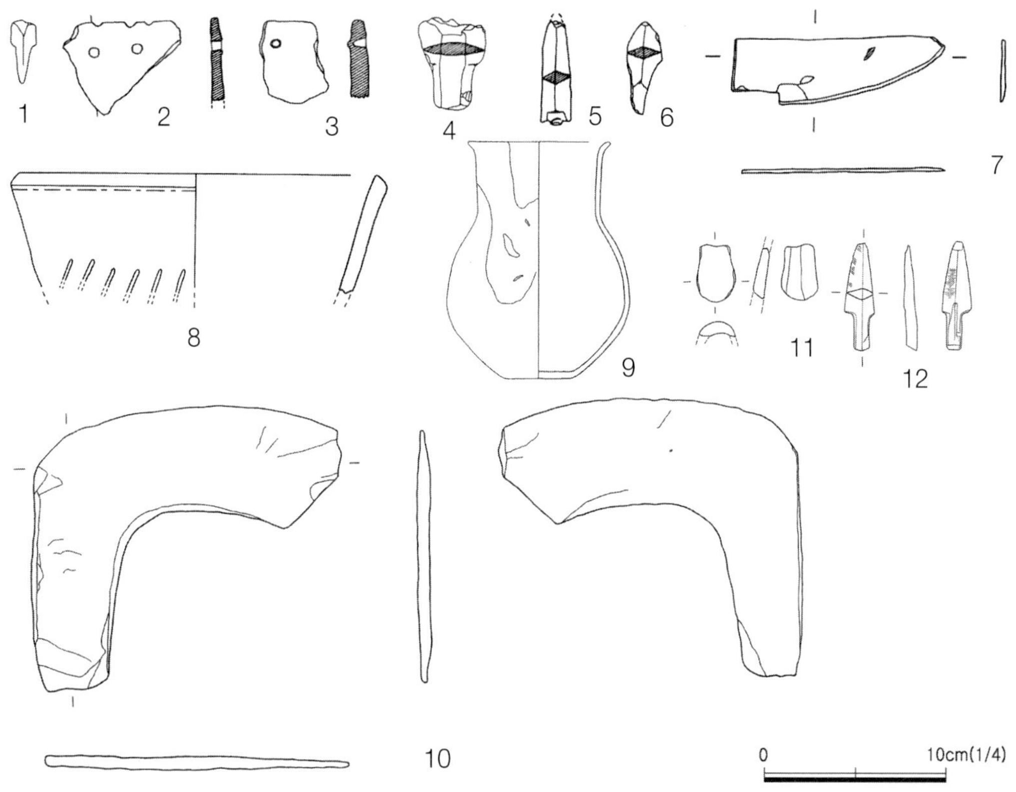

〈도면 174〉 제천 계산리유적(2호 : 1), 제천 양평리유적(1호 : 2~6), 제천 능강리유적(1호 : 7~10 / 3호 : 11~12)

제천지역 유물 속성일람표

제천 계산리유적							

석기 속성일람

유구번호	도면번호	종류	길이	폭	두께	석재	비고
2호	174-1	석촉	3.4	1.4		점판암	일단경식

제천 양평리유적					

토기 속성일람

유구번호	도면번호	기고(잔존)	구경	저경	비고
1호	174-2	(5.0)			구순각목문, 공렬문
	174-3	(4.4)			구순각목문, 공렬문

석기 속성일람

유구번호	도면번호	종류	길이	폭	두께	석재	비고
1호	174-4	석검	4.8	3.2	0.8		
	174-5	석촉	6.0	1.5	0.7		일단경식
	174-6	석촉	(2.8)	0.8	0.5		

제천 능강리유적

토기 속성일람

유구번호	도면번호	기고(잔존)	구경	저경	비고
1호	174-8	(4.4)	10.2		단사선문
	174-9	12.8	7.2	3.6	적색마연
3호	174-11	(3.5)			적색마연, 대각

석기 속성일람

유구번호	도면번호	종류	길이	폭	두께	석재	비고
1호	174-7	석도	5.6	2.0	0.2	실트암	동북형
	174-10	석겸	14.3	5.9	0.8	슬레이트	
3호	174-12	석촉	6.0	1.6	0.6	실트암	

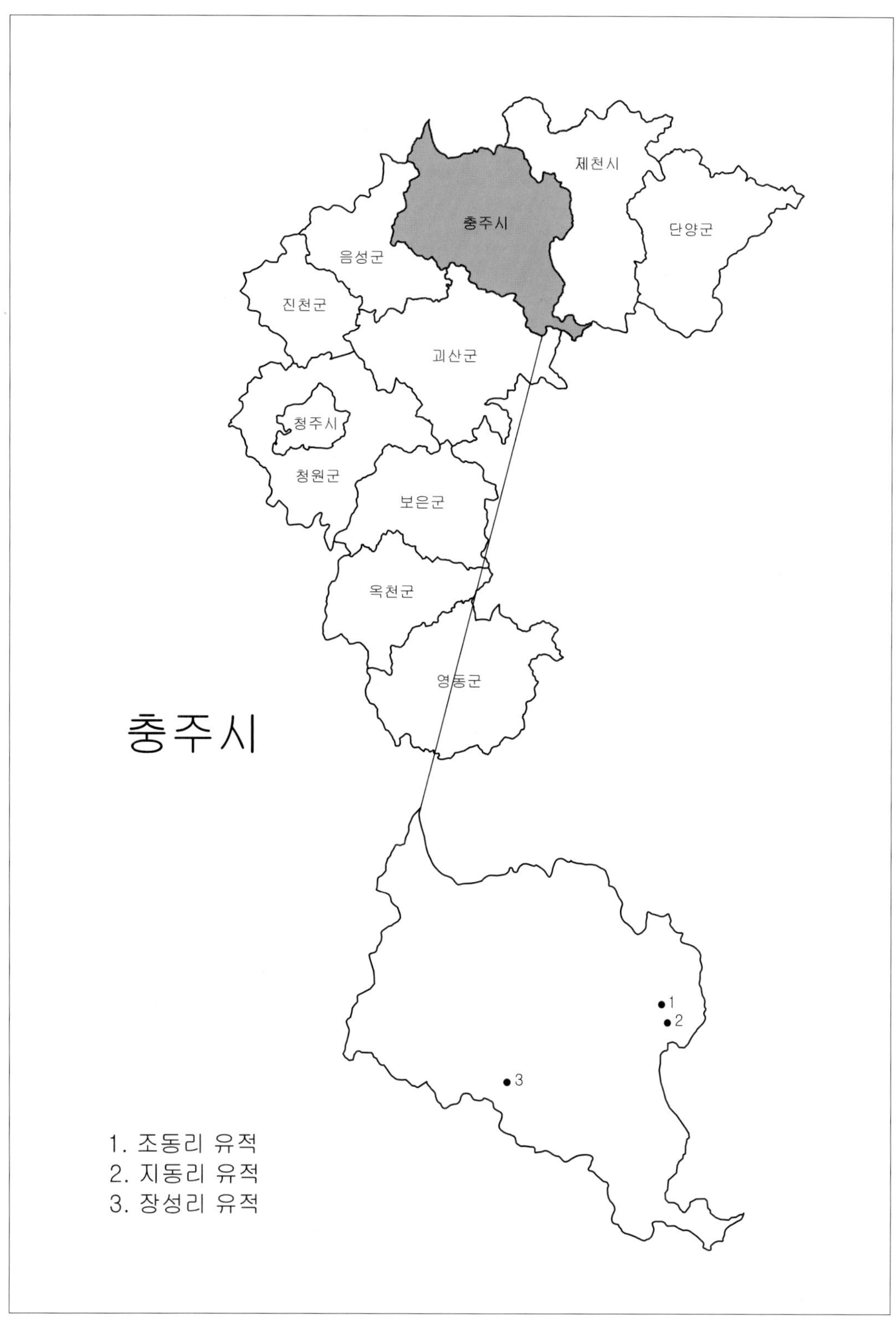

1. 조동리 유적
2. 지동리 유적
3. 장성리 유적

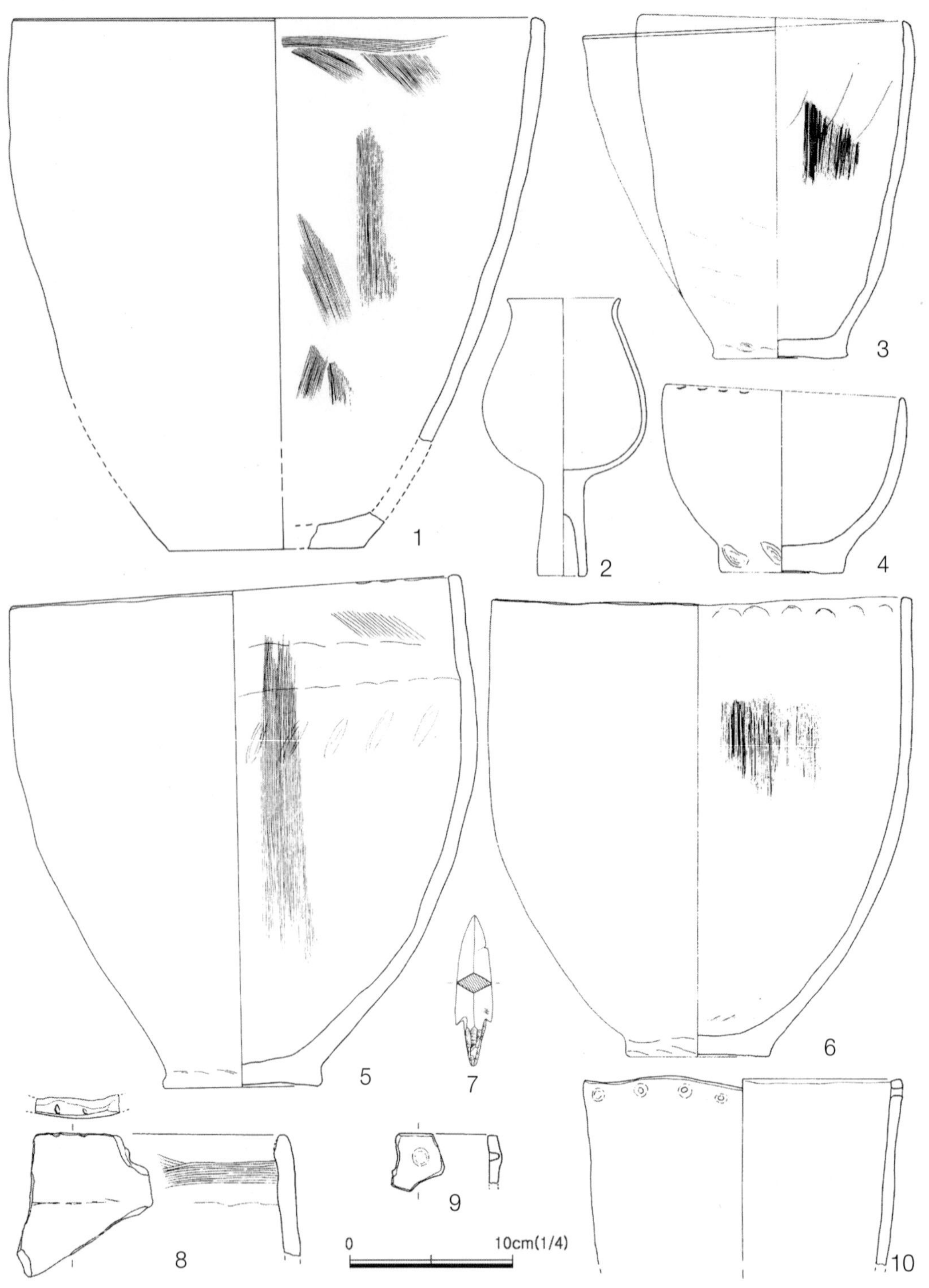

〈도면 175〉 충주 조동리유적(1호 : 1~7 / 2호 : 8~9 / 3호 : 10)

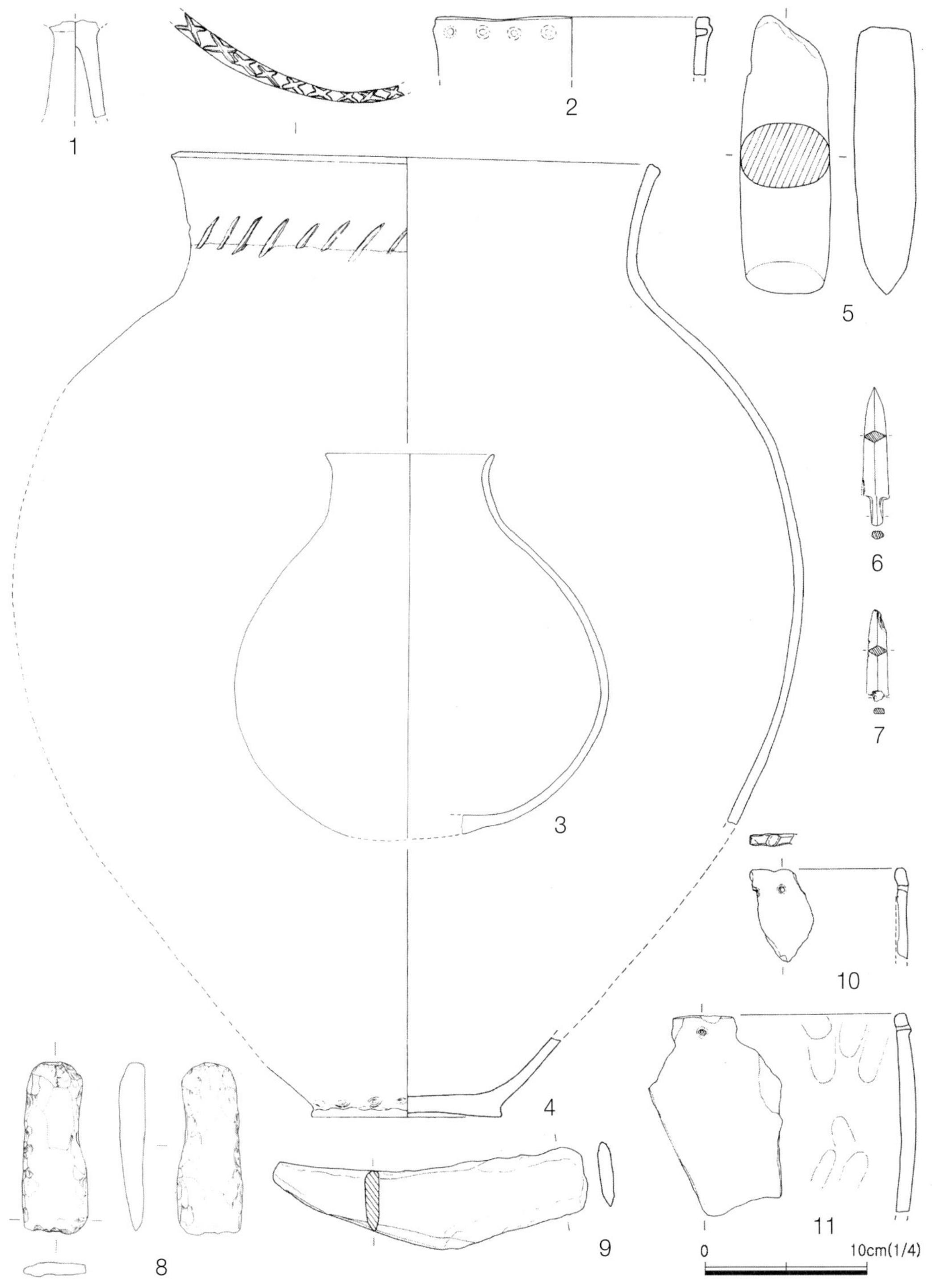

〈도면 176〉 충주 조동리유적(3호 : 1·8 / 4호 : 9·11)

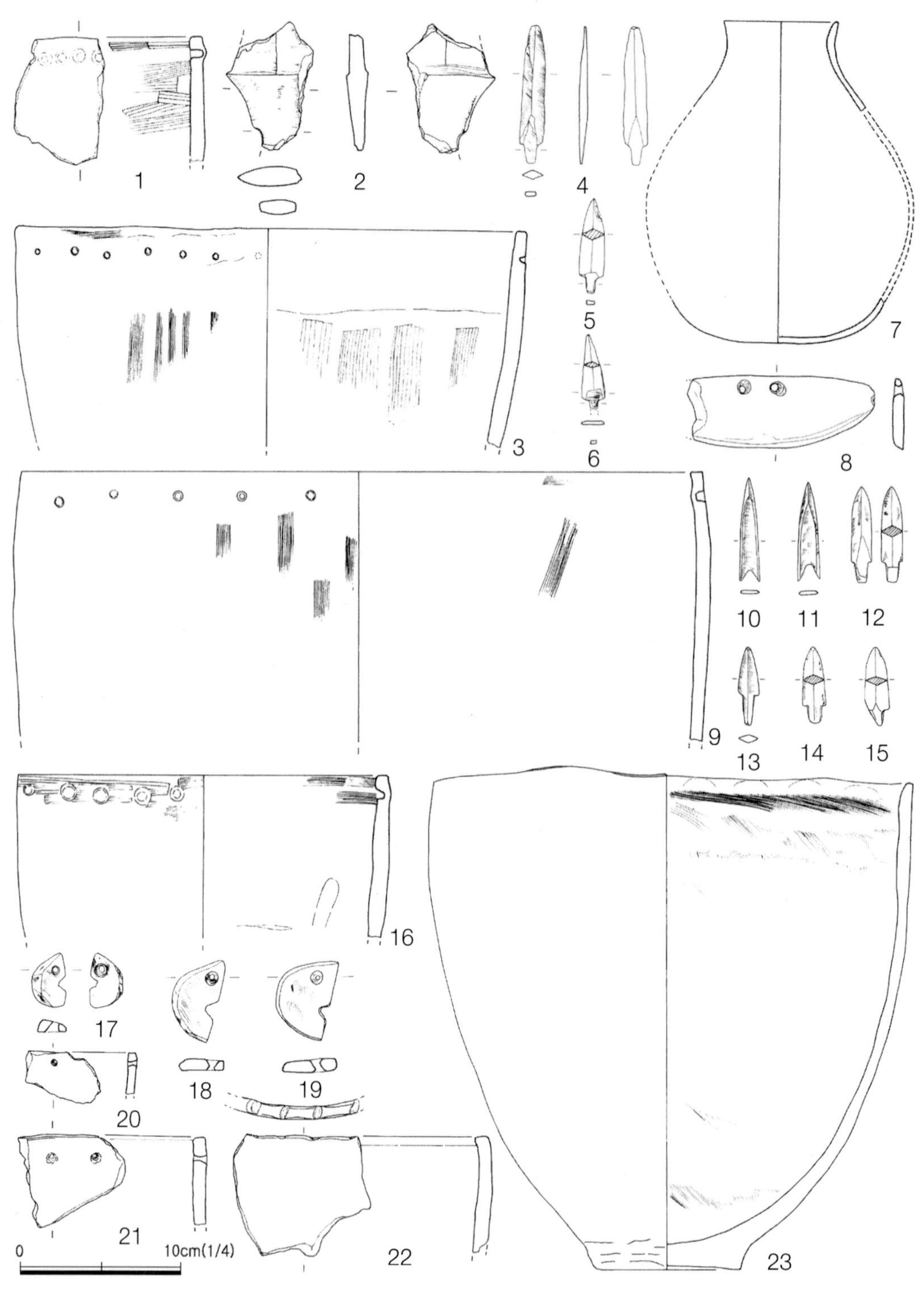

〈도면 177〉 충주 조동리유적(5호 : 1 / 6호 : 2~8 / 7호 : 9~19 / 8호 : 20~22 / 9호 : 23)

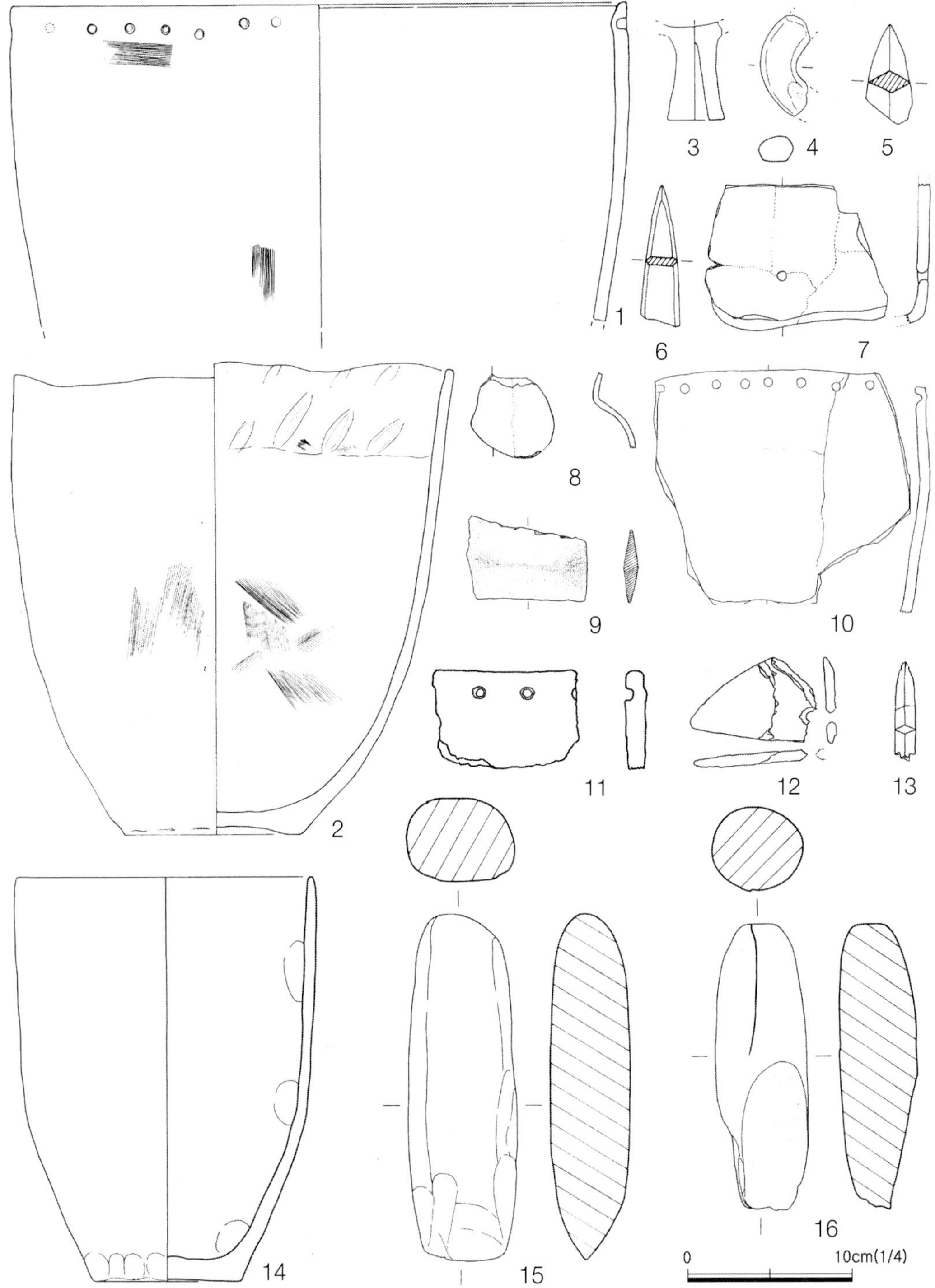

<도면 178> 충주 조동리유적(9호 : 1~6), 중주 지농리뮤적(83-1호 : 7 / 83-2호 : 8~10 / 84-1호 : 11~13), 충주 장성리유적(1호 : 14~16)

충주지역 유물 속성일람표

충주 조동리유적

토기 속성일람

유구번호	도면번호	기고(잔존)	구경	저경	비고
1호	175-1	31.5	33.0	10.4	
	175-2	16.6	7.0	3.0	적색마연
	175-3	20.6	17.0	8.6	
	175-4	11.3	15.0	8.0	
	175-5	29.5	28.0	10.0	
	175-6	27.0	26.5	9.0	
2호	175-8	(7.2)			구순각목문
	175-9	(3.5)			공렬문
3호	175-10	(11.2)	20.0		공렬문
	176-1	(5.9)			적색마연, 대각
	176-2	(3.5)	17.0		공렬문
	176-3	23.5	10.9		마연
	176-4	58.0	30.4	12.4	이중구연, 구순각목문, 단사선문
4호	176-10	(5.5)			공렬문
	176-11	(11.5)			공렬문
5호	177-1	(7.4)			공렬문
6호	177-3	(12.7)			공렬문
	177-7	18.8	7.0		적색마연
7호	177-9	(15.1)	41.6		공렬문
	177-16	(9.6)	22.4		공렬문
8호	177-20	(2.5)			공렬문
	177-21	(5.4)			공렬문
	177-22	(6.5)			공렬문
9호	177-23	28.8	29.2	9.0	
	178-1	(19.0)	37.0		공렬문
	178-2	27.2	26.5	10.8	
	178-3	(5.6)			적색마연, 대각

석기 속성일람

유구번호	도면번호	종류	길이	폭	두께	석재	비고
1호	175-7	석촉	4.4	0.5~2.6	0.6	슬레이트	일단경식
3호	176-5	석부	17.1	5.8	4.1	응회암	합인
	176-6	석촉	8.5	0.8~1.3	0.3~0.5	셰일	일단경식
	176-7	석촉	5.5	0.8~1.3	0.3~0.5	사슴뿔제	
	176-8	돌자귀	10.4	4.0	1.8	편암	
4호	176-9	석도	18.6	4.8	0.9	점판암	동북형
6호	177-2	석검	7.7	0.7	0.3	편암	이단병식
	177-4	석촉	4.4	0.7	0.3	슬레이트	일단경식

유구번호	도면번호	종류	길이	폭	두께	석재	비고
	177-5	석촉	3.0	0.9	0.3	편암	일단경식
	177-6	석촉	2.1	0.5	0.3	이암	일단경식
	177-8	석도	11.5	4.2	0.7	점판암	주형
7호	177-10	석촉	6.5	1.3	0.4	편암	편평만입
	177-11	석촉	6.1	1.4	0.4	편암	편평만입
	177-12	석촉	6.0	1.4	0.7	세일	일단경식
	177-13	석촉	4.9	1.4	0.5	세일	일단경식
	177-14	석촉	4.8	1.5	0.7	세일	일단경식
	177-15	석촉	4.8	1.5	0.5	편암	일단경식
	177-17	옥기	1.6	1.1	0.6		곡옥
	177-18	옥기	2.4	1.5	0.4		곡옥
	177-19	옥기	2.4	1.7	0.4		곡옥
9호	178-4	옥기	6.0	2.3	1.3		곡옥
	178-5	석촉	3.8	1.1	0.2	세일	
	178-6	석촉	4.1	1.9	0.4	편암	편평만입

충주 지동리유적

토기 속성일람

유구번호	도면번호	기고(잔존)	구경	저경	비고
83-1호	178-7	(8.2)			공렬문
83-2호	178-8	(4.2)			적색마연
	178-10	(15.0)			공렬문
84-1호	178-11	(5.9)			공렬문

석기 속성일람

유구번호	도면번호	종류	길이	폭	두께	석재	비고
83-2호	178-9	석검	7.3	4.6	0.7	슬레이트	
84-1호	178-12	석도	8.5	5.8	0.7	사암	
	178-13	석촉	6.0	1.8	0.6	점판암	일단경식

충주 장성리유적

토기 속성일람

유구번호	도면번호	기고(잔존)	구경	저경	비고
1호	178-14	23.4	17.9	8.9	

석기 속성일람

유구번호	도면번호	종류	길이	폭	두께	석재	비고
1호	178-15	석부	20.0	4.8	2.4		합인
	178-16	석부	16.5	4.8	2.4		합인

음성군

1. 하당리 유적

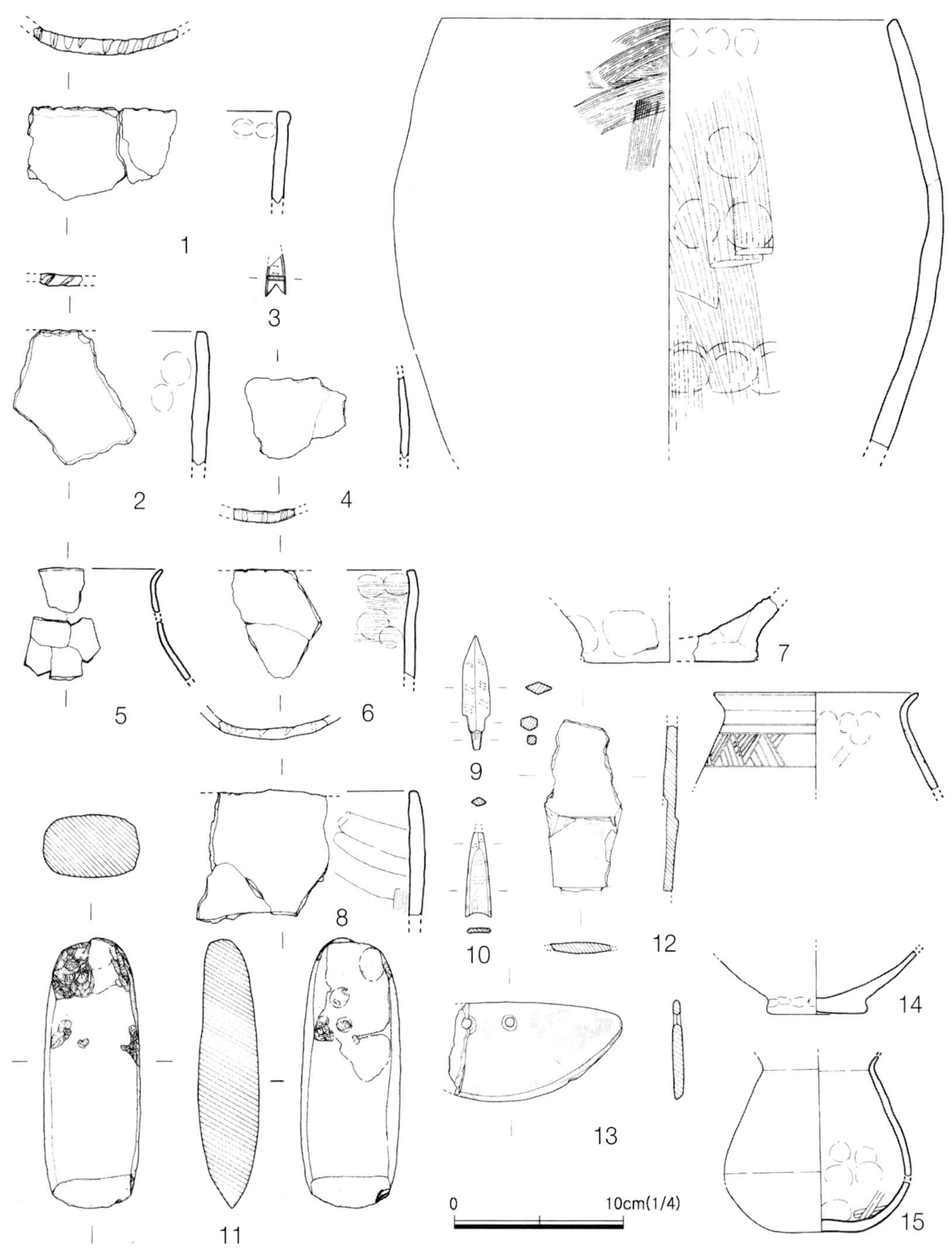

〈도면 179〉 음성 하당리유적(1호 : 1~3 / 2호 : 4 / 4호 : 5 / 5호 : 6~11 / 6호 : 12~15)

음성지역 유물 속성일람표

음성 하당리유적

토기 속성일람

유구번호	도면번호	기고(잔존)	구경	저경	비고
1호	179-1	(5.3)			구순각목문
	179-2	(7.7)			구순각목문
2호	179-4	(4.6)			적색마연
4호	179-5	(5.2)			적색마연
5호	179-6	(6.2)			구순각목문
	179-7	36.0	27.0	10.6	
	179-8	(7.5)			구순각목문
6호	179-14	(18.3)	12.5	6.2	횡침선문, 적색마연
	179-15	(9.9)		4.6	마연

석기 속성일람

유구번호	도면번호	종류	길이	폭	두께	석재	비고
1호	179-3	석촉	3.4	1.2	0.2		편평만입
5호	179-9	석촉	6.6	1.7	0.8	변성암	이단경식
	179-10	석촉	4.9	1.5	0.5	셰일	편평만입
	179-11	석부	15.5	5.8	3.6	안산암	합인
6호	179-12	석검	9.8	4.6	0.7		이단병식
	179-13	석도	10.0	5.7	0.7	점판암	주형

진천군

1. 신월리 유적
2. 사양리 유적

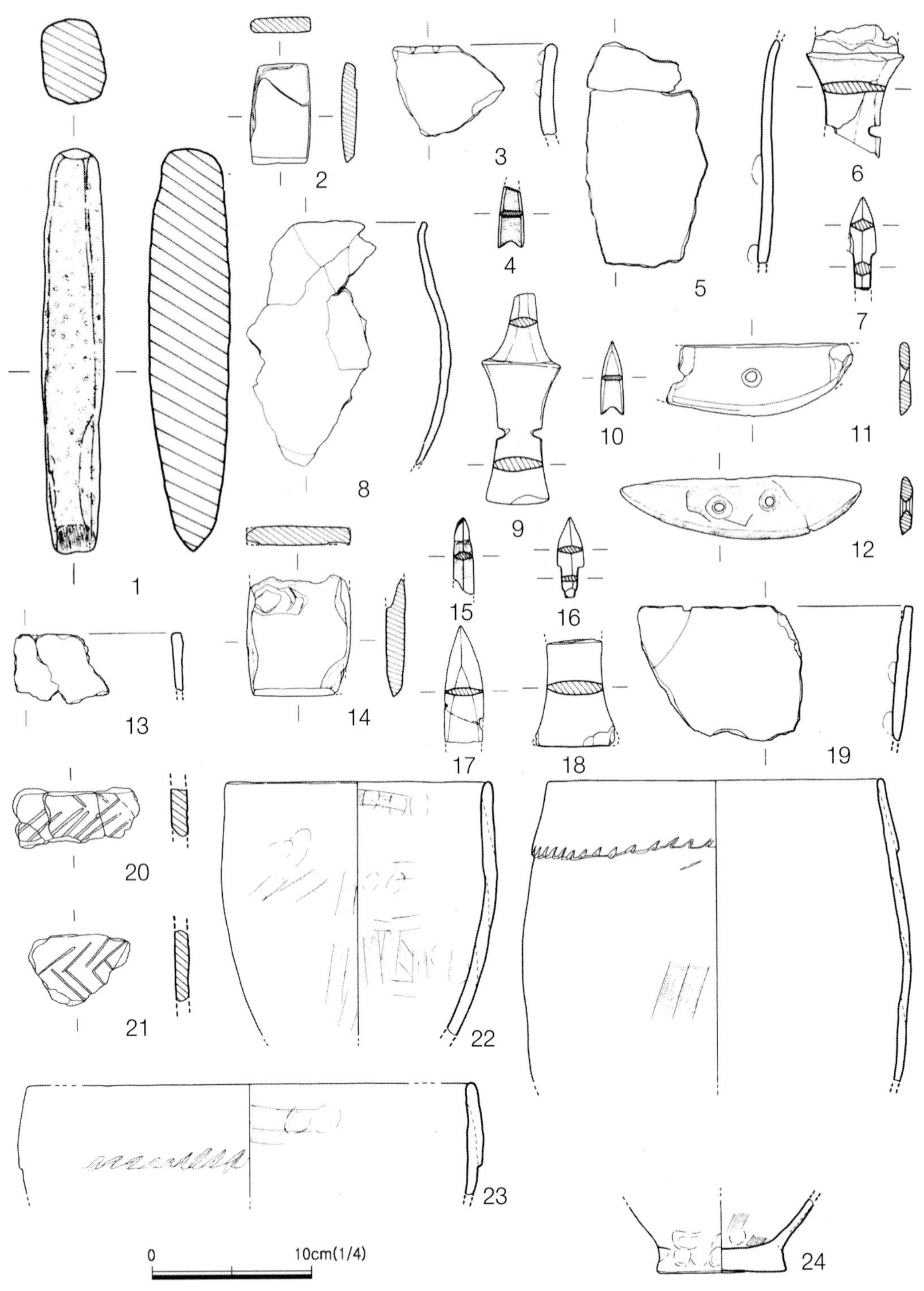

〈도면 180〉 진천 신월리유적(1호: 1~2 / 2호 : 3 / 3호 : 4~7 / 5호 : 8~11 / 6호 : 12 / 7호 : 13~14 / 8호 : 15 / 9호 : 16~19), 진천 사양리유적(1호 : 20~21 / 2호 : 22~24)

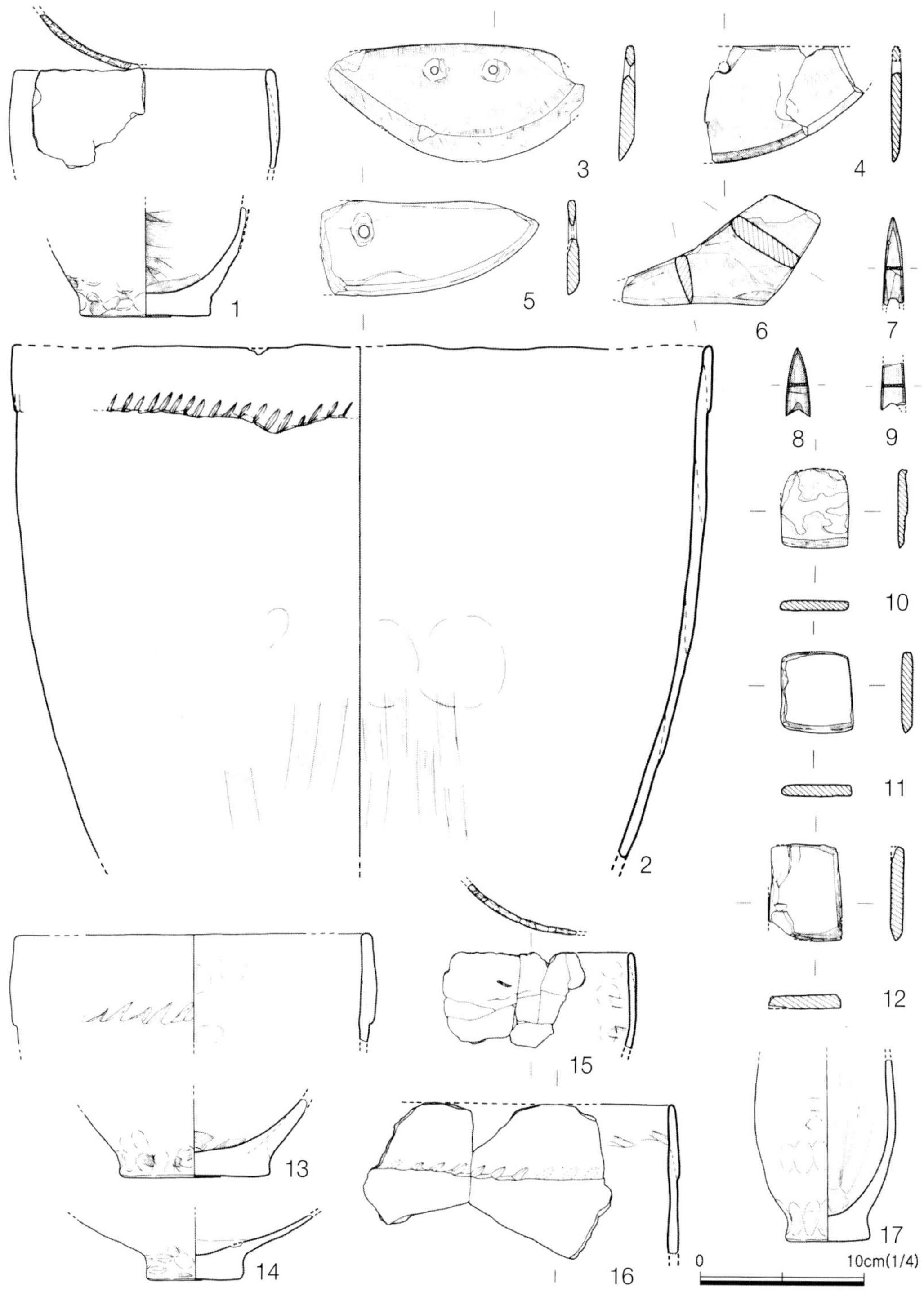

<도면 181> 진천 사양리유적(4호 : 1~17)

진천지역 유물 속성일람표

<table>
<tr><td colspan="6" align="center">진천 신월리유적</td></tr>
</table>

토기 속성일람

유구번호	도면번호	기고(잔존)	구경	저경	비고
2호	180-3	(5.4)			구순각목문
3호	180-5	(13.3)			
5호	180-8	(14.6)			
7호	180-13	(3.5)			
9호	180-19	(8.0)			

석기 속성일람

유구번호	도면번호	종류	길이	폭	두께	석재	비고
1호	180-1	석부	18.2	2.9	3.8		
	180-2	석부	6.0	3.7	0.9		주상편인
3호	180-4	석촉	4.3	1.4	0.3		편평만입
	180-6	석검	7.9	6.1	0.7		이단병식
	180-7	석촉	5.6	1.6	0.3		이단경식
5호	180-9	석검	12.5	4.8	0.9		이단병식
	180-10	석촉	4.3	1.4	0.3		편평만입
	180-11	석도	11.3	4.3	0.7		주형
6호	180-12	석도	14.7	3.7	0.8		주형
7호	180-14	석부	7.0	6.4	1.1		편평편인
8호	180-15	석촉	4.6	1.2	0.5		
9호	180-16	석촉	4.7	1.6	0.4		이단경식
	180-17	석촉	7.0	2.3	0.4		
	180-18	석검	6.4	4.8	0.8		이단병식

<table>
<tr><td colspan="6" align="center">진천 사양리유적</td></tr>
</table>

토기 속성일람

유구번호	도면번호	기고(잔존)	구경	저경	비고
1호	180-20	(3.1)			빗살무늬
	180-21	(4.3)			빗살무늬
2호	180-22	(10.8)		5.2	
	180-23	(6.7)	27.4		이중구연, 단사선문
	180-24		20.4	7.8	이중구연, 단사선문
4호	181-1		15.8	7.9	구순각목문
	181-2	(28.2)	22.8		이중구연, 단사선문
	181-13		22.3	9.2	이중구연, 단사선문
	181-14	(4.0)		5.6	
	181-15	(5.2)			구순각목문
	181-16	(8.4)			이중구연, 단사선문
	181-17	(10.8)		4.8	

석기 속성일람

유구번호	도면번호	종류	길이	폭	두께	석재	비고
4호	181-3	석도	15.4	7.0	0.9		주형
	181-4	석도	13.1	5.5	0.8		
	181-5	석도	13.1	5.6	0.6		주형
	181-6	석겸	13.0	5.2	1.1	점판암	
	181-7	석촉	5.2	1.3	0.3		편평만입
	181-8	석촉	4.1	1.5	0.2		편평만입
	181-9	석촉	3.8	1.5	0.2		편평만입
	181-10	석부	4.7	4.1	0.6		편평편인
	181-11	석부	4.8	4.3	0.7		편평편인
	181-12	석부	5.7	4.3	0.8		편평편인

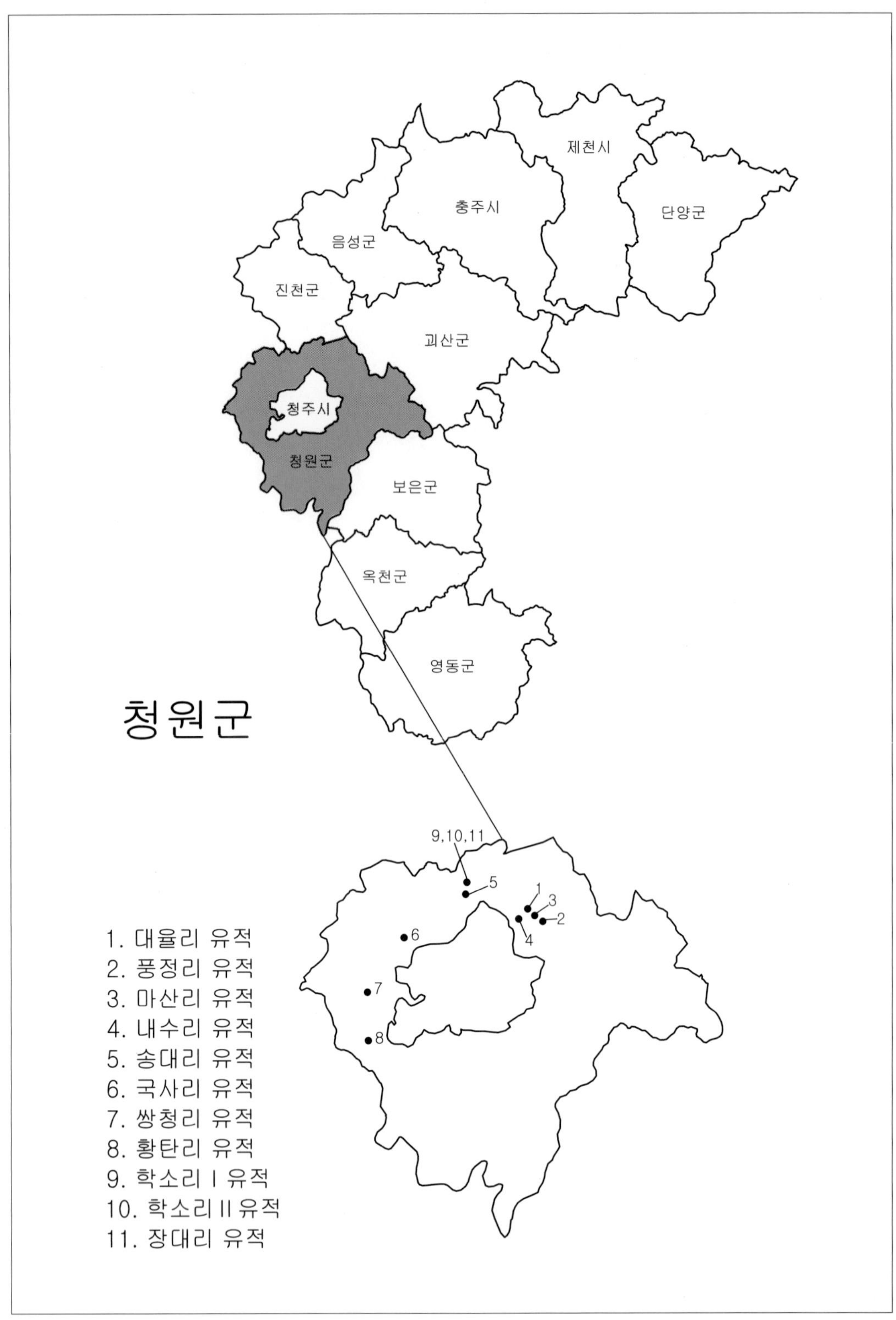

제천시
충주시
음성군
단양군
진천군
괴산군
청주시
청원군
보은군
옥천군
영동군
청원군
9,10,11
5
1
3
2
6
4
7
8
1. 대율리 유적
2. 풍정리 유적
3. 마산리 유적
4. 내수리 유적
5. 송대리 유적
6. 국사리 유적
7. 쌍청리 유적
8. 황탄리 유적
9. 학소리 I 유적
10. 학소리 II 유적
11. 장대리 유적

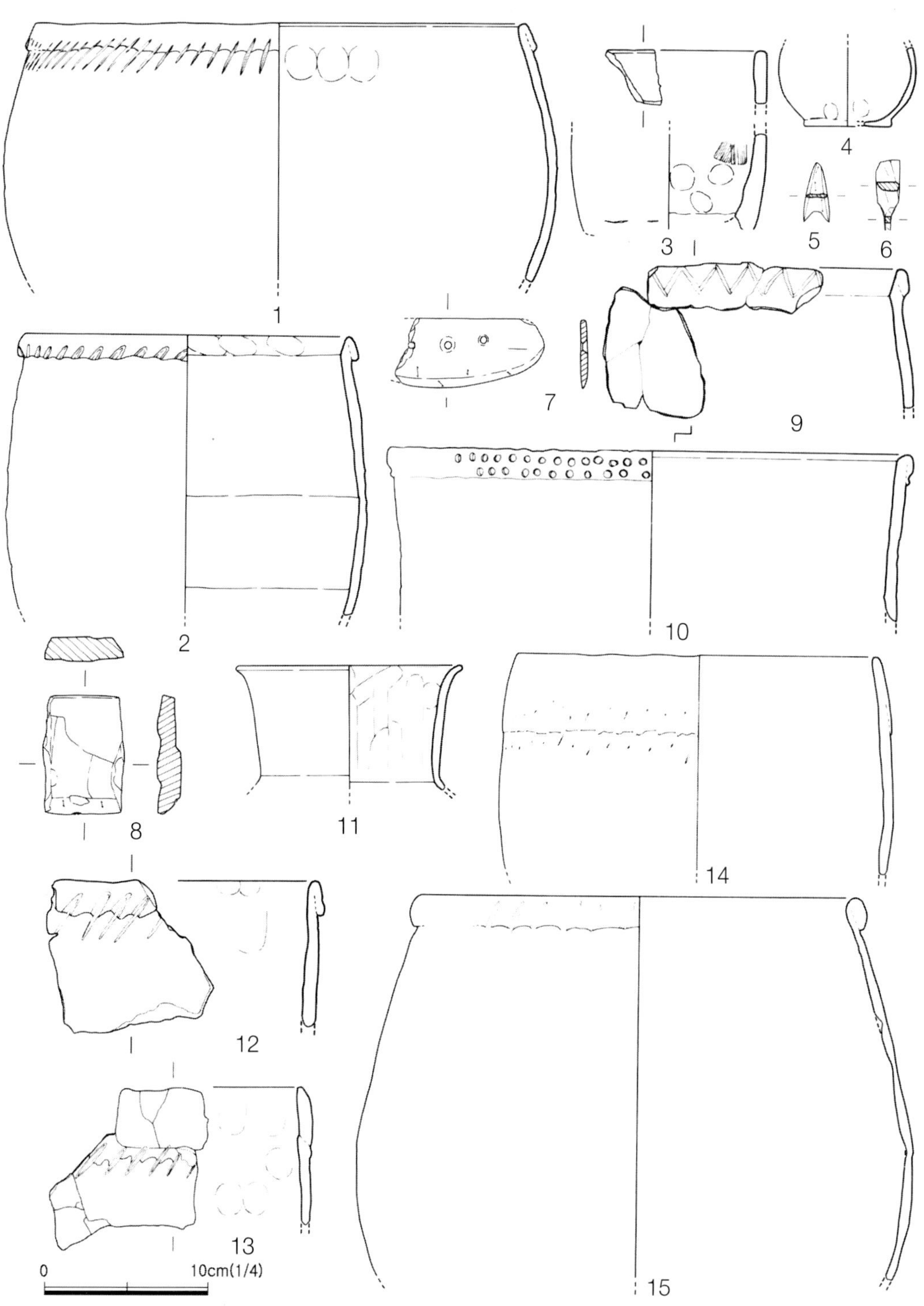

〈도면 182〉 청원 대율리유적(1호 : 1~8 / 2호 : 9~10 / 3호 : 11 / 4호 : 12 / 5호 : 13~15)

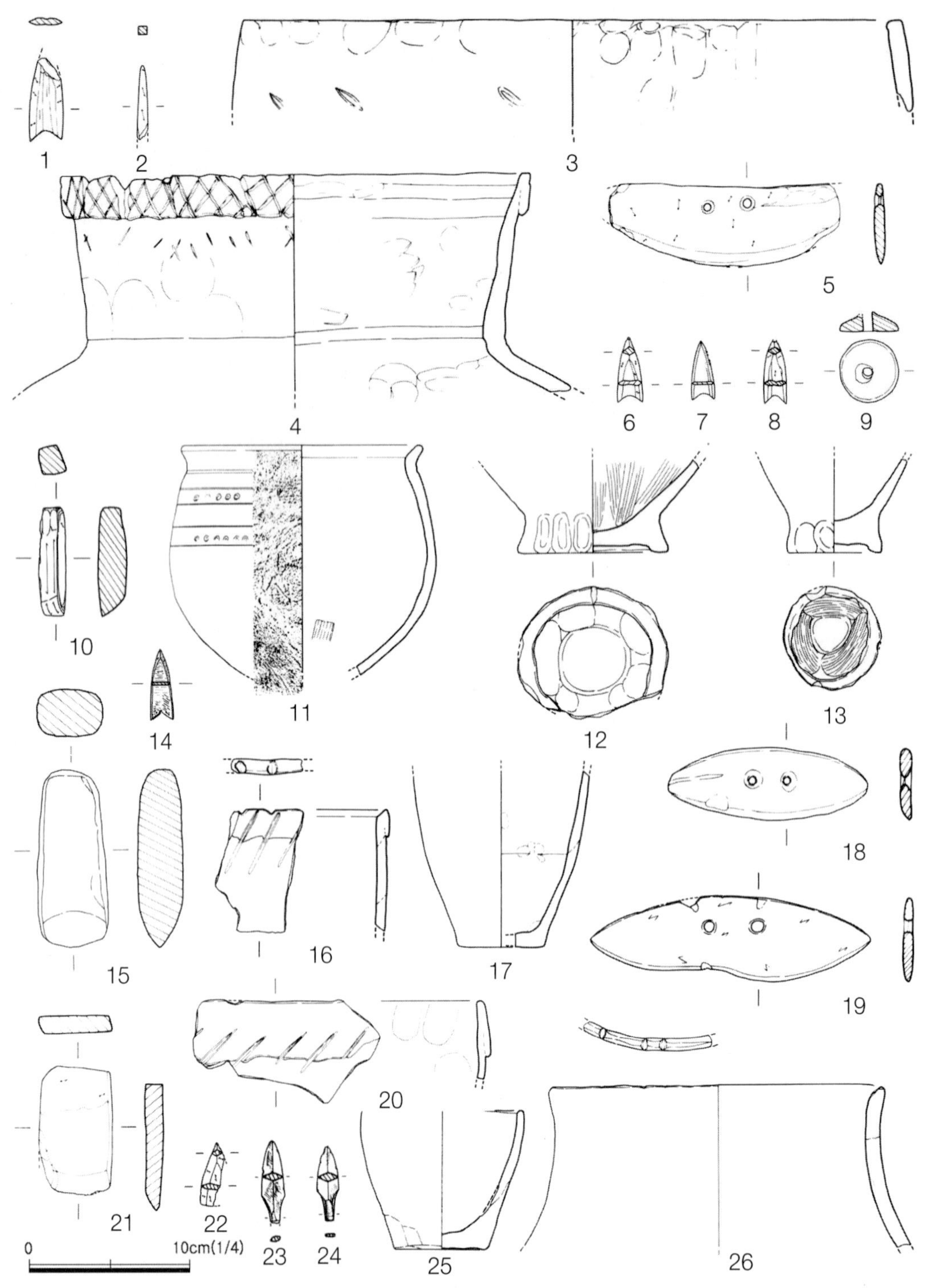

〈도면 183〉 청원 대율리유적(6호 : 1~2 / 7호 : 3~5 / 8호 : 6~7 / 9호 : 8~10), 청원 풍정리유적(1호 : 11~15), 청원 마산리유적(1호 : 16~21 / 2호 : 22), 청원 내수리유적(1호 : 23~26)

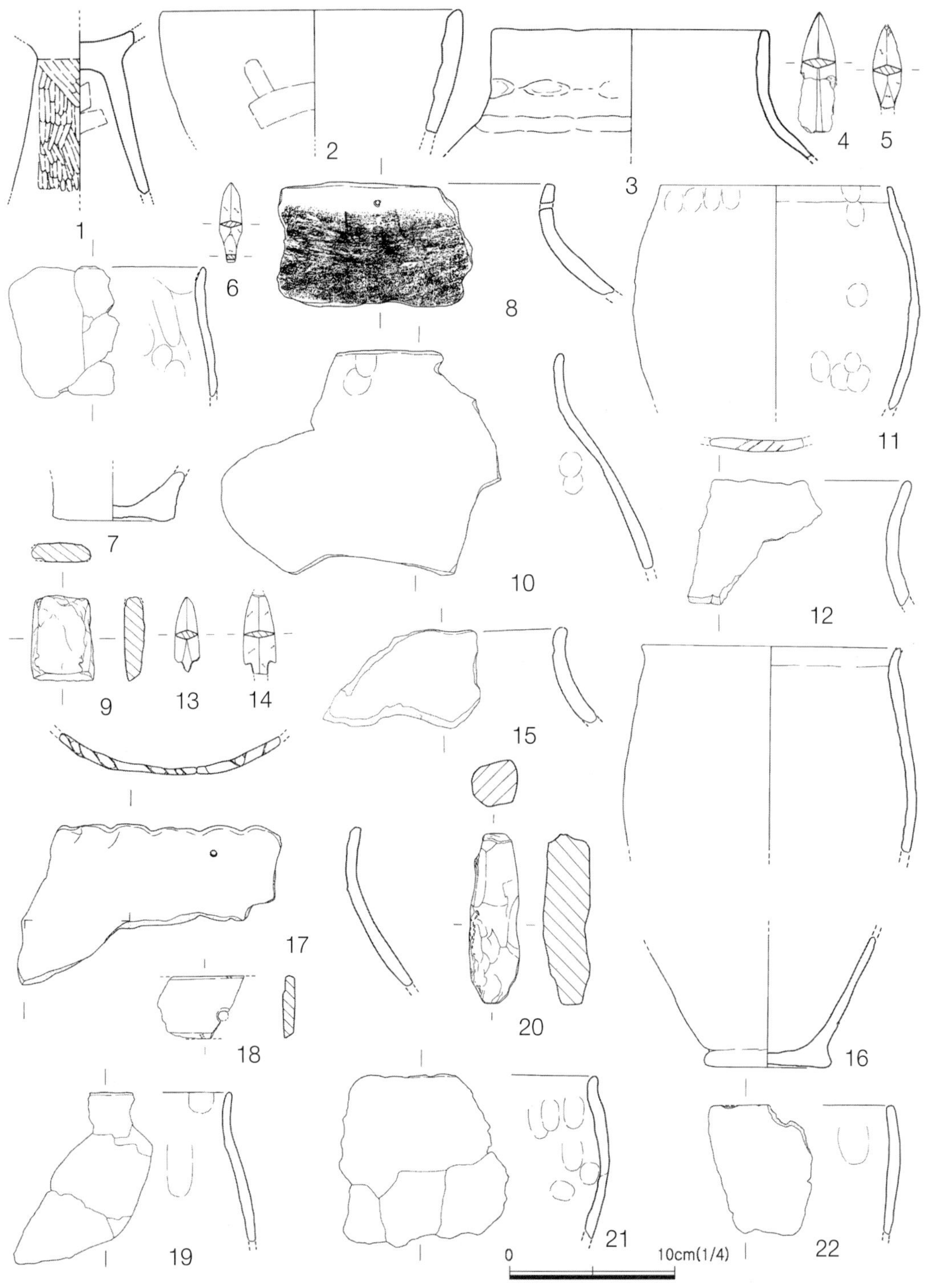

〈도면 184〉 청원 송대리유적(1호 : 1~2), 청원 국사리유적(1호 : 3), 청원 쌍청리유적(Ⅰ-1호 : 4~5 / Ⅱ-3호 : 6 / Ⅱ-4호 : 7 / Ⅱ-6호 : 8~9 / Ⅱ-7호 : 10~11 / Ⅱ-8호 : 12~13 / Ⅱ-9호 : 14~16 / Ⅱ-10호 : 17~18 / Ⅱ-12호 : 19~21 / Ⅱ-13호 : 22)

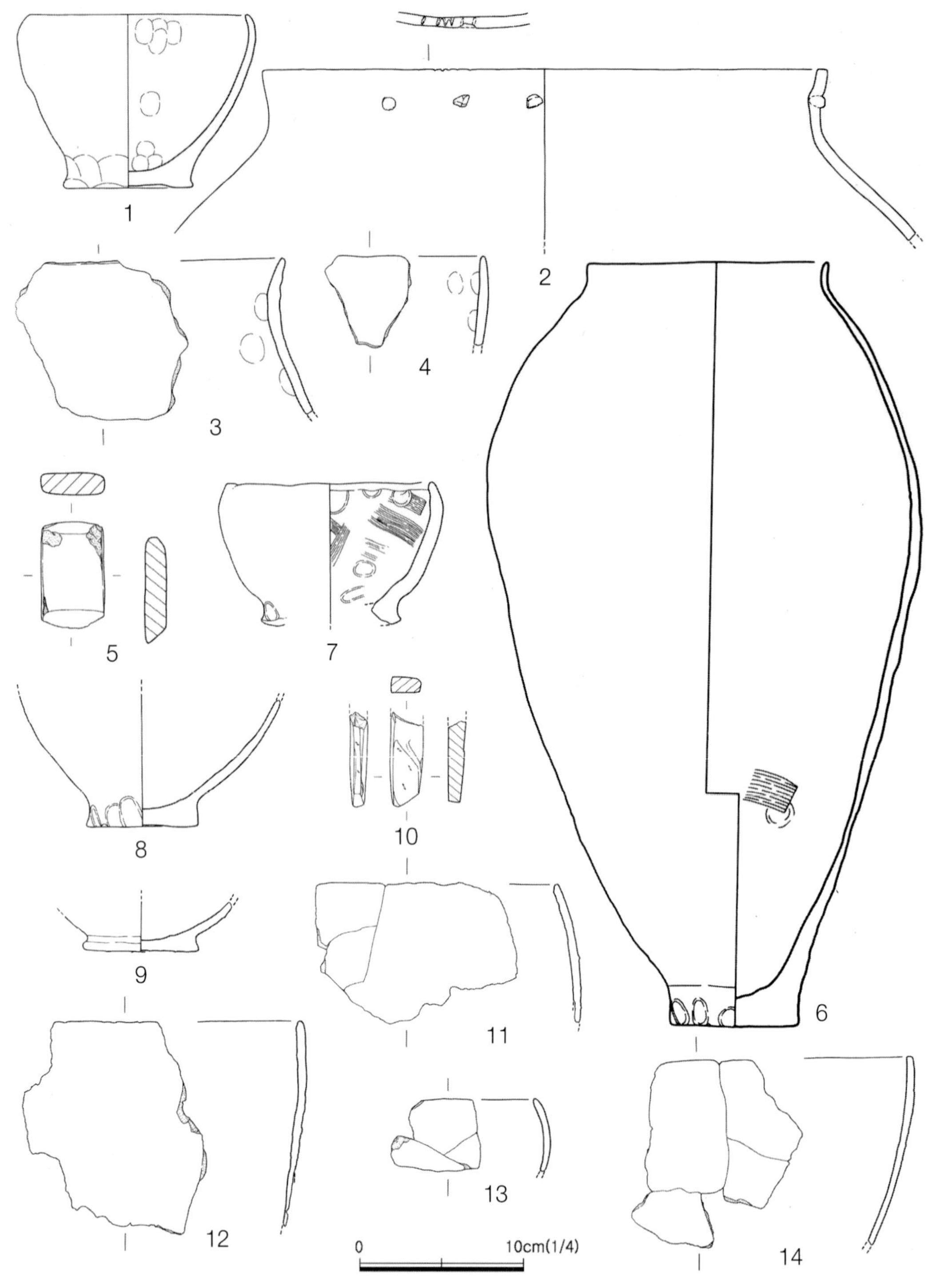

〈도면 185〉 청원 쌍청리유적(II-14호 : 1 / II-15호 : 2 / III-A-1호 : 3~5 / III-A-2호 : 6 / III-A-3호 : 7~8 / III-A-4호 : 9 / III-B-1호 : 10 / III-B-4호 : 11~12 / III-B-5호 : 13 / III-B-9호 : 14)

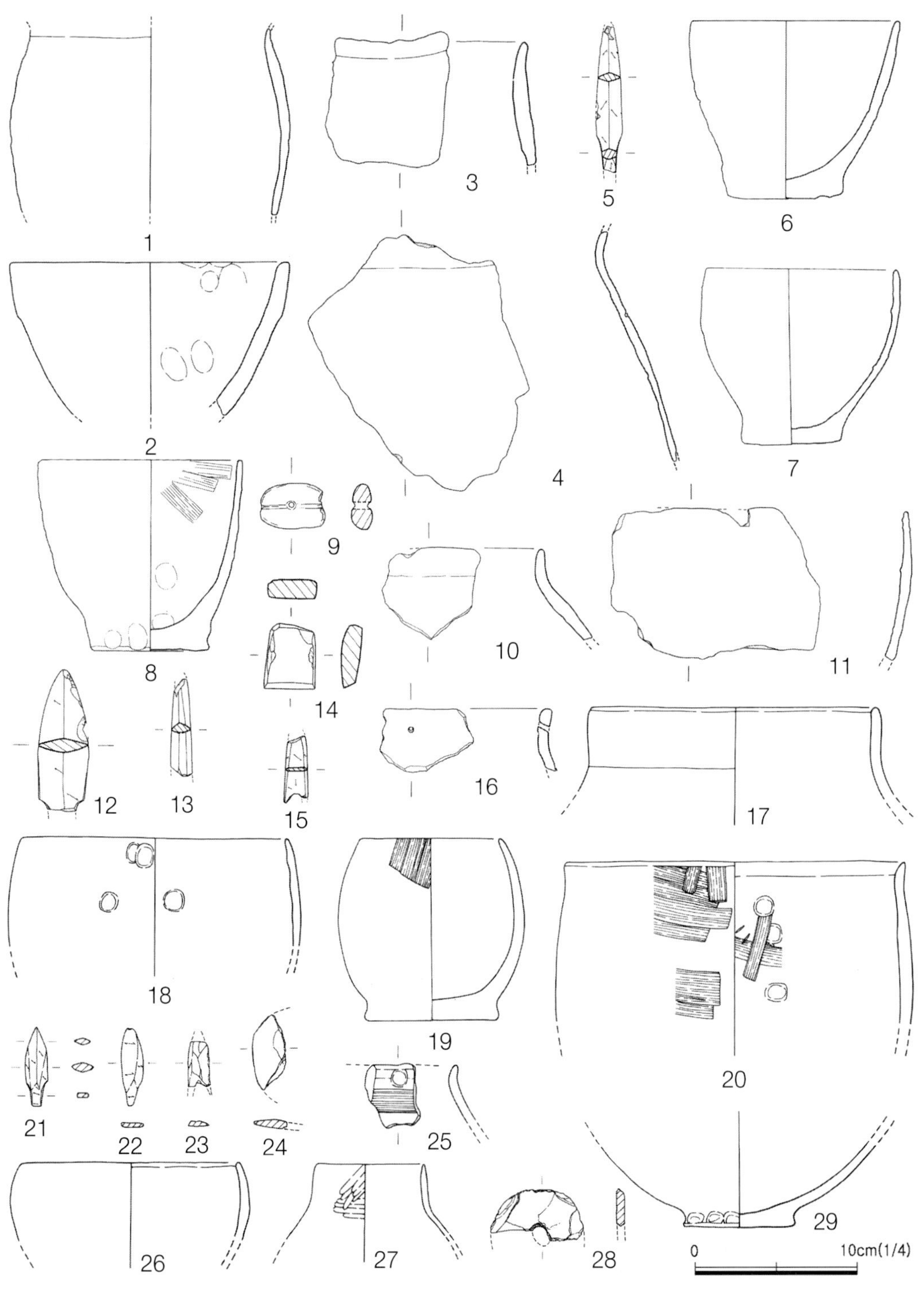

〈도면 186〉 청원 쌍청리유적(Ⅲ-B-10호 : 1~3 / Ⅲ-B-12호 : 4~5 / Ⅲ-B-13호 : 6~10 / Ⅲ-B-15호 : 11~14 / Ⅲ-B-18호 : 15~16), 청원 황탄리유적(1호 : 17~21 / 3호 : 22~29)

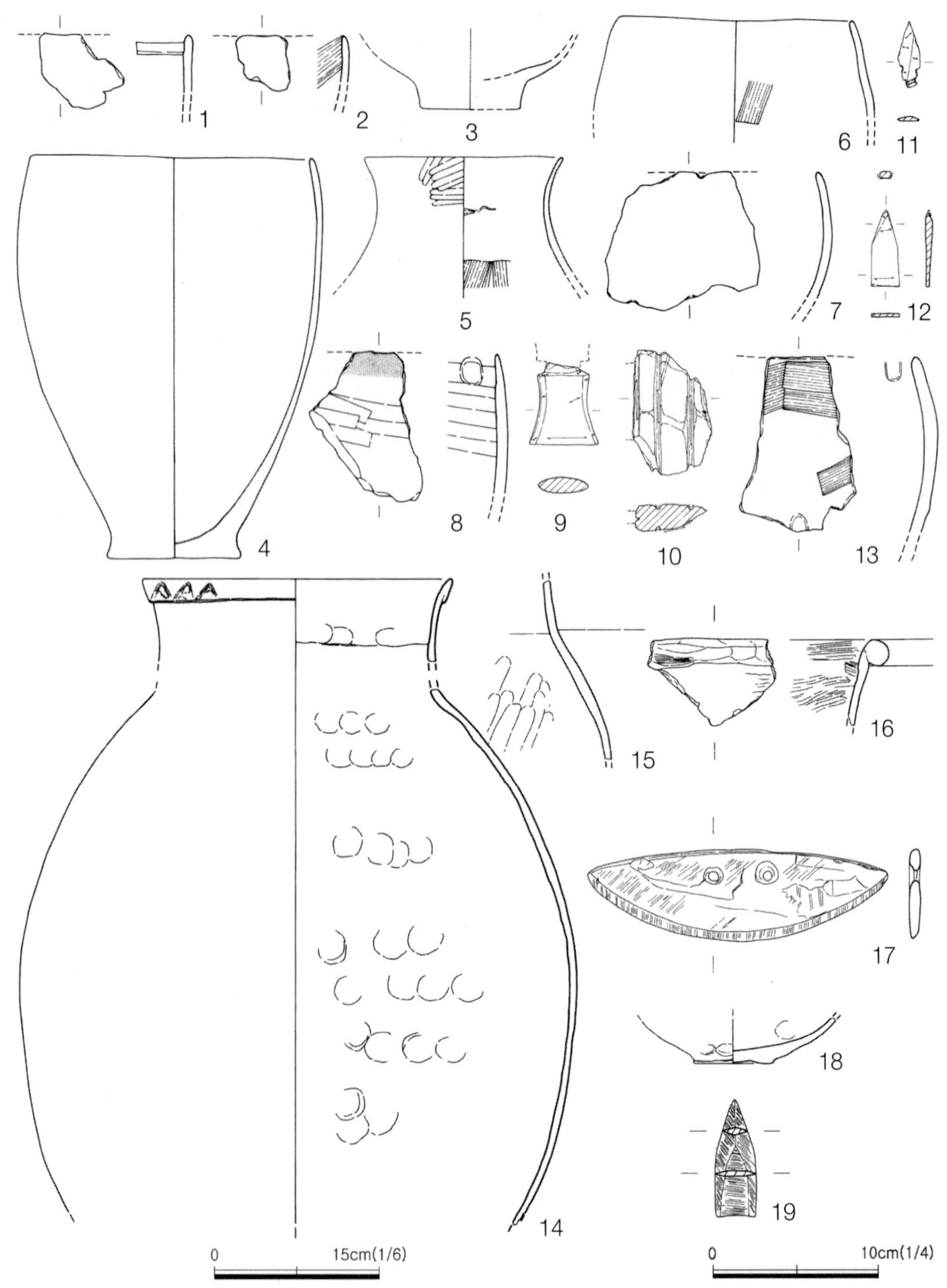

〈도면 187〉 청원 황탄리유적(KC-005 : 1~3 / KC-006 : 4~5 / KC-007 : 6~12 / KC-008 : 13),
청원 학소리 I 유적(1호 : 14~17 / 2호 : 18~19)

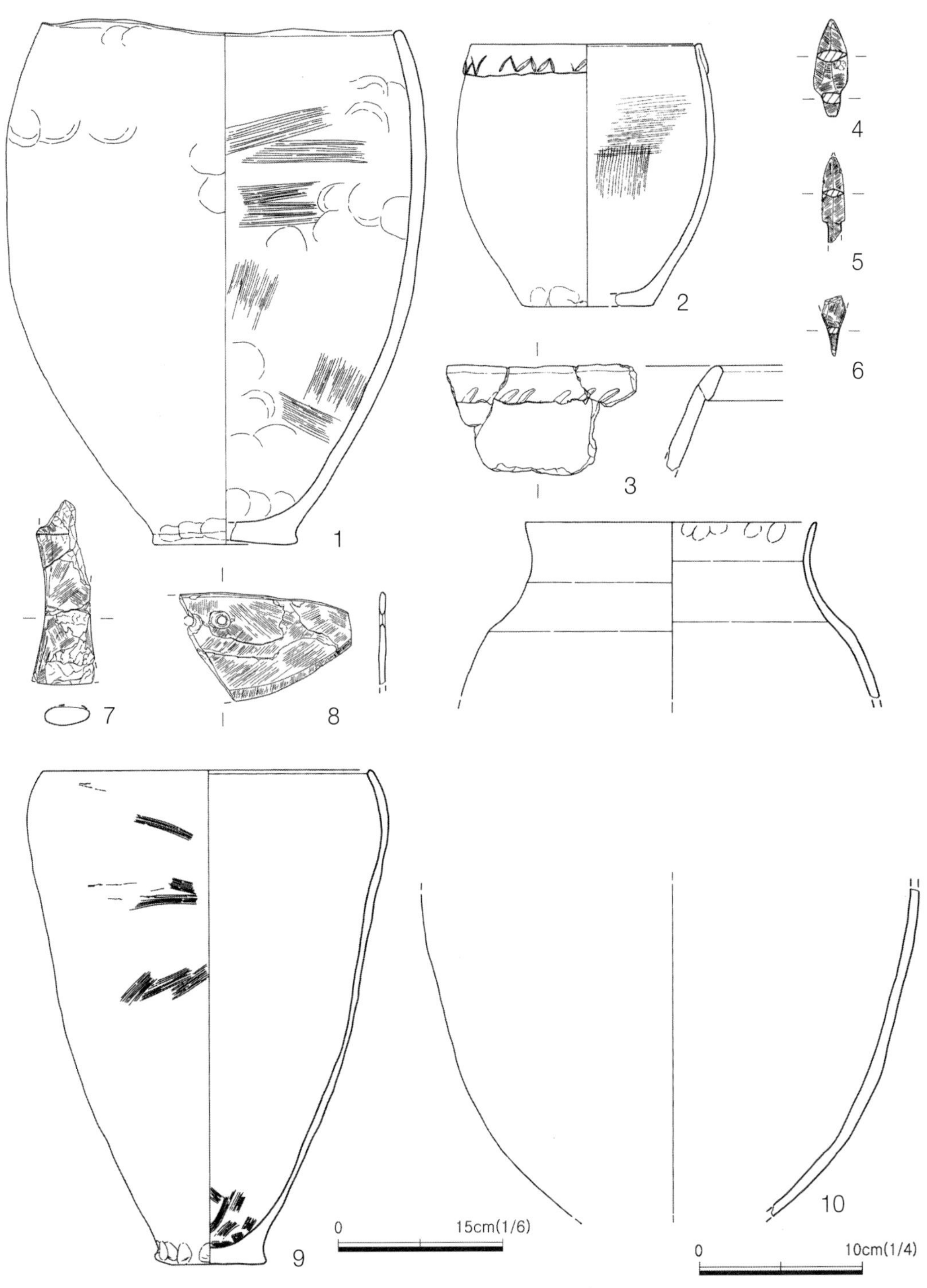

〈도면 188〉 청원 학소리 I 유적(2호 : 1), 청원 학소리 II 유적(1호 : 2~4 / 2호 : 5~8), 청원 장대리유적(2호 : 9~10)

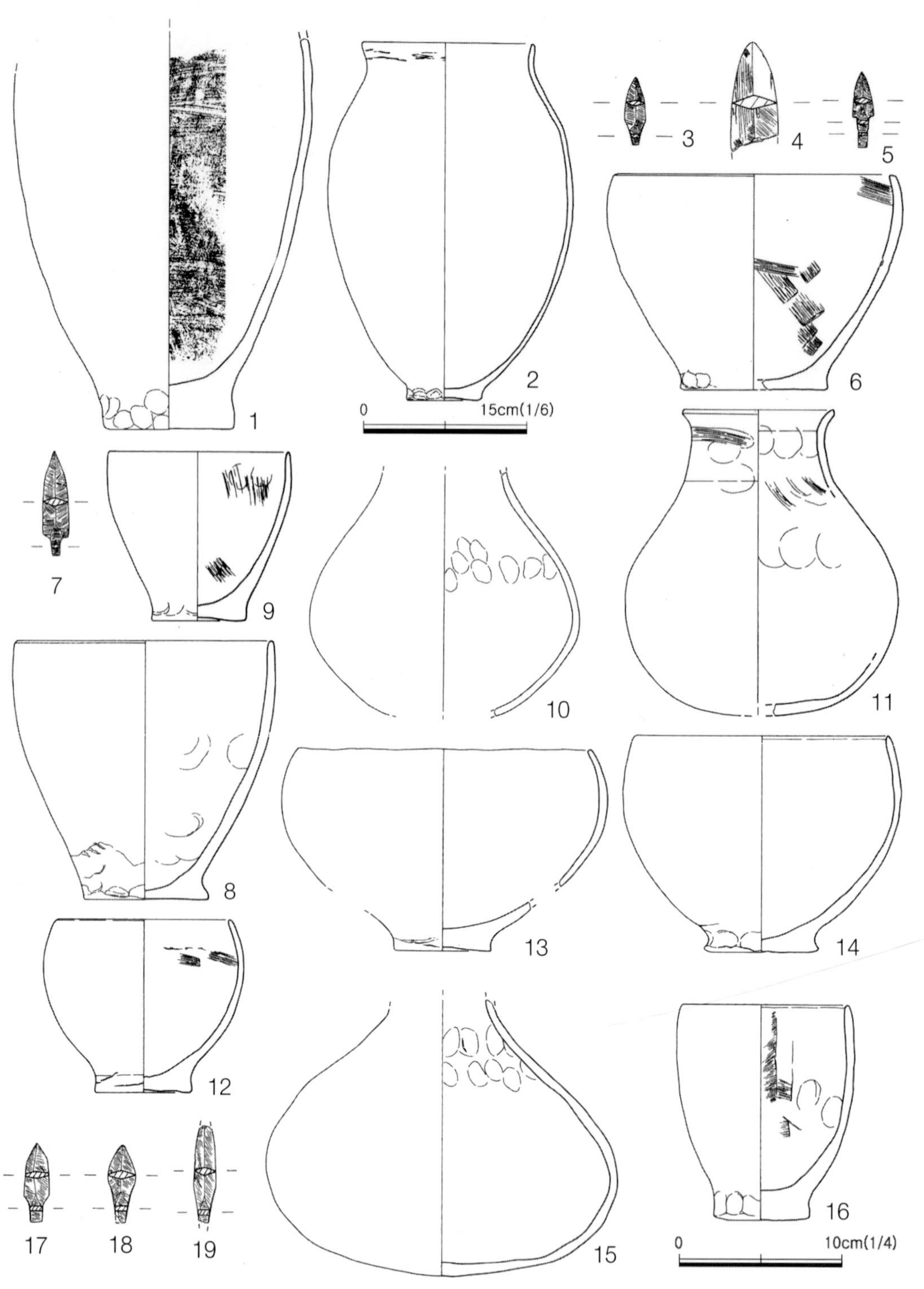

〈도면 189〉 청원 장대리유적(2호 : 1~3 / 3호 : 4~6 / 4호 : 7 / 7호 : 8 / 12호 : 9~11 / 13호 : 12~19)

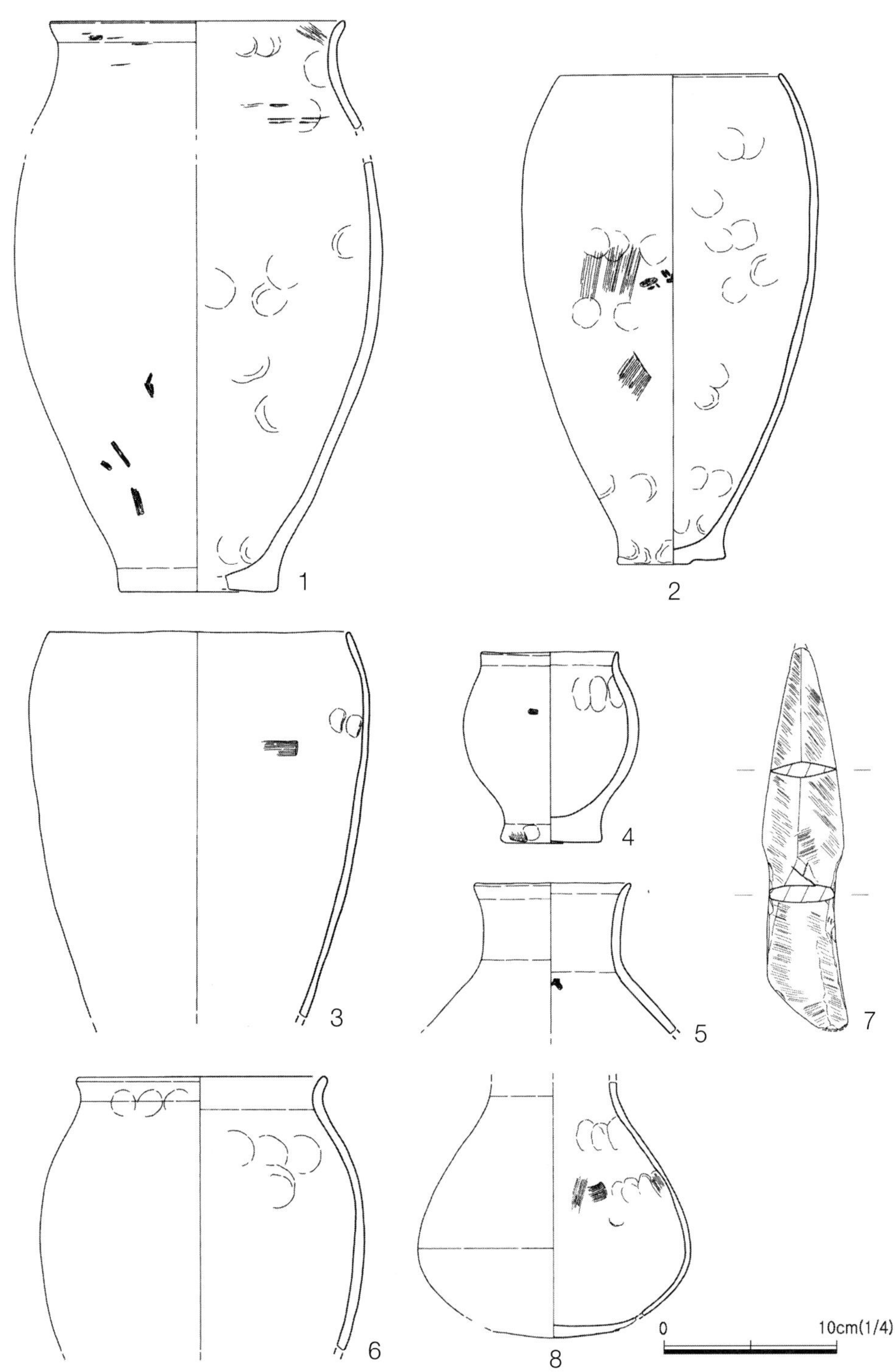

〈도면 190〉 청원 장대리유적(14호 : 1~5 / 15호 : 6 / 16호 : 7 / 17호 : 8)

청원지역 유물 속성일람표

청원 대율리유적

토기 속성일람

유구번호	도면번호	기고(잔존)	구경	저경	비고
1호	182-1	(15.2)	29.5		이중구연, 단사선문
	182-2	(16.4)	19.7		이중구연, 단사선문
	182-3	(8.4)			
	182-4	(4.7)		5.4	마연
2호	182-9	(8.3)			이중구연, 거치문
	182-10	(9.9)	32.0		이중구연, 점렬문
3호	182-11	(7.3)	13.3		마연
4호	182-12	(8.4)			이중구연, 단사선문
5호	182-13	(8.2)			이중구연, 단사선문
	182-14	(12.4)	22.0		이중구연, 단사선문
	182-15	(22.2)	26.2		이중구연, 단사선문
7호	183-3	(5.5)	40.2		이중구연, 단사선문
	183-4	(13.1)	28.8		이중구연, 복합사선문

석기 속성일람

유구번호	도면번호	종류	길이	폭	두께	석재	비고
1호	182-5	석촉	3.6	1.6	0.3	편암	편평만입
	182-6	석촉	4.5	1.4	0.7	편암	유경식
	182-7	석도	14.1	4.8	0.6	편암	주형
	182-8	석착	7.6	4.5	1.1	편암	
6호	183-1	석촉	4.8	2.0	0.2	편암	편평만입
	183-2	석추	4.4	0.5	0.2	편암	
7호	183-5	석도	14.1	4.8	0.6	편암	주형
8호	183-6	석촉	3.8	1.5	0.5	편암	편평만입
	183-7	석촉	3.4	1.4	0.2	편암	편평만입
9호	183-8	석촉	3.7	1.4	0.4	편암	편평만입
	183-9	방추차	5.5		1.7	토제	
	183-10	석착	6.5	1.6	1.5	편암	

청원 풍정리유적

토기 속성일람

유구번호	도면번호	기고(잔존)	구경	저경	비고
1호	183-11	(13.8)	14.8		횡침선문, 점렬문
	183-12	(5.6)		9.1	
	183-13	(5.7)		6.0	

석기 속성일람

유구번호	도면번호	종류	길이	폭	두께	석재	비고
1호	183-14	석촉	4.2	1.3	0.2		편평만입
	183-15	석부	10.7	4.1	2.8	화강암	합인

청원 마산리유적

토기 속성일람

유구번호	도면번호	기고(잔존)	구경	저경	비고
1호	183-16	(7.6)			이중구연, 구순각목, 단사선문
	183-17	(10.6)	5.3		
	183-20	(4.8)			이중구연, 단사선문

석기 속성일람

유구번호	도면번호	종류	길이	폭	두께	석재	비고
1호	183-18	석도	12.3	4.3	0.6	천매암	어형
	183-19	석도	17.2	5.0	0.6	편암	어형
	183-21	석착	5.1	3.1	1.1	편암	
2호	183-22	석촉	2.7		0.3	편암	편평

청원 내수리유적

토기 속성일람

유구번호	도면번호	기고(잔존)	구경	저경	비고
1호	183-25	8.4	9.6	5.5	
	183-26	(9.6)	20.2		구순각목문

석기 속성일람

유구번호	도면번호	종류	길이	폭	두께	석재	비고
1호	183-23	석촉	5.0	1.4	0.5	점판암	일단경식
	183-24	석촉	4.4	1.3	0.5	점판암	일단경식

청원 송대리유적

토기 속성일람

유구번호	도면번호	기고(잔존)	구경	저경	비고
1호	184-1	(8.8)			적색마연, 대각
	184-2	(7.5)	18.4		

청원 국사리유적

토기 속성일람

유구번호	도면번호	기고(잔존)	구경	저경	비고
1호	184-3	(7.3)	16.4		

청원 쌍청리유적

토기 속성일람

유구번호	도면번호	기고(잔존)	구경	저경	비고
II-4호	184-7			7.3	
II-6호	184-8	(8.0)			
II-7호	184-10	(13.4)			
	184-11	(13.4)	14.5		
II-8호	184-12	(7.4)			
II 9호	184 15	(5.7)			

유구번호	도면번호				비고
	184-16	30.0	16.0	7.8	
II-10호	184-17	(9.5)			구순각목문, 공렬문
II-12호	184-19	(10.4)			
	184-21	(10.1)			
II-13호	184-22	(7.6)			
II-14호	185-1	10.4	13.3	7.9	
II-15호	185-2	(10.2)	34.2		구순각목문
III-A-1호	185-3	(9.3)			
	185-4	(5.4)			
III-A-2호	185-6	45.8	14.6	7.8	
III-A-3호	185-7	8.5	12.6	8.6	
	185-8	(7.9)		6.8	적색마연
III-A-4호	185-9	(3.0)		7.1	적색마연
III-B-4호	185-11	(8.3)			
	185-12	(12.3)			
III-B-5호	185-13	(4.3)			적색마연
III-B-9호	185-14	(11.1)			
III-B-10호	186-1	(11.1)			
	186-2	(9.1)	17.1		
	186-3	(7.4)			
III-B-12호	186-4	(16.4)			
III-B-13호	186-6	10.6	12.7	7.0	
	186-7	10.6	11.7	6.1	
	186-8	11.4	12.1	7.3	
	186-10	(6.1)			
III-B-15호	186-11	(8.9)			
III-B-18호	186-16	(3.7)			공렬문

석기 속성일람

유구번호	도면번호	종류	길이	폭	두께	석재	비고
I-1호	184-4	석촉	7.2	2.1	0.6	사암	
	184-5	석촉	4.9	1.8	0.6	점판암	
II-3호	184-6	석촉	4.7	1.8	0.3	점판암	일단경식
II-6호	184-9	석부	5.0	3.8	1.2	세일	편평편인
II-8호	184-13	석촉	4.4	1.5	0.5	사암	일단경식
II-9호	184-14	석촉	4.6	1.9	0.4	점판암	
II-10호	184-18	석도	4.4	3.7	0.7	점판암	
II-12호	184-20	석부	10.1	2.8	2.5	세일	유구
III-A-1호	185-5	석부	6.3	3.8	1.3	섬록암	편평편인
III-B-1호	185-10	석착	4.9	1.9	0.9	점판암	
III-B-12호	186-5	석촉	8.6	1.6	0.6	세일	
III-B-13호	186-9	어망추	3.9	2.3	1.2	토제	
III-B-15호	186-12	석검	8.3	3.0	0.8	점판암	유경식
	186-13	석촉	5.7	1.3	0.6	점판암	

유구번호	도면번호	기고(잔존)	구경	저경	석재	비고
	186-14	석부	3.9	3.1	1.1	사암	편평편인
III-B-18호	186-15	석촉	3.7	1.4	0.2	점판암	편평만입

청원 황탄리유적

토기 속성일람

유구번호	도면번호	기고(잔존)	구경	저경	비고
KC-001	186-17	(5.6)	17.6		
	186-18	(6.5)	16.2		
	186-19	10.7	8.5	11.3	
	186-20	(9.7)	20.9		
KC-003	186-25	(3.7)			외반구연
	186-26	(4.3)			
	186-27	(4.3)	5.4		적색마연
	186-29	(4.9)		6.7	적색마연
KC-005	187-1	(3.3)			
	187-2	(2.7)			
	187-3	(2.8)		5.9	
KC-006	187-4	23.5	17.8	8.1	
	187-5	(6.9)	11.8		적색마연
KC-007	187-6	(5.7)	14.1		
	187-7	(7.3)			
	187-8	(8.3)			
KC-008	187-13	(10.3)			

석기 속성일람

유구번호	도면번호	종류	길이	폭	두께	석재	비고
KC-001	186-21	석촉	4.6	1.4	0.5	셰일	일단경식
KC-003	186-22	석촉	4.7	1.3	0.3	실트스톤	일단경식
	186-23	석촉	2.7	1.3	0.3	셰일	편평만입
	186-24	방추차	5.8		0.5	실트스톤	
	186-28	방추차	4.5		0.5	실트스톤	
KC-007	187-9	석검	4.9	4.1	0.9	셰일	이단병식
	187-10	석기	7.2	4.1	1.5	셰일	찰절흔
	187-11	석촉	3.9	1.3	0.3	셰일	이단경식
	187-12	석촉	4.9	1.6	0.4	셰일	편평

청원 학소리 I 유적

토기 속성일람

유구번호	도면번호	기고(잔존)	구경	저경	비고
1호	187-14	(57.3)	28.4		이중구연, 거치문
	187-15	(10.5)			흑색마연
	187-16	(5.1)			점토대토기
2호	187-18	(2.6)			흑색마연
	188-1	30.2	22.0	10.0	발형토기

석기 속성일람

유구번호	도면번호	종류	길이	폭	두께	석재	비고
1호	187-17	석도	18.2	5.5	0.7	이질암제	주형
2호	187-19	석촉	6.9	2.5	0.4	이질암제	삼각만입

청원 학소리Ⅱ유적

토기 속성일람

유구번호	도면번호	기고(잔존)	구경	저경	비고
1호	188-2	15.5	14.1	8.0	이중구연, 거치문
	188-3	(6.2)			이중구연, 단사선문

석기 속성일람

유구번호	도면번호	종류	길이	폭	두께	석재	비고
1호	188-4	석촉	5.7	2.1	0.7		일단경식
2호	188-5	석촉	5.0	1.3	0.5	이질암제	유경식
	188-6	석촉	3.5	1.4	0.4	이질암제	일단경식
	188-7	석검	(11.9)	3.7			일단병식
	188-8	(10.4)	(6.3)		0.4	이질암제	주형

청원 장대리유적

토기 속성일람

유구번호	도면번호	기고(잔존)	구경	저경	비고
2호	188-9	45.0	30.9	10.2	
	188-10	(56.9)	26.6		
	189-1	(23.5)	8.0		
	189-2	43.2	21.1	9.3	
3호	189-6	12.9	16.8	8.6	
7호	189-8	19.5	15.7	7.7	
12호	189-9	10.4	11.5	6.1	
	189-10	(19.4)			적색마연
	189-11	18.0	9.0		적색마연
13호	189-12	10.4	10.6	5.8	적색마연
	189-13	12.1	18.0	5.9	적색마연
	189-14	13.0	15.6	6.0	적색마연
	189-15	(16.6)			적색마연
	189-16	12.95	10.3	6.0	
14호	190-1	32.0	17.0	9.1	
	190-2	40.6	21.0	9.3	
	190-3	(31.0)	24.7		
	190-4	10.7	7.8	5.5	
	190-5	(8.4)	8.8		적색마연
15호	190-6	(15.3)	14.4		
16호	190-8	(14.3)			적색마연

석기 속성일람

유구번호	도면번호	종류	길이	폭	두께	석재	비고
2호	189-3	석촉	4.0	1.3	0.3	이질암제	무경식
3호	189-4	석촉	6.5	2.8	0.8	이질암제	
	189-5	석촉	4.4	1.3	0.4	이질암제	이단경식
4호	189-7	석촉	6.3	1.6	0.6	이질암제	무경식
13호	189-17	석촉	4.7	1.5	0.4	이질암제	유경식
	189-18	석촉	4.6	1.7	0.5	이질암제	유경식
	189-19	석촉	5.8	1.3	0.5	이질암제	유경식
16호	190-7	석창	21.5	4.8	0.9	이질암제	

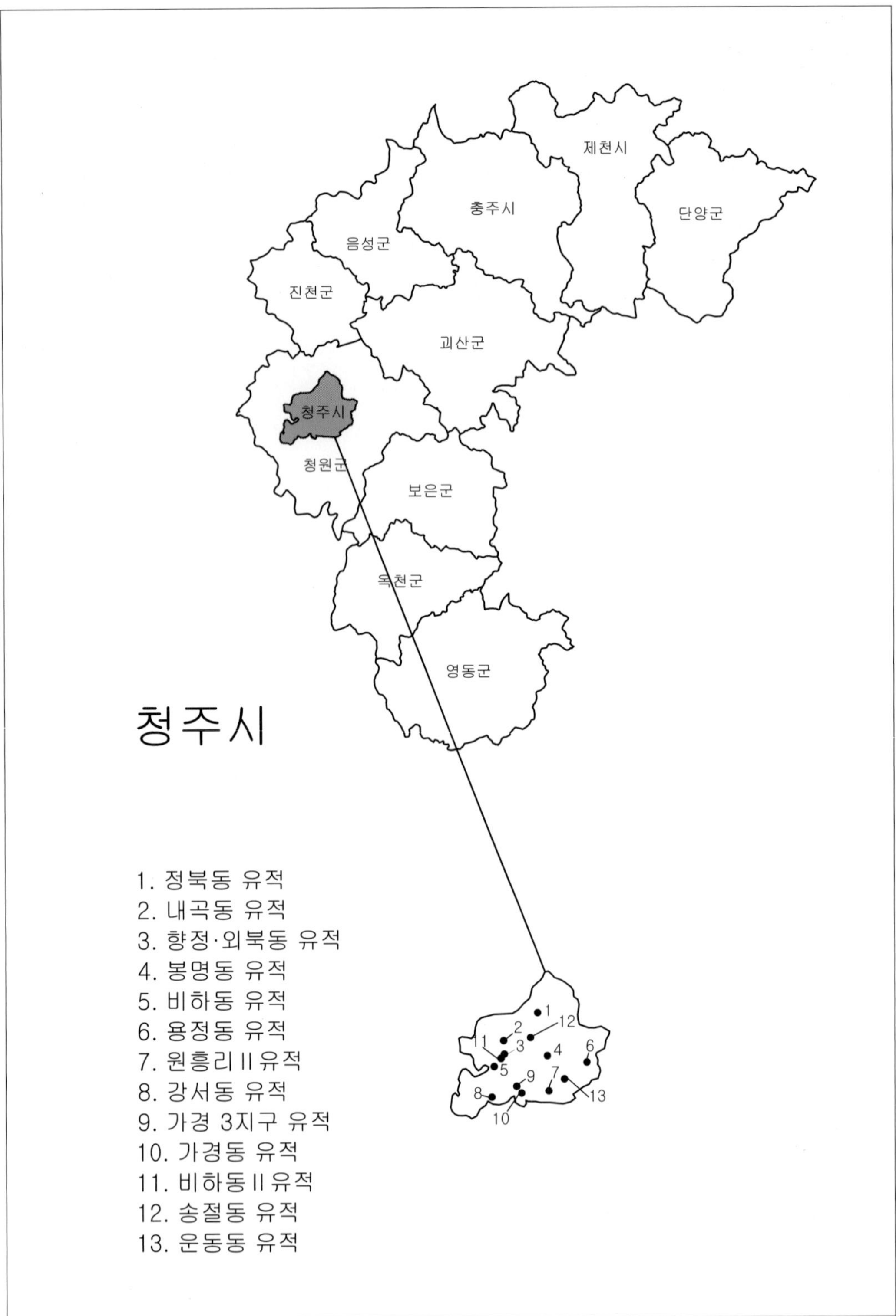

제천시
충주시
단양군
음성군
진천군
괴산군
청주시
청원군
보은군
옥천군
영동군
청주시
1. 정북동 유적
2. 내곡동 유적
3. 향정·외북동 유적
4. 봉명동 유적
5. 비하동 유적
6. 용정동 유적
7. 원흥리 II 유적
8. 강서동 유적
9. 가경 3지구 유적
10. 가경동 유적
11. 비하동 II 유적
12. 송절동 유적
13. 운동동 유적

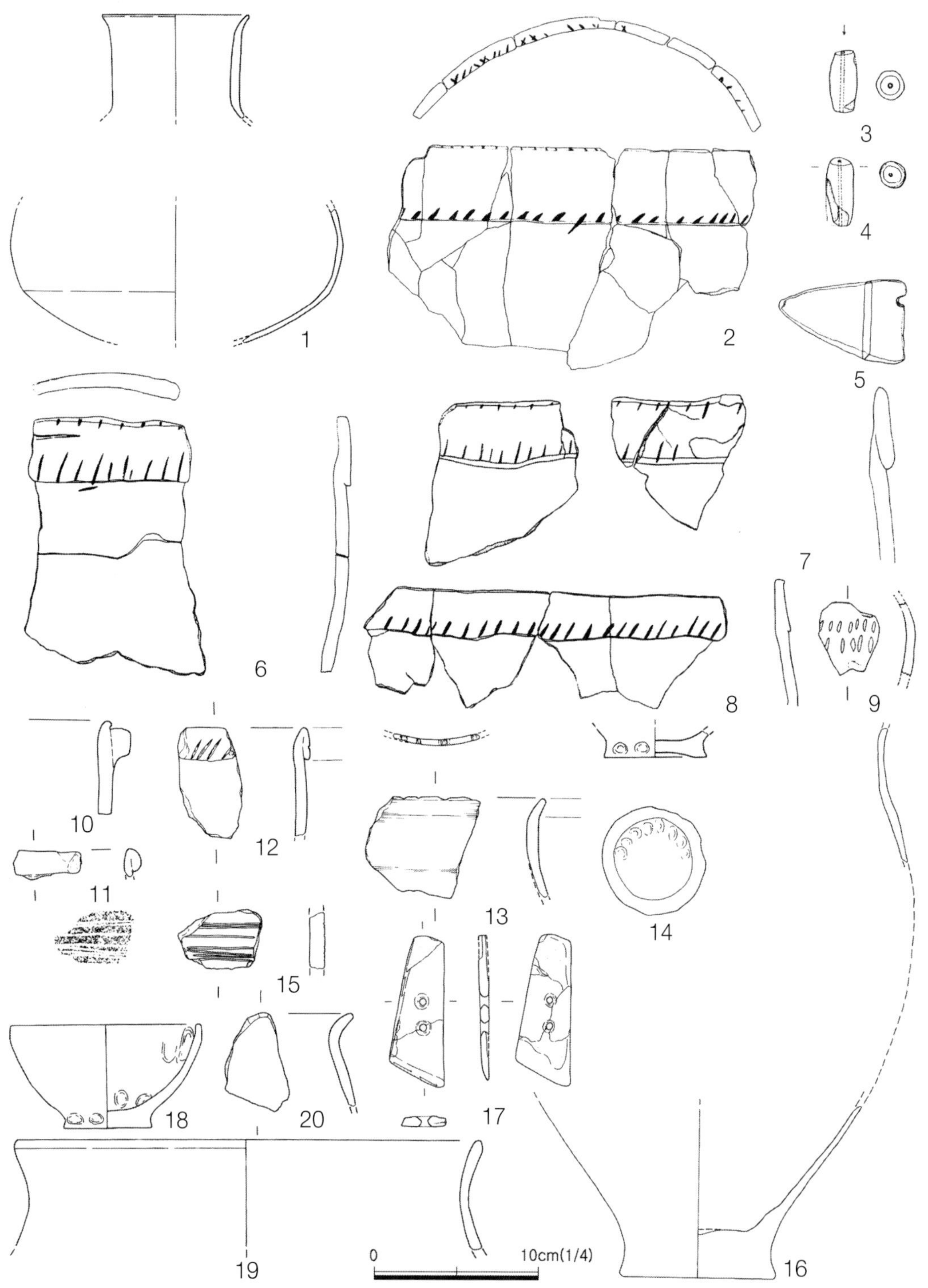

〈도면 191〉 청주 정북동유적(1호 : 1), 청주 내곡동유적(1호 2~8), 청주 향정·외북동유적(7호 : 9), 성주 봉명동유석(A-1호 : 10 / A-3호 : 11~13 / A-4호 : 14 / A-6호 : 15 / A-8호 : 16 / A-9호 : 17 / A-12호 : 18~19 / A-13-1호 : 20)

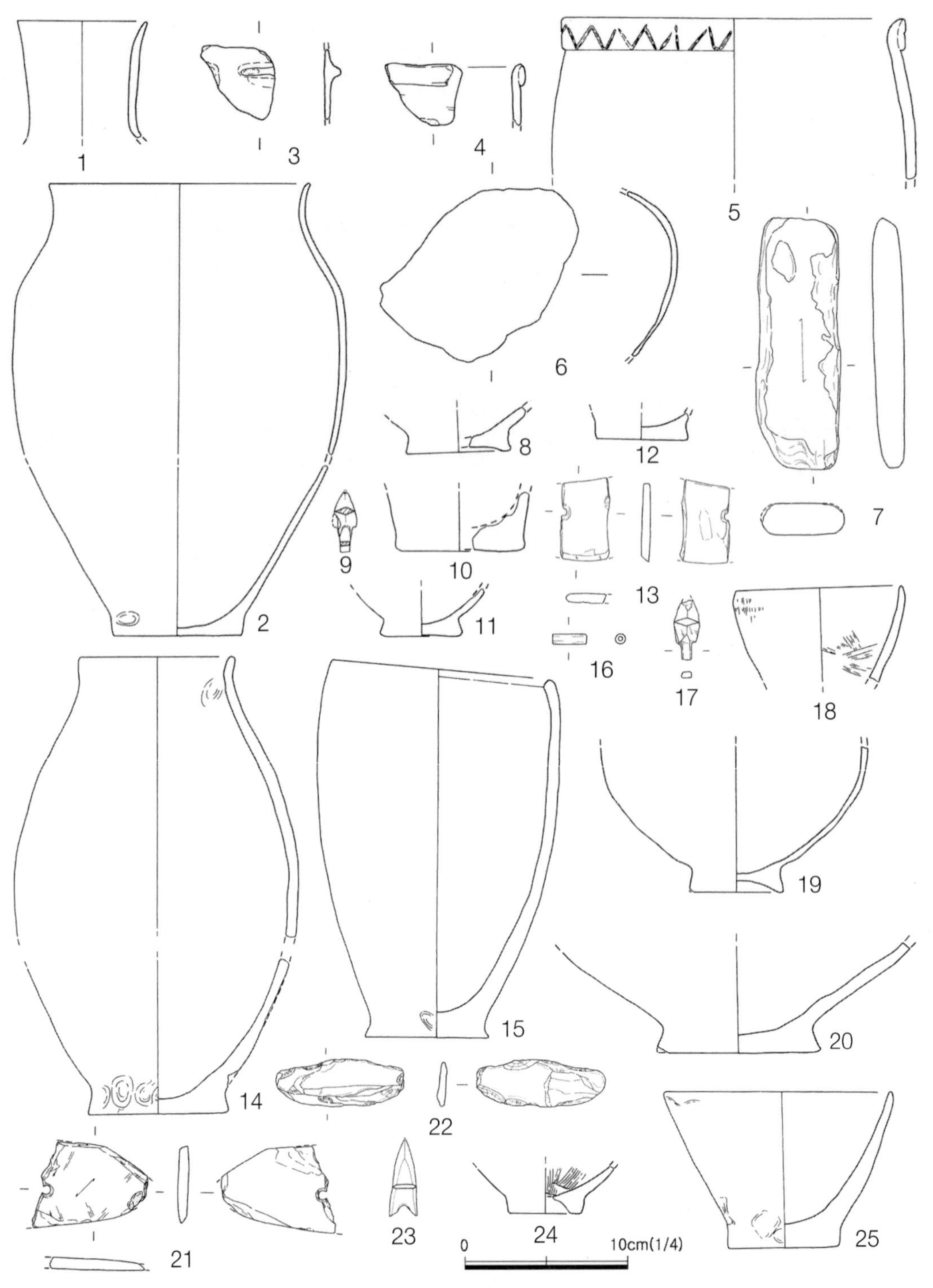

〈도면 192〉 청주 봉명동유적(A-13-1호 : 1 / A-13-2호 : 2 / A-14호 : 3~5 / A-15호 : 6 / B-1호 : 7 / B-2호 : 8 /
B-4호 : 9~11 / B-5호 : 12~13 / B-6호 : 14~15 / B-7호 : 16~21 / B-8호 : 22 / B-9호 : 23~24 / B-10호 : 25)

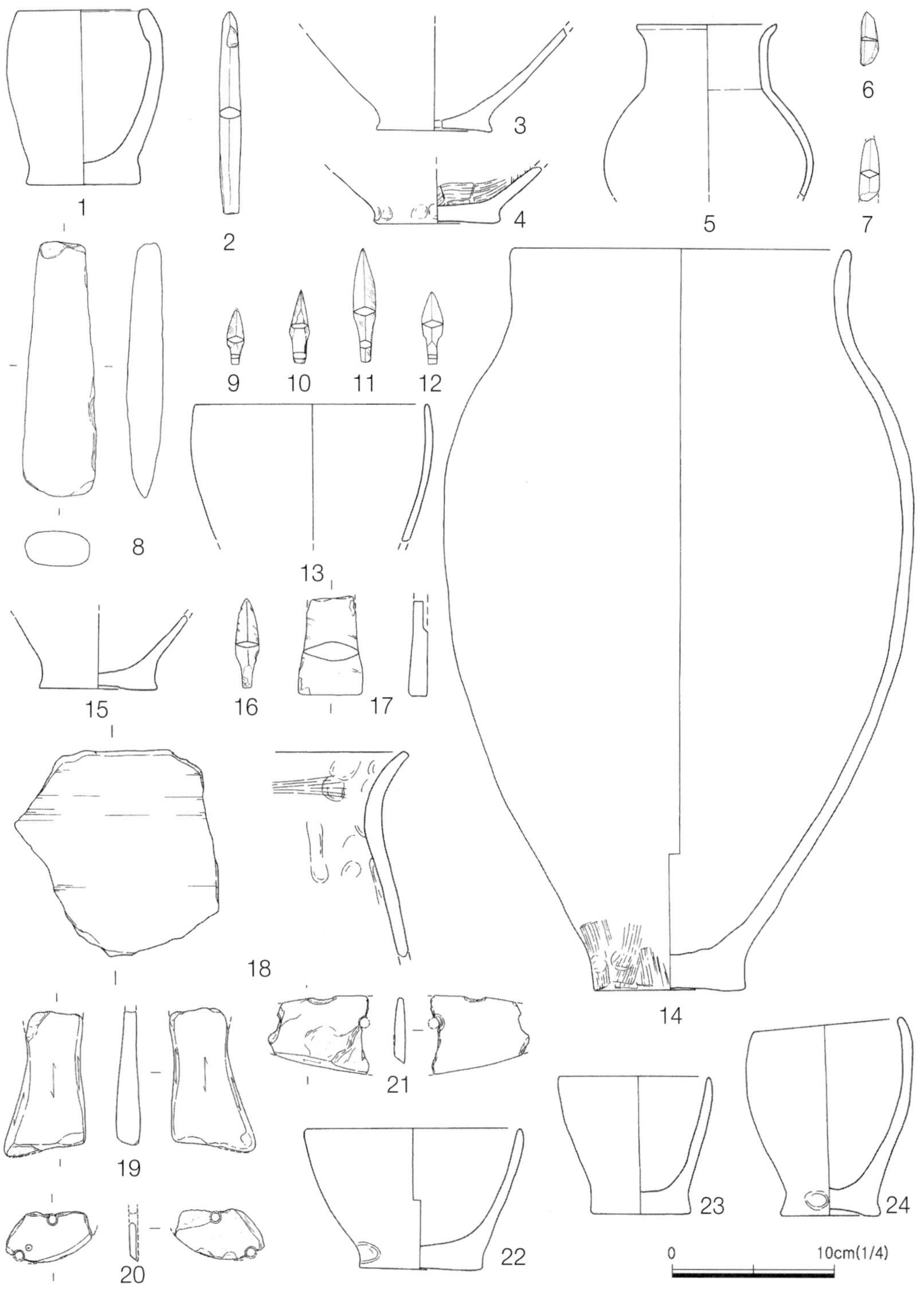

〈도면 193〉 청주 봉명동유적(B-10호 : 1~3 / B-12호 : 4~7 / B-13호 : 8 / B-14호 : 9~11 / B-15호 : 12~15 / B-16호 : 16~24)

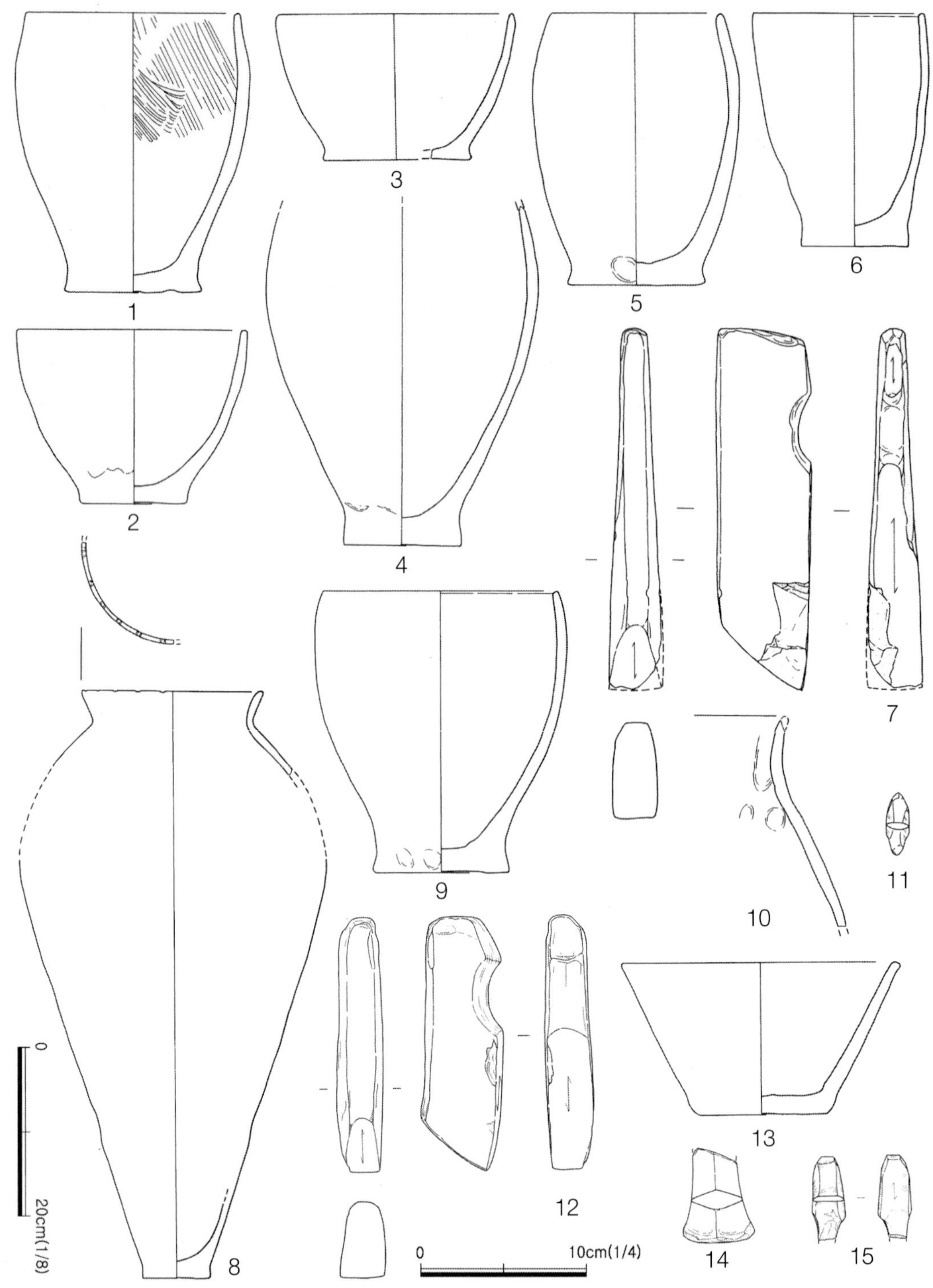

〈도면 194〉 청주 봉명동유적(B-16호 : 1~5 / B-17호 : 6~9 / B-18호 : 10~13 / B-19호 : 14~15)

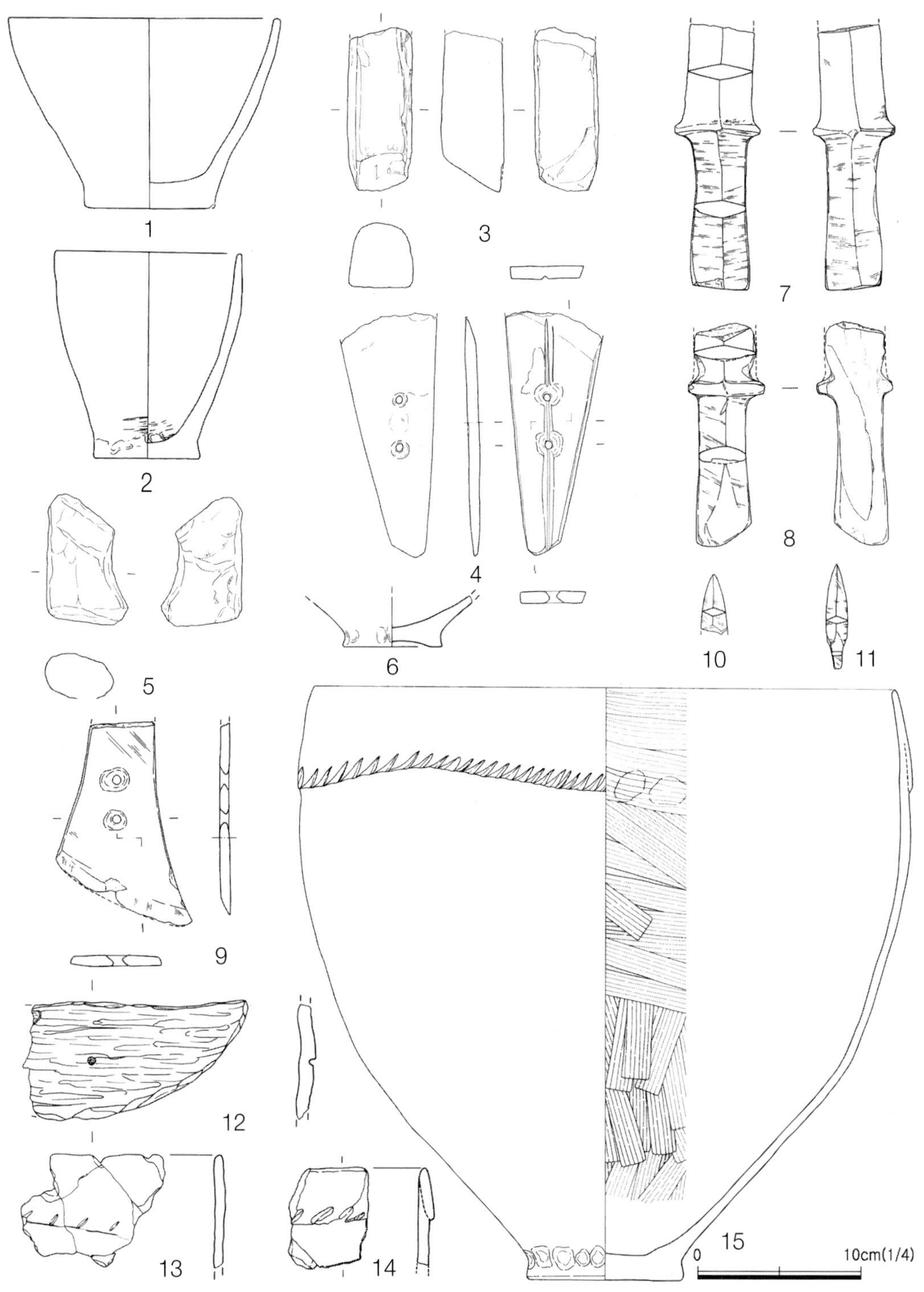

〈도면 195〉 청주 봉명동유적(B-19호 : 1~4 / B-22호 : 5 / B-25호 : 6~10 / B-26호 : 11),
청주 비하동유적(5호 : 12~13), 정수 봉정동유적(Ⅰ-1호 : 14~15)

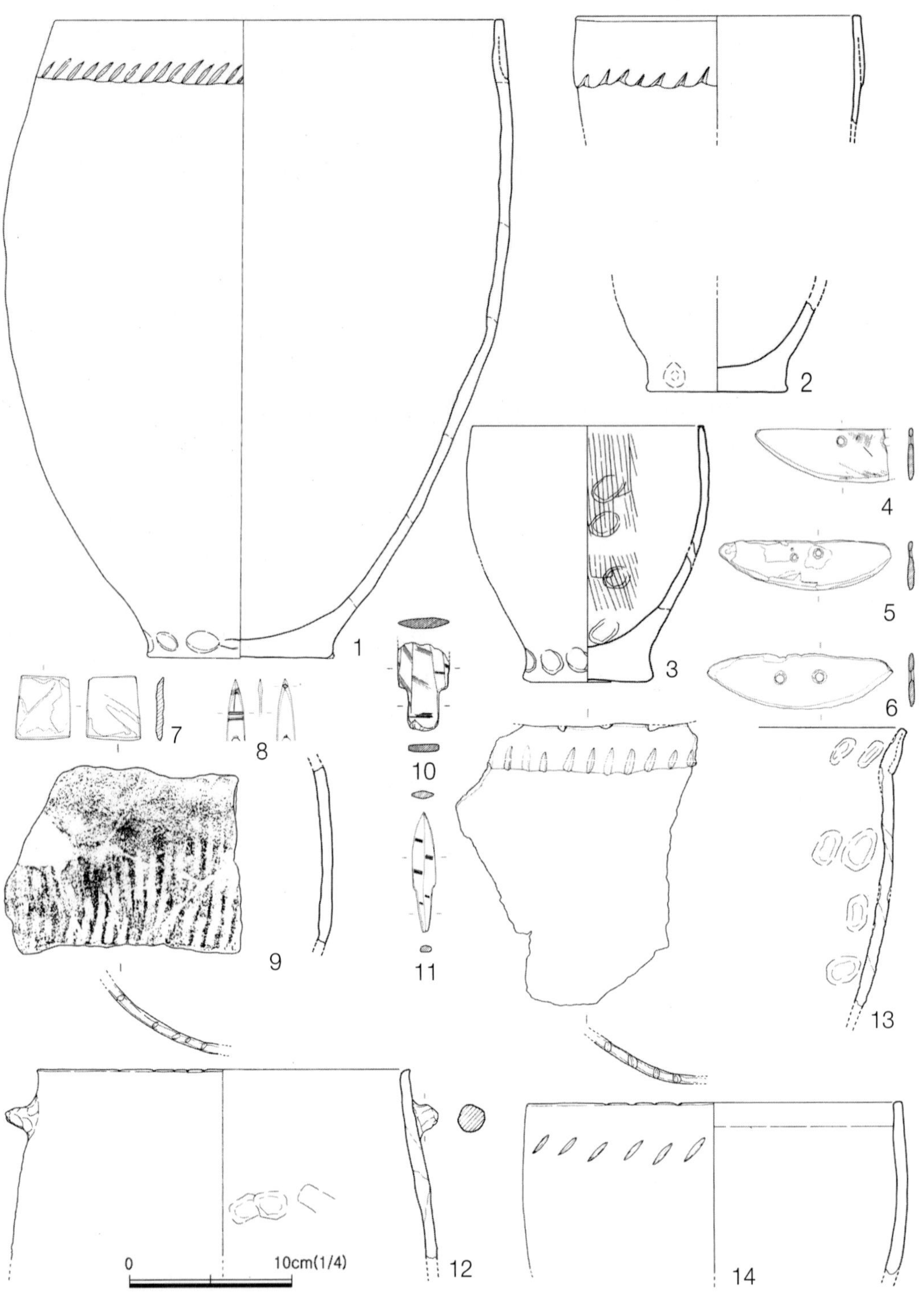

〈도면 196〉 청주 용정동유적(I -1호 : 1 / II-1호 : 2~6 / II-3호 : 7 / II-4호 : 8 / II-5호 : 9~10 / II-7호 : 11~13 / II-8호 : 14)

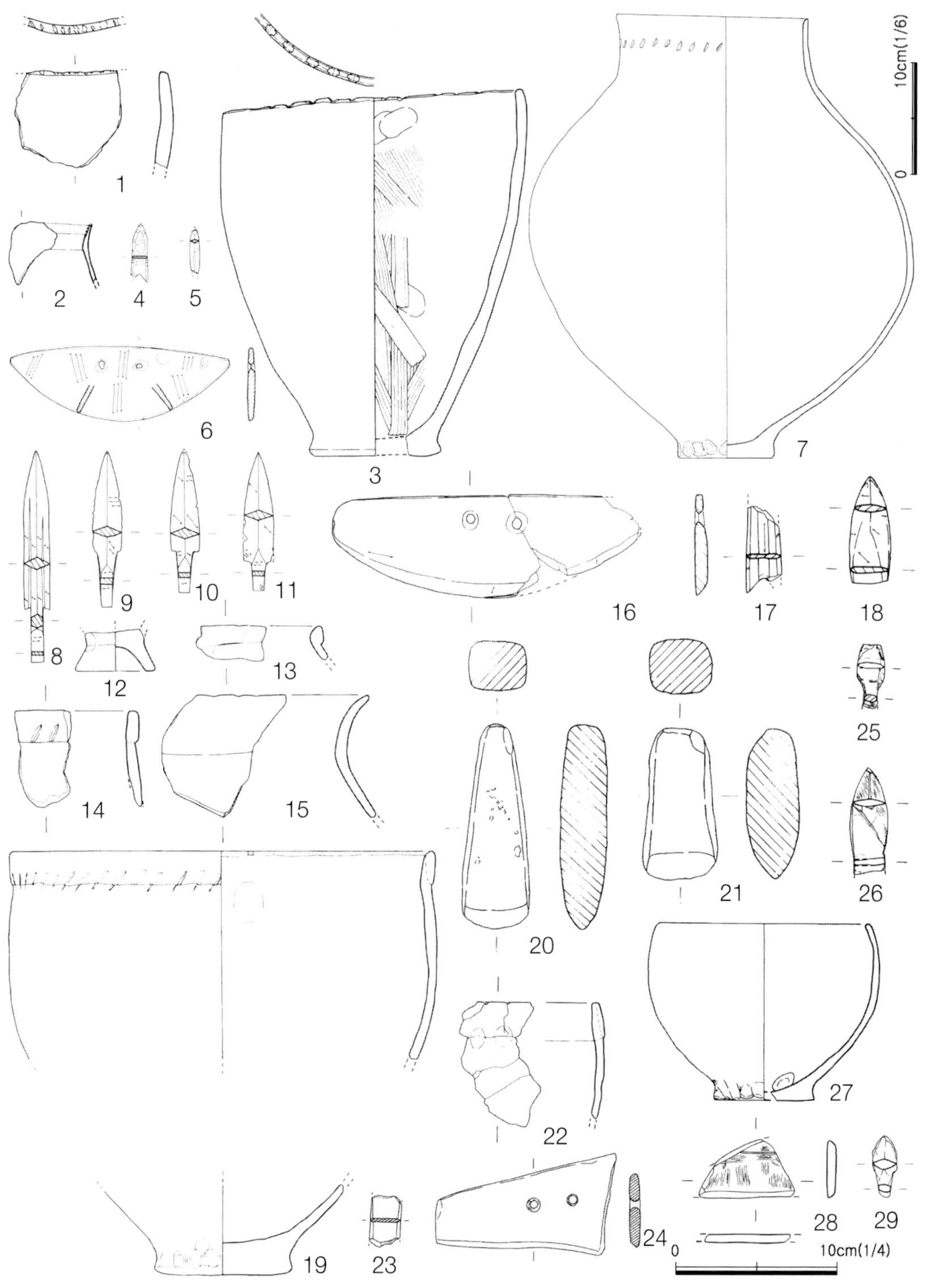

〈도면 197〉 청주 용정동유적(II-8호 : 1~2 / II-9호 : 3 / II-10호 : 4~5 / II-11호 : 6~7),
청주 인흥리II유적(1호 : 8~11), 청주 강서동유적(I호 : 12~18 / 2호 : 19~21 / 3호 : 22),
청주 가경3지구유적(I호 : 23~24), 청수 가경농유적(1호 : 25~28 / 2호 : 29)

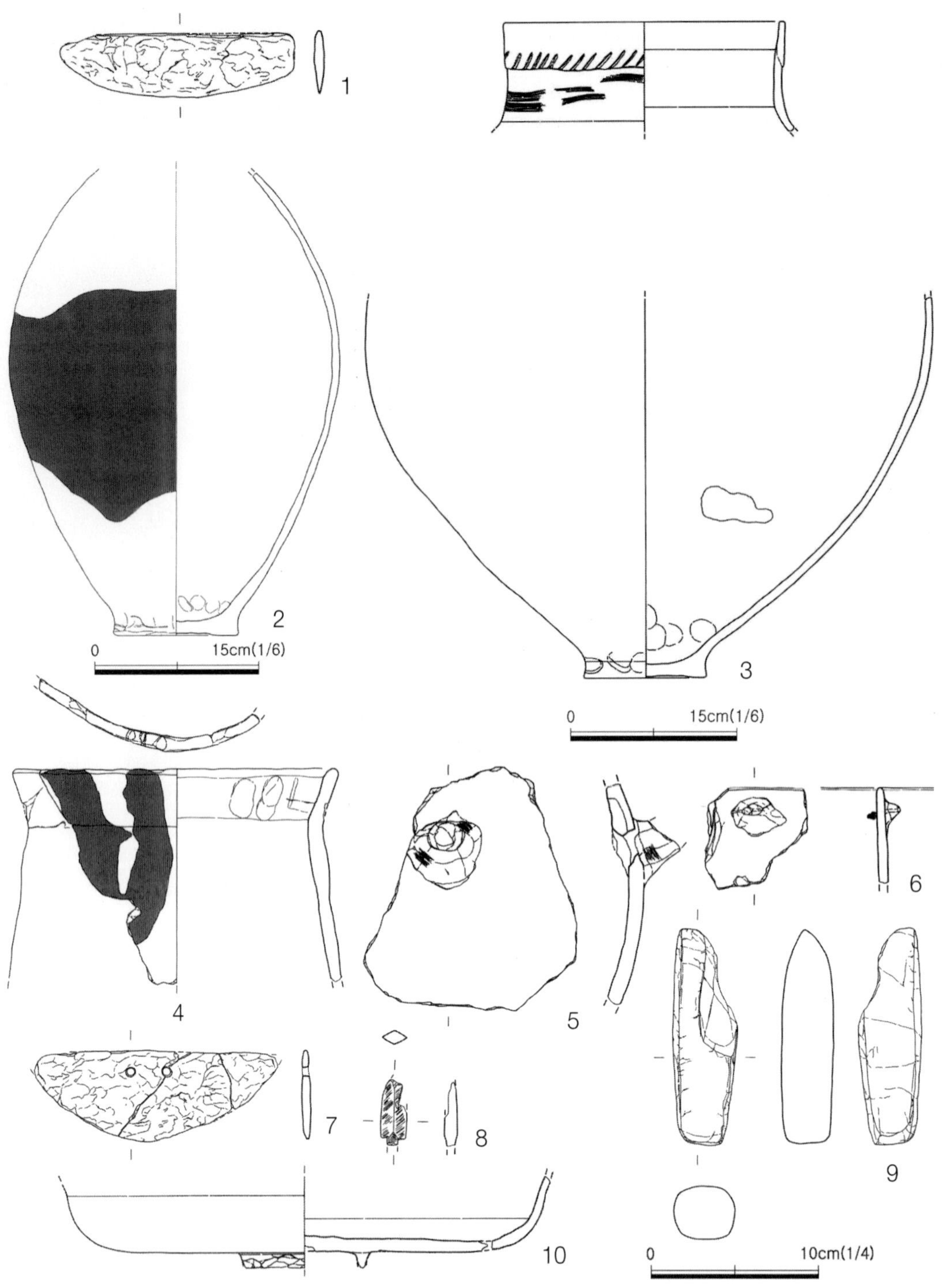

〈도면 198〉 청주 비하동Ⅱ유적(Ⅱ-4호 : 1 / Ⅱ-5호 : 2~10)

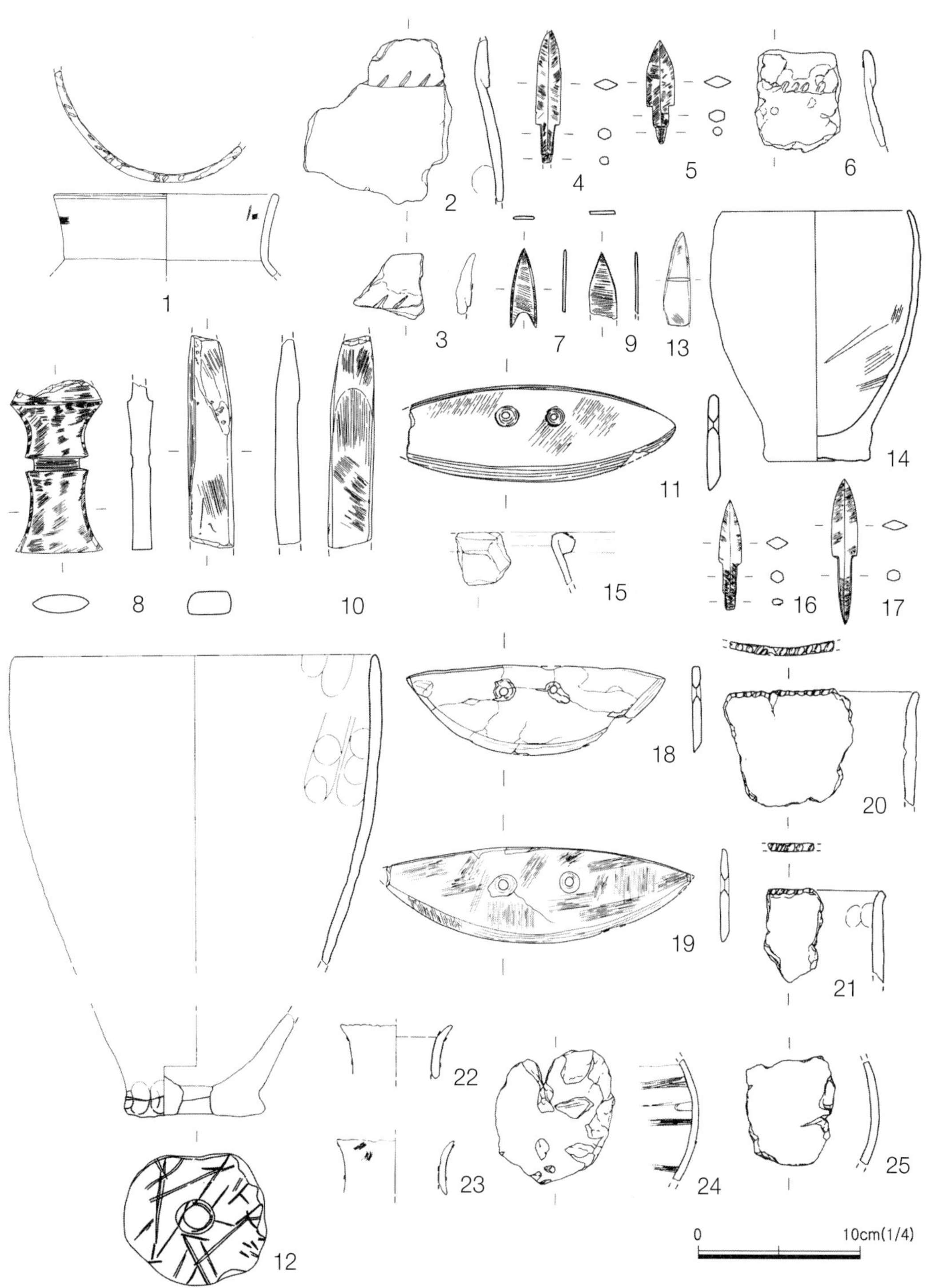

〈도면 100〉 청주 비하동Ⅱ유적(Ⅱ-6호 : 1 / Ⅱ-7호 : 2~5 / Ⅱ-8오 : 6~8 / Ⅱ-9호 : 9~10), 청주 송절동유적(1호 : 11 / 2호 · 12 / 3호 : 13 / 5오 : 14 / 6호 : 15), 정수 운동동유적(1호 : 16~19 / 2호 : 20~25)

청주지역 유물 속성일람표

청주 정북동유적

토기 속성일람

유구번호	도면번호	기고(잔존)	구경	저경	비고
1호	191-1	(21.0)	9.3		적색마연

청주 내곡동유적

토기 속성일람

유구번호	도면번호	기고(잔존)	구경	저경	비고
1호	191-2	(14.2)			이중구연, 구순각목문, 단사선문
	191-3	3.7			관옥형 토제품
	191-4	3.2			관옥형 토제품
	191-6	(15.2)			이중구연, 단사선문
	191-7	(10.0)			이중구연, 단사선문
	191-8	(5.2)			이중구연, 단사선문

석기 속성일람

유구번호	도면번호	종류	길이	폭	두께	석재	비고
1호	191-5	석도	8.1	5.0	0.5	사암	주형

청주 향정·외북동유적

토기 속성일람

유구번호	도면번호	기고(잔존)	구경	저경	비고
1호	191-9	(2.7)			즐문

청주 봉명동유적

토기 속성일람

유구번호	도면번호	기고(잔존)	구경	저경	비고
A-1호	191-10	(10.0)			돌기부
A-3호	191-11	(1.8)			점토대토기
	191-12	(6.4)			이중구연, 단사선문
	191-13	(6.0)			구순각목문
A-4호	191-14	(1.8)		6.4	적색마연
A-6호	191-15	(5.2)			즐문
A-8호	191-16	(32.4)		9.4	외반구연
A-12호	191-18	6.1	11.6	5.4	
	191-19	(6.3)	28.2		외반구연
A-13-1호	191-20	(3.5)			적색마연
	192-1	(6.7)	7.8		
A-13-2호	192-2	40.3	24.1	11.8	
A-14호	192-3	(3.8)			
	192-4	(4.5)			돌기부
	192-5	(9.4)			이중구연, 거치문

유구번호	도면번호				비고
A-15호	192-6	(12.2)			적색마연
B-2호	192-8	(2.5)		6.4	적색마연
B-4호	192-10	(1.7)		5.8	적색마연
B-4호	192-11	(1.5)		5.4	적색마연
B-5호	192-12	(1.5)		5.4	적색마연
B-6호	192-14	23.0	9.6	9.4	외반구연
B-6호	192-15	22.6	13.0	7.3	
B-7호	192-18	(5.6)	10.4		적색마연
B-7호	192-19	(8.6)		5.8	적색마연
B-7호	192-20	(6.3)		10.0	적색마연
B-9호	192-24	(3.8)		4.6	적색마연
B-10호	192-25	9.0	13.9	6.9	
B-10호	193-1	10.2	8.1	6.8	
B-10호	193-3	(3.8)		4.6	적색마연
B-12호	193-4	(3.3)		7.7	적색마연
B-12호	193-5	(10.0)	8.6		적색마연
B-15호	193-13	(8.0)	14.0		적색마연
B-15호	193-14	44.0	20.4	9.2	외반구연
B-15호	193-15	(3.2)		5.2	적색마연
B-16호	193-18	(11.8)			외반구연
B-16호	193-22	11.5	9.2	6.2	
B-16호	193-23	8.0	9.1	6.0	
B-16호	193-24	11.5	9.2	6.2	
B-16호	194-1	16.3	13.0	8.4	
B-16호	194-2	10.2	14.0	6.6	
B-16호	194-3	10.2	14.0	6.6	
B-16호	194-4	(19.9)		7.2	
B-16호	194-5	16.0	10.4	8.4	
B-17호	194-6	13.6	10.0	6.5	
B-17호	194-8	91.2	26.2	10.0	구순각목문
B-17호	194-9	15.2	13.9	8.2	
B-18호	194-10	(12.0)			외반구연
B-18호	194-13	8.9	16.6	8.0	
B-19호	195-1	11.1	16.4	8.0	
B-19호	195-2	12.2	10.8	7.6	
B-25호	195-6	(3.0)		6.0	적색마연

석기 속성일람

유구번호	도면번호	종류	길이	폭	두께	석재	비고
A-9호	191-17	석도	12.7	5.5	1.0	편암	편주형
B-1호	192-7	석부	15.0	5.4	1.5~1.9		편평편인
B-1호	192-9	석촉	3.6	0.6~1.4	0.2~0.4		일단경식
B-5호	192-13	석도	5.0	3.1	0.6	편암	
B-7호	192-16	관옥	2.1	0.6	0.6		

유구번호	도면번호	종류	길이	폭	두께	석재	비고
	192-17	석촉	3.6	0.7~1.5	0.4~0.5	편암	일단경식
	192-21	석도	7.2	5.2	0.7	편암	
B-8호	192-22	석기	8.3	2.9	0.4	점판암	
B-9호	192-23	석촉	4.8	1.5	0.2	셰일	편평만입
B-10호	193-2	석침	12.0	1.3	0.7	편암	
B-12호	193-6	석촉	3.7	0.8	0.2	셰일	
	193-7	석촉	3.3	1.2	0.4	니암	
B-13호	193-8	석부	15.2	4.3	2.0	편암	합인
	193-9	석촉	3.4	1.0~1.1	0.2~0.4	니암	일단경식
B-14호	193-10	석촉	4.5	0.8~1.4	0.3	편암	일단경식
	193-11	석촉	7.0	0.6~1.6	0.4~0.5	편암	일단경식
B-15호	193-12	석촉	4.4	0.6~1.2	0.3~0.5	편암	일단경식
	193-16	석촉	5.3	0.6~1.4	0.3~0.4	편암	일단경식
	193-17	석검	8.5	3.4~5.1	0.8~1.4		
B-16호	193-19	석검	8.5	3.4~5.1	0.8~1.4		
	193-20	석도	5.4	3.1	0.7~1.5	편암	
	193-21	석도	5.7	4.0	0.3~0.6	편암	
B-17호	194-7	석부	21.0	5.8	3.3		유구
B-18호	194-11	석촉	3.7	0.6~1.4	0.3~0.4	셰일	일단경식
	194-12	석부	15.0	4.8	1.4		유구
	194-14	석검	5.6	4.4	1.2	셰일	
	194-15	석촉	4.9	1.2~2.0	0.3		일단경식
B-19호	195-3	석부	8.7	3.7	3.8		편인
	195-4	석도	14.4	6.1	0.5	편암	편주형
B-22호	195-5	석부	8.0	5.3	2.9	섬록암	유구
	195-7	석검	15.4	3.6~4.0	1.0	셰일	일단병식
B-25호	195-8	석검	12.9	3.4~3.8	0.8		일단병식
	195-9	석도	11.9	9.1	0.6	편암	편주형
	195-10	석촉	3.5	1.6	0.5	편암	일단경식
B-26호	195-11	석촉	6.2	0.6~1.3	0.2~0.4	셰일	일단경식

청주 비하동유적

토기 속성일람

유구번호	도면번호	기고(잔존)	구경	저경	비고
5호	195-13	(6.5)			단사선문

석기 속성일람

유구번호	도면번호	종류	길이	폭	두께	석재	비고
5호	195-12	석도	13.7	6.8	0.7~1.0	점판암	

청주 용정동유적

토기 속성일람

유구번호	도면번호	기고(잔존)	구경	저경	비고
I-1호	195-14	(6.0)			이중구연, 단사선문

유구번호	도면번호				비고
	195-15	35.1	36.0	9.4	이중구연, 단사선문
	196-1	37.9	27.6	11.6	이중구연, 단사선문
II-1호	196-2	22.2	17.5	8.4	이중구연, 단사선문
	196-3	15.5	14.0	7.8	
II-5호	196-9	(10.5)			타날문
II-7호	196-12	(9.6)	23.2		구순각목문, 돌기부
	196-13	(16.5)			이중구연, 단사선문
II-8호	196-14	(9.6)	23.2		구순각목문, 단사선문
	197-1	(16.5)			구순각목문
	197-2	(1.2)			단도마연
II-9호	197-3	21.7	18.3	8.1	구순각목문
II-11호	197-7	39.4	17.8	8.6	단사선문

석기 속성일람

유구번호	도면번호	종류	길이	폭	두께	석재	비고
II-1호	196-4	석도	16.1	4.3	0.6	점판암	주형
	196-5	석도	17.5	4.8	0.5	점판암	주형
	196-6	석도	12.1	4.6	0.5	점판암	주형
II-3호	196-7	석부	5.5	4.8	0.6		편평양인
	196-8	석촉	4.5	1.4	0.2		편평만입
II-5호	196-10	석창	5.2	2.0~3.2	0.2~0.6	점판암	
II-7호	196-11	석촉	7.0	0.8~1.4	0.4	혼펠스	일단경식
II-10호	197-4	석촉	5.1	1.6	0.2	점판암	편평만입
	197-5	석촉	3.9	0.8	0.3	점판암	유엽형
II-11호	197-6	석도	13.8	6.7	0.6	점판암	주형

청주 원흥리 II 유적

석기 속성일람

유구번호	도면번호	종류	길이	폭	두께	석재	비고
1호	197-8	석촉	12.9	0.8~1.7	0.2~0.8	편암	유혈구, 일단경식
	197-9	석촉	9.4	0.9~1.9	0.4~0.6	편암	일단경식
	197-10	석촉	8.6	0.8~1.8	0.4~0.6	셰일	일단경식
	197-11	석촉	8.3	0.8~1.8	0.3~0.6	셰일	일단경식

청주 강서동유적

토기 속성일람

유구번호	도면번호	기고(잔존)	구경	저경	비고
1호	197-12	(2.3)			대각부
	197-13	(2.0)			이중구연
	197-14	(6.0)			이중구연, 단사선문
	197-15	(7.2)			적색마연
2호	197-19	25.0	26.0	8.5	이중구연, 단사선문
3호	197-22	(6.8)			이중구연

석기 속성일람

유구번호	도면번호	종류	길이	폭	두께	석재	비고
1호	197-16	석도	18.8	5.1	0.6	점판암	주형
	197-17	석촉	4.2	1.6	0.3	점판암	편평만입
	197-18	석촉	3.4	1.4	0.2	세일	유엽형
2호	197-20	석부	12.1	3.6	2.9	사암	합인
	197-21	석부	3.9	3.9	3.2	사암	합인

청주 가경3지구유적

석기 속성일람

유구번호	도면번호	종류	길이	폭	두께	석재	비고
1호	197-23	석촉	3.0	2.8	0.2	이암	편평
	197-24	석도	11.4	2.7~5.8	0.6	편암	편주형

청주 가경동유적

토기 속성일람

유구번호	도면번호	기고(잔존)	구경	저경	비고
1호	197-27	10.4	13.0	6.2	적색마연

석기 속성일람

유구번호	도면번호	종류	길이	폭	두께	석재	비고
1호	197-25	석촉	3.7	0.8~1.8	0.3~0.4	편암	일단경식
	197-26	석촉	6.2	2.0~2.4	0.4	편암	일단경식
	197-28	석도	5.9	3.4	0.5	편암	
2호	197-29	석촉	3.7	0.8~1.4	0.4~0.6	편암	일단경식

청주 비하동 II 유적

토기 속성일람

유구번호	도면번호	기고(잔존)	구경	저경	비고
II-5호	198-2	(41.5)		11.5	
	198-3	33.6	25.7	11.2	단사선문
	198-4	(12.11)	19.6		
	198-5	(14.5)			흑색마연
	198-6	(5.7)			
	198-10	(5.4)			흑색마연
II-6호	199-1	(7.4)	20.0		구순각목문
II-7호	199-2	(10.0)			단사선문
	199-3	(4.0)			단사선문
II-8호	199-6	(6.2)			단사선문

석기 속성일람

유구번호	도면번호	종류	길이	폭	두께	석재	비고
II-4호	198-1	석도	14.35	3.7	0.6	사암계	주형
II-5호	198-7	석도	14.9	5.35	0.55		주형
	198-8	석촉	3.85	1.55	0.8		

유구번호	도면번호	종류				석재	비고
	198-9	석부	11.5	3.1	3.0		합인
II-7호	199-4	석촉	7.9	1.55	0.7	편암	일단경식
	199-5	석촉	6.2	1.7	0.8	편암	이단경식
II-8호	199-7	석촉	4.7	1.6	0.2	편암	삼각만입
	199-8	석검	(10.25)	5.6	1.6	셰일	
II-9호	199-9	석촉	3.95	1.65	0.2		편평삼각형
	199-10	미제품	(12.6)	4.3	0.4		

청주 송절동유적

토기 속성일람

유구번호	도면번호	기고(잔존)	구경	저경	비고
2호	199-12	(28.8)	22.5	8.3	
5호	199-14	15.0	11.7	6.0	
6호	199-15	(3.25)			원형점토대토기

석기 속성일람

유구번호	도면번호	종류	길이	폭	두께	석재	비고
1호	199-11	석도	(16.3)	5.6	0.8		어형
3호	199-13	석겸	(10.9)	3.2	0.4		

청주 운동동유적

토기 속성일람

유구번호	도면번호	기고(잔존)	구경	저경	비고
	199-20	(7.0)			구순각목
	199-21	(5.7)			구순각목
2호	199-22	(3.2)	6.8		적색마연
	199-23	(3.3)	8.2		적색마연
	199-24	(7.2)			적색마연
	199-25	(5.5)			적색마연

석기 속성일람

유구번호	도면번호	종류	길이	폭	두께	석재	비고
	199-16	석촉	6.6	1.4	0.8		일단경식
1호	199-17	석촉	8.7	1.6	0.6		일단경식
	199-18	석도	15.8	5.2	0.5	점판암	주형
	199-19	석도	18.7	5.7	0.6	점판암	어형

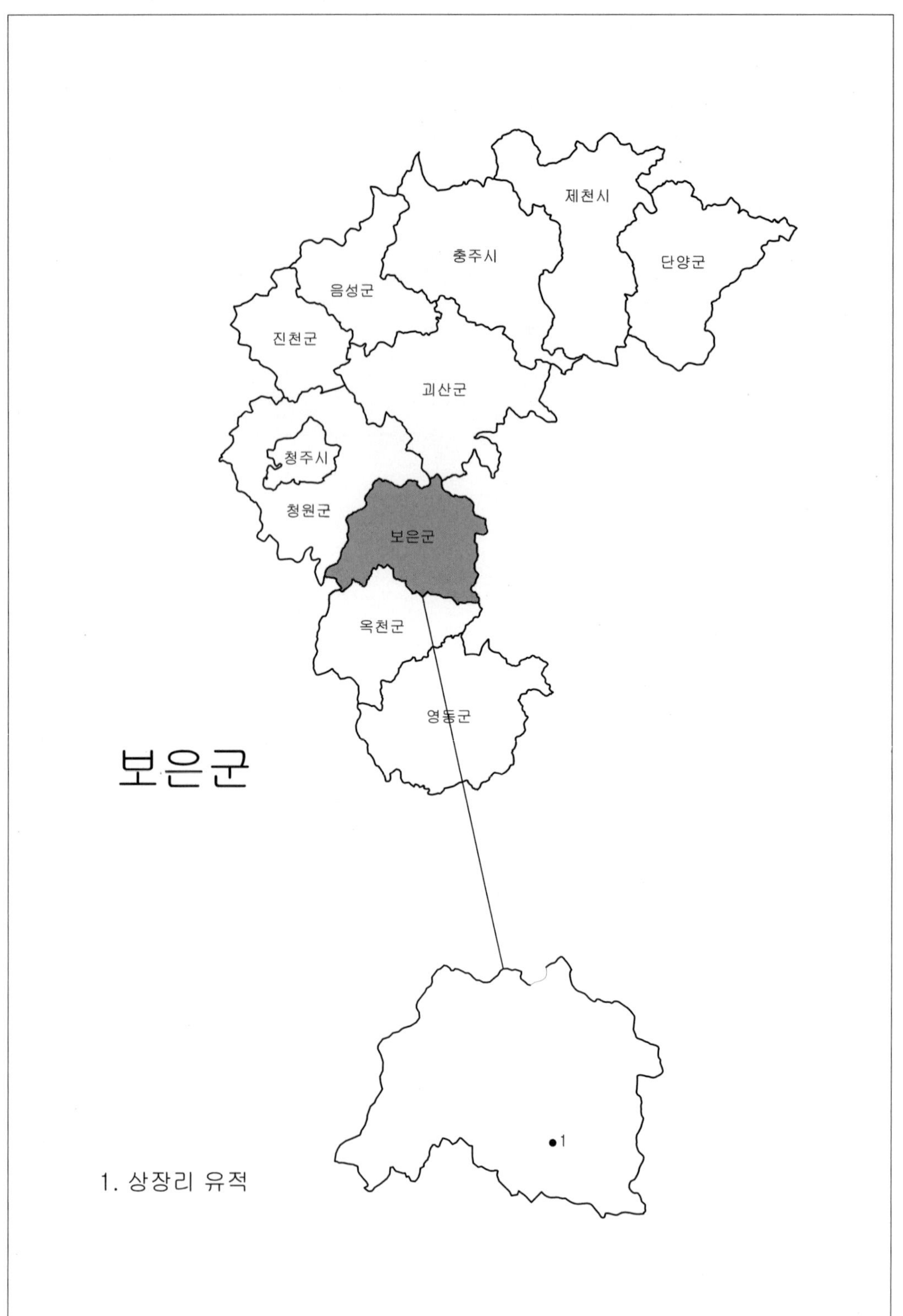

제천시
충주시
단양군
음성군
진천군
괴산군
청주시
청원군
보은군
옥천군
영동군
보은군
•1
1. 상장리 유적

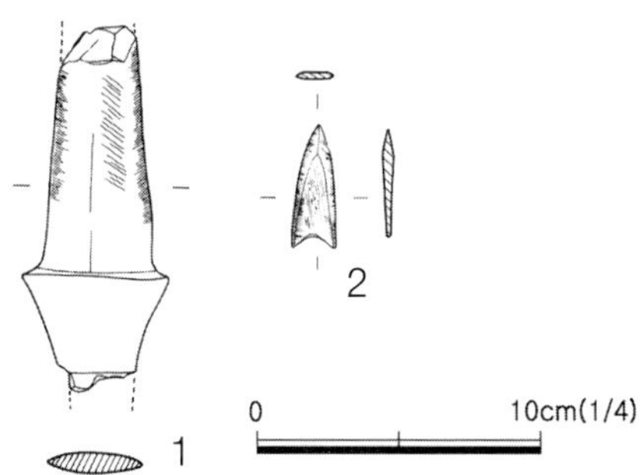

〈도면 200〉 보은 상장리유적(2호 : 1 / 4호 : 2)

보은지역 유물 속성일람표

보은 상장리유적							

석기 속성일람

유구번호	도면번호	종류	길이	폭	두께	석재	비고
2호	200-1	석검	12.0	3.8		편암	이단병식
4호	200-2	석촉	4.2		0.4	점판암	편평만입

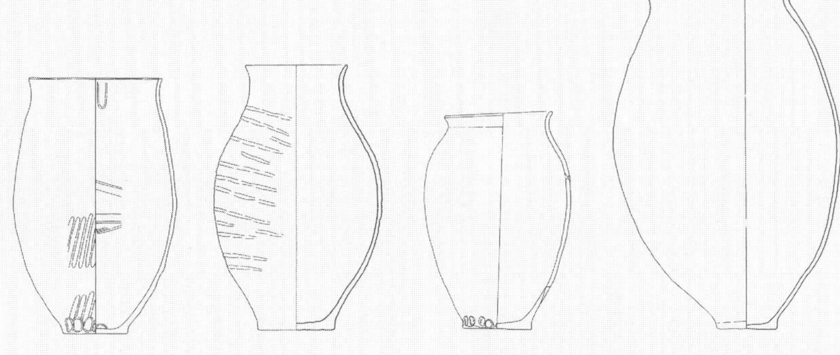

湖西地域 無文土器의 變化와 編年

III
청동기시대 유물집성

湖西地域 無文土器의 變化와 編年*

_ 이홍종 · 허의행

목차

Ⅰ. 머리말

호서지역은 청동기시대 유적이 가장 많이 조사된 지역으로서 이 시기 연구의 중심지적인 위치를 차지하고 있다. 따라서 각 지역별 청동기시대 연구 또한 이 지역과의 관계 속에서 시기, 유물, 주거, 취락 등 다양하게 진행되어져 왔지만, 정작 가장 기초가 되는 호서지역 무문토기의 세부적인 편년은 빈약한 실정이다. 물론, 일부 연구자들에 의해 편년연구가 이루어지긴 하였으나 토기 자체를 대상으로 삼은 것이 아니라 주거형태에 맞추어 토기 형식을 결정한 것이어서 주장하고자 하는 의도에 따라서 얼마든지 형식이 뒤바뀔 수밖에 없었

---

* 본 논문은 필자들이 발표한 논문(『호서지역 무문토기의 변화와 편년』, 호서고고학보)을 그대로 전재한 것으로, 본 책의 토기를 정리하여 편년화한 것이다.

다. 주지하는 바와 같이 주거형태는 시간의 흐름에 따라 변화하지만 그 변화의 폭은 상당히 긴 편이며, 오히려 지역적인 특징이 많이 반영되어 있다. 반면에 토기 등의 유물은 빠르게 변화하는 특징이 있어, 각 시기별 문화적 변천과정을 세밀하게 파악하기 위한 기초적인 작업으로 유용하게 사용될 수 있다.

본고에서는 이러한 목적을 위해 完形을 파악할 수 있는 토기를 대상으로 편년작업을 진행하였다. 편년작업은 시간적 흐름을 잘 반영하는 토기기종과 문양의 속성을 찾아내 형식을 분류하고, 타 토기와의 공반관계 등을 고려하면서 문화 유형별로 실시하였다. 그리고 편년안을 바탕으로 각 토기의 변화단계를 설정한 후, 탄소연대측정치를 제시하여 실연대와 비교해 보았다. 물론, 본고는 토기만을 대상으로 한 작업이었기 때문에 주거지와 타 유물의 형식변천은 여기서 다루지 않았다. 차후 토기의 편년을 기초로 해서 주거형 혹은 취락유형과 문화변동에 대한 포괄적인 연구를 진행할 계획이다.

II. 유형과 지역권

1. 유형의 구분

청동기시대 시기구분은 2분기설(林炳泰 1969, 後騰直 1973, 李白圭 1974, 이홍종 1996)과 3분기설(藤口建二 1986, 河仁秀 1989, 宋滿榮 1995, 安在晧 1996, 2000)로 구분된다. 2분기설은 전기(가락동유형, 역삼·흔암리유형)와 후기(송국리유형)로, 3분기설은 전기(가락동유형, 역삼·흔암리유형), 중기(송국리문화), 후기(점토대토기문화)로 구분하고 있다. 2000년대 초반까지는 대체로 3분기설이 정설로 받아들여졌으나, 후기로 구분된 점토대토기는 송국리유형 단계부터 초기철기시대에 걸쳐 존속하기 때문에 청동기시대의 시기구분에서 독자적인 존속시기가 인정되지 않는다(이홍종 2000). 따라서 본고는 2분기설을 바탕으로 유형을 구분하고, 최근 제시된 미사리유형의 조기설(安在晧 2006)은 논란의 여지가 남아있기 때문에 본고의 검토대상에서는 제외하였다.

2. 지역권 설정

　호서지역의 전기는 금강 중상류유역권(대전−청주)의 가락동유형, 곡교천유역권(천안−아산)의 역삼동·흔암리유형이 지역성을 띠면서 분포하지만 후기가 되면 송국리유형이 호서지역 거의 전역에 걸쳐 분포한다. 이처럼 호서지역의 청동기시대 전기는 서로 다른 유형이 지역권을 달리하면서 분포하다가 후기가 되면 송국리유형으로 통일되고 있다. 따라서 지역을 설정한 후 편년하는 작업을 통해 각 유형의 변천과정을 보다 세밀하게 파악할 수 있을 뿐만 아니라 전기와 후기의 문화변동과정과 그 원인을 밝히는데 상당히 유효하게 작용할 것이다.

　각 유형의 편년을 위한 지역권 설정은 현재의 기상청 기후시스템 분류기준을 중심으로 구분하였는데, 공교롭게도 호서지역 취락 유형의 분포와 거의 일치하고 있어 주목된다〈표 1, 그림 1〉.

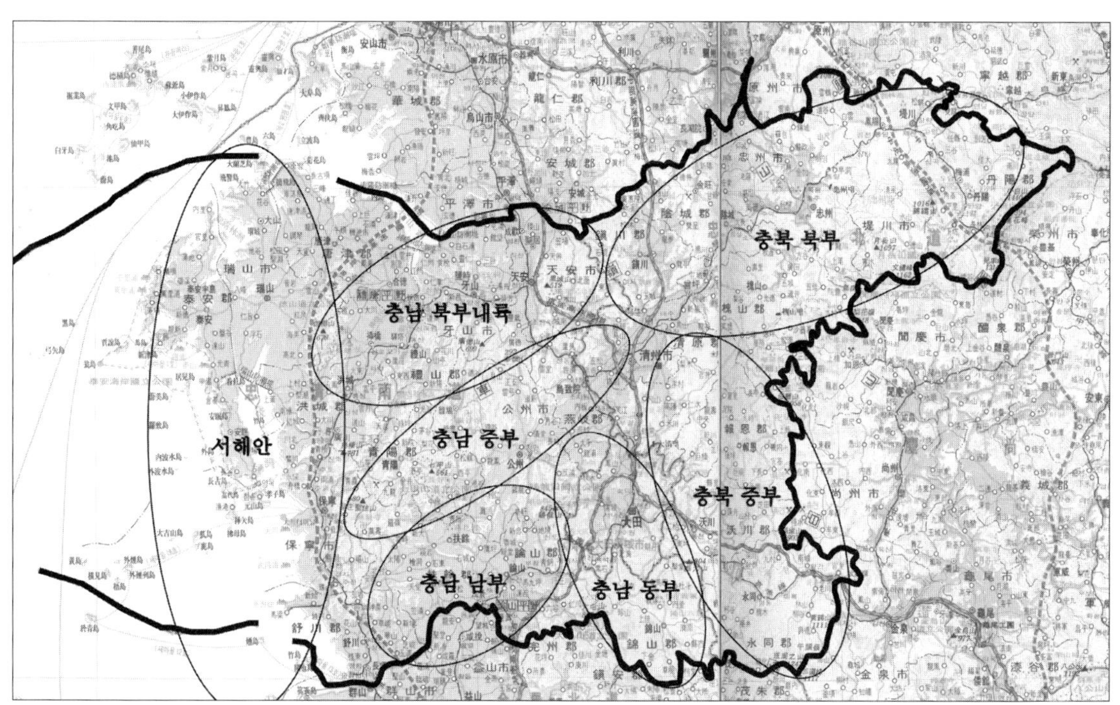

그림 1 _ 호서지역 지역권 설정

	지역권	지역	유형
1	서해안지역	서산, 당진, 태안, 보령, 서천	역삼·혼암리, 송국리
2	충남 북부내륙지역	홍성, 예산, 아산, 천안	역삼·혼암리, 송국리
3	충남 중부지역	공주, 청양	역삼·혼암리, 송국리
4	충남 동부지역	대전, 금산, 계룡	가락동, 송국리
5	충남 남부지역	부여, 논산	송국리
6	충북 중부지역	청주, 청원, 보은	가락동, 송국리
7	충북 북부지역	진천, 음성, 충주, 제천	가락동

Ⅲ. 기종과 형식분류

1. 기종분류

청동기시대 토기기종은 윤무병(1975)에 의해 정리된 이후, 동일기종이라 하더라도 연구자의 시각차에 의해 용어만 달리하여 사용되었을 뿐 전체적인 기종의 가감은 많지 않다. 현재까지도 각 연구자에 따른 기종분류 기준이 달라 통일된 안이 제시되지 못하는 실정이다. 예를 들면, 전기의 직립경토기(尹武炳 1975 ; 20)와 송국리식 외반구연토기의 형태가 유사하다고 해서 모두 호형토기로 분류하기도 하지만, 전기는 저장용으로 후기는 자비용[1]으로 주로 사용되었을 것이기 때문에 기능과 형태의 차이가 분명하므로 송국리식 외반구연토기는 자비용의 옹형토기로 분류하는 것이 타당하다(李弘鍾 1996). 따라서 본고에서는 전기의 외반구연토기(直立頸土器)는 호형토기, 송국리식외반구연토기는 옹형토기로 분류하고, 그 밖에 토기는 선행 연구자들(尹武炳 1975, 禹姃延 2002, 나건주 2006, 이현숙 2000, 강병학 2005)의 분류기준에 따라 발형(盌, 淺鉢, 鉢, 深鉢), 마연(플라스크형 토기 포함)토기, 굽다리토기(대부소호, 대부발, 대부완) 등의 용어를 그대로 사용하고자 한다.

상기의 토기들은 대체로 시간적 흐름에 따른 변화의 양상이 관찰되는 것으로 파악되고

---

1 송국리식 옹형토기에 대한 연매혼 관찰에서 40리터를 넘는 대형의 옹관을 제외하고는 대부분의 토기가 자비용으로 이용되었을 것이라는 연구성과가 참조된다(孫晙鎬·庄田愼矢 2004). 옹관에 대한 분석이었지만 전기의 호형토기와는 달리 煮沸의 주 이용을 충분히 생각할 수 있다.

있어, 금번 연구에서 이를 종합하여 호서지역 무문토기의 변화와 편년을 재정립하고자 한다.

2. 속성과 형식분류

각 기종에서 관찰되는 가능한 속성을 수치화한 후, 형식분류를 시도하고자 한다. 단, 수치화의 의미가 없다고 판단된 토기[2]는 기존의 연구성과를 토대로 형식분류를 재실시하였다.

1) 盌과 鉢形土器

盌形土器는 대접이나 접시와 같은 기형(尹武炳 1991 ; 26)을 말한다. 발형토기는 크기에 따라 천발형, 발형, 심발형 등으로 구분하여 왔다. 하지만 완형과 천발형토기는 구분이 다소 애매하므로, 여기서는 이 모두를 발형토기의 범주에 포함하여 분석한다.

〈그림 2~4〉는 상기 토기기종을 분석에 앞서 크기(기고와 구경)에 따라 재분류하였다. 크기를 기준으로 삼았을 경우 5종류로 구분 가능하지만(그림 2~3), 기고의 28cm와 구경의

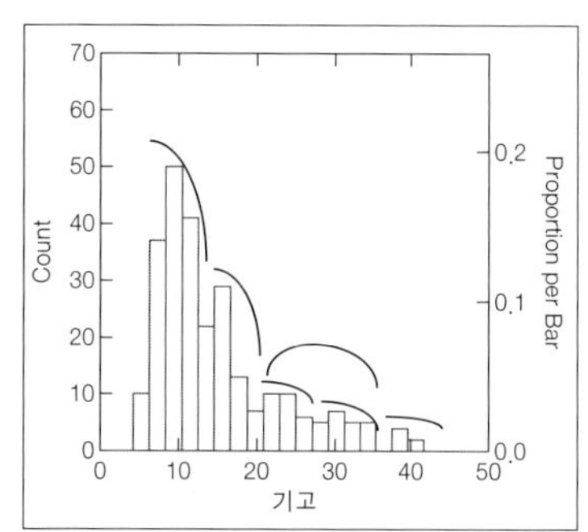

그림 2 _ 발형토기의 기고 분포도

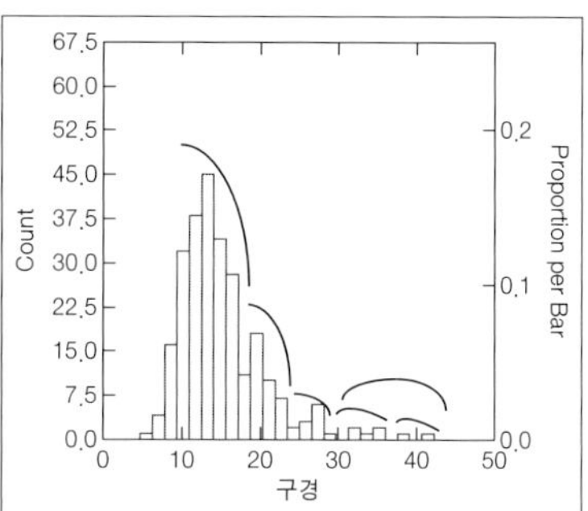

그림 3 _ 발형토기 구경 분포도

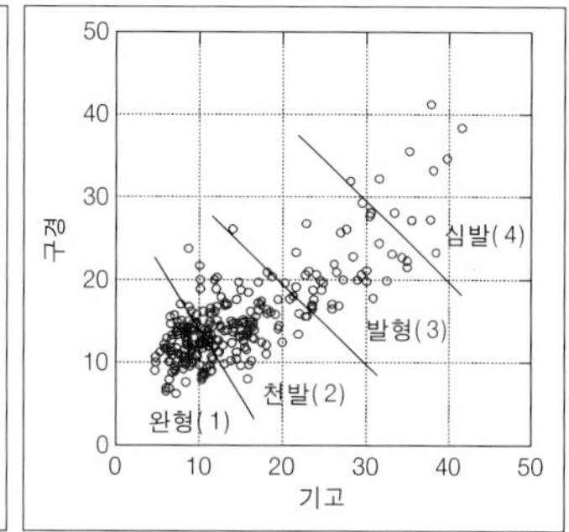

그림 4 _ 발형토기의 크기 분류

---

2 수량이 많지 않고 편상태로 출토된 토기 등이다. 물론, 한반도 전체를 대상으로 하였을 경우에는 편년상에 의미가 있겠지만 호서지역만을 내상으로 하였을 경우에는 양상이 달라지기 때문이다.

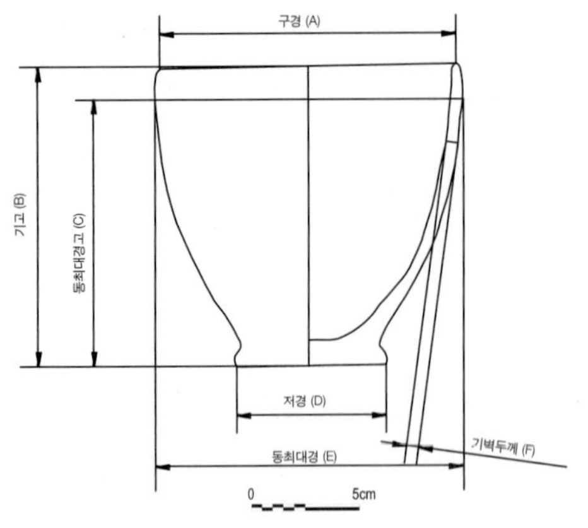

그림 5 _ 발형토기 계측속성
(김범철 외 2007; 45에서 전재 후 수정,
계측시 저부각, 팽만도, 기벽두께는 제외)

35cm정도에서 빈도봉 형성이 미약하거나, 분류를 행할 만큼 수가 많지 않아 여기서는 하나의 개체로 묶는 것이 바람직할 것이다. 따라서 기고와 구경과의 분포상태를 바탕으로 발형토기를 구분할 경우 〈그림 4〉와 같이 4개군으로 대구분하는 것이 적절하겠다.

상기 분류기준을 바탕으로 토기에 대한 계측치를 수치화하여(그림 5 참조) 변화의 속성을 찾고자 4개군의 토기기종을 전·후기로 구분하여 살펴보았다.[3]

〈그림 6~7〉을 보면 완형과 발형토기 모두에서 기고와 구경, 저경, 그리고 동최대경

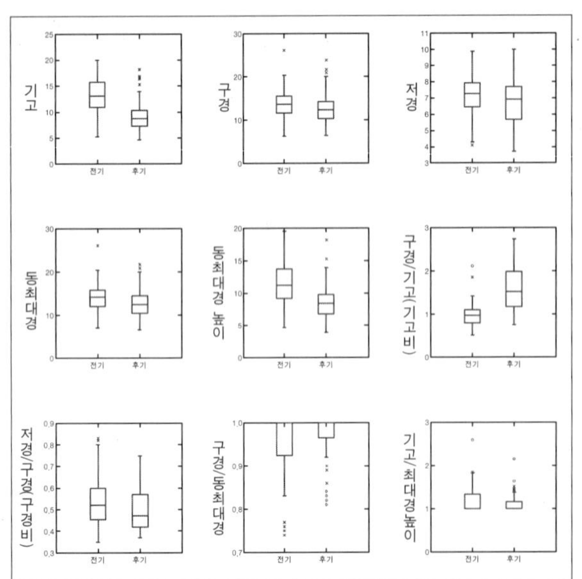

그림 6 _ 전·후기 완형 및 천발형토기 각 속성별 검토

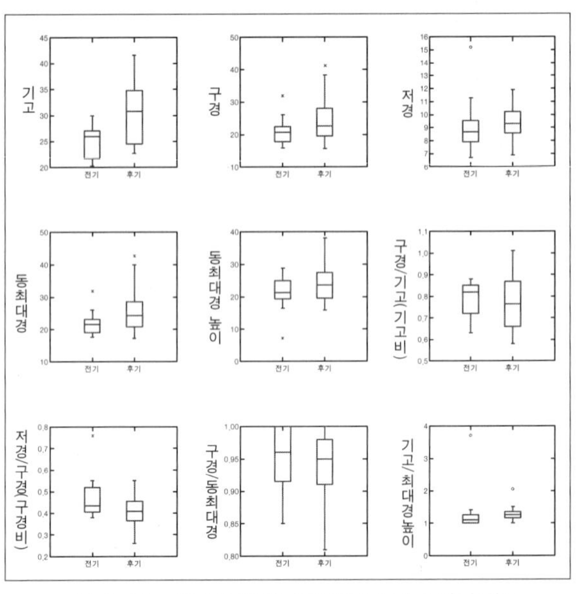

그림 7 _ 전·후기 발형 및 심발형토기 각 속성별 비교

---

3 발형토기는 전기 또는 후기 자체에서 세밀한 변화상은 잘 보이지 않지만, 전기와 후기를 통시적으로 보았을 때는 변화의 속성이 감지되는 것으로 파악된다(우정연 2002).

의 속성에서 시간적 흐름의 경향성을 파악할 수 있다. 특히, 각 토기 기형별 동최대경과 동최대경의 높이에서 변화의 모습 파악이 뚜렷한데, 전기에는 동최대경이 중·상위에 위치하다가 후기에 들어서면서 중·하단부로 이동한다. 이러한 모습은 완형과 발형토기의 기형이 동체에서 구연으로 연결되는 형태가 내만에서 직선화되는 것과 관련된다. 아무튼 이 변화의 모습은 전·후기 완형 및 천발형 토기뿐 아니라 중·대형의 발형토기에서도 동일하게 나타난다.

상기 속성 변화의 결과를 바탕으로 완형과 발형토기는 크게 4가지의 형(A~D)으로 구분 가능하다〈표 2, 그림 8〉. A형과 B형은 盌과 淺鉢土器로 저부에서 구연으로 이어지는 형태가 곡선적인 A형과 직선적인 B형으로 구분한다. 다음으로 C, D형은 鉢形과 深鉢土器로 앞의 토기와 마찬가지로 구연의 직선화(C형)와 곡선화(D형)로 구분한다. 구체적으로 C형은 구연형태의 내만이 확실하여 동최대경이 중·상위에 위치하며, D형은 동체 중위부터 구연까지 직선형태로 연결되며, 동최대경은 구연 혹은 동체 중·하위에 위치한다.

각 형식의 변화과정을 살펴보면 A형과 C형은 전기, B형과 D형은 후기에 집중되고 있어 구연이 내만화에서 직선화되는 경향성을 보인다(우정연 2002). 물론, 후기 주거지에서도 내만형이 출토되지만, 이는 전기의 발형토기 속성이 후기까지 지속되고 있음을 의미한다.

표 2 _ 발형토기의 형식분류

형식	형태
A	저부에서 구연까지 완만하게 곡선을 이루는 형태
B	저부에서 구연까지 직선적인 형태
C	구연 근처에서 내만하는 형태
D	동체에서 구연까지 직선적인 형태

형식	발형 A	발형 B	발형 C	발형 D
유물				
유적	서산 휴암리 A호	부여 송국리 54-9호	청원 황탄리 KC-006호	대전 구성동 C-2호

그림 8 _ **발형토기의 형식분류** (토기 : 1/10)

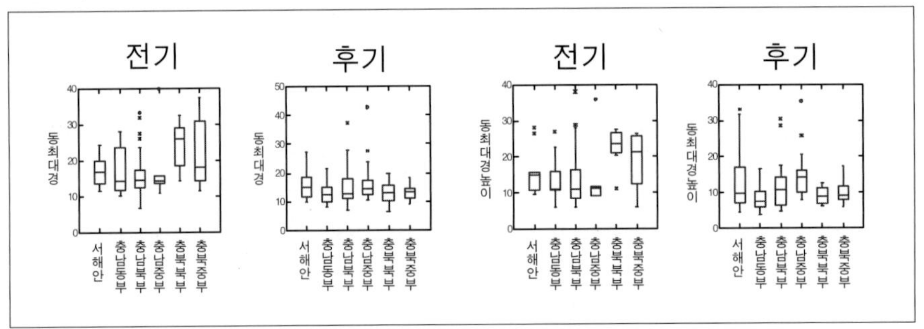

그림 9 _ 전 · 후기 발형토기 속성의 지역별 차이

　지역적으로 발형토기의 형태와 속성의 빈도별 분포차이를 시기별로 살펴보면〈그림 9〉, 전기의 발형토기는 지역별로 큰 편차는 없지만 후기의 발형토기에서는 내만형이 서해안과 충남북부지역에서 많이 보이고 있어, 이 지역이 발형토기의 전기적 요소가 강하게 지속되고 있음(형식으로는 A형과 C형)을 알 수 있다. 속성상으로는 동최대경의 높이가 서해안과 충남 동부지역이 대체로 동체 중 · 상위에 위치하고 있는 모습과도 관련된다. 즉, 서해안의 청동기시대 유적들이 토기요소에서 전기적 전통이 오래 지속되었다는 점과 발형토기의 변화가 이 지역부터 진행되고 있다는 것을 추정하게 한다.

　이상, 완형과 발형토기의 변화를 살펴보았다. 물론 변화의 속성은 뚜렷하지 않고 전 · 후 시기에 따른 단계별 변화의 모습도 잘 관찰되지 않는다. 다만, 전기에서 후기로 이행되면서 전반적인 변화의 큰 경향성이 간취된다는 것을 파악할 수 있었다.

2) 호형토기

　호형토기(直立頸土器)는 구형에 가까운 둥근 동체에 길고 곧은 직립경이 달린 형태를 말한다(尹武炳 1975 ; 20). 플라스크형토기와 굽다리토기 등을 제외하면 전기의 대표적 기종이지만 출토량이 적어 시간적 변화를 관찰하기에는 어려움이 있었다. 그러나 구연의 형태, 동체의 팽만도, 경부각의 완급 등에서 변화의 속성이 감지되어 왔다.

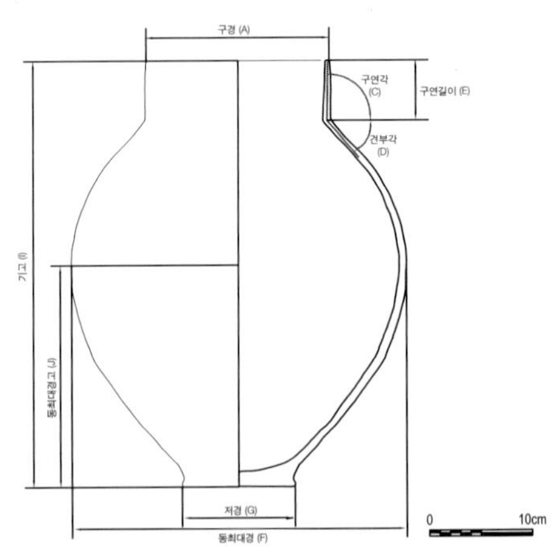

그림 10 _ 호형토기의 계측 속성

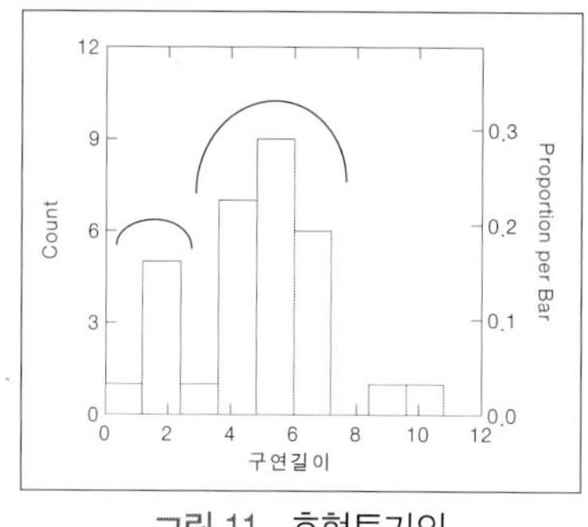
그림 11 _ 호형토기의
구연길이에 따른 분류

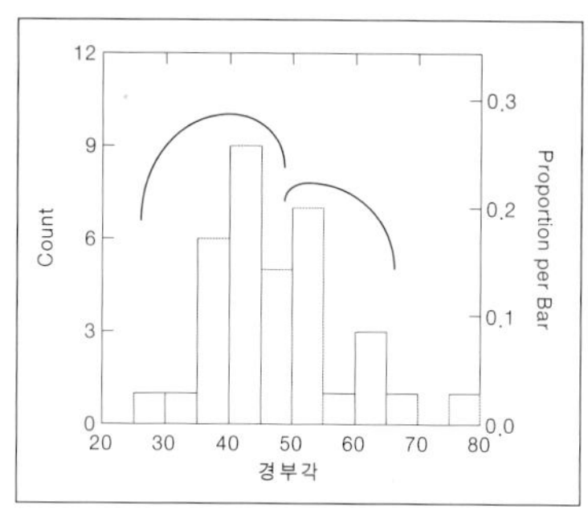
그림 12 _ 호형토기의
경부각에 의한 분류

천선행(2003)은 구경부와 견부의 경계가 명확하면서 구경부가 외경하는 형태(Ⅰa)→경계가 명확하면서 구경부가 직선인 형태(Ⅰb)·경계가 뚜렷하지 않고 곡선적인 형태에 내만(Ⅱc)·곡선적 형태에 구경부만 살짝 외반(Ⅱe)→곡선적 형태에서 구경부 전체 내만(Ⅱd)·곡선적이면서 구경부 중간부터 외반(Ⅱf)·곡선적이면서 구경부 전체외반(Ⅱg)의 모습으로 변화하는 것으로 파악하였다(千羨行 2003 : 34). 나건주(2006 : 18)와 庄田愼矢(2007)는 긴 구연에서 짧은 구연으로의 변화, 그리고 동체의 세장화 등 추가적인 변화속성을 파악하여 편년의 기준으로 삼았다.[4]

구연길이가 긴 것에서 짧은 것으로 진행한다는 점에는 동의하지만 구연의 길이가 긴 것이 전기 늦은 시기에도 관찰되므로 세부적인 변화상을 반영하는데 있어서는 무의미한 것으로 파악[5]된다. 오히려 구연의 길이보다는 구연의 외반도(구연각)가 시간적 흐름을 더 잘 반영하는 것으로 생각된다. 이와 함께 동최대경과 동최대경의 높이, 견부각[6] 등에서 속성별 상관성이 높아 같이 변화하는 모습을 살펴볼 수 있다〈표 3 참조〉. 아무튼 상기 연구성과들과 금번 연구를 통해 얻어진 호형토기의 변천양상은 직선구연에서 외반구연으로, 중상위 동최대경 높이에서 중위의 동최대경 높이로, 이와 함께 팽만화된 동체에서 세장형의 동체[7]로 변화하는 모습이 살펴진다.

---

4 나건주(2006)는 필자의 기종분류와는 달리 호형토기를 옹형으로 구분하였다.
5 아직까지 기종별 개체수는 많지 않다. 구연의 길이를 계측치로 살펴본 결과 대부분 4cm 이상을 나타내는 것이 많고 짧은 구연은 5개체 미만에 해당한다〈그림 11〉.
6 구연과 동체를 잇는 라인을 말한다. 수치상 각 속성별 상관성은 높지 않지만 동체의 세장도에 따라 완급의 모습을 충분히 살펴볼 수 있다.
7 이는 견부각이 무뎠던 것에서 곡선화되는 과성과 맥을 같이한다.

표 3 _ 호형토기의 각 속성별 상관관계

	기고	구경	저경	동최대경	동최대경높이	구연각	구연길이	견부각	동최대경/목지름높이 (세장도)
기고	1								
구경	.942(**)	1							
저경	.782(**)	.733(**)	1						
동최대경	.953(**)	.939(**)	.714(**)	1					
동최대경높이	.963(**)	.930(**)	.793(**)	.892(**)	1				
구연각	-.568	.010	-.208	-.397	-.516	1			
구연길이	.744	.714(**)	.658	.656(*)	.661	.223	1		
견부각	-.222	-.172	.035	-.341	-.087	-.045	-.304	1	
동최대경/목지름높이 (세장도)	-.696	-.744	-.234	-.528	-.775	-.468	-1.000(**)	.267	1

상기 시간의 변화를 반영하는 속성들을 바탕으로 호형토기를 분류하면 총 5개 형식으로 구분 가능하다〈표 4〉〈그림 13〉. 각 형식은 A→B→C→D→E의 순으로 변화의 흐름이 관찰되지만 D와 E형식은 후기의 유적에서도 확인되고, A-C형식과의 연결성을 찾기가 다소 애매한 점이 있지만, 호형토기의 큰 변화 흐름은 이와 같다.[8]

다음으로 지역성을 보면, 가락동유형의 대표지역인 충남동부지역에 이른 시기(A형)의 것이 많이 확인되어,[9] 호형토기의 등장과 변천과정을 밝히는데 시사하는 바가 크다. 즉, 호형토기는 가락동유형과 함께 등장한 후, 변화 발전하는 과정에서 주변의 역삼동·흔암리

표 4 _ 호형토기의 형식

유형	구연형태	동최대경위치	동체세장화	견부형태
A	구연 長(4cm 이상), 직립	중위	구형	각있음(50도 미만)
B	구연 長(4cm 이상), 살짝 외반	중위	구형	각있음(50도 미만)
C	구연 長, 직립 및 살짝 외반	중상위	세장	곡선화(50도 이상)
D	구연 長·短(4cm 미만), 직립 및 외반	중위	구형	각 및 곡선화
E	구연 長·短, 완전외반	중하위	구형 및 세장	각있음

---

8 후술할 순서배열상에서도 연결성을 찾기가 쉽지 않았다.
9 후술할 토기의 전체 편년표에서 이를 확인할 수 있다.

형식	호형 A	호형 B	호형 C	호형 D	호형 E
유물					
유적	천안 용곡동 두터골 5호	천안 청당동 2호	보령 관산리 12호	아산 명암리 (11지점) 6호	보령 구룡리 1호

그림 13 _ 호형토기 형식분류 (토기 : 1/20)

유형에 영향을 끼쳤을 가능성이 크다. 한편, 늦은 시기의 호형토기(C, D, E형)는 서해안지역에서 주로 확인되고 있어 발형토기와 마찬가지로 전기적 전통이 강하게 남아있음을 알 수 있다.

3) 옹형토기[10]

옹형토기는 주로 자비용으로 사용된 토기로서 후기를 대표하는 구연부가 외반하는 '송국리식토기'를 지칭한다(이홍종 1996). 기형의 변화가 크지 않아 편년상에 어려움이 있지만 이 토기의 편년이 이루어져야지만 송국리문화의 형성과 변천과정을 자세히 살펴볼 수 있다.

옹형토기의 변화 속성은 주로 구연의 외반도와 동최대경의 위치 변화에서 찾고자 하였다. 안재호(1992 : 7-12)는 전기 호형토기

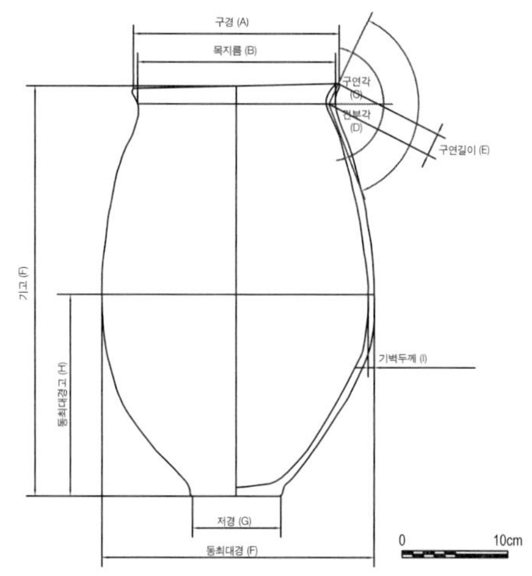

그림 14 _ 옹형토기 계측속성
(김범철 외 2007 ; 41에서 전재 후 수정,
계측시 목지름과 기벽두께는 제외)

---

10 토기의 형태를 통해 호형 또는 옹형으로 불리는데, 여기서는 자비용 기능을 가진 토기라는 관점(이홍종 1996)과 전기 호형토기와의 구분을 위해 기존의 분류안을 따르고자 한다.

표 5 _ 옹형토기 각 속성의 상관관계

	기고	구경	저경	동최대경	동최대경 높이	구연길이	구연각	경부각	기고비	구경비	동최대 경비	목지름	목지름 높이	동체 세장도
기고	1.000													
구경	0.857	1.000												
저경	0.527	0.713	1.000											
동최대경	0.960	0.880	0.612	1.000										
동최대경 높이	0.965	0.816	0.484	0.885	1.000									
구연길이	0.028	-0.016	0.387	0.024	0.076	1.000								
구연각	0.733	0.586	0.484	0.643	0.762	0.285	1.000							
경부각	-0.506	-0.404	-0.383	-0.538	-0.505	-0.057	-0.524	1.000						
기고비	-0.800	-0.480	-0.299	-0.741	-0.721	-0.121	-0.645	0.392	1.000					
구경비	-0.531	-0.599	0.086	-0.517	-0.505	0.508	-0.190	0.189	0.266	1.000				
동최대 경비	-0.665	-0.304	-0.230	-0.704	-0.562	-0.143	-0.464	0.403	0.847	0.117	1.000			
목지름	0.822	0.994	0.736	0.863	0.775	0.024	0.533	-0.370	-0.451	-0.581	-0.288	1.000		
목지름 높이	0.999	0.849	0.505	0.958	0.964	0.006	0.719	-0.498	-0.802	-0.543	-0.668	0.813	1.000	
동체 세장도	-0.704	-0.484	-0.201	-0.550	-0.681	0.025	-0.582	0.205	0.851	0.363	0.460	-0.445	-0.710	1.000

와의 연관성을 염두에 두고 구연의 길이가 긴 것에서 짧은 것으로 이동하면서 외반도가 큰 형태로 변화하였다고 보았고, 이홍종(1996 : 26, 2000)은 구연의 외반도를 기준으로 3형식으로 나누고, 庄田愼矢(2007 : 44)는 동최대경이 중위에서 하위로 이동하는 것에서 변화상을 찾고자 하였다.

큰 변화의 흐름은 상기 연구와 큰 차이는 없지만, 본고에서는 옹형토기의 각 속성을 수치화하여 변화의 속성을 추가로 찾고자 하였다. 각 속성별 상관관계분석을 실시한 결과, 기고와 동최대경, 동최대경 높이, 구연 외반도(구연각), 세장도 등에서 서로간 유효함이 확인되었다〈표 5〉. 이 중에서 기고를 제외하고 구연각과 동최대경, 세장도의 속성에서 형식을 결정할 수 있을 것으로 판단되었다.

〈그림 15~17〉의 그래프를 보면 3~4개의 빈도봉이 형성됨을 알 수 있는데, 구연각은 약 55°와 75°를, 동최대경은 15cm와 27cm를, 동체세장화는 1.0을 기준으로 구분할 수 있다.

상기 내용을 바탕으로 옹형토기를 분류하면, 총 4개의 토기형식으로 구분가능하다[11]〈그

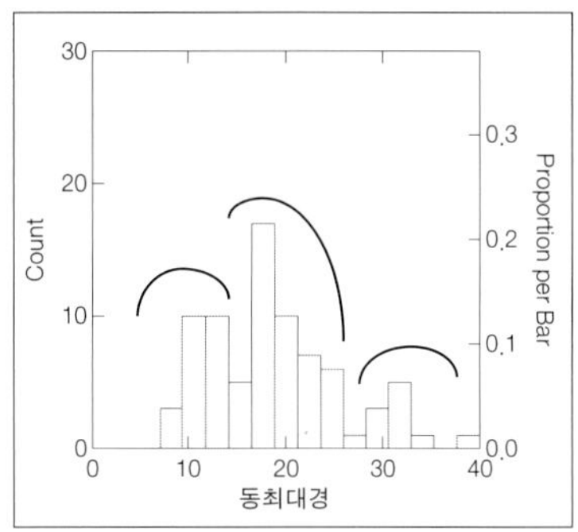

그림 15 _ 옹형토기의 동최대경 위치

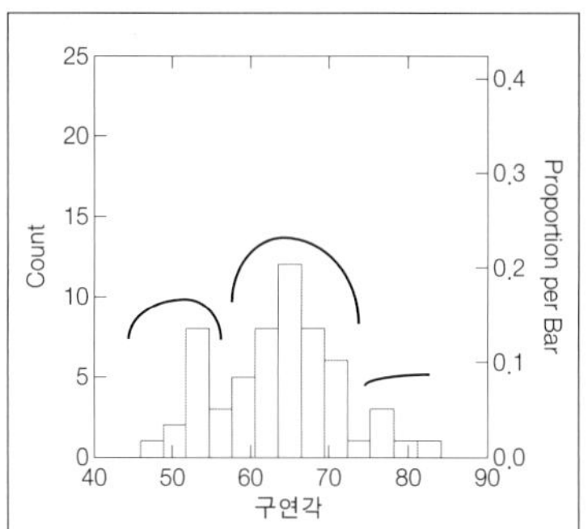

그림 16 _ 옹형토기의 구연각

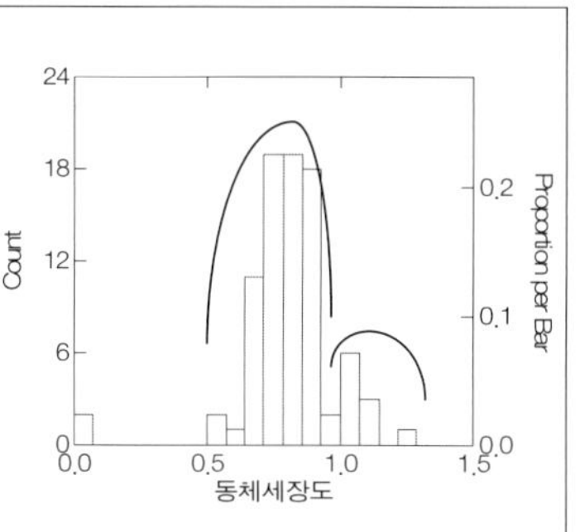

그림 17 _ 옹형토기의 동체세장도

형식	옹형 A	옹형 B	옹형 C	옹형 D
유물				
도면	보령 관창리B 52호	보령 관창리F 12호	서천 오석리 95-4호	부여 송국리 54-13호

그림 18 _ 옹형토기의 형식분류 (토기 : 1/10)

림 18〉. 우선, A형은 직립 혹은 직립에 가까운 외반구연이면서 동최대경은 중위에 위치하고 원시타날문과 구순각목문이 시문되는 등 전기적인 요소와의 접목현상이 일부 관찰된다. B형은 A형과 유사하나 동최대경이 중상위로 이동하고 다소 세장한 느낌을 준다. C형은 구연의 외반도가 더 크며, 동최대경은 중위에 위치한다. D형은 구연의 외반도가 확연하며, 동최대경은 중하위로 이동한다.

---

11 옹형토기의 계측을 통한 구분이 이루어진다 해도 이를 도상으로 쉽게 구분하기란 쉽지 않았다. 따라서 통계프로그램을 통해 군집분석 하고 이를 도면으로 나열한 결과, 총 4개의 토기형식으로 분류하는 것이 타당한 것으로 판단되었다. 군집분석한 옹형토기의 데이터 수는 총 171개체이며, 본문에서 언급한 변화의 모습을 갖는 속성만을 추출하여 데이터를 표준화한 후 유사한 형태끼리 묶었다. 분석프로그램은 SYSTAT 11를 이용하였다.

표 6 _ 옹형토기의 형식분류

형식	구연형태	동최대경위치	동체세장화	지역	기타
A	직립 및 약간 외반 (55°이내)	중위(15cm)	구형(1.0이하)	보령, 서천, 천안, 아산	구순각목, 타날, 전기적 요소, 발형토기와 비슷
B	직립 및 약간 외반 (55°이내)	중상위(15~27cm)	세장(1.0이상)	보령, 공주, 금산, 청원, 청주	
C	외반(55~75°)	중위, 중상위	구형, 세장	청주, 공주, 부여, 천안, 보령, 대전	
D	완전외반(75°이상)	중하위(27이상)	구형	부여, 공주, 대전, 청양 등	경질무문토기화?

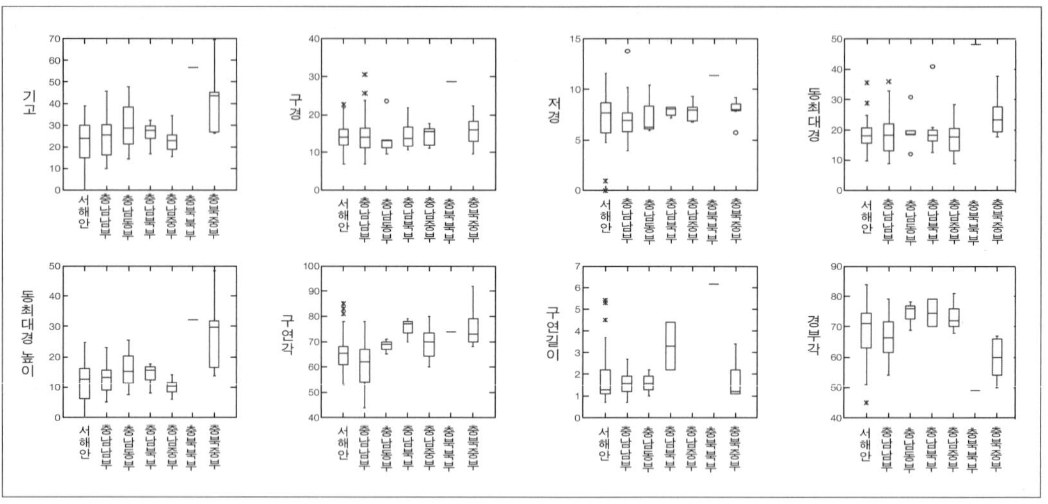

그림 19 _ 옹형토기의 지역별 각 속성

각 형식의 시간적인 순서는 A→B→C→D형으로 여겨지는데, 후술할 실연대 자료와의 비교를 통해서도 경향성은 인정된다.

지역성에 있어서 동최대경이 작고 구연각이 완만한 A형은 서해안과 천안 · 아산만 쪽에 집중되는 반면, 동최대경이 크고 구연각이 급한 D형의 토기는 주로 부여, 논산, 공주 등 송국리문화의 중심지에서 확인된다[12]〈그림 19〉. 따라서 송국리문화는 서해안지역에 처음 등

---

12 지역에 따른 속성의 평균 차이의 유효성을 살펴보기 위해 분산분석을 통한 검증을 실시하였다. 표를 보면 기고와 동최대경, 구연각, 구연길이에서 영가설이 유의도 수준 .01에서 기각된다. 즉, 상기 속성들이

장할 당시에는 일부 재지적 요소와 결합하지만 이후 금강 유역권으로 이동하면서 점차 완성되어 갔음을 알 수 있다(이홍종 2003).

4) 마연(플라스크형)토기

마연토기는 적색마연토기, 홍도, 붉은 간토기, 단도마연토기 등 여러 용어로 불리는데, 기형은 플라스크형 혹은 복주머니 모습이고 청동기시대 전 기간에 걸쳐 사용된 특수 용기이다.

지역별로 유의미한 차이가 있음을 알 수 있다(기고: 유의도 수준 0.05=2.31, 0.01=3.21, 구경: 유의도 수준 0.05=2.27, 0.01=3.14, 저경: 유의도 수준 0.05=2.30, 0.01=3.20, 동최대경: 유의도 수준 0.05=2.30, 0.01=3.20, 동최대경높이: 유의도 수준 0.05=2.33, 0.01=3.25, 구연각: 유의도 수준 0.05=2.30, 0.01=3.20, 구연길이: 유의도 수준 0.05=2.48, 0.01=3.56, 견부각: 유의도 수준 0.05=2.35, 0.01=3.29).

		제곱합	자유도	평균제곱	F	유의확률
기고	집단간	2894.222	6	482.370	4.827	.000
	집단내	8993.877	90	99.932		
	합계	11888.098	96			
구경	집단간	228.335	6	38.056	2.232	.043
	집단내	2710.427	159	17.047		
	합계	2938.761	165			
저경	집단간	27.447	6	4.575	1.723	.123
	집단내	276.094	104	2.655		
	합계	303.541	110			
동최대경	집단간	1221.996	6	203.666	4.965	.000
	집단내	4963.310	121	41.019		
	합계	6185.306	127			
동최대경높이	집단간	1698.799	6	283.133	8.256	.000
	집단내	3120.604	91	34.292		
	합계	4819.403	97			
구연각	집단간	2375.186	6	395.864	3.901	.001
	집단내	10655.091	105	101.477		
	합계	13030.277	111			
구연길이	집단간	26.465	5	5.293	6.926	.000
	집단내	73.370	96	.764		
	합계	99.835	101			
견부각	집단간	1328.177	6	221.363	1.811	.109
	집단내	8924.623	73	122.255		
	합계	10252.800	79			

표 7 _ 마연토기의 형식분류

형식	구연형태	동체형태 (동최대경위치)	저부형태	경부형태
A	직립 후 구순 약간 외반	구형(중위)	평저	뚜렷
B	직립 또는 직립 후 완만 외반	편구형(중하위)	평저	희미해져 감
C	급한 외반	구형(중하위)	말각평저	뚜렷
D	완만하게 외반	구형(중위)	말각평저	희미
E	완만하게 외반	편구형(중하위)	말각평저	희미
F	급하게 외반 및 구연단	하위	평저	희미

형식	마연 A	마연 B	마연 C	마연 D	마연 E	마연 F
유물						
유적	제천 능강리 1호	대전 용산탑립동 6-10호	천안 백석동 I-23호	충주 조동리 6호	부여 송국리 54-14호	당진 자개리 I 26호

그림 20 _ 마연토기의 형식분류 (토기 : 1/10)

　이 토기는 기존의 연구성과를 바탕으로 공반토기들과의 관계 등을 고려하면서 시간적 상대성만을 살펴보고자 한다.[13]

　마연토기는 일찍이 형식분류와 편년안이 제시되었는데,[14] 대체로 저부와 동최대경, 구연의 형태에서 변화의 속성을 찾고 있다. 호서지역에서 확인되는 마연토기는 상기한 속성을 바탕으로 살펴보면 크게 6가지 형식이 확인된다〈표 7〉, 〈그림 20〉. 관찰된 속성의 변화를 보면 구연은 점차 외반하고 동최대경의 위치는 중하위로 이동하며, 저부형태는 말각평저로 진행되면서 경부각이 사라지고 완만하게 외반한다.

---

13 확인되는 개체수가 적거나 편으로 출토된 예가 많아 수치를 통한 변화의 양상을 파악하기에는 어려움이 있다.

14 대표 저자로는 이건무(1986)와 하인수(1989)가 있으며, 최근에 한반도 출토 마연토기를 정리하고 편년한 논고(李花英 2008)도 있다.

5) 굽다리토기[15]

굽다리토기는 대부소호, 대부완 등으로도 불리는데 청동기시대 전기와 초기철기시대 유적에 걸쳐 출토된다. 이 토기는 출토량에 비해 너무 다양한 모습을 가지고 있어 형식을 구분하기가 용이하지는 않지만 기존의 연구성과[16]와 타 유물과의 공반관계를 통해 어느 정도 편년이 가능하게 되었다.

강병학의 연구성과(강병학 2005)를 참조하면, 호서지역에서는 4가지 형식[17](Ⅲ, Ⅳ, Ⅴ, Ⅵ형식)의 대각 형태가 확인된다. 역삼동·흔암리유형은 Ⅳ·Ⅴ형식, 가락동유형은 Ⅲ형식과 Ⅴ형식, 송국리 유형은 서천 도삼리유적과 장원리유적에서 Ⅵ형식, 송국리유적·서천 당정리유적·봉선리유적에서 Ⅳ, Ⅴ형식이 출토되었다. 편년안에 의하면 Ⅰ→Ⅱ→Ⅳ→Ⅴ·Ⅲ→Ⅳ형식으로 변화한다(강병학 2005 : 23-26).

강병학의 편년안을 기준으로 볼 때, 호서지역의 가락동유형 굽다리토기는 Ⅴ형식에 가깝다. Ⅴ형식의 굽다리토기는 8~5세기와 3세기로 구분하였는데, 호서지역 가락동유형의 연대를 감안하면, 보다 이른 단계의 굽다리토기로 보는 것이 타당할 것이다. 청주 강서동 1호 주거지에서 출토된 굽다리토기 저부편은 강병학의 Ⅰ형식인 무산호곡동 출토 저부형태와 유사하기 때문에 가장 이른 단계로 보여지며, 낮고 짧은 오목굽에서 점차 높아지면서 원주형으로 변화하는 것으로 파악된다. 역삼동·흔암리유형은 가락동유형과는 달리 역 'U'자상의 저부형태에서 낮고 짧은 오목굽으로 변화가 보인다. 그러한 변화과정에서 가락동유형의 영향을 받은 Ⅵ형식이 출현하는 것으로 여겨진다.

호서지역 출토 굽다리토기를 분류해 보면, 〈표 8〉·〈그림 21〉과 같은 8가지의 형태가 관찰된다. 이를 종합하면, A→H형식으로의 변화상이 추정되지만 앞서 살펴 본 마연토기와 마찬가지로 다양한 형식들간의 공존양상을 보여주고 있어 형식분류가 큰 의미를 가지지는 않는다.

---

15 굽다리토기는 호서지역에서 출토된 수가 적고 대부분 대각편만 출토되어 전체적인 기형을 파악하여 편년하기가 쉽지 않았다. 따라서 대부완, 대부소호, 대부옹 등의 다양한 기종구분은 무의미하다고 판단하였다.

16 굽다리토기에 대한 관심과 함께 변화상을 구체적으로 언급한 연구자로 강병학(2005)이 대표적인데, 그의 굽다리토기 변천은 한반도 전체를 대상으로 하고 있어 호서지역에 그대로 적용하기에는 한계가 있지만 현재까지의 굽다리토기 변천을 전반적으로 살펴볼 수 있는 논고로 판단된다. 여기서는 그의 편년안을 대상으로 형식설정한다.

17 기존 연구성과와의 비교를 위해 형식에 대한 번호부여는 강병학의 안을 따르고자 한다.

표 8 _ 호형토기의 형식

형식	굽다리토기의 형식분류
A	저부는 짧은 오목굽의 형태
B	역제형의 형태
C	역 'U' 자형의 형태
D	신부는 호형이며, 저부는 원통형의 형태, 대각의 형태는 2형식보다 좁아짐
E	D형식의 저부보다 낮아지면서 오목굽의 형태
F	B형식과 유사하나 대각이 넓게 펼쳐짐
G	C형식과 유사하나 대각의 길이가 다소김, 역 'V' 자형
H	나팔형과 원주형의 저부 결합 형태

형식	A	B	C	D	E	F	G	H
유물	1, 3	2	4, 5	6, 7	8, 9, 10	11, 12	13, 14	15
유적	1.청주 강서동 1호, 2.대전 둔산동 1호, 3.금산 수당리 1호, 4.천안 두정동 2호, 5.천안 백석동 II-2호, 6. 충주 조동리 3호, 7.충주 조동리 9호, 8.아산 갈산리 2호, 9.천안 불당동 III-7호, 10.천안 운전리 C-3호, 11.아산 와우리 7호, 12.천안 백석동 I -15호, 13.서천 봉선리 3-III-10호, 14.서천 당정리 3호, 15.서천 도삼리 3호							

그림 21 _ 굽다리토기 형식분류 (토기 : 1/8)

6) 토기문양의 변천

이상, 토기 각 기종별 변화의 모습을 갖는 속성을 찾고, 이를 형식분류하여 시간의 흐름을 파악하고자 하였다. 그러나 토기의 형식과 더불어 청동기시대 편년에 중요하게 인식되어온 것이 문양이다.

문양은 전기 토기를 편년하기 위해서 가장 중요시 되어 왔는데, 전반적인 큰 흐름은 시간의 변화에 의해 토기 내 문양이 무문화되어 간다는 경향성이었다. 본고에서도 이 흐름의 변화상을 추적하고자 다음과 같은 방법으로 분석하였다.

문양 속성을 다음의 〈그림 22~23〉의 기준으로 수치화하고 시간적 흐름을 반영할 수 있는 문양들을 추출해서 형식분류한 후, 타 토기 기종과의 공반관계 등을 고려하여 순서배열하였다. 각 문양들은 독립적으로 변화의 흐름을 갖지 않고 타 문양과 결합하면서 변화하기

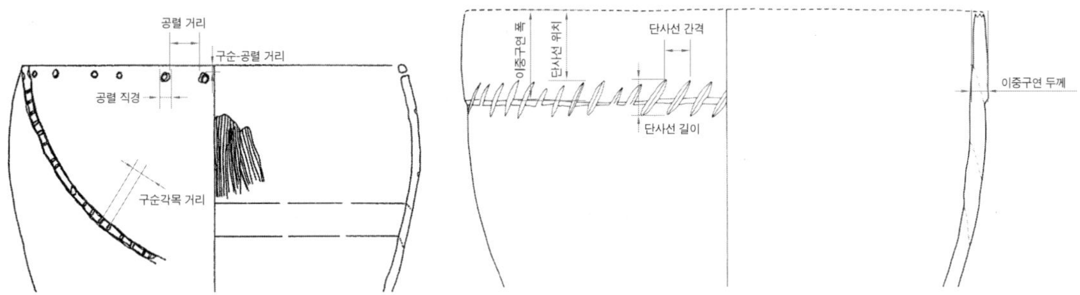

그림 22 _ 공열과 구순의 계측 속성   그림 23 _ 이중구연과 단사선문의 계측 속성

표 9 _ 문양의 속성과 상관관계 분석

	공렬 직경	공열 거리	구순공열 거리	구순각목 거리	이중구연 두께	이중구연 폭	단사선 길이	단사선 간격	단사선 거리
공렬직경	1								
공열거리	.098	1							
구순공열거리	.205	.216	1						
구순각목거리	.084	.234	.176	1					
이중구연두께	.439	.336	.374	.453(*)	1				
이중구연폭	.143	.826(n=6)	-.196	.079	-.006	1			
단사선길이	.354	-.116	.256	.196	-.045	.527(**)	1		
단사선간격	.227	.187	-.010	.329(*)	.064	.578(**)	.647(**)	1	
단사선거리	-.101	.(a)	-.659(n=6)	-.342	-.020	.940(**)	.217	.406(**)	1

때문에, 먼저 속성 간 결합성이 높은 문양을 찾고자 상관관계 분석을 실시하였다〈표 9〉. 이를 통해 확인된 문양의 모습을 지역별〈그림 30 참조〉, 시간별로 종합하여 살펴보면 다음과 같다.

먼저, 공열은 공열의 직경(지름)과 공열간의 간격, 공열과 구순부간의 간격 등으로 구분하여 살펴보았다. 그 결과, 공열 직경은 시간적 흐름이나 지역성을 반영하지 않는 것으로 파악되었지만, 공열간 간격은 지역별로 차이가 있음을 알 수 있었다. 거의 동일한 간격을 유지하면서 공열이 배치된 점은 전 지역이 같지만 충남북부지역에서 공열간의 간격이 다소 넓다는 점이 관찰된다. 또한, 공열과 구순부간의 간격은 충남동부지역이 가장 길다. 그러나 양자 모두 시간적 흐름을 반영한 것으로 보기에는 아직 뚜렷하지 않기 때문에 일단은 지역적 차이로 보는 것이 타당할 것이다〈그림 30〉.

구순각목은 충남북부지역에서 폭이 좁고 넓은 것, 시문방향은 사선과 직교 등 다양하게

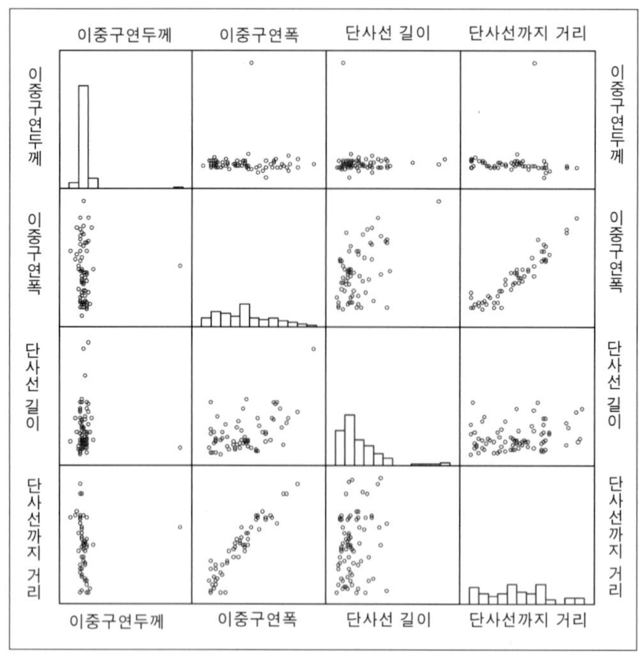

그림 24 _ 이중구연과 단사선문의 상관관계 분석

확인되고, 충남중부지역에서는 직교의 시문방향만 확인된다. 그러나 공열문과 구순각목문은 지역성은 인정되지만 시간성을 파악하기에는 어려움이 많다. 반면, 이중구연과 단사선문은 높은 상관관계를 가지면서 시간에 따른 변화의 흐름이 비교적 뚜렷하여 그간 편년의 기준이 되어왔다. 이중구연과 단사선문의 변화는 맥을 같이하기 때문에〈그림 24〉, 이 두 문양간의 관계를 통해서 시간적 흐름을 파악할 수 있다. 기존 선학들의 연구에서도 이중구연의 폭과 두께, 그리고 단사선문의 구연부 위치와 길이가 시간성을 반영하는 것으로 이해되어져 왔다. 즉, 이중구연의 폭은 좁은 것에서 넓은 것으로, 두께는 두꺼운 것에서 얇은 것으로, 단사선의 위치는 이중구연의 폭과 마찬가지로 구연근처에서 먼 곳으로, 단사선의 길이는 짧은 것에서 긴 것으로 변화한다.[18]

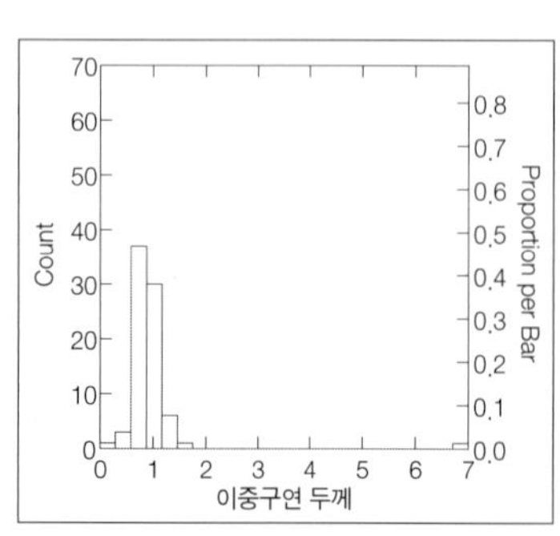

그림 25 _ 이중구연 두께의 분포도

따라서 이 문양을 토대로 형식 설정을 위해 다음의 〈그림 25~28〉과 같이 분석을 실시하였다. 그림을 보면 이중구연의 폭은 2.7cm와 5.0cm, 단사선 길이는 1.7cm에서, 단사선 위치는 1.0cm와 3.0cm에서 빈도봉이 형성되어 분포의 변화가 관찰되므로 형식을 설정하는 기준으로 작용할 수 있을 것이다. 단, 이중구연의 두께는 수치상 뚜렷하지 않고 이중구연의 유무만으로도 파악이 가능하다. 또한, 단사선의 시문 위치도 의미를 가지는데, A ·

---

18 대표적으로 이형원(2004)의 논고가 있다.

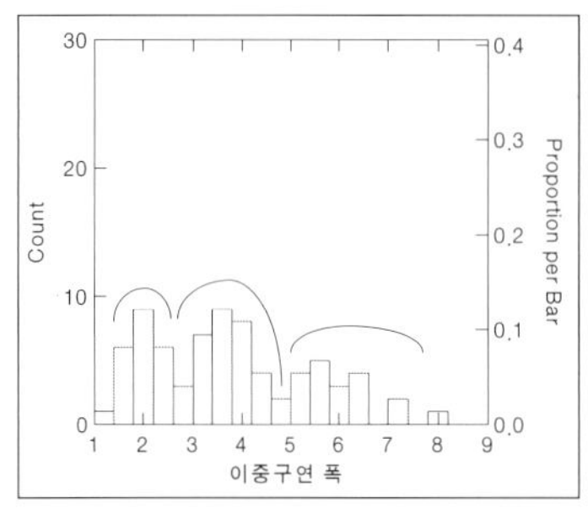

그림 26 _ 이중구연 폭의 분포도

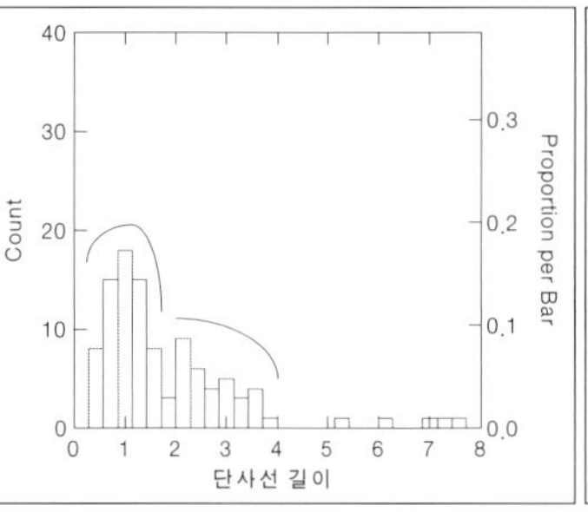

그림 27 _ 단사선 길이의 분포도

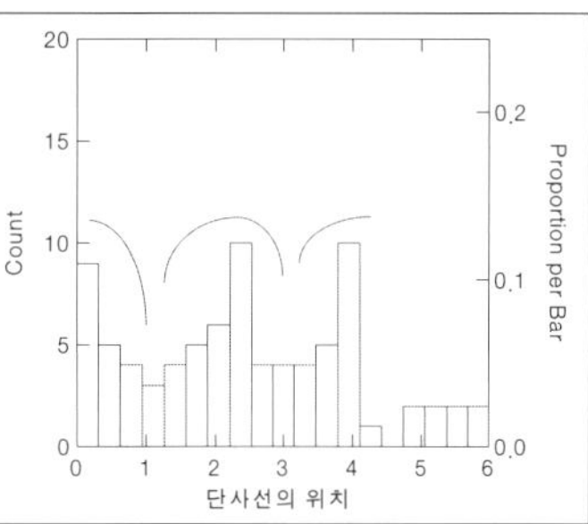

그림 28 _ 단사선 위치의 분포도

B형식은 이중구연 내에, C · D · E형식은 이중구연을 넘어서 시문된 경향이 보여진다.

상기 분류기준을 토대로 〈표 10〉 · 〈그림 29〉와 같이 문양은 5가지 형식으로 구분 가능할 것이다.

전체적인 변천과정은 A형식에서 E형식으로의 진행이 인정되지만, 대율리 1 · 5호 주거지는 타 토기와의 공반관계로 보아 1형식에 속함에도 단사선의 길이가 1.7cm 이상이어서 예외적이다. B형과 C형의 문양은 이중구연의 폭이 좁다가 넓어지는 과정에서 나타나는 과

표 10 _ 문양의 속성과 형식분류

형식	이중구연 두께	이중구연 폭	단사선 길이	단사선 위치	단사선 시문위치
A	두꺼움	2.7cm 이하	1.7cm 미만	1.0cm 미만	이중구연 내에 시문됨
B	두꺼움	2.7~5.0cm	1.7cm 미만	1.0~3.0cm	이중구연 내에 시문됨
C	두꺼움	2.7cm 이하	1.7cm 이상	1.0cm 미만	이중구연을 넘어섬
D	두꺼움	2.7~5.0cm	1.7cm 이상	3.0cm 이상	이중구연을 넘어섬
E	얇음	5.0cm 이상	1.7cm 이상	3.0cm 이상	이중구연을 넘어섬

형식	문양 A	문양 B	문양 C	문양 D	문양 E
유물					
유적	청원 대율리 1호	대전 용산동 1호	보령 관산리 4호	금산 수당리 1호	서산 갈산리무리치 6호

그림 29 _ 이중구연 단사선문의 형식분류 (축척부동)

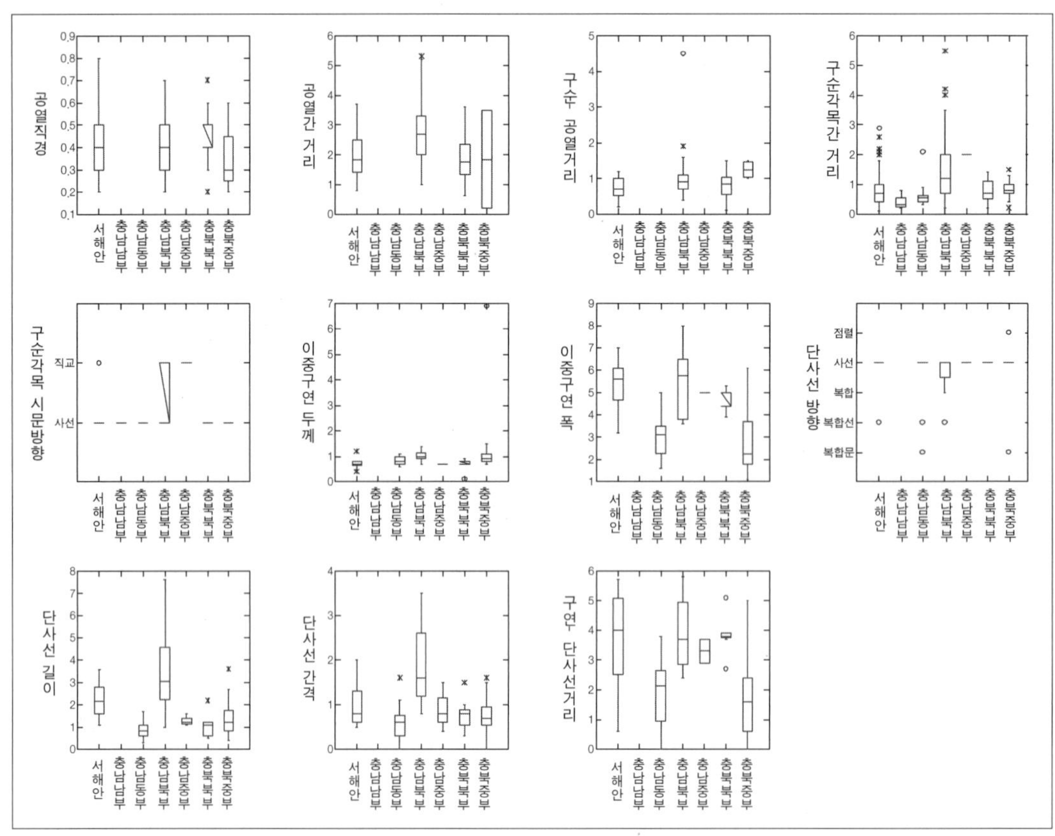

그림 30 _ 지역별 문양의 차이

도기적인 양상으로도 보이지만 상호 연속성을 찾기는 어렵다. 현재로서는 동시기로 판단하는 것이 타당하다고 생각한다.

다음으로 문양의 지역별 분포상에 따른 전체적인 전개과정을 살펴보겠다.

〈그림 30〉은 각 문양의 속성을 지역별로 살펴 본 그래프이다. 앞의 분석결과와 비교하면, 이중구연과 단사선의 경우, 대체적으로 충남동부와 충북중부지역이 이른 편이고 서해안과 충남북부지역이 상대적으로 늦은 단계에 속함을 알 수 있다. 이러한 모습은 전기 토기의 변천과 더불어 각 취락유형간의 선후관계를 밝히는데 매우 유용하게 적용할 수 있을 것이다. 즉, 전자의 지역은 가락동유형이 우세하고, 후자의 지역은 역삼동·흔암리유형과 송국리유형이 자리잡고 있는 지역이다. 이는 가락동유형이 역삼동·흔암리유형 보다 앞선다는 것을 보여줌과 동시에 서해안과 충남북부지역에 기반하였던 역삼동·흔암리유형은 송국리유형이 유입된 이후에도 여러 요소들이 잔재했음을 보여주는 간접적인 증거라고 판단된다.

Ⅳ. 변화와 편년

1. 단계설정

Ⅲ장의 분석내용을 토대로 주거지 출토 토기를 순서배열한 후, 각 유형별 변화단계를 설정해 보고자 한다.

〈표 11〉은 형식분류된 토기와 문양을 순서배열하여 정리한 것이다. 표를 살펴보면, 각 토기의 형식을 기준으로 전·후기의 분기와 토기유형별 단계설정이 가능하다. 즉, 형식설정에 유효한 토기의 등장과 소멸, 공반양상 등을 고려할 때, 전기의 가락동유형은 크게 3단계, 역삼동·흔암리유형은 4단계, 후기의 송국리유형은 4단계로 구분될 수 있다. 물론, 단계별로도 더 세분될 수 있는 여지는 있지만 큰 변화의 흐름은 위의 틀에서 움직였다고 판단된다.

이상의 내용을 요약한 것이 〈표 12〉로서 각 유형별 특징을 살펴보면, 가락동유형 1단계는 A형의 호형토기와 A형의 문양, 그리고 굽다리토기와 마연토기가 등장한다. 2단계는 A형의 호형토기는 지속되지만 문양은 B, C형으로 변화한다. 마지막으로 3단계가 되면 A형의 호형토기가 소멸하고 B, C형의 호형토기가 성행한다. 문양면에서는 D형으로 바뀌고 E형의 굽다리토기와 C, D형의 마연토기가 관찰된다. 전체적인 단계설정에 가장 유효한 형식은 호형토기와 문양 형식의 변화에서 찾아진다.

역삼동·흔암리유형 1단계는 가락동유형과는 달리 A형의 호형토기와 A형의 문양이 보이지 않고 B, C형의 문양이 처음 등장하는 점으로 보아 가락동유형 보다 늦게 등장한 것으로 여겨진다. 굽다리토기는 C형이지만 가락동유형 토기와는 다르며 마연토기는 나타나지 않는다. 2단계는 B형의 호형토기가 주를 이루고 문양은 D, E형으로 변화하며, D형의 굽다리토기가 출현한다. 3단계가 되면 호형토기는 C형으로 변화하고 문양은 소멸하며, 굽다리토기는 E형과 F형이 마연토기는 C형이 확인된다. 4단계는 C, D, E형의 호형토기가 공존하고 굽다리토기는 소멸하며, 마연토기는 D형이 확인된다.

송국리유형 1단계는 전기적 요소가 남아있는 기종과 새로운 토기의 등장이 주목된다. C, D, E형의 호형토기와 함께 전기적 전통을 계승한 D형의 마연토기가 지속적으로 사용된다. 그러나 전기적 요소는 일부 유적에서만 확인되며, 서해안 지역을 중심으로 전기양식과는 전혀 다른 새로운 A형 옹형토기의 등장이 주목된다. 2단계가 되면 전기적 요소는 모두

표 11 _ 토기유형별 순서배열과 단계의 설정

단계			유적	유구	발형				호형토기					토기문양					옹형토기				굽다리토기								마연토기					
전기(가락동)	전기(역삼,흔암리)	후기	유적	유구	A	B	C	D	A	B	C	D	E	A	B	C	D	E	A	B	C	D	A	B	C	D	E	F	G	H	A	B	C	D	F	E
	I		강서동	1호										●									●													
			강서동	2호			●							●																						
			봉명동	A-3호										●																						
			봉명동	A-14호										●																						
			대율리	1호			●							●																						
			대율리	4호										●																						
			용산탑립동	4-1호										○																						
			용산탑립동	4-5호										●																						
			비하동2	7호										●																						
			용정동	2-7호										●																						
			대율리	3호																											●					
			문산동	1호			●		●					●											●											
			수당리(표고)	3호																											●		●			
			용산탑립동	6-10호										●																			●			
			국사리	1호					●																											
			관평동	I-3호										○																						
			대율리	2호										○																						
			문산동	2호										●	●																					
			내곡동	1호										●	●																					
			대율리	5호										●	●																					
II	I		용정동	1-1호			●							●																						
			사양리	2호			●							●																						
			사양리	4호										●																						
			관평동	1-1호										●																						
			두계리	4호										●																						
			비하동	5호										●																						
			송대리	1호																					●											
			두정동	1호										●												●										
			용산탑립동	4-2호										●																						
			용산동구석기	1호										●																						
			용산탑립동	2-4호										●																						
			용정동	2-1호										●																						
			제천리	1호			●							●																						
			제천리	2호										●																						
			신관동	1호										●																						
			용산동	2호										●		●																				
			용산동	1호	●		●							●		●																				
			운전리	A-2호			●	○	●	●				○																						
			용산탑립동	6-12호										○																						
			용정동	2-8호			●							○																						
			관평동	2-9호										○																						
			대율리	7호					●							●																				
			두리	1호												●																				
			마산리	1호												●																				
			백석동	새-2호												○																				
			백석동	III-2호												○																				
III	II		갈산리무리치	7호												○	○																			
			수당리	1호				●									●								●											
			갈산리무리치	5호			●										●																			
			백석동	III-6호													●																			
			백석동	B-12호			●										●																			

시기	유적	호수																	
	갈산리무리치	2호									●								
	주교리	8호									●								
	백석동	II-2호									○				●				
	운전리	B-6호									○								
	장재리안강골	4호					●								●				
	용정리	7호					●												
	신방동	2-12호			●		●												
	신방동	1-21호			●		●												
	용곡동두터골	3호			●		●												
	용곡동두터골	5호			●		●						●						
	아산대흥리	14호					●												
	밤줄길	1호					●												
	백석동	A-4호			●						●	○	●						
	능강리	1호									○						●		
	신방동	1-15호			●		●	●											
	용화동	8호			●		●	●											
	신방동	2-23호			●		●	●											
	갈산리	4호			●						○								
	명암리6	1호						●											
	운전리	B-4호			●						○	●							
	주교리	18호									●							●	
	주교리	7호									●								
	주교리	13호									●								●
	백석동	II-10호			●						●						●		
	갈산리무리치	6호									●								
	백석동	II-5호									●								
	백석동	II-3호			●						●								
	관산리	13호									●								
	관산리	12호			●					●	●								
	백석동	새-11호						●											
	백석동	B-2호			●			●											
	백석동	B-3호			●			●											
	백석동	II-7호			●			●					●						
	청당동	2호						●											
	운전리	C-2호						●											
	아산대흥리	16호						●											
	아산대흥리	5호	●	●	●			●											
	신방동	3-1호			●			●											
	신방동	3-12호											●						
	신방동	1-20호											●						
	조동리	6호																	●
	조동리	9호				●								●					
	조동리	3호						●			○			●					●
	조동리	1호			●	●								●					
	용산탑립동	2-1호																	●
	백석동	B-19호						●											
III	불당동	3-7호												●					
	신방동	2-1호				●	●	●											
	아산대흥리	1호					●	●	●										
	갈산리	2호					●							●					
	신방동	1-5호					●			●									
	와우리	5호	●											●					
	백석동	I-23호												●				●	
	와우리	7호														●			
	백석동	I-15호														●			
	관산리	1호							●										

구분	유적	유구																															
	불당동	2-20호						●																					●				
	갈산리무리치	8호																											●				
	봉명동	B-12호																											●				
	정북동	1호																											●				
	상장리	1호																											●				
	군덕리	3호																	○										●				
	명암리11	7호						●																									
	두계리	10호						●																									
	갈산리	3호																														●	
	와우리	8호				●																										●	
	백석동	III-5호						●																									
	백석동	I-2호																														●	
	하당리	6호																														●	
	백석동	A-8호						●																									
	자개리II	19호		●	●			●																									
	자개리I	5호			●			●																									
	명암리11	6호		●				●																									
IV	쌍용동	3-5호		●	●			●									○																
	가오동	4호		●						●																			●				
	밤줄길	4호		●						●																							
	구룡리	1호		●						●																							
	명암리11	14호		●	●					●																						●	
	관창리B	98호		●	●					●																							
	관창리B	98호		●	●					●																							
	관창리B	54호								●																							
	쌍청리	II-15호							●																								
	오석리	95-7호						●																									
	죽청리'가'	12호						●																									
	관창리B	35호				●		●																									
	휴암리	A호	●	●	●	●		●																					●				
	휴암리	9호			●	●		●																									
	군덕리	1호																														●	
	자개리I	54호		●	●	●												●															
	관창리F	12호																●															
	관창리B	60호																●															
	한성리	3호		●														●															
	관창리B	40호				●												●															
	귀산리	2호			●													●														●	
	관창리B	48호				●												●															
	관창리B	10호																●															
I	관창리B	20호																●															
	관창리B	52호																●															
	관창리B	57호																●															
	관창리B	69호																●															
	관창리B	78호																●															
	장척리	3호			●	●												●														●	
	대흥리	4호																●															
	학암리(서공)	1-5호																●															
	황단리	KC-006호			●																											●	
	한성리	1호																●															
	수당리	2호		●														●	●													●	
	도삼리	3호	●															●	●	●													
II	봉선리	3-3-10호																									●						
	봉선리	3-2-1호																●	●														●
	덕지리	4호			●													●	●														
	자개리I	26호																															●

	학암리(서공)	I-2호				●										●	●																	
	관창리B	24호														●	●																
	관창리B	36호			●											●																●	
	관창리F	18호															●																
	관창리B	42호															●																
	당정리	3호																							●								
	당정리	2호															●																
	학암리(서공)	II-A-12															●																
	증산리	7호															●															●	
	여드니	1호		●													●																
	관창리F	15호		●													●																
	봉명동	B-6호				●											●																
	관창리F	11호															●																
	관창리B	1호															●																
	관창리B	8호															●																
	관창리F	8호															●																
	봉명동	A-13-2호															●																
	봉명동	B-15호															●																
	봉선리	3-3-4호															●																
	쌍청리	III-A-3호															●																
	대봉동	2호															●																
	한성리	5호															●																
III	귀산리	3호															●	●															
	복룡동	2호															●	●														●	
	관창리B	61호															●	●															
	나복리	21호															●	●															
	송국리	54-13호															●	●	●														
	대흥리	1호															●																
	송국리	55-8호															●																
	송국리	55-2호		●		●											●																
	관창리B	79호		●													●																
	원북리	19호		●													●																
	대흥리	2호			●	●											●																
	구성동	C-2호				●											●																
	관창리F	7호															●																
	노은동	A-1-1호															●																
	봉명동	B-17호															●																
	소송리 '나'	1호															●																
	송국리	54-11호															●																
	오석리	95-4호															●																
IV	송국리	54-5호															●	●														●	
	송국리	54-2호															●	●														●	
	송국리	54-1호	●														●	●															
	송국리	54-8호		●													●	●															
	마전리	C-KC-001															●	●															
	송국리	54-15호															●	●															
	송국리	53-1호															●	●															
	송국리	55-1호															●	●															
	태봉동	1호	●														●																
	송국리	54-14호				●											●															●	
	송국리	54-6호	●														●																
	귀산리	4호				●											●																
	관창리F	6호															●																
	나복리	20호															●																
	송국리	54-3호															●																
	송국리	54-23호															●																

	송국리	54-9호						●														
	안영리	3호						●														
	여드니	4호						●														
	자개리 I	10호						●														
	자개리 I	8호						●														
	자개리 II	2호						●														
	중산리	5호						●														
	송국리	54-20호																				●	
	송국리	55-6호																				●	
	자개리 I	50호																				●	
	장원리	1호													●								
	도삼리	4호													●								

표 12 _ 청동기시대 전·후기 각 취락유형별 단계설정과 토기변화

유형			각 취락 유형별 토기 변화상		
가락동유형	역삼흔암리	송국리	가락동	역삼·흔암리	송국리
I			A형 호형토기, A형 문양, A·B형 굽다리토기·마연토기		
II	I		B·C형 문양, B형 굽다리토기	B·C형 문양 등장, C형 굽다리토기 등장	
III	II		D형 문양, B·E형 굽다리토기, B·C·E형 호형토기 등장(조동리만), A·C·D형 마연토기	D·E형 문양, C·D형 굽다리토기, B형 호형토기(대표?)	
	III	I		C형 호형토기, 문양소멸, E형 굽다리토기 등장 후 F형 굽다리토기 등장, C형 마연토기	전기문양과 기종 소멸, D형 마연토기의 전기적 요소 채용, C·D·E형 호형토기, A형 옹형토기(새로운 토기)의 등장
	IV			D·E형 호형토기, 굽다리토기 소멸, D형 마연토기	
		II			A형 옹형토기의 소멸과 B형 옹형토기의 등장과 사용, E형 마연토기 등장, F형 마연토기도 지속 사용, G형 굽다리토기 -전기적 요소의 소멸
		III			B형 옹형토기의 쇠퇴와 C형 옹형토기와 E형 마연토기의 지속사용, F형 마연토기 소멸
		IV			C형 옹형토기의 소멸과 D형 옹형토기의 등장, E형 마연토기 지속사용, H형 굽다리토기

소멸하고 A형 옹형토기는 B형으로 교체된다. 더불어 E형 마연토기와 G형의 굽다리토기, F형의 마연토기가 사용된다. 3단계는 C형 옹형토기가 주를 이루며 H형의 굽다리토기가 일부 확인된다. 4단계는 3단계의 C형 옹형토기와 더불어 D형의 옹형토기가 등장하여 공존한다. 전체적인 양상으로 볼 때, 후기의 편년은 옹형토기의 형식변화에 맞추어 설정하는 것이 가장 타당한 것으로 판단하였다.

다음으로 유형별 변화상에 따라 주거지 수와 유적 수를 빈도별로 살펴본 결과〈표 13~14〉, 가락동 유형은 유구나 유적 수에서 등장-소멸의 일정 패턴을 보여주고 있는 것으로 나타나 급작스런 변화는 인지되지 않는다. 역삼동·흔암리유형은 Ⅲ·Ⅳ단계의 존속시기가 짧았음을 감안할 때, 가락동유형과는 달리 가장 성행하던 시기에 급작스럽게 소멸의 단계로 접어드는 모습을 보여준다. 이는 아마도 사회경제적 기반을 달리한 송국리문화의 등장과 더불어 급박하게 변혁이 진행된 결과가 아닐까 생각해 본다. 송국리유형은 앞의 두 유형과는 달리 역 사다리꼴 모양을 취하고 있으면서 시간이 지나도 크게 쇠퇴하는 모습을 보여주지는 않고 있다. 주목할 점은, 처음 등장할 단계가 가장 강열하다는 점인데 이는 송국리문화가 등장-성행-쇠퇴라는 점진적인 과정을 밟은 것이 아니라 일시적이면서도 상당한 규모로 출현하였음을 시사한다고 볼 수 있다(이홍종 2000).

표 13 _ 청동기시대 단계별 유구수의 변화

기			유구 수(비율)			역연대
가락동 유형	역삼·흔암리 유형	송국리 유형	가락동 유형(51)	역삼동·흔암리 유형(68)	송국리 유형(101)	
I			18(35.2%)			13~10C
II	I		21(41.1%)	5(7.3%)		11~9C
III	II		12(23.5%)	17(25%)		10~8C
III	III			26(38.2%)		10~8C
	IV	I		20(29.4%)	13(12.8%)	10~8C
		II			27(26.7%)	9~7C
		III			18(17.8%)	8~6C
		IV			27(26.7%)	7~5C

기			유적 수			역연대
가락동 유형	역삼·흔암리 유형	송국리 유형	가락동 유형(39)	역삼동·흔암리 유형(39)	송국리 유형(57)	
I			13(33.3%)			13~10C
II	I		16(41%)	4(10.2%)		11~9C
III	II		10(25.6%)	10(25.6%)		10~8C
	III			12(30.7%)		10~8C
IV		I		13(33.3%)	18(31.5)	10~8C
		II			15(26.3%)	9~7C
		III			13(22.8%)	8~6C
		IV			11(19.2%)	7~5C

단계			완형 및 발형	호형토기	토기문양	옹형토기	굽다리토기	마연토기
전기 (가락동)	전기 (역삼, 흔암리)	후기						
I			1	2	1, 3		4, 5	6
II	I		7, 8, 9	10	11, 12		13, 14	
III	II		15, 16, 23, 24, 25, 26	17, 27	18, 28, 29		19, 20, 21, 22, 30, 31, 32	33, 34, 35

1.청원 대율리 1호, 2.대전 둔산동 1호, 3.청주 용정동 2-7호, 4.청주 강서동1호, 5.대전 둔산동 1호, 6.청원 대율리 3호, 7.천안 백석동 새-5호, 8·9.전 용산동 1호, 10.천안 운전리 A-2호, 11.대전 관평동 Ⅰ-1호, 12.천안 두정동 4호, 13.천안 두정동 1호, 14.청원 송대리 1호, 15.천안 신방동 Ⅱ-12호, 16·17.천안 용곡동두터골 5호, 18·19.금산 수당리 1호, 20·21.천안 백석동 Ⅱ-2호, 22.천안 용곡동두터골 5호, 23·24.아산 대흥리큰선상 5호, 25.천안 백석동 Ⅱ-7호, 26.천안 백석동 B-2호, 27.천안 백석동 Ⅱ-7호, 28.아산 갈산리 4호, 29.보령 주교리 18호, 30.천안 백석동 Ⅱ-7호, 31.충주 조동리 1호, 32.충주 조동리 3호, 33.천안 백석동 Ⅱ-10호, 34.충주 조동리 3호, 35.보령 주교리 18호, 36.아산 명암리(11지점) 7호, 37.아산 갈산리 2호, 38.천안 청당동 2호, 39.천안 불당동 Ⅱ-20호, 40.천안 불당동 Ⅲ-7호, 41.아산 와우리 5호, 42.천안 백석동 Ⅰ-15호, 43.천안 불당동 Ⅱ-20호, 44.청주 봉명동 B-12호, 45.천안 백석동 Ⅰ-23호, 46.서산 휴암리 A호, 47.서산 휴암리 A호, 48.당진 자개리 Ⅰ

54호, 49.대전 가오동 4호, 50.서산 휴암리 A호, 51.당진 자개리Ⅰ 54호, 52.서천 한성리 3호, 53.아산 와우리 8호, 54.보령 관창리B 98호, 55.청원 황탄리 KC-006호, 56.보령 죽청리 가, 57.보령 구룡리 1호, 58.보령 관창리B 53호, 59.아산 군덕리 1호, 60.금산 수당리 2호, 61.보령 관창리B 36호, 62.보령 관창리F 15호, 63.아산 덕지리 4호, 64.청양 학암리(서천 공주간) Ⅰ-2호, 65.청주 봉명동 B-6호, 66.서천 봉선리 3-Ⅲ-10호, 67.금산 수당리 2호, 68.보령 관창리B 36호, 69.서천 봉선리 3-Ⅱ-1호, 70.보령 관창리B 79호, 71.대전 복룡동 2호, 72.대전 구성동 C-2호, 73.부여 나복리 21호, 74.천안 대흥리 2호, 75.대전 복룡동 2호, 76.부여 송국리 56-6호, 77.부여 송국리 54-8호, 78.부여 송국리 54-14호, 79.부여 송국리 54-5호, 80.부여 송국리 54-13호, 81.서천 도삼리 3호, 82.부여 송국리 54-5호

그림 31 _ 무문토기의 변천과 단계

2. 연대문제

앞에서 살펴본 바와 같이 기종과 토기문양의 속성을 찾아 형식분류한 후, 순서배열 등을 통해 각 유형별 상대편년을 실시해 보았다. 문제는 쉽게 해결할 수 없는 각 단계별 실연대의 설정이다. 현재까지 보고된 AMS의 연대측정에 의존할 수밖에 없는 형편이지만 더 많은 자료의 축적을 기대하면서 참고자료로 제시해 보고자 한다.

〈그림 32〉는 각 단계별 방사성 탄소연대 측정결과[19]를 나타낸 것이다.

탄소연대측정의 한계 상, 이것을 가지고 절대연대를 제시하는 것은 무리지만, 단계별 좌우 경계지점의 연대값을 참조하면 대체적인 존속시기는 신뢰할 수 있을 것이다.

그 결과, 가락동유형 1단계는 기원전 13~12C, 2단계는 11~10C, 3단계는 10~9C에, 역삼동·흔암리유형의 1단계는 기원전 12~10C,[20] 2·3단계는 11~10C, 4단계는 10~9C까지 이어진다. 송국리유형 1단계는 전기 가락동유형의 3단계, 역삼·흔암리유형의 3~4단계와 중복되는데 대략 기원전 10~8C, 2단계는 9~7C, 3단계는 8~6C, 4단계는 7~5C에 비정된다.

---

19 보정연대는 Oxcal 프로그램을 통하여 직접 산출하였다. 정확한 연대가 산출되는 것은 아니지만 빠르고 느린 단계의 전반적인 경향성과 대략적인 역연대를 추정하는데 도움을 준다.

20 가락동유형의 빠른 단계는 대체적으로 이 시기를 넘어서지는 않은 것으로 보여진다(李亨源 2002, 孔敏奎 2003).

Ⅴ. 맺음말

    호서지역 청동기시대의 각 유형별 토기의 기종과 문양을 형식분류하여 편년작업을 실시한 후, 유형별 선후관계와 문화적 상관성을 살펴보았다.

    형식분류는 전 기종에 걸쳐 실시하고자 하였지만 전기의 호형토기와 문양, 후기의 옹형토기 외에는 속성파악이 어려웠다. 따라서 이들을 중심으로 형식을 설정하고 편년한 결과, 전기의 가락동유형은 3단계, 역삼동ㆍ흔암리유형은 4단계의 변화과정이 인정된다. 두 유형간에는 가락동유형이 기원전 13세기경에 먼저 등장하고, 뒤를 이어 가락동 2단계에 역삼동ㆍ흔암리유형이 출현하였음을 알 수 있었다. 후기의 송국리유형은 옹형토기의 속성만으로 형식분류를 실시한 결과, 4단계의 변화과정이 인정된다. 한편, 송국리유형의 출현은 역삼동ㆍ흔암리유형의 급작스런 쇠퇴를 불러오는데, 이는 두 문화 사이에 강렬한 문화접촉이 있었음을 시사한다. 이후 송국리유형은 큰 변화없이 지속한다. 한편, 역연대는 개별적인 절대연대값은 신뢰할 수 없을지라도 많은 자료가 축적되면 어느 정도 중심연대를 기준으로 해서 좌우 연대값을 추정하는데 매우 유효하다. 이러한 방법에 의해 단계별로 보고된 절대연대값을 제시하고 좌우 변환점을 찾아 대체적인 역연대도 제시하였다.

    끝으로 본 연구는 수치적인 데이터분석을 우선시하였기 때문에 기존의 형식분류 연구성과와는 약간의 차이점이 존재한다. 또한 토기편년만을 다루었기 때문에 호서지역만이 가지고 있는 다양한 취락양상의 변화나 상호관계를 살펴보지는 못했다. 향후, 이러한 문제점을 포함해서 다각적인 시각에서 검토해 볼 수 있는 기회를 가지고자 한다.

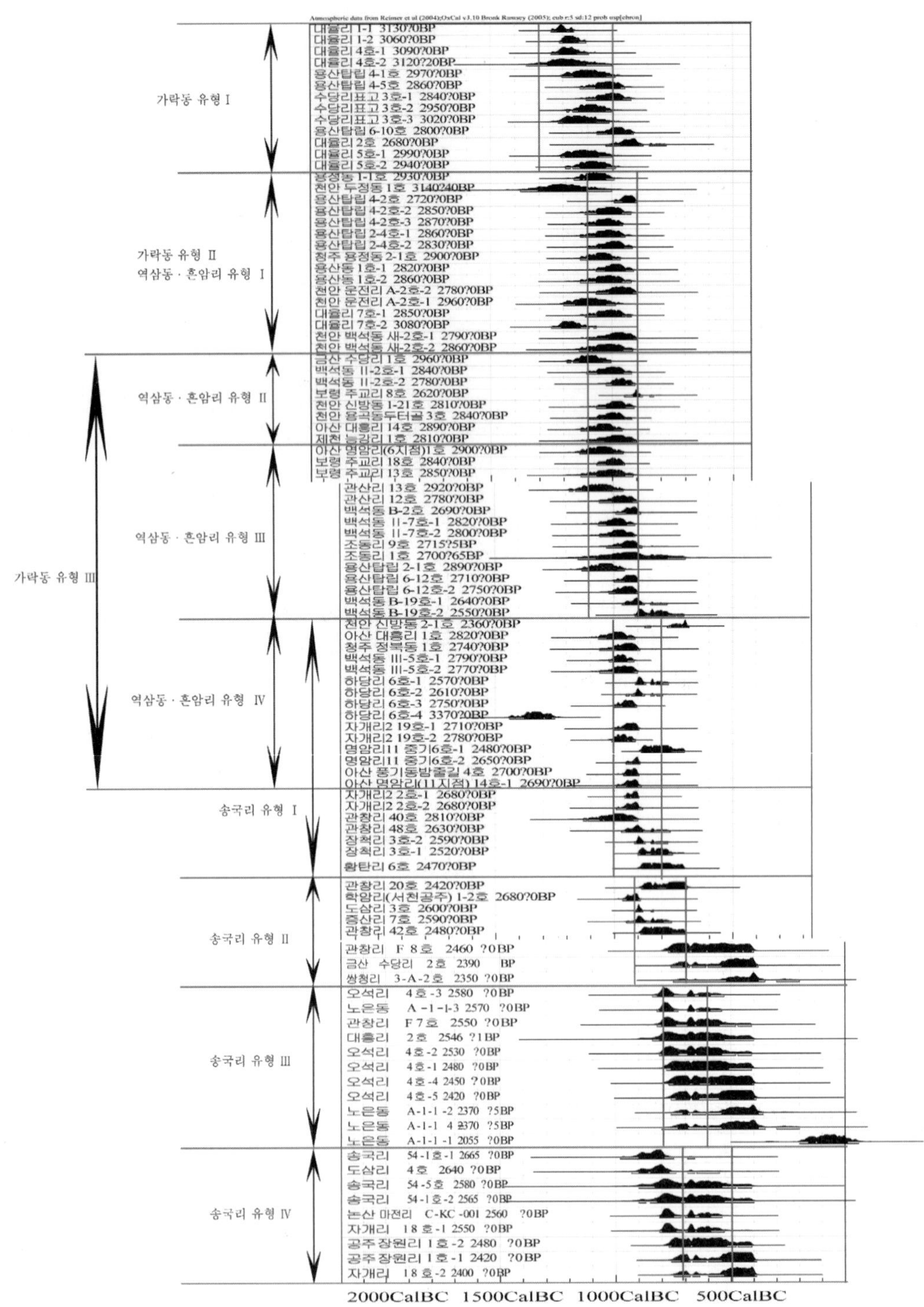

그림 32 _ 청동기시대 각 취락유형 단계별 절대연대

<참고문헌>

姜秉學, 「한반도 선사시대 굽다리토기 연구」『古文化』66, 한국대학박물관협회, 2005.

공민규, 『무문토기문화 가락동유형의 성립과 전개』, 崇實大學校 大學院 碩士學位論文, 2003.

김범철 · 안형기 · 송한경, 「무문토기의 용량분석 시론」『야외고고학』2, (사)한국문화재조사연구기
　　　　관협회, 2007.

金壯錫, 「흔암리유형 재고 : 기원과 연대」『嶺南考古學報』第28號, 嶺南考古學會, 2001.

김장석, 「무문토기시대 조기설정론 재고」『한국고고학보』69, 한국고고학회, 2008.

羅建柱, 『前 · 中期 無文土器 文化의 變遷過程에 대한 考察 −牙山灣 · 錦江流域의 資料를 中心으
　　　　로−』, 忠南大學校 大學院 碩士學位論文, 2006.

박순발, 「심발형토기고」『호서고고학』4 · 5, 호서고고학회, 2001.

孫晙鎬 · 庄田愼矢, 「松菊里型甕棺의 燒成 및 使用方法 研究」『湖西考古學』第11輯, 湖西考古學會,
　　　　2004.

손준호, 『한반도 청동기시대 마제석기 연구』, 고려대학교 대학원 박사학위논문, 2006.

손준호, 『청동기시대 주거지집성 I · II』, 서경문화사, 2009.

深澤芳樹 · 李弘鍾, 「松菊里式 土器의 打捺技法 檢討」『송국리문화를 통해 본 농경사회의 문화체
　　　　계』, 서경, 2005.

宋滿榮, 『中期 無文土器時代 文化의 編年과 性格 −西南韓地方을 中心으로−』, 崇實大學校 大學院
　　　　碩士學位論文, 崇實大學校 大學院 史學科, 1995.

安在晧, 「松菊里類型의 檢討」『嶺南考古學』11, 嶺南考古學會, 1992.

安在晧, 「無文土器時代 聚落의 變遷 −住居址를 통한 中期의 設定−」『碩晤尹容鎭教授停年退任紀
　　　　念論叢』, 碩晤尹容鎭教授停年退任紀念論叢刊行委員會, 1996.

安在晧, 「韓國 農耕社會의 成立」『韓國考古學報』34, 韓國考古學會, 2000.

安在晧, 『青銅器時代 聚落研究』, 釜山大學校 大學院 考古學科 博士學位論文, 2006.

禹姃延, 『中西部地域 松菊里文化 研究』, 서울大學校 大學院 碩士學位論文, 2002.

尹武炳, 「無文土器型式分類試攷」『震檀學報』39, 震檀學會, 1975.

李建茂, 「韓國無文土器의 器種과 編年」『한일교섭의 고고학』, 야요이시대편, 六興出版, 1991.

李白圭, 「京畿道出土 無文土器 磨製石器」『考古學』3, 1974.

李賢淑, 『韓國 中西部地方 前期 無文土器研究 −天安 白石洞 出土品을 中心으로−』, 公州大學校 大
　　　　學院 碩士學位論文, 1997.

李亨源, 『韓國 青銅器時代 前期 中部地域 無文土器 編年 研究』, 忠南大學校 大學院 碩士學位論文,
　　　　2002.

李弘鍾, 『청동기사회의 토기와 주거』, 서경문화사, 1996.

李弘鍾,「松菊里文化의 時空的展開」『湖西考古學』6·7, 湖西考古學會, 2002.

李弘鍾,「松菊里文化의 文化接觸과 文化變動」『韓國上古史學報』48, 韓國上古史學會, 2005.

李弘鍾,「無文土器와 야요이토기의 實年代」『韓國考古學報』60, 韓國考古學會, 2006.

李花英,「靑銅器時代 赤色磨研壺의 變遷」, 全南大學校大學院 碩士學位論文, 2008.

林炳泰,「漢江流域 無紋土器의 年代」『李弘稙博士回甲紀念 韓國史學論叢』, 1969.

庄田愼矢,『南韓 靑銅器時代의 生産活動과 社會』, 忠南大學校 大學院 博士學位論文, 2007.

千羨幸,『無文土器時代 前期文化의 地域性研究 —中西部地方을 中心으로—』, 釜山大學校 大學院 碩士學位論文, 2003.

河仁秀,『嶺南地方丹塗磨研土器에 대한 新考察』, 釜山大學校大學院 碩士學位論文, 1989.

허의행,「호서지역 역삼동·흔암리유형 취락의 변천」『湖西考古學』17, 湖西考古學會, 2007.

後騰直,「南朝鮮の無文土器」『考古學研究』19-3, 1973.

藤口建二,「朝鮮無文土器と弥生土器」『弥生文化の研究3』弥生土器Ⅰ, 雄山閣, 1986.

부록 | 속성 계측수치*

지역권	지역	시기	유적	유구	기종	기고	구경	저경	동 최대경	동최대 경높이	구연각	구연 길이	견부각	공열			구순각목		이중구연		단사선			
														직경	간격	구순-공 열거리	간격	방향	두께	폭	방향	길이	간격	위치
서해안	당진	후기	자개리 I	1호	불명												0.8	사선						
서해안	당진	후기	자개리 I	1호	옹형		15.2		17		61	0.9	83											
서해안	당진	후기	자개리 I	4호	호형		23.8				83	5.7	49											
서해안	당진	전기	자개리 I	6호	마연		9.8		17		73	2.7	39											
서해안	당진	전기	자개리 I	6호	불명												1.2	직교						
서해안	당진	후기	자개리 I	8호	옹형	15.1	9.3	6.3	12.2	5	68	1.1	70											
서해안	당진	후기	자개리 I	9호	발형	15.9	18.5	8.2	19.6	12.6														
서해안	당진	후기	자개리 I	10호	발형	16	8.3	7.8	11.5	7.5														
서해안	당진	전기	자개리 I	11호	발형		23.1	9.3	24.3															
서해안	당진	후기	자개리 I	19호	발형	12.1	16.8	7	17.9	9.9														
서해안	당진	후기	자개리 I	26호	마연	10.6	7.6	5.4	10.1	2.9														
서해안	당진	후기	자개리 I	27호	불명		26.1										0.7	직교						
서해안	당진	후기	자개리 I	29호	불명		46.9										1.6	사선						
서해안	당진	후기	자개리 I	29호	불명		21.5										1.1	사선						
서해안	당진	후기	자개리 I	32호	발형	20.9	17.7	7.8	17.7	20.9							1.4	직교						
서해안	당진	후기	자개리 I	33호	불명	20.6	17.8	8.1	20.6	17.8							2	사선						
서해안	당진	전기	자개리 I	37호	불명		32										1.3	사선						
서해안	당진	후기	자개리 I	39호	불명		25										2.2	사선						
서해안	당진	전기	자개리 I	41호	발형	8.4	10	5.5	10.5	6.9														
서해안	당진	전기	자개리 I	41호	불명		17.5										1.5	사선						
서해안	당진	후기	자개리 I	41호	발형	8.4	9.9	5.3	10.4	6.9														
서해안	당진	후기	자개리 I	49호	발형	14.5	14.7	8.4	14.9	13.5														
서해안	당진	후기	자개리 I	50호	불명		24.7										2.2	직교						
서해안	당진	전기	자개리 I	51호	발형	17.1	17.3	8.4	18.1	14.9							0.3	직교						

* 계측치는 앞서 전재한 논문의 작성을 위해 기본적인 수치 외에 연구에 필요한 세부적인 항목들에 대한 수치를 계측한 것이다. 연구자들에게 조금이나마 도움이 되고자 하는 마음에 부록으로 첨부하였다.

서해안	당진	전기	자개리 I	51호	불명		19.1										2	사선						
서해안	당진	전기	자개리 I	51호	불명	17.1	17.3	8.5	18.2	13.8							0.8	직교						
서해안	당진	전기	자개리 I	54호	발형	30	19.8	8	20.8	26.6							0.3	사선						
서해안	당진	후기	자개리 I	54호	발형	4.8	10	6.3	10	4.8														
서해안	당진	후기	자개리 I	54호	발형	13.4	13.9	7	14.1	12.3														
서해안	당진	후기	자개리 I	54호	발형	35.4	27.2	9.3	27.6	33														
서해안	당진	후기	자개리 I	54호	발형	5.3	11.2	9	11.2	5.3														
서해안	당진	후기	자개리 I	54호	불명		19.9	7.9	20.9								1.6	사선						
서해안	당진	후기	자개리 I	54호	호형		19.6				98	5.8	45											
서해안	당진	전기	자개리 I	58호	발형	17.1	19.7	8.8	20.2	15.6														
서해안	당진	전기	자개리 I	58호	불명									0.6	2									
서해안	당진	전기	자개리 I	58호	불명									0.5	2.4									
서해안	당진	전기	자개리 II	2호	불명									0.5										
서해안	당진	전기	자개리 II	19호	불명												1.2	사선						
서해안	당진	전기	자개리 II	19호	불명									0.5	3	1.2	2.6	사선						
서해안	당진	전기	자개리 II	19호	불명									0.8	2.5									
서해안	당진	전기	자개리 II	19호	불명									0.3										
서해안	당진	전기	자개리 II	19호	불명									0.4										
서해안	당진	전기	자개리 II	21호	불명									0.4										
서해안	보령	전기	관산리	4호	마연		7		13		97	3.5	33											
서해안	보령	전기	관산리	4호	발형	9.6	14.5	7.3	14.5	9.6														
서해안	보령	전기	관산리	4호	발형	10.7	13.9	7.4	13.9	10.7														
서해안	보령	전기	관산리	4호	불명												0.4	사선			사선		1	2.1
서해안	보령	전기	관산리	4호	불명												0.4	사선			사선		0.5	4.2
서해안	보령	전기	관산리	4호	불명												1	사선	0.7	5.7	사선	3.6	1.8	3.5
서해안	보령	전기	관산리	4호	불명									0.5		0.4	0.7	사선	0.7	6.3	복합선	2.3	1.6	5
서해안	보령	전기	관산리	4호	불명									0.5		0.6	0.6	사선			복합선	2	1.8	5.1
서해안	보령	전기	관산리	6호	불명									0.2		0.2	0.7	사선			복합선	1.8		2.5
서해안	보령	전기	관산리	6호	불명									0.6		1.2					복합선	2.4	0.9	0.6
서해안	보령	전기	관산리	6호	불명									0.3	2.9	0.4	1	사선						
서해안	보령	전기	관산리	8호	불명									0.6	0.9	0.8	1.5	직교						
서해안	보령	전기	관산리	10호	발형		18.1							0.6	1.3	0.7	0.9	사선						
서해안	보령	전기	관산리	11호	불명									0.3		0.3					사선	1.3	2	5.7
서해안	보령	전기	관산리	12호	불명									0.4		0.3	0.1	사선	0.7	5.9	사선	3.2	0.7	
서해안	보령	전기	관산리	12호	옹형	24.7	12.1	0.9	17.6	11.1	78	4.5	59											
서해안	보령	전기	관산리	13호	발형		19.7		20.4								0.5	사선	0.7	7	사선	3	1.1	5.5
서해안	보령	전기	관산리	13호	발형	10	12.3	7.4	12.3	10														
서해안	보령	전기	관산리	13호	불명														0.7		사선	3.1	0.7	
서해안	보령	후기	관창리B	1호	불명		14.5										1.1	사선						
서해안	보령	후기	관창리B	1호	불명		21.6										0.2	사선						

서해안	보령	후기	관창리B	8호	발형	13	7.9	5.4	9.7	5.7				0.4	사전		
서해안	보령	후기	관창리B	8호	불명		11.7										
서해안	보령	후기	관창리B	10호	옹형		18.5		22.5		67	2.1	74				
서해안	보령	후기	관창리B	12호	마연		8.4		11.5		65	1.1	57				
서해안	보령	후기	관창리B	12호	옹형		8.3			7.9	56	1.1	55				
서해안	보령	후기	관창리B	19호	옹형	14.4	10.1	5.7	11.8		68	1.1	74	0.8	사전		
서해안	보령	후기	관창리B	20호	옹형		11.9				85	2.6	77	0.4	직교		
서해안	보령	후기	관창리B	21호	옹형		16.1							0.2	직교		
서해안	보령	후기	관창리B	21호	옹형		12.4				61	1.6	74	0.5	직교		
서해안	보령	후기	관창리B	22호	옹형		13.8							0.5	사전		
서해안	보령	후기	관창리B	24호	옹형		13.5	7.8	22.6	16				1.6	사전		
서해안	보령	후기	관창리B	24호	옹형	33.9	11.6	5	9.9	6.4	75	3.3	69				
서해안	보령	후기	관창리B	31호	발형	10.6	8.8							0.3	사전		
서해안	보령	후기	관창리B	32호	불명		18							0.5	사전		
서해안	보령	후기	관창리B	35호	발형	23.5	17	9.4	18.5	16.6							
서해안	보령	후기	관창리B	36호	마연	24	8.9	7.8	18.1	6.5	94	7.6	45	0.6	직교		
서해안	보령	후기	관창리B	36호	발형	29.2	14	8.8	19.3	16	66	1.3	82	1.2	사전		
서해안	보령	후기	관창리B	36호	발형	15	9.6	6.8	12.6	9.8				1.4	직교		
서해안	보령	후기	관창리B	36호	발형	12.6	14.1	6.1	15.9	10.4				0.9	사전		
서해안	보령	후기	관창리B	36호	발형	8.5	12.5	7.1	12.5	8.5	55	1.3	71	0.6	직교		
서해안	보령	후기	관창리B	36호	옹형		14		17.9						직교		
서해안	보령	후기	관창리B	36호	옹형		17				66	1.3	82				
서해안	보령	후기	관창리B	36호	옹형	27.7	14.4	7.8	19	16.2					사전		
서해안	보령	후기	관창리B	36호	옹형	29.2	14	8.8	19.3	16	66	1.4	78				
서해안	보령	후기	관창리B	38호	옹형		13.3										
서해안	보령	후기	관창리B	40호	옹형		15.3										
서해안	보령	후기	관창리B	40호	발형	7.3	13.7	5.5	13.7	7.3				0.4	직교		
서해안	보령	후기	관창리B	40호	발형	14.5	10.4	5.8	12.1	8.2				0.2	사전		
서해안	보령	후기	관창리B	40호	불명		14.4										
서해안	보령	후기	관창리B	40호	불명		15.2										
서해안	보령	후기	관창리B	40호	불명		14.8										
서해안	보령	후기	관창리B	40호	불명		12.4										
서해안	보령	후기	관창리B	40호	옹형	25.4	15	7.2	19.8	12	68	1.6	76	0.2	사전		
서해안	보령	후기	관창리B	40호	옹형		12.2		15.8					0.1	사전		
서해안	보령	후기	관창리B	40호	옹형		19.7				52	1.2	79				
서해안	보령	후기	관창리B	40호	옹형	12.1	8.4		9.6					0.2	사전		
서해안	보령	후기	관창리B	42호	발형		11	5.1						0.5	사전		
서해안	보령	후기	관창리B	42호	옹형		15.7		18		63	1	61	0.3	사전		
서해안	보령	후기	관창리B	42호	옹형		14.9		18								
서해안	보령	후기	관창리B	47호	발형	11.6	10.3	5.7	11.7	7			73	0.3	사전	0.5	6.4

서해안	보령	후기	관창리B	48호	옹형		17.9					65	1	84				0.2	직교								
서해안	보령	후기	관창리B	48호	옹형	33.9	15.4	9.5	24.9	17.7								0.8	사선								
서해안	보령	후기	관창리B	52호	옹형		14.1		17.6									2.1	사선								
서해안	보령	후기	관창리B	52호	옹형	31.9	17.1	8.3	21.2	16.1																	
서해안	보령	후기	관창리B	54호	호형		19.4					62	5.7	35													
서해안	보령	후기	관창리B	57호	옹형	32.1	19.6	10.3	24	17.2								0.9	직교								
서해안	보령	후기	관창리B	60호	옹형		14.8					67	1.8	80				0.7	사선								
서해안	보령	후기	관창리B	61호	옹형	11.1	8.3	4.8	10.5	5.6																	
서해안	보령	후기	관창리B	63호	발형	8	9.9	4.7	10.5	6.8																	
서해안	보령	후기	관창리B	69호	발형		18.6											0.7	사선								
서해안	보령	후기	관창리B	78호	옹형	21.4	10.4	6.4	18.4	13.4				56													
서해안	보령	후기	관창리B	79호	발형	6.1	12.9	5.8	12.9	6.1																	
서해안	보령	후기	관창리B	79호	불명		11.3											0.5	사선								
서해안	보령	후기	관창리B	79호	불명		15.8											0.8	직교								
서해안	보령	후기	관창리B	79호	옹형	11	6.9	5.2	10.4	4.3																	
서해안	보령	후기	관창리B	82호	옹형		16.7											1	사선								
서해안	보령	후기	관창리B	86호	불명		13.3							52				0.1	사선								
서해안	보령	후기	관창리B	97호	발형	34.8	21.5	10.8										0.2	사선								
서해안	보령	후기	관창리B	98호	발형	16.4	12.9	7.7	15.6	9.7								0.3	사선								
서해안	보령	후기	관창리B	98호	발형	24.6	18.8	8.6	20.3	19.6																	
서해안	보령	후기	관창리B	98호	옹형		22.6		35.6			65	5.4	45													
서해안	보령	후기	관창리B	98호	호형		22.6		35.7			69	6.9	45													
서해안	보령	후기	관창리F	6호	불명		14.7					67	1.4	78				0.4	사선								
서해안	보령	후기	관창리F	6호	옹형	12.2	10.3	5.9	12.7	5.1	58	0.9	73													
서해안	보령	후기	관창리F	6호	옹형	14.9	7.5	6.3	12.6	6.1	66	1.1	66													
서해안	보령	후기	관창리F	6호	옹형		13.5		17.9		71	1.1	70														
서해안	보령	후기	관창리F	7호	불명		14.3					67	1.2	74				0.2	사선								
서해안	보령	후기	관창리F	7호	옹형	19	11.9	5.6	15.5	10.1	53	0.7	75													
서해안	보령	후기	관창리F	8호	옹형	24.2	13.8	7.9	18.1	11.7	59	0.9	75													
서해안	보령	후기	관창리F	10호	발형	10.1	18.9	7.2	18.9	10.1																	
서해안	보령	후기	관창리F	11호	발형	19.8	11.8	7.5	14.5	9.4	64	1.6	74				0.3	사선								
서해안	보령	후기	관창리F	11호	발형	7.3	11.7	5.7	11.7	7.3																	
서해안	보령	후기	관창리F	11호	불명		14.9											0.1	사선								
서해안	보령	후기	관창리F	12호	옹형	33.1	12.9	9.9	21.7	16.5	65	1.6	67													
서해안	보령	후기	관창리F	15호	마연		11.8					63	2.2	46													
서해안	보령	후기	관창리F	15호	발형		13.1		15.1									0.4	사선								
서해안	보령	후기	관창리F	15호	발형	10.1	12.3	5.5	13.6	7.9																	
서해안	보령	후기	관창리F	15호	불명		16.3											1.4	사선								
서해안	보령	후기	관창리F	15호	불명		15.1											0.9	직교								
서해안	보령	후기	관창리F	15호	불명		12.3											0.6	사선								

서해안	보령	후기	관창리F	15호	불명		22.3										0.6	사선						
서해안	보령	후기	관창리F	27호	발형		24.2										2.9	사선						
서해안	보령	후기	관창리F	27호	불명		13.6										0.4	사선						
서해안	보령	후기	관창리F	33호	불명		14.7				67	1.6	74				0.8	사선						
서해안	보령	전기	구룡리	1호	발형		21							0.2	1.6	1								
서해안	보령	전기	구룡리	1호	호형		19.4				62	5.3	57				0.5	사선						
서해안	보령	후기	소송리 '나'	1호	옹형	39	21.5	11.6	28.8	24.7	56	1	51											
서해안	보령	전기	주교리	7호	발형	17.5	12.4	7.9	16.8	10.7									0.7	5.4	사선	2.6	0.5	3.8
서해안	보령	전기	주교리	8호	마연	24	7.9	8	18.3	11.8	100	4.3	45											
서해안	보령	전기	주교리	8호	불명												0.4	사선			사선	1.1	0.8	5.6
서해안	보령	전기	주교리	8호	불명									0.3	2.7	0.7	1.1	사선						
서해안	보령	전기	주교리	8호	불명									0.4	3.7	0.5	0.9	사선						
서해안	보령	전기	주교리	8호	불명									0.2	1.6	0.5	0.8	사선						
서해안	보령	전기	주교리	9호	불명												0.2	사선	0.5	4.8	사선	1.7	0.6	4.1
서해안	보령	전기	주교리	12호	발형		20.6							0.4	1	1	0.2	사선						
서해안	보령	전기	주교리	13호	발형		23.4										0.6	직교						
서해안	보령	전기	주교리	13호	불명												0.8				사선	2	0.5	
서해안	보령	전기	주교리	13호	불명									0.3	0.8	0.7					사선	1.3	0.6	2.2
서해안	보령	전기	주교리	13호	불명									0.4		0.5	0.6	직교						
서해안	보령	전기	주교리	14호	불명									0.2	1.4	0.4								
서해안	보령	전기	주교리	15호	불명									0.7	1	1	0.7	직교						
서해안	보령	전기	주교리	18호	발형	15.5	11.8	6.1									0.2	사선	0.4	4.5	사선	2.6	0.6	3.9
서해안	보령	후기	죽청리	9호	발형		17.4										0.5	직교						
서해안	보령	후기	죽청리	12호	호형		20.9					7	44				0.8	직교						
서해안	서산	전기	갈산리 무리치	2호	발형		29.5							0.3	1.8	1.2	0.3	사선	0.6	4.1	사선		1.5	
서해안	서산	전기	갈산리 무리치	3호	불명									0.4	1.6	0.8	1	사선						
서해안	서산	전기	갈산리 무리치	3호	불명									0.4	2.6	0.7	1.2	사선						
서해안	서산	전기	갈산리 무리치	3호	불명									0.5	1.9	1	1	사선						
서해안	서산	전기	갈산리 무리치	3호	불명									0.4										
서해안	서산	전기	갈산리 무리치	3호	불명									0.3	1.4	0.5	0.7	사선						
서해안	서산	전기	갈산리 무리치	3호	마연		8.5		13.8		62	2.7	56											
서해안	서산	전기	갈산리 무리치	4호	발형	8.7	23.8	10									0.6		0.5	0.7	사선			
서해안	서산	전기	갈산리 무리치	4호	불명												1.5	사선	0.8	3.2	사선	2	0.6	
서해안	서산	전기	갈산리 무리치	5호	발형		28.5										0.9	직교	1.2	5.6	사선	3.5	0.8	
서해안	서산	전기	갈산리 무리치	5호	발형		20.9										1.6	사선						
서해안	서산	전기	갈산리 무리치	5호	발형		18.5										0.5	사선						
서해안	서산	전기	갈산리 무리치	5호	불명												0.6	직교			사선		0.6	
서해안	서산	전기	갈산리 무리치	6호	불명												0.8				사선	2.5	1.6	
서해안	서산	전기	갈산리 무리치	6호	불명									0.5	2.4									
서해안	서산	전기	갈산리 무리치	7호	불명																사선	1.4	1	

서해안	서산	후기	휴암리	2호	불명												0.3	사선						
서해안	서산	후기	휴암리	2호	불명												0.7	직교						
서해안	서산	후기	휴암리	2호	불명												0.8	사선						
서해안	서산	후기	휴암리	2호	불명												0.4	사선						
서해안	서산	후기	휴암리	8호	발형		25.4		26.2								0.5	직교						
서해안	서산	후기	휴암리	8호	발형												0.6	사선						
서해안	서산	후기	휴암리	9호	발형		17.7		18.2								0.2	직교						
서해안	서산	후기	휴암리	9호	발형		19.8		20.4								0.2	사선						
서해안	서산	후기	휴암리	9호	발형		19.7		20.4								0.4	직교						
서해안	서산	후기	휴암리	9호	발형		25.3		27.4								0.4	직교						
서해안	서산	후기	휴암리	9호	발형	18.6	16.1	7.9	16.6	17							0.5	직교						
서해안	서산	후기	휴암리	9호	불명												1	사선						
서해안	서산	후기	휴암리	9호	불명												1.8	사선						
서해안	서산	후기	휴암리	9호	불명												1.2	사선						
서해안	서산	후기	휴암리	9호	불명												1	직교						
서해안	서산	후기	휴암리	9호	불명												1.2	사선						
서해안	서산	후기	휴암리	9호	불명												0.7	사선						
서해안	서산	후기	휴암리	9호	불명												0.4	사선						
서해안	서산	후기	휴암리	A호	발형		19.2		19.6															
서해안	서산	후기	휴암리	A호	발형		28.5		30															
서해안	서산	후기	휴암리	A호	발형		20.5		21.8								0.7	직교						
서해안	서산	후기	휴암리	A호	발형		20.6		21.6								1.1	직교						
서해안	서산	후기	휴암리	A호	발형		20.7		22.3								0.6	직교						
서해안	서산	후기	휴암리	A호	발형	34.8	22.3	11	24.4	27.5							0.4	직교						
서해안	서산	후기	휴암리	A호	발형		13.9	6.3	15.1															
서해안	서산	후기	휴암리	A호	발형		16.3	7.3	16.8															
서해안	서산	후기	휴암리	A호	발형	17.4	17	8.9	17	17.4														
서해안	서산	후기	휴암리	A호	발형	21.6	19.1	7.2	20	18.5														
서해안	서산	후기	휴암리	A호	불명												1	사선						
서해안	서산	후기	휴암리	A호	불명									0.4	2	1.2	0.6	사선						
서해안	서산	후기	휴암리	A호	불명												0.8	직교						
서해안	서산	후기	휴암리	A호	호형		26.4				90	5.8	35				0.6	직교						
서해안	서산	후기	휴암리	A호	호형	14.3	9.1	6.4	14.8	5.6	84	3.7	37											
서해안	서산	후기	휴암리	A호	호형		10.2	6.5			53	2												
서해안	서산	후기	휴암리	A호	호형		11.7	5.8			96	4.1	37											
서해안	서산	후기	휴암리	B호	불명												0.7	사선						
서해안	서천	후기	당정리	2호	옹형		12.3		17.9															
서해안	서천	후기	도삼리	3호	발형	6.5	11.2	4.8	11.2	6.5														
서해안	서천	후기	도삼리	3호	발형	8.2	10.6	4.1	11.9	6.6														
서해안	서천	후기	도삼리	3호	발형	8.1	10.7	5.1	11.4	7.2														

서해안	서천	후기	도삼리	3호	불명												0.8	사선						
서해안	서천	후기	도삼리	3호	불명												0.3	사선						
서해안	서천	후기	도삼리	3호	불명		15.1										0.3	사선						
서해안	서천	후기	도삼리	3호	불명		17.2										1	사선						
서해안	서천	후기	도삼리	3호	옹형		21.8										2.6	사선						
서해안	서천	후기	도삼리	7호	불명												0.8	사선						
서해안	서천	후기	봉선리	3-2-1호	마연	9.9	6.8	6.8	9.7	3.1	81	1.6	67											
서해안	서천	후기	봉선리	3-2-1호	발형		11.9										0.8	사선						
서해안	서천	후기	봉선리	3-2-1호	불명												0.3	사선						
서해안	서천	후기	봉선리	3-2-1호	불명												0.2	사선						
서해안	서천	후기	봉선리	3-2-2호	호형	9.6	5	4.9	8.4	4.9	86	1	50											
서해안	서천	후기	봉선리	3-2-3호	불명		21.5										2.1	사선						
서해안	서천	후기	봉선리	3-2-3호	불명		16.3										0.4	사선						
서해안	서천	후기	봉선리	3-2-10호	발형	6.4	7.9	6.7	9.8	4.4														
서해안	서천	후기	봉선리	3-3-4호	옹형	30.2	17.2	8.5	20.3	13.8	66	1.2	65											
서해안	서천	후기	봉선리	3-3-8호	불명												0.9	사선						
서해안	서천	후기	봉선리	3-3-10호	불명												0.8	사선						
서해안	서천	후기	봉선리 태성리	1호	발형	8.9	9.5	5.2	10	7.8														
서해안	서천	후기	봉선리 태성리	1호	발형(?)		17.4		18		64	1.6												
서해안	서천	후기	봉선리 태성리	1호	불명												0.2	사선						
서해안	서천	후기	오석리	95-3호	불명		14.3										1	사선						
서해안	서천	후기	오석리	95-3호	불명												0.9	사선						
서해안	서천	후기	오석리	95-3호	불명												0.2	사선						
서해안	서천	후기	오석리	95-3호	불명												0.3	사선						
서해안	서천	후기	오석리	95-4호	옹형	27	13.7	8.7	18.7	16.6	61	1.3	65											
서해안	서천	후기	오석리	95-7호	호형		16.7		20.7		98	6.2	68												
서해안	서천	후기	월기리	3호	불명												0.3	사선						
서해안	서천	후기	월기리	3호	불명												0.4	사선						
서해안	서천	후기	월기리	6호	불명												0.5	사선						
서해안	서천	후기	월기리	7호	불명												0.8	사선						
서해안	서천	후기	월기리	10호	발형		16.9										0.9	사선						
서해안	서천	후기	월기리	10호	불명												0.6	사선						
서해안	서천	후기	월기리	10호	불명												0.2	사선						
서해안	서천	후기	월기리	10호	불명												0.2	사선						
서해안	서천	후기	월기리	13호	불명												0.3	사선						
서해안	서천	후기	한성리	3호	발형	6.5	15.5	7.5	15.5	6.5														
서해안	서천	후기	한성리	3호	옹형	21.6	13.4	7.7	17.3	13.2	83	1.8	71											
서해안	서천	후기	한성리	3호	옹형	23.5	15.1	8.7	21	12.6	81	2.2	60											
서해안	서천	후기	한성리	3호	옹형	11.6	8.4	5.3	10.9	5.8														
서해안	서천	후기	한성리	4호	옹형		16				58	2.5	71												

서해안	서천	후기	한성리	5호	옹형		15.4		18.4		71	3.7	73										
서해안	태안	후기	고남리	1호	발형	27.2	20	15.2	22	21.5													
서해안	태안	후기	고남리	1호	발형	28.9	20	10	22	23.4													
서해안	태안	후기	고남리	3호	발형	23.6	18.8	9.2	21.2	18.2													
서해안	태안	후기	고남리	3호	발형	23.5	16.5	9	18.8	16.5							1	직교					
충남 남부	논산	후기	마전리	C-1호	발형	7.5	11	5	11.6	6													
충남 남부	논산	후기	마전리	C-1호	발형	4.8	10.6	5	10.6	4.8													
충남 남부	논산	후기	마전리	KC-001	옹형		17.6		20.8		56	1.9											
충남 남부	논산	후기	마전리	KC-001	옹형		9.3		13.2		77	1.5											
충남 남부	논산	후기	마전리	KC-001	옹형		16.3		24.3		53	1.5											
충남 남부	논산	후기	마전리	KC-001	옹형		12.6				59	1.7											
충남 남부	논산	후기	마전리	KC-001	옹형		16.8				52	1.8											
충남 남부	논산	후기	마전리	KC-001	옹형		15.5				45	1.6											
충남 남부	논산	후기	마전리	KC-001	옹형		16				44	1.9											
충남 남부	논산	후기	원북리	19호	옹형			6.9	21.8	15.4													
충남 남부	논산	후기	원북리	19호	옹형			7.2	20.6														
충남 남부	부여	후기	나복리	8호	불명												0.3	사선					
충남 남부	부여	후기	나복리	8호	불명												0.2	사선					
충남 남부	부여	후기	나복리	8호	불명												0.2	사선					
충남 남부	부여	후기	나복리	8호	불명												0.4	사선					
충남 남부	부여	후기	나복리	20호	옹형	11.1	10.6	4.9	10.3	6	52	1.2											
충남 남부	부여	후기	나복리	20호	옹형		8.3		11.1		72	0.7												
충남 남부	부여	후기	나복리	21호	불명		13.2										0.8	사선					
충남 남부	부여	후기	나복리	21호	불명												0.3	사선					
충남 남부	부여	후기	나복리	21호	불명												0.7	사선					
충남 남부	부여	후기	나복리	21호	옹형		16.4		21.6														
충남 남부	부여	후기	나복리	21호	옹형		17.5				68	2.7											
충남 남부	부여	후기	나복리	21호	옹형		12.3		15.2		73	1.2											
충남 남부	부여	후기	나복리	22호	발형	19.5	14	8.4	15.3	16.6													
충남 남부	부여	후기	송국리	50-2호	옹형	11.9	8.2	4.2	10.4	6.1													
충남 남부	부여	후기	송국리	50-3호	발형	4.7	9	3.7	9	4.7													
충남 남부	부여	후기	송국리	53-1호	옹형	20.1	13.2	6.9	15.6	10	52	1.5											
충남 남부	부여	후기	송국리	53-1호	옹형	13.3	7.3	5.7	10.5	6.5	67	1											
충남 남부	부여	후기	송국리	54-1호	발형	6.8	10.8	4.3	11	5.7													
충남 남부	부여	후기	송국리	54-1호	옹형	27.2	14	6.3	18.2	10.9	62	1.2											
충남 남부	부여	후기	송국리	54-1호	옹형	36.7	15.9	7.7	25.7	15.9	62	1.8											
충남 남부	부여	후기	송국리	54-1호	옹형	20.9	11.9	5.8	15.4	11.3	70	1.9											
충남 남부	부여	후기	송국리	54-1호	옹형	21.7	12.1	6.8	16.6	10.7	78	2											
충남 남부	부여	후기	송국리	54-2호	마연	27.5	8.4		21.2	17.1													
충남 남부	부여	후기	송국리	54-2호	발형	15.9	12.6	5.9	13.5	9.2	55	1.1											

충남 남부	부여	후기	송국리	54-2호	발형	10.6	9.7	4.7																
충남 남부	부여	후기	송국리	54-2호	옹형	36.2	15.5	8.3	24.2	19.8	65	1.7												
충남 남부	부여	후기	송국리	54-2호	옹형	27.4	15	6.3	20.3	15	51	1.7												
충남 남부	부여	후기	송국리	54-2호	옹형	41	21	8.2	30.9	23.1	52	1.3												
충남 남부	부여	후기	송국리	54-2호	옹형	25.3	15.5	7.5	18.8	14.3	56	1.7												
충남 남부	부여	후기	송국리	54-2호	옹형	27.7	9.2	7.3	18.9	15.4														
충남 남부	부여	후기	송국리	54-3호	옹형	18	8.9	6.5	12.4	9.5	67	1.2												
충남 남부	부여	후기	송국리	54-3호	옹형	27.9	17.1	8.9	22.1	14.6														
충남 남부	부여	후기	송국리	54-3호	옹형	27.4	18	10	21.9	14.1	54	2.7												
충남 남부	부여	후기	송국리	54-3호	옹형	13.4	8.4	7.7	11.9	6.6	65	0.9												
충남 남부	부여	후기	송국리	54-5호	마연	13.2	8.8	9.4	14.9	5	46	1.4	58											
충남 남부	부여	후기	송국리	54-5호	마연	22.4	7.7		16.1	6.1	81	3	41											
충남 남부	부여	후기	송국리	54-5호	마연		8.7				82	4.6												
충남 남부	부여	후기	송국리	54-5호	발형	8.4	7.6	5.3	8.8	3.9														
충남 남부	부여	후기	송국리	54-5호	옹형	26.4	14.1	7.6	18.2	13.4	62	1.7	69											
충남 남부	부여	후기	송국리	54-5호	옹형	25.7	13.5	7.3	18	13.2	70	1.7	70											
충남 남부	부여	후기	송국리	54-5호	옹형	46	17.8	9.3	32.7	22.7	62	2.4	58											
충남 남부	부여	후기	송국리	54-5호	옹형	25.5	15.7	8.1	19.2	12.9	54	1.2	67											
충남 남부	부여	후기	송국리	54-5호	옹형	23.9	13.1	7.4	17.1	11.3	60	2.1	56											
충남 남부	부여	후기	송국리	54-6호	발형	10	21.7	8.1	21.7	10														
충남 남부	부여	후기	송국리	54-6호	옹형	10.9	6.9	5.2	8.9	5.5	70	1	71											
충남 남부	부여	후기	송국리	54-6호	옹형		12.7		19		60	1	68											
충남 남부	부여	후기	송국리	54-8호	발형	6.6	14.6	7.4	14.6	6.6														
충남 남부	부여	후기	송국리	54-8호	옹형	28.6	13.4	7.4	18.7	14.9	64	2.7	65											
충남 남부	부여	후기	송국리	54-8호	옹형	27.2	15.4	7.4	21.9	15.6	53	1.4	68											
충남 남부	부여	후기	송국리	54-8호	옹형		7.8	5.1	9.1	5.7														
충남 남부	부여	후기	송국리	54-9호	옹형		13.6	7.5	16.3		67	2.2	66											
충남 남부	부여	후기	송국리	54-9호	옹형		15.4	7.4			59	2	61											
충남 남부	부여	후기	송국리	54-10호	발형	6.8	13.3	5.7	13.3	6.8														
충남 남부	부여	후기	송국리	54-10호	옹형		30.6	10.2			65	0.9	61											
충남 남부	부여	후기	송국리	54-11호	옹형	35.4	17.4	6.6	25.6	20.2														
충남 남부	부여	후기	송국리	54-11호	옹형		23.8	8.2			57	1.6												
충남 남부	부여	후기	송국리	54-12호	옹형	15.5	9.2	4.4			62	1.1	64											
충남 남부	부여	후기	송국리	54-12호	옹형		13.9	3.9			65	0.8	64											
충남 남부	부여	후기	송국리	54-12호	옹형	16.5	8.6	6.5	13.8	10.2	80	1.5	46											
충남 남부	부여	후기	송국리	54-13호	옹형	38.1	17.2	7.9	24.2	20.3	66	1.9												
충남 남부	부여	후기	송국리	54-13호	옹형	43.6	20	7.7	29.6	22.9	51	2.2												
충남 남부	부여	후기	송국리	54-13호	옹형	25.6	12.6	7.1	18.2	14.7	67	1.5												
충남 남부	부여	후기	송국리	54-13호	옹형	22.8	14.3	7.7	17.3	12.5														
충남 남부	부여	후기	송국리	54-13호	옹형	16.6	11.1	6.3	13.2	8.4	63	1.6												

충남	남부	부여	후기	송국리	54-13호	옹형	10	8.2	5.4	8.9	5	63	1.7											
충남	남부	부여	후기	송국리	54-14호	마연	23	7.7		18.1	8.7	75	2.3	48										
충남	남부	부여	후기	송국리	54-14호	발형	15.4	14.9	8.1	15.6	11.6													
충남	남부	부여	후기	송국리	54-14호	옹형	25.4	13.6	7.2	17.7	13.4	46	1.5											
충남	남부	부여	후기	송국리	54-14호	옹형	14.6	8.5	5.6	10.3	6.5	56	1.1											
충남	남부	부여	후기	송국리	54-14호	옹형	42	21.4	13.8	31.6	22.6	78	1.7	58										
충남	남부	부여	후기	송국리	54-14호	옹형	15.8	11.2	6.7	12.8	9.7													
충남	남부	부여	후기	송국리	54-15호	옹형	46	18.2	5.6	31.4	21.8	54	1.6	72										
충남	남부	부여	후기	송국리	54-15호	옹형	32.2	13.2	6.6	21.6	15.2	72	1.4	62										
충남	남부	부여	후기	송국리	54-15호	옹형	24.2	13.5	6	17.6	13.3	65	1.1	70										
충남	남부	부여	후기	송국리	54-15호	옹형	42.8	15	8	33	20.6	67	1.7	54										
충남	남부	부여	후기	송국리	54-15호	옹형	12.4	8.3	4.5	10	5.9													
충남	남부	부여	후기	송국리	54-20호	마연		7.6				64	3.3											
충남	남부	부여	후기	송국리	54-22호	옹형	17.2	10.2	7.9	17.9	8.3	75	0.9	46										
충남	남부	부여	후기	송국리	54-22호	옹형	22.7	15.5	10.9	27.2	11.4	80	1.5	40										
충남	남부	부여	후기	송국리	54-23호	옹형		15.4	4.7			47	1	56										
충남	남부	부여	후기	송국리	54-23호	옹형		18.2	7			50	2.1	65										
충남	남부	부여	후기	송국리	55-1호	옹형		14.7		22		67	1.7	73										
충남	남부	부여	후기	송국리	55-1호	옹형		10.8	6.1			69	1.2	72										
충남	남부	부여	후기	송국리	55-2호	발형	7.4	14.8	7.3	14.8	7.4													
충남	남부	부여	후기	송국리	55-2호	발형	13	9.8	7.2	9.8	13													
충남	남부	부여	후기	송국리	55-2호	발형	11.5	9	6.4	10	7.6													
충남	남부	부여	후기	송국리	55-2호	발형	10.1	20	8	20	10.1													
충남	남부	부여	후기	송국리	55-2호	발형	10.4	8.2	5.1	8.2	10.4													
충남	남부	부여	후기	송국리	55-2호	옹형	17.1	10.1	5.9	11.7	10.2	59	1.3	79										
충남	남부	부여	후기	송국리	55-2호	옹형		10.8				59	1.7	75										
충남	남부	부여	후기	송국리	55-5호	발형	8.7	15	5.5	15	8.7													
충남	남부	부여	후기	송국리	55-6호	마연	22.4	7.8		17.8	4.2	78	2.9	52										
충남	남부	부여	후기	송국리	55-8호	옹형	12.8		5.5	9.9	7.4	64	1.1	76										
충남	남부	부여	후기	증산리	6호	옹형		25.7		36		67	2.3	62										
충남	남부	부여	후기	증산리	6호	옹형		15.8				55	2.4	72										
충남	남부	부여	후기	증산리	7호	마연			4.7	7.6	1.4	80		65										
충남	동부	계룡	전기	두계리	3호	발형	15.8	8	6.6	10.4	6.1													
충남	동부	계룡	전기	두계리	4호	불명		20.8											0.8	3.5	사선	1.2	1.1	2.8
충남	동부	계룡	후기	두계리	7호	발형(?)		18.8																
충남	동부	계룡	후기	두계리	10호	호형		22				83	3.3	54										
충남	동부	금산	전기	수당리 (표고재배)	3호	마연	16.2	7.7	7.1	12.4	5.8	90	3.9	52										
충남	동부	금산	전기	수당리 (표고재배)	3호	마연		8.7				84	3.5	60										

충남 동부	금산	후기	수당리	1호	발형	30.5	28.1	8.4											1.1	5	사선	1.7	0.7	3.8
충남 동부	금산	후기	수당리	2호	마연		8.6		20.7		82	4.7	44											
충남 동부	금산	후기	수당리	2호	마연		12.5				82	3.4	50											
충남 동부	금산	후기	수당리	2호	발형	5.9	11.7	7.7	11.7	5.9														
충남 동부	금산	후기	수당리	2호	발형	19.9	11.8	6.8	14.2	9.9														
충남 동부	금산	후기	수당리	2호	발형	6.4	11.3	5.8	11.3	6.4														
충남 동부	금산	후기	수당리	2호	옹형	47.8	23.5	10.4	30.8	25.5	69	2.2	78											
충남 동부	금산	후기	수당리	6호	발형		33.6										0.4	사선						
충남 동부	금산	후기	수당리	6호	발형	39.8	34.6	9.8	37.2	28.6														
충남 동부	금산	후기	수당리	6호	발형	17.5	17.4	7.7	17.4	17.5														
충남 동부	대전	전기	가오동	4호	마연		8.6				86	3.4	47											
충남 동부	대전	전기	가오동	4호	불명												0.4	사선						
충남 동부	대전	전기	가오동	4호	불명						75	3.3					0.3	사선						
충남 동부	대전	전기	가오동	4호	불명												0.6	사선						
충남 동부	대전	후기	가오동	8호	발형	14.7	19.7	7.5	19.7	14.7														
충남 동부	대전	후기	가오동	8호	발형	7.2	6.2	5.1	7	4.7														
충남 동부	대전	후기	가오동	8호	발형	7	9.2	5.2	9.4	6.3														
충남 동부	대전	후기	가오동	8호	발형	14	26.1	9.1	26.1	14														
충남 동부	대전	후기	가오동	8호	발형	16	9.7	6	11.7	11.5														
충남 동부	대전	후기	가오동	8호	발형	8.5	4.6	4.2	6.9	4	91	1.2	66											
충남 동부	대전	후기	가오동	8호	옹형	14.2	9.6	5.9	11.9	7.5	71	1	76											
충남 동부	대전	전기	관평동	1-1호	발형		21.3										0.9	사선	1	3.4	사선	1	0.7	2.6
충남 동부	대전	전기	관평동	2-3호	발형		33.4														사선	0.9	0.8	0.3
충남 동부	대전	전기	관평동	2-9호	불명												2.1	사선			사선	1	1.6	3.7
충남 동부	대전	전기	관평동	2-10호	발형	11.1	12	6	12	11.1														
충남 동부	대전	전기	관평동	2-10호	불명												0.6	사선						
충남 동부	대전	후기	구성동	C-1호	옹형	28.7	13.2	6.3	19.8	15.1	65	1.6	69											
충남 동부	대전	후기	구성동	C-2호	발형	11.3	9.7	5.8	10.9	6.2														
충남 동부	대전	후기	구성동	C-4호	발형	15.6	13.5	7.1	14.7	11.6														
충남 동부	대전	후기	구성동	C-4호	발형	8.6	12.1	5.3	12.1	8.6														
충남 동부	대전	후기	구성동	C-4호	옹형		11.2		18.4															
충남 동부	대전	후기	구성동	C-5호	발형	18.1	12.1	6.9	13.5	13														
충남 동부	대전	후기	구성동	C-5호	발형	14.8	13.1	6.8	13.7	10.7														
충남 동부	대전	후기	대정동	KC-001	옹형		13.4		18.7															
충남 동부	대전	전기	둔산동	1호	불명																사선	0.5	0.6	1.8
충남 동부	대전	전기	둔산동	1호	불명																사선	0.7	0.9	0.2
충남 동부	대전	전기	둔산동	1호	호형		17.9				96	8.9	44				0.6	사선	0.6	2.7	사선	0.6	0.7	2.1
충남 동부	대전	전기	둔산동	2호	발형	34.2	22.7	10.2	25.4	22.6									0.8	3.8	사선	1.1	0.7	3
충남 동부	대전	전기	둔산동	2호	불명														0.9	3	사선	1.1	0.5	1.8
충남 동부	대전	전기	둔산동	3호	불명																사선	0.8	0.3	3

충남	동부	대전	전기	복룡동	1호	발형	20	12.4	8	14.3	13.6													
충남	동부	대전	후기	복룡동	2호	발형	15	18.8	7.5	18.8	15													
충남	동부	대전	전기	용산동	1호	마연	12.9	4.1		9.9	4.6	77	0.8	64										
충남	동부	대전	전기	용산동	1호	발형	8.5	21.8	8.7										0.7	1.6	사선	0.4	0.3	1.2
충남	동부	대전	전기	용산동	1호	발형	14	13.7	5										0.7	1.9	사선	0.4	0.5	1.4
충남	동부	대전	전기	용산동	1호	발형		29.5											0.8	2.3	사선	1.3	0.7	0.9
충남	동부	대전	전기	용산동	1호	발형	33.3	28.1	11.2	28	27								1	2.3	사선	1.7	0.2	1.4
충남	동부	대전	전기	용산동	1호	발형		27.3											0.9	3.1	사선	0.7	0.6	2.5
충남	동부	대전	전기	용산동	1호	발형	11.1	11.9	6.1	11.9	11.1													
충남	동부	대전	전기	용산동	1호	발형	10.5	16.2	6	16.2	10.5													
충남	동부	대전	전기	용산동	2호	발형	27.1	22.6	7.5	23.1	19								0.7	2.2	사선	0.3	0.3	0
충남	동부	대전	전기	용산동	2호	발형		16.1											0.8	3.1	사선	0.6	0.5	2.3
충남	동부	대전	전기	용산동	2호	발형	26.9	22.6	7.5	23.1	19	73	2.5	81			0.3	사선	0.8	2.5				
충남	동부	대전	전기	용산동 구석기	1호	불명													1.1	3.7	사선	1.2	0.7	2.3
충남	동부	대전	전기	용산 탑립동	2-1호	마연		5.3		9.9		66	1	70										
충남	동부	대전	전기	용산 탑립동	2-4호	불명													1.1	3.6	사선	1	0.3	2.4
충남	동부	대전	전기	용산 탑립동	2-5호	발형	32.4	19.9	8.3								0.5	사선						
충남	동부	대전	전기	용산 탑립동	4-1호	불명															복합선	0.8	0	0.3
충남	동부	대전	전기	용산 탑립동	4-1호	불명															복합선	1	0	0.2
충남	동부	대전	전기	용산 탑립동	4-2호	불명													1.1	3.2	사선	0.9	1.1	2.7
충남	동부	대전	전기	용산 탑립동	4-2호	불명													1	3.4	사선	0.7	0.8	2.5
충남	동부	대전	전기	용산 탑립동	4-2호	불명													0.6	3.9	사선	0.8	0.5	3
충남	동부	대전	전기	용산 탑립동	4-2호	불명													0.9	1.8				
충남	동부	대전	전기	용산 탑립동	4-4호	발형	15.3	12.6	8.3	14.3	10.9													
충남	동부	대전	전기	용산 탑립동	4-5호	불명													0.7	2.2	사선	1.2	0.8	1
충남	동부	대전	전기	용산 탑립동	6-10호	마연	16.1	8.7	6.7	13.3	6	90		61										
충남	동부	대전	전기	용산 탑립동	6-12호	불명															사선	0.6	0.4	2.2
충남	동부	대전	후기	자운동	2-1호	발형	10.4	12.2	6.2	12.9	8.4													
충남	동부	대전	후기	자운동	2-1호	발형	7.1	8.9	6	9.7	5.9													
충남	동부	대전	후기	자운동	2-3호	발형	6.4	6.9	5.2	7.3	5.5													
충남	북부	아산	전기	갈산리	2호	발형	11.3	12.4	7.2	12.6	8.4													
충남	북부	아산	전기	갈산리	2호	발형	8	14.1	8.2	14.1	8													
충남	북부	아산	전기	갈산리	4호	발형		40.1							0.6	3	0.9	0.8	사선	1.4	6.4	사선	2.6	2
충남	북부	아산	전기	갈산리	4호	발형	10.7	8.6	6	9.9	6.5													
충남	북부	아산	후기	군덕리	1호	마연		10.2				59	1.7	41										
충남	북부	아산	후기	군덕리	1호	불명												1.6	직교						
충남	북부	아산	후기	군덕리	3호	옹형	16.6	11.9	8.2	15	8	77		70										
충남	북부	아산	후기	군덕리	4호	발형									0.6		1							
충남	북부	아산	후기	군덕리	4호	발형									0.3	4								
충남	북부	아산	후기	군덕리	4호	발형	37.8	41.2	9.9	42.6	35.3				0.3	3.7	0.5							

충남 북부	아산	후기	군덕리	5호	발형										0.3	1								
충남 북부	아산	후기	덕지리	4호	옹형	27.8	12.8	7.5	18.2	16.7														
충남 북부	아산	전기	명암리11	2호	발형		19.7								0.4	4	0.7		직교					
충남 북부	아산	전기	명암리11	3호	발형	9.7	10.9	5.3	10.9	9.7														
충남 북부	아산	전기	명암리11	4호	발형		29.7								0.5	2.2		2	직교					
충남 북부	아산	전기	명암리11	4호	발형		16.1								0.4	5.3								
충남 북부	아산	전기	명암리11	4호	발형	7.2	13.6	6.8	13.6	7.2														
충남 북부	아산	전기	명암리11	6호	발형		20.2								0.6	5.2								
충남 북부	아산	전기	명암리11	6호	호형		25.1					83	5.4	61										
충남 북부	아산	전기	명암리11	7호	발형		26.9								0.5	2.9								
충남 북부	아산	전기	명암리11	7호	발형	12.5	14.4	7.3	14.4	12.5														
충남 북부	아산	전기	명암리11	7호	발형	13	13.8	8	13.8	13														
충남 북부	아산	전기	명암리11	7호	호형		13.1					85	4.4	45										
충남 북부	아산	전기	명암리11	8호	불명		15											1.4	사선					
충남 북부	아산	전기	명암리11	10호	불명		16.7								0.4	2.4								
충남 북부	아산	전기	명암리11	11호	발형	6.7	12.7	6.1	12.7	6.7														
충남 북부	아산	전기	명암리11	12호	발형		32.4								0.4	4								
충남 북부	아산	전기	명암리11	13호	발형		20.6											2	사선					
충남 북부	아산	전기	명암리11	13호	발형	22.7	15.6	8.4	17.2	16.7														
충남 북부	아산	전기	명암리11	13호	발형	8.7	10.5	7	10.5	8.7														
충남 북부	아산	전기	명암리11	13호	불명										0.4	3								
충남 북부	아산	전기	명암리11	14호	발형		31.5								0.6	2.6	1	2.4	사선					
충남 북부	아산	전기	명암리11	14호	발형	28.1	31.9	11.3	31.9	28.1														
충남 북부	아산	전기	명암리11	14호	발형	14.5	17.6	9.3	17.6	14.5														
충남 북부	아산	전기	명암리11	14호	호형	32.5	14.4	7.2	22.4	15.6		71		62										
충남 북부	아산	전기	명암리11	중3호	호형		11.1					55	1.2	51										
충남 북부	아산	전기	명암리6	1호	발형		17.8											1.6	직교					
충남 북부	아산	전기	명암리6	1호	발형	6.8	8.8	4.3	8.8	6.8														
충남 북부	아산	전기	명암리6	1호	불명													1.2	직교			사선	2	2.8
충남 북부	아산	전기	명암리6	1호	불명													1.6	사선			사선		1.2
충남 북부	아산	전기	명암리6	1호	호형		19.2					74	4.5	41										
충남 북부	아산	전기	신달리	2호	발형	8.9	11.9	7.7	11.9	8.9														
충남 북부	아산	전기	신달리	3호	발형	12	18.9	7.4	18.9	12														
충남 북부	아산	전기	신달리	3호	불명										0.4			1.2	사선					
충남 북부	아산	전기	신달리	3호	불명										0.5			1.3	직교					
충남 북부	아산	전기	신달리	4호	발형	16.2	16.2	7.7	16.2	16.2														
충남 북부	아산	전기	와우리	1호	불명										0.4	2.2	0.7		사선					
충남 북부	아산	전기	와우리	1호	불명										0.3	1.8	0.6	1.6	사선					
충남 북부	아산	전기	와우리	1호	불명										0.2	1.6	0.7	1.6	사선					
충남 북부	아산	전기	와우리	1호	불명										0.3		0.7	0.8	사선					

충남	북부	아산	전기	와우리	1호	불명									0.3	1.7	0.4	1.8	직교					
충남	북부	아산	전기	와우리	1호	불명									0.3		0.5	0.8	사선					
충남	북부	아산	전기	와우리	2호	발형	7.1	9.5	6	9.5	7.1													
충남	북부	아산	전기	와우리	2호	불명									0.4	2.5	1.4	2	사선					
충남	북부	아산	전기	와우리	2호	불명									0.4	2.8	1.2	1.2	사선					
충남	북부	아산	전기	와우리	2호	불명									0.5	4	1.4	2.4	직교					
충남	북부	아산	전기	와우리	2호	불명									0.6		0.9							
충남	북부	아산	전기	와우리	3호	불명									0.3		1.2		직교					
충남	북부	아산	전기	와우리	3호	불명												0.8	사선					
충남	북부	아산	전기	와우리	3호	불명									0.4	1								
충남	북부	아산	전기	와우리	5호	발형	13.8	15	8.5	15	13.8													
충남	북부	아산	전기	와우리	5호	발형	18.2	20.9	9.1	20.9	18.2													
충남	북부	아산	전기	와우리	5호	발형	5.8	12.2	8.9	12.2	5.8													
충남	북부	아산	전기	와우리	5호	불명									0.4	3	1.1	2	직교					
충남	북부	아산	전기	와우리	5호	불명												1.6	직교					
충남	북부	아산	전기	와우리	5호	불명												1	직교					
충남	북부	아산	전기	와우리	8호	마연		9.1				61	1.9	47										
충남	북부	아산	전기	와우리	8호	발형	19.2	15.8	8.3	15.8	19.2													
충남	북부	아산	전기	와우리	8호	발형	7.9	10.8	5.8	10.8	7.9													
충남	북부	아산	전기	와우리	8호	불명									0.4	3.2	1.6	2.6	직교					
충남	북부	아산	전기	와우리	8호	불명									0.4	2.8	0.9	1.4	직교					
충남	북부	아산	전기	와우리	8호	불명												0.7	사선					
충남	북부	아산	전기	와우리	9호	불명												1	사선					
충남	북부	아산	전기	풍기동	2호	발형	15.3	15.2	7.6	15.2	15.3							1.2	사선					
충남	북부	아산	전기	풍기동	2호	발형	9.3	14.7	8.4	14.7	9.3													
충남	북부	예산	전기	두리	1호	발형																사선	3	1.4
충남	북부	예산	전기	두리	1호	불명									0.4	2	0.8	0.4	직교	0.8	3.8	복합선	3.8	0.9
충남	북부	천안	후기	남관리	2호	발형	14.2	14.1	6.6	14.1	14.2													
충남	북부	천안	후기	대흥리	2호	발형	15.3	13.3	6.5	13.3	15.3													
충남	북부	천안	후기	대흥리	2호	발형	16.1	14.9	7.3	14.9	16.1													
충남	북부	천안	후기	대흥리	2호	발형	38.4	23.3	8.4	27.7	25.9													
충남	북부	천안	후기	대흥리	2호	발형	8.2	11.5	6.8	11.5	8.2													
충남	북부	천안	후기	대흥리	2호	옹형	24.2	13.8	7.2	18.2	12.5													
충남	북부	천안	후기	대흥리	3호	발형	18.1	11	7.7	12.4	12.9													
충남	북부	천안	후기	대흥리	3호	발형	15.7	11.5	6.5	12.6	12													
충남	북부	천안	후기	대흥리	3호	발형	25.9	17.1	6	19.1	19.1													
충남	북부	천안	후기	대흥리	3호	발형	9.8	10.7	6.9	10.7	9.8													
충남	북부	천안	후기	대흥리	3호	발형	7.9	15.1	7.5	15.1	7.9													
충남	북부	천안	후기	대흥리	4호	불명												0.2	사선					
충남	북부	천안	후기	대흥리	4호	불명												0.2	사선					

충남 북부	천안	후기	대흥리	4호	옹형	29.8	10.9	8	18.9	15.6													
충남 북부	천안	전기	두정동	1호	발형	15.2	14.7	7.2											0.7	3.8	사선	1	0.8
충남 북부	천안	전기	백석동	III-3호	발형	10.1	12.1	7.7	12.6	8.4													
충남 북부	천안	전기	백석동	새-10호	불명												1.3	사선					
충남 북부	천안	전기	백석동	새-10호	호형		20.7				86	6	44										
충남 북부	천안	전기	백석동	새-1호	발형	16.5	14.5	7.9	14.5	16.5													
충남 북부	천안	전기	백석동	새-1호	발형	11.3	14.9	8.5	14.9	11.3													
충남 북부	천안	전기	백석동	새-1호	발형	9.2	9.9	6.1	9.9	9.2													
충남 북부	천안	전기	백석동	새-2호	불명									0.5	3	0.5	0.7	사선			사선	6	2.9
충남 북부	천안	전기	백석동	새-2호	불명												1.2	직교					
충남 북부	천안	전기	백석동	새-2호	옹형		11.4		12.5														
충남 북부	천안	전기	백석동	새-5호	발형	7.4	13.3	5.7	13.3	7.4													
충남 북부	천안	전기	백석동	A-2호	발형		23.5	6.9	25	3.6				0.4	2.4								
충남 북부	천안	전기	백석동	A-4호	발형		32.5		33.6					0.5	1.1	1	2.6	직교			복합선	7.6	3.5
충남 북부	천안	전기	백석동	A-4호	발형	27	22.4	9.6									0.8	사선					
충남 북부	천안	전기	백석동	A-4호	발형	23.6	21.7	9.2	23	4							0.4	직교					
충남 북부	천안	전기	백석동	A-4호	발형	26.1	21.9	9.4	22.7	23.7							1	직교					
충남 북부	천안	전기	백석동	A-4호	발형	23.1	21	9	23.1	19							1.2	직교					
충남 북부	천안	전기	백석동	A-4호	발형	12.1	15.1	6.4	15.1	12.1													
충남 북부	천안	전기	백석동	A-4호	발형	6	6.9	5.5	6.9	6													
충남 북부	천안	전기	백석동	A-4호	발형	12.3	12.6	8.5	13.6	7.9													
충남 북부	천안	전기	백석동	A-4호	불명												1.2	사선			사선	2.5	2.4
충남 북부	천안	전기	백석동	A-5호	발형		21.3		21.3					0.4	2.2	1	5.5	사선					
충남 북부	천안	전기	백석동	A-5호	발형	9	14	7.6	14	9													
충남 북부	천안	전기	백석동	A-5호	발형	9.7	15.8	7.9	15.8	9.7				주진미		송지선							
충남 북부	천안	전기	백석동	A-6호	발형		21		21					0.5	1.5								
충남 북부	천안	전기	백석동	A-8호	호형		18.5	6.3	28.2														
충남 북부	천안	전기	백석동	A-9호	발형	6.7	11.4	5.5	11.4	6.7													
충남 북부	천안	전기	백석동	B-11호	발형	6.5	10	6.7	10	6.5													
충남 북부	천안	전기	백석동	B-12호	발형	11.9	16.2	7.4	16.2	11.9													
충남 북부	천안	전기	백석동	B-12호	불명									0.5	2.5	1.9	4.2	사선	1.1	5.5	사선	3.6	1.5
충남 북부	천안	전기	백석동	B-13호	발형	11	13.2	6.7	13.2	11													
충남 북부	천안	전기	백석동	B-14호	발형	29.4	20.6	8.4	20.8	23.6				0.5	3.6	0.8	2.1	사선					
충남 북부	천안	전기	백석동	B-17호	발형	9.4	14.2	8.4	14.2	9.4													
충남 북부	천안	전기	백석동	B-18호	발형												1.9	사선					
충남 북부	천안	전기	백석동	B-18호	발형	12.1	20.3	8	20.3	12.1													
충남 북부	천안	전기	백석동	B-18호	발형	8.5	12.1	6.8	12.1	8.5													
충남 북부	천안	전기	백석동	B-19호	마연	20.1	10.6	8.1	20	13.5	63		49										
충남 북부	천안	전기	백석동	B-19호	옹형		21.8		41								0.8	사선					
충남 북부	천안	전기	백석동	B-19호	호형		22.1		40.9		80	4.6	44				0.7	사선					

충남 북부	천안	전기	백석동	B-1호	발형	8.5	13.8	5.3	13.8	8.5														
충남 북부	천안	전기	백석동	B-20호	발형	11.4	13.3	6.8	14.7	8														
충남 북부	천안	전기	백석동	B-20호	불명												0.7	사선	0.9	8	사선	7	3	
충남 북부	천안	전기	백석동	B-22호	발형	18.2	15.9	9.5	16.7	13.8														
충남 북부	천안	전기	백석동	B-22호	발형	18.8	20.4	7.7	20.4	18.8														
충남 북부	천안	전기	백석동	B-2호	발형	22.7	20.6	6.7	22.3	18.1				0.3	1.5	0.2	0.4	직교						
충남 북부	천안	전기	백석동	B-2호	호형				22.2															
충남 북부	천안	전기	백석동	B-2호	호형				23.6															
충남 북부	천안	전기	백석동	B-3호	발형		18.7		18.7					0.3	2	1.3	1.6	직교						
충남 북부	천안	전기	백석동	B-3호	발형		41.1		41.1					0.4	3.2	1.4	3	직교						
충남 북부	천안	전기	백석동	B-3호	호형		20.1		32.4		82	4.7	51											
충남 북부	천안	전기	백석동	B-4호	발형	13.1	16.9	9.9	18.1	9.5														
충남 북부	천안	전기	백석동	I-1호	불명												2	사선						
충남 북부	천안	전기	백석동	I-2호	마연	19.2	10.8	7	19	11.5	85		78											
충남 북부	천안	전기	백석동	I-3호	불명												4	직교						
충남 북부	천안	전기	백석동	I-4호	발형	7.8	17.1	6.9	17.1	7.8														
충남 북부	천안	전기	백석동	I-8호	발형	10.8	13.3	7.2	13.3	10.8														
충남 북부	천안	전기	백석동	I-11호	불명												1	사선						
충남 북부	천안	전기	백석동	I-13-1호	발형	8.4	13.1	5.4	13.1	8.4														
충남 북부	천안	전기	백석동	I-15호	불명									0.5	3.2	1.5	3.5	사선						
충남 북부	천안	전기	백석동	I-16-2호	옹형		18.8	8.1									2.5	사선						
충남 북부	천안	전기	백석동	I-16-2호	호형			7.4	22.9															
충남 북부	천안	전기	백석동	I-17호	발형	11.9	13.8	5.4	14.5	5.6	65		77											
충남 북부	천안	전기	백석동	I-23호	호형		9.1		19.6		77		40											
충남 북부	천안	전기	백석동	II-1호	발형	11	12.7	7.1	12.7	11														
충남 북부	천안	전기	백석동	II-2호	불명														1		복합	5.3	2.2	
충남 북부	천안	전기	백석동	II-3호	불명		25.7		27								1.2	사선	0.9	6	사선	2	1	
충남 북부	천안	전기	백석동	II-5호	불명									0.5			2	사선			사선			
충남 북부	천안	전기	백석동	II-6호	발형	18	16.8	8.6	17.4	13.8							2.2	사선						
충남 북부	천안	전기	백석동	II-7호	발형	15.8	13.7	7.4	13.7	15.8														
충남 북부	천안	전기	백석동	II-7호	발형	19.5	17.6	7.9	17.6	19.5														
충남 북부	천안	전기	백석동	II-7호	발형	18.2	16.4	8.5	17.3	13.6							0.7	직교						
충남 북부	천안	전기	백석동	II-7호	발형	22.8	26.8	9	27.4	18.2							1.2	사선						
충남 북부	천안	전기	백석동	II-7호	발형	9.1	11.3	5	11.3	9.1														
충남 북부	천안	전기	백석동	II-7호	호형	35.5	14.1	8	30.1	18.1	77		36											
충남 북부	천안	전기	백석동	II-9호	발형	11.8	12	7.5	12	11.8														
충남 북부	천안	전기	백석동	II-9호	발형	8.5	13.6	7.3	13.6	8.5														
충남 북부	천안	전기	백석동	II-10호	마연		8				83	1.1	52											
충남 북부	천안	전기	백석동	II-10호	발형	24	20.7	8.7	21.6	21.3														
충남 북부	천안	전기	백석동	II-10호	불명									0.5		1.5	0.5	사선			복합			

충남 북부	천안	전기	백석동	II-10호	불명									0.4	3.4	0.5	2	직교						
충남 북부	천안	전기	백석동	II-10호	불명									0.3										
충남 북부	천안	전기	백석동	II-10호	불명									0.3	5.2				0.9	6.5				
충남 북부	천안	전기	백석동	III-2호	불명														1.2		사선	7.4	1.5	
충남 북부	천안	전기	백석동	III-4호	불명									0.5	3.8	0.8	0.6	사선			복합			
충남 북부	천안	전기	백석동	III-5호	호형	18.6	9.8	8.7	16	11.5	79		78											
충남 북부	천안	전기	백석동	III-6호	불명												3	직교	1	5.5	사선	2.5	2.6	
충남 북부	천안	전기	백석동	IV-2호	발형	31.5	24.4	10.3	26	23.3				0.7	2									
충남 북부	천안	전기	백석동	IV-2호	발형		35.5		38					0.5	2									
충남 북부	천안	전기	백석동	IV-2호	발형	12	12.7	6.5	12.7	12														
충남 북부	천안	전기	백석동	IV-2호	발형	9.1	11.6	6.5	11.6	9.1														
충남 북부	천안	전기	백석동	IV-2호	발형	9.1	10	5.8	10	9.1														
충남 북부	천안	전기	백석동	IV-2호	발형	8.4	9.8	5.4	9.8	8.4														
충남 북부	천안	전기	백석동	IV-2호	발형	11.5	15.8	7	15.8	11.5														
충남 북부	천안	전기	백석동	IV-3호	발형	8.8	10.3	7.2	10.3	8.8														
충남 북부	천안	전기	백석동	IV-3호	발형	7.4	13.7	7.5	13.7	7.4														
충남 북부	천안	전기	백석동	IV-4호	발형	28.4	22.8	8.9	23.7	22.6							2.2	직교						
충남 북부	천안	전기	불당동	2-1호	불명									0.5		4.5	0.2	사선						
충남 북부	천안	전기	불당동	2-10호	불명									0.3	1.3	0.7	1.3	사선						
충남 북부	천안	후기	불당동	2-12호	발형	14.1	14.7	6.8																
충남 북부	천안	후기	불당동	2-12호	발형	14	14.6	7.5									0.8	사선						
충남 북부	천안	후기	불당동	2-14호	발형	18	26.9	8									0.7	사선						
충남 북부	천안	전기	불당동	2-19호	발형	24.5	19.9	10.9	20.6	21.2														
충남 북부	천안	전기	불당동	2-20호	마연		8.4				77	3.1	44											
충남 북부	천안	전기	불당동	2-20호	발형	8.2	10.2	5.4	10.2	8.2														
충남 북부	천안	전기	불당동	2-20호	불명									0.3	1.3	0.6	1.3	사선						
충남 북부	천안	전기	불당동	2-20호	호형		17.5		28.8		87	6.8	50				0.5	사선						
충남 북부	천안	전기	불당동	3-1호	불명									0.3	1	0.4	0.3	사선						
충남 북부	천안	전기	불당동	3-6호	발형	12.8	12	6.7	12.7	10.5														
충남 북부	천안	전기	불당동	3-6호	발형	9.3	10.4	5.8	10.4	9.3														
충남 북부	천안	전기	불당동	3-6호	발형	6.4	10.1	5.7	10.1	6.4														
충남 북부	천안	전기	불당동	3-6호	불명									0.4	2.7	0.8	0.6	사선						
충남 북부	천안	전기	불당동	3-7호	불명									0.4	2.7	0.7	0.8	사선						
충남 북부	천안	전기	불당동	3-9호	불명									0.3	4	1.1	2.2	사선						
충남 북부	천안	전기	불당동	3-10호	불명									0.5	1.5	0.6	1	사선						
충남 북부	천안	전기	불당동	3-11호	불명									0.4	1.4	0.9								
충남 북부	천안	후기	석곡리	KC-002호	발형	13.1	17.2	9.8	17.6	10.1														
충남 북부	천안	후기	석곡리	KC-004호	발형	15.9	13.8	7.2	13.8	15.9														
충남 북부	천안	후기	석곡리	KC-004호	발형	21.6	23.3	9.7	23.9	20.7														
충남 북부	천안	후기	석곡리	KC-004호	발형	14.9	13	7.8	13	14.9														

충남 북부	천안	후기	석곡리	KC-004호	발형	12.4	11.2	7	12	9.8																
충남 북부	천안	후기	석곡리	KC-005호	발형	14.5	11.2	8.6	12.6	9.1																
충남 북부	천안	후기	석곡리	KC-005호	발형	22	15.9	8	17.5	17.1																
충남 북부	천안	후기	석곡리	KC-005호	발형	19.6	14.4	7	15	15.8																
충남 북부	천안	전기	쌍용동	3-1호	호형		22.9												0.7	사선						
충남 북부	천안	전기	쌍용동	3-5호	발형	38.1	33.2	9.6	33.2	38.1																
충남 북부	천안	전기	쌍용동	3-5호	발형	30	21.1	8	21.8	28.8																
충남 북부	천안	전기	쌍용동	3-5호	발형	16.8	15.6	8.7	16.9	12.3																
충남 북부	천안	전기	쌍용동	3-5호	발형	16.5	14.9	7.2	14.9	16.5																
충남 북부	천안	전기	쌍용동	3-5호	발형	24.8	19.6	9	20.2	21.4																
충남 북부	천안	전기	쌍용동	3-5호	발형	22.9	15.6	9.1	17.7	18.3																
충남 북부	천안	전기	쌍용동	3-5호	발형	13.4	17.1	7.8	17.1	13.4																
충남 북부	천안	전기	쌍용동	3-5호	옹형	32.6	10.6	8.2	21	17.7	79	2.2	79													
충남 북부	천안	전기	쌍용동	3-5호	옹형	18.4	7.8	6.8	14.6	8.3	89	2.4	55													
충남 북부	천안	전기	쌍용동	3-5호	호형	17.9	10.8	8.3	16.1	11.4	97	1.4	51													
충남 북부	천안	전기	쌍용동	3-5호	호형	32.6	10.6	8.2	20.9	17.4	71	2	49													
충남 북부	천안	전기	용곡동눈돌	I-1호	발형	9.7	14.7	7.6	14.7	9.7																
충남 북부	천안	전기	용곡동눈돌	I-1호	발형	14.1	9	9.5	12.6	5.2	49	1.9	60													
충남 북부	천안	전기	용곡동눈돌	I-2호	발형	10.5	16.2	8.6	16.2	10.5																
충남 북부	천안	전기	용곡동눈돌	I-2호	발형	9.3	12	6.6	12	9.3																
충남 북부	천안	전기	용곡동눈돌	I-2호	발형	11.8	20	7.7	20	11.8																
충남 북부	천안	전기	용곡동눈돌	I-2호	발형	7	15.7	7.7	15.7	7																
충남 북부	천안	전기	운전리	A-2호	발형		27.4									0.5	3.3	0.9	1.7	사선						
충남 북부	천안	전기	운전리	A-2호	발형	30.8	17.8	6.9											0.5	사선						
충남 북부	천안	전기	운전리	A-2호	발형	26.5	20.9	9.6											0.4	사선						
충남 북부	천안	전기	운전리	A-2호	발형		24.2												0.3	사선						
충남 북부	천안	전기	운전리	A-2호	발형	26.4	20.9	9.8	20.9	26.4									0.3	사선						
충남 북부	천안	전기	운전리	A-2호	발형	11	13.7	8.1	14.6	8.3																
충남 북부	천안	전기	운전리	A-2호	불명		17.2				82	5	53						0.4	사선						
충남 북부	천안	전기	운전리	A-2호	옹형		20.8				70	4.4							0.5	사선			사선	3.1	3.5	3.3
충남 북부	천안	전기	운전리	A-2호	호형		14				95	5.5	26										사선	1.3	0.3	2.1
충남 북부	천안	전기	운전리	A-2호	호형		19.3				96	6.9	44													
충남 북부	천안	전기	운전리	B-4호	발형	25.9	16.5	7.5	18.7	20.5																
충남 북부	천안	전기	운전리	B-4호	불명														0.8	사선			사선	1.6	0.8	4.1
충남 북부	천안	전기	운전리	B-6호	발형(?)		36.7				68	1.4	65						0.4	사선			사선	3.2	0.9	5.8
충남 북부	천안	전기	운전리	B-6호	불명														0.5	사선	1.1	3.6	사선	3.2	1.6	2.4
충남 북부	천안	전기	운전리	C-2호	호형	35.9	17	9.8	29	17.3	84	5.7	43													
충남 북부	천안	전기	청당동	1호	불명																		사선	2	1.2	
충남 북부	천안	전기	청당동	2호	불명														0.6	사선						
충남 북부	천안	전기	청당동	2호	호형		12.4		23.5		81	3.9	43						0.3	사선						

충남 북부	홍성	후기	장척리	3호	옹형		14.4											1.6	사선							
충남 북부	홍성	후기	장척리	3호	옹형		14.6											1	직교							
충남 중부	공주	후기	귀산리	2호	발형	12.6	17.9	7.4	17.9	12.6																
충남 중부	공주	후기	귀산리	3호	발형	10	9.7	6.1	10.4	8.2																
충남 중부	공주	후기	귀산리	3호	옹형		16.8		21.2		80		70													
충남 중부	공주	후기	귀산리	3호	옹형		12		28.4	14	74		68													
충남 중부	공주	후기	귀산리	3호	옹형		17.6		19.6	9.2	73		76													
충남 중부	공주	후기	귀산리	4호	발형	13.9	12.3	7.8	13.1	12																
충남 중부	공주	후기	산의리	6호	발형	11.8	11.8	7.9	11.8	11.8																
충남 중부	공주	후기	산의리	6호	발형	10.3	8.5	7.4	10.1	6.3																
충남 중부	공주	전기	신관동	1호	발형		22.4		23.3		53		82									사선	1.1	0.4	2.9	
충남 중부	공주	전기	신관동	1호	발형	11.2	16	6.5	16	11.2																
충남 중부	공주	후기	안영리	9호	옹형	21.2	12	6.8	16.4	6																
충남 중부	공주	후기	여드니	1호	발형	26.7	16.9	8.3	20	7.2																
충남 중부	공주	후기	여드니	4호	옹형	18.9	11.6	6.8	14	10.3	60		72													
충남 중부	공주	후기	장선리	1호	발형	10.9	9.3	5.2	9.3	10.9																
충남 중부	공주	후기	장선리	1호	발형	6	6.5	4.7	6.5	6																
충남 중부	공주	후기	장선리	1호	발형	7.4	14.1	5.4	15	6.4																
충남 중부	공주	전기	제천리	1호	발형	11.6	14.3	5.8	14.3	11.6												사선	1.2	1.5	중	
충남 중부	공주	전기	제천리	1호	발형	41.6	38.3	11.4	39.9	35.9										0.7	5	사선	1.6	0.8	3.7	
충남 중부	공주	후기	태봉동	1호	발형	9	16.2	8.2	16.2	9																
충남 중부	공주	후기	태봉동	1호	옹형	15.4	11	6.9	8.8	7.6	65		70													
충남 중부	공주	후기	태봉동	2호	옹형	34.6	15.8	9.3																		
충남 중부	청양	후기	분향리	1호	불명													2	직교							
충남 중부	청양	전기	학암리	1-5호	옹형	25.4	16.2	8.2	20	10.8																
충남 중부	청양	전기	학암리	I-3호	발형	9.1	13.8	8.6	13.8	9.1																
충남 중부	청양	전기	학암리	II-1호	발형	18.6	12	6.9	14	8	75		81													
충남 중부	청양	전기	학암리	II-1호	발형	11.5	10.6	6.7	11.1	9.2																
충남 중부	청양	전기	학암리	II-1호	옹형	25.1	13	8	12.2	12.4	64		76													
충남 중부	청양	후기	학암리(서공)	II-A-1호	발형	15.7	13.2	7.7	15.2	10.5								2	직교							
충남 중부	청양	후기	학암리(서공)	II-A-12호	발형	22	15.8	7.9	18.3	8	77		72													
충남 중부	청양	후기	학암리(서공)	II-A-12호	옹형	21.4	15.5	7.9	16.2	6	70		81													
충남 중부	홍성	전기	상정리	1호	마연								42													
충북 북부	음성	전기	하당리	1호	불명													0.5	사선							
충북 북부	음성	전기	하당리	1호	불명													0.7	사선							
충북 북부	음성	전기	하당리	6호	마연			5.1	11.2	2.9																
충북 북부	음성	전기	하당리	6호	불명													0.7	사선							
충북 북부	음성	전기	하당리	8호	불명													1.1	사선							
충북 북부	제천	전기	능강리	1호	발형		19.4															사선	1		5.1	
충북 북부	제천	전기	능강리	3호	마연	12.5	7.6	3.7	9.9	3.9	88		59													

충북	북부																								
충북	북부	제천	전기	양평리	1호	불명									0.4	1.7	1.2								
충북	북부	제천	전기	양평리	1호	불명									0.4		1								
충북	북부	진천	전기	사양리	2호	발형		20.3												0.7	4.4	사선	0.6	0.5	3.9
충북	북부	진천	전기	사양리	2호	불명		27.3												0.1	5	사선	1.1	0.6	3.8
충북	북부	진천	전기	사양리	4호	발형		42												0.8	3.9	사선	1.1	0.3	2.7
충북	북부	진천	전기	사양리	4호	발형		15.4										0.5	사선						
충북	북부	진천	전기	사양리	4호	불명														0.7	4.4	사선	0.5	0.8	3.7
충북	북부	진천	전기	사양리	4호	불명		21.1												0.9	5.3	사선	1.2	0.8	3.9
충북	북부	진천	전기	사양리	4호	불명												0.3	사선						
충북	북부	충주	전기	장성리	1호	발형	23.7	17.6	8.9	17.6	23.7														
충북	북부	충주	전기	조동리	1호	발형	30.4	27.7	9.9	28.5	21.8														
충북	북부	충주	전기	조동리	1호	발형	11.2	14.5	7.7	14.5	11.2														
충북	북부	충주	전기	조동리	1호	발형	20.3	19.6	8.3	19.6	20.3														
충북	북부	충주	전기	조동리	1호	발형	26.9	25.7	8.9	25.7	26.9														
충북	북부	충주	전기	조동리	1호	발형	31.5	32.2	11.9	32.6	26.2														
충북	북부	충주	전기	조동리	2호	불명									0.5		0.9								
충북	북부	충주	전기	조동리	2호	불명												1.4	사선						
충북	북부	충주	전기	조동리	3호	마연	22.8	10.2		22.7	8.4	65	1.2	75											
충북	북부	충주	전기	조동리	3호	발형		19.3							0.4	2.6	0.6								
충북	북부	충주	전기	조동리	3호	불명		16.5							0.4	1.5	0.6								
충북	북부	충주	전기	조동리	3호	웅형	56.8	28.6	11.4	48.2	32.2	74	6.2	49				0.2	사선			사선	2.2	1.5	3.8
충북	북부	충주	전기	조동리	3호	호형	56.8	29.4	11.6	48.4	32.5	73	5.8	39											
충북	북부	충주	전기	조동리	4호	불명									0.3	1.2	0.1		사선						
충북	북부	충주	전기	조동리	4호	불명									0.2		0.7								
충북	북부	충주	전기	조동리	5호	불명									0.5	0.6	0.8								
충북	북부	충주	전기	조동리	6호	마연	19.2	6.9		16.5	8.6	75	14.1	56											
충북	북부	충주	전기	조동리	6호	발형		31.3							0.4	1.8	1.5								
충북	북부	충주	전기	조동리	7호	발형		42.1							0.6	3.6	0.1								
충북	북부	충주	전기	조동리	7호	발형		22.9							0.6	1.9	0.9								
충북	북부	충주	전기	조동리	8호	불명									0.3		0.5								
충북	북부	충주	전기	조동리	8호	불명									0.5	2.4	1.1								
충북	북부	충주	전기	조동리	8호	불명												1.4	사선						
충북	북부	충주	전기	조동리	9호	발형	27.6	26.1	10.5	26.1	27.6											사선	3.6	2	1.5
충북	북부	충주	전기	조동리	9호	발형		36.9							0.6	1.7	0.9								
충북	북부	충주	전기	조동리	9호	발형	29.5	29.3	8.9	29.6	23.4														
충북	북부	충주	전기	지동리	83-1호	불명									0.4										
충북	북부	충주	전기	지동리	83-2호	불명									0.5	1.2	0.4								
충북	북부	충주	전기	지동리	84-1호	불명									0.7	2.3	1.1								
충북	중부	청원	후기	내수리	1호	발형	8.4	9.7	5.8	9.7	8.4														
충북	중부	청원	후기	내수리	1호	불명												0.7	사선						

충북	중부	청원	전기	대율리	1호	발형		19.7												1.1	1.5	사선	0.7	0.8	0.6
충북	중부	청원	전기	대율리	1호	발형		29.6												0.9	1.6	사선	1.9	0.7	1.6
충북	중부	청원	전기	대율리	2호	발형		31.5												1.1	1.7	점렬	0.4	0.4	0.4
충북	중부	청원	전기	대율리	2호	불명														1.1	1.6	복합문	1.6	0	0
충북	중부	청원	전기	대율리	4호	불명														1	2	사선	2.7	0.8	0.7
충북	중부	청원	전기	대율리	5호	발형		22												0.8	4.6	사선	2.1	0.9	3.2
충북	중부	청원	전기	대율리	5호	불명		26.5												1.3	1.8	사선	1.7	1	0.2
충북	중부	청원	전기	대율리	5호	불명														0.8	3.5	사선	1.8	0.7	3.3
충북	중부	청원	전기	대율리	7호	불명		28.8		83	9.7									1.2	2.5	복합문	2.2	0	0
충북	중부	청원	전기	대율리	7호	호형		29				77	10.2	30											
충북	중부	청원	전기	마산리	1호	불명												1.3	사선	0.8	1.6	사선	3.6	1.1	0.1
충북	중부	청원	전기	마산리	1호	불명														0.8	3.3	사선	2.4	1.6	1.8
충북	중부	청원	후기	쌍청리	II-6호	불명									0.3		1.1								
충북	중부	청원	전기	쌍청리	II-8호	불명												0.9	사선						
충북	중부	청원	후기	쌍청리	II-9호	옹형		15.9	7.8	18		70	1.1												
충북	중부	청원	후기	쌍청리	II-10호	불명									0.2		1.4	1	사선						
충북	중부	청원	후기	쌍청리	II-14호	발형	10.2	13.3	7.8	14.7	8.9														
충북	중부	청원	후기	쌍청리	II-15호	불명		34.5				83	3.1	48	0.6	3.5	1.5	0.4	사선						
충북	중부	청원	후기	쌍청리	III-A-2호	옹형	45.5	14.4	7.9	26.5	31.8														
충북	중부	청원	후기	쌍청리	III-A-3호	발형	8.6	12.8	8.6	13.9	7.1														
충북	중부	청원	후기	쌍청리	III-B-3호	발형	10.6	12.7	6.9	12.7	10.6														
충북	중부	청원	후기	쌍청리	III-B-3호	발형	10.4	11.7	6.1	12.3	7.2														
충북	중부	청원	후기	쌍청리	III-B-3호	발형	11.2	12.4	7.2	12.4	11.2														
충북	중부	청원	후기	쌍청리	III-B-18호	불명									0.3	0.2	1								
충북	중부	청원	후기	황탄리	KC-001호	발형	10.7	8.5	8.1	11.3	5.8														
충북	중부	청원	후기	황탄리	KC-006호	발형	23.5	16.8	8.2	18.5	17.4														
충북	중부	청주	후기	가경동	1호	발형	10.5	12.8	6.2	14.4	7.4														
충북	중부	청주	전기	강서동	1호	불명														0.8	1.8	사선	1	0.7	0.8
충북	중부	청주	전기	강서동	1호	불명														0.8	1.1				
충북	중부	청주	전기	강서동	2호	발형	25.2	25.7		26.3	20									0.8	1.9	사선	1.1	1.1	1.2
충북	중부	청주	전기	강서동	3호	불명														0.7	2				
충북	중부	청주	전기	내곡동	1호	불명														0.9	2.6	사선	0.8	0.7	1.6
충북	중부	청주	전기	내곡동	1호	불명												1	사선	1	3.7	사선	1.4	0.7	2.1
충북	중부	청주	전기	내곡동	1호	불명														1.5	3.9	사선	1.2	0.6	2.4
충북	중부	청주	전기	내곡동	1호	불명												0.7	사선		4.5	사선	0.5	0.7	3.8
충북	중부	청주	후기	봉명동	A-3호	불명														1	1.9	사선	1.2	0.4	0.6
충북	중부	청주	후기	봉명동	A-3호	불명												0.8	사선						
충북	중부	청주	전기	봉명동	A-12호	발형	6.1	11.6	5.3	11.6	6.1														
충북	중부	청주	후기	봉명동	A-13-2호	옹형	27	16	8	20.6	16.5	73	1.1	66											
충북	중부	청주	전기	봉명동	A-14호	발형		20												1.1	1.9	사선	1.3	0	0.4

충북 중부	청주	후기	봉명동	B-6호	발형	21.9	13.4	7.6	14.8	15.6														
충북 중부	청주	후기	봉명동	B-6호	옹형		9.5	8.7	17.7		79	1.2	67											
충북 중부	청주	후기	봉명동	B-10호	발형	10.3	7.9	6.9	9.5	6.8														
충북 중부	청주	후기	봉명동	B-10호	발형	9.3	13.9	6.9	13.9	9.3														
충북 중부	청주	후기	봉명동	B-12호	마연		8.5		12.8		95	3.6	50											
충북 중부	청주	후기	봉명동	B-15호	호형	43.6	20.4	9.2	28.6	29.8			60											
충북 중부	청주	후기	봉명동	B-16호	발형	11.4	8.9	6.1	10.3	7.9														
충북 중부	청주	후기	봉명동	B-16호	발형	8.1	9.2	6	9.2	8.1														
충북 중부	청주	후기	봉명동	B-16호	발형	8.3	13.1	7.6	13.1	8.3														
충북 중부	청주	후기	봉명동	B-16호	발형	8.6	14.2	8.9	14.2	8.6														
충북 중부	청주	후기	봉명동	B-16호	발형	10.3	14	6.6	14	10.3														
충북 중부	청주	후기	봉명동	B-16호	발형	16.6	12.8	8.2	14.4	12.4														
충북 중부	청주	후기	봉명동	B-16호	발형	16.3	10.2	8.2	12.5	11.3														
충북 중부	청주	후기	봉명동	B-17호	발형	13.8	10.2	6.3	10.2	13.8														
충북 중부	청주	후기	봉명동	B-17호	발형	16.4	14.2	8	15.3	13.7														
충북 중부	청주	후기	봉명동	B-17호	옹형	69.5	22.2	8.4	37.7	48.4	68	3.4	50				1.5	사선						
충북 중부	청주	후기	봉명동	B-18호	발형	8.8	16.8	8.1	16.8	8.8														
충북 중부	청주	후기	봉명동	B-19호	발형	11.4	16.6	7.9	16.6	11.4														
충북 중부	청주	후기	봉명동	B-19호	발형	12.2	11.2	6.5	11.2	12.2														
충북 중부	청주	전기	비하동	5호	불명																사선	0.6	1.3	3.7
충북 중부	청주	전기	용정동	1-1호	발형	37.7	27.3	11.2	30.9	25.6									0.9	3.7	사선	1.1	0.5	2.4
충북 중부	청주	전기	용정동	1-1호	발형	35.1	35.5	9.3	37.4	26.4									0.8	6.1	사선	0.9	0.7	5
충북 중부	청주	전기	용정동	1-1호	불명														0.9	3	사선	0.9	0.6	2.2
충북 중부	청주	전기	용정동	2-1호	발형		17.1												6.9	4.1	사선	0.7	1	3.3
충북 중부	청주	전기	용정동	2-1호	발형	15.1	13.9	7.7	14.6	12.4														
충북 중부	청주	전기	용정동	2-7호	발형		22.8										0.9	사선						
충북 중부	청주	전기	용정동	2-7호	불명														1	2.6	사선	1.4	0.6	1.5
충북 중부	청주	전기	용정동	2-8호	발형		22.7										0.8	사선			사선	1.2	1.5	2.3
충북 중부	청주	전기	용정동	2-8호	불명												0.2	사선						
충북 중부	청주	전기	용정동	2-9호	발형	21.3	18	7.6									0.8	사선						
충북 중부	청주	전기	용정동	2-11호	호형	26.3	11.7	5.7	23.4	13.6	92	2.2	54								사선	0.5	0.5	1.5
충북 중부	청주	전기	정북동	1호	마연		8.9		20.4		87	4.9	57											

● 편집인

　○ 이홍종
　　　1958년 충북 진천 출생
　　　1985년 고려대학교 사학과 졸업
　　　1988년 九州大學 문학부 고고학전공(석사)
　　　1994년 九州大學 문학부 고고학전공(박사)
　　　고려대학교 고고미술사학과 교수

　○ 허의행
　　　1975년 서울 출생
　　　2000년 고려대학교 고고미술사학과 졸업
　　　2006년 고려대학교 대학원 문화재학과 고고학전공(석사)
　　　고려대학교 대학원 문화재학과 고고학전공 박사 수료
　　　현재 한국고고환경연구소 책임연구원

　○ 박상윤
　　　1979년 서울 출생
　　　2007년 고려대학교 고고미술사학과 졸업
　　　고려대학교 대학원 문화재학과 고고학전공 석사 수료
　　　현재 한국고고환경연구소 연구원

한국고고환경연구소학술총서 9

청동기시대 유물집성 -湖西地域-

초판인쇄일　2011년 03월 25일
초판발행일　2011년 04월 01일
지 은 이　이홍종 · 허의행 · 박상윤
발 행 인　김선경
책 임 편 집　김윤희, 김소라
발 행 처　도서출판 서경문화사
　　　　　주소 : 서울 종로구 동숭동 199 - 15(105호)
　　　　　전화 : 743 - 8203, 8205 / 팩스 : 743 - 8210
　　　　　메일 : sk8203@chollian.net
등 록 번 호　제 1 - 1664호

ISBN 978-89-6062-071-1　　94900

* 파본은 본사나 구입처에서 교환하여 드립니다.

　정가　26,000원